教育硕士(Ed. M)考试辅导用书

教育综合真题汇编及模拟试卷

（第7版）

科兴教育　编

中国石化出版社

内　容　提　要

本丛书是配合全日制攻读教育硕士学位研究生入学考试 333 教育综合考试大纲而编写的考试辅导用书，整个系列包括《教育综合大纲解析》《教育综合真题汇编及模拟试卷》，分别适用于第一轮复习和第二、三轮复习。

《教育综合真题汇编及模拟试卷》主要分两大部分，第一部分精选了最近 9 年(包括 2018 年)各大名校教育硕士入学考试 333 教育综合试题 61 套，第二部分收录编者自编的模拟试题 3 套，两部分试题均提供了参考答案与解析。本书为试题提供参考答案时，注重详细解析相关考点，适时归纳，以点带面总结大纲重要考点，帮助读者在短时间内巩固知识体系，解读命题规律，提高应试能力。

本书适用于参加全日制教育硕士(Ed. M)入学考试的考生，也可供高等院校教育学专业的师生参考。

图书在版编目(CIP)数据

教育综合真题汇编及模拟试卷 / 科兴教育编. —7 版.
—北京:中国石化出版社，2018. 6
教育硕士(Ed. M)考试辅导用书
ISBN 978-7-5114-4902-3

Ⅰ. ①教… Ⅱ. ①科… Ⅲ. ①教育学-研究生-入学考试-习题集 Ⅳ. ①G40-44

中国版本图书馆 CIP 数据核字(2018)第 119440 号

中国石化出版社出版发行

地址:北京市朝阳区吉市口路 9 号
邮编:100020　电话:(010)59964500
发行部电话:(010)59964526
http://www.sinopec-press.com
E-mail:press@sinopec.com
北京柏力行彩印有限公司印刷
全国各地新华书店经销

*

787×1092 毫米 16 开本 23.5 印张 592 千字
2018 年 6 月第 7 版　2018 年 6 月第 1 次印刷
定价:48.00 元

改版前言

为了能够更大程度地帮助广大考生备考 333 教育综合，科兴教育每年都会对本书进行改版。自 2012 年第 1 版发行以来，这已经是编者第七次对本书进行修订了。本次改版主要体现在三个方面：

一、答题规范性。从某种程度上而言，能否在 333 教育综合考试中拿到高分，不仅要看考生基础知识是否扎实，还要看答题是否规范。很多名校在阅卷时采取压分的策略，这就要求考生在答题时尽量做到完整、规范。本次改版，我们在答题的规范性方面做了很大的努力。

二、真题的增删。本版修订增加了 12 份各高校历年考研真题。当然由于图书篇幅所限，我们删除了部分命题重复率高、时间较早的试题。删除的试题及解析可以扫描如下二维码进行下载。

三、错误的修订。本书第 6 版发行后，有不少热心读者来电来邮件反馈其中的不足之处。为此，我们邀请了相关专家对本书重新进行了修订。

由于编者水平有限，即使数次改版，本书难免还有一些不当之处。如果您发现错误或对本书有任何建议，可发邮件至 275443204@ qq. com，我们定会及时反馈。

科兴教育

2018 年 5 月

前　言

科兴教育一直从事教育学考研的考试培训，学员已逾数千名，课程历来受到广大学员的好评。教学团队在研究授课模式、授课体系、出题思路、判定考试重难点等方面，都已有相当成熟的积累，并形成非常标准的教辅体系。

为了帮助考全日制教育硕士的学生复习，科兴组织了一线教学团队编写了本考试辅导用书，整个系列包括《教育综合大纲解析》《教育综合真题汇编及模拟试卷》，分别适用于第一轮复习和第二、三轮复习。

《教育综合真题汇编及模拟试卷》主要分两大部分：

第一部分：名校真题。这一部分精选了国内各大名校近 9 年的考研真题，并提供了参考答案。选题时，我们尽可能把重复性较高的学校真题剔除，尽量减少书中真题的重复率。另外，由于部分院校真题尚未解封，因此本书中部分真题为考生回忆版。

第二部分：模拟试卷。这一部分按照各大院校的命题规律，由编者命制了 3 套模拟试卷，并提供了参考答案。编制模拟试卷时，我们做到不和本书既有真题重复，因此模拟试卷中的模拟题很有可能会在下一年被考到。

本书贯彻科兴教育一贯的风格，做到讲练合一，在为试题提供参考答案时，尽量详细地解析相关考点，并且适时地进行归纳总结。讲练合一将最大程度提高读者的学习效率。

编者强烈建议读者将本书与其姊妹篇《教育综合大纲解析》结合使用，以最大程度提高复习效率，增强应试能力。

由于编者水平有限，本书不当之处在所难免，请各位专家及读者批评指正。如果您发现错误或对本书有任何建议，请联系我们 275443204@ qq. com，我们会及时回复。

目　　录
CONTENTS

2010 年真题

2010 年首都师范大学教育综合真题

一、名词解释(每题 5 分，共 6 题，共 30 分)

1. 教育
2. “苏格拉底方法”
3. 心理发展
4. “致良知”
5. 1922 年“新学制”
6. 1944 年《教育法》

二、简答题(每题 10 分，共 4 题，共 40 分)

1. 试述创造性的心理结构及培养途径。
2. 试述教学的任务与过程。
3. 试述新课程改革的基本内容与特点。
4. 试述德育的内容与过程。

三、论述题(每题 20 分，共 4 题，共 80 分)

1. 试论述教师素养的构成、教师专业发展的过程及途径。
2. 试评述孔子的教育实践与思想。
3. 试评述建构主义学习理论。
4. 试评述杜威的教育实践与思想。

2010 年首都师范大学教育综合真题详解

一、名词解释

1.【解析】教育是一种培养人的活动。教育的广义定义一般是指：凡是增进人们的知识和技能，影响人们的思想品德的活动，都是教育。教育的狭义定义主要针对“学校教育”，指教育者根据一定的社会或阶级的要求，遵循受教育者身心发展的规律，有目的，有计划，有组织地对受教育者身心施加影响，把他们培养成为一定社会或阶级所需要的人的活动。现代教育是教师为主导的，师生之间互动的交互过程。

2.【解析】“苏格拉底方法”也称问答法，产婆术。在苏格拉底看来，教师教学的过程就像是助产婆把胎儿从母亲的肚子里接生出来一样，即思想之接生过程。所以称为产婆术。产婆术过程分成四步：讽刺——教师以无知的面目出现，通过巧妙的连续提问，使学生意识到自己原有观点的混乱和矛盾，承认自己的无知；助产——教师进一步启发、引导学生，使学生通过自己的思考，得出结论或答案；归纳——从各种具体事物中找到事物一般共性和本质；定义——把个别事物归入一般概念，得到关于事物的普遍概念。

3.【解析】心理发展是指个体从胚胎期经由出生、成熟、衰老一直到死亡的整个生命过程中所发生的持续而稳定的内在心理变化过程。心理发展反映的是个体心理随年龄增长而出现的持续而稳定的系列变化过程，主要包括认知发展和人格发展两大方面。心理发展是一个持续不断的过程；心理发展有一定的顺序性；心理发展过程呈现出许多阶段；各个心理过程和个性特点的发展速度不完全一样；心理的各个方面的发展是相互联系和相互制约的；心理发展有明显的个别差异。

4.【解析】王守仁十分重视教育对于人的发展所起的重要作用，提出了“学以去其昏蔽”的思想。他是用“心学”的观点来阐明这一思想的。“理”存在于“心”中，“心即理”；“良知即是天理”即是“心之本体”。“良知”不仅是宇宙的造化者，也是伦理道德观念。“良知”与生俱来，不学自能，不教自会；为人人所具有，不分圣愚；“良知”不会泯灭。然而，“良知”在与外物接触中，由于受物欲的引诱，会受昏蔽。教育的作用就在于去除物欲对于“良知”的昏蔽。“学以去其昏蔽”的目的是为了激发本心所具有的“良知”。在王守仁看来，教育的作用就在于实现“存天理、灭人欲”的根本任务。基于此，他认为用功求学受教育，并不是为了增加什么新内容，而是为了日减“人欲”。

5.【解析】1922 年 11 月 1 日以大总统令公布了《学校系统改革案》。这就是 1922 年的“新学制”，或称“壬戌学制”，因其采用美国式中小学六三三分段法，又称“六三三学制”。该学制根据儿童身心发展规律划分教育阶段，小学年限为 6 年，初中与高中分别为三年，其中中等教育是新学制的精髓。新学制的颁布和实施，标志着中国资产阶级新教育制度的确立，标志着中国近代以来的学制体系建设的基本完成。

【归纳总结】简述壬子–癸丑学制与壬戌学制的区别与联系。

1912 年 9 月教育部正式公布民国学制结构图，次年又陆续公布各级各类学校的法令规程，民初学制成型，史称“壬子–癸丑学制”。学制主系列为三级四段：初等教育分为初等小学 4 年，为义务教育性质，高等小学 3 年，法定入学年龄为 6 周岁，不分设男校女校。中等教育 4 年，得专设女子学校，高等教育虽不分级，实际上是含预科(3 年)、本科(3~4 年)、大学院三级，主系列之外有师范系列，分师范学校和高等师范学校两级，分别与中等教育和高等教育相当，并专设女师和女高师。实业教育系列，分设乙种、甲种实业学校和专门学校，分别与高小、中学和大学相当。民初学制仍保持以普通教育为主干，兼顾师范、实业教育。

“壬戌学制”，因其采用美国式中小学六三三分段法，又称“六三三学制”。受实用主义教育思想影响。

(1) 规定 6 岁入学、小学 6 年、初中和高中各 3 年、大学 4~6 年的分段及各阶段的教育，基本上依据了我国青少年身心发展的阶段及特点，显得更合理。

(2) 小学由 7 年缩短为 6 年，又分为初小 4 年、高小 2 年，可由各地酌设，初小为义务教育阶段，更加务实，并有利于初等教育普及。

(3) 中等教育是学制的精华，中学由 4 年延长为 6 年，克服了旧制 4 年造成中学基础知识薄弱的缺点，中学水平提高并改善了与大学的衔接关系，也便于兼顾其他方面需要；中学分为初中、高中两级，增加了地方办学伸缩余地，也增加了学生选择余地；中学实行分科选科制，适应学生个性发展需要；加强职业教育，充分兼顾升学和就业。

(4) 师范教育种类增加，程度提高，设置灵活。

（5）取消大学预科，缩短高等教育年限，既保障了中等教育的年限，也有利于大学专门化教育和提高研究水平。

从二者的内容到年限到指导思想到中国化程度都有根本的区别，体现一种历史的进步。

6.【解析】第二次世界大战后，为恢复因战争被破坏的教育系统，英国政府于1944年通过了以巴特勒为主席的教育委员会提出的教育改革方案，即《1944年教育法》，又称《巴特勒教育法》。

《1944年教育法》是英国教育史上一个极其重要的教育法令，它决定了英国战后教育发展的基本方针和政策。它对中央和地方权限的调整，建立了比较符合英国文化教育传统和不同党派利益的教育领导体制。它标志着双轨制的结束及初等、中等和继续教育相互衔接的国民教育制度的建立，确定了“人人受中等教育”的观念，扩大了国民教育的机会。它是英国教育制度的主要基础。

二、简答题

1.【解析】创造性的基本概念：不是单一的能力，而是以创造性思维为核心的多种能力的综合(能力观、过程观、人格说、创造性产品说)。

创造性的心理结构：

(1) 创造性认知品质：①创造性思维(具有流畅性、灵活性、独创性等特点)；②创造性想象；③创造性认知策略。

(2) 创造性人格品质：①创造性动力特征；②创造性情意特征；③创造性人格特质。

(3) 创造性适应品质：①创造的行为习惯；②创造策略和创造技法的掌握运用。

创造性的培养措施：

(1) 创造性思维的训练：①脑激励法，又称为头脑风暴法；②分合法(戈登)，其核心思想是“使熟悉的东西变新颖”和“使陌生的东西变熟悉”，包括：狂想类比、直接类比、拟人类比、符号类比；③自由联想法；④自由联想技术。

(2) 创造性能力的培养：①营造鼓励创造的环境；②培养创造性的教师队伍；③培育创造意识，激发创造动机；④开设创造性课程，教给创作技法；⑤发展和培养创造性思维；⑥塑造创造性人格。

2.【解析】确定教学任务，不仅要依据教育目的，而且要考虑教学与学生发展的关系。据此，我国基础教育的教学任务有以下几个方面：掌握科学文化基础知识、基本技能和技巧；发展体力、智力、能力和创造才能；培养正确的思想、价值观、情感与态度。教学过程是一种特殊的认识过程；教学过程必须以交往为背景和手段；教学过程也是一个促进学生身心发展、追寻与实现价值目标的过程。

3.【解析】(1)课程结构方面：整体设置九年一贯的义务教育课程；从小学到高中开设综合实践活动作为必修课程；农村中学课程主要为当地社会经济发展服务，城市普遍中学也要逐步开设技术课程。

(2) 课程标准方面：制定统一的国家课程标准。

(3) 教学过程方面：教师在教学过程中应与学生积极互动，共同发展，要处理好传授知识与培养能力的关系，引导学生质疑、调查、探究，在实践中学习，促进学生在教师的指导下主动地、富有个性地学习；教师应尊重学生的人格，关注个体差异；大力推进信息技术在教学过程中的普遍运用。

(4) 教材开发与管理方面：教材改革应该有利于引导学生利用已有的知识与经验，主动探索知识的发生与发展，同时也应有利于教师创造性地进行教学；积极开发并合理利用校内外各种课程资源；完善基础教育教材管理制度，实现教材的高质量与多样化。

(5) 课程评价方面：建立促进学生全面发展的评价体系；建立促进教师不断提高的评价体制，强调教师对自己教学行为的分析和反思，建立以教师自评为主，校长、教师、学生、家长共同参与的评价制度；建立促进课程不断发展的评价体系；继续改革和完善考试制度。

(6) 课程管理方面：实施国家、地方和学校三级课程管理。

(7) 关于教师的培养和培训：中小学教师继续教育应以基础教育课程改革为核心内容；地方教育行政部门应制定有效、持续地师资培训计划，教师进修培训机构要以实施新课程所必须的培训为主要任务，确保培训工作和新一轮课程改革的推进同步进行。

(8) 关于课程改革的组织和实施：贯彻“先破后立，先实验后推广”的工作方针，建立课程教材持续发展的保障机制。

新课程改革的特点：

(1)注重课程的发展功能；(2)实现课程设置的整合性；(3)关注实施过程与科学评价；(4)进一步加大课程管理的弹性化。

4.【解析】我国学校德育内容是多方面的，并且随着社会发展提出的新要求在不断变化。中小学德育的基本内容主要有以下几个方面：爱国主义教育；革命理想和革命传统教育；集体主义教育；劳动教育；民主、纪律与法制教育；人道主义和社会公德教育；正确人生观和科学世界观教育。

德育过程是在教师有目的有计划地引导下，学生主动地积极地进行道德认识和道德实践，逐步提高自我修养能力，形成品德的过程。

(1) 德育过程是教师引导下学生能动的道德活动过程

学生品德的发展是在与环境的相互作用中能动地实现的；道德活动是促进德育要求转化为学生品德的基础；进行德育要善于组织、指导学生的活动。

(2) 德育过程是培养学生知情信意行的过程

德育要有全面性，促进知情信意行的和谐发展；德育具有多开端性，要具体问题具体分析；德育要有针对性，对知情信意行采取不同的方式方法。

(3) 德育过程是提高学生自我教育能力的过程

在德育过程中，要引导学生的活动与交往，培养他们的知情信意行和促进他们品德发展内部矛盾的转化，都有赖于提高和发挥学生个人的自觉能动性和自我教育能力。

三、论述题

1.【解析】教师的素养是指身为教师的应该具有的最基本的素质要求，主要包括以下几个方面：

(1) 高尚的师德。这就要求教师要：一、热爱教育事业，富有献身精神和人文精神：许多优秀教师之所以能在教育工作中做出卓越的成绩，首先是因为他们热爱教育事业，另外，教师还要具备基本的人文精神，要关怀学生的生存和发展。二、热爱学生，诲人不倦：爱学生是教师的天职，是教育好学生的重要条件。三、热爱集体，团结协作：教师的劳动既具有个体性，又具有集体性。所以教师和教师之间应该相互尊重，团结协作。四、严于律己，为人师表：教师的劳动具有示范性，因而教师必须以身作则，严于律己。

(2) 宽厚的文化素养。教师的主要任务是通过向学生传授科学文化知识，以培养其能力，促进他们生动活泼地发展。因此，一个好的教师的基本条件之一，就是要有比较渊博的知识和多方面的才能。

(3) 专门的教育素养。教育素养包括：一、教育理论素养，即教师对教育科学基本理论知识的掌握，能恰当地运用教育学、心理学的基本概念、范畴、原理处理教育教学中的各种问题，能自觉、恰当地运用教育理论总结、概括自己的教育教学经验并使之升华，能清晰、准确地表达自己的教育思想和教学设想。二、教育能力素养，指的是教师顺利完成教育教学任务的基本操作能力，其包括课程开发能力，及良好的语言表达能力等。三、教育研究素养，即教师运用一定的观点方法，探索教育领域的规律和解决问题的能力。教师应该富有问题意识，反思能力，善于总结工作中的经验教训，创造性地，灵活地解决各种教育问题。

(4) 健康的心理素质。教师的心理健康问题不仅会直接影响教育工作的成败，而且会影响学生的心理健康水平。

当然了，教师也不是一开始就具备了这些专业素质，这需要一个专业发展的过程，一般而言，教师专业发展包括以下内容：

(1) 专业理想的建立。教育理想是教师在对教育工作感受和理解的基础上所形成的关于教育本质、目的、价值和生活等的理想和信念。

(2) 专业知识的拓展。教师专业知识拓展包括三个方面：首先是量的拓展，即教师要不断地更新知识、补充知识，扩大自己的知识范围；其次是质的拓展，即从知识的理解、掌握到知识的批判、创新；再次是知识结构的优化，以广泛的文化知识为背景，以精深的学科知识为主干，以相关学科知识为必要补充，以丰富的教育心理科学知识为基本知识边界的复合型知识结构。

(3) 专业能力的发展。教师的专业能力是教师的教育教学能力，使教师在教育教学活动中所形成的顺利完成某项任务的能量和本领。包括设计教学能力、表达能力、教育教学组织管理能力、交往能力、教学机智、反思能力、教育教学研究能力、创新能力

(4) 专业自我的形成。专业自我就是教师在职业生活中创造并体现符合自己志趣、能力与个性的独特的教育教学生活方式以及个体自身在职业生活中形成的知识、观念、价值体系与教学风格的综合。具体包括自我形象的正确认识、积极的自我体验、正确的职业动机、对职业状况的满意、对理想的职业生涯的清晰认识、对未来工作情境有较高的期望、具有个体的教育哲学和教学模式。

教师专业发展的途径：(1)师范教育；(2)新教师的入职辅导；(3)在职培训；(4)自我教育。

2.【解析】孔丘的教育实践与教育思想：

(1)“六经”：《诗》、《书》、《礼》、《乐》、《易》、《春秋》；

(2)“庶、富、教”与经济发展的关系(教育的社会作用)；

(3)“性相近也，习相远也”与教育的个体发展作用：但孔子并未完全摆脱先天决定论的羁绊，仍然认为有少数生而知之的圣人和学而不能的下民不能接受教育。孔子是第一个从教育与人的发展的关系上论述教育的作用的思想家，为他实施“有教无类”提供了理论依据；

(4)“有教无类”与教育对象和有教无类的作用；

(5)“学而优则仕”与教育目的及其历史意义；

(6) 教学内容：“六艺”。其中他特别注重的是思想品质和道德教育，把道德教育作为其教育思想的核心，认为“行有余力，则以学文”，特点在于偏重文事，偏重社会人事，忽

视了自然知识和科学技术的传播，鄙视生产劳动的知识技能；

(7) 教学方法：①学-思-行并重；②因材施教；③启发诱导(世界上第一个提出启发式教学的人)；

(8) 道德教育：①以“仁”为核心，“仁”(内发)和“礼”(外烁)为主要内容；②道德教育原则(立志、克己、力行、中庸、自省、改过)；

(9) 论教师：学而不厌，诲人不倦；热爱学生；以身作则；教学相长。

3.【解析】建构主义学习理论的基本观点

(1) 知识观：在知识观上，建构主义在一定程度上对知识的客观性和确定性提出了质疑，强调知识的动态性和情境性。①知识并不是对现实的准确表征，它只是一种解释、一种假设，不是最终答案；②知识并不能精确地概括世界的法则，在具体问题中需要针对具体情境进行再创造；③不同学习者对同一命题会有不同理解；

(2) 学生观：教学不能无视学生已有的经验，而是要把儿童现有的知识经验作为新知识的增长点，引导儿童从原有的知识经验中“生长”出新的知识经验；教学要为学生创设理想的学习情境；

(3) 学习观：①学习是学习者主动地建构自己的知识经验的过程；②学习者的三个重要特征为主动建构性、社会互动性、情境性；

(4) 教学观：①教学应激发出学生原有的相关知识经验，促进知识经验的“生长”和学生的知识建构活动；②教学要为学生创设理想的学习情境，激发学生的推理、分析、鉴别等高级的思维活动，同时给学生提供丰富的信息资源、处理信息的工具以及适当的帮助和支持，促进他们自身建构意义以及解决问题的活动。

4.【解析】约翰·杜威是美国著名的哲学家、社会学家和教育家，毕生从事哲学、心理学和教育理论的研究与著述工作，积极开展社会实践和教育实践活动，是美国实用主义教育理论和进步主义教育运动的主要代表人物。他以其独特的创见和精深的思想对美国乃至现代世界，产生过巨大的影响。他的教育思想有：

(1) 杜威关于教育本质的见解

关于教育本质的理论是杜威整个教育体系的核心。他以哲学、伦理学、社会学、心理学为武器，在批判传统学校教育的基础上提出了“教育即生长”“教育即生活”和“教育即经验的改组和改造”的观点。

① 教育即生长。教育的目的就是促进生长，以此为基础，杜威提出了著名的“儿童中心主义”教育原则；他认为儿童的生长不仅要靠内在条件(兴趣、本能、依赖性和可塑性以及习惯等)，也需要外部条件(社会环境)；

② 教育即生活。教育即是生活本身，而不是为未来的生活做准备，包含两层含义①学校要与社会生活相联系；②学校要与儿童的生活经验相联系；根据“教育即生活”，杜威又提出了一个基本的教育原则及“学校即社会”，也就是说学校不仅要教人成才，也要教人成人，使学校成为社会的雏形的同时也让学校变成改造社会的有效工具；

③ 教育即经验的持续不断的改造。经验是杜威实用主义哲学和实用主义教育体系中的核心概念，他把教育视为从已知经验到未知经验的连续过程，这种过程不是教给儿童既有的科学知识，而是让他们在活动中不断增加经验，经验的获得离不开儿童的亲身活动，由此杜威又提出了另一个教育基本原则——“从做中学”，他认为这是教学的中心原则；

（2）杜威关于教育目的的见解

基于教育即生长、生活，即经验不断改造的理论，杜威提出，教育是一种过程，除这一过程自身发展以外，教育是没有目的的。

（3）杜威关于课程与教材的见解

杜威从批判传统教育以课堂为中心的课程、教材观点出发，批判了传统教育对儿童的压制，他认为，课程与教材必须建立在社会生活经验的基础上，必须站在儿童的立场上，并且以儿童为出发点来考虑，提出了“从做中学”为中心的活动性和经验性的课程论思想，主张以活动作业取代传统的书本式教材，主张以“教材心理化”来使儿童同时获得直接经验和间接经验。

（4）杜威论思维与教学方法

杜威从批判传统教育的形式主义教育方法出发，提倡反省思维，即指对某个经验情境中的问题进行反复的、严肃的、持续不断的思考，其功能在于求得一个新情境，把困难解决、疑虑排除、问题解答。杜威因此提出了著名的解决问题的“五步教学法”：第一，学生要有一个真实的经验的情境；第二，在这个情境内部产生一个真实的问题；第三，占有必须的知识和材料，进行必要的观察；第四，提出解决问题的种种方法；第五，对方法进行检验。也可以简单概括为：情境—问题—资料—方法—检验。当然，杜威认为，教师在教学中可根据具体情况省略其中的某个步骤。

（5）杜威论道德教育

杜威认为道德教育的主要任务是协调个人与社会的关系，他提倡与人合作的新个人主义，重视理智的作用。道德教育的目的就是要培育出这样一种人——时代的新人，这种人不会因追逐个人私利而不顾公利，也并不头脑僵化、固守成规而对变动不居的社会熟视无睹。在实施德育方面，他主张在社会性的情境中实施道德教育。杜威要求学校生活、教材、教法皆应渗透社会精神，视学校生活、教材、教法为“学校道德之三位一体”，这三者都是道德教育的重要途径。

综上所述，杜威的教育思想始终围绕着“儿童中心”，以“做中学”的方式展开，依次形成了以生长为教育目的，以活动为课程，以反省为思维基础的教学方法这样一个实用主义的教学思想体系。提倡教育的实用性，强调教育的实行，固然有很大的积极意义，但是杜威教育思想中的一些不足和矛盾也是值得我们深思的。

2010年曲阜师范大学教育综合真题

一、简答题(每小题10分，共60分)

1. 为什么说学校教育在人的身心发展起主导作用?
2. 简述文化对教育发展的影响和制约作用。
3. 简述教师专业化的内涵。
4. 简述1958年美国《国防教育法》的基本内容和意义。
5. 简述马卡连柯的“平行教育影响”理论。
6. 简述裴斯泰洛齐的要素教育论。

二、分析论述题(每小题30分，共90分)

1. 试分析论述教育的优先发展战略。

2. 试对陶行知的“生活教育”理论进行分析和评述。

3. 有人说：“现在是建构主义学习时代了，结构主义学习理论落后了”。试评论此观点。

2010年曲阜师范大学教育综合真题详解

一、简答题

1.【解析】教育，特别是学校教育，对年轻一代起着主导作用。其主要的观点是：教育是一种有目的的培养人的活动，它规定着人的发展方向；教育特别是学校教育给人的影响比较全面、系统和深刻；青少年的身心发展特点决定了学校教育所发挥的作用是主导作用。

总之，在人的一生当中青少年是最需要受教育也是最适合受教育的时期。青少年时期正是长身体、长知识和世界观，价值观逐步形成的重要时期。他们的知识欠缺，经验不足，独立思考问题和判断是非的能力差，具有较强的可塑性，并且需要教育的正确引导。

2.【解析】每个民族都有自己特定的文化传统，即民族思想信念、道德观念、价值取向、风俗习惯及思维和生活方式等。这些对教育具有强烈的影响作用。

第一，因为文化传统特别是优秀的文化传统，需要通过教育传递，这样必然影响社会对教育内容的选择。因此文化传统对教育传递的具体内容具有制约和影响作用。

第二，民族文化传统的核心，即价值观念和取向将极大影响人们对现代教育目的的确定、教育地位的认识及教育内容、手段和方法的选择。

第三，文化传统也会直接影响学校教育的课程结构和教育内容，必然会促进学校教育内容的丰富和课程结构的变化。

3.【解析】教师专业化是指教师职业具有自己独特的职业要求和职业条件，有专门的培养制度和管理制度。它包括了以下四个方面的基本含义：①教师专业既包括学科专业性，也包括教育性，国家对教师任职既有规定的学历标准，也有必要的教育知识、教育能力和职业道德的要求；②国家有教师教育的专门机构、专门教育内容和措施；③国家有对教师资格和教师教育机构的认定制度和管理制度；④教师专业发展是一个持续不断的过程，教师专业化也是一个发展的概念，既是一种状态，又是一个不断深化的过程。

4.【解析】进入50年代以后，随着国内和国际形势的发展，美国教育上又面临着改革。1957年，前苏联卫星上天后，美国朝野极为震惊，改革教育的呼声更加高涨。1958年9月2日，美国总统亲自批准颁布了《国防教育法》，该法案共10章，主要内容有：加强普通学校的自然科学、数学和现代外语（即“新三艺”）的教学；加强职业技术教育；加强“天才教育”；增拨大量教育经费，作为对各级学校的财政援助。以后，《国防教育法》的内容又不断得到修正。

《国防教育法》是作为改革美国教育、加快人才培养的紧急措施推出的，法案冠以“国防”二字足以说明美国当局对这次改革十分重视，认识到教育在国际竞争中的重要性，教育与国家的安危和国家的前途命运息息相关。该法的颁布有利于美国教育的发展，有利于教育质量的提高，有利于培养科技人才。

5.【解析】(1) 马卡连柯是前苏联早期著名教育理论家、实践家、集体教育的倡导者。马卡连柯集体教育的核心思想是“通过集体，在集体中，为了集体”，即教育工作的对象是集体，教育的主要方式是集体教育。集体教育原则又叫做“平行教育影响”原则，意思是教师对集体和集体中的每一个成员的影响是同时的，教师和整个班集体对每个成员的影响是同时的。

（2）马卡连柯认为，集体与个人两者关系密切，可以同时作为教育对象。他说："每当我们给个人一种影响的时候，这影响必定同时应当是给集体的一种影响。相反地，每当我们涉及集体的时候，同时也应当成为对于组成集体的每一个人的教育。"马卡连柯后来用"平行教育思想"来概括上述思想，强调教育个人和教育集体的活动应该同时进行，每一项针对集体开展的教育活动应收到既教育集体又教育个人的效果。

6.【解析】要素教育论是他基于教育心理学化理论对初等教育内容和方法的重要论述。基本思想是认为初等学校的各种教育都应从最简单的要素开始，然后逐渐转到日益复杂的要素，以便循序渐进促进人的和谐发展。致力于探索要素教育的原因是，一方面基于他认为儿童天赋能力和力量的发展有其自然顺序，另一方面是为了使广大劳动人民都能受到更加简单有效的教育。

裴斯泰洛齐详细论述了智育、德育、体育及劳动教育中的要素问题。

（1）智育

智力的要素是整个要素教育的核心，儿童智力的最初萌芽是对事物的感觉和观察能力，这种能力的萌芽由于眼前事物的最基本最简单的外部特征相统一，这就是事物的数目、形状、名称。儿童要认识这三个要素，必须具备相应的三种能力，即确定事物数量的计算能力，区分事物形状的测量能力，表达事物数、形及名称的语言能力。培养这三种能力的学科是算数、几何与语文。

（2）体育

体力的萌芽在于儿童身体各关节的活动，因而关节活动是体育的最基本的要素；体育教学必须依据儿童日常生活中的各种最简单的动作进行。劳动中的许多简单的动作要素都与身体运动分不开，通过这些动作训练发展儿童的体力，也可以让儿童掌握一些基本的劳动技能，并且这些训练应该与感觉训练和思维训练结合起来。

（3）道德教育

道德教育的最基本的要素是爱，而儿童的爱最初表现为对母亲的爱，即对母亲的深厚感情，然后由爱母亲扩展到爱父亲、爱家人、爱周围的人，乃至爱全人类。

裴斯泰洛齐认为德育的最基本的要素是儿童对母亲的爱；智育的最基本的要素是数目、形状和语言；体育的最基本的要素是各种关节的活动。

二、分析论述题

1.【解析】(1)对于教育与经济发展关系有几种不同的说法：一是教育先行论，即首先发展教育而后再发展经济，在教育投资上应高于国家财政经常性支出的比例；二是教育与经济同步论，使教育事业发展在人才培养上要兼顾经济建设近期和远期需要；三是教育滞后论，即教育发展落后于经济增长的速度和比例。无论哪种理论，如果不讲在一定的条件下，或在特定意义上，片面强调某一方面，都是不符合教育与经济发展具有相互依存、相互促进和相互制约辩证关系的，也是违背经济与教育之间辩证发展客观规律的。

(2)教育与经济发展虽然具有间接关系和直接关系，但它们之间的关系除表现为相互影响、相互作用之外，还表现为相互制约的关系。因为，经济发展只能提供它的物质资料的一部分用于发展教育事业，教育在使用这些经济条件时，需要同其他部门的物质资料和经济条件相互协调和平衡。同时，教育对经济发展作用具有周期性长、发展作用迟缓的特点，也就是说在短期内教育不仅不能立刻满足经济上的需要，而且还要占用一部分强壮劳动力，延缓一部分劳动力直接从事物质生产活动。因此，在处理教育与经济发展关系时期，既要考虑经济发展水平，实事求是地追加教育投资，发展教育事业，又要克服只顾眼前短期经济利益，忽视教育对经济发展的长期性、迟效性作用的观点，要用发展的观点看待教育对经济增长的作用。

（3）教育是否能抓好，直接影响到国家的综合经济实力。各国之间综合经济实力的竞争，实质上是科技和人才的竞争，社会的进步主要依赖于技术的进步和知识的力量，科技进步已成为推动经济发展的重要因素。科技的获得有许多途径，但最根本的一条是要有源源不断的科技人才，进行发明、创造、运用。教育跟不上，科技人才就没有保障，即使引进再先进的技术工艺，都无法使用，更谈不上与他国在综合经济实力上的竞争了。因此我们提出了教育先行的国策。

（4）我国的教育优先发展战略思想的提出经历了一个漫长的过程。1982 年中共十二大报告第一次把教育列为经济发展的战略重点之一。1987 年中共十三大报告明确提出："百年大计，教育为本。"强调教育的突出战略位置。1992 年中共十四大报告强调："我们必须把教育摆在优先发展的战略地位。"1995 年《中共中央国务院关于加速科学技术进步的决定》，首次提出在全国实施科教兴国的战略。1997 年中共十五大报告指出："要切实把教育摆在优先发展的战略地位，尊师重教，加强师资队伍建设。"2002 年党的十六大报告指出："教育是发展科学技术和培养人才的基础，在现代化建设中具有先导性、全局性作用，必须摆在优先发展的战略地位。"教育在社会发展中的地位逐步得到加强。

但是，提出教育先行只是为了突出教育在整个国家、民族发展中的重要意义，并不是忽视经济的基础性作用。在重视教育发展的同时，更应该重视经济的发展战略性作用，从而为教育提供物质保障。

2.【解析】"生活教育"从定义上说，是给生活以教育，为生活向前向上的需要而教育。从生活与教育的关系来说，是生活决定教育。从效力上说，是教育要通过生活才能发生力量而成为真正的教育。生活教育理论是陶行知教育思想的主线和重要基石，主要包括生活即教育、社会即学校、教学做合一三个方面。陶行知主张教育同实际生活相联系，反对死读书，注重培养儿童的创造性和独立工作能力。

（1）生活即教育，是生活教育理论的核心，其内涵为：①生活含有教育的意义。从生活横向展开看，过什么样的生活便是在受什么样的教育；从生活的纵向看，生活伴随人始终，教育也伴随人始终。②实际生活是教育的中心。教育不能脱离生活，教育要通过生活来进行，无论教育内容还是教育方法都要根据生活需要。③生活决定教育，教育改造生活。教育的目的、内容、原则、方法都是为生活所决定。而教育通过改造人发挥其改造社会和个人生活的功能。"生活教育"反对的是脱离生活而以书本为中心的教育。

（2）社会即学校，是"生活即教育"思想在学校与社会关系问题上的具体化。其内涵为：①社会含有学校的意味，或以社会为学校。一方面，传统教育与社会隔绝，是"死教育、死学校、死书本"。"学校即社会"虽使社会生活进入学校，但仍嫌不够。不如拆去学校与社会之间的围墙，让学校延伸到社会与自然。另一方面，劳动人民难以进入学校课程，社会就是"大众唯一的学校"。②学校含有社会的意味。一方面运用社会力量使学校进步，另一方面运用学校的力量使社会进步。"学校即社会"反对的是将学校与社会生活隔绝的教育。

社会即学校扩大了学校的内涵和作用，对传统的学校观、教育观有所改变，使劳苦大众能够受到起码的教育，渗透着普及民众教育的苦心。

（3）教学做合一，是"生活即教育"在教学方法问题上的具体化。其内涵为：①"在劳力上劳心”，破除传统教育下劳心与劳力的分离现象，教劳心者劳力——读书的人做工，教劳力者劳心——做工的人读书，使人人都“手脑双挥”。②“行是知之始”，破除只从读书、听讲求知识的教育，从做入手求知识、求创造。③有教先学，有学有教。④反对注入式教学，教服从于学，教、学又服从于做。“教学做合一”反对的是不顾学的教，不顾做的教、学。生活教育理论是对学校与社会隔绝、书本与生活脱节、劳心与劳力分离的传统教育的反对，提倡的是生活的、行动的、大众的和创造的教育。

陶行知先生的“生活教育”理论：“生活即教育”的教育形式，“社会即学校”、“教学做合一”的教育思想无一不是中华民族教育宝库中的无价之宝，开创了适合中国国情的现代教育新路，为当代中国的素质教育、创新教育、终身教育等教育理论奠定了基础，具有重要的现实意义。在当今新课改背景下，陶行知的生活教育思想对教育的参考意义更是不言而喻。

3.【解析】建构主义的兴起是教育心理学和学习理论领域正在发生的一场革命，作为一种新兴事务，它身上有很多优秀的、创新的地方，但是由于它正处于发展的过程中，尚未达到完善的境地；而结构主义学习作为长期以来为我们肯定的学习模式，有其独特的长处，尽管时代发展了，对于传统我们还是不能一概否认，应合理地取长补短。

结构主义和建构主义教学思想都主张学生的主动学习。结构主义虽然强调的是学生学习已有的人类普遍知识，但并不是主张灌输、被动接受，而是主张学生积极、主动地去学习，去吸收书本上的知识。结构主义者认为尽管学生学习的内容都是人类已经知晓的事物，但如果这些知识是依靠学生自己的力量引发出来的，那么对学生来说仍然是一种“发现”。可以看出，结构主义与建构主义的分歧在于一个强度学生主动性的“度”和“面”，即：要把学生的主动性发挥到什么程度，要把这种主动性渗透在学习过程的那些方面；而不是在于是否强调学生的主动。

建构主义强调学生的先前经验，反对绝对的“真理”，强调每一个学习者，建构主义对教师角色的定位很有助于发展学生自我探索能力。但一旦学生都从自己的立场出发建构自己的知识，寻找自己的真理，那么人类社会的优秀文化、真理就无法得到普遍的认同和肯定，并且在这种模式教学下，学生很难掌握完整的、系统的知识，难保学习的片面或走了许多弯路。

结构主义则刚好弥补了建构主义的这些问题，以学生主动发现学习为教学法则，教师在教学中充当学习的设计者和指导者，为学生提供完整、丰富的材料，这样就确保学生学到系统的知识，不用走前人的老路去寻找已有的真理；然而，同样地，反过来，结构主义在注重学生先前经验、发挥学生主动、提倡学生主导方面做得较差。

综上所述，对于结构主义和建构主义“孰好孰坏”，我们不能一概而论，他们各自都有各自的弊端，而且在很多方面二者应当相互补充，相互磨合。在新兴思想风起云涌的今天，我们不能盲目的求新而把传统的东西一概否定，要认真分析各自的优缺点，合理地把握运用各种理论中有益于我们的教育教学发展的观念。

2010 年华中师范大学教育综合真题

一、名词解释（共 6 小题，每小题 5 分，共 30 分）

1. 学校教育
2. 教育目的
3. 讲授法

4. 学记

5. 道尔顿制

6. 元知论

二、简答题(共4小题，每小题10分，共40分)

1. 简述教育的相对独立性。

2. 简述上好一堂课的要求。

3. 简述教师劳动的特点。

4. 简述影响学习的动机。

三、分析论述题(共4小题，每小题20分，共80分)

1. 试述人的发展的规律性及其教育学意义。

2. 试述朱子读书法及其当代意义。

3. 苏霍姆林斯基的个性全面和谐发展教育思想评述。

4. 联系实际论述问题解决能力的培养。

2010年华中师范大学教育综合真题详解

一、名词解释

1.【解析】学校教育是由专职人员和专门机构承担的有目的、有系统、有组织的，以影响受教育学校教育者的身心发展为直接目标的社会活动。学校教育是与社会教育相对的概念。专指受教育者在各类学校内所接受的各种教育活动。是教育制度重要组成部分。一般说来，学校教育包括初等教育、中等教育和高等教育。

2.【解析】教育目的即指教育要达到的预期结果，反映对教育在人的培养规格标准、努力方向和社会倾向性等方面的要求。狭义的教育目的特指一定社会(国家或地区)为所属各级各类教育人才培养所确立的总体要求；广义的教育目的是指对教育活动具有指向作用的目的领域，含有不同层次预期实现的目标系列。它不仅标志着一定社会(国家或地区)对教育培养人的要求，也标示着教育活动的方向和目标，是教育活动的出发点和归宿。

3.【解析】讲授法是教师通过语言系统连贯地向学生传授科学文化知识、思想理念，并促进他们的智能与品德发展的方法。讲授法可分为讲读、讲述、讲解和讲演四种。讲授法的基本要求如下：(1)讲授内容要有科学性、系统性、思想性、启发性、趣味性；(2)要讲究讲授的策略与方式；(3)要讲究语言艺术。

4.【解析】《学记》是《礼记》中的一篇，是中国古代最早的一篇专门论述教育、教学问题的论著，被认为是“教育学的雏形”。《学记》是先秦时期儒家教育和教学活动的理论总结，它主要论述教育的具体实施，侧重于说明教学过程中的各种关系。其中的内容主要包括教育的作用和目的，教育制度和学校管理，教育教学的原则和方法等几大部分。其中论述的主要教育原则有“预、时、逊、摩”、“长善救失”、“启发诱导”、“藏息相辅”和教学相长。

5.【解析】道尔顿制是美国进步主义教育家帕克赫斯特针对班级授课制的弊端创始的一种个别教学制度。主要内容包括以下几点：(1)在学校里废除课堂教学，废除课程表和年级制，代之以“公约”或合同式的学习。(2)将各教室改为各科作业室或实验室，按学科的性质陈列参考用书和实验仪器，供学生学习之用。各作业室配有该科教师一人负责指导学生。(3)用“表格法”来了解学生的学习进度，既可增强学生学习的动力，也可使学生管理简单化。道尔顿制的两个重要原则是自由与合作。要使儿童自由学习，允许他们根据自己的需要安排学习，养成独立工作的能力。它还强调师生之间、学生之间的合作，以培养学生的社会意识。

6.【解析】元认知策略主要有元认知计划策略、监控策略、认知调节策略。元认知计划策略是指根据认知活动的特定目标在认知活动开始前计划好活动的程序，想象出活动中会出现的问题及其解决方法，预计活动的结果并估计其有效性的策略。元认知监控策略是指学习者对自己应用策略的情况进行监控，保证该策略在学习过程中有效进行的策略。元认知调节策略是指根据对认知活动结构的检查，对发现的问题进行及时弥补，及时修正和调整认知策略的策略。

二、简答题

1.【解析】教育的相对独立性是教育的基本属性之一。它是指教育在一定范围内、一定程度上具有独立于政治、经济等其他社会现象的属性。主要表现为教育是培养人的活动，通过培养人作用于社会。教育有自身的活动特点、规律和原理。教育的发展也具有自身的传统和连续性。我们要重视教育的相对独立性，我们在研究中重视教育自身的规律。在实践中，还要发展坚持教育自己的独立品格，不完全依附于政治和经济。

2.【解析】提高教学质量的关键是上好课。怎样才能上好每一堂课呢？无疑，必须以现代教学理念为指导，遵循教学规律，全面贯彻教学原则，善于科学而灵活地运用各种教学方法，此外，还要注意下述要求：①明确教学目的。这是上好一堂课的前提；②保证教学的科学性与思想性。这是上好一堂课的基本的质量要求；③调动学生的学习积极性。这是上好一堂课的内在动力；④解决学生的疑难，促进他们的发展。这是上好一堂课的关键；⑤组织好教学活动。这是上好一堂课的保障；⑥布置好课外作业。

3.【解析】教师劳动的特点主要包括以下几个方面：

(1) 复杂性。教师劳动的复杂性，首先是由教育对象的复杂性决定的。教育对象是人，人的成长因素是多方面的，它包括遗传、环境、教育与人的自觉能动性因素，哪一方面受到忽视，都可能给青少年成长带来损失。教师劳动的复杂性也是由教育过程、教育方法和教育手段的复杂性决定的。

(2) 示范性。教育是培养人的活动这一本质特点决定了教师的劳动必须带有强烈的示范性。教师的劳动之所有具有示范性，还在于模仿是青少年学生的一个重要学习方式。

(3) 创造性。一般来说，任何一种劳动都需要有一定的创造性，但教师的劳动则要求有更灵活的创造性。教育是一种培养人的活动，它需要按照一定社会的要求有目的有计划地进行，但它决不能单纯模仿或机械重复，教师要根据自己对教育方针、培养目标以及教材的理解，针对教育对象的不同特点和普遍规律，选择最能奏效的方法与途径来实现教育的目的，以培养学生的创造需要、创造品格、创造性思维能力，从而表现教师劳动的创造性。

(4) 长期性。培养人是一个长期的过程。某一种行为、习惯的养成，一种缺点的克服等，都需要教师付出长期的大量劳动，这也正是教师劳动的艰苦性之所在。

(5) 专业性。教师劳动的专业性突出表现在教师对育人的崇高敬业精神和道德修养上，对教育教学专门化知识和技能的掌握和教育活动的自主权上。

4.【解析】影响学习的动机：

(一) 内部条件

学习动机既然是学习的内部动因，是客观的学习要求在学生头脑中的反映，那么，首先要看到，内部条件在学习动机形成中是最初要注意到的。外因通过内因而起作用，那么就要了解这个对象的内因。

(1) 学生的自身需要与目标结构

在社会实践中，由于每个人的生活和经历各不相同，形成了个人独特的需要和认知事物的方式。从而反映在学习动机上的认知和求知需要也多种多样，由于每个人在需要的强度和水平上不尽相同，反映在学习上动机的强度和水平也就有很大的差异。

(2) 成熟与年龄特点

在各种动机表现中可见，幼年的孩子对于社会的影响、家长的过高要求常常是不予理睬的。按照马斯洛的理论：小孩子对生理安全过分关注，而大孩子对社会影响，如教师、家长的期望等比较在意。

(3) 学生的性格特征和个别差异

学生本人的兴趣爱好、好奇心、意志品质都影响着学习动机的形成。

(4) 学生的志向水平和价值观

学习动机与理想是紧密联系的，因此，学生整个人生观、世界观、价值观所直接反映的理想情况或志向水平影响着学习动机和目标结构的形成。理想水平高，学习的动机就强。

(5) 学生的焦虑程度

焦虑指学生在担心不能成功地完成任务时产生的不舒适、紧张、担忧的感觉。焦虑水平不仅影响着学习的动机，更会影响学生的学业成绩。

(二) 外部条件

(1) 家庭环境与社会舆论。

(2) 教师的榜样作用。

此外，教师不仅有榜样作用，他还是沟通社会、学校的要求与学生的成长，形成正确动机的纽带，要善于把各种外部因素和学生的内部因素结合起来。学习动机的培养和激发，主要是通过教师的工作，配合各方面力量去完成的。

三、分析论述题

1.【解析】从形式上看，人的发展的规律性主要表现为人的发展的顺序性、不平衡性、阶段性、个别差异性和整体性。这些规律性具有重要的教育学意义，是教育工作必须遵循的规律性。

(1) 顺序性

在正常情况下，人的发展具有一定的方向性和先后顺序，既不能逾越，也不会逆向发展。就心理而言，儿童的发展总是从无意注意到有意注意，从机械记忆到意义记忆，从具体形象思维到抽象逻辑思维，从喜怒哀乐等一般情绪发展到道德感、理智感、美感等高级情感。人的发展的顺序性要求教育要循序渐进地促进学生的发展。

(2) 不平衡性

人的发展并不总是按相同的速度直线前进的，不同系统的发展速度、起始时间、达到的成熟水平是不同的；同一机能系统特性在发展的不同时期(年龄阶段)有不同的发展速率。人的发展的不平衡性要求教育要掌握和利用人的发展的成熟机制，抓住发展的关键期，不失时机地采取有效措施，促进学生健康发展。

(3) 阶段性

人的发展变化既体现出量的积累，又表现出质的飞跃。当某些代表新质要素的量积累到一定程度时，就会导致质的飞跃，即表现为发展的阶段性。在个体发展的不同阶段，会表现出不同的年龄特征及主要矛盾，面临着不同的发展任务。人的发展的阶段性要求教育要从学生的实际出发，尊重不同年龄阶段学生的特点，并根据这些特点提出不同的发展任务，采用不同的教育内容和方法，进行有针对性的教育。

(4) 个别差异性

尽管正常人的发展要经历一些共同的基本阶段，但个别差异仍然非常明显，每个人的发展优势(方向)、发展的速度、高度(达到的水平)往往是千差万别的。正是由于这些差别，才构成了多姿多彩的人类世界。人的发展的个别差异性要求教育必须深入了解学生，针对学生不同的发展水平以及不同的兴趣、爱好和特长进行因材施教，引导学生扬长避短、发展个性，促进学生自由地发展。

(5) 整体性

教育面对的是一个个活生生的、整体的人，他们既具有生物性和社会性，还表现出个体的独特性。不从整体上把握教育对象的特征，就无法教育人。事实上，人的生理、心理和社会性等方面的发展是密切地联系在一起的，并在人的发展过程中相互作用，使人的发展表现出明显的整体性。人的发展的整体性要求教育要把学生看作复杂的整体，促进学生在体、智、德、美等方面全面和谐地发展，把学生培养成为完整和完善的人。

2.【解析】朱熹对于如何读书提出了许多精辟的见解，他的弟子将其概括为“朱子读书法”六条。

(1) 循序渐进。包含三个意思：第一，读书应该按一定次序，不要颠倒；第二，应根据自己的实际情况和能力，安排读书计划并切实遵守；第三，读书要扎扎实实打好基础，不可囫囵吞枣，急于求成。

(2) 熟读精思。读书要熟读成诵，又要精于思考，精思就是要从无疑到有疑再到解疑的过程。

(3) 虚心涵泳。所谓“虚心”，是指读书时要虚怀若谷，精心思虑，仔细体会书中的意思，不要先入为主，牵强附会；所谓“涵泳”是指读书时要反复咀嚼，细心玩味。

(4) 切己体察。读书不能仅仅停留在书本上，口头上，而必须见之于自己的实际行动，要身体力行。

(5) 着紧用力。其一，必须抓紧时间，发愤忘食。反对悠悠然；其二，必须抖擞精神，勇猛奋发，反对松松垮垮。

(6) 居敬持志。这不仅是朱熹道德修养的重要方法，也是他最重要的读书法。“居敬”就是读书时精神专一，注意力集中；所谓“持志”就是要树立远大的志向，高尚的目标，并要以顽强的毅力长期坚持。

“朱子读书法”六条在当今社会，对于学生读书、教师治学和指导学生学习仍具有广泛的应用价值，具有很重要的现代意义。主要归纳为启发式教学的教与学，学以致道式的知与行，虚心修为好和勤奋持衡的道德观与学习观三个部分，其深刻地影响了当代教学模式，并给后人提供了宝贵的意见和令人反思的教育价值。

3.【解析】苏霍姆林斯基是前苏联当代著名的教育实践家和教育理论家，世界著名的教育学者。他形成了独具特色的教学思想体系，其中最出名的是个性全面和谐发展的教育理论。

他认为学校教育的理想是培养全面和谐发展的人，社会进步的积极参与者；为了培养全面和谐发展的人，必须在整个教育过程中实施和谐的教育，即把人对客观世界的认识和个人的自我表现结合起来，使二者达到一种平衡；苏霍姆林斯基认为，还应从德育、智育、体育、劳动教育相互联系、相互渗透的整体观点出发进行教育。

苏霍姆林斯基的理论研究是与教育、教学实践密切结合的，并且他注意总结历史经验并得到了比较正确的结论，而对辩证唯物主义方法论与马克思列宁主义教育基本原理的深入掌握和运用，是使他在教育理论研究与教育实践中取得辉煌成就最重要的保证。苏霍姆林斯基曾被誉为“教育思想泰斗”。

【科兴点评】具体内容考生可以根据自己的理解进行阐述。

4.【解析】问题解决是一种以目标定向的搜寻问题空间的认知过程。其中原有知识经验和当前问题的组成成分必须重新改组、转换或联合，才能达到既定目标。在实际教学中，我们一般从以下几个方面着手来培养学生的问题解决能力：

(1) 充分利用已有经验，形成知识结构体系

知识和能力内在关系的规律揭示学生问题解决能力的培养提高受制于两个因素，一个是教师对学生知识基础状况的精确洞察和把握，另一个是在此基础上为学生解决问题提供的知识准备。

(2) 分析问题的构成，把握问题解决规律

教学生分析问题是解决问题的第一步。对问题解决规律的把握也是解决问题的关键。

(3) 开展研究性学习，发挥学生的主动性

所谓研究性学习，就是在教学过程中创设一种类似科学研究的情境和途径，让学生在教师的引导下，从学习、生活及社会生中去选择和确定研究专题，用类似科学研究的方式，主动地探索、发现和体验。

(4) 教师问题解决策略，灵活变换问题

先让学生判断用算法式还是启发式，培养起判断力。教授常用的启发法：手段-目的分析法；逆向反推法；类比思维。

(5) 允许学生大胆猜想，鼓励实践验证

在解题中，教师要鼓励学生对问题大胆猜想，多向思考。合理、科学地猜想是直觉思维的重要形式，也是科学发现的重要途径。因此，在教学中，要根据教材编写的特点和学生的认识规律，引导学生开动脑筋，激发学生猜想的欲望，培养学生猜想的兴趣，鼓励学生勤于观察，大胆猜想，允许学生提出各种“异议”，启发学生进行多向猜测，多向思考。

此外，教师还要鼓励学生对自己的猜想进行实践验证。学生在实践中一方面对自己的猜想进行进一步分析判断，从而验证猜想是否正确；另一方面，能够进一步调动学生解决问题的主动性和积极性。

2011 年真题

2011 年华东师范大学教育综合真题

一、名词解释(每题 5 分，共 30 分)

1. 教育先行
2. 教育目的的社会本位论
3. 终身教育
4. 教师专业性发展
5. 最近发展区
6. 先行组织者

二、简答题(每题 10 分，共 40 分)

1. 简述活动课程特点。
2. 简述集体中教育原则。
3. 简述陶行知“生活教育”。
4. 简述人文主义教育特征。

三、论述题(每题 20 分，共 80 分)

1. 试述班级授课制优缺点及教学组织形式改革方向。
2. 评述韩愈《师说》中的教师观。
3. 评述赫尔巴特课程理论。
4. 试述精细加工策略及其教学要求。

2011 年华东师范大学教育综合真题详解

一、名词解释

1.【解析】教育先行就是要求教育要面向未来，使教育在适应现存生产力和政治经济发展水平的基础上，适当超前于社会生产力和政治经济的发展，其中一是教育投资增长速度应当超过经济增长速度；二是在人才培养上要兼顾社会主义现代化建设近期与远期的需要，目标、内容等方面适应超前。

2.【解析】社会本位论者认为，教育目的是由社会的需要所决定的，培养社会所需要的人就是教育要追求的根本目的，教育应该按照社会对个人的要求来设计。社会本位论主要有以下观点：(1)个人的一切发展都有赖于社会，都受到社会的制约；(2)教育除了满足社会需要以外并无其他目的；(3)教育的结果或效果是以其社会功能发挥的程度来衡量的。

【科兴点评】作为名词解释和简答题只要答出理论的内容即可，但如果是以分析论述题的形式出现则一定要对这一理论进行评价。

3.【解析】终身教育是20世纪50年代中期产生于法国的一种理论，60年代后在世界上得到了广泛的传播。终身教育的主要代表人物是法国成人教育理论家和活动家朗格郎。终身教育理论的观点主要有：(1)教育应该能够在每一个人需要的任何时刻以最好的方式提供必需的知识和技能。(2)终身教育包括了教育的各个方面、各项内容，从一个人出生的那一刻起一直到生命终结时为止的不间断的发展，包括一切正规教育、非正规教育以及非正式教育，也包括了教育发展过程中的各个阶段之间的紧密而有机的内在联系。(3)终身教育是现代社会的需要；终身教育没有固定的内容和方法；终身教育是未来教育发展的战略，对于实现教育机会均等和建立学习化社会有积极意义。

4.【解析】教师专业化发展是指教师作为专业人员，在专业思想、专业知识、专业能力等方面不断发展和完善的过程，即是专业新手到专家型教师的过程。主要包括教师专业理想的建立、专业知识的拓展与深化、专业能力的提高、自我的形成。教师专业发展的途径主要有：师范教育、教师发展学校、校本培训(为了学校、基于学校、在学校中)、反思性教学和教师行动研究等。

5.【解析】维果茨基认为，在进行教学时，必须注意到儿童有两种发展水平：一种是儿童的现有发展水平；另一种是即将达到的发展水平。维果茨基把两种水平之间的差异称为“最近发展区”，即独立解决问题的真实发展水平和在成人指导下或与其他儿童合作情况下解决问题的潜在发展水平之间的差距。维果茨基认为，弄清楚儿童发展的两种水平，即最近发展区，将会大大提高教学对儿童心理发展的作用。

6.【解析】先行组织者是美国著名心理学家奥苏泊尔在1960年提出的一个教育心理学的重要概念。先行组织者是先于学习任务本身呈现的一种引导性材料。它要比学习任务本身具有更高的抽象、概括和包容水平，并且能清晰地与认知结构中原有的观念和学习任务关联。

先行组织者主要包括陈述性组织者和比较性组织者两种。前者的目的在于为新的学习提供最适当的类属者。后者是比较新材料和认知结构中相类似的材料，目的在于增加新旧知识的可辨别性。

二、简答题

1.【解析】活动课程的特点是：重视儿童的兴趣、需要、能力和阅历，以及儿童在学习中的自我指导作用与内在动力；注重引导儿童从做中学，通过探究、交往、合作等活动使学生的经验得到改组与改造，智能与品德得到养成与提高；强调解决问题的动态活动的过程，注重教学活动过程的灵活性、综合性、形成性，因人而异的弹性，以及把课程资源作为解决问题的工具，反对预先确定目标的观念。但是活动课程不重视系统的科学文化知识的教学和严格而确定的目的与任务的达成；过于重视灵活性，缺乏规范性，其教学过程不易理性地引导，存在较大难度；对教师要求过高，不易实施与落实，也极易产生偏差，学生也往往学不到预期的系统的科学基础知识。

【相关链接】学科课程的特点是：重视成人生活的分析及其对儿童为适应未来社会生活需要所做准备的要求，有明确的目的与目标；能够按照人类整理的科学文化知识的逻辑系统，结合学生心身发展的特点，预先选定课程及内容、编制好教材，便于师生分科而循序渐进地进行教学；强调课程与教材的内在的伦理精神价值和智能训练价值，对学生的发展有潜在的定向的质量要求。但是，学科课程是一种静态的、预先计划和确定好了的课程与教材，完全依据成人生活的需要，为遥远未来做准备，往往忽视儿童现实的兴趣与欲求，极易与学生的生活与经验脱节，导致强迫命令，学生被动、消极，造成死记硬背等弊端，值得我们警惕和改正。活动课程与学科课程相对立，它打破学科逻辑系统的界限，是以学生的兴趣、需要、经验和能力为基础，通过引导学生自己组织的有目的的活动系列而编制的课程。亦称经验课程，或儿童中心课程。

2.【解析】在集体中教育原则是指进行德育有赖于学生的社会交往、共同活动，注意依靠学生集体，通过社会交往和集体活动进行教育，充分发挥学生集体在教育中的巨大作用。贯彻在集体中教育原则的基本要求如下：

（1）引导学生关心、热爱集体，为建设良好的集体而努力；

（2）通过集体教育学生个人，通过学生个人转变影响集体；

（3）把教师的主导作用与集体的教育力量结合起来。

【科兴点评】本体可结合具体的德育案例来展开谈，从德育的原则这一角度来阐明在集体中教育原则的内涵。

3.【解析】“生活教育”理论是陶行知教育思想的核心，包括三个基本命题。

（1）生活即教育。

首先，生活含有教育的意义。从生活的横向展开来说，过什么生活就是受什么教育；从生活的纵向发展来说，生活伴随人生命的始终，教育也是如此。其次，实际生活是教育的中心。教育要通过生活来进行，无论教育内容还是教育方法，都要根据生活需要，与生活一致。再次，生活决定教育，教育改造生活。

（2）社会即学校。

一方面，社会含有学校的意味，或者说以社会为学校，需要拆除学校与社会和自然之间的高墙。同时，劳苦大众只能在社会这所大学校中受到教育。另一方面，学校含有社会的意味。社会的力量帮助学校进步；而学校的力量也帮助社会进步。

（3）教学做合一。

首先，要“在劳力上劳心”做到“手脑双挥”。其次，懂得行动是知识的来源。再次，要求做到“有教先学”和“有学有教”，即：教人者先教己，教人者还要“为教而学”；即知即传。最后，反对注入式教学法。

从思想背景来说，“生活教育”理论深受杜威实用主义教育思想的影响。“生活教育”理论也是在批判传统教育的过程中发展起来的，目的是要摆脱传统“读死书，死读书，读书死”的教育。

4.【解析】（1）人本主义。在培养目标上注重个性发展，在教学方法上反对禁欲主义，尊重儿童天性，坚信教育可以重塑个人、改造社会和自然，这些都表现出人本主义的内涵，人的力量、人的价值被充分肯定。

（2）古典主义。人本主义教育实践尤其是课程设置具有古典性质，并非纯粹的“复古”，而是古为今用，托古改制。

（3）世俗性。不论从教育目的还是课程设置等方面看，都充满浓厚的世俗精神，教育更关注今生而非来世，这是与中世纪教育的根本区别。

（4）宗教性。仍具有宗教性，几乎所有的人文主义都信仰上帝，虽然他们抨击天主教会的弊端，但不反对宗教也不打算消灭宗教，他们希冀以世俗和人文精神改造中世纪宗教的陈腐专横。

(5) 贵族型。这是由文艺复兴运动的性质(非大众运动)所决定的，人文主义教育的对象主要是上层子弟；教育的形式多为宫廷教育和家庭教育而非大众教育的形式；教育的目的主要是培养上层人物如君主、绅士等。

综上可见，人文主义教育具有两重性，进步与落后并存，尽管它还有不足之处，但它扫荡了中世纪教育的垄断，展露出新时代教育的灿烂曙光，开欧洲近代教育之先河。

三、论述题

1.【解析】班级授课制是指把一定的学生按年龄层次和智力水平及受教育程度编班上课。最早由夸美纽斯提出。后来赫尔巴特完善了这一理论，苏联的教育家凯洛夫最终完善了这一理论。我国最早使用班级授课制是1862年。

优越性在于：

(1) 它可以大规模地向全体学生进行教学，一位教师能同时教许多学生，扩大了单位教师的教学能量，有助于提高教学效率，使全体学生共同前进。

(2) 它以“课”为教学活动单元，能保证学习活动循序渐进，并使学生获得系统的科学知识，扎实而又完整。

(3) 由教师设计、组织并上“课”，以教师的系统讲授为主兼用其它方法，能保证教师发挥主导作用。

(4) 固定的班级人数和统一的时间单位，有利于学校合理安排各科教学的内容和进度并加强教学管理，从而赢得教学的高速度。

(5) 在班集体中学习，学生彼此之间由于共同目的和共同活动集结在一起，可以互相观摩、启发、切磋、砥砺；学生可与教师及同学进行多向交流，互相影响，从而增加信息来源或教育影响源。

(6) 它在实现教学任务上比较全面，从而有利于学生多方面的发展。它不仅能比较全面地保证学生获得系统的知识、技能和技巧，同时也能保证对学生经常的思想政治影响，启发学生思维、想象能力及学习热情等。

局限性在于：

(1) 教学活动多由教师做主，学生学习的主动性和独立性受到一定程度的限制。

(2) 学生主要接受现成的知识成果，其探索性、创造性不易发挥。

(3) 学生动手机会较少，教学的实践性不强，不利于培养学生的实际操作能力。

(4) 它的时间、内容和进程都固定化、形式化，不能够容纳和适应更多的教学内容和方法。

(5) 它以“课”为活动单元，而“课”又有时间限制，因而往往将某些完整的教学内容和教学活动人为地分割以适应“课”的要求。

(6) 它强调的是统一，齐步走，难以照顾学生的个别差异。

(7) 它缺乏真正的集体性。教师虽然向许多学生同样施教，而每个学生各以自己独特的方式去掌握，每个学生分别地对教师负责，独自完成自己的学习任务，学生与学生之间没有分工合作，无必然的依存关系。

(8) 不利于因材施教。

教学组织形式的改革呈现出以下三个特点：①教学组织形式趋向灵活多样化；②教学单位趋向合理化；③时空局限性越来越小。目前，班级授课制仍然是课堂教学的基本组织形式，但它也越来越暴露出其缺点。为了弥补班级授课制的不足，国内外进行了许多改革实验，主要有：

其一，班级小型化。

其二，选科制。

其三，开展小队教学。

2.【解析】《师说》的基本精神就在于"存师卫道"。它从师与道、道与业、师与生等各方面系统地论述了教师问题。提出了卓越的见解。其主要见解：

（1）教师的作用与地位：韩愈从"存师卫道"的角度阐述了教师的独特功能，他认为师是"传道"的，儒家的道统是封建社会的精神支柱。而道要靠教师来传递，传道须有师。卫道必须先尊师，师与道是密切结合、不可分离的。"道之所存，师之所存"。

（2）教师的基本任务：针对教师的基本任务，韩愈作了经典性地表述，即"师者，所以传道、授业、解惑也。"他认为教师的三大任务为：传递儒家道统，传授古文六艺之业，解决学生在学习"道"与"业"过程中存在的困惑。

（3）教师的资格：韩愈认为教师的选择，不应受年龄、地位、资格等限制，主要是用道与业来衡量。谁先有"道"，谁在术业上有专攻，谁就能成为教师。

（4）师生关系：韩愈提出了"弟子不必不如师，师不必贤于弟子"的命题，含有"能者为师"和"教学相长"的意思，确立了新型的师生关系。

总之，《师说》是我国古代第一篇集中论述教师问题的文章，他既肯定教师在传道、授业、解惑中的主导作用，又强调教师要尊重学生，向学生学习，教学相长；既要求学生虚心向教师学习，又鼓励学生敢于超过教师；既提倡乐为人师，又强调不耻下问，虚心拜人为师。其看到了师与道、道与业、师与生之间统一关系，含有朴素辩证法因素，对于我们正确理解和处理教师的职责、政治与业务、德育与智育、教书与育人、教师与学生关系等有一定参考价值和启发意义。

3.【解析】赫尔巴特的课程论主要包括三个方面的主张：

第一个基本主张是：课程内容的选择必须与儿童的经验和兴趣相一致

（1）经验：儿童在日常生活中获得的经验是教学活动赖以进行的基础。但儿童早期的经验并不是完美无缺的(分散、杂乱)，需要教学加以补充和整理。反映在教材中为直观教材。

（2）兴趣：兴趣存在于经验之中。因此，只有与儿童经验相联系的内容，才能引起儿童浓厚的兴趣，它能使儿童保持意识的警觉状态，从而更好的接受教材。

（3）兴趣课程体系：赫尔巴特把多种多样的兴趣分为两大类：经验的兴趣和同情的兴趣。其中，经验的兴趣包括经验的、思辨的、审美的；同情的兴趣包括同情的、社会的和宗教的三种兴趣。各种经验、兴趣对应应设的课程。

第二个基本主张是：课程设计要以"相关"和"集中"为原则

相关就是学校不同课程的安排应当相互影响，相互联系；集中就是在学校的所有课程中，选择一门科目作为学习的中心，其他科目都作为理解和学习它的手段。

第三个基本主张是：课程应与儿童的发展相呼应

儿童个性和认识的发展重复了种族发展的过程，故在儿童的学习过程中要按人类认识发展史上的相应阶段取得的文化成果来安排课程。比如，婴儿期要加强身体保护，幼儿期学习《荷马史诗》以发展想象力，童年期和青年期要学习历史和数学来发展理性。

4.【解析】精细加工策略：通过把所学的新信息和已有的知识联系起来，以此来增加新信息的意义，也就是说我们应用已有的图式和已有的知识使信息合理化。

精细加工策略有如下几种：(1)位置记忆法；(2)首字联词法；(3)限定词法；(4)关键词法；(5)视觉想象；(6)寻找信息间的内在联系，利用信息的多余性；(7)联系实际生活；(8)充分利用背景知识。

精细加工策略的教学要求：(1)给学生适当的时间，让学生思考；(2)充分运用学生原有的知识；(3)向学生介绍一些精细加工的实例，让学生掌握精细加工的方法；(4)及时反馈评价。

2011年华中师范大学教育综合真题

一、名词解释

1. 学校制度
2. 课程标准
3. 智育
4. 分组教学
5. 陶冶
6. 技能

二、简述题

1. 简述我国教育目的的基本精神。
2. 简述上好一堂课的要求。
3. 简述教师的素养。
4. 简述培养集体的方法。

三、论述题

1. 试述人的发展的规律性及其教育学意义。
2. 试述陶行知的生活教育理论。
3. 试述赞科夫的发展性教学理论。
4. 试述联系实际谈谈创造性的培养措施。

2011年华中师范大学教育综合真题详解

一、名词解释

1.【解析】现代教育制度的核心部分是学校教育制度。学校教育制度简称学制，指的是一个国家各级各类系统的学校及其管理规则，它规定着各级各类学校的性质、任务、入学条件、修业年限以及它们之间的关系。

2.【解析】课程标准是指在一定课程理论指导下，依据培养目标和课程方案以纲要形式编制的关于教学科目内容、教学实施建议以及课程资源开发等方面的指导性文件。

【科兴点评】在复习这个题目的同时，考生也要对课程方案、教科书的概念有所了解。

3.【解析】智育是授予学生系统的科学文化知识、技能和发展他们智力的教育。它能够帮助学生认识自然规律、社会规律，提高分析和解决问题的能力，掌握从事社会主义现代化建设和各种社会工作的实际本领。所以，智育也是全面发展教育的重要组成部分。

【科兴点评】在复习这个题目的同时，考生也要对德育、体育、美育、综合实践活动的概念有所了解。

4.【解析】分组教学是指按学生的能力或学习成绩把他们分为水平不同的组进行教学。分组教学的类型主要有能力分组和作业分组。能力分组，是根据学生的能力发展水平来分组教学的，各组课程相同，学习年限则各不相同。作业分组，是根据学生的特点和意愿来分组教学的，各组学习年限相同，课程则各有不同。

5.【解析】陶冶是指通过创设良好的生活情境，潜移默化地培养学生品德的方法。陶冶包括：人格感化、环境陶冶和艺术陶冶等。

6.【解析】技能是个体运用已有的知识经验，通过练习而形成的智力活动方式或躯体动作方式的复杂系统。技能的本质是知识的运用，即程序性知识的运用。技能按其熟练程度可分为初级技能和技巧性技能。初级技能只表示“会做”某件事，而未达到熟练的程度。初级技能如果经过有目的、有组织的反复练习，动作就会趋向自动化，而达到技巧性技能阶段。

二、简述题

1.【解析】我国教育目的的基本精神在于培养德、智、体、美全面发展的具有独立个性的社会主义现代化需要的各级各类人才。具体而言就是：

(1) 培养“劳动者”或“社会主义建设人才”

我国是社会主义国家，劳动是每一个有劳动能力的公民的光荣职责。人们不论分担什么社会角色，都要为社会劳动，这既是个人谋生、自立、自强的手段，也是个人为人民作贡献的形式，只有诚实地创造性地劳动，个人才能成为经济社会发展的推动者，从而实现自己的人生理想。

(2) 坚持全面发展

受教育者的全面发展，可以从分类和分层两个角度来理解。从分类的角度看，包括生理和心理两个方面的发展。从分层的角度看，人的全面发展是一个多层次的发展所构成的立体结构。如根据人的现实生活所要处理的关系，人的全面发展主要包括三个层面的能力的发展，即发展人处理与自然关系的能力(如劳动能力)、与社会关系的能力(如人际交往能力)和与自我关系的能力(如自我评价能力)，如果人的发展在这三个层面都形成了健全的能力，则可称之为全面发展。

(3) 培养独立个性

培养受教育者的独立个性，就是要使受教育者的个性自由发展，增强受教育者的主体意识，形成受教育者的开拓精神、创造才能，提高受教育者的个人价值。

2.【解析】参见 2010 年华中师范大学教育综合真题详解简答题第 2 题。

3.【解析】教师的素养主要包括：(1)高尚的师德即热爱教育事业，富有献身精神和人文精神；热爱学生，诲人不倦；热爱集体，团结协作；严于律己，为人师表。(2)宽厚的文化素养。(3)专门的教育素养即教育理论素养；教育能力素养；教育研究素养。(4)健康的心理素质。

【科兴点评】本题提供的答题要点，具体详细的内容可以参见编者的《教育综合大纲解析》教育学原理部分第十二章教师第二节教师的素养。

4.【解析】培养集体的方法：

(1) 确定集体的目标；

(2) 健全组织、培养干部以形成集体核心；

(3) 有计划地开展集体活动；

(4) 培养正确的舆论和良好的班风；

(5) 做好个别教育工作。

【科兴点评】本题提供的答题要点，具体详细的内容可以参见编者的《教育综合大纲解析》教育学原理部分第十一章班主任第二节班集体的培养。

三、论述题

1.【解析】参见 2010 年华中师范大学教育综合真题详解分析论述题第 1 题。

2.【解析】参见 2010 年曲阜师范大学教育综合真题详解论述题第 2 题。

3.【解析】赞科夫认为"教学要在学生的一般发展上取得尽可能大的效果"，目的是促进学生"理想的一般发展"，这就是发展性教学的思想。

所谓一般发展，一方面是针对特殊发展而言，另一方面也有别于智力发展。一般发展包括智力的发展、道德情感的发展、意志的发展、身体的发育等各方面。

赞科夫的"发展教学论"包括教学原则、教学大纲、教学法等几个方面，其中以教学原则最为重要。教学原则主要有五项：

(1) 以高难度进行教学的原则。"难度"这一概念的涵义，一是指教材有需要克服的障碍，二是指学生的努力。教材有需要克服的障碍，学生才去努力掌握，才能促进其智力、能力、情感和意志品质的发展。"难度的分寸"限于"最近发展区"。

(2) 以高速度进行教学的原则。这条原则在赞科夫的教学论体系中起着重要的调节作用。它是针对传统教学论形而上学地看待巩固原则造成的进度慢、重复多的弊端提出的。高速度教学的原则要求教学不断引导学生向前运动，不断用用各方面的内容丰富学生的智慧，为学生越来越深入地理解所学知识创造条件，高速度绝不意味"越快越好"，也有一个掌握分寸的问题，它根据能否促进学生的一般发展来确定速度。

(3) 理论知识起主导作用原则。这条原则是对高难度原则的补充和限定，它要求高难度必须体现在提高理论知识的比重上，而不是追求一般抽象的难度标准。所谓理论知识，是针对具体的技能技巧而言的，指的是一门课程的知识结构。赞科夫指出，传统教学论片面强调传授经验型知识，以训练技能技巧为主，理论知识的传授仅为技能服务。把教学内容的重心转移到学科的知识结构上，就能使学生学会举一反三，加快思维发展过程。

(4) 使学生理解学习过程的原则。赞科夫的这条原则着眼于学习活动的内部机制，要求学生理解的对象是学习过程、掌握知识的过程，即让学生通过自己的智力活动去探索获得知识的方法和途径，掌握学习过程的特点和规律。

(5) 使班上全体学生(包括最差的学生)都获得一般发展的原则。这条原则是前面四条原则的总结，是大面积提高教学质量的有力保证。赞科夫认为，在传统教学条件下优生的发展受阻，而差生在发展上毫无进展，是因为把致力于学生的一般发展看作最重要的任务。赞科夫的实验教学特别注意对差生的帮助。认为要解决学习差的问题，要增强学生的学习信心，培养他们的求知欲，发展他们所缺乏的心理品质。

以上五条原则上相互联系、不可分割的，与整个实验教学论体系的教学内容、教学方法有密切的联系。以这五条原则为重要标志的实验教学论体系是赞科夫首创的苏联发展性教学的第一例完整体系。这一体系以辩证唯物主义的认识论为指导，以整体性观点为具体的方法论基础，揭示了教学的结构与学生的发展进程之间的因果关系，提出了在教学实践中促进儿童的一般发展原则和具体途径。但是，赞科夫把他的新体系与传统教学论和教学法截然对立起来，以革新派自居，这是欠妥的。

4.【解析】参见 2010 年首都师范大学教育综合真题详解简答题第 1 题。

【科兴点评】另外具体的可以在答题的时候做个适当的补充即可。此题是历年每个学校命题的重点，应该注意。

2011 年首都师范大学教育综合真题

一、名词解释(每题 5 分，共 30 分)

1. 义务教育
2. 国家课程
3. 学习策略
4. 最近发展区
5. 真实验设计
6. 测验

二、简答题(每题 10 分，共 40 分)

1. 简述赫尔巴特在世界教育史上的学术贡献。
2. 简述我国现代学校教育制度的演变。
3. 如何理解教育行动研究?
4. 简述教室个体专业发展的基本内涵。

三、论述题(每题 20 分，共 80 分)

1. 试论学生评价的类型及其教育作用。
2. 试论教育研究范式的演进。
3. 试论柯尔伯格的道德发展阶段理论以及教育应用。
4. 试论确立教育目的价值取向中需要关注的主要问题。

2011 年首都师范大学教育综合真题详解

一、名词解释

1.【解析】义务教育又称强迫教育和免费义务教育，是根据法律规定，适龄儿童和青少年都必须接受，国家、社会、家庭必须予以保证的国民教育。其实质是国家依照法律的规定对适龄儿童和青少年实施的一定年限的强迫教育的制度。其具有强制性、免费性、普及性的特点。我国义务教育法规定的义务教育年限为九年，这一规定符合我国的国情，是适当的。

2.【解析】从课程开发的主体来看，可以将课程分为国家课程、地方课程与校本课程。国家课程亦称“国家统一课程”，它是自上而下由中央政府负责编制、实施和评价的课程。

一般来说，中央集权的国家比较强调课程的统一性，较多地推广国家课程，而地方分权的国家比较强调课程的多样性，较多地推广地方课程、校本课程。现在，越来越多的国家政府已经认识到，虽然国家课程与地方课程、校本课程是不同的课程形式，但它们之间是相辅相成、互为补充的关系。在推广国家课程的同时，应该允许开发一定比例的地方课程、校本课程，而推行地方课程、校本课程的学校，也不应该贬低或排斥国家课程。

【科兴点评】考生在备考中，要对可课程的类型有所了解，如分科课程与活动课程；国家课程、地方课程与校本课程；显性课程与隐形课程使自己的知识形成网络。

3.【解析】学习策略是指在学习过程中，学习者为了达到有效学习的目的而采用的规则、方法、技巧及其调控方法的总和。其中，学习过程中用来进行信息加工的策略称为学习认知策略，用来调节控制学习过程，保障信息加工过程有效进行的学习策略则称为学习监控策略。

4.【解析】维果茨基认为，在进行教学时，必须注意到儿童有两种发展水平：一种是儿童的现有发展水平；另一种是即将达到的发展水平。维果茨基把两种水平之间的差异称为“最近发展区”，即独立解决问题的真实发展水平和在成人指导下或与其他儿童合作情况下解决问题的潜在发展水平之间的差距。维果茨基认为，弄清楚儿童发展的两种水平，即最近发展区，将会大大提高教学对儿童心理发展的作用。

5.【解析】在随机化原则基础上分配被试，能够充分控制全部内在的无效变异源和外在无关因素的影响，以获得比较准确的实验结果的设计。它是相对于准实验设计而言的。所谓真实验设计是在各种设计方法中要求控制条件最严密、操纵自变量最有效和测定记录因变量最准确的一种。为了达到这些目标，常常需要将这类研究置于实验室条件下进行，也称为实验室研究设计。

6.【解析】测验是用以测量个体的行为或作业的工具。它通常由许多经过适当安排的项目(问题、任务等)构成，被试对这些项目的反应可以记分，分数被用于评估个体的情况。测验通常分为智力测验、能力测验、人格测验、成就测验、态度测验、价值测验，等等。各种不同的测验有着各自不同的特性、不同的适用范围、不同的测验规则与程序。测验的实施方式有个别测验和集体测验两种。

【科兴点评】这两道题不属于考试大纲范围，属于教育研究方法这门学科的内容，因此考生在复习备考该学校时需要对教育科学研究方法有所了解。

二、简答题

1.【解析】

(1) 赫尔巴特是使教育学成为一门独立科学的先驱，是“教育性教学”的首创者和教学形式阶段的发明者，在西方近代教育史上的地位举足轻重。

(2) 赫尔巴特明确提出教育学的科学性问题。在他看来：“教育学作为一种科学，是以实践哲学和心理学为基础的。前者说明教育的目的；后者说明教育的途径、手段与障碍。”他在哲学的基础上建立起了教育目的论，在心理学的基础上建立起了教学理论，在伦理学的基础上建立了道德教育理论，从而奠定了科学教育学的基础。

(3) 赫尔巴特在西方教育史上第一次明确提出“教育性教学”的思想。在赫然巴特之前，教育学家们通常把道德教育和教学分开进行研究和阐述，教育和教学通常被赋予不同目的和任务。赫然巴特的开创性贡献在于阐明了教育和教学之间的联系。他明确指出，“不存在

‘无教学的教育’这个概念，正如反过来，我不承认有任何‘无教育的教学’”，“德育问题是不能同整个教育分离开来的，而是同其他教育问题必然地、广泛深远地联系在一起的”。从而使道德教育落实在学科教学的坚实基础上，也使学科教学具有了道德教育的任务，成为教育的基本原则，推进了教育理论的发展。

(4) 赫然巴特还根据"统觉"学说，强调教学应该是一个统一完成的过程，提出形式教学阶段理论。他将教学过程分为清楚、联想、系统和方法四个阶段。其中“清楚”是指清楚、明确地感知新教材；“联想”是指学生通过一定形式的练习与作业，把系统化了得知识运用于实际，检查是否正确理解和掌握了所学的新知识。后来，赫然巴特的学生齐勒尔和赖因又发展为五阶段，即准备、提示、联想、概括和运用，为广大第一线的教师提供了一个更为容易理解、掌握和运用的教学模式。前苏联教育学家凯洛夫又将其演变为五步法，即复习、引入、讲解、总结和练习。在20世纪50年代，我国中小学曾广泛采用这一教学模式。

赫尔巴特的教育思想，不仅对德国教育理论和实践的发展起了推动作用，还对世界其他许多国家的教育也有较大影响。

2.【解析】

(一) 1951年的学制

中央政务院于1951年10月1日颁布了《关于改革学制的决定》，宣布了中华人民共和国的新学制。1951年的学制组织系统，分为幼儿教育(幼儿园)、初等教育(包括小学、青年、成人初等学校)、中等教育(包括中学、工农速成中学、业余中学、中等专业学校)、高等教育(包括大学、专门学院和研究部)和各级政治学校、政治训练班等。此外，还有各级各类补习学校，函授学校及聋哑、盲人等特种学校。

特点：①发扬了我国单轨学制的传统，使各级各类学校互相衔接，明确、充分地保障了广大劳动人民受教育的机会；②明确规定了各类技术学校和专门学院学制中的地位，体现了重视培养各种建设人才和教育为生产建设服务的方针；③体现了各级学校方针、任务的统一性，办学形式与步骤的灵活性；④重视工农干部速成教育和工农群众的业余教育，体现了教育为工农服务的方针，初步显示出终身教育的萌芽；⑤充分体现民族平等、男女平等的原则。

(二) 1958年的学制改革

1958年9月，中共中央颁布了《关于教育工作的指示》，确定了“两条腿走路”的办学方针和“三个结合”、“六个并举”的具体原则。“三个结合”是统一性与多样性相结合、普及与提高相结合、全面规划与地方分权相结合。“六个并举”是国家办学与厂矿企业、农业合作社办学并举；普通教育与职业(技术)教育并举；成人教育与儿童教育并举；全日制学校与半工半读、业余学校并举；学校教育与自学并举；免费教育与不免费教育并举。

(三) 改革开放以来的学制改革

(1) 1985年的学制改革——《中共中央关于教育体制改革的决定》

①明确学制改革的根本目的是提高民族素质，多出人才、出好人才。②把发展基础教育的责任交给地方，有步骤地实行九年制义务教育。③调整中等教育结构，大力发展职业技术教育。④改革高等教育招生与分配制度，扩大高等学校办学自主权。

(2) 1993年的学制改革——《中国教育改革和发展纲要》

①改革办学体制。逐步建立以政府办学为主体、社会各界共同办学的体制。②深化中等以下教育体制改革，继续完善分级办学、分级管理的体制。③深化高等教育体制改革(解决

政校、中央与地方、国家教委与中央部门之间的关系)。④改革高等学校的招生和毕业生就业制度。⑤深化人事劳动制度改革，同教育体制改革相配套。⑥改革和完善教育投资体制，增加教育经费。

(3) 1999年的学制改革——《关于深化教育改革，全面推进素质教育的决定》

①调整现有教育体系结构，扩大高中阶段教育和高等教育的规模，拓宽人才成长的道路，减缓升学压力。②构建与社会主义市场经济体制和教育内在规律相适应、不同类型教育相互沟通、相互衔接的教育体制，为学校毕业生提供继续学习深造的机会。③进一步简政放权，加大省级人民政府发展和管理本地区教育的权力以及统筹力度。④积极鼓励和支持社会力量以多种形式办学，形成以政府办学为主体、公办学校和民办学校共同发展的格局。⑤加快改革招生考试和评价制度，改变"一次考试定终身"的状况。⑥切实加大教育投入，逐步实现国家财政性教育经费支出占国民生产总值4%的目标。

(4) 2001年的学制改革——《国务院关于基础教育改革与发展的决定》

①基础教育以政府办学为主，积极鼓励社会力量办学。②积极鼓励企业、社会团体和公民个人对基础教育捐赠，捐赠者享受国家有关优惠政策。③稳妥地搞好国有企业中小学分离工作。④加强对公办学校办学体制改革试验的领导和管理。

小结：根据我国教育改革的实际情况，现行学制仍需继续改革，主要包括：(1)适度发展学前教育；(2)全面普及义务教育；(3)继续调整中等教育结构；(4)大力发展高等教育。

【科兴点评】本题作者呈现了一个完整的答案，考生可以简要地来回答这个问题，但是要有一个全面的了解。

3.【解析】关于行动研究法的定义，比较全面、系统地揭示这一研究方法的本质内涵的还是其创始人勒温1944年的定义："研究课题来自实际工作者的需要，研究在实际工作中进行，研究由实际工作者和研究者共同参与完成，研究成果为实际工作者理解、掌握和实施，研究以解决实际问题、改善社会行动为目的。"教育的行动研究法就是教师在研究人员的指导下，去研究本校本班的实际情况，解决日常教育、教学中出现的问题，从而不断地改进教育、教学工作的一种研究方法，是从教育工作需要中寻求课题，在实际工作过程中进行研究，由实际工作者和研究者共同参与，使研究成果为实际工作者理解掌握和实施，从而达到解决实际问题、改善行为的目的研究方法。

行动研究法的主要价值：克服了教育理论与教育实践相脱节的弊端；能促进教师的专业发展；可行性强。

教育行动研究关注的不是理论研究者认定的理论问题，而是教育实践者日常遇到和亟待解决的实际问题。所以行动研究不囿于某一种理论知识，而主动容纳和利用有利于解决实践问题、提高行动质量的经验、知识、方法、技术和理论，特别重视实践者对问题的认识、感受和经验。归纳起来有以下三点：教育行动研究以提高行动质量、解决实际问题为首要目标；教育行动研究以研究过程与行动过程的结合为主要表现形式；教育行动研究以教师对自己从事的实际工作进行持续的反思为基本手段。

【科兴点评】本题属于教育研究方法领域，考生可以从多个角度来回答这个问题，比如从教育行动研究的特点、意义、价值、理念、类型、程序等方面来回答只要言之有理也是可以的。

4.【解析】教师专业发展的内涵：教师专业化是指教师在整个教学生涯中，通过终生专业训练，习得教育专业知识技能，表现专业道德，逐步提高自身从教素质，成为一个良好教育专业工作者的专业成长过程。

教师专业发展大致要经历以下四个发展阶段：专业形成阶段、专业成长阶段、专业成熟阶段、充分专业化阶段；伴随这一历程的是教师专业内涵的持续改变，主要包括：专业知识的发展、专业技能的发展、专业情意的发展；最终目标是达成专业的成熟，使教师由新手型教师发展成专家型教师，成为一个相对成熟的教育专业人员。

教师专业发展的途径：新教师的入职辅导、教师的在职培训(教师发展学校、校本培训、反思性教学、教师行动研究)。

三、论述题

1.【解析】学生评价是教育工作者的一项经常性工作，也是教育引导学生和促进学生发展的重要手段。以下就传统的评价类型以及新课标背景下的学生评价类型进行阐述。

(一) 传统的评价类型

(1) 选拔性评价

选拔性评价，是以社会认可的统一标准，对学生进行评价。依据评价结果，对学生进行分等、分级或分类，从中选拔最优者。现各地实行的初中进入高中的中考、高等学校招生考试的高考，均属于选拔性评价。

选拔性评价在价值判断上，强调结果。即这种评价不涉及学生的学习和发展过程，仅注重学习的结果，所以，有"一考定终身"之说。

(2) 水平性评价

水平性评价，是以预设的指标作为统一的评价标准。通过对学生的评价，判定学生的发展水平是否达到目标。现各地中小学实行的体育水平达标测试，即属于这种评价。水平性评价，采用统一的标准，即作为所有学生应该达到的体能目标，不可能兼顾学生之间客观存在的身高、体重、体质等个体差异。

水平性评价在价值判断上，侧重于"唯一性"。

(二) 新课标背景下的学生评价类型

基础教育课程改革实施以来，全国各地的中小学在不断地探索和改革学生评价的方法，以使评价更好地发挥积极的作用。目前，已在各地中小学中，开始推行和实施的学生评价类型，主要有：诊断性评价、形成性评价、过程性评价、总结性(终结性)评价等。

(1) 诊断性评价

诊断性评价，一般是在教育、教学或学习计划实施的前期阶段开展的一种评价类型。

评价的重点是对学生已有的知识储备、经验积累，以及情感等发展状况进行调查，并做出合理的评价，为教学的实施提供可靠的信息和参考依据，以获取更好的效果。

(2) 形成性评价

形成性评价，主要是在教学和学习过程中进行的一种评价类型。一般多以一个课程单元的学习内容作为评价点，常采用阶段或不定期的评价方式。形成性评价便于教师及时发现教学和学生学习中存在的问题，并根据学生的个体差异，进行有针对性的矫正和帮助；还有助于观察学生的发展轨迹，引导努力的方向。

(3) 过程性评价

过程性评价，系采用主体多元、内容多样的评价体系，对学生智能、技能和情感、态度发展的全过程，进行全程或阶段性评价的一种类型。过程性评价强调全面、综合和发展的原则，即从学生原有的基础入手，对其之后的发展历程和各方面的发展状况，进行评价。过程性评价尊重学生的个体差异。通过评价，可以发现学生的潜能，诊断问题，促进发展。

(4) 总结性(终结性)评价

总结性评价，亦称终结性评价，主要是在教学和学习后进行评价的一种类型，是对教学和学习全过程的一种检验方式。总结性评价，虽然在形式上与传统的期中或期末考试无异，也是重在考查学习的结果，但就其评价的宗旨和原则却有着本质区别。新课程背景下的学生总结性评价，是基于学生的发展，全面检验学生落实课程标准目标的程度；对知识的理解和学习技能、方法掌握的情况；考查学生在原有学习基础上的提高程度。

由于诊断性评价、形成性评价、过程性评价和总结性评价各有侧重，各自发挥不同的功能，有助于从不同的角度发现学生学习中存在的问题，有针对性地进行指导和矫正，所以在基础教育课程改革背景下的学生评价，应该充分利用这几种评价类型，对学生进行全面的评价。

2.【解析】在教育研究的发展进程中，研究范式随着教育本身的发展而发生相应的变革，同时其他相关学科的发展也深刻地影响着它的发展。不可否认，实证主义、批判主义和解释主义这当今教育研究三大范式着眼于教育的不同角度和层面，它们各自擅长解决不同的问题。

虽然上述三种思想流派在教育研究中的论点不尽相同，但它们的基本观点还是有许多相通之处：首先，教育研究所要解决的问题不仅有事实问题，而且更多的是价值问题，教育现象充满着意义和诠释，教育研究是对价值系统的互动关系予以整体性的深入理解，把握现象背后的意义和价值；其次，人本主义取向的教育研究强调应以整体的观点研究教育现象，研究者应对真实自然情境中的研究对象及与之相联系的全部背景因素进行整体研究，注重对研究对象的社会、文化、历史的理解；最后，都强调研究主客体的互动和融合，客体在和主体的积极互动中被重新建构，否认研究中的价值中立，重视主体知识的建构和意识形态能力的批判以及价值赋予和创造的可能性。

解释主义和批判主义研究范式是在实证主义研究范式对于社会人文科学研究中的局限性基础上提出的，但它们在克服实证主义研究范式缺陷的同时，却也丢弃了实证主义研究范式的部分精华，其局限性表现在：一是对“当事人”意义解释的过分尊重势必导致相对主义；二是由于研究者本人是重要的研究工具，因而研究过程与结果直接受到研究者个人品质的制约。与实证主义研究范式的注重事实世界相反，它表达的是对价值世界的关注，但两者都是以事实与价值分离为前提的，因此对每一种范式的片面推崇都是不足取的。

21 世纪是一个倡导多元、尊重个性的时代，随着人们对教育研究对象认识的深入，越来越意识到教育是人类社会一种最为复杂的社会现象，那么，对它的全方位的理解和把握也就不是一种研究范式可以做得到的，必须倡导一种多元的教育研究范式相互补充、互相融合。

因此，正确地看待各种教育研究范式，以多元的范式去研究复杂的教育现象和活动，实现多种研究范式的融合，应该成为新的世纪里教育研究者从事研究所应遵循的基本原则。

【科兴点评】本题属于开放题目，本答案源自首都师范大学教育学院潘茂明的《解读教育研究三大范式》，有兴趣的同学还可参见：张武升，廖敏《教育研究范式的变革与发展趋向》；刘亚楼，夏明涛《教育研究中的研究范式和评定标准》；李雁冰《试论三种教育研究范式及其转换背景》；张金秀，王立永《论教育研究范式的演进与整合》；于伟，张夏青《论科学变革与教育研究范式的转换》；冯雯《浅析教育研究范式的演进历程》等文章。

3.【解析】美国发展心理学家柯尔伯格，依据不同年龄儿童进行道德判断的思维结构提出了自己的一套儿童道德认识发展的阶段模式。柯尔伯格运用“道德两难”故事法来推断儿童的道德发展水平，他所设计的故事中包含着一个在道德价值上具有矛盾冲突的故事，让被试听完故事后对故事中人物的行为进行评价，他还设计了相当完备的评价标准体系，以此来测评被试道德发展的水平。其中，典型的故事是“海因兹偷药”的故事。

这样的道德两难问题，具有不同道德水平的人会做出不同的判断并提出不同的判断理由。根据被试的回答，柯尔伯格把道德判断分为三个水平，每个水平又各包括两个阶段。

(1) 道德发展的三水平、六阶段

它包括前习俗水平、习俗水平、后习俗水平。

前习俗水平：即根据行为的具体结果及其与自身的利害关系判断好坏是非，认为道德的价值不是取决于人或准则，而是取决于外在的要求。

它包括两个阶段：惩罚服从取向阶段和相对功利取向阶段。

第一，惩罚服从取向阶段：这阶段的儿童根据行为的后果来判断行为是好是坏及严重程度。他们服从权威或规则只是为了避免处罚。认为受赞扬的行为就是好的，受惩罚的行为就是坏的。他们没有真正的准则概念。属于这一阶段的儿童认为海因兹偷药是坏的，因为“偷药会坐牢”。

第二，相对功利取向阶段：这阶段的儿童为了获得奖赏或满足个人需要而遵从准则，偶尔也包括满足他人需要的行动，他们认为如果行为者最终得益，那么为别人效劳就是对的。人际关系被看作是交易场中的低级相互对等的关系。儿童不再把规则看成是绝对的、固定不变的东西。他们能部分地根据行为者的意向来判断过错行为的严重程度。

习俗水平：着眼于社会的希望与要求，从社会成员的角度思考道德问题，开始意识到个体的行为必须符合社会的准则，能够了解和认识社会，并遵守和执行社会的规范。

它包括两个阶段：寻求认可取向阶段和遵守法规取向阶段。

第一，寻求认可取向阶段：这一阶段的儿童尊重大多数人的意见和惯常的角色行为，避免非议以赢得赞赏，重视顺从和做好孩子。儿童心目中的道德行为就是取决于人的，有助于人的或为别人所赞赏的行为。他们希望保持人与人之间良好的、和谐的关系，希望被人看作是好人，要求自己不辜负父母、教师、朋友的期望，保持相互尊重、信任。这时儿童已能根据行为的动机和感情来评价行为。

第二，遵守法规取向阶段：这个阶段的儿童注意的中心是维护社会秩序，认为每个人应当承担社会的义务和职责。判断某一行为的好坏，要看他是否符合维护社会秩序的准则。

后习俗水平：以普遍的道德原则作为自己行为的基本准则，能从人类正义、良心、尊严等角度判断行为的对错，并不完全受外在的法律和权威的约束，而是力图寻求更恰当的社会规范。

它包括两个阶段：社会契约取向阶段和普遍伦理取向阶段。

第一，社会契约取向阶段：这一阶段的道德推理具有灵活性。他们认为法律是为了使人们能和睦相处，如果法律不符合人们的需要，可以通过共同协商和民主的程序加以改变，认为反映大多数人意愿或最大社会福利的行为就是道德行为。

第二，普遍伦理取向阶段：他们认为应运用适合各种情况的道德准则和普遍的公正原则作为道德判断的根据。背离了一个人自选的道德标准或原则就会产生内疚或自我谴责感。

柯尔伯格的这种研究是根据美国的社会情况作出的划分。它向我们勾划出了道德发展是一种连续变化过程。柯尔伯格认为，这些发展顺序是一定的，不可颠倒的，各个阶段的时间长短是不相等的。同时，个体的道德发展水平，有些人可能只停留在前习俗水平或者习俗水平上，而永远达不到后习俗水平的阶段。

（2）评价：它揭示了儿童的道德认知发展的基本历程，柯尔伯格与皮亚杰一样也认为这些阶段的发展是与儿童的认识能力状况有关的，其顺序是固定不变的。但在柯尔伯格看来，品德发展阶段与年龄之间的关系并非是严格对立的，人们不一定在同一个年龄都达到同样的水平。意义在于发现了人类道德发展的两大规律：由他律到自律和循序渐进，并且提出道德教育必须配合儿童心理的发展。理论不足之处在于强调的是道德认知，而不是道德行为，因而不能作为学校实施道德教育的根据。

4.【解析】所谓教育目的的价值取向，是指教育目的的提出者或从事教育活动的主体依据自身的需要对教育价值做出选择时所持的一种倾向。社会发展和个人发展是对立统一的历史过程，教育目的的价值取向也为这种历史过程所制约。由于人们对教育持有不同的价值观，因而在教育目的上就形成了不同的理论，主要有个人本位论和社会本位论。

（1）个人本位论

个人本位论在 18 世纪和 19 世纪上半叶盛行于西方资本主义世界，其思想主要反映在自然主义和人本主义的教育思想中，认为教育目的应该根据人的本性的需要来确定。代表人物主要有卢梭、裴斯泰洛齐、福禄培尔、康德、萨特等人。个人本位论主要观点是：

第一，教育目的应该根据个人发展的需要来制定。

第二，个人的价值高于社会的价值。

第三，认为人生来就有健全的本能，教育的职能就在于使这种本能，不受影响地得到自然的发展。

个人本位论把人视为教育目的的根本，在人的自由和个性解放、提升人的价值和地位等方面具有深远的历史意义。但在变革社会和教育的探讨过程中，不免带有历史唯心主义色彩和过激的观念意识，在社会发展中带有明显的片面性。

（2）社会本位论

社会本位论在 19 世纪下半叶开始出现于西方国家。认为教育的一切活动都要服从于社会的需要，教育目的应该根据社会的需要来确定。代表人物主要有孔德、纳托普、涂尔干、凯兴斯泰纳等。社会本位论主要的观点：

第一，主张教育目的应以社会需要为根本或出发点，强调以社会的发展需要为主来制定教育目的和建构教育活动的一种教育目的的理论。教育的最高目的在于使个人成为国家的合格公民，具有起码的政治品格、生产能力和社会生活素质。单纯的个人不可能成为教育目的。

第二，人的本性是社会性，人的一切发展都依赖与社会。

第三，社会的价值高于个人的价值，个人的使命在于为国家或社会进步事业献身。

社会本位论，强调教育目的从社会出发，满足社会的需要，具有一定的合理性。但它过分强调人对社会的依赖，把教育的社会目的绝对化、唯一化，这种极端的主张完全割裂了人与社会的关系，极易造成对人本性的严重束缚和压抑。

2011 年陕西师范大学教育综合真题

一、名词解释(每题 5 分，共 30 分)

1. 教育(狭义)
2. 课程
3. "导生制"
4. 公学
5. 有意义学习
6. 学习策略

二、填空题(每空 2 分，共 30 分)

1. 教育的基本环节包括备课、上课、________和________。
2. 孔子的教学内容包括《诗》、《书》、《礼》、________、《易》、《春秋》。
3. 宋朝胡瑗在主持湖州州学时创立了一种新的教学制度是________。
4. 欧洲封建社会中的骑士教育的主要内容是吟诗、________、下棋、骑马、游泳、枪剑、角力。
5. ________被评为"美国公立学校之父"。
6. 赫尔巴特明确提出三种教育方法：________、________和________。
7. 皮亚杰把人的认知发展划分为四个阶段________、________、________、________。
8. 陈述性知识的表征形式是________。
9. ________编成了《海国图志》一书，并在此书中提出"师夷长技以制夷"的观点。

三、简答题(每题 10 分，共 60 分)

1. 学生智力活动形成包括哪几个阶段？
2. 教师应该如何进行概念教学？
3. 朱熹的道德教育方法有哪些？
4. 1958 年美国颁布实施的"国防教育法"的主要措施有哪些？
5. 遗传在人的发展中具有什么作用？
6. 教学评价的原则有哪些？

四、论述题(每题 15 分，共 30 分)

1. 谈谈你对教育的相对独立性的认识？
2. 联系教学实践，谈谈如何激发学生的学习动机？

2011 年陕西师范大学教育综合真题详解

一、名词解释

1.【解析】狭义的教育是指专门组织的教育，它不仅包括全日制的学校教育，而且包括半日制的、业余的学校教育、函授教育、广播电视教育和网络教育等。它是根据一定社会的现实和未来的需要，遵循受教育者身心发展的规律，有目的、有计划、有组织地引导受教育者主动地学习，积极进行经验的改组和改造，促使他们提高素质、健全人格的一种活动，以便把受教育者培养成为适应一定社会的需要，促进社会的发展，追求和创造人的合理存在的人。

2.【解析】课程是由一定的育人目标、特定的知识经验和预期的学习活动方式构成的一种动态的教育存在。从育人目标的角度看，课程是一种培养人的蓝图；从课程内容的角度看，课程是一种适合学生身心发展规律的、连接学生直接经验和间接经验的、引导学生个性全面发展的知识体系及其获取的路径。

3.【解析】贝尔-兰开斯特制又称导生制。由英国传教士贝尔和兰开斯特所创。其目的是为了解决英国近代教育大发展背景下师资匮乏的问题。其基本方法是教师先在学生中选择一些年龄较大、学习成绩好的学生充任导生，教师先对导生进行教学，然后由他们去教其他学生。采用这种教学方式，学生的数额可大大增加，在一定程度上缓解了教师奇缺的压力。因此，它一度受到人们的欢迎，在英国风行三十余年，并流传到法、德、美、瑞士等国家。但采用这种方法，不可避免地造成教育质量下降，因此，它最终被人们抛弃。

4.【解析】公学是一种私立教学机构。但同时相对于私人延聘家庭教师的教学而言，强调这种学校是由公众团体集资兴办，其教学目的是培养一般公职人员，其学生是在公开场所接受教育。它较之一般的文法学校师资及设施设备条件好、收费更高，是典型的贵族学校。公学的教学质量较高，在历史上曾为英国培养了不少政治、经济领袖人才，因而总以天才教育相标榜，被称为英国绅士的摇篮。最为人称道的是伊顿、温彻斯特、圣保罗等九大公学。

5.【解析】奥苏贝尔根据学习材料与学习者认知结构中以有知识的关系，将学习分为机械学习和有意义学习，有意义学习是指符号所代表的新知识与学习者认知结构中已有的适当观念建立起非人为的、实质性的联系。有意义学习的类型包括表征学习、概念学习和命题学习。有意义学习的必备条件是：学习材料本身具有逻辑意义；学生的认知结构中具备与新知识相联系的知识准备；学生具有意义学习的心向。

6.【解析】学习策略是指学习者在完成特定学习任务时选择、使用和调控学习程序、规则、方法、技巧、资源等的思维模式，这种模式是影响学习进程的各种因素间相对稳定的联系，其与学习者的特质、学习任务的性质以及学习发生的时空均密切相关。

学习策略是伴随着学习者的学习过程而发生的一种心理活动，这种心理活动是一种对学习过程的安排，这种安排不是僵死的固定的程序，而是根据影响学习过程的各种因素即时生成的一种不稳定的认知图式，这种图式可以被学习者接受而成为经验，也可以因学习者的忽略而消失。

二、填空题

1. 教育的基本环节包括备课、上课、课后的教导工作和教学评价。

2. 孔子的教学内容包括《诗》、《书》、《礼》、《乐》、《易》、《春秋》。

3. 宋朝胡瑗在主持湖州州学时创立了一种新的教学制度是分斋教学。

4. 欧洲封建社会中的骑士教育的主要内容是吟诗、音乐、下棋、骑马、游泳、枪剑、角力。

5. 贺拉斯曼被评为“美国公立学校之父”。

6. 赫尔巴特明确提出三种教育方法：叙述教学法，分析教学法和综合教学法

7. 皮亚杰把人的认知发展划分为四个阶段感觉–运动阶段、前运算阶段、具体运算阶段、形式运算阶段。

8. 陈述性知识的表征形式是命题和命题网络、表象系统和图式。

9. 魏源编成了《海国图志》一书，并在此书中提出“师夷长技以制夷”的观点。

三、简答题

1.【解析】我国心理学家冯忠良根据有关研究并结合教学实际，将上述五个阶段进行了简化和改进，提出了心智技能形成的三阶段说，即原型定向、原型操作、原型内化。

原型定向阶段：原型定向即了解这种实践模式，了解动作结构，各动作成分及其顺序等。该阶段学员主要是在头脑中形成程序性知识。通过原型定向，学员在头脑中形成了有关活动方式的定向映象。

原型操作阶段：在该阶段，活动方式是物质化的，即以外部语言、外显的动作，按照活动模式一步步展开执行。

原型内化阶段：在该阶段，学员摆脱了实践模式，但已经将实践模式内化为一种熟练的思维活动方式，突出表现在外显的言语活动明显减少。学员最初面临一个新任务时，始终复述任务规则，但随着练习的不断进行，法则复述消失，这是内化的一个标志。

2.【解析】根据概念学习的两种形式，可以把概念教学也相应地划分成两种方式。一种是先向学生呈现某个概念的正例和反例，然后要求学生进行比较、归纳，最后概括出一个定义。另一种教学方式是先给学生一个明确的定义，紧接着呈现几个正例和反例，要求学生根据定义识别正例和反例。然后进一步分析这些例子是如何表现这一定义的。这两种概念教学方式是目前课堂教学中常常使用的，尤其是后一种教学方式。

无论采用哪种教学方式，都必须涉及概念的四个方面：概念的名称、定义、本质和非本质特征、正例和反例。为了帮助学生有效地掌握概念，在教学中要注意以下几点：

（1）以准确的语言明确揭示概念的本质。

（2）突出本质特征，控制非本质特征。

（3）恰当使用正例和反例

（4）多用变式和比较。

（5）在实践中运用概念。

【**相关链接**】如何进行错误概念的转变

(1) 错误概念的性质

错误概念不简单是由于理解偏差或遗忘而造成的错误，它们常常与学习者的日常直觉经验联系在一起，根植于一个与科学理论不相容的概念体系。

(2) 概念转变及其过程

概念转变是新旧知识经验相互作用的集中体现，是新经验对已有经验的影响和改造。

概念转变就是认知冲突的引发和解决的过程。

(3) 影响概念转变的因素

概念转变过程会受一系列主、客观因素的影响，下面结合有关研究过程对这些影响因素做综合分析。

① 学习者的形式推理能力。

为克服错误概念，学习者需要理解新的科学概念并意识到其有效性的证据，看到事实材料是如何支持科学概念而违背原有的错误概念的。所有这些都依赖于学生的形式推理能力。

② 学习者的“概念生态圈”。

新概念的学习总是以原有概念为背景的，Posner 等借用图尔敏的“概念生态圈”一词，来表示影响概念转变的原有观念系统。

“概念生态圈”充分说明了学习者原有观念系统的复杂性，它不仅包括具体水平上的概念、实例。也包括更一般的信念和观念，这都是儿童经验世界的重要内容。

③ 动机因素。

影响概念转变的四种主要的动机性因素：目标取向，即外在的、表现型的学业目标，还是内在的、掌握型的学业目标；兴趣与科学态度；自我效能感；控制点，内控的学生相信自己能够支配自己的学习，面对新旧经验的不一致，他们可能会更积极地去解决。

④ 社会情景。

在教学中，概念转变是在一定的社会情境中发生的。课堂教学中的任务结构、权威结构、评价结构、课堂管理、教师的示范、教师的支架作用都可能会影响概念转变。当然，这只是假设，还有待进一步研究。另外，同伴、教师对新信息的处理方式会给个体造成一定的压力，影响到个体学习者的概念转变。

(4) 为概念转变而教的策略

为了促进错误概念的转变，教学一般要包括三个环节：第一，揭示、洞察学生原有的观念；第二，引发认知冲突；第三，通过讨论分析，使学生调整原来的看法，或形成新观念。

教学中应该注意的问题：

① 创设开放的、相互接纳的课堂气氛。

② 倾听、洞察学生的经验世界。

③ 引发认知冲突。让学习者意识到与原有观念相对立的事实或观点，这是转变学生的错误观念的基本途径。引导学生投入到积极的思维活动中，对当前问题进行分析、推理，这是引发认知冲突的重要条件。

④ 鼓励学生交流讨论。

3.【解析】朱熹关于道德教育的方法，可以概括为以下几点：

（1）立志

朱熹认为，志是心之所向，对人的成长至为重要。因此，他要求学者首先应该树立远大的志向。“问为学功夫，以何为先？曰：亦不过如前所说，专在人自立志”。人有了远大的志向，就有了前进的目标，能“一味向前，何患不进”。

（2）居敬

朱熹强调“居敬”。他说：“敬字工夫，乃圣门第一义，彻头彻尾，不可顷刻间断。”还说：“敬之一字，圣学之所以成始而成终者也。为小学者不由乎此，固无以涵养本原，而谨夫洒扫应对进退之节与夫六艺之教。为大学者不由乎此，亦无以开发聪明，进德修业，而致夫明德新民之功也。”由此可见，“居敬”是朱熹重要的道德修养方法。

（3）存养

所谓“存养”就是“存心养性”的简称。朱熹认为每个人都有与生俱来的善性，但同时又有气质之偏和物欲之蔽。因此，需要用“存养”的功夫，来发扬善性，发明本心。同时，从道德教育的根本任务来说，“存养”是为了收敛人心，将其安顿在义理上。

（4）省察

“省”是反省，“察”是检察。“省察”即是经常进行自我反省和检查的意思。朱熹认为一个人要搞好自身道德修养，就应当“无时不省察”。因此，为了使人心不“沦于亡”，做事不“陷于恶”，经常进行自我反省和检查，是必不可少的。朱熹的这一见解，表明他在道德教育中既强调防微杜渐，同时又重视纠失于后。

（5）力行

朱熹十分重视“力行”。“夫学问岂以他求，不过欲明此理，而力行之耳”，“故圣贤教人，必以穷理为先，而力行以终之”。他所说的“力行”，是要求将学到的伦理道德知识付之于自己的实际行动，转化为道德行为。朱熹的这些见解，已经触及到道德认识转化为道德行动，道德行动接受道德认识的指导，并检验道德认识的正确与否等这样一些道德教育的基本问题。

4.【解析】进入20世纪50年代以后，随着国内和国际形势的发展，美国教育上又面临着改革。1957年，前苏联卫星上天后，美国朝野极为震惊，改革教育的呼声更加高涨。1958年9月2日，美国总统亲自批准颁布了《国防教育法》，该法案共10章，主要内容有：加强普通学校的自然科学、数学和现代外语（即“新三艺”）的教学；加强职业技术教育；加强“天才教育”；增拨大量教育经费，作为对各级学校的财政援助。以后，《国防教育法》的内容又不断得到修正。

《国防教育法》是作为改革美国教育、加快人才培养的紧急措施推出的，法案冠以“国防”二字足以说明美国当局对这次改革十分重视，认识到教育在国际竞争中的重要性，教育与国家的安危和国家的前途命运息息相关。该法的颁布有利于美国教育的发展，有利于教育质量的提高，有利于培养科技人才。

5.【解析】遗传是指人从上代继承下来的生理解剖上的特点，如机体的结构、形态、感官和神经系统的特点等。这些遗传的生理特点，也叫遗传素质。遗传素质在人的身心发展中的作用主要体现在：

（1）遗传素质是人的发展的生理前提，为人的发展提供了可能性。

（2）遗传素质的成熟程度制约着人的发展过程及年龄特征。

（3）遗传素质的差异性对人的发展有重要的影响。

（4）遗传素质具有可塑性。

（5）遗传素质在个体发展的不同阶段作用的大小不同，随着个体不断地发展，遗传素质的作用日益减弱。

总之，遗传对人的发展有重要作用，但也不能因此夸大了遗传素质的作用。

【科兴点评】本题属于开放题，灵过性比较强，考生可以结合自己对教育的理解来回答这个问题，只要言之有理即可。

6.【解析】教学评价是对教学工作质量所作的测量、分析和评定。它以参与教学活动的教师、学生、教学目标、内容、方法、教学设备、场地和时间等因素的有机组合的过程和结果为评价对象，是对教学活动的整体功能所作的评价。教学评价主要包括：对学生学业成绩的评价，对教师教学质量的评价和对课程的评价。

（1）教学评价的客观性原则：这是教学评价的基本要求。如果缺乏客观性，就会完全失去评价的真正意义。因此，要贯彻客观性原则，就要做到：评价标准客观，不带随意性；评价学生要客观，不带偶然性；评价态度要客观，不带主观性。

（2）教学评价的整体性原则：教学评价要树立全面观点，教学是多因素组成的活动过程，对其评价要从育人的整体发展功能出发，判定教学的综合性价值。贯彻整体性原则，应做到：明确中小学教学的基础性目标，教育性目标，发展性目标；具体施教过程中，各种教学内容不能被割裂，而应有机地联系起来，面向整体全面的人——学生。有意识地进行不同学科系统的相关渗透，利于学生完整知识结构与认知结构的建构。

（3）教学评价的指导性原则：即教学评价要坚持服务实践、指导教学实践。要贯彻这一原则，应做到：明确评价的指导思想在于帮助师生改进教学，提高教学质量；评价的信息反馈要及时；重视实践过程中形成性的评价，不能只进行总结性的评价，要把两者结合起来，达到及时矫正的作用；与被评价者共同分析评价结果，查找因果关系，确认学生的原因，使指导切合实际，确有实效。

（4）教学评价的发展性原则：着眼于教学的主客体发展，体现教学的更大价值而实施评价，进而促进主客体关系的积极发展。

四、论述题

1.【解析】教育为适应社会的生存与发展而产生、发展，受社会发展的制约，具有对社会的依存性，这是一个方面；另一方面，教育又是一种主体性的实践活动，在能动地反作用于社会发展的过程中，具有主体自身的价值取向与行为选择，由此实现着教育的社会功能，并表现出自身的相对独立性。教育的社会功能与教育的相对独立性是一致的。可以说，教育的社会功能是教育的相对独立性的依据和主要体现。如果教育没有自己特有的社会功能，便不可能发展成为社会的一个重要的子系统，形成教育的相对独立性。所谓教育的相对独立性，是指作为社会一个子系统的教育，它对社会的能动作用具有自身的特点与规律性，它的发展也有其连续性与继承性。主要表现为下述方面。

（1）教育是培养人的活动，主要通过所培养的人作用于社会

教育尤其是学校教育是一种有意识地影响人、培育人、塑造人的社会活动。通过培养人来适应并推进社会向前发展是教育特有的重要社会功能。这一社会功能将随着社会的加速发展，个人的能动性、创造性的递增而迅速增强。我们必须坚持并弘扬教育的这一特性，以便

有效地推进现代社会的发展。

(2) 教育具有自身的活动特点、规律与原理

教育是培养人的活动，而人具有天赋的能动性、可塑性和创造潜能等特点，具有特殊的身心发展和成熟的规律。教育、教学及其相关活动，不仅必须认识、遵循和创造性地运用这些基本特点与规律才能卓有成效地培养人才；而且应当重视和遵循前人在这一方面总结的宝贵经验，形成的科学原理，诸如因势利导、因材施教、循序渐进、启发诱导、尊师爱生等，才能便捷地达到前人已达到的水平，并在此基础上继续发展、前进。

(3) 教育具有自身发展的传统与连续性

由于教育有自身的特点、规律与特有的社会功能，它一经产生、发展便将形成和强化其相对独立性：包括形成由教育者、受教育者、教育中介系统组成的特定教育结构；形成有一定教育理念、师生关系、文化内容与方法组合的活动模式；逐步建立形式化、班级化、制度化、系统化的教育组织形式；逐步构建不断分化与综合的学科课程，以及按专业、系、院、校运行的学科规则与专业规范等方面整合的教育系统。这是教育发展积累的珍贵智慧、资源和财富，它具有发展的连续性、继承性和惯性。我们无论是办学校、发展教育事业，或进行教育改革，都要重视与借鉴教育的历史经验，都应在原有的基础上积极改进、稳步向前，切不可轻率地否定教育的连续性而企图另搞一套。

2.【解析】(一) 学习动机的培养：

(1) 利用学习动机与学习效果的互动关系培养学习需要，如：设置具体目标及达到的方法。不能只给学生一些如努力学习等抽象的建议，而且要给学生提供明确而具体的目标以及达到目标的方法。

(2) 利用直接发生途径和直接转化途径培养学习需要。设置榜样、培养对学习的兴趣。其特点是在从事学习活动或探求知识的过程中伴随有愉快的情绪体验，从而产生进一步学习的需要。使学生产生学习的需要；利用原有动机的迁移；将学生对其他活动的积极性迁移到学习活动中；注意学生的归因倾向等。使他们能够控制自己的行为，将失败归因于缺乏努力和方法不当。

(二) 教师可以采取如下帮助措施：

(1) 帮助学生了解自己的优点和缺点，并为他们制定切实可行的目标。

(2) 改变他们的归因倾向，让他们将失败归因于缺乏努力，而不是缺乏能力，使他们明白，只要付出努力便会成功的道理。

(3) 教学生学会何时完成他们的计划，并对学生的每一个学习行为给予及时的反馈。

(三) 学习动机的激发：

(1)创设问题情境，实施启发式教学；(2)根据作业难度，恰当控制动机水平；(3)充分利用反馈信息，给予恰当的评定；(4)妥善进行奖惩，维护内部学习动机；(5)合理设置课堂环境，妥善处理竞争和合作；(6)适当进行归因训练，促使学生继续努力。

2011 年南京师范大学教育综合真题

一、名词解释(每小题 5 分，共 30 分)

1. “中体西用”

2. 教育

3. 班级授课制

4. 道尔顿制

5. 问题解决(认知心理学的观点)

6. 学习动机

二、简答题(每小题 10 分，共 40 分)

1. 谈谈如何认识教师开展行动研究的意义及行动研究的步骤。

2. 论述当代学制改革的趋势。

3. 简述“六艺”教育及其对当今教育改革的启示。

4. 试述卢梭的自然主义教育理论及其现实意义。

三、分析论述题(每小题 20 分，共 80 分)

1. 评析 19 世纪末 20 世纪初欧美新教育和进步主义教育思潮的共同特征、意义及其局限性。

2. 述评陶行知的生活教育理论。

3. 论述师生关系的历史嬗变，并结合自己的经验谈谈你对这一问题的认识。

4. 结合中学生的时代特点谈谈你对于目前基础教育问题的理解。

2011 年南京师范大学教育综合真题详解

一、名词解释

1.【解析】中学为体，西学为用，简称“中体西用”。“体”，即根本的意思。“用”，即具体的措施。“中体西用”是洋务派关于中西文化关系的核心命题，也是洋务教育的指导思想。主张在维护清王朝统治的基础上，以中国传统伦理纲常为根本，辅以西方科技，采用西方造船炮、修铁路、开矿山、架电线等自然科学技术以及文化教育方面的具体办法来挽救统治危机，达到自强求富。

中体西用思想早期对于冲破封建顽固派的阻挠，引进西方自然科学，促进中国工业、军事的近代化和新式教育的产生发挥过积极作用。后期成为清统治者对抗资产阶级维新和资产阶级革命的思想武器。中体西用作为中西文化接触后的最初结合方式，有其历史合理性。但中体西用作为一种文化整合方案和教育宗旨，又是粗糙的，是在没有克服中、西之间固有的内在矛盾下的直接嫁接，必然会要被新的形势所替代。

2.【解析】教育是有目的地培养人的社会活动，这是教育的质的规定性。广义的教育指的是，凡是有目的地增进人的知识技能，影响人的思想品德，增强人的体质的活动，不论是有组织的或是无组织的，系统的或是零碎的，都是教育。它包括人们在家庭中、学校里、亲友间、社会上所受到的各种有目的的影响。狭义的教育是指专门组织的教育，它不仅包括全日制的学校教育，而且包括半日制的、业余的学校教育、函授教育、广播电视教育和网络教育等。它是根据一定社会的现实和未来的需要，遵循受教育者身心发展的规律，有目的、有计划、有组织地引导受教育者主动地学习，积极进行经验的改组和改造，促使他们提高素质、健全人格的一种活动，以便把受教育者培养成为适应一定社会的需要，促进社会的发展，追求和创造人的合理存在的人。

3.【解析】班级授课制是一种集体教学形式。它把一定数量的学生按年龄与已有知识水平编成固定的班级，根据周课表和作息时间表，安排教师有计划地向全班学生集体上课。

在班级授课制中，同一个班的每个学生的学习内容与进度必须一致，且开设的各门课程，特别是在高年级，通常由具有不同专业知识的教师分别担任。其注重集体化、同步化、标准化，长于向学生集体教学，但出于照顾学生的个别差异、对学生进行个别指导，不利于培养学生的兴趣、特长和发展他们的个性。因此，随着科学技术的迅猛发展和对创造性人才需求的日益迫切，20 世纪初以来，许多国家的教育界人士都致力于班级授课制的改革。

4.【解析】1920 年，美国的柏克赫斯特在马萨诸塞州道尔顿中学创建了一种新的教学组织形式，人们称之为道尔顿制。按道尔顿制，教师不再上课向学生系统讲授教材，而只为学生分别指定自学参考书、布置作业，由学生自学和独立完成作业，有疑难时才请教师辅导，学生完成一定阶段的学习任务后向教师汇报学习情况和接受考查。

道尔顿制最显著的特点在于重视学生自学和独立完成作业，在良好的条件下，有利于调动学生学习的主动性，培养他们的学习能力和创造才能。

【科兴点评】在备考中，考生可以把几种教学组织形式放在一起进行复习，如：个别教学制、班级授课制、分组教学制、导生制、道尔顿制和特朗普制。

5.【解析】问题解决一般是指个体通过应用并超越过去所学规则以产生一个新答案的过程。由于对问题的理解不同，心理学家对问题解决的看法历来也不同。现代信息加工心理学认为问题解决是一种以目标定向的搜寻问题空间的认知过程，个体必须对原有知识经验和当前问题的组成成分进行改组、转换或联合，才能达到既定目标。

6.【解析】动机是引起和维持个体活动，使活动趋向一定的目标，以满足某种需要的一种内部心理状态。学习动机是动机在学习活动中的表现。学习动机是引起和维持个体进行学习活动，并使活动朝向一定的学习目标，以满足某种学习需要的内部心理状态，它的主要内容包括知识价值观、学习兴趣、学习效能感和成败归因。

二、简答题

1.【解析】参考答案参见 2011 年首都师范大学教育综合真题简答题第 3 题的解析。

2.【解析】20 世纪，社会呈现高速发展，社会文明不断进步。学制也随之发生了许多变化，特别是西欧双轨制变革更为明显。各个国家都在不断地改进学制，以期更符合社会发展的要求。纵观当代学制发展，呈现以下几方面的特征。

（1）重视学前教育，注意早期智力开发

现代生理学和心理学的充分发展，为教育提供了许多科学理论，其研究成果已充分证明了儿童在入学前智力发展水平是未来发展的重要基础，要重视早期智力开发。

（2）提早入学年龄、延长义务教育年限

学前教育逐步被纳入学制系统虽然已成为一种发展趋势，但不能把儿童升学前教育的年龄视为儿童的入学年龄，因为学前教育与学校教育是区别的。

义务教育是国民素质基础教育，是现代社会文明的重要标志。随着经济的不断发展，各国都把义务教育的年限逐渐延长，一发达国家的义务已达 12 年以上，将义务教育延伸到高中阶段。

（3）改革中等教育结构，发展职业技术教育

中等教育阶段是现代教育结构中的一个特殊阶段，与初等教育和高等教育均不相同。在发展职业教育的同时，必须看到未来社会发展对人才规格的质量要求。因此，普通中学职业化，职业中学普通化，使职业教育与普通教育相结合，是中等教育改革的趋势。

(4) 高等教育大众化、普及化，且结构多层次化，类型多样化

随着高等教育的大众化、普及化，高等教育的结构也突破了传统高等教育观念，向多层次化方向发展。

(5) 接受终身教育思想，发展继续教育

终身教育是一种大教育观，是改革现有教育机构的原则，其目标是组织一个提供终身学习的完善体系，提高人的素质和生活质量，促进社会的发展。

3.【解析】(1)“六艺”是周代官学教育的六种科目，包括礼、乐、射、御、书、数。礼包含政治、道德、行为习惯等内容；乐包含音乐、舞蹈、诗歌等内容；射是射箭技艺；御(驭)是驾驭战车的技术；书是文字的识读和书写；数包含数学及自然科学技术。“六艺”教育包含多方面教育因素，从现代的教育观点来看，礼就是德育，乐就是美育，射、御为体育，书、数是智育。德、美、体、智四育并举，可谓文武兼备，全面发展。

(2) 六艺教育及其对当今教育改革的启示

① 六艺教育——生态式教育。

六艺教育可以说是中国第一个培育完人的教育体系，体育、智育、德育、美育诸育并举，无一偏废。

② 六艺教育——基于艺术与审美的教育。

六艺教育是一个基于审美的教育范式，即通过艺术教育实现体格、知识、德行的教育，融艺术、德行、智能、体育教育于一炉。

③ 六艺教育——从生活与实践中学习的教育。

西周时代的六艺教育源自原始时代的生活习惯教育，重视从活动、从实践中学习，是六艺教育的重要特征。杜威认为“教育即生活”，“学校即社会”，最好的教育就是从“生活中学习”、“从活动中学习”、“从经验中学习”，提出了“从做中学”的基本原则。陶行知主张“生活即教育”、“教学做合一”、“在劳力上劳心”等先进观念，反对死的教育，提倡活的教育。这些光辉的教育思想都与六艺教育有着相通之处。

④ 六艺教育——倡导个性发展的教育。

六艺教育，其实是非常个性化的教育。学生资质、禀赋、性情各不相同，教育方法、教育途径、教育要求也各不相同。

4.【解析】(1) 卢梭是 18 世纪法国杰出的启蒙思想家和教育家。他的教育代表作《爱弥儿——论教育》，在近代教育史上居于十分重要的地位。

(2) 卢梭的自然教育观是建立在他的天性哲学基础之上的。他的天性哲学的一个根本原则就是：人的本质是自由的，即每个人生来就是自由的，自由是人所具有的可贵的天性。另外，“理性”和“良心”(或称“善良”)也是人生来具有的天性。

(3) 卢梭首先强调了教育对人的发展的作用，他认为，人的教育来自于三个方面：自然的教育，人的教育和事物的教育。

(4) 关于自然教育的目的，卢梭认为，自然教育的目的就是要培养自然人(或自由人)，即天性得到自由发展的人，其主要特征是具有独立自主性。这种人无论在任何时候．都能把自己的自然感情放在第一位，绝不压抑自己的自然本性；并且依靠自己的劳动过独立的生活。

(5) 卢梭进而认为，在现实社会中，确切地说在上层社会中是无法实现这一理想的。因此，他提出当儿童一出生就把他放到远离城市的乡村中去实施自然教育，即在自然的怀抱中

接受教育，他认为大自然本身就是儿童最好的教育者。

(6) 卢梭自然教育的核心感想是：强调对儿童进行教育必须遵循自然的要求，顺应儿童的自然本性，即顺应儿童身心自然发展的特点进行教育。

(7) 卢梭的自然教育思想在当时是最具进步性的教育理论，对欧美近现代教育理论的发展产生了重大影响，对今天的学前教育仍有着重要的现实意义。

三、分析论述题

1.【解析】(1) 新教育运动

"新教育"是19世纪末20世纪初，随着欧洲国家工业化发展，垄断进一步形成而出现在欧洲的一种反对传统教育理论和方法，广泛采用新的教育形式，内容和方法，革新已有教育的方方面面的教育改革运动。这一教育运动在实践上表现为"新学校"的兴起和发展；在理论上则表现为具有浓厚自由主义色彩的理论出现。

新教育思想的主要观点是：通过自由教育发展儿童内在潜能，培养适应社会发展需要的、具有主动精神和创造精神的人才；按儿童身心发展规律组织教育；重视现代人文科学和自然科学课程，通过多方面的教育来培养儿童多方面的能力，通过灌输民主、自由和合作的观念来培养学生的责任心和进取心；主张教育要联系实际生活，鼓励儿童自由、自主地活动。新教育运动的教育纲领是"生活教育"、"尊重个性"和"自发学习"。

(2) 进步主义教育

19世纪末20世纪初美国教育界发生了一场规模浩大、影响深远的教育改革运动，这就是进步教育运动。它的出现有其历史的必然性。19世纪末美国已由农业社会发展成工业社会，变成资本主义大国。工业的发展、科学的兴起、动荡的社会、欧洲进步的教育理论的传入，动摇了美国传统教育的根基，终于使进步教育运动蓬勃发展起来。美国的进步教育运动大致上可分为三个阶段。

19世纪70年代到20世纪最初10年是运动的兴起阶段。这一阶段的特点是涌现出一批有创新思想的教育家，在各地兴办以改革旧教育为宗旨的实验学校。其中影响最大的是帕克的昆西学校、杜威的芝加哥实验学校和约翰逊的有机教育学校。

20世纪20~30年代是进步教育运动的高潮时期。1916年杜威发表了《民主主义与教育》，标志着教育的一个新时期的开端，从此实用主义哲学开始成为进步教育运动的指导思想。这一时期的主要成就表现在三个方面。第一，各种进步学校如雨后春笋般地建立起来；第二，1919年成立了进步教育协会；第三，一批热心改革的教育家设计了各种新方法。其中影响最大的有：华虚朋的文纳特卡制、柏克赫斯特的道尔顿制、克伯屈的设计教学法。

20年代末到50年代中期，进步教育运动进入后期。这一阶段的特点，一是运动重心转移，由注重儿童的兴趣和自由转向考虑如何通过学校去影响和改造社会，建立新的社会秩序；二是对中等教育改革开展了称之为"八年研究"的大规模实验研究，使运动的影响从小学扩大到中学领域，极大地推动了美国的中等教育改革；三是遭到新传统教育思潮的激烈批评，力量被削弱。

进步教育运动使美国的学校教育更切合实际，学校增加了更多的活动，设置了较多的职业课程和技术课程，也更注意培养青年人适应社会、个人和职业的能力，科学和科研受到重视。但运动中的一些极端做法无疑降低了学校的教育质量，破坏了学校在传授人类文化知识方面应起的作用，造成了不良后果。

2.【解析】参考答案参见2011年华东师范大学教育综合真题详解简答题第3题，另外可根据自己的理解补充。

3.【解析】师生关系是指教师和学生在教育教学过程中结成的相互关系，包括彼此所处的地位、作用和相互对待的态度等。

主体缺失、主体发现和交互主体性建构是师生关系的历史嬗变的三个阶段。而交互性是主体性教育视野中理想的师生关系，这种理想的师生关系昭示了教师观、学生观、教学观和学习观等一系列教学理念的革新。

新型的师生关系具有以下特点：①尊师爱生，相互配合；②民主平等，和谐亲密；③共享共创，教学相长。

【科兴点评】本题属于开放题，有兴趣的考生可参看叶黎明《主体的追寻——师生关系的历史嬗变与启示》。

【相关链接】要建立这样民主、和谐亲密、充满活力的新型师生关系，对教师来说，有以下几种策略：

(1)了解和研究学生。

(2)树立正确的学生观。

(3)热爱、尊重学生，公平对待学生。

(4)主动与学生沟通，善于与学生交往。

(5)努力提高自我修养，健全人格。

4.【解析】中学阶段，是人生黄金时代的开端，是人一生中非常关键而又富有特色的时期。当代中学生发展具有的时代特点有：①生理成熟期提前；②思维活跃，但学习兴趣不高；③价值观念的多元化，具有较高的职业理想和务实的人生观；④自我意识增强，具有一定的社会交往能力；⑤心理问题增多。

针对这些特点，我们应该采取如下的教育方式：

(1) 加强中学生心理健康教育。心理健康教育是学生全面发展的需要，全社会都应高度重视，政府要为孩子提供良好的社会环境，学校要把心理健康教育作为工作的重点，抓紧抓好；家长要提高认识，配合学校做好工作；使少年儿童都具有健康的心理和良好的心理承受能力，为将来踏上社会打下坚实的心理基础。具体来说，我们可以采取以下措施：

① 建立心理健康教育导向机制。通过心理辅导讲座、主题班会、心理活动课等多种途径，加强学生心理承受力、抗挫折能力的培养，提高学生面对危机时的心理应对能力，教给学生自我心理保健的方法，使学生初步形成一套心理自助机制。

② 创设良好的心理教育环境。通过宣传栏，黑板报、团队之声广播站等宣传设施，定时刊登、播报时事和发生在学生身边的人和事，开展批评与自我批评，形成健康的舆论导向。

③ 开设心理辅导课程。学校可根据专项计划开设心理辅导课，并保证每班每个月开设一节心理辅导课。

(2) 加强中学生思想品德教育。首先，要掌握新时期中小学生的行为特点，思维方式，从而找到适合的教育方法。其次，引导孩子们用好网络，而不要让他们沉溺于网络。再次，现在的孩子，由于独生，家庭环境优越，往往缺乏责任感。所以，从小就要培养学生的责任意识，让孩子学会对自己的言行负责，对某人负责，对某事负责，只有养成了凡事负责的习惯，将来才会对社会对国家负责。最后，加强法制教育。加强法制教育势在必行，但不要只是空洞的说教，最好能结合实际，利用鲜活的案例来让学生讨论，发表看法，教师加以点拨，从而使学生得到正确引导，减少和避免青少年犯罪。

(3) 建立良好的师生关系。教师和学生之间只有知识的多与少、先知与后知的差别，没有人格上的差别。所以课堂教学中一定要保持师生之间的和谐，因为教学过程本身就包含着丰富的人际关系。师生之间的密切交往是促进学习进步的一个强劲的因素。和学生能够交流沟通得像朋友一样的教师，在课堂教学中学生的主动性、积极性往往会比较高，良好的教学环境，和谐的课堂气氛才是教学相长的境界。

2011 年杭州师范大学教育综合真题

一、名词解释(6 小题，每小题 5 分，共 30 分)

1. 学校教育
2. 教育目的的社会本位论
3. 苏格拉底法
4. 贝尔—兰卡斯特制
5. 教学做合一
6.《学记》

二、简答题(4 小题，每小题 10 分，共 40 分)

1. 简述教育的相对独立性。
2. 影响问题解决的主要因素有哪些？
3. 简述书院教育的特点。
4. 简要评述孔子的道德教育思想。

三、论述题(4 小题，每小题 20 分，共 80 分)

1. 如何正确理解掌握知识与发展智力的关系？

2. 自古而来，对教师的角色有许多隐喻，如“教师是蜡烛，燃烧自已照亮别人”“教师是人类灵魂的工程师，塑造着学生的精神世界”等。请从“蜡烛论”和“工程师论”中任选一种教师角色的隐喻分析其蕴涵的意义。

3. 试述建构主义学习理论的基本观点。

4. 论述赫尔巴特的教育性教学理论。

2011 年杭州师范大学教育综合真题详解

一、名词解释

1.【解析】学校教育是由专职人员和专门机构承担的有目的、有系统、有组织的，以影响受教育者的身心发展为直接目标的社会活动，是教育制度重要组成部分。一般说来，学校教育包括初等教育、中等教育和高等教育。学校教育是个人一生中所受教育最重要组成部分，从某种意义上讲，决定着个人社会化的水平和性质，是个体社会化的重要基地。

2.【解析】社会本位论者认为，教育目的是由社会的需要所决定的，培养社会所需要的人就是教育要追求的根本目的，教育应该按照社会对个人的要求来设计。社会本位论主要有以下观点：(1)个人的一切发展都有赖于社会，都受到社会的制约；(2)教育除了满足社会需要以外并无其他目的；(3)教育的结果或效果是以其社会功能发挥的程度来衡量的。

社会本位论者从社会需要出发来选择教育目的价值取向，无疑是看到了教育的社会作用，特别是在今天这样一个生产高度的社会化的时代，在一定意义上也是有借鉴价值的。但是只是站在社会的立场看教育而抹杀了个人在选择教育目的过程中的作用，并以此来排斥教育满足个人发展的需要，也是片面的、不正确的。

3.【解析】所谓的"苏格拉底法"就是一种对话式教学方法，它并不是把学生所应知道的原理直接教给学生，而是从学生所熟知的具体事物开始，通过师生间的对话、提问和讨论等方式来揭示学生认识中的矛盾，刺激学生在教师帮助下寻找正确答案，使其得出正确的原理。

这一方法主要有讥讽、助产术、归纳和下定义四个步骤组成。讥讽是就对方的问题不断提出追问，迫使对方陷入矛盾，承认自己的无知；助产术是帮助对方自己得出答案；归纳是从各种具体的事物中找出事物的共性，形成一般的概念；下定义是把个别事物归入一般概念，得到关于事物的普遍概念。由于苏格拉底把教师比喻为"知识的产婆"，因此，"苏格拉底方法"也被人们称为是"产婆术"。

4.【解析】贝尔-兰开斯特制又称导生制。由英国传教士贝尔和兰开斯特所创。其目的是为了解决英国近代教育大发展背景下师资匮乏的问题。其基本方法是教师先在学生中选择一些年龄较大、学习成绩好的学生充任导生，教师先对导生进行教学，然后由他们去教其他学生。采用这种教学方式，学生的数额可大大增加，在一定程度上缓解了教师奇缺的压力。因此，它一度受到人们的欢迎，在英国风行三十余年，并流传到法、德、美、瑞士等国家。但采用这种方法，不可避免地造成教育质量下降，因此，它最终被人们抛弃。

5.【解析】"教学做合一"是"生活即教育"在教学方法问题上的具体化。其内涵为：①"在劳力上劳心"，破除传统教育下劳心与劳力的分离现象，教劳心者劳力——读书的人做工，教劳力者劳心——做工的人读书，使人人都"手脑双挥"。②"行是知之始"，破除只从读书、听讲求知识的教育，从做入手求知识、求创造。③有教先学，有学有教。④反对注入式教学，教服从于学，教、学又服从于做。

6.【解析】参考答案参见2010年华中师范大学教育综合真题详解名词解释第4题。

二、简答题

1.【解析】参考答案参见2010年华中师范大学教育综合真题详解简答题第1题。

2.【解析】影响问题解决的因素主要有：

(1) 知识经验。有关的背景知识，能促进对问题的表征和解答。只有依据有关的知识才能为问题的解决确定方向、选择途径和方法。探索的技能在解决问题中不能替代实质性的知识。

(2) 个体的智能与动机。智力水平的高低对问题解决有重要的作用。智力中的推理能力、理解力、记忆力、分析能力等对问题解决有重要影响，认知特点即对问题的敏感性、灵活性、冲动性、反省性等特点，对问题解决也有一定影响。动机也影响问题的解决：对问题持漠然的态度，既不能发现问题也不能解决问题。但动机过于强烈，人处于高度的焦虑状态也会阻碍问题的解决。

(3) 问题情景与表征方式。问题中的事件和物体将以某种特点呈现，如空间、位置、距离、时间顺序等。这些特点以及它们之间的关系将影响你对问题的理解和表征。

(4) 思维定势与功能固着。反应定势有时也称定势，指以最熟悉的方式做出反应的倾向。定势有时有助于问题的解决，有时会妨碍问题的解决。定势使解决问题的思维活动刻板化。功能固着是由德国心理学家邓克尔提出的，它是指一个人看到某个制品有一种惯常的用途后，就很难看出它的其他新用途。人们通常不能解决这个问题是由于他们很少考虑具有特定功能的物品的不平常的用途，这就是所谓的功能固着性。

(5) 原型启发与酝酿效应。类似事物即称原型，它对人的创造活动所起的作用叫做原型启发。原型启发经常成为人们创造活动的催化剂。原型所以能起启发作用，一是由于原型与所要创造的事物之间具有共同之处或类似之处，二是由于人们可以从原型中发现某种原理，从而引起模仿。原型启发法就是通过与假设的事物具有相似性的东西，来启发人们解决新问题的途径。

3.【解析】书院最初属于私学性质，尽管在发展过程中有官学化倾向，但在培养目标、管理形式、课程设置、教学方法以及师生关系等方面都表现出与官学不同的特点。在培养目标上，书院注重学生人格修养，强调道德与学问并进，培养学生的学术志趣，而官学多以科举出仕为主要目标。在管理形式上，书院机构较为简单，管理人员少，强调学生遵照院规自我约束、自我管理为主。课程设置灵活具有弹性，教学以学生自学、独立研究为主，师生、学生之间注重质疑问难和讨论。书院中的师生关系较之官学更为平等，学术切磋多于教训，学生来去也较为自由。书院开展的“会讲”活动有讲授有讨论，还开展不同学派之间的辩论。总之，书院既是集藏书、教育和学术活动于一体的机构，又是学者以文会友的场所，具有较广泛的社会文化教育功能。

4.【解析】孔丘的教育目的是培养从政的君子，成为君子的主要条件是具有道德修养。“礼”与“仁”是道德教育的主要内容，“礼”为道德规范，“仁”为最高道德准则，凡符合“礼”的道德行为，都要以“仁”的精神为指导。

学礼要做到一切视听言行都符合礼的规范。礼要有一定的形式，但更应该重视的还是礼的内容，要体现一定的思想感情，否则就徒具形式。在道德教育中，提倡礼的教育要贯注仁的精神，礼是仁的形式，仁是礼的内容，有了仁的精神，礼才能真正充实。以仁的精神来对待不同的伦理关系时，就有不同的更具体的道德规范，其中最重要的两项道德规范是忠与孝。“忠”要求对人尽心竭力、诚实负责；“孝”要求尊敬和顺从父母。仁德的实行可分忠和恕两方面，即消极的方面和积极的方面，“尽己之谓忠，推己之谓恕”。

孔丘还总结了一些进行道德修养的原则和方法。一是立志，以志于仁道为个人志向和人生理想，并且坚持志向，不为外来因素的干扰而动摇。二是克己，在处理对人对己的关系时应着重要求自己，约束和克制自己的言行，使之合乎礼、仁的规范。三是力行，努力按道德规范进行实践。四是中庸，待人处事都要中庸，防止发生偏向，一切行为都要中道而行。五是内省，不论道德认识或是道德实践，都需要有主观积极的思想活动，称之为内省。六是改过，人会犯错误是客观存在，“过则勿惮改”，正确的态度是重视改过。

三、论述题

1.【解析】掌握知识和发展能力的关系一直是教学理论和实践的一个重要问题。在教育史上表现为实质教育与形式教育之争。正确认识和处理二者之间的关系，对于深化教学改革、指导教学实践都是非常重要的。

(1) 能力发展依赖于知识的掌握，知识的掌握又依赖于智力的发展，二者互为条件。

(2) 引导学生自觉地掌握知识和运用知识才能有效地发展他们的智力和能力。

通过传授知识来发展学生的智力是教学的一个重要任务。但知识不等于智力，所谓的“高分低能”现象就是明证。因而，在教学中，不仅要教给学生系统的知识，还要引导学生掌握学科的基本结构，启发学生了解知识掌握的过程，学会获得知识的方法，能够创造性地运用知识来解决理论和实际问题，促使学生的智力获得高水平的发展。

(3) 防止单纯抓知识教学或只重能力发展的倾向。

在教育史上，教学中应如何处理二者之间的关系，实质教育论者与形式教育论者之间有过长期的论争。实质教育论以斯宾塞为代表，强调教学应传授给学生实用的科学的知识，在课程上要求以自然科学和应用技术为主。形式教育论以洛克为代表，强调教学的目的是培养心理能力，重视教材的训练价值，课程上主要学习拉丁语、数学、逻辑及有关人文学科。两种论证的偏颇之处是显而易见的。正因如此，现代的许多教育理论家都致力于把知识和能力统一起来，如杜威、维果茨基等人都做了有益的探索。

2.【解析】“蜡烛论”，这一说法，高度评价了人民教师无私奉献精神，对教师职业给予了崇高的赞美和肯定。但隐含着过于强调教师照亮别人、传播知识的功能，凸现是一种“生重于师”的师生关系，而新的课程改革则特别强调新型的民主、和谐、平等的师生关系，强调教师既照亮别人，传播知识的功能，更要实现教学相长、发展自我，不断推动自我的提升与超越。只有这样，教师才能在自己的职业生涯中获得生生不息的发展动力，反过来推动教育教学工作的发展与进步。如果教师只是一味地满足于“照亮别人”而逐步地耗尽自己，真的落到“蜡烛成灰泪始干”的地步。这种结局真是相当悲壮和惨烈的——而这恰恰不应该是教师的最后结局。

“工程师论”教师是人类灵魂的工程师，这表明教师所从事的工作是非常崇高的，教师的工作显著意义是教书育人，要特别注重学生心灵的健康发展，而不仅仅是向学生灌输知识。“工程师论”所包含的深刻内涵在今天的教育教学的实际工作中并没有被真正地执行、贯彻到位。“工程师论”的优势没有被充分表现和伸张，而某些方面弊端却被广泛的张扬和发挥。工业化的管理模式要求工程师们用整齐划一的尺度和标准来衡量和检验每一个工业产品。在那些快速运转的生产流水线上，符合统一尺度和标准的产品是合格的产品；反之，不符合的则被淘汰。如果生拉硬扯把工程师们所采用的工业化的物化管理的模式移植到了学校教育和学生评价方面来，用这种整齐划一的方式来评价学生和其他教学工作，对于学生这样有思想、有灵魂的活生生的个体，就会出现问题。

3.【解析】建构主义学习理论的基本观点

(1) 知识观

对知识的意义，建构主义强调的是人类知识的主观性，他们认为，人类知识只是对客观世界的一种解释、一种假设，并不是对客观现实的准确表征，它不是最终的答案，而是会随着人类认识的进步而不断地被新的解释和假设所推翻、所取代的。

对知识的应用，建构主义则强调应用的情境性，人面临现实问题时，不可能仅靠提取已有的知识就能解决好问题，而是需要针对具体情境中的具体问题对已有的知识进行改组、重组甚至创造才能更好地解决问题。

建构主义的知识观尽管不免过于激进，但它向传统的教学和理论提出了巨大的挑战，值得我们深思。按照这种观点，科学知识包含真理性，但不是绝对正确的答案，更重要的是，这些知识在被个体接受前，对个体而言毫无权威可言，学生对知识的“接受”只能靠他自己的建构来完成。所以学习知识不能满足于教条式的掌握，而是需要不断深化，把握它在具体情境中的复杂变化。

（2）学习观

建构主义认为，学生不是被动的信息接受者，学习不是知识由教师到学生的简单的转移或传递，而是在师生共同的活动中，教师通过提供帮助和支持，使学生主动地建构自己知识经验的过程，这种建构是任何人所不能代替的。

建构主义认为，知识的意义不是简单地由外部信息决定的，而是在学习过程中，通过新旧知识经验间反复的、双向的相互作用过程建构获得的。每一个学习者，都是在自己原有的经验系统的基础上对新信息进行编码，建构自己对信息意义的理解。而且原有的知识经验由于和新的信息的相互作用其本身也会产生调整和改变。

（3）教学观

建构主义认为，学生是信息意义的主动建构者，“学习者并不是把知识从外界搬到记忆中，而是以已有的经验为基础，通过与外界的相互作用来建构新的理解”。

教学不能无视学生已经具有的这些知识经验，而是要把学生现有的知识经验作为新知识的生长点，引导学生从这些知识经验中“生长”出新的知识经验。教学不是简单地由教师把他所知道的信息告诉学生，不是一种简单的信息呈现，而要重视学生的已有知识经验，要重视学生对各种现象的理解，要倾听学生的意见，引导学生对知识的处理和转换，引导学生对知识的应用。

4.【解析】从教育史上看，教育性的教学反映了教育工作的客观规律。教学具有教育性，是不以人的意志为转移的客观存在。赫尔巴特认为，“教学如果没有进行道德教育，就是一种没有目的的手段；道德教育如果没有教学，就是一种失去了手段的目的。”历史上这样明确地阐述教学的教育意义的，他是第一人。赫尔巴特揭示了教学必然具有教育性的规律，并且强调了在教学中必须对学生进行品德教育，这在当时和今天都是正确的。可是，他把教学当作实施德育的唯一途径(有时说是最重要的途径)，视知识的增长和品德的提高是无条件的同步运动，他没有认识到德育和智育是各有相对独立性的。他毫无根据地以教学来取代复杂的教育过程，而且没有考虑到社会环境的影响和情绪在道德教育中的意义。他不正确地认为，情感与意志不是人的心理的独立表现，而仅仅只是观念的一些变体，这是他的不足和保守性在教学论上的反映。思想品德教育和系统知识教学两者不是对立的，而应当统一起来。

教学具有思想品德教育意义。首先，教学具有教育性，是实现教育目的的客观需要。任何学校的教学总是在传授知识的同时，渗透着一定的思想品德教育，为实现一定的教育目的服务。其次，教学具有教育性，是教材内容的必然反映。科学知识本身就具有重要的思想品德教育的价值。

赫尔巴特的教育性教学思想对我们今天加强教学的教育性仍有重要的现实意义。在推进和实施素质教育的今天，教育要培养的是德智体美劳全面发展的人。教学过程既是学生的认识过程，也是促进学生身心全面发展的过程。伴随着学生掌握知识技能的全过程，也始终是发展学生智力、体力，培养审美能力和政治思想品德的过程。

教学具有教育性，这是一条教学的客观规律，它给我们以启示：(1)教学必须在传授知识技能的过程中，有意识地渗透着对学生的政治思想品德教育，以得到教学的德育效果；教学必须在传授知识技能的过程中，有意识地发展学生的智力，以得到培养学生分析问题、解决问题的能力的效果。(2)教师必须注意正确发挥自身的示范作用。对学生的严格要求能否见效，前提是教师对自己是否严格要求，教师不仅要以自己丰富的学识去教育学生，而重要的是要以自己的高尚品德来影响学生。教师经常和学生在一起学习，教师的一举一动，一言一行对学生都有示范作用。教学必须在传授知识技能的过程中，注意学生的身心健康，使教学有利于而不是有害于学生的成长发育。学校教育工作的客观实践证明，教学应该具有教育性。

2011 年中山大学教育综合真题

一、概念解释(6 小题，每小题 5 分，共 30 分)

1. 教育
2. 非智力因素
3. 形成性评价
4. 课程
5. 学习迁移
6. 变式

二、简答题(4 小题，每小题 10 分，共 40 分)

1. 为什么说教育在人的发展中起主要作用？
2. 为什么德育既要尊重学生又要严格地要求学生？
3. 我国隋代开始采用何种方式集中选士大权？有何特点？
4. 智者在古希腊教育发展中的贡献是什么？

三、论述题(4 小题，每小题 20 分，共 80 分)

1. 良好的师生关系有什么特征？联系当前实际谈谈如何建立良好的师生关系？
2. 学制建立的依据是什么？其中什么是最主要的？为什么？
3. 杜威教育本质论的内容及其现实意义？
4. 联系实际谈谈如何调动学生的学习积极性？

2011 年中山大学教育综合真题详解

一、概念解释

1.【解析】参考答案参见 2010 年首都师范大学教育综合真题详解名词解释第 1 题。

2.【解析】非智力因素是相对智力因素来说的，一般认为智力因素包括六个方面：注意力，观察力，想象力，记忆力，思维力，创造力。非智力因素，指与认识没有直接关系的情感、意志、兴趣、性格、需要、动机、目标、抱负、信念、世界观等方面。这些非智力因素，在人才的成长过程中，有着不可忽视的作用。

3.【解析】形成性评价是在教师教育教学过程之中，为使教师的专业水平继续提高、不断获取反馈信息，以便改进教学而进行的系统性评价。它是在教育教学活动中进行，目的是为了找出教师工作中的不足，为教师不断改进教学提供依据。

4.【解析】参考答案参见 2011 年陕西师范大学教育综合真题详解名词解释第 2 题。

5.【解析】即一种学习对另一种学习的影响，它广泛地存在于知识、技能、态度和行为规范的学习中。任何一种学习都要受到学习者已有知识经验、技能、态度等的影响，只要有学习，就有迁移。迁移是学习的继续和巩固，又是提高和深化学习的条件，学习与迁移不可分割。

6.【解析】

变式是通过变更对象的非本质特征而形成的表现形式。其特点是变更人们观察事物的角度或方法，以突出对象的本质特征，突出那些隐蔽的本质要素。

课题的表述常常把解决课题的特别关键的本质属性“隐蔽”在非本质属性之中，教师在教学时，就得启发学生一步一步从非本质属性中把本质属性揭露出来。这就必须运用变式规律。

二、简答题

1.【解析】参考答案参见2010年曲阜师范大学教育综合真题详解简答题第1题。

2.【解析】严格要求与尊重信任相结合，是指在德育过程中教育者既要尊重、信任学生，又要按照社会主义思想准则和品德规范严格要求他们，通过二者的相互结合来促进学生良好品德的形成和发展。

严格要求与尊重信任学生，是实现民主、平等的社会主义师生关系的必然要求，也是教师应有的工作态度和职业道德。

对学生严格要求和尊重信任，是制约德育效果的两个相辅相成的必要条件。没有尊重信任的严格要求，容易使学生产生情感障碍，尊重信任是严格要求的基础，实事求是地严格要求，又是尊重信任学生的真诚体现。

贯彻严格要求与尊重信任相结合原则，应注意以下几方面的问题：

第一，要在尊重信任学生的基础上提出严格要求。尊重信任的情感体验是学生接受教师提出的各种要求的基础，“亲其师”，才能“信其道”。

第二，要在严格要求的过程中体现对学生的尊重信任，热情帮助学生完成要求，“扶上马，送一程”。

第三，对学生的尊重热爱和严格要求固然不可缺少，但应注意爱要得体，严而有格。爱是尊重信任学生的基础。没有对学生的爱，尊重信任就显得缺乏实在性，也难以持久。采用“心理互换”或“位置互换”的方法对差的、落后的学生表达爱的情感。

3.【解析】我国隋代开始采用科举制的方式集中选士大权。

科举制度产生于隋朝，集中选士大权，采用考试办法，分科举人，是隋代的一大创举。当时的进士科的设置，标志着科举制度的正式产生。

唐承隋制，逐渐形成了一套较为完备的科举取士制度。唐立国之初，就将人才选拔列入国家重要政事。唐太宗执政时实行偃武修文的国策，继续推动科举制度的发展。唐高宗以后，科举取士名额有所增加。武则天开创武举选拔军事人才的先例。到了开元、天宝时期参加科举的人愈益增多，科举制度中大部分考试科目已经形成，考试内容和形式基本确立，科举制度渐趋成熟和完备。

科举考试的特点：

(1) 科举考试的程序

唐代参加科举的考生主要有两个来源：一是生徒，二是乡贡。由中央、地方官学经过规定的学业考试合格，选送到尚书省应试的，称为生徒。不由馆、学而学有所成的士人，自己向所在州县报考，经县、州考试选拔报送尚书省应试的，称为乡贡。

报考时间是在每年仲冬，第二年二月初春，考生赴尚书省礼部贡院应试。明经、进士考试分三场进行，每场一日。考试合格后，分等级给予及第、出身的资格。一般秀才每年取一二人，明经大约十取一二，进士则百取一二。考试录取后尚不能直接授官，须经吏部考试合格，方能入仕。

（2）科举考试的科目

唐代科举分文科举和武科举两大类。文科举又分常科和制科两种。其中经常举行的有秀才、明经、进士、明法、明字、明算六科。

（3）科举考试的方法

唐代科举考试的方法有帖经、墨义、口试、策问、诗赋五种。

4.【解析】

（1）“智者”的教育活动

所谓“智者”（sophists），原指某种精神方面的能力和技巧，以及拥有这些能力和技巧的人。后来到公元前5世纪左右，被用来指以收费授徒为职业的巡回教师，这些人四处游荡，积极参加城邦政治和文化生活，以传播知识获得报酬，并逐步形成一个阶层，代表人物如普罗太格拉、高尔基亚等。他们不是真正意义上的学派或学术团体，没有统一的哲学基础和政治见解，他们共同的思想特征是：相对主义、个人主义、感觉主义、怀疑主义。他们的出现在教育思想史上有重要地位，表明职业教师已逐步取代原有的大众教师，教育工作开始职业化。由于职业教师的出现，教育活动的内容、方法逐步规范化，有利于教育的进步，由于智者的出现，希腊思想才真正成型。

（2）“智者派”的教育贡献

他们对希腊教育实践和教育思想的发展，做出了巨大贡献。第一，云游各地，授徒讲学，以钱财而不以门第作为唯一的条件，不仅推动了文化的传播，而且扩大了教育对象的范围，促进了社会流动。第二，智者适应时代对辩论、演讲的需要，开始研究与辩论、演讲相关的文法、修辞、哲学等科目，拓展了学术研究领域，扩大了教育内容范围，使“七艺”的前三艺（即文法、修辞、辩证法）由此而确定。第三，他们最关心道德和政治问题，并把系统的道德和政治知识作为主要教育内容，不仅丰富了教育的内容，而且提供了一种新型教育——政治家的教育。“智者”不仅直接促进了希腊教育实践的发展，而且推动了希腊教育思想的进一步丰富，在智者的教育思想中，已经包含了全部希腊教育思想发展的基本线索和方向。

三、论述题

1.【解析】参考答案参见2011年南京师范大学教育综合真题详解论述题第3题。

2.【解析】学校教育制度是现代教育制度的核心，是指一个国家各级各类学校的系统及其管理规则，它规定着各级各类学校的性质、任务、入学条件、修业年限以及它们之间的关系。

学校教育制度确立的依据：

（1）政治因素。不同的政治体制下往往存在不同的教育行政制度。政治体制总的来说，可以分为集权制、分权制，相应地，教育行政制度也可以划分为集权制、分权制两种类型。前苏联、法国基本上属于集权制，美国、英国基本上属于分权制。

（2）经济因素。最终决定学制的性质和状况的因素是社会生产力的性质和水平。

（3）文化因素。不同的文化类型必然会影响到教育的类型，影响到教育制度。例如，同为资本主义国家，法国在教育行政上实施集权制，而美国在教育行政上实施分权制；同样是实施分权制，美国的分权制又与英国的分权制不同，各自有自己的传统和特色。这些都是由于文化的不同引起的。

(4) 青少年身心发展规律因素。

(5) 教育制度传统以及对国外教育制度积极地学习和借鉴等。

其中，经济因素是最主要的。因为最终决定学制的性质和状况的因素是社会生产力的发展水平。

3.【解析】(一)杜威教育本质论的内容

杜威是美国著名的哲学家、社会学家和教育家，美国实用主义教育理论和进步教育运动的主要代表人物，是20世纪人类历史上少数几个最有影响的教育家之一，他立足于现代社会讨论教育问题，积极吸收人类文化的多方面成果，建立起一座宏伟的教育理论大厦，为后人留下了一份丰富的教育思想遗产。关于教育本质的理论是杜威整个教育体系的核心。他以哲学、伦理学、社会学、心理学为武器，在批判传统学校教育的基础上提出了“教育即生长”、“教育即生活”和“教育即经验的改组和改造”的观点。

(1) 教育即生长

杜威把生长这一生物学概念赋予了丰富的社会内涵，他并不是要把教育和生长混为一物，而是在提倡一种新的儿童发展观和教育观。

首先，“教育即生长”是针对当时无视儿童天性，按成人标准去要求儿童的教育时弊提出来的。“教育即生长”要求摒除压抑、阻碍儿童自由发展之物，使一切教育和教学适合儿童的心理发展水平、兴趣和要求。杜威所理解的生长指的就是机体于外部环境、内在条件于外部条件交互作用的结果，是一个持续不断的社会化的过程。尤其是杜威要求尊重儿童但不同意放纵他们，这是杜威与进步主义教育实践的一个重要区别。

其次，“教育即生长”所体现的儿童发展观也是杜威民主思想的反映。尊重儿童身心发展特点是使儿童获得充分生长和发展的重要条件，而儿童的充分生长和发展亦有助于社会目的的达成，然而杜威并不仅仅把儿童个体的充分生长视为达到社会目的的一个手段和工具，他认为儿童充分生长本身便是民主主义的要求，便含有丰富的价值意义。可以说杜威把民主主义发展到学校中求学的儿童中间，给儿童提供一个有利于生长的环境，让其充分、自由生长，这也是他一生的追求。

(2) 教育即生活

杜威认为，儿童本能的生长总是在生活过程中展开的，所以教育即生活。教育是儿童现在生活的过程，而不是未来生活的新任务。与此相对应，杜威又提出“学校即社会”，教育既然是一种社会生活的过程，那么学校就是社会生活的一种形式。学校应该“成为一个小型的社会，一个雏形的社会”。杜威之所以强调教育与社会的联系，是因为他坚信教育是社会进步及社会改革的基本方法，认为社会的改造要依靠教育的改造，教育改造之所以必要，是因为要给社会生活的变革以充分的和明显的影响。

(3) 教育即经验的改组和改造

杜威指出，受教育过程实际上就是儿童不断地取得个人的直接经验，即使经验不断改组或改造的过程。于是要求在教育过程中尊重儿童的身心发展条件和水平，顾及儿童兴趣，提高儿童参与教育过程的积极性和主动性，创设有利于儿童发展的外部条件。由此杜威又提出了另一个教育基本原则——“从做中学”，他认为这是教学的中心原则。杜威强调在教学中重视学生的主动性和创造性，使学生主动地活动、积极地思维并注意学生的兴趣和需要。

(二) 杜威教育本质论的现实意义

(1) 新的人才培养目标——尊重儿童的天性，培养有个性的人

人才培养目标，是一切教育活动的基础，是每个教育工作者的工作指南。我国现行的人才培养，忽视、漠视儿童生长的差异性，是按照成人和社会的标准进行的，是把具有不同个性的儿童放在统一的教育模式中进行的，是向着同一个方向前进的。它没有单独针对不同个性的儿童制定不同的培养目标和进行多样的教育活动。此外，对儿童的评价也缺乏多样的标准，主要依据其在考试中取得的分数来进行。因此教育在实践中，表现为"应试教育"，这实质上是借助外力去推动儿童的生长。

杜威在以生活、生长和经验改造解释教育时，首先重视儿童这一环节。他认为儿童是教育的出发点，教育必须尊重和利用儿童天赋的潜在动力。其实，儿童之间由于自身遗传因素与外在环境因素的差异，其生长也是极具差异性的。这十分正常，也十分合理，只是说明儿童生长的侧重点不同而已。所谓"天生我才必有用"，社会有分工，需要各种各样的人才，我们没有必要去消除这一差异。教育应该是考虑儿童的兴趣和需要、尊重和发展个体差异的教育，让儿童的"优势更优，弱势填补"，实现更高层次的差异性生长，帮助儿童充分开发内在的潜力并充分地发展自己的特长。

(2) 新的课程观

在课程改革以前，我国的学校课程以学科的分类为基础，以学科教学为核心，以掌握学科的基本知识、基本规律和相应技能为目标。我们应该注意到，课程是一个发展的概念。但是在传统的教育过程中，课程内容多年不变，多限于以文字符号为载体的书面知识，过分强调知识的传授，忽视实际运用能力的培养，既脱离了儿童自身的生活，又脱离了现代的社会生活；因而既不利于儿童内化吸收，也不利于儿童运用于社会实践。学校里的"学科世界"与现实的"生活世界"的距离正越来越大，学科的分化将原本完整的生活世界分割得支离破碎，编造的习题使学生正失去与日常生活经验相似的经验情境。

杜威提出"教育即生活""教育即生长"和"教育即经验的改造"，并毕生倡导和实施"主动作业"。他认为传统的学科本位的课程脱离了儿童的生活和经验，忽视了儿童的兴趣和需要。由此，他提出课程要以儿童为中心，以儿童的活动和经验为内容。只有这样，课程才能促进学生的生长与发展。杜威所倡导的课程实际上就是要创建以经验为载体的课程。在杜威眼里，"生活"与"经验"是同一的。我国新一轮基础教育课程改革中所提倡的综合实践活动课程的突出特点就是它与现实生活紧密联系，并能充分发挥和体现儿童在生活中的主体性。这一举措背后的指导思想与杜威的课程观不无相似之处。

(3) 重视学生主体性的教学过程

如前所述，生长具有自主能动性。然而，在我国的中小学教育中却存在着很多忽视儿童生长自主能动性的情况。这主要表现在：传统教育体制下，教师的教学过程主要是"填鸭式"的灌输。教学方式也过于成人化，如运用成人的话语方式与儿童交流、将成人的思维方式强加给儿童等等。教学方式的成人化，既不利于师生间信息交换，也不利于师生间情感交流，因而也就难以达到预期的教学效果。

杜威认为，儿童天生具有爱好活动的性能，并能够依照活动结果带来的苦乐体验而调整和控制其活动，借以保持与环境的平衡。儿童天赋的这种潜在动力是强烈的，教育必须尊重和利用它。如果儿童自愿学习和在生活中真正理解事物的意义，这种教育乃是真实的，生动活泼的，而不是皮相的和残害心智的。杜威宣扬以"儿童中心"取代"教师中心"和"教材中

心”，认为教师应是儿童生活、生长和经验改造的启发者和诱导者，儿童是教学过程的主动参与者和构建者。应彻底改变当时压制儿童自由和窒息儿童发展的传统教育。

为了发挥教育的作用，培养高素质的人才，在教学过程中，要重视学生的主体性，引导学生积极参与教学活动，重视学习过程，而不是重视学习结果，并为学生提供足够的时间和空间去思考和实践；教学在方式上也应贴近儿童的生活，用儿童喜闻乐见的方式，用儿童自己的方式来教导儿童，这样，才有助于形成和谐的师生关系，让儿童积极愉快地学习。

4.【解析】学习积极性是从事创造性学习活动的一种心理能动状态，这种心理能动状态包括认识的活跃程度、情感的兴奋水平和努力的强度等。学习积极性是影响知识、技能掌握和智能发展的一个重要因素，是学生学习上的内在动力。教学中激励、唤醒、调动学生的这个内在动力，是提高课堂教学效率的关键。

(1) 建立民主、平等的人际关系，形成愉悦、和谐的学习氛围

在课堂教学的过程中，建立新颖的师生关系，创设愉悦、和谐的教学氛围，是调动学生学习积极性、主动性的必要且有效的手段，对促进学生的积极性发展起着重要作用。

(2) 营造学生良好的心理环境，满足学生的多元化需要

在教学过程中，学生的兴趣、信心、动机等心理需要构成其内部的“心理环境”，他是与学习积极性、主动性有关的内部心理品质，是个性心理中最活跃的因素，是推动学生进行积极、主动、自主、持久的学习活动的内部动力。因此，教学过程中营造学生良好的“心理环境”，满足学生的心理需求，才能使学生积极主动地投入到学习活动中，从而调动学生学习的积极性、主动性。

① 帮助学生明确学习的目的和意义。学习目的是学生学习活动的出发点和归宿，是推动人们学习的强大精神力量。学生在进行学习活动时有明确具体的学习目的，并把学习目的和学习联系起来，意识到学习的意义，不仅可以增强学习目的性动机，还能使他们积极主动地去努力学习。

② 培养和激发学习兴趣和求知欲。兴趣是学生积极认识教学内容或积极参与教学活动的心理倾向，是学习者积极性中最现实最活跃的心理成分。学生学习的积极性、主动性往往以自己的兴趣为转移，它是促进学生积极主动学习的重要因素和内在动力。职高专业课教学注重培养和激发学生学习兴趣，使学生产生强烈的求知欲，才能调动学生的学习积极性、主动性，才能提高学生的学习效率，学生的学习主体地位才能得到充分体现。

③ 努力让每个学生获得成功体验。学生在课堂学习中难免会遇到困难、差错、失误，教师如何对待很重要，冷淡、责怪、不适当的批评往往都会挫伤学生的自信心，而一旦丧失自信心，那么他们学习的主动性就会大大削弱，当然对学习也就提不起兴趣了。

(3) 创设自由开放、活跃的课堂环境，让学生自主学习

在课堂教学中给学生创设自由开放、充满活力的课堂环境：尽可能地给学生多一点思考的时间，多一点活动的余地，多一点表现自己的机会。让学生在学习中担当“发现者”、“研究者”、“探究者”、“胜利者”，体会学习的乐趣。在这样的教学环境中学生保持愉快而兴奋的心境，改被动学习为主动学习，改要我学习为我要学习，从而激发学习积极主动性。

① 为学生的合作学习架设桥梁。合作学习是指学生在小组或团队中为了完成共同的任务，有明确的责任分工的互助性的学习。

② 引导学生积极参与课堂教学。教学活动是师生的双边活动，课堂舞台上的主角不是教师，而是学生。

③ 合理开展学习竞赛活动。竞赛是激发学生学习动机和学习积极性主动性的有效手段。

④ 鼓励学生大胆质疑、独立探究。学生有了疑问，才会产生自主探究的浓厚兴趣，才能积极主动地对待学习。

⑤ 为学生积极思维提供广阔的空间。在课堂教学中，结合专业课的特点，为学生提供独立思考的空间和时间；让学生在课堂上独立思考，使学生敢想、敢说，不受约束地去探究、思考，让学生充分展开想象的翅膀，去“标新立异”、“异想天开”；让学生在无拘无束的争论中思维碰出智慧的火花，给课堂教学注入生机。

(4) 提供机会，使学生所学知识运用于解决实质问题。

总之，学习的积极性、主动性是影响知识、技能掌握和智能发展的一个重要因素，是学生学习上的内在动力。教学中激励、唤醒、调动学生的这个内在动力，是上好专业课、提高课堂效率的关键。诚然，以上仅仅是择其要者而略加论述，如何切实有效地调动学生的学习积极性、主动性还需要进一步去探索、实践。

2012年真题

2012年南京师范大学教育综合真题

一、名词解释(每题5分，共30分)

1. 教学目标
2. 学校教育
3. "六艺"教育
4. 苏格拉底方法
5. 学习动机
6. 道德情感

二、简答题(每题10分，共40分)

1. 简述德育途径。
2. 简述蔡元培的"五育并举"。
3. 简述人文主义教育的特征。
4. 简述布鲁纳的发现学习的步骤。

三、论述题(每题20分，共80分)

1. 论述教育的社会功能。
2. 试论述陈鹤琴的"活教育"。
3. 试述杜威教育思想。
4. 结合实际论述激发学习动机的方法。

2012年南京师范大学教育综合真题详解

一、名词解释

1.【解析】教学目标是指教学活动实施的方向和预期达成的结果，是一切教学活动的出发点和最终归宿，它既与教育目的、培养目标相联系，又不同于教育目的和培养目标。

2.【解析】参考答案参见2011年杭州师范大学教育综合真题详解名词解释第1题。

3.【解析】西周学校以"六艺"为基本教育内容。"六艺"之中，礼、乐、射、御作为"大艺"，是大学的课程；书、数作为"小艺"，主要是小学的课程。西周的教育内容可以总称为六艺教育，它是西周教育的特征和标志。六艺教育包含多方面的教育因素。它既重视思想道德，也重视文化知识；既注意传统文化，也注意实用技能；既重视文事，也重视武备；既要符合礼仪规范，也要求内心情感修养。六艺教育传统对后世封建社会的教育产生了深刻的影响。

4.【解析】苏格拉底在教学中形成了具有自己特色的方法，一般称为"苏格拉底法"，苏格拉底将它称为"产婆术"。苏格拉底法可以分为四个部分：讥讽、助产术、归纳和下定义。"讥讽"，就是在谈话中让对方谈出自己对某一问题的看法，然后揭露出对方谈话中的自相矛盾，使对方承认自己对这一问题实际上一无所知。“助产术”，就是用谈话法帮助对方把知识回忆起来，就像产婆帮助产妇产出婴儿一样。“归纳”，是通过问答使对方能逐步排除事物的个别的、特殊的东西，揭示出事物的本质的、普遍的东西。从而得出事物的“定义”。这是一个从现象、个别到普遍、一般的过程。这是一种要求学生和教师共同讨论，互为激发，共同寻求正确答案的方法。它有助于激发学生积极思考，判断和寻找正确答案。

5.【解析】参考答案参见 2011 年南京师范大学教育综合真题详解名词解释第 6 题。

6.【解析】道德情感是个人道德意识的构成因素。指人们依据一定的道德标准，对现实的道德关系和自己或他人的道德行为等所产生的爱憎好恶等心理体验。

二、简答题

1.【解析】德育的途径主要有：(1)品德课、思想政治课与其他学科教学；(2)劳动和其他社会实践；(3)课外活动与校外活动；(4)学校共青团、少先队活动；(5)心理咨询；(6)班主任工作；(7)校园生活。

【科兴点评】本题考生可结合相关实例予以展开。

2.【解析】“五育并举”的教育方针：

在哲学思想上蔡元培受康德二元论的影响，把世界分割为现象世界和实体世界两部分。从这种世界观出发，在教育上也分为两部分，一部分属于现象世界，包括军国民教育、实利主义教育、公民道德教育；一部分属于实体世界，包括世界观教育与美育。

以后，他又说普通教育的目的，应该“养成健全的人格”。所谓“养成健全的人格”，内分四育，即：(一)体育，(二)智育，(三)德育，(四)美育。这四者都很重要。

军国民教育，即体育，一方面是当时形势，需要举国强兵，另一方面又是养成完全人格所必需，主张完全人格，首在教育。

实利主义教育，也就是智育，包括各种普通文化科学知识，认为教育不仅要传授知识技能，而且要训练学生思维细密，对事物有科学态度。

公民道德教育，就是德育。认为德育就是完足人格之本，德育内容要以自由、平等、亲爱为主，体现了他要以资产阶级道德观念培养学生的愿望。

美育特别被蔡元培所重视，认为美育有特殊意义，进行美育课程可采用多种形式。

他提出的德、智、体、美平均发展的教育方针符合当时历史的要求，在教育上是一种重大的进步，是对中国的半殖民地半封建教育宗旨的否定。在人才培养上，这几方面的教育要求不一。他提出的教育方针的思想基础是唯心主义的，在具体解释各种教育，如德育、美育时不免掺杂某些唯心主义的色彩。

3.【解析】人文主义的基本特征：

其一，人本主义。在培养目标上注重个性发展，在教学方法上反对禁欲主义，尊重儿童天性，坚信教育可以重塑个人、改造社会和自然，这些都表现出人本主义的内涵，人的力量、人的价值被充分肯定。

其二，古典主义。人文主义教育实践尤其是课程设置具有古典性质，并非纯粹的“复古”，而是古为今用、托古改制。

其三，世俗性。不论从教育目的还是课程设置等方面看，都充满着浓厚的世俗精神，教育更关注今生而非来世，这是与中世纪教育的根本区别。

其四，宗教性。仍具有宗教性，几乎所有的人文主义者都信仰上帝，虽然他们抨击天主教会的弊端，但不反对宗教也不打算消灭宗教，他们希冀以世俗和人文精神改造中世纪宗教的陈腐专横。

其五，贵族性。这是由文艺复兴运动的性质(并非大众运动)所决定的，人文主义教育的对象主要是上层子弟；教育的形式多为宫廷教育和家庭教育而非大众教育的形式；教育的目的主要是培养上层人物如君主、绅士等。

综上可见，人文主义教育具有两重性，进步与落后性并存，尽管它还有不足之处，但它扫荡了中世纪教育的垄断，展露出新时代教育的灿烂曙光，开欧洲近代教育之先河。

4.【解析】布鲁纳是美国当代认知学习理论的代表人物，他的理论又被称为发现学习论。他提倡发现学习。他认为认识是一个过程而不是一种结果，教学的主要目的在于让学生参与建立该学科的知识体系的过程，应该培养学生具有探索新情境，提出假设，推测关系，应用自己的能力解决新问题、发现新事物的态度。发现学习包括两个基本步骤：(1)学生依据所获得的感性材料，借助推理和直觉思维提出试探性的假设；(2)学生用更多的感性材料对试探性假设进行检验。

三、论述题

1.【解析】教育的社会功能：

(1) 教育的经济功能：①教育是使可能的劳动力转变为现实的劳动力的基本途径(劳动力再生产)；②现代教育是使知识形态的生产力转化为直接的生产力的重要途径(科学技术再生产)；③现代教育是提高劳动生产率的重要因素。

(2) 教育的政治功能：①教育通过造就政治管理人才，促进政治体制的变革与完善；②教育通过提高全民文化素质，推动国家的民主政治建设；③教育还是形成社会舆论、影响政治时局的重要力量。

(3) 教育的文化功能：①传递和保存文化；②选择和普及文化；③交流和融合文化；④更新和创造文化。

(4) 教育的科技功能：①科学技术再生产的重要手段；②科技人才培养的摇篮；③科学研究的重要手段。

(5) 教育的人口功能：①提高人口质量；②控制人口数量；③优化人口结构。

2.【解析】陈鹤琴是我国现代幼儿教育事业的开拓者，著名的儿童教育家。陈鹤琴在幼儿教育方面总结出丰富的内涵和鲜活的教育理念，其中影响最大的是“活教育思想”，其理论体系包括目的论、课程论、方法论三大组成部分。

(1)“活教育”的目的论。“活教育”的目的是：“做人，做中国人、做现代中国人”。其中，“做人”是“活教育”最为一般意义的目的，是人区别于动物所在。“做中国人”意味着要爱护这块生养自己的土地，爱自己国家长期延续的光荣历史，爱与自己共命运的同胞。对于“做现代中国人”，陈鹤琴则赋予它五方面的要求：要有健全的身体；要有建设的能力；要有创造的能力；要能够合作；要服务。

(2)“活教育”的课程论。“大自然、大社会都是活教材。”他说：“活教育课程就是把大自然、大社会作为出发点，让学生直接向大自然、大社会去学习。”即让儿童在与自然、社会的直接接触中，在亲身观察中获取经验和知识，让自然、社会、儿童生活和学校教育内容形成一个有机联系整体。尽管陈鹤琴主张从自然和社会中直接获取知识，但他并非绝对强调经验，决然否定书本。陈鹤琴又具体将活教育课程分为五类：儿童健康活动、儿童社会活动、儿童自然活动、儿童艺术活动、儿童文学活动。

(3)“活教育”的教学论。“做中教，做中学，做中求进步”是“活教育”教学方法的基本原则，也是“活教育”教学论的出发点。“做”是学生学习的基础，也是教学论的出发点，他强调儿童在学习过程中的主体地位和在活动中直接经验的获取。

陈鹤琴的“活教育”理论，切中传统教育的弊病，反对读死书，死读书，主张发展儿童的创造性和动手能力，比较深刻地揭示了教育教学上一些带有规律性的问题，提出了教育改革的新思路。在提倡素质教育的当代，仍具有现实的意义。

3.【解析】约翰·杜威是美国著名的哲学家、社会学家和教育家，毕生从事哲学、心理学和教育理论的研究与著述工作，积极开展社会实践和教育实践活动，是美国实用主义教育理论和进步主义教育运动的主要代表人物。他以其独特的创见和精深的思想对美国乃至现代世界，产生过巨大的影响。他的教育思想有：

(1) 杜威关于教育本质的见解

关于教育本质的理论是杜威整个教育体系的核心。他以哲学、伦理学、社会学、心理学为武器，在批判传统学校教育的基础上提出了“教育即生长”、“教育即生活”和“教育即经验的改组和改造”的观点。

① 教育即生长。教育的目的就是促进生长，以此为基础，杜威提出了著名的“儿童中心主义”教育原则；他认为儿童的生长不仅要靠内在条件(兴趣、本能、依赖性和可塑性以及习惯等)，也需要外部条件(社会环境)；

② 教育即生活。教育即是生活本身，而不是为未来的生活做准备，包含两层含义①学校要与社会生活相联系；②学校要与儿童的生活经验相联系；根据“教育即生活”，杜威又提出了一个基本的教育原则及“学校即社会”，也就是说学校不仅要教人成才，也要教人成人，使学校成为社会的雏形的同时也让学校变成改造社会的有效工具；

③ 教育即经验的持续不断的改造。经验是杜威实用主义哲学和实用主义教育体系中的核心概念，他把教育视为从已知经验到未知经验的连续过程，这种过程不是教给儿童既有的科学知识，而是让他们在活动中不断增加经验，经验的获得离不开儿童的亲身活动，由此杜威又提出了另一个教育基本原则——“从做中学”，他认为这是教学的中心原则。

(2) 杜威关于教育目的的见解

基于教育即生长、生活，即经验不断改造的理论，杜威提出，教育是一种过程，除这一过程自身发展以外，教育是没有目的的。他认为由儿童的本能、冲动、兴趣所决定的具体教育过程，即“生长”，就是教育的目的，而由社会、政治需要所决定的教育目标则是“教育过程以外”的目的，杜威指责这是一种外在的、虚伪的目的。

(3) 杜威关于课程与教材的见解

杜威从批判传统教育以课堂为中心的课程、教材观点出发，批判了传统教育对儿童的压制，他认为，课程与教材必须建立在社会生活经验的基础上，必须站在儿童的立场上，并且以儿童为出发点来考虑，提出了“从做中学”为中心的活动性和经验性的课程论思想，主张以活动作业取代传统的书本式教材，主张以“教材心理化”来使儿童同时获得直接经验和间接经验。

(4) 杜威论思维与教学方法

杜威从批判传统教育的形式主义教育方法出发，提倡反省思维，即指对某个经验情境中的问题进行反复的、严肃的、持续不断的思考，其功能在于求得一个新情境，把困难解决、疑虑排除、问题解答。杜威因此提出了著名的解决问题的“五步教学法”：第一，学生要有一个真实的经验的情境；第二，在这个情境内部产生一个真实的问题；第三，占有必需的知识和材料，进行必要的观察；第四，提出解决问题的种种方法；第五，对方法进行检验。也可以简单概括为：情境—问题—资料—方法—检验。当然，杜威认为，教师在教学中可根据具体情况省略其中的某个步骤。

（5）杜威论道德教育

杜威认为道德教育的主要任务是协调个人与社会的关系，他提倡与人合作的新个人主义，重视理智的作用。道德教育的目的就是要培育出这样一种人——时代的新人，这种人不会因追逐个人私利而不顾公利，也并不头脑僵化、固守成规而对变动不居的社会熟视无睹。在实施德育方面，他主张在社会性的情境中实施道德教育。杜威要求学校生活、教材、教法皆应渗透社会精神，视学校生活、教材、教法为“学校道德之三位一体”，这三者都是道德教育的重要途径。

4.【解析】参考答案参见2011年陕西师范大学教育综合真题详解论述题第2题。

2012年陕西师范大学教育综合真题

一、名词解释(每小题5分，共30分)

1. 最近发展区
2. “教学适应生活说”
3. 素质教育
4. 研究性学习
5. 建构主义教学理论
6. 学制

二、填空题(共20分)

1. 皮亚杰针对儿童认知发展提出的四个概念：________、同化、________和整合。
2. 我国学校教育制度结构包括：学前教育、________、________和________。
3. 赫尔巴特明确提出了三种教学方法：________、________和综合教学。
4. 我国近代最成熟的学制是________。
5. 课程标准三维目标________、________、________。

三、简答题(每题10分，共50分)

1. 简述课程设计的主要依据。
2. 简述你对“德育应该存在于一切教学活动之中”这句话的理解。
3. 简述我国新时期的教育方针。
4. 简述学校教育在学生的身心发展中起主导作用的条件。
5. 简述班主任的素养的主要内容。

四、论述题(每题25分，共50分)

1. 论述启发性原则的涵义及其在教学中的运用。
2. 你认为一位好教师最重要的素质是什么？

2012年陕西师范大学教育综合真题详解

一、名词解释

1.【解析】维果茨基认为，在进行教学时，必须注意到儿童有两种发展水平：一种是儿童的现有发展水平；另一种是即将达到的发展水平。维果茨基把两种水平之间的差异称为“最近发展区”，即独立解决问题的真实发展水平和在成人指导下或与其他儿童合作情况下解决问题的潜在发展水平之间的差距。维果茨基认为，弄清楚儿童发展的两种水平，即最近发展区，将会大大提高教学对儿童心理发展的作用。

2.【解析】美国著名教育家杜威正是不满于斯宾塞为完美的生活做准备的教育观而提出了“教育即生活”、“教育即生长”、“学校即社会”的著名观点。与斯宾塞不同，杜威反对将教育视为为未来生活的准备。杜威认为，教育就是儿童现在生活的过程，而不是将来生活的预备。他说：“生活就是发展，而不断发展、不断生长就是生活。”杜威在《我的教育信条》中论述“什么是学校”时指出，“学校主要是一种社会组织。教育既然是一种社会过程，学校便是社会生活的一种形式。”“因此，教育是生活的过程，而不是将来生活的准备。”因此，最好的教育就是“从生活中学习”，“从经验中学习”。这就是杜威关于教育与生活关系的著名的“过程说”。

3.【解析】素质教育是指一种以提高受教育者诸方面素质为目标的教育模式，它重视人的思想道德素质、能力培养、个性发展、身体健康和心理健康教育，与应试教育相对应。也就是说素质教育是以全面提高全体学生的基本素质为根本目的的教育；素质教育要依据社会发展和人的发展的实际需要；在某种意义上，素质使人联想到潜能。这些定义都主张充分开发智慧潜能；不仅主张智慧潜能的充分开发，而且主张个性的全面发展，重视心理素质的培养。

4.【解析】研究性学习是以“培养学生具有永不满足、追求卓越的态度，培养学生发现问题、提出问题、从而解决问题的能力”为基本目标；以学生从学习生活和社会生活中获得的各种课题或项目设计、作品的设计与制作等为基本的学习载体；以在提出问题和解决问题的全过程中学习到的科学研究方法、获得的丰富且多方面的体验和获得的科学文化知识为基本内容；以在教师指导下，学生自主采用研究性学习方式开展研究为基本的教学形式的课程。

5.【解析】建构主义教学理论的基本观点：

（1）知识观：在知识观上，建构主义在一定程度上对知识的客观性和确定性提出了质疑，强调知识的动态性和情境性：①知识并不是对现实的准确表征，它只是一种解释、一种假设，不是最终答案；②知识并不能精确地概括世界的法则，在具体问题中需要针对具体情境进行再创造；③不同学习者对同一命题会有不同理解。

（2）学生观：教学不能无视学生已有的经验，而是要把儿童现有的知识经验作为新知识的增长点，引导儿童从原有的知识经验中“生长”出新的知识经验；教学要为学生创设理想的学习情境。

（3）学习观：①学习是学习者主动地建构自己的知识经验的过程；②学习者的三个重要特征为主动建构性、社会互动性、情境性。

（4）教学观：①教学应激发出学生原有的相关知识经验，促进知识经验的“生长”和学生的知识建构活动；②教学要为学生创设理想的学习情境，激发学生的推理、分析、鉴别等高级的思维活动，同时给学生提供丰富的信息资源、处理信息的工具、以及适当的帮助和支持，促进他们自身建构意义以及解决问题的活动。

6.【解析】学制的概念：学制是学校教育制度的简称，是指一个国家各级各类学校的系统，它规定着各级各类学校的性质、任务、入学条件、修业年限以及它们之间的关系。学制是整个教育制度的主体，它集中体现了整个教育制度的精神实质。

学制的要素：学制由三个基本要素构成，即学校的类型、学校的级别、学校的结构。学校的类型是指哪一种形式，哪一种性质的学校。学校的级别是指学校的层次水平，即学校在学制系统中所处的阶段以及在同类性质的学校中所处的地位。学制的结构决定了学校的类别，反映了学校之间的交叉、衔接、比例等种种关系。

学制确立的依据：①取决于社会生产力发展的水平和科技发展的状况；②受社会制度的制约，反映一个国家教育方针政策的要求；③要考虑到人口的状况；④要以青少年儿童的年龄特征为依据；⑤要适合民族传统和文化传统；⑥还要汲取原有学制中的精华，参考外国学制的经验。

二、填空题

1. 皮亚杰针对儿童认知发展提出的四个概念：图式、同化、调节和整合。
2. 我国学校教育制度结构包括：学前教育、初等教育、中等教育和高等教育。
3. 赫尔巴特明确提出了三种教学方法：叙述教学、分析教学和综合教学。
4. 我国近代最成熟的学制是“新学制”。（也可以说“六三三学制”或“1922 年学制”）。
5. 课程标准三维目标知识与技能、过程与方法、情感态度与价值观。

三、简答题

1.【解析】课程设计制定依据：

（1）学生需要：课程是学生的课程，课程的基本职能就是促进学生的身心发展，因而生成课程设计就必须考虑学生的需要。

（2）社会生活需求：学生作为个体，最终要成为一个社会人而融入到特定的社会，学校教育的一个主要任务就是使学生逐渐社会化。

（3）学科的发展：从某种意义上讲，知识是课程的原生性来源，学科是知识的最主要的支柱，因此，学科知识及其发展应成为课程设计的基本来源之一。

2.【解析】赫尔巴特曾说：“教育的唯一工作与全部工作可以总结在这一概念之中–道德。道德普遍地被认为是人类的最高目的，因此也是教育的最高目的。”杜威也曾说过：“道德目的应当普遍存在与一切教学之中，并在一切教学中居于主导地位–不论是什么问题的教学，如果不能做到这一点，一切教育的最终目的在于形成品德这句人尽皆知的话就成了伪善的托词。”

学校德育的形式和渠道有很多，但是课堂教学扮演者最重要的角色。课堂教学是学校有目的、有计划、有系统地对学生进行德育的基本途径。课堂中的德育由于结合了学科教学内容，采用的是潜移默化、熏陶感染、点滴浸润的方式，为学生接受、领悟和内化创造了有利条件，可以“润物细无声”的效果。

3.【解析】1995 年颁行的《中华人民共和国教育法》第 5 条规定，我国现阶段的教育方针是：“教育必须为社会主义现代化建设服务，必须与生产劳动相结合，培养德、智、体等方面全面发展的社会主义事业的建设者和接班人”。

【科兴提示】党的十八大提出的教育方针：坚持教育为社会主义现代化建设服务、为人民服务，把立德、树人作为教育的根本任务，全面实施素质教育，培养德智体美全面发展的社会主义建设者和接班人，努力办好人民满意的教育。

4.【解析】学校主导作用发挥的条件：

(1) 从学校教育内部来讲：①取决于学校教育的目的性、系统性、选择性、专门性和基础性的实现程度；②取决于教师能否敬岗爱业，充分发挥积极性和主动性；③取决于教育过程中能否遵循学生身心发展规律和充分调动、发挥学生的主观能动性。

(2) 从学校教育外部来讲：①取决于社会影响与学校教育影响一致性的程度；②取决于家庭教育与学校教育的配合程度。

5.【解析】班主任素质要求的主要内容：(1)高尚的思想品德；(2)坚定的教育信念；(3)家长般的心肠；(4)较强的组织能力；(5)多方面的兴趣与才能；(6)善于待人接物。

四、论述题

1.【解析】启发性原则，是指在教学中教师要承认学生是学习的主体，注意调动他们的学习主动性，引导他们独立思考，积极探索，生动活泼地学习，自觉地掌握科学知识和提高分析问题和解决问题的能力。

贯彻要求：(1)调动学生学习的主动性。(2)启发学生独立思考，发展学生的逻辑思维能力。(3)让学生动手，培养独立解决问题的能力。(4)发扬教学民主。

【科兴点评】考生可结合自己的理解，对上面的大点进行展开论述。

2.【解析】教师的专业素养：

(1) 高尚的师德：①热爱教育事业，富有献身精神和人文精神；②热爱学生，诲人不倦；③热爱集体，团结协作；④严于律己，为人师表。

(2) 宽厚的文化素养：①学科知识；②广博的文化修养。

(3) 专门的教育素养：①教育理论素养；②教育能力素养(课程开发、语言表达、组织管理、引导与创新能力)；③教育研究素养。

(4) 健康的心理素质：愉快的心境，昂扬的精神，乐观幽默的情绪，坚忍不拔的毅力等。

【科兴点评】考生可结合自己的理解，对上面的大点进行展开论述，言之有理即可。

2012 年聊城大学教育综合真题

一、名词解释(共 6 题，每题 5 分，共 30 分)

1. 教育目的
2. 德育过程
3. “五育并举”
4. 新学校运动
5. 学习策略
6. 程序性知识

二、简答题(共 4 题，每题 10 分，共 40 分)

1. 简要论述世界各国课程改革发展的趋势。

2. 简要论述严复的“三育论”。

3. 简要论述裴斯泰洛齐的“教育心理学化”思想。

4. 简要论述革命根据地的经验。

三、分析论述题(共4题，每题20分，共80分)

1. 试论析影响人的发展的基本因素。

2. 试分析班级授课制及其优缺点。

3. 试分析革命根据地教育的经验。

4. 试分析赫尔巴特的形式教学阶段理论。

2012年聊城大学教育综合真题详解

一、名词解释

1.【解析】教育目的是把受教育者培养成为一定社会所需要的人的总的要求，是学校教育所培养的人的质量规格。从内涵上看，教育目的概念有广义和狭义之分，广义的教育目的是指存在于人的头脑之中的对教育者的期望和要求。狭义的教育目的是指由国家提出的教育总目的和各级各类学校的教育目标，以及课程与教学等方面对所培养的人的要求。

2.【解析】德育过程就是在教师有目的有计划地引导下，学生主动地积极地进行道德认识和道德实践，逐步提高自我修养能力，形成品德的过程。它是教师引导下学生能动的道德活动过程；培养学生知情信意行的过程；以及提高学生自我教育能力的过程。

3.【解析】1912年初，蔡元培发表了《对于教育方针之意见》一文，提出了军国民主义教育、实利主义教育、公民道德教育、世界观教育和美感教育“五育”并举的教育思想。“五育”有各自的内涵，但是它们之间是相互联系，相互作用的，“五育”并举的教育方针也成为制定民国教育方针的理论基础。

4.【解析】新学校运动是指19世纪末20年代初在欧洲兴起的教育改革运动，又称新教育运动。其主要内容是在教育目的、内容、方法上建立与旧式的传统学校完全不同的新学校，作为新教育的“实验室”。新学校运动初期的代表人物有英国教育家雷迪、德国教育家利茨和法国教育家德莫林等。进入20世纪，新学校运动的主要代表人物有爱伦·凯、德可乐利、罗素等人。

5.【解析】学习策略是指在学习过程中，学习者为了达到有效学习的目的而采用的规则、方法、技巧及其调控方法的总和。其中，学习过程中用来进行信息加工的策略称为学习认知策略，用来调节控制学习过程，保障信息加工过程有效进行的学习策略则称为学习监控策略。

6.【解析】程序性知识是人脑中存储的关于步骤、程序、操作的知识，即“怎么做”某件事情，它是一种动态的知识，表现在为信息转换活动而进行的具体操作。学会一种程序或许要花费一定的时间，但是一旦学会之后这种知识便会长久地储存在长时记忆中，不会遗忘。

二、简答题

1.【解析】虽然世界各国的课程改革呈现出不同的价值取向和特点，但通过比较和分析，可以发现，我们仍然可以从中找到一些具有普遍性的趋势。

(1) 在课程管理方面，建立国家课程标准，统一中小学课程的质量要求；

(2) 在课程设置方面，大力提倡课程综合化，适度减少分科课程；

(3) 在课程目标方面，强调培养具有适应21世纪社会科技、经济发展所必备素质的新一代国民；

（4）在课程实施方面，积极改革教学方式，培养大批具有创新精神和实践能力的人才；

（5）在课程内容方面，进一步关注学生经验，反映社会、科技最新进展，满足学生多样化发展需要；

（6）在课程资源方面，拓展传统的教材观，加强课程资源的开发。

2.【解析】严复是中国近代从德、智、体三要素出发建构教育目标的第一人。他的德、智、体“三育论”首次在《原强》中提出，认为一国的政治经济状况、参与国际竞争的能力取决于国民德、智、体三方面的发展水平。中国欲改变贫弱状况，就必须从提高国民这三方面的素质着手。所谓“鼓民力”、“开民智”、“兴民德”，即是：提倡体育；全面开发人民的智慧，提高人民的教育文化水平；改变传统德育内容，用西方的民主、自由、平等取代封建伦理道德，培养人民忠爱国家的观念意识。严复所论德、智、体三育兼备的教育目标体系，无论是其结构要素，还是各育内容，都基本确立了中国教育目标体系的近代模式。

3.【解析】在西方教育史上，裴斯泰洛齐第一个提出“教育心理学化”，并在教育实践中探索以心理学为基础来发展人的能力的方法。从历史的继承性来看，裴斯泰洛齐的“教育心理学化”显然是从卢梭的自然教育思想引申发展出来的。他在新的历史条件下，更加全面地发展了“自然适应性”原则，使其更加丰富。他的突出贡献在于把卢梭的教育适应人的本性的思想发展为教育适应儿童心理的思想，提出了教育心理学化的主张，使卢梭的教育适应人的本性的思想有了坚实的基础，开拓了西方教育心理学化运动。

教育心理学化理论包括以下几方面：

（1）教育适应儿童的心理发展。要求将教育的目的和教育的理论指导置于儿童本性发展的自然法则的基础上，只有认真探索和遵循儿童的心理活动和心理发展的规律性，才能取得应有的教育和教学效果。

（2）教学内容心理学化。即使教学内容的选择和编制适合儿童的学习心理规律。他还力图从客观现象和人的心理过程探索教育和教学内容中普遍存在的基本要素，并依据这些要素为核心来组织各科课程和教学内容，提出了“要素教育”理论。

（3）教学原则和教学方法的心理学化。教学要遵循自然的规律，要与自然活动的规律相协调。首要的是使教学程序与学生的认识过程相协调。在此原则下，提出了直观性教学原则、循序渐进原则。

（4）教育者要适应儿童的心理时机，尽力调动儿童的自我能动性和积极性，培养他们的独立思考能力，使他们懂得自己教育自己。这也是教育心理学化的一个重要方面。

裴斯泰洛齐对人的心理的理解存在严重的缺陷，但他关于教育心理学化的思想，不仅成为他自己关于人的和谐发展论、要素教育论、简化的教学方法和初等学校各科教学法的重要理论基础，而且对19世纪欧美一些国家教育研究和实践产生了重大影响。

4.【解析】一是，教育为政治服务：革命根据地的教育与革命任务紧密结合，满足了当时的革命与政治的需要。坚持干部教育第一，群众教育第二，在群众教育中，又以成人教育第一，儿童教育第二。这样就保证了革命的骨干和领导人才的培养。

二是，教育和生产劳动相结合。苏区时期的苏维埃文化教育方针中明确提出“使教育和劳动联系起来”，用教育来提高生产劳动的知识和技术，这一精神在抗日根据地和解放区得到了继承和发扬。

三是，依靠群众办教育，依靠群众办教育一方面是出于根据地的经济基础薄弱，民主政府的人力、物力有限；另一方面，是因为广大翻身群众有受教育的愿望，必须依靠群众的力量办学，满足广大群众受教育的要求。

三、分析论述题

1.【解析】人的发展取决于多种因素，是诸多因素相互作用与建构而形成的结果。人们对这些因素有不同划分，对其在人的发展中的作用也有不同的认识和估价。

（1）遗传在人的发展中的作用。

其一，遗传素质是人的发展的生理前提，为人的发展提供了可能性。遗传是指人从上代继承下来的生理解剖上的特点，也叫遗传素质，是人的发展的自然的生理的前提条件。同时，遗传素质为人的发展提供了巨大的生理潜能，为人的发展提供了极其巨大而多样的可能性。

其二，遗传素质的成熟程度制约着人的发展过程及年龄特征。遗传素质本身有一个发展过程，它主要表现为人的身体的各种器官的构造及其功能的发展变化与完善。如周岁幼儿学步，青少年身高的剧增，骨骼构造的变化，心肺和大脑的发育，性的成熟等。遗传素质的成熟程度，为一定年龄阶段的身心特点的出现提供了可能与限制，制约着人的发展的年龄特征。

其三，遗传素质的差异性对人的发展有重要影响。

人的遗传素质是有差别的。人的遗传素质不仅表现在体态和感觉器官的功能上，也表现在神经活动的类型上。遗传素质的差异对人的发展有重要影响。一个在禀赋的某些方面比一般人优异的人，如果后天又得到适宜的培养加之个人的努力，他就可以在某些方面比一般人发展得快一些，高一些。

其四，遗传素质具有可塑性。

随着环境、教育和实践活动的作用，人的遗传素质会逐渐地发生变化。遗传素质为人的发展提供了生理上的可能性，但成长为什么样的人，并不决定于人的遗传素质。

（2）环境在人的发展中的作用。

其一，环境是人的发展的外部条件。

人的生存、发展与环境的关系十分复杂。根据其性质可以把它分为自然环境与社会环境两大类。一个人的身心能否得到发展和发展到什么程度，都与他所处的社会环境分不开，社会环境是儿童得以发展的现实条件和现实源泉，对人的发展起着不可替代的作用。

其二，环境的给定性与主体的选择性。

儿童只能在先在的、既成的、给定的环境中生活，无法抗拒和摆脱环境的影响和限制，只有适应环境而生活，并从中获得自身的生存和发展。但是，环境的给定性并不意味着人的发展，人的命运已经被确定了、注定了。人的发展还有非常广阔的机遇，还有很多可能的可能性和不确定性。

其三，环境对人的发展的制约作用离不开人对环境的能动活动。环境的给定性离不开主体的选择性，环境的给定性不但不会限制人的选择性，而且正因为有了环境的给定性，反而激发了人的能动性、创造性。

（3）个体的能动性在人的发展中的作用。

其一，个体的能动性是在人的活动中产生和表现出来的。人是在以自己的活动为中介同环境相互作用。在这个过程中，人接受着环境的影响，同时也改造着环境，并在改造环境的过程中改造着自己。离开人的活动，遗传素质和环境所赋予的一切发展条件，都不可能成为人的发展的现实。

其二，个体的能动性是人的发展的内在动力。人不仅是社会历史活动的主体，而且是自身发展的主体。人的发展不是消极被动的过程，而是积极主动的过程，人在自身的发展过程中也会表现出人所特有的能动性。个体的能动性不仅影响个体对环境的选择，而且影响个体对环境的加工。

其三，个体的能动性影响人的自我设计和自我奋斗。人在发展中，自我意识和自我控制能力发展起来，个体也就能够逐步有目的地、自觉地影响自己的发展。它意味着人不仅能把握自己与外部世界的关系，而且能把自身的发展当做自己认识的对象和自觉实践的对象，人能进行自我设计和自我奋斗。只有达到了这一水平，人才在完全意义上成为自我发展的主体。

2.【解析】(1) 班级上课制是一种集体教学形式。它把一定数量的学生按年龄与知识程度编成固定的班级，根据周课表和作息时间表，安排教师有计划地向全班学生集体上课，分别学习所设置的各门课程。在班级上课制中，同一班的每个学生的学习内容与进度必须一致，开设的各门课程，特别是在高年级，通常由具有不同专业知识的教师分别担任。

(2) 班级授课这种组织形式在教育实践中已盛行了数百年，就目前来看，它依然是占主导地位的教学组织形式。这种教学组织形式之所以经久不衰，是因为它有着以下优势与价值：①把相同或相近年龄和水平的学生组织在一起，教师可以同时教授许多学生，全体学生可以在教师指导下共同前进，具有高效、经济、规范等优点，也有利于学生在集体中的相互切磋与启发，有助于学生社会性的健全发展。②教学按规定的课时来安排，可以有条不紊地进行，有利于预定的教学目标和教学任务的顺利完成。③分科教学有利于教师发挥主导作用，教师可以系统地讲授规定的学科内容，学生也可借此获得系统的知识、技能。④按照国家规定的课程标准确定教学内容，可以保证所有公民基础学历的发展。

(3) 班级授课制也存在一些不足和缺陷。首先，班级授课制尽管便于教师发挥主导作用，但也使学生的主体地位受到一定的限制，学生的自主性、创造性不易充分发挥。而且，这种教学组织形式容易导致书本为中心，忽视培养学生的实践能力。其次，班级授课制坚持统一的教学进度，难以照顾学生的个体差异，容易走向“一刀切”、“划一主义”。最后，班级授课制在某种意义上是应现代工业之科技文明提高效率的需求而在实践中占据统治地位的，所以，这种教学组织形式容易走向“效率驱动，控制本位”的弊端。

3.【解析】评价根据地教育必须看到这样的历史事实：苏区、抗日民主根据地和解放区的教育是在及其艰苦的条件下进行的——残酷的战争环境、落后的农村地区、薄弱的文化教育底子，等等。然而，革命根据地教育所取得的成绩又是不同寻常的——数量巨大的干部队伍的造就、相当程度的群众和儿童青少年教育的普及、一定数量较为正规的高等学校的建立，等等。固然，根据地教育的制度化、正规化水平不能算高，但是，从它在中国共产党夺取全国政权斗争中所显示的作用来看，可以说是一个近乎奇迹的创造。根据地教育提供了大量的成功经验，这些经验不仅使共产党人深深获益，也是中国教育历史上一份有借鉴价值的遗产。

(1) 教育为政治服务。

在当时特定的时代环境下，最大的政治是以武装斗争的手段去夺取民族民主革命的胜利，而动员千百万人民群众投入革命战争、支援革命战争，并最大限度地提高人民军队干部战士的觉悟，是中国共产党所面临的中心任务。革命根据地的教育正是围绕这一中心任务展开的，教育的功能得到了最大限度的发挥。首先，在安排各类教育的发展时，正确处理了特定环境下的轻重缓急，保证了最迫切需要的满足；其次，在教育内容的确定上，始终服从了战争的需要；最后，在教育教学的组织安排上，也充分考虑到战争条件和政治需要。

(2) 教育与生产劳动相结合。

苏区、抗日民主根据地和解放区的一项基本任务是开展新民主主义革命，消灭封建剥削制度，使劳动人民获得政治、经济和文化教育上的解放。因此，彻底改变建立在封建生产关系上、以脱离农村生产生活实际为特征、以培养精神贵族为目的的文化教育，就成为根据地教育的基本任务。因而，当时的教育内容是紧密联系当时当地的生产和生活实际，进行劳动习惯和观点、劳动知识和技能的教育；教育教学的组织形式和时间安排注意适应生产的需要；要求学生参加实际的生产劳动。

(3) 依靠群众办学。

根据地经济基础差，学校、师资、设备都十分缺乏，处在战争环境，民主政府有限的物力、人力又难以大量投入教育。另一方面，根据地中政治、经济上翻身了的群众又有极大的受教育的愿望。这就形成了矛盾。根据地教育之所以能在严峻的战争环境中、困难的经济条件下办得生机勃勃，其重要原因就是依靠群众办学，发掘了人民群众中巨大的教育能量。

根据地教育是新民主主义教育的重要组成部分。在明确教育性质的前提下，结合不同时期中国革命的中心任务，制定了不同的方针政策，并就如何解决干部教育、群众教育、普通教育以及处理几种教育之间的关系，进行了深入的探索和实践，既为前线培养了一支足以应用的干部队伍，也使根据地民众的思想文化素质得到极大提高，还创造了儿童青少年普及教育的崭新局面。在如何快速优质地培养干部，如何扫除成年民众中的大量文盲，如何筹措教育经费兴办中小学校，如何按照人民实际生产生活需要改革教育内容和教学方法等众多方面，积累了丰富的实践经验，奠定了新民主主义教育的理论基础。根据地教育既有力地支援和配合了土地革命战争、抗日战争和解放战争，也积极地推动了根据地的政治、经济、文化建设和社会风气，社会风俗的改变，催化新中国教育的诞生。

4.【解析】赫尔巴特提出的教学形式阶段实际上就是课堂教学的完整过程，是一个包括教学方法、教学形式等在内的规范化的教学程序。赫尔巴赫指出，任何教学活动都必须是井然有序的，都经历以下四个阶段：

(1) 明了(清晰)。当一个表象由自身的力量突显在感官前，兴趣活动对它产生注意。这时，学生处于静止的专心活动。教师通过运用直观教具和讲解的方法，进行明确的提示，使学生获得清晰的表象，以作好观念联合，即学习新知识的准备。

(2) 联合(或联想)。由于新表象的产生并进入意识，激起原有观念的活动，因而产生新旧观念的联合，但又尚未出现最后的结果。这时，兴趣活动处于获得新观念前的期待阶段。教师的主要任务是与学生进行无拘束的谈话，运用分析的教学方法。

(3) 系统。新旧观念最初形成的联系并不是十分有序的，因而需要对前一阶段由专心活动得到的结果进行审思。兴趣活动正处于要求阶段。这时，需要采用综合的教学方法，使新旧观念间的联合系统化，从而获得新的观念。

(4) 方法。新旧观念间的联合形成后需要进一步巩固和强化，这就要求学生自己进行活动，通过练习巩固新习得的知识。

赫尔巴特教学形式阶段理论的突出贡献，是在严格按照心理过程规律的基础上，对教学过程中的一切因素和活动进行高度的抽象，以建立一种明确的和规范化的教学模式。从这个意义上讲，教学形式阶段理论不仅反映了人类对教学过程和教学活动本质认识的发展，而且具有广泛的实践意义。正因为如此，教学形式阶段理论对19世纪后期、20世纪前期世界许多国家和地区的师范教育的发展，发挥了重要的推动作用。但在另一方面，教学形式阶段理论所固有的机械化倾向，也使它不断受到来自各方面的批评。

2012年宁波大学教育综合真题

一、名词解释(6小题，每小题5分，共30分)

1. 教育制度
2. 教材
3. 有教无类
4. 设计教学法
5. 最近发展区
6. 教学设计

二、简述题(4小题，每小题10分，共40分)

1. 试述教育的社会功能。
2. 概述课程目标的基本特征。
3. 简述科举制对中国封建社会后期的影响。
4. 评述裴斯泰洛齐“教育心理学化”思想。

三、论述题(4小题，每小题20分，共80分)

1. 请结合实际谈谈教师进行教育研究的优势和素养。
2. 试述蔡元培在北京大学的教育改革实践及其影响。
3. 评述杜威的教育思想。
4. 请举例说明教师威信对教育成效的影响。

2012年宁波大学教育综合真题详解

一、名词解释

1.【解析】所谓教育制度，是指一个国家各级各类实施教育的机构体系及其组织运行的规则。它包括相互联系的两个基本方面：一是各级各类教育机构与组织；二是教育机构与组织赖以存在和运行的规则，如各种相关的教育法律、规则、条例等。

2.【解析】教材是依据课程标准编制的教学规范用书。它是以准确的语言和鲜明的的图表，明晰而系统地按教学科目分别编写的教学规范知识。

3.【解析】对于“有教无类”的原意历来有不同理解，关键在于对“类”作何解释。一般认为“有教无类”的意思就是：不分贵贱贫富和种族，人人都可以入学受教育。“有教无类”作为私学的办学方针，与贵族官学的办学方针相对立，它打破了贵贱、贫富和种族的界限，打破了贵族对学校教育的垄断，把受教育的范围扩大到平民。

4.【解析】设计教学法是由美国进步主义教育家克伯屈提出的一种新的教育方法。他把“设计教学法”定义为在社会环境中进行有目的的活动，重视教学活动的社会的和道德的因素。强调有目的的活动是设计教学法的核心，儿童自动的、自发的有目的的学习是设计教学法的本质。

5.【解析】最近发展区是由维果茨基提出的。他认为在进行教学时，必须注意到儿童有两种发展水平：一种是儿童现有发展水平；另一种是即将达到的发展水平。他把这两种水平间的差异称为"最近发展区"，即独立解决问题的真实发展水平和在成人指导下或其他儿童合作情况下解决问题的潜在发展水平之间的差距。他认为，弄清楚儿童发展的两种水平，即最近发展区，将大大提高教学对儿童心理发展的作用。

6.【解析】教学设计也称教学系统设计，是根据教学对象和教学目标，确定合适的教学起点与终点，将教学诸要素有序、优化地安排，形成教学方案的过程。

二、简答题

1.【解析】一方面，教育受社会发展制约，另一方面，教育作为社会的一个子系统，它首先承担育人的功能，并通过育人功能进而实现其社会功能，影响和保障社会的延续与发展。教育的社会功能主要是推动社会变迁和促进社会流动。

(1) 教育的社会变迁功能。教育的社会变迁功能是指教育通过开发人的潜能、提高人的素质、促进人的社会化，引导人的社会实践，不仅使人能适应社会的发展，进而能够推动社会的改革和发展。教育的社会变迁功能表现在社会生活的经济、政治、生态、文化等各个领域。

(2) 教育的社会流动功能。教育的社会流动功能是指社会成员通过教育的培养、筛选与提高，能够在不同的社会区域、社会层次、职业岗位、科层组织之间转换、调整和变动，以充分发挥其个性特长，展现其智慧才能，实现其人生抱负。

2.【解析】(1) 整体性。整体性不仅仅是指各级课程目标上保持整体一致，而且课程目标要充分体现"以人为本"的教育理念，关注人的整体发展。

(2) 阶段性。课程目标不是一成不变的，其内容及表达可随着时代的发展并通过时间的检验以及人们认识的深化而作适当的调整，对课程目标赋予新的解释、新的理解、新的内涵和意义，若固守已有的课程目标，不善因时而适当变化，必然带来各种问题。

(3) 持续性。在一定时期，课程目标应该保持相对的稳定性；在不同的历史时期，则应该保持前后相对的持续性，以便与相关的政策和措施相互协调，不能频繁变动。

(4) 层次性和递进性。课程目标应该充分考虑学生的身心发展特点，因而课程目标的表述应该是层层递进的。

3.【解析】科举制对中国封建社会后期的影响主要是消极的，其消极影响主要体现在以下两个方面：其一，国家只重科举取士，而忽略学校教育。学校成为科举考试的预备机构，一切教学活动都围绕着科举考试来进行，学校失去了相对独立的地位和作用。其二，科举束缚思想，败坏学风。学校教育安排围绕科举进行，导致了学校教育中重文辞少实学，重记诵而不求义理，形成了教条主义、形式主义的学习风气。这种风气影响了中国知识分子的性格。在科举制的影响下，人们读书的目的不是为了求知求真，而是为了获取功名利禄，导致了具有强烈功利色彩的读书观、学习观。科举考试内容的狭隘也阻碍了中国文化的和谐发展，特别是科技文化的发展。

4.【解析】在西方教育史上，裴斯泰洛齐第一个提出"教育心理学化"，并在教育实践中探索以心理学为基础来发展人的能力的方法。从历史的继承性来看，裴斯泰洛齐的"教育心理学化"显然是从卢梭的自然教育思想引申发展出来的。他在新的历史条件下，更加全面地发展了"自然适应性"原则，使其更加丰富。他的突出贡献在于把卢梭的教育适应人的本性的思想发展为教育适应儿童心理的思想，提出了教育心理学化的主张，使卢梭的教育适应人的本性的思想有了坚实的基础，开拓了西方教育心理学化运动。

教育心理学化理论包括以下几方面：

(1) 教育适应儿童的心理发展。要求将教育的目的和教育的理论指导置于儿童本性发展的自然法则的基础上，只有认真探索和遵循儿童的心理活动和心理发展的规律性，才能取得应有的教育和教学效果。

（2）教学内容心理学化。即是教学内容的选择和编制适合儿童的学习心理规律。他还力图从客观现象和人的心理过程探索教育和教学内容中普遍存在的基本要素，并依据这些要素为核心来组织各科课程和教学内容，提出了“要素教育”理论。

（3）教学原则和教学方法的心理学化。教学要遵循自然的规律，要与自然活动的规律相协调。首要的是使教学程序与学生的认识过程相协调。在此原则下，提出了直观性教学原则、循序渐进原则。

（4）教育者要适应儿童的心理时机，尽力调动儿童的自我能动性和积极性，培养他们的独立思考能力，使他们懂得自己教育自己。这也是教育心理学化的一个重要方面。

裴斯泰洛齐对人的心理的理解存在严重的缺陷，但他关于教育心理学化的思想，不仅成为他自己关于人的和谐发展论、要素教育论、简化的教学方法和初等学校各科教学法的重要理论基础，而且对 19 世纪欧美一些国家教育研究和实践产生了重大影响。

三、论述题

1.【解析】(一) 教师进行研究的优势：教师成为教学的研究的主体不但有其必然性，而且有其可能性。保证教师成为研究主体的可能性因素主要是因为教师较之于其他研究者来说拥有最佳的研究位置、丰富的研究机会、更多的研究权利。

（1）最佳的位置。由教师来研究、改进自己的专业工作是最直接、最适宜的方式。外来的研究者对实际情境的了解往往非常肤浅，因此提出的研究建议往往无法切入问题的关键。

（2）丰富的机会。教师最主要的活动场所是课堂，从研究实验的角度来看，课堂是检验教学理论的实验室，教师可以通过一个研究过程来系统地解决课堂中遇到的问题，这使教师拥有了研究的机会。如果善于抓住这种机会，很可能就会找到更多的解决课堂问题的办法。

（3）更多的权利。我国新一轮基础教育课程改革从根本上改变了教师的角色，教师成了课程的主体，拥有了前所未有的课程开发权和教学自主权。

（二）教师进行研究的素养：教师成为教学研究主体既是一种必然，又是一种可能，但教师要想真正成为教学研究的主体，还要有一些基本的素养：

（1）不断学习的能力。教师进行教学的过程，从某种程度上来说其实就是一个教师不断学习的过程。教师应该大量阅读，细细品味，通过阅读，教师将得到极大的丰富，通过学习，教师将在教学研究中取得更为主动的地位。

（2）反思的能力。教师的职业生涯是一个不断探索、实践和反思的过程，反思自然而然成为教学的一部分。要具有反思的能力就要求教师对通常无意识的身处其中的日常教学活动和文化进行反思，对日常教学世界中一些想当然的假设进行深入思考。

（3）能够进行有效的合作。教师参与研究是提高教师自身素质的一条有效途径，但教师一开始往往缺乏必要的研究技能和足够的理论准备；同时，一般教师对理论语言不是很熟悉，这就为教师深入分析问题、准确表达观点等造成了一定的困难，从而妨碍了研究的深入和研究结果的交流，这就要求教师要能够进行有效的合作。

（4）要能够“理解自己”。每一位教师都有一套个人化的或情境依赖性很强的教学观念，虽然未必系统。这些观念本身往往在教师的自觉意识之外，因而教师要能够对自己进行清理，这种清理不是为了接纳外来的知识，而是为了寻求发展的空间和获得发展的过程。

2.【解析】1916 年底，蔡元培受命担任北京大学校长，对北京大学进行了全面改革，把北京大学这所充满官僚气息的旧式学校变成生机勃勃的新式大学。

(1) 首先，蔡元培改革北大的第一步是明确大学的宗旨，即大学是研究高深学问的场所，并进而为师生创造研究高深学问的条件和氛围；其次，是整顿教师队伍，延聘积学热心教员；再次，是发展研究所，广积图书，引导师生研究兴趣，为了从机构设置上有利于学术研究，蔡元培率先在国内大学中设立了各科研究所；除此之外，他还强调砥砺德行，培养正当兴趣。

(2)"循思想自由原则，取兼容并包主义"，是蔡元培主持北京大学的基本指导思想，同时也体现在教师聘用上，在这一原则下，北大教师队伍一时出现流派纷呈的局面，使北大成为新思想的策源地。

(3) 在学校管理方面，主要体现了蔡元培"教授治校，民主管理"的思想，把推动学校发展的责任交给教授，让真正懂得学术的人来管理学校。

(4) 在学科与教学体制改革方面，蔡元培采取的措施有：扩充文理，改变"轻学而重术"的思想；沟通文理，废科设系；改年级制为选科制(学分制)以充分照顾学生的能力和兴趣，发展学生的个性。

北京大学的改革是全方位的。除此之外，还有不少开风气之先的改革。如开我国公立大学招收女生的先例，实行旁听生制度等。北京大学的改革不仅是自身改变了面貌，也是我国高等教育发展的一座里程碑，使北大成为新文化运动和马克思主义的传播中心、五四运动的策源地。

3.【解析】杜威是 20 世纪美国著名的教育家。杜威的教育思想来源于机能心理学、实用主义哲学、社会进化论。从这些出发，他提出了以新的哲学和心理学理论为基础的教育新理论，注重实验和活动，成为现代教育的代表人物。其主要著作是《民主主义与教育》。

(1) 教育即生活、学校即社会

杜威认为教育是生活的一种形式，学校生活应与儿童自己的生活相契合，满足儿童的需要和兴趣，学校生活应与学校以外的社会生活相契合，适应现代社会变化的趋势并成为推动社会发展的重要力量。"学校即社会"是对"教育即生活"这一命题的进一步引申，杜威意在使学校生活成为一种经过选择的、净化的、理想的社会生活，使学校成为一个合乎儿童发展的雏形社会。

(2) 教育即生长、教育即经验的不断改造

"教育即生长"实质上是在提倡一种新的儿童发展观和教育观。"教育即经验的改造"是指构成人的身心各种因素在外部环境和人的主动经验过程中统一的全面改造、全面发展、全面生长的连续过程。这也是教育无目的的思想基础。

(3) 教育无目的、教育的社会性目的是民主，为社会进步服务，为民主制度服务

杜威反对外在的、固定的、终极的教育目的，他所追求的是教育过程中的内在目的，这个目的就是"生长"。教育过程，在它本身以外没有目的，它就是它自己的目的。在民主社会中，个人发展与社会进步是统一的。

(4) 论课程与教材

杜威提出了做中学和教材心理化的观念。在经验论的基础上，杜威要求从做中学、从经验中学，要求以活动性、经验性的主动作业来取代传统书本式教材的统治地位。教材心理化是指把各门学科或知识各部分恢复到它所被抽象出来之前的原来的经验，就是把间接经验转化为直接经验，即直接经验化。之后再把直接经验组织化，从而形成能提供给有技能的、成熟的人的教材形式。

(5) 论思维与教学方法

杜威反对以教师、教科书、教室为中心的传统教学方法，提倡"从做中学"。这是一种

通过主动作业，在经验的情境中思维的方法。通过做中学来达到经验与思维的统一、思维与教学的统一、课程与作业的统一、教材与教法的统一。根据杜威的科学的实验主义探究方法和反省思维方式，他提出了五步教学法：其一，疑难的情景；其二，确定疑难所在；其三，提出解决问题的种种假设；其四，推断哪个假设能解决这个困难；其五，验证这个假设。这种教学方法重视科学探究思维，重视解决实际问题的行动能力，与主智主义的传统教育理论有本质区别，但该方法过于注重活动，忽视了系统知识的传授，狭化了认知的途径，泛化了问题意识，在实践中也存在了诸多影响教育质量的问题。

(6) 论道德教育。杜威认为道德教育的主要任务是协调个人和社会的关系。他反对个人至上和社会至上论，反对将社会与个人割裂开来，认为个人的充分发展是社会进步的必要条件，社会的进步又可为个人的发展提供更好的基础。

杜威是西方现代教育派的理论代表。他对传统教育的整个理论体系进行挑战，奠定了现代教育理论大厦的基石。他的《民主主义与教育》使美国教育由赫尔巴特主义转入杜威主义，并影响到其他国家。他是新教育的思想旗手。他的教育理论突破以往建立在主客体两分之上的传统教育的弊端，将知行合一，使教学中死的知识变为活的知识，突破了内发论和外铄论，将教育看做人与环境的交互过程中经验的观点具有很高的创新性。在此基础上，他奠定了儿童中心论，解决教育与儿童相脱离的问题，并通过学校和社会的统一，思维和经验的统一，解决教育与实践，学校与社会相脱离的问题，更重要的是，他提出了做中学这一建立在新哲学和心理学基础上的新方法，拓宽了教学形式和方法，提高了教学专业化。杜威的教育理论对世界教育进程发挥了巨大作用，对日本、中国、土耳其、苏联、墨西哥等国具有直接的影响。但因其理论偏重儿童中心、活动中心、经验中心而使得教育实践忽视了系统知识的传授以及引发了自由与纪律、教师与学生等诸多矛盾。另外根据经验和教材心理化原则编写新型教材的设想过于理想化，难以实现。

4.【解析】教师威信是教师的教育教学行为对学生的影响所产生的众望所归的心理效应，把教育和教学对象紧密聚集在自己周围，是进行双向交流、完成教学任务的重要条件。教师的威信体现着对学生的凝集、吸引力、号召力和影响力。教师威信是开展有效教学的基础和前提。赫尔巴特说：“绝对必要的是教师要有极大的威信，除了这种威信外，学生不再重视任何其他意见。”可以从构成威信的三个方面分别论述教师威信对教学成效的影响：

(1) 人格威信对教学成效的影响。教师表现出来的求真务实、爱岗奉献的人格魅力是教师威信的重要来源。教师在教学和日常交往中变现出来的认真负责、维护和坚持真理、刚正不阿的人格以及以身作则的行为范式，不仅会给学生带来潜移默化的影响，而且会带来信服和敬重的威信感。

(2) 学识威信对教学成效的影响。学识是人格完善的重要条件。虽然不同的时期有着不同的知识观，但知识对人及人格的重要意义从来都没有被否定，因而，教师应该具有深厚的人文知识素养。教师只有具备了丰富的知识，才能做到融会贯通、举一反三，乃至信手拈来、旁征博引。也只有这样的教师才能给学生树立现实的榜样，激发学生的求知欲，影响学生的知识、能力的发展和人格的完善。

(3) 情感威信。一个教师如果对他的学生既当老师，又做朋友，爱生如子、平等相待，从思想上、学习上和生活上予以关心爱护，学生就会产生信赖感。如果教师对学生怀着真挚的情感，为人谦逊，态度和蔼，就会使学生产生亲切感。在有了信赖感和亲切感后，教师对学生的影响力就增强，教师的威信也就会无形地得到提高。

2013年真题

2013年北京师范大学教育综合真题

一、名词解释(每题5分，共30分)

1. 京师大学堂
2. 三舍法
3. 美国《国家在危机中的报告》
4. 洛克的白板说
5. 心理健康
6. 学习动机

二、简答题(每题10分，共40分)

1. 简述现代教育的主要特点。
2. 简述学校教育的主要价值。
3. 简述个人本位论的教育目的的观点。
4. 简述教学的任务。

三、论述题(每题20分，共80分)

1. 试述蔡元培的基本思想。
2. 分析杜威的教育思想。
3. 试述德育原则的理论与实际相结合的原则。
4. 试述有意义学习的实质与条件。

2013年北京师范大学教育综合真题详解

一、名词解释

1.【解析】京师大学堂是北京大学和北京师范大学的前身，是当时中国的最高教育行政机关。京师大学堂具有重要的意义，并受到举国关注，但由于清廷的腐败，政府并没有对大学堂给予充分的投入。京师大学堂是中国近代史上第一所国立综合性大学，它既是全国最高学府，又是国家最高教育行政机关，统辖各省学堂。

2.【解析】三舍法是王安石改革太学时的一条重要措施，主要内容是：将太学生分为上舍、内舍、外舍三等。在一定的年限及条件下，外舍生得升入内舍，内舍生得升入上舍。上舍生考到上舍上等可立即授官；考到上舍中等免解试和省试，可直接参加科举考试的最后一级考试——殿试；考到上舍下等免解试，可直接参加中央省试。三舍法是在太学内部建立起来的严格考试制度，有利于调动学生学习的积极性，提高太学的教学质量；同时又把上舍考试与科举考试结合起来，融养士与取士于太学，提高了太学的地位。三舍法是对中国古代大学管理制度的一项创新，不仅对宋朝的学校教育产生了积极影响，而且对后世也有深远影响。

3.【解析】《国家在危机中：教育改革势在必行》的报告：建议加强中学五门“新基础课”的教学，中学必须开设数学、英语、自然科学、社会科学、计算机课程；提高教育标准和要求；改进教师的培养，提高教师的专业训练标准、地位和待遇；各级政府加强对教育改革的领导和实施。此报告对美国教育的影响在于：①恢复和确定了学术学科在中学课程中的主体地位；②加强了课程的统一性，对所有学生进行了严格的统一要求；③增强了公众对教育的关注和信心以及资助。

4.【解析】著名的白板说，是 17 世纪英国唯物主义经验论哲学的集大成者约翰·洛克提出的。当时，笛卡儿提出的天赋观念论受到了怀有野心的宗教支持者的鼓吹，宣称上帝观念天赋说。洛克批驳了天赋观念说，“人们单凭运用他们的自然能力，不必借助于任何天赋的印象，就能够获得他们所拥有的全部知识；他们不必有任何这样一种原始的概念或原则，就可以得到可靠的知识”。在洛克看来，天赋观念论者所说的那些天赋的原则和观念，实际上都是从经验中获得的。他断言，人的心灵是一张白纸，上面没有任何记号，没有任何观念，一切观念和记号都来自后天的经验。他说：“我们的全部知识是建立在经验上的；知识归根到底都是来源于经验的。”这就是“白板说”。一切知识都来源于经验，是洛克认识论的基本命题，也是他的认识论的基础和出发点。

5.【解析】从广义上讲，心理健康是指一种高效而满意的、持续的心理状态。从狭义上讲，心理健康是指人的基本心理活动的过程内容完整、协调一致，即认识、情感、意志、行为、人格完整和协调，能适应社会，与社会保持同步。

6.【解析】参考答案参见 2011 年南京师范大学教育综合真题详解名词解释第 6 题。

二、简答题

1.【解析】现代教育即：从资本主义大工业和商品经济发展起来到共产主义完全实现这一历史时期的、致力于与生产劳动相结合、培养全面发展的人的教育。现代教育的特征有公共性、生产性、科学性、国际性、终身性和未来性。具体可表述如下：

(1) 培养全面发展的个人的理想和理论走向现实世界。这是现代教育区别于以往教育的基本特征。现代教育之所以称为现代教育，首要之点就在于它能提出培养现代人即全面发展的个人这一目的并将它付诸实施。以往一切教育都不能做到这一点。换言之，如果不能培养全面发展的个人，就不能认为是现代教育。

(2) 教育与生产劳动相结合成为现代教育规律之一。现代教育与生产劳动的逐步结合，促使现代教育成为劳动力再生产的重要手段，也成为科学知识再生产和发展科学技术的重要手段，对提高社会生产效率和增加社会财富起着重要作用，因此，现代教育具有明显的生产性。

(3) 人文教育与科学教育携手并进。现代教育的核心是科学教育。教育的内容是科学的，教育的方法也是科学的。没有科学教育就没有现代教育。

(4) 教育制度逐步完善。现代教育兴起以后，特别是在公共教育制度形成以后，随着学校大量增加，需要确定一定的规范作为衡量学校工作的尺度，并在学校职能健全以后解决上下级别学校的衔接、不同类型学校的分工以及办学权限之类的问题。于是，学校制度、课程设置、考试制度等措施应运而生，促使现代教育向制度化的方向发展。

(5) 终身教育成为现代教育中一个富有生命力和感召力的教育思潮。终身教育是指人们在一生各阶段当中所受各种教育的总和，是人所受不同类型教育的统一综合。包括教育体系的各个阶段和各种方式，既有学校教育，又有社会教育；既有正规教育，也有非正规教育。主张在每一个人需要的时刻以最好的方式提供必要的知识和技能。终身教育思想成为很多国家教育改革的指导方针。

(6) 教育民主化的纵深发展。所谓教育民主化，就是要求教育具有平等、民主、合作、能调动教育者与受教育者的积极性等特点。主要内容包括：取消等级制教育制度，给广大民众以受教育权利，实行教育机会均等，反对压抑儿童的个性，要求尊重学生，调动学生的积极性，培养、提高他们的民主和参与意识。

(7) 实现教育现代化是各国教育的共同追求。教育现代化，就是用现代先进教育思想和科学技术武装人们，使教育思想观念，教育内容、方法与手段以及校舍与设备，逐步提高到现代的世界先进水平，培养出适应参与国际经济竞争和综合国力竞争的新型劳动者和高素质人才的过程。具体包括教育观念现代化、教育内容现代化、教育装备现代化、师资队伍现代化、教育管理现代化等。

2.【解析】学校教育价值就是指教育活动的有用性或者说是“效用”，是人们有意识地掌握、利用、接受及享有教育时，对教育活动有用性的看法和评价。在审视和判断教育的价值时，人们总是以一定的利益和需要为根据的。

教育价值的自在性和自为性：教育是人自己形成自己的活动，是人的价值的自我形成。教育的价值就在于发现、挖掘、发挥、形成、引导、限定人的价值。精神价值是人的最高价值，是人的价值与其他事物的价值的根本区别，其实质是知识、能力和思想品德的价值。教育形成人的价值就是要通过有价值的知识、能力和品德的教育形成人的精神价值。

学校教育的价值可以从以下几方面考虑：

(1) 教育的外在价值和内在价值

教育的外在价值：实现别的目的的手段、方法或途径。

教育的内在价值：为了知识而教育、为了能力而学习、为了真理而学习和教育。

教育育人的实质就是使人掌握知识、发展能力和形成良好思想品质，形成德智体全面发展的人，这是教育内在价值的根本。重新审视教育的价值就是强调教育的内在价值。

(2) 教育的社会价值和个人价值

教育社会价值：教育对社会存在、延续和发展需要的满足，在满足社会需要过程中体现出自身的价值。

教育个人价值：教育对人的生活和人自身发展需要的满足，在满足个人需要中体现出自身的价值。

教育及其教师和学生都应该是社会化和个性化的统一，能正确处理人类、国家和个人利益及其长远利益和现实利益的教育、教师和学生。当代教育是满足社会教育需要和个人教育需要、社会本位和个人本位统一的教育。教育应以促进人的社会化和个性化统一发展为不懈的追求和最高目标。

(3) 教育的人文价值和科学价值

教育的目的是有助于人们接受人类精神文化，并在文化的传递与接受文化的过程中，使每个受教育者的人格得到陶冶，这才是教育的本质和目的，也是教育的全部价值的核心和精华所在。“应试教育”是一种既不重视理想、能力，也不重视知识文化和科学价值的典型的功利主义教育和凭证教育。科学的教育价值观应是教育的德智体美等方面价值高度统一的价值观，教育的人文价值和科学价值高度统一的价值观。当代教育改革的目的就是要形成新的教育价值，形成科学精神与人文精神统一的人类精神。

（4）教育的继承价值和创新价值

人类要生存，必须继承传统；要发展，即要继承传统，更要超越传统和创造未来。形成创新教育必须处理好传授和学习知识与培养和发展能力的关系、发展一般能力和发展创新能力的关系、形成创新精神和品德与形成其他良好品德和精神的关系，但首先必须形成开放和民主的教育。而形成开放和民主的教育首先必须形成开放、民主和创新的社会。开放、民主和创新的社会是开放、民主和创新教育的必要条件或者基础。

（5）教育的长远理想价值和现实价值

教育的目的就是为了超越现实，去追求理想和实现理想。教育只有坚持乌托邦精神才能既立足现实又面向未来，克服功利主义倾向，实现本体主义。

（6）教育的专门价值和公共价值

教育既有通过选拔培养专门人才、精英人才的专门价值，也有普遍提高公民科学文化和思想道德素质的公共价值。两者相辅相成，应该保持平衡发展。

【科兴点评】本题主要考察学校教育的作用，考生也可从教育对人的作用和教育对社会的作用进行作答。

3.【解析】个人本位论的教育目的的观点：

（1）代表人物：卢梭、裴斯泰洛齐以及一些持自然主义和存在主义立场的教育学家。

（2）主要观点：

第一，人的本性在于其“自然性”；

第二，人性具有内在的、自我实现的趋向；

第三，这种趋向在道德或价值上是“善的”或“向善的”；

第四，只有每个人的本性都得到充分实现的社会，才是理想的社会；只有确保每个人的本性都得到充分实现的国家，才是善的和正义的国家；

第五，教育的目的就在于帮助人们充分地实现他们的自然潜能，以便在此基础上建立理想的社会和国家；

第六，对个性的压抑和摧残是一切专制国家和时代教育的通病，必须得到彻底的医治。

个人本位论重视教育的个人价值，强调教育的目的是从个人出发，把满足个人需要视为教育的根本价值。个人本位论在文艺复兴后的历史条件下具有深远的历史意义，但激进的个人本位论者离开社会来思考人的发展，无视个人发展的社会需要和社会条件，甚至把满足个人需要与满足社会需要对立起来，把教育的个人目的和社会目的看成是不可调和的，这极易导致唯自由论和个人主义倾向。

4.【解析】参考答案参见 2010 年首都师范大学教育综合真题详解简答题第 3 题。

三、论述题

1.【解析】(1)“五育并举”的教育方针

在哲学思想上他受康德二元论的影响，把世界分割为现象世界和实体世界两部分。从这种世界观出发，在教育上也分为两部分，一部分属于现象世界，包括军国民教育、实利主义教育、公民道德教育；一部分属于实体世界，包括世界观教育与美育。以后，他又说普通教育的目的，应该“养成健全的人格”。所谓“养成健全的人格”，内分四育，即：体育、智育、德育、美育，这四者都很重要。军国民教育，即体育，一方面是当时形势，需要举国强兵，另一方面又是养成完全人格所必需，主张完全人格，首在体育。实利主义教育，也就是智育，包括各种普通文化科学知识，认为教育不仅要传授知识技能，而且要训练学生思维细密，对事物有科学态度。公民道德教育，就是德育。认为德育就是完足人格之本，德育内容要以自由、平等、亲爱为主，体现了他要以资产阶级道德观念培养学生的愿望。美育特别被蔡元培所重视，认为美育有特殊意义，进行美育课程可采用多种形式。他提出的德、智、体、美平均发展的教育方针符合当时历史的要求，在教育上是一种重大的进步，是对中国的半殖民地半封建教育宗旨的否定。在人才培养上，这几方面的教育要求不一。他提出的教育方针的思想基础是唯心主义的，在具体解释各种教育，如德育、美育时不免掺杂某些唯心主义的色彩。

(2) 改革北大的教育实践

首先，改变校风，明确教育宗旨。因前身是京师大学堂，官僚习气浓重，学生入学多为升官发财，重文轻理，尤重法科。他极力改变这种状况，改变当时不良习气，养成正当、健康的娱乐爱好，从而促进北大优良学风的形成。

其次，整顿教师队伍。教师聘任以"学诣"为主，只要有真才实学、热心教学和研究，不论资格、年龄、思想倾向，都予聘用。由此吸引了一大批有造诣、有声誉、年富力强的著名学者。

其三，贯彻"思想自由，兼容并包"的办学原则。"循'思想自由'原则，取兼容并包主义"是他办北大的基本原则，他认为这是由大学的性质所决定的，各派学说在北大都应该占有一席之地。为当时营造出一种良好的学术气氛。

其四，提倡教授治校的管理模式。主张大学应该由真正懂学术者来管理，改变少数人说了算的现象。因此学校成立了最高立法和权力机构——评议会，每五名教授选举评议员一人；各门成立教授会，公举教授会主任，管理各门教学。

其五，改革教学体制。针对当时北大"重术而轻学"的现象，沟通文理科学，停办工科，扩充文理两科，奠定了基础理论学科的发展基础；依据现代科学发展趋势，沟通文理两科，废科设系；依据发展个性和沟通文理的思想，改年级制为选科制，按一定基础和专业要求修满规定学分，不拘年限，即允许毕业。

(3) 教育独立思想

1922 年发表《教育独立议》、《非宗教运动》，阐述了他关于这一思想的看法：①教育经费独立。政府指定款项，不能移做他用，建立独立的学校教育会计制度。②教育行政独立。设立专管教育行政的机构，不附设于政府部门，教育总长也不因政局变动而频繁变动。③教育学术和内容独立。教育方针应稳定，不受政治干扰，能自由编辑、出版、选用教科书。④教育脱离宗教独立。教育活动与政治经济关系密切，不可能也不应该完全独立，教育只能相对独立。他的关于教育脱离政治、政党的主张是一种历史唯心主义，反映了他反对军阀控制教育，希望按教育规律办好教育事业的美好愿望。教育脱离宗教有反对帝国主义侵略的革命意义。此外，这一思想在推进收回教育主权运动，抵制殖民主义教育中起了积极作用。

2.【解析】参考答案参见 2010 年首都师范大学教育综合真题详解论述题第 4 题。

3.【解析】知行统一（理论与实践相结合）

知行统一原则，是指进行德育要把思想政治观念和道德规范的教育与参加社会生活的实际锻炼结合起来，把提高学生的思想认识与培养良好的行为习惯结合起来，使他们言行一致。

贯彻要求：①理论学习要结合实际，切实提高学生的思想认识；②要引导和组织学生参加实际锻炼，培养道德行为；③对学生思想品德的要求和评价要坚持知行统一、言行一致；④教师要言传身教，以身作则。

【科兴点评】考生可以根据自己的理解，具体进行阐述。

4.【解析】奥苏伯尔根据学习进行的方式，把学习分为接受学习和发现学习，又根据学习材料和学习者原有认知结构的关系把学习分为机械学习和意义学习，并认为学生的学习主要是有意义的接受学习。

(1) 有意义学习的实质：有意义学习就是将符号所代表的新知识与学习者认知结构中已有的适当观念结合建立非人为的和实质性的联系。实质性联系指新旧知识之间的联系是非字面的，是建立在具有逻辑关系基础上的联系，是一种内在的联系；非人为的联系指这种联系不是任意的、或人为强加的，是新知识和原有的认知结构中的有关观念建立的某种合理的或逻辑基础上的联系

(2) 影响有意义学习的条件：外部条件为学习材料本身的性质。内部条件为学习者自身的因素。

从客观条件看，有意义学习的材料本身要有逻辑意义，在学生心理上是可以理解的，其学习能力范围之内的，符合学生的心理年龄特征和知识水平，学生可以通过理解去获得知识所具有的意义。

从主观条件看，首先，学习者要有主动学习的倾向。学生必须想要通过理解，通过新、旧知识之间的相互作用去获得这些知识，而不是只想死记硬背。

其次，学习者认知结构中必须具有适当的知识，以便与新知识进行联系。这是理解新知识，使新、旧知识产生相互作用或同化作用的重要基础。对于一个具有逻辑意义的新知识，如果学生认知结构中没有相应的旧知识或适当观念，要想掌握这种新知识实际也是不可能的。

最后，学习者必须积极主动的使这新知识与已有的旧知识发生联系。加强对新知识的理解，这种相互作用越是充分，越有利于掌握新知识，使新知识获得实际的意义，也就是使其具有个人的心理意义，把外在的知识变成学生自己的知识。

2013 年苏州大学教育综合真题

一、名词解释

1. 教育家
2. 双轨制
3. 稷下学宫
4. 爱弥儿
5. 恩物
6. 倒摄抑制
7. 心智技能
8. 皮格马利翁效应

二、简答题

1. 简述欧洲文艺复兴时期人文主义教育思想的基本特征有哪些？

2. 简述德育过程的基本特征有哪些？

3. 简述夸美纽斯的教育思想的基本主张。

4. 简述建构主义学习理论的基本特征。

5. 简述一下创造型心理结构的特征。

三、论述题

1. 根据教育过程的性质，阐述一下你在教育过程中应该注意处理好的几种关系？

2. 根据教育对社会的发展作用，论述孔子"庶、富、教"思想。

2013年苏州大学教育综合真题详解

一、名词解释

1.【解析】教育家是"学为人师，行为世范"的杰出人士。"教育家是具有实践教育理论和思想教育理念的教育者，有着德育和美育相结合的思想，在行业中作出成绩有影响的成就者，教育思想及著作能为学子和后来人指路架桥；教育不仅是育人，更重要的是育心，造就人的正确思想和精神(山水情人)"。教育家与教育学家不同，前者重实践精神，后者重理论研究。

2.【解析】参考答案参见2010年华东师范大学教育综合真题详解名词解释第2题。

3.【解析】参考答案参见2010年陕西师范大学教育综合真题详解名词解释第5题。

4.【解析】《爱弥儿》是法国杰出的启蒙思想家卢梭的重要著作。是第一本小说体教育名著。写于1757年，1762年第一次在荷兰的阿姆斯特丹出版，轰动了整个法国和西欧一些资产阶级国家，影响巨大。在此书中，卢梭通过对他所假设的教育对象爱弥儿的教育，来反对封建教育制度，阐述他的资产阶级教育思想。

全书共分五卷，卢梭根据儿童的年龄提出了对不同年龄阶段的儿童进行教育的原则、内容和方法。如逐步上升进行的体育教育、感官教育、智育教育、道德教育、爱情教育。这种分阶段进行教育的思想，无疑是一大进步，但这种分期以及把德、智、体教育的截然分开施教的方法是不科学的。

5.【解析】"恩物"又称福禄培尔恩物，是福禄培尔设计的一套供儿童使用的教学用品。"恩物"实际上是幼儿园里做游戏和进行作业时用的玩具和材料。他认为，恩物的教育价值就在于它是帮助儿童认识自然及其内在规律的重要工具。恩物是自然的象征，能帮助儿童由易到难，由简及繁，循序渐进地认识自然。

6.【解析】倒摄抑制(也称倒摄干扰 retroactive interference)指后学习的材料对保持和回忆先学的材料的干扰作用。当先前学习的记忆内容随着时间的流逝，受到其他活动或刺激的影响，记忆力逐渐减弱的现象，就称之为"倒摄抑制"。

后学习的材料对先学习的材料的保持和回忆起干扰作用称为倒摄抑制。倒摄抑制受前后两种学习材料的类似程度、难度、时间的安排以及识记的巩固程度等种种条件的制约。

7.【解析】心智技能(intellectual skill)又称为智慧技能或智力技能。它是一种借助于内部语言在人脑中进行的认知活动方式，如默读、心算、写作、观察和分析等技能。

其主要特征有：

(1) 就心智技能对象而言，它是一种观念活动，如法则、规则运用自如。因此心智技能具有观念性。

(2) 就心智技能形式而言，它是借助内部言语在头脑里默默地进行，因此心智技能具有内潜性。

(3) 就心智技能结构而言，它是从完整到压缩、简化，因此心智技能具有简缩性。

8.【解析】皮格马利翁效应指人们基于对某种情境的知觉而形成的期望或预言，会使该情境产生适应这一期望或预言的效应。皮格马利翁效应告诉我们，对一个人传递积极的期望，就会使他进步得更快，发展得更好。反之，向一个人传递消极的期望则会使人自暴自弃，放弃努力。皮格马利翁效应在学校教育中表现得非常明显。受老师喜爱或关注的学生，一段时间内学习成绩或其他方面都有很大进步，而受老师漠视甚至是歧视的学生就有可能从此一蹶不振。一些优秀的老师也在不知不觉中运用期待效应来帮助后进学生。

二、简答题

1.【解析】人文主义教育的基本特征：

其一，人本主义。在培养目标上注重个性发展，在教学方法上反对禁欲主义，尊重儿童天性，坚信教育可以重塑个人、改造社会和自然，这些都表现出人本主义的内涵，人的力量、人的价值被充分肯定。

其二，古典主义。人文主义教育实践尤其是课程设置具有古典性质，并非纯粹的“复古”，而是古为今用、托古改制。

其三，世俗性。不论从教育目的还是课程设置等方面看，都充满着浓厚的世俗精神，教育更关注今生而非来世，这是与中世纪教育的根本区别。

其四，宗教性。仍具有宗教性，几乎所有的人文主义者都信仰上帝，虽然他们抨击天主教教会的弊端，但不反对宗教也不打算消灭宗教，他们希冀以世俗和人文精神改造中世纪宗教的陈腐专横。

其五，贵族性。这是由文艺复兴运动的性质(并非大众运动)所决定的，人文主义教育的对象主要是上层子弟；教育的形式多为宫廷教育和家庭教育而非大众教育的形式；教育的目的主要是培养上层人物如君主、绅士等。

综上可见，人文主义教育具有两重性，进步与落后性并存，尽管他还有不足之处，但他扫荡了中世纪教育的垄断，展露出新时代教育的灿烂曙光，开欧洲近代教育之先河。

2.【解析】德育过程的基本特征：

(1) 德育过程是教师指导下学生能动的道德活动过程。

① 学生品德的发展是在活动中能动地实现的；

② 道德活动是促进外部的德育影响转化为学生自身品德的基础；

③ 进行德育要善于组织，指导学生的活动。

(2) 德育过程是培养学生知、情、意、行统一发展的过程。

① 知、情、意、行是构成思想品德的四个基本因素：知，是指道德认识，是人们对道德规范及其意义的理解和掌握，也包括道德观念、信念和评价能力；情，是指道德情感，是人们对客观事物的是非善恶判断时引起的内心体验，是对客观事物爱憎好恶的主观态度；意，是指道德意志，是为道德行为所作出的自觉顽强的努力，是调节行为的一种精神力量；行，是指道德行为，是人们在道德认识、情感、意志的支配下，对他人和社会作出的反应，也是衡量思想品德高低好坏的根本标志；

② 知、情、意、行是互相联系、互相促进、互相转化的；其中道德认识是基础，行是关键，在从知到行转化过程中，情、意起调节促进作用；

③ 知、情、意、行是互相作用、统一实现的过程；

④ 德育过程的多端性；

⑤ 德育过程要有针对性。

（3）德育过程是促进学生品德发展矛盾的积极转化过程。这个过程中最基本的矛盾是社会通过教师向学生提出的道德要求和学生已有的道德水平之间的矛盾。① 要促进学生品德发展内部矛盾的积极转化；②要调节学生品德发展的外部矛盾。

（4）德育过程是提高学生自我教育能力的过程。自我教育是指个人主动地提出道德修养目标，并以实际行动努力完善自己道德品质的过程，是自我评价能力发展基础上产生的，是个人品德修养自觉能动性的表现；在德育过程中既要从实际出发因势利导，有计划地培养和提高学生的自我意识、自我评价和自我调控能力，以形成和发展他们的自我教育能力，还要采取恰当而有效的措施来调动学生的积极性，充分发挥学生的自我教育能力在自身品德形成中的能动作用。

3.【解析】夸美纽斯的教育主张有：

（1）教育目的：夸美纽斯对教育目的的看法是矛盾的，从宗教世界观出发，认为世间的生活只是“永生”的一种准备，因此，教育目的也应是使人为来世生活做好准备。但另一方面，在他的《大教学论》等著作中又渗透着现实性的教育目的，认为人既然是上帝“最崇高、最完善、最美好”的创造物，人就应该成为理性的动物，要主宰万物，并利用万物来过好现实生活。

（2）教育作用：首先，他把教育看作改造社会、建设国家的手段，强调教育对于改造社会、建设国家的意义，但夸大了教育的作用。其次，高度评价教育对人的发展的作用，认为人的天赋发展的如何，关键在于教育。

（3）教育原则：夸美纽斯提出了教育必须顺应自然原则和“泛智”原则。

教育要遵循人的自然发展的原则。这一原则的中心思想是“普遍的秩序”，即客观规律。实际上包含两层意思：一是指教育工作应该是有规律的，教育工作者应遵循这些规律；二是既然教育工作是有规律的，那么应该努力探明、发现这些规律。

“泛智教育”—把广泛的自然知识传授给普通的人。夸美纽斯指出：每一个生而为人的人都应该有接受教育的机会，都应该学习一切最重要的知识。泛智论体现出夸美纽斯普及教育、普及知识的民主精神。

（4）教育制度：夸美纽斯提出了学年制和班级授课制。

在总结前人思想和教学实践经验的基础上，夸美纽斯在《泛智学校》中根据学年制度，各年级应在同一时间开学和放假；每年招生一次，学生同时入学，以便使全班学生的学习进度一致，学年结束时，经过考试，同年级学生同时升级。他还强调学校工作要有计划。

夸美纽斯是班级授课制理论的创立者。他主张把全校的学生按照年龄和程度分成班级，作为教学的组织单元，每个班级有一个教室，以免妨碍其他的班级。每个班级有一个教师同时对全班学生进行教学，又分成许多小组，每组 10 人，选出一个组长，帮助教师管理小组同学。

（5）教学原则：夸美纽斯在总结前人基础上第一个提出较为完整的教学原则体系。他的教学原则主要有：直观性原则，激发学生求知欲望原则，巩固性原则，量力性原则，系统性和循序渐进性原则。

（6）道德教育：夸美纽斯的道德教育理论突破了宗教教育的模式，把世俗道德培养从宗教教育中分离出来，成为独立的部分；在道德教育的理论基础上，他也突破了宗教教育的束缚，不以基督教教义为理论基础，而是以功利主义和人文主义为理论基础。在道德教育内容上，他把勇敢、智慧、节制、公正，还有劳动教育作为内容。德育方法上，采用正面教育、养成道德行为习惯、榜样、教诲与规则、择友等方法。

4.【解析】参考答案参见 2010 年首都师范大学教育综合真题详解论述题第 3 题。

5.【解析】参考答案参见 2010 年首都师范大学教育综合真题详解简答题第 1 题。

三、论述题

1.【解析】教学过程中应处理好的几种关系

（1）间接经验与直接经验的关系

① 学生认识的主要任务是学习间接经验

② 学习间接经验必须以学生个人的直接经验为基础

③ 防止忽视系统知识传授或直接经验积累的偏向

（2）掌握知识与培养思想品德的关系

① 科学知识的掌握是提高思想觉悟的认识基础

② 学生思想觉悟的提高又是学生积极学习的强大动力

③ 防止单纯传授知识或脱离知识教学的思想教育的偏向

（3）掌握知识与提高能力的关系

① 能力的提高与知识的掌握二者相互依存，相互促进（能力的提高依赖于知识的掌握；对知识的掌握又依赖于能力的提高）

② 生动活泼地理解和创造性地运用知识才能有效地提高能力

③ 防止单纯抓知识教学或只重能力发展的片面性

（4）智力因素与非智力因素的关系

① 学生的学习、认识活动需要智力因素与非智力因素的相互作用

② 智力因素要以非智力因素为内在动力，非智力因素又要以智力因素为服务对象

③ 按教学需要调节学生的非智力因素才能有成效地进行智力活动、完成教学任务

（5）教师主导作用与学生主体作用的关系

① 发挥教师的主导作用是学生简捷有效地学习知识、发展身心的必要条件

② 尊重学生、调动学生的学习主动性是教师有效地教学的一个主要因素

③ 防止忽视学生积极性和忽视教师主导作用的偏向

2.【解析】教育对社会的发展作用主要表现在：

（1）教育的经济功能：教育是实现劳动力再生产的重要手段，是提高劳动者生产能力的重要手段，促进经济的发展和国民收入的增长，通过人文环境的创设和人文精神的培育为经济活动提供道德和文化基础。

（2）教育的政治功能：教育不仅能为社会政治经济制度培养所需要的人才，还能促进政治民主化进程，体现在：①教育能够传播真理，启迪人的民主意识；②教育民主化是政治民主化的重要组成部分；③民主的教育是政治民主化的加速器。

（3）教育的文化功能：①教育的文化传递、保存功能；②教育的文化选择、批判功能；③教育的文化交流、融合功能；④教育的文化更新、创造功能。

（4）教育的科技功能：教育是科学文化再生产的重要手段；教育是促进科学革命和发展的重要手段，而且能直接生产科学技术。

(5)教育的人口功能：教育不仅对控制人口数量、调整人口结构有着重要作用，更重要的是，教育作为促进人的全面发展的活动，其直接的效果就是改善人口质量。

“庶、富、教”是孔子重视教育在社会发展中的作用，提出这一思想。孔子认为在实现充分的劳动力、保障人民丰足生活的前提下，必须施行教育，使其知伦理、守本分，最先论述了教育与经济、社会发展的关系。

2013年华东师范大学教育综合真题

一、名词解释(每题5分，共30分)

1. 教育目的
2. 分支型学制
3. 课程方案
4. 教学评价
5. 人文主义教育
6. 道尔顿制

二、简答题(每题10分，共40分)

1. 简述教育的社会流动功能。
2. 举例说明教学策略的应用对课堂有效教学的作用。
3. 简述蔡元培的高等教育实践对我国现代大学发展的意义。
4. 简述建构主义学习观。

三、论述题(每题20分，共80分)

1. 结构主义教育评述。
2. 试论社会变迁对教师角色及教师专业发展的具体影响。
3. 试以白鹿洞书院为例，分析我国书院教育的宗旨、特点与意义。
4. 试论科尔伯格的道德发展阶段理论。

2013年华东师范大学教育综合真题详解

一、名词解释

1.【解析】广义的教育目的是指人们对受教育者的期望，即人们希望受教育者通过教育在身心诸方面发生怎样的变化，或者产生怎样的结果。国家和社会的教育机构、学生的家长和亲友、学校的老师等，都对新一代寄予这样那样的期望，这些期望都可以理解为广义的教育目的。狭义的教育目的是国家对把受教育者培养成为什么样人才的总的要求。

2.【解析】现代学制是由两种结构所构成的，一种是纵向划分的学校系统(双轨学制)，另一种是横向划分的学校系统(单轨学制)。介于上述两种学制之间的学制结构，属中间型，叫做分支学制。分支学制是在双轨制与单轨制的基础上发展而来的，所以形成了既有单轨学制特点，又有双轨学制的某些因素的分支型学制，这种学制上通下达，左右互连。

3.【解析】课程方案是根据培养目标制定的有关学校教学和教育工作的指导性文件。具体规定学校应设置的课程、各门课程开设的先后顺序、课时分配和学年的编制等，并对课内的教学和课外活动等方面作全面安排。

4.【解析】教学评价是以教学目标为依据，按照科学的标准，运用一切有效的技术手段，对教学过程及结果进行测量、分析、评定并给予价值判断的过程。它包括：对学生学业成绩的评价，对教师教学质量的评价和进行课程评价。

5.【解析】人文主义教育是欧洲文艺复兴时期新兴资产阶级思想家所提倡的新文化、新思潮。它代表资产阶级的利益和要求，以资产阶级个人主义为核心，提倡以“人”为中心，歌颂“人”的价值和力量。

6.【解析】1920 年，美国的教育家帕克赫斯特在马萨诸塞州道尔顿中学创建了一种新的教学组织形式，称之为道尔顿制。按道尔顿制，教师不在上课时向学生系统讲授教材，而只为学生分别指定自学参考书、布置作业，由学生自学和独立完成作业，有疑难时才请教师辅导，学生完成一定阶段的学习任务后向教师汇报学习情况和接受考查。它最显著的特点是重视学生自学和独立作业，在良好的条件下，有利于调动学生学习的主动性，培养他们的学习能力和创造才能。

二、简答题

1.【解析】教育的社会流动功能是指社会成员通过教育的培养、筛选和提高，能够在不同的社会区域、社会层次、职业岗位、各层组织之间转换、调整和变动，以充分发挥其个性特长，展现其智慧才能，实现其人生抱负。

教育的社会流动功能，按其流向可分为横向流动功能和纵向流动功能。教育的社会横向流动功能，是指社会成员因受教育和训练，能够在社会区域、职业岗位与社会组织中作水平的流动，即可以根据社会需要，结合个人的意愿与可能条件更换工作地点、单位、任务，改变其环境而不提升其社会阶层或各层结构中的地位。教育的纵向流动功能是指社会成员因受教育的培养和筛选，能够在社会阶层、各层结构作纵向的提升，包括职称晋升、职务升迁、薪酬提级，改变了其社会层级地位和作用。教育之所以具有社会流动功能，是因为通过教育可以提高人的学历、能力和人格，创造了能够流动的条件和可能。关于教育的社会流动功能，有代表性的有筛选理论和劳动力市场划分理论。

2.【解析】所谓“有效”是指通过老师在一段时间的教学之后，学生所获得的具体进步或发展。学生有无进步或发展是教学有无效益的唯一指标。教学策略是为实现某一教学目标而制定的、付诸于教学过程实施的整体方案，它包括合理组织教学过程，选择具体的教学方法和材料，制定教师与学生所遵守的教学行为程序。如产生式教学策略(让学生自己产生教学目标，学生自己对教学内容进行组织、安排学习顺序等，鼓励学生自己从教学中建构具有个人特有风格的学习。它可以积极地把信息与他们自己的认知结构联系起来，对信息的处理过程主动深入，允许学生自主地设计、实践和改善他们的学习策略，从而可以提高学生的学习能力，产生式教学策略主要出自学生自己，因此可以激发起学生对学习任务和学习过程、学习策略的积极性，培养学习兴趣等)。除此之外还有替代式教学策略、独立学习与小组学习策略、竞争与合作学习策略等等。

教学策略与有效教学的关系：教学策略研究的一个重要目的就是提高教学效率，提高教学质量，实现教学的最优化。教学的最优化就是要求以最少的时间取得最佳的教学效果。所以，在教学中，制订或选择某种教学策略还应考虑教学过程的效率，做到省时高效。好的教学策略应是高效低耗，能在规定的时间内完成教学任务，较好地实现具体的教学目的，并能使教师教得轻松，学生学得愉快。

3.【解析】(1)蔡元培对北京大学的改革措施主要有：

① 改变校风，明确教育宗旨

第一，改变学生的观念，要求学生“抱定宗旨、砥砺德行、敬爱师友”。

第二，整顿教师队伍，延聘积学热心的教员。

第三，发展研究，广积图书，引导师生研究兴趣。

第四，砥砺德行，培养正当兴趣。

② 贯彻“思想自由，兼容并包”的办学原则

“循‘思想自由’原则，取兼容并包主义”是他办北大的基本原则，成为他发展高等教育的指导思想。蔡元培认为大学的性质所决定了，一个真正的大学，应该使各派学说都在此占有一席之地。他主张学术、言论、思想自由，反对学术上的门户之见。“思想自由，兼容并包”也体现在教师的聘用上，在这一原则指导下，北大教师队伍一时出现流派纷呈的局面。

③ 提倡教授治校的管理模式

为了贯彻“教授治校，民主管理”的原则，蔡元培在北京大学建立了全校最高立法和权力机构、全校最高行政执行机构、全校教务传导机构等，把治理大学的任务交给了教育家。

④ 改革教学体制

在教学体制改革上，蔡元培采取了以下措施：扩充文理，改变“轻学而重术”的思想；沟通文理，废科设系；改年级制为选科制。

（2）蔡元培改革北大的教育启示：

① 大学应当以研究学问为第一要义。大学不是灌输知识的场所，教师和学生都应该热爱学问，培养自己的学者风范。

② 大学以引领社会、服务社会为职责，应当担当起带领社会风气的责任。作为高级知识分子聚集的地方，大学代表一个社会最高层次的群体的精神面貌，也是一个国家精神面貌的标志，应当有强烈的责任心来维持这种好的精神状态。

③ 大学教育的目的是育人而非制器。教育应以培养学生的健全人格为宗旨。教育要帮助学生发展能力、完善人格，为人类文化尽一份责任，同时也要兼顾学生的技能和道德的教育。

④ 大学的管理者、办学者，应该好好审视大学的意义、角色，做好正确的定位，只有把握好大学应有的特点，应做的事，才能真正把教育办好，把学生办活。

4.【解析】建构主义是行为主义发展到认知主义之后的进一步发展。该理论更加关注如何以原有的经验、心理结构和信念为基础来建构知识。强调学习的主动性、社会性和情境性。

（1）知识观

在知识观上，建构主义在一定程度上对知识的客观性和确定性提出了质疑，强调知识的动态性。建构主义者一般强调：

① 知识并不是对现实的准确表征，它只是一种解释、一种假设，不是最终答案。

② 知识并不能精确地概括世界的法则，在具体问题中，我们并不是拿来便用，一用就灵，而是需要针对具体情境进行再创造。

③ 尽管我们通过语言符号赋予了知识一定的外在形式，甚至这些命题还得到了较普遍的认可，但这并不意味着学生会对这些命题有同样的理解，因为这些理解只能由每个学生基于自己的经验背景而建构起来。

尽管建构主义有不同倾向，但它们都以不同的方式、在某种程度上对知识的客观性、可靠性和确定性提出了怀疑，其中有些知识观尽管不免过于激进，但它向传统的教学和课程理论提出了巨大挑战，值得我们深思。

（2）学生观

学生不是被动的信息吸收者，而是意义的主动建构者。这种建构不可能由他人代替。

① 教学不能无视学生的经验，要把学生现有的知识经验作为新知识的生长点，引导其从旧知识中“生长”出新知识。

② 教师要促进学生知识建构活动，促进知识经验的重新组织、转换和改造。教学不是知识的传递，而是知识的处理和转换。

（3）教学观

学习不简单是知识由外到内的转移和传递，不是知识由教师向学生的传递过程，而是学习者主动地建构自己的知识经验的过程，即通过新经验与原有知识经验的双向的相互作用，来充实、丰富和改造自己的知识经验。学习者不是被动的信息吸收者，相反，他要主动地建构信息的意义，这种建构不可能由其他人代替。学习者的这种知识建构过程具有三个重要特征：主动建构性、社会互动性和情景性。

（4）学习观

建构主义认为学习是学习者主动地建构内部心理表征的过程。学习者并不是把知识从外界搬到记忆中，而是以已有的经验为基础，通过与外界的相互作用来建构新的理解。学习过程同时包含两方面的建构：一是建构对新信息意义的理解；二是对原有知识经验的改组和重建。建构主义更重视后一种建构。

三、论述题

1.【解析】（1）结构主义教育是20世纪中期在西方产生的一种以结构主义为方法论和理论基础，突出培养认知能力和掌握学科结构的重要性，进而改进教学和课程的教育思潮。其主要代表人物是美国心理学家布鲁纳。结构主义教育的主要观点可以概括为四个方面：

① 教育和教学应该重视学生的智能发展。教育和教学的重要任务，就是遵循学生的认知发展规律，促使学生智慧的发展。完善的教学理论必须探讨学生的学习心理发展变化过程，从而使学生的心理能力得到最大的发展。

② 注重教授各门学科的基本结构。由于任何一门学科都可以构成一系列由基本概念和基本原理组成的基本结构，因此，教授任何一门学科，主要是使学生理解和掌握这门学科的基本结构以及这门学科所特有的研究方法。通过学习各门学科的基本结构，不仅能使学生容易地掌握整个学科，而且能加强知识“迁移”的能力。

③ 强调学科基础的早期学习。由于学生完成“学习准备”的状态并不是随生理年龄的增长而增长，而主要是随环境和教育的作用而进展的，因此，教师应该积极创造条件，使他们尽可能早地开始学习某些学科的基本结构，甚至打破中小学和大学的同一门学科的界限。

④ 提倡“发现学习法”。学习过程类似于人类探求知识的过程，因此，学生应该“从发现中学习”，亲自去“发现”应该学习的学科的基本结构或规律，成为一个“发现者”。

（2）影响：结构主义教育流派是当代西方出现的一个重要流派，对当代西方教育理论和实践都有重要影响。他们对儿童智力结构的发生和发展以及知识结构规律进行探讨，以适应教育变革的需要；倡导主动学习、发现学习等来适应社会对教育提出的人才需求。特别是1960年布鲁纳的《教育过程》的发表，影响了整个教育界，被西方教育界部分人士称为"划时代的著作"、"有史以来教育方面最重要、最有影响的一本书"。他本人也被西方一些学者誉为"也许是杜威以来第一个能够对学者们和教育家们谈论智育的人"，成为战后新教学理论研究的重要代表人物。他的教育思想和见解具有一定的积极作用和科学价值。因此，在20世纪50年代末60年代初，以布鲁纳为首的一大批认知心理学家、科学家在美国推动的这场结构主义课程改革运动，影响了国际、国内整个教育界。随着该运动的深入发展，结构主义教育思想很快就波及了包括中国在内的世界许多国家和地区。

（3）评价：结构主义教育思想的提出适应了现代社会的需要，顺应了时代的要求，有它的时代性和科学性。它强调理论知识的学习、把结构主义引进课程论、重视学习者在课程中的地位，强调发展学生智力、重视逻辑思维和独立获得知识的能力、强调改革教学方法，让学生亲自成为结论和规律的发现者。它论述了早出人才、快出人才的可能性并且十分重视教师在教学过程中的作用。它强调了儿童期的特征在教育上的意义，开创了对儿童认知结构发展问题的研究等。但是，它也有不可回避的弊端，如过分强调学科知识的区别性，忽略了各门学科知识之间的横向联系和相互渗透性；无法形成它提出的所谓的"学科结构"标准；以"学科结构"作为编写教材的原则难度很大；也增加了教材内容的难度和抽象性，给教师的讲授和学生的理解带来了困难等。

2.【解析】(1) 在飞速发展的现代，教师角色的内容和重心都发生了巨大变化。1975年联合国教科文组织成员国在向教育局提交的报告中揭示了教师角色转化的一般趋势。

① 在教学过程中更多地履行多样化的职能，更多地承担组织教学的责任；

② 从一味强调知识的传授转向组织学生的学习，并最大限度地开发社区内部的新的知识资源；

③ 注重学习的个性化，改进师生关系；

④ 实现教师之间更为广泛的合作，改进教师之间的关系；

⑤ 更广泛地利用现代教育技术，掌握必需的知识技能；

⑥ 更密切地与家长和其他社区成员合作，更经常地参加社区生活；

⑦ 更广泛地参加校内服务和课外活动；

⑧ 削弱加之于孩子们身上-特别是大龄孩子及其家长身上的传统权威。

教师角色的转变，不仅意味着学校教育功能的某些转变，而且对教师素养的要求以及相应的师资培训问题也提出了更高的要求。

（2）教师专业发展是教师作为专业人员，从专业思想到专业知识、专业能力、专业心理品质等方面由不成熟到成熟的发展过程，即有一个专业新手发展成为专家型教师或教育家型教师的过程。时代的发展对教师专业发展提出了更高的要求而且为教师的专业发展提供更多的契机和途径。

3.【解析】第一、书院的教育经费来源多样化。书院的经费，得到官府的资助，也依靠民间自己筹集，主要靠学田供给。以白鹿洞书院为例，在南宋先后三次由官府增置学田。第一次在淳熙七年(1180年)，始置学田870亩；第二次在淳熙十年(1183年)，置办700亩；第三次在嘉定十四年(1221年)，置办学田300亩。

第二，书院实行山长负责制，管理体制日趋完备。宋代书院的最高首脑称为山长、洞主或洞长。山长既是主要的教学者，又是最高的管理者，并且往往都由著名的学者来担任。书院教职人员人数的扩大和分工管理制度的形成，标志着书院教育管理水平的提高，也是书院教学管理形式更加规范化、制度化的一个方面。

第三、书院实行开放式的教学和研究。求学者不受地域、学派的限制均可前来听讲、求教。例如朱熹的学生黄干在白鹿洞书院讲《易经》乾坤二卦，山南山北的人士都来听讲。白鹿洞书院后来还拨出一笔专款，用来接待四方来求学的人，并有专人负责招待。教学人员也不限于书院自身，而是广泛邀请学界名流前来讲学。书院的门户开放风格，大大促进了学术交流和发展，也开阔了学生视野，深化了教学。

第四、书院的教学注重启发引导，提倡切磋讨论，讲究身心涵养。书院教学除参加学术活动和教师必要的讲授外，主要是学生自学，所以书院都重视对学生的读书指导。朱熹就大量涉及读书方法的指导，以他的读书法六条为代表。书院也有学规，但这种学规更侧重引导激励，以朱熹制定的《白鹿洞书院揭示》为代表。

综上所述，书院作为一种新的教育组织形式，既不同于正规的官学，也不同于纯粹的私学。同官学相比，书院的教学组织形式更加灵活多样，而少有衙门气。课程设置也有较大的自主性，而较少受科举支配。书院向一切求学者开放，并不限定入学条件。同一般师徒授受的私学相比，书院规模大，有教学组织机构，通常都拥有自己的学田、院产、藏书、供祀、教学设施，条件比一般私学优越正规。

书院的产生，在中国古代教育史上具有十分深远的意义。书院扩大了中国古代学校教育的类型，起到了弥补官学不足的作用。书院提倡自由讲学，注重讨论式，学术风气浓厚，开辟了新的学风，成为推动教育和学术发展的重要动力。书院在办学和管理领域也创造了许多行之有效的经验措施，成为中国封建社会中后期一种重要的教育组织形式。

4.【解析】科尔伯格的这一理论是基于皮亚杰的理论，认为儿童道德的发展是分阶段的，但是他在研究中发现，道德发展不是只有两级水平，而应该有多个水平，于是在20世纪60年代提出了著名的三水平六阶段的道德发展阶段论。

(1) 前习俗水平

这一水平上的儿童已具备关于是非善恶的社会准则和道德要求，但基本上是以自我为中心，依据自身受表扬和被谴责的经验来判断正误好坏，这一水平有两个阶段。阶段一是惩罚与服从的定向阶段，这个阶段的儿童认为凡是权威人物赞扬的就是好的，遭到他们批评的就是坏的。阶段二是工具性的相对主义的定向阶段，这一阶段儿童首先考虑的是准则是否符合自己的需要，有时也包括别人的需要，并初步考虑到人与人的关系，但人及关系常被看成是交易的关系。对自己有利的就好，不利的就不好，好坏以自己的利益为准。

(2) 习俗水平

这一水平上的儿童是以社会为中心的观点为主导的，他们有了满足社会的愿望，比较关心别人的需要。这一水平可分为两个阶段。阶段三是人及关系的定向阶段或好孩子定向阶段。这个阶段的儿童认为一个人的行为正确与否，主要看他是否为别人所喜爱，是否对别人有帮助或受别人称赞。阶段四是维护权威或秩序的道德定向阶段。这一阶段的儿童意识到了普遍的社会秩序，强调服从法律，使社会秩序得以维持。儿童遵守不变的法则和尊重权威，并要求别人也遵守。

(3) 后习俗水平

这个水平有两个阶段。阶段五是社会契约的定向阶段，一般说来，这个阶段是不违反大多数人的意愿和幸福的，但并不同意用单一的规则来衡量一个人的行为。道德判断灵活了，能从法律上、道义上比较辩证地看待各种行为的是非善恶。阶段六是普遍的道德原则的定向阶段，这个阶段个人有某种抽象的、超越某些刻板的法律条文的、较确定的概念。在判断道德行为时，不仅考虑到适合法律的道德准则，同时也考虑到未成文的有普遍意义的道德准则。道德判断已超越了某些规章制度，更多地考虑道德的本质，而非具体的准则。

2014 年真题

2014 年北京师范大学教育综合真题

一、名词解释(每题 5 分，共 30 分)

1. 教育
2. 苏湖教法
3. 进步主义教育
4. 赫尔巴特的教育目的论
5. 最近发展区
6. 奥苏贝尔的有意义接受学习

二、简述题(每题 10 分，共 40 分)

1. 简述德育的基本途径。
2. 简述活动课程的主要特征。
3. 简述教师专业素养的主要内容。
4. 简述社会规范学习的心理过程。

三、论述题(每题 20 分，共 80 分)

1. 试述陶行知生活教育的主要内容。
2. 试述夸美纽斯关于班级授课制的基本观点。
3. 试述促进知识迁移的措施。
4. 试述教育的社会功能。

2014 年北京师范大学教育综合真题详解

一、名词解释

1.【解析】广义的教育是人类特有的一种社会现象，是一种促进人的素质发展的社会活动，凡是他人和自我目的地增进人的知识技能、影响人的思想品德等素质发展的活动，都是教育。

2.【解析】“苏湖教学法”又名“分斋教学法”，是北宋教育家胡瑗在苏州、湖州二地办学使用的一种新的教法。这种教法一反当时盛行的重视诗赋歌律的学风，提倡经世致用的实学，重经义和时务，主张“明体达用”。他在校中设“经义”、“治事”两斋，经义斋学习研究经学基本理论，属于“明体”之学；治事斋则以学习农田、水利、军事、天文、历算等实学知识为主，属于“达用”之学。在治事斋中，一人各治一事，又兼摄一事，创立了分科教学和学科的必修以及选修制度，在世界教育史上是最早的。

3.【解析】进步主义教育是 20 世纪上半期盛行于美国的一种教育哲学思潮，起源自反对传统教育的形式主义。代表人物有帕克尔、杜威等。主要的理论和方法有前期的帕克尔昆西教学法，约翰逊的有机教育和后期的以儿童中心取向的帕克赫斯特的道尔顿制等。主要观点有以儿童为中心的学生观，以生活为内容的课程观等等。进步主义教育运动极其思想是美国教育界对美国社会现代化过程中的一系列重大变革所引发的挑战的回应，是现代城市工业文明条件下改革美国教育的一种广泛努力和改革方面的选择。

4.【解析】赫尔巴特看来，教育目的可分为两部分，即“选择的目的与道德的目的”。选择的目的又称“可能的目的”，它是指培养和发展儿童多方面的能力和兴趣，以便其将来选择职业。赫尔巴特认为，选择的目的固属重要，但仅居次位，最重要的是道德的目的(又称必要的目的)。所谓道德的目的，就是培养五种道德观念，使之具备完美的道德品质。赫尔巴特说：“教育的唯一工作和全部工作可以总结在道德这一概念之中，道德普遍地被认为是人类的最高目的，因此，也是教育的最高目的。”

5.【解析】维果斯基的“最近发展区理论”，认为学生的发展有两种水平：一种是学生的现有水平，指独立活动时所能达到的解决问题的水平；另一种是学生可能的发展水平，也就是通过教学所获得的潜力。两者之间的差异就是最近发展区。教学应着眼于学生的最近发展区，为学生提供带有难度的内容，调动学生的积极性，发挥其潜能，超越其最近发展区而达到下一发展阶段的水平，然后在此基础上进行下一个发展区的发展。

6.【解析】奥苏贝尔提出了有意义学习这一概念。他所认为的有意义学习既包括接受学习，又包括发现学习。而针对学校而言，他又认为学校中知识的传授多半都应该是通过接受学习而获得的，所以其学习理论的重心更加强调有意义的接受学习。他认为在有意义的接受学习下，有潜在意义的课题或材料在内化过程中成为有意义的，而如果是机械的接受学习，那么学习课题不是本身没有潜在意义就是没有在内化过程成为有意义的。同时他根据上面提到的有意义学习的两个条件，认为如果材料有意义，但学生没有学习的心向，只是逐字逐句的记忆，或者说学习者的心向很有意义，但学习课题没有潜在意义的话，那么学习过程和学习结果都不可能是有意义的。知识的有意义学习必然以有意义的知识内容和已有的知识经验为基础，加上有意义学习的心向。此三者构成了有意义学习的充分必要条件，是有意义学习的基础和前提条件。这三个条件缺一不可，缺少其中任意一个条件都不能称其为有意义的学习。而随意地增加三个条件之外的另外一个条件都是多余的。

二、简述题

1.【解析】(1) 思想政治课与其他学科教学。这是学校有目的、有计划、系统地对学生进行德育的基本途径。

(2) 劳动与其他社会实践。这是学校进行德育、尤其是劳动教育的重要途径。

(3) 课外活动和校外活动。这是生动活泼地向学生进行德育的一个重要途径。

(4) 学校共青团和少先队活动。这是通过青少年自己的组织所开展的活动来向他们进行德育的重要途径。

(5) 心理咨询。心理咨询使咨询员能就来访者的具体问题提供有针对性的服务，也是开展德育的一条重要途径。

(6) 班主任工作。班主任工作是进行日常思想品德教育和指导学生成长的重要途径。

(7) 校园生活。校园生活是德育工作一条不可忽视的潜在途径。

总之，各德育途径有各自的功能，缺一不可，也不能互相代替，它们之间互相联系，相互促进，从而形成学校德育工作的整体。

2.【解析】活动课程是指“以儿童的主体性活动的经验为中心组织的课程，也叫做生活课程、经验课程、儿童中心课程。”活动课程是一种主张以儿童从事某种活动的兴趣和动机为中心来组织，通过儿童的亲身体验来获得直接经验的课程。

活动课程的特点可以概括为：

第一，经验性。注重通过经验的获得与重构来学习。

第二，主体性。尊重学生的主动精神并以此作为教学的出发点与目标。

第三，综合性。打破传统的学科框架，以生活题材为学习单元。

第四，乡土性。可以结合不同地区的特点选择与开展活动。

3.【解析】(1) 高尚的师德

① 热爱教育事业富有献身精神和人文精神。许多优秀教师能在教育岗位作出卓越的成绩，主要是他们热爱教育事业，愿意为下一代贡献自己的毕生精力，甚至献出自己的宝贵生命。

② 热爱学生诲人不倦。教师的爱首先表现在毫无保留地献出自己的精力、才能和知识，其次对自己的学生的学习思想和身体的全面关心上，一视同仁地爱全体学生，公正平等地对待每个学生。把学生当成与自己人格平等的人来看待。

③ 热爱集体，团结协作。一个学生的成才不仅是一位教师的功劳，而是教师全体的智慧和共同劳动的结晶。因此，教师之间应该相互尊重，团结协作，一致教育学生，最大限度发挥集体的教育力量。

④ 严于律己，为人师表。凡是要求学生做到的，教师首先要做到。一个教师只有以身作则，用自己的行为展示高尚的道德，才能树立崇高的威望，受到学生的尊敬。

(2) 宽厚的文化素养

一个好教师的基本条件之一，就是要有比较渊博的知识和多方面的才能。教师应对所教学科知识有科学正确的把握。在此基础上，融会贯通，整体上把握，这样深入浅出，高瞻远瞩，达到运用自如的境界。同时还需有比较广博的文化修养，上知天文，下知地理，从远古到未来，从宏观到微观。如果教师因自己知识狭窄不能满足学生的求知欲，不仅会影响教师的威信，也会严重阻碍学生的发展。

(3) 专门的教育素养

① 教育理论素养。教师能运用教育学、心理学的基本概念、范畴、原理处理教育教学各种问题，运用教育理论总结、概括教育教学经验，并使之升华，能表达自己的教育思想和教学设想。

② 教育能力素养。这要求教师属于从事各种教育教学活动，成为教育方面的“临床专家”，像医生那样“分析”、“诊断”、“开处方”，解决教育教学的各种问题。

③ 教育研究素养。教育工作不断创新和改革中，教师应具有问题意识，“反思”能力，善于总结经验教训，灵活地解决改进各种教育问题。

(4) 健康的心理素质

健康的心理素质体现在心理活动的方方面面，概括起来主要是教师要有轻松愉快的心境，有昂扬振奋的精神，乐观幽默的情绪和坚韧不拔的毅力等。

4.【解析】在教育系统中，社会规范学习指的是个体接受社会规范，内化社会价值，将规范所确定的外在于主体的行为要求转化为主体内在的行为需要，从而建构主体内部的社会行为调节机制的过程，即社会规范的内化过程。社会规范学习的心理过程有三个环节：

（1）社会规范的遵从

遵从即从表面上接受规范，按照规范的要求来行动，但对规范的必要性或根据缺乏知识，甚至有抵触情绪。遵从是社会规范接受及品德形成的初级阶段，也是规范认同和内化的基础。社会规范的遵从表现为从众现象和服从现象。

（2）社会规范的认同

社会规范的认同一般指行为主体在认识、情感上与行为上对规范趋于一致，从而产生自愿对规范的遵从现象，是社会规范的接受及品德形成的一个关键阶段。

（3）社会规范的内化

"内化"最初由法国社会学派杜克海姆等提出，指社会意识向个体意识的转化，亦即意识形态的诸要素移置于个体意识之内。规范的接受就是一种内化的过程。学习者对社会规范及其价值原则有了深刻的理解，并持有积极的情感体验，使之成为自己的一种信念，与原有的价值观念一体化。并且，学习者所做出的规范行为是由自己的价值信念所驱动的，而不是因为外界的压力所控制的。总之，社会规范的内化，具有高度的自觉性和主动性，因而成了稳定的品德。

社会规范的内化是社会规范接受的高级水平，是品德形成的最高阶段，它是指主体随着对规范认识的概括化与系统化，以及对规范体验的逐步累积与深化，最终形成一种价值信念作为个体规范行为的驱动力。

三、论述题

1.【解析】参考答案参见2010年曲阜师范大学教育综合真题详解论述题第2题。

2.【解析】班级授课制又称课堂教学，班级授课制是将学生按年龄和程度编成班级，使每一班级有固定的学生和课程，由教师按照固定的教学时间表对全班学生进行上课的教学制度。中世纪学习的教学组织工作十分松散，为改变这种状况，夸美纽斯总结各教派实行班级授课制的初步经验，在其著作《大教学论》中提出全面系统的班级授课制理论。班级教学的显著特征是多、快、好、省，它能适应普及教育的需要。尤其是在教师不足的情况下，其优越性更是个别教学无法比拟的。夸美纽斯班级授课制的具体设想包括：

（1）根据儿童年龄及知识水平分成不同班级，每个班级一个教室，由一个教师对一个班的学生同时授课。

（2）为每个班级制订统一的教学计划，编写统一的教材，规定统一的作息时间，使每年、每月、每日、每时的教学都有计划地进行。

（3）把全班学生分成若干小组，每组十人，委托一个优秀学生做组长，协助教师管理学生，考查学业。

采用这一教学组织形式，打破了学校教育长期实施的个别教学形式，扩大了教育对象，提高教学效率，促进学生集体的形成，也为学校教学管理的制度化、标准化提供了可能。

今天看来夸美纽斯关于学年制和班级授课制的许多意见还是粗糙的，其中也有不少片面的地方，但他总结了教育实践中的宝贵经验，进行理论上的论述，从而大大加强了学校工作的计划性，提高了工作效率，他反映了教育工作的客观规律，符合近代学校教育特别是普及教育发展的需要，因此广为后人采用，建立了教育史上的不朽功绩。

3.【解析】知识的迁移，即学习的迁移，是一种学习对另一种学习的影响，是已经获得的知识、技能、情感、态度等对新的学习的影响。其广泛存在于各种知识、技能及与社会规范的学习中，它不仅发生在同一类型学习或经验的内部，而且也存在于不同类型的学习与经验之间。

教育系统中教学的目标是使学生接受和掌握经验，以形成和发展学生的能力与品德。而迁移是实现这一目标的有效途径，也是检验教学是否达到目标的可靠标志。因此，在实际教学中，应该掌握和应用学习迁移的规律，以提高教学成效。促进知识应用与迁移的措施有：

(1) 促进陈述性知识迁移的措施

①科学编排和呈现教材，促进学生形成良好的认知结构；②重视基础知识的教学，提高学生的概括水平；③注意学习材料的共同性，促进学生知识的综合贯通。

(2) 促进程序性知识迁移的措施

促进智慧技能的迁移，教师应注意以下问题：①帮助学生形成条件化知识，掌握产生式规则；②促进产生式知识的自动化，熟练解决问题；③加强学生的言语表达训练，促使智慧活动内化。

促进学生动作技能的迁移，教师应注意以下问题：①帮助学生理解任务性质和学习情境；②教师的示范与讲解要准确清晰；③加强学生的练习与反馈。

(3) 促进认知策略迁移的措施

①培养学生树立正确的学习动机；②丰富学生的知识背景；③根据学生的元认知水平进行策略训练；④制订一套外显的可以操作的训练技术；⑤变式练习。

4. 教育作为社会的子系统，它首先承担培养人的功能，并通过育人功能进而实现其社会功能，保障社会的延续与发展。教育的社会功能主要体现在推动社会发展变迁和促进社会流动。

(1) 教育的社会变迁功能是指教育通过开发人的潜能、提高人的素质、促进人的社会化，引导人的社会实践，不仅使人能适应社会的发展，而且能够推动社会的改革与发展。教育的社会变迁功能表现在社会生活的各个领域。

① 教育的经济功能

(a) 教育是使可能的劳动力转变为现实的劳动力的基本途径。

(b) 现代教育是使知识形态的生产力转化为直接的生产力的一种重要途径。

(c) 现代教育是提高劳动生产率的重要因素。

② 教育的政治功能

(a) 教育通过传播一定社会的政治意识形态，完成年轻一代的政治社会化。

(b) 教育通过造就政治管理人才，促进政治体制的变革与完善。

(c) 教育通过提高全民文化素质，推动国家的民主政治建设。

(d) 教育还是形成社会舆论、影响政治时局的重要力量。

③ 教育的文化功能

(a) 教育的文化传承功能。

(b) 教育的文化交流和融合功能。

(c) 教育的文化选择功能。

(d) 教育的文化创新功能。

④ 教育的生态功能

(a) 树立建设生态文明的理念。

(b) 普及生态文明知识、提高民族素质。

(c) 引导建设生态文明的社会活动。

(2) 教育的社会流动功能

教育的社会流动功能是指社会成员通过教育的培养、筛选和提高，能够在不同的社会区域、社会层次、职业岗位、科层组织之间转换、调整和变动，以充分发挥其个性特长，展现其智慧才能，实现其人生抱负。

教育的社会流动功能，按其流向可分为横向流动功能和纵向流动功能。教育的社会横向流动功能，是指社会成员因受教育和训练，能够在社会区域、职业岗位与社会组织中作水平的流动，即可以根据社会需要，结合个人的意愿与可能条件更换工作地点、单位、任务，改变其环境而不提升其社会阶层或科层结构中的地位。教育的纵向流动功能是指社会成员因受教育的培养和筛选，能够在社会阶层、科层结构作纵向的提升，包括职称晋升、职务升迁、薪酬提级，改变了其社会层级地位和作用。教育之所以具有社会流动功能，是因为通过教育可以提高人的学历、能力和人格，创造了能够流动的条件和可能。

2014 年华东师范大学教育综合真题

一、名词解释(每题 5 分，共 30 分)

1. 贝尔-兰卡斯特制
2. 城市学校
3. 自我效能感
4. 有意义学习
5. 现代教育制度
6. 德育过程

二、简答题(每题 10 分，共 40 分)

1. 简述《白鹿洞书院揭示》的教育宗旨。
2. 简述弗吉里奥的教育贡献。
3. 评述《国防教育法》。
4. 简述班集体发展的阶段以及班集体培养方法。

三、论述题(每题 20 分，共 80 分)

1. 以张之洞《劝学篇》为例评价"中体西用"的教育思想。
2. 试述元认知策略及其教学。
3. 试述课程内容的组织对学生学习的影响。
4. 针对教师专业发展的不同阶段应该怎样帮助教师成长？

2014 年华东师范大学教育综合真题详解

一、名词解释

1.【解析】所谓的"贝尔-兰卡斯特制"，也称"导生制"，其创始人是英国一位叫贝尔的牧师和一位名叫兰卡斯特的教师。其具体作法是，这种教学组织形式以班级为基础，教师以教年龄大的学生为主，而后由他们中的佼佼者——"导生"去教年幼的或学习差的学生。

2.【解析】城市学校是西欧中世纪后期兴起的、适合新兴市民阶层需要的世俗性的学校，从11、12世纪开始，由于生产的发展，西欧城市重新形成，这些城市以商品生产和交换活动为主，从事这些活动的手工业者、商人又构成了城市中的特殊阶层，也称市民阶层，他们是资产阶级的前身。新兴市民阶层具有本阶级的特殊经济利益和政治斗争的需要，这些利益和需要反映在教育上，便是缺乏满足这种需要的学校，于是，一种新型学校形式应运而生，这就是城市学校。

3.【解析】自我效能感理论的代表人物是班都拉。自我效能感指人们对自己是否能够成功地从事某一成就行为的主观判断，即人们对自己在特定情境中是否有能力操作行为的预期。自我效能感表现为对自己能力的自信程度。影响自我效能感形成的主要因素包括：个体自身行为的成败经验、替代经验、言语劝说和情绪唤醒等。

4.【解析】有意义学习是奥苏贝尔提出的与机械学习相对的概念。他认为，有意义学习就是符号所代表的新知识与学习者认知结构中已有的适当观念建立非人为(非任意的)和实质性的(非字面的)联系的过程。简而言之，就是符号或符号组合获得心理意义的过程。

5.【解析】教育作为一个社会领域或社会部门，是教育的物质方面、教育的制度方面和教育的精神方面的复合。制度是指结构，教育制度就是教育结构。教育结构有多个方面和多个层次，这里讨论的是教育制度的宏观方面的或总体方面的问题，即教育的总体结构系统。

现代教育制度包括现代教育结构的两个方面：一是教育的施教机构系统方面，包括学校教育的机构系统和幼儿教育机构系统、校外儿童教育机构系统、成人教育机构系统；二是教育的管理机构系统方面，包括教育行政机构系统、教育督导机构系统、教育评价和考试机构系统等。

6.【解析】德育过程是指教育者按照一定社会或阶级的要求，有目的、有计划、有组织地对受教育者施加系统的影响，以培养和形成教育者所期望的思想品德的过程。思想品德的形成与发展是有其客观规律的，德育过程是对思想品德的形成与发展过程的调节与控制。

二、简答题

1.【解析】朱熹的《白鹿洞书院揭示》在讲学中形成了比较完整的书院教育理论，《白鹿洞书院揭示》是中国书院发展史上一个纲领性学规。

首先，它提出了教育的根本目的是“明人伦”，从父母来讲对子女要慈爱，子女方面对父母要孝顺；君王对臣子要仁义，臣子对君王要忠诚；朋友之间要互相讲究诚信。这是第一个“五教之目”即人们要按照封建纲常的义理，并把它应用于身心修养，以达到自觉维护封建制度的最终目的。

其次，它要求学者按学、问、思、辨、行的“为学之序”去穷理、笃行。再次，它指明了修身、处事、接物之要，作为实际生活和思想修养的准绳。

总之，它把世界观、政治要求、教育目的和学习修养的途径融为一体，按照它来施教，学者自能“讲明义理，以修其身，然后推己及人”，不比他人来设置规矩，就能培养忠臣孝子，保持家庭、社会和国家的稳定。

2.【解析】弗吉里奥是第一个系统地表述文艺复兴教育思想的人文主义者，他曾在巴维亚、威尼斯、米兰、帕多瓦和罗马等地从事教育活动，并对昆体良《雄辩术原理》一书进行注释，引起了人们对昆体良教育经验的极大关注，同时发表的《论绅士风度与自由学科》论文，较为全面地概述了人文主义教育的理想、目的和方法，提出博雅教育或通才教育、全面教育的新教育思想。弗吉里奥的教育贡献主要有：

（1）关于教育作用，弗吉里奥认为个人早年的教育决定了一生的发展道路。他强调儿童教育的重要性。指出一个人在儿童时期获得良好教育就可能改变将来的命运，会拥有一个美好的前程，如果早年失去受教育的机会是非常难以补救的。同理，社会是由个体组成的，一个高雅的社会应该始于对儿童的精心培养。

（2）在教育目的上，主张对青少年施以通才教育以培养身心全面发展的人。培养全面发展的“完人”，并不是要求学生精通所有学科，而是如何使受教育者身心均衡发展。弗吉里奥的解释很清楚，“所谓全面教育，并非指把所有科目都揣摩的烂熟，人只要能熟练掌握其中之一，便足够一生事业的享用了。”

（3）在教育方法上，他认为必须使所教内容适合学生的个人爱好和年龄特征。弗吉里奥指出，在教育的过程中应该清楚地认识到孩子的天性，遵循每个人的特性和能力大小选择最适合的学习科目方能事半功倍，使每一个孩子都能有所收获。强调教师应该根据学生的年龄差异、兴趣爱好、个性特点来拟定学习科目。

（4）在教育内容上，弗吉里奥在教学内容上表现出了新意和创见。弗吉里奥所论及的自由学科包括历史、伦理学、雄辩术以及文学、体育、音乐和绘画。他推荐的基本科目是历史、伦理学和雄辩术，特别提出历史学科最为重要。此外，弗吉里奥还主张学习文学、体育、音乐、绘画等科目，并认为这些科目是学习历史、道德哲学和雄辩术的必要基础。除上述科目之外，弗吉里奥还主张学习算术、几何、天文等科目。

3.【解析】《国防教育法》是美国联邦政府 1958 年 9 月 2 日颁布的一项教育法令。它的内容包括：加强普通学校的“新三艺”的教学；加强职业教育；强调“天才教育”；增拨大量教育经费。

（1）《国防教育法》由于政府重视、财政支持、组织有力，呈现出如下一些主要特点：重视国防教育的立法工作，用法律手段来保证国防教育的实施。主张寓国防教育于各种教育之中。重视国防教育的科学研究工作，强调把国防教育建立在科学的基础之上。突出对国防人才的培养，重视青少年的国防教育，把组织青年学生的军事训练作为强化国防教育的重要手段。利用舆论工具，结合征兵、募兵宣传国防教育。美国政府在强调抓全民国防教育的同时，坚持突出抓好军队的国防教育。

（2）《国防教育法》的颁布是美国立法史上的一个里程碑，大量教育经费的投入，有利于教育质量的提高，并使小学的入学率迅速提高，中等教育普及速度也大大加快。该法令对培养美国科技人才也产生了巨大作用。

4.【解析】一般而言，班集体发展的有四个阶段：组建阶段、形核阶段、发展阶段和成熟阶段。

（1）组建阶段：学生初进学校，同学们尽管形式上同属一个班级，实际上都是一个个孤立的个体。班集体靠教师组织指挥，靠行政手段组织班级。班集体的目的任务都来自教师个体自身要求。

（2）形核阶段：同学之间开始相互了解，在班主任的引导培养下，涌现出了一批积极分子，班集体有了核心人物，开始协助班主任开展各项工作。但是，班级里有学生不受班主任的组织指挥，正确的舆论与良好班风尚未形成。

（3）发展阶段：这一阶段班集体已成为教育主体。不仅学生干部，多数学生也能互相严格要求。教育要求已转化为集体成员的自觉需要，也无需外在监督，已能自己管理和教育自己。同学之间团结友爱，形成强有力的舆论与良好的班风。勤奋学习，各项活动表现良好。

(4) 成熟阶段：这一阶段是班集体趋向成熟的时期，集体的特征得到充分的体现，并为集体成员所内化，全班已成为一个组织制度健全的有机整体，整个班级洋溢着一种平等、和谐、上进、合作的心理氛围，学生积极参与班级活动，并使自己的个性特长得到发展。

班集体培养方法：班集体不是自然形成的，任何一个班集体的形成，都会经历组建、形成、发展的过程，这实际上也是一个教育培养与社会化的过程。

(1) 确定班集体的发展目标

集体奋斗目标是指集体成员在一定时期、一定阶段实现的任务和要求。它是集体形成和发展的动力。确立班集体的奋斗目标，第一，要把握目标的方向性，即每次活动的目的任务要符合党的教育方针，符合社会的要求。第二，要把握目标的激励作用，即符合集体和每个成员的内在需要。

(2) 建立得力的班集体核心

坚强的集体领导核心是建立和形成良好班集体的基础和条件。在班集体建立初期，班主任可先指定一些人分别管理班级各项工作，边工作边考察，然后采用自荐或推荐方式确定候选人，进行全班同学投票选举正式产生班干部。作为班主任要放手让班干部去开展工作，随时观察他们的表现，有针对性地帮助指导，对班干部既要热情鼓励，又要严格要求，使他们树立应有的威信。

(3) 全面了解和研究学生

全面了解和研究学生是培养良好班集体的先决条件，常用的方法有研究书面材料、观察、谈话、调查等。了解研究学生是一个长期的过程，对学生个体来说，主要了解他们的家庭情况、生活环境、个人经历、身体素质、学习情况、个人兴趣、社会交往及思想品德等。对学生群体来说，主要了解研究群体的共性特点，如班级成员当前的思想状况、学习动态和发展趋向、非正式群体的形成情况以及班级成员间的人际关系等。除此之外，还有建立班集体的正常秩序、组织形式多样的教育活动、培养正确的舆论和良好的班风等。

三、论述题

1.【解析】洋务运动的过程实质上是一场对近代西方文明成果的移植过程。因此，这就不可避免的引出一个如何处理“西学”(“新学”)与“中学”(“旧学”)关系的问题。针对此问题洋务派与守旧派展开了论争，张之洞撰成《劝学篇》，围绕“中学为体，西学为用”的主旨进行了集中阐述，“中体西用”形成了一个比较完整的思想体系。

《劝学篇》分内篇和外篇，“内篇务本，以正人心，外篇务通，以开风气”。通篇主旨归于“中学为体，西学为用”。中学着重的是人品行的修养，具有德育的功能。“中学治身心，西学应世事”。如此以来，西学成为中学的补充。

“中学为体，西学为用”思想涉及教育领域的各个方面，一直支配着晚晴教育。从整体上看，“中学为体，西学为用”思想，对教育的影响是深远的，它将西学作为一个整体予以认可，给封建僵化的封建文化打开了一个缺口，使西学在中国的发展成为可能，为中国近代的变革注入了新的物质力量和精神力量，加速了封建制度的解体，推动近代化的步伐。在教育方面，“中体西用”作为洋务教育的指导纲领，对中国近代教育的影响是双重的：既有促进，又有阻挠。

(1) 启动了中国近代教育改革的步伐，催发新式教育产生，兴办新式学堂，增加了自然科学知识，开启留美教育等，打破了旧学形式一统天下的传统教育格局。

(2) 引进西方近代科学、课程及制度，对清末教育改革既有思想层面的启发，又有实践层面的推动。

(3) 极大冲击了传统教育的价值观，为新式教育进一步推广扫清了障碍。

(4) 由于“中体西用”的根本目的是维护封建统治，使新式教育一直受到忠君尊孔的封建信条的支配，又在阻碍新式教育的发展进程。尤其是阻碍了维新思想更广发的传播，不利于近代刚刚开始的思想启蒙运动。

(5) 中体西用作为中西文化接触后的初期结合方式，有其历史的合理性。但是作为文化的整合方案和教育宗旨又是粗糙的，它是在没有克服中西学之间固有的内在矛盾的情况下的直接嫁接，必然会引起两者之间的排异性反应。

2.【解析】元认知是弗拉维尔于 20 世纪 70 年代提出的一个概念，中文译法主要有这样几种：反审认知，反省认知，超认知，后设认知。弗拉维尔认为，元认知就是个体关于自己的认知过程的知识和调节这些过程的能力。元认知策略是一种典型的学习策略，指学生对自己整个学习过程的有效监视及控制的策略。元认知策略大致可分以下三种：

(1) 计划策略：计划策略包括设置学习目标、浏览阅读材料、产生待回答的问题以及分析如何完成学习任务。

(2) 监控策略：监控策略包括阅读时对注意加以跟踪、对材料进行自我提问、考试时监视自己的速度和时间。

(3) 调节策略：根据对认知活动的结果的检查，如发现问题，则采取相应的补救措施，根据对认知策略的效果的检查，及时更正、调整认知策略。

元认知策略的教学：

(1) 教学准备策略

元认知教学准备策略主要指教师在对教材知识结构的理解和把握的时候，更强调对学生知识结构和认知特点的了解和掌握，并把对学生的这种掌握运用于教学实践中，从而指导学生了解自己的知识结构和认知特点，以便更有效地学习的一种教学策略。元认知教学准备策略在教学实践中应注意以下两个方面：第一，指导学生认识自己的认知准备状态；第二，指导学生认识自己的认知风格。

(2) 教学过程策略

元认知教学过程策略是指教师在教学准备充分的条件下，依据元认知的特点，指导学生制定有效的学习规划并实施下去的策略。元认知教学过程策略在实施中应包括以下三个方面：第一，指导学生对问题解决过程作出理性的计划；第二，培养学生准确监测自己思维过程的技巧；第三，培养学生控制、调节自己思维进程的能力。

(3) 教学反馈评价策略

元认知教学反馈评价策略是指教学完成后，教师有意识地指导学生对问题和解决问题的过程进行积极的反馈、评价和总结的策略。反馈评价的目的是为了总结解决问题的经验，吸取教训，保证以后更加有效地学习。元认知教学反馈评价策略应把握好以下两个方面：第一，指导学生对自己解决问题的过程进行反馈；第二，指导学生在解决问题后对解题过程及时进行评价和总结。

传统教学中，教师把大量的精力放在对教材陈述性知识和程序性知识的分析和传授上，而忽视学生能否接受新知识，缺乏对学生原有的知识结构和认知发展水平的了解，导致教学方式方法没有针对性，教学主要发展了学生过于狭窄的记忆力和分析推理能力，学生无法创造性地解决问题，也无法把学到的知识应用到实践中去。元认知教学除给学生传授大量的知识外，重在训练学生创造性地解决问题以及能够灵活地把所学知识应用到实际中去的思维能力。因此，研究元认知教学，对帮助学生更好地学习，使学生的潜能得到最大限度地开发具有重大意义。

3.【解析】课程内容可被界定为按照课程目标选择和组织的课程基本材料。早在20世纪40年代，泰勒就明确提出了课程内容编排和组织的三条逻辑规则，即连续性、顺序性、整合性。连续性是指直线式地陈述主要的课程要素；顺序性是强调每一后继经验要以前面的经验为基础，同时又对有关内容加以深入广泛地展开；整合性是各种学习经验之间的横向关系，以便于学生获得一种统一的观点，并把自己的行为与所学的课程内容统一起来。

课程内容的组织对学生学习的影响：

(1) 课程内容是指各门学科中特定的事实、观点、原理和问题及其处理方式，它是学习的对象，它源于社会文化，并随着社会文化的发展而不断发展变化。因为课程内容具有教学的基础性，所以在平时的教学中，如何把握教学的基础性就显得很重要。所选择的课程内容应该包括使学生成为社会中一名合格公民所必备的基础知识和基本技能，同时也要包括学生以后继续学习所必需的技能和能力。在选择课程内容时要注意学科知识的广度与深度之间的平衡。

(2) 因为学生的发展是离不开社会的，课程内容一旦脱离了社会，就是让学生脱离社会，所以课程内容应该考虑到让学生了解社会、接触社会，掌握一些解决社会问题的基本技能。即使在选择学术性学科的内容时，也应该尽可能联系社会的需要，以便学生所掌握的知识技能可以较好地发挥社会效用。此外，课程内容不仅要注意与现实社会的相关，而且还要注意与未来社会的相关，因为学生是发展中的个体。

(3) 课程内容是为特定教育阶段的学生而选择的，如果是不适合某个特定阶段的学生的话，教学效果可能不会达到预期效果。因此，选择课程内容时要能够注意到学生的兴趣、需要和能力，并尽可能与之相适应，这不仅有助于学生更好地掌握科学文化知识，而且还有助于他们对学校学习形成良好的态度。

4.【解析】教师个体的专业性发展是教师作为专业人员，从专业理想到专业知识、专业能力、专业心理品质等方面由不成熟到比较成熟的发展过程，即由一个专业新手发展成为专家型教师或学者型教师的过程。

美国学者凯兹(L. Katz)概括并提出了教师发展的四个阶段。

阶段一，求生期：在工作的第一年，努力适应以求得生存。

初为人师，有抱负，有感动，有激情，同时也会有茫然，有无助，甚至有动摇。这是教师职业生涯的始发阶段，一些人可能是在没有完全做好心理准备的情况下，一下子从学生变成了教师。在适应期，作为教师个人来说，应该多听其他老师特别是名师的课，修炼教学基本功；作为学校来说，必须高度重视适应期教师的表现和感受，保护教师的积极性，创造机会引导教师专业发展，让他们明确方向、建立信心。一般来说，初任教师经过1~2年就能适应角色和环境的转变。

阶段二，强化期：一年后，对一般学生的情况有了基本的了解，开始把注意力放在有问题的学生身上。

经过适应期的历练，教师的职业意识和专业态度已经建立，个人处理问题的能力也加强了，并有了不断完善自己的迫切需求，开始自觉地寻求和参与各种教师专业发展活动，大量学习与发展各种专业能力。这一时期是教师专业发展的快速时期、关键时期，因而需要学校和教育主管部门给予其更多的协助和引领。如开展公开课、优质课观摩活动，给青年教师提供展示自我的机会；组建“成长共同体”，让身边的优秀教师带领青年教师成长；让青年教师“走出去”，参加有关培训和报告会，开阔视野……如果在成长阶段教师没有得到适当的协助和引领，可能会延长青年教师在这个阶段的成长时间。

阶段三，求新期：在第三和第四年时，教师开始寻求新的教育教学方法。

经过成长阶段的积淀，多数教师都能成为称职的教师：十年磨一剑，教学上逐渐形成了自己的方法，甚至有了自己的风格，教学成绩稳定，奠定了在本学科、本学校的骨干地位，成为学生、家长、同事都信赖的教师。但是，教师在进入称职阶段的同时，会进入一个平缓发展时期，即高原阶段。由于年龄的增长和现实的打磨，很多教师激情消退，发展方向开始模糊，发展动力明显不足，相当一部分人就此停下脚步。与此同时，职业倦怠开始滋生。进入求新阶段之后，每位教师都面临着理论与实践、知识与技能、局部与整体、专业能力与专业情意的整合协调、全面发展的问题。在千百次地游走于讲台之后，让自己回到教育的原点，给自己一个重新的启蒙，是教师走出高原阶段的必要选择。

阶段四，成熟期：教师花费三年、五年或更长的时间，成为一个专业工作人员，能够对教育问题作出反省性思考。

有的教师在成为称职教师、获得了一系列的荣誉之后，没有沉浸在成绩和荣誉中，而是在更高的层面上实现自我价值。在经历了自我否定和更新之后，迈入了成熟阶段，实现了教育生涯的再次起程。对于这些老师来说，学校最大的帮助和支持就是放手，给他们学术自由和思想自由。当教师回到教育的原点思考问题，当教师有了理论的准备和实践智慧的积累，当教师对教育的意义、对学科教学的意义、对什么知识最有价值，都有着清醒的意识时，他的教育生涯就注入了研究的态度，他的教育实践就会走出经验的局限，走向理论的真切体验和教育意义的真实追求。在这一阶段，教师在学术上的成功激发教师对教育进行深层次的思辨，跳出学科范围和学术研究，开始思索构建自己理想中的教育。

2014 年宁波大学教育综合真题

一、名词解释(6 小题，每小题 5 分，共 30 分)

1. 教育和义务教育
2. 学校教育制度
3. 稷下学宫
4. 废科举
5. 品德
6. 图式

二、简述题(4 小题，每小题 10 分，共 40 分)

1. 简述教师专业发展的内涵及内容。
2. 简述福泽谕吉的教育思想。
3. 什么是意义学习？简述实现意义学习的条件。
4. 简述培养学生学习动机的有效策略。

三、论述题(4 小题，每小题 20 分，共 80 分)

1. 结合当前我国社会政治改革和发展的特点，谈谈政治对教育的影响和教育应该担负的政治功能。

2. 回答教学的含义，并结合实际，谈谈如何理解教学中教师与学生、知识传授与能力培养、教与学等的关系。

3. 试论陶行知的生活教育理论及其当代意义。

4. 如何理解赫尔巴特的“教育性教学”？

2014年宁波大学教育综合真题详解

一、名词解释

1.【解析】教育是有目的地培养人的社会活动。狭义的教育是指专门组织的教育，它不仅包括全日制的学校教育，还包括半日制的、业余的学校教育、函授教育、广播电视教育和网络教育。其中学校教育的系统的核心就是义务教育。义务教育是国家以法律形式予以规定，要求适龄儿童、青少年必须接受，国家、社会、学校和家庭必须予以保障的国民基础教育。它保证了所有儿童有接受基础教育的实际可能性。

2.【解析】现代教育制度的核心部分是学校教育制度。学校教育制度简称学制，指的是一个国家各级各类学校的系统及其管理规则，它规定着各级各类学校的性质、任务、入学条件、修业年限以及它们之间的关系。

3.【解析】稷下学宫是战国时代齐国的一所著名学府。所谓“稷下”乃是指齐国都城临淄的稷门附近地区。它是养士之风的产物，其创设出于“招致贤人”的目的。它是一所由管家举办而私家主持的特殊形式的学校；一所集讲学、著述、育才活动为一体兼有咨议功能的高等学府。

4.【解析】1898年维新中已出台设立经济特科，取消八股考试的措施。但因变法失败而告终。1901年拟行新政后，又重新确认了这两项改革措施。1903年张之洞、袁世凯上书废科举，要求确立废科举的最后期限、具体步骤和时间表，并提出按岁递减，十年后停止科举的方案。但时代对新学人才的期望已使部分官僚感到时不我待，时隔两年，袁世凯、张之洞等各省督抚会奏停科举以广学校。迫于形势，光绪帝于1905年9月2日上谕，自丙午科为始，所有乡会试一律停止，各省岁科考试亦即停止。这宣告了自隋代起实行了一千三百年之久的科举考试制度的终结。

5.【解析】品德是一定的道德规范在个人思想和行为中表现出来的较为稳定的特点和倾向，是道德认知、道德情感、道德行为等构成的综合体。因而品德属于个人范畴。

6.【解析】皮亚杰的认知发展理论中把图式这一概念作为最基本的概念。皮亚杰认为，图式(或基模)就是动作的结构或组织，这些动作在相同或类似环境中由于不断重复而得到迁移或概括。

二、简述题

1.【解析】教师专业发展的内涵与内容

(1) 教师专业发展内涵是教师在整个专业生涯中，通过专业训练，习得教育专业知识、技能，实施教育自主，表现专业道德，并逐步提高自己从教专业素质，成为一个良好的教育专业工作者的专业成长过程。

(2) 教师专业发展的内容有四点：一是，专业理想的建立；二是，专业知识的拓展和深化；三是，专业能力的提高；四是，自我的形成。

2.【解析】福泽渝吉的教育思想

福泽渝吉是日本19世纪最著名的教育家之一，他为日本近代教育制度的建立奠定了理论基础，因而，他也被誉为“日本近代教育之父”。他的代表作《劝学篇》给日本国民带来了很大的影响。其教育思想主要表现在普及教育、女子教育、以及实学教育这三个方面：

(1) 论普及教育。福泽渝吉高度评价教育的作用，他主张不分贫富、不论贵贱，只要是青年便教给他们学问，通过普及教育，提高国民的素质。为了加快普及教育，他指出要着力发展私立学校。

(2) 论女子教育。他认为，在教育上男女不应该有差别，更不能受身份的限制。但是，他也不主张通过教育养成"有健壮体力和丰富气力的女性"。女子在教育内容上、方法上，不能和男子一概而论，要体现出"男强女弱"的特点。

(3) 论实学教育。福泽渝吉认为以儒家经典为核心的儒学不适应日本社会经济的发展，阻碍了日本走向文明富强的道路，因而，在《劝学篇》中他极力批判封建教育制度以及脱离现实生活的儒学教育，提倡各级学校教育要以赶超西方文明为目标，树立以实学为中心的学问观，向学生传授对他们立身处世有实际价值的知识。

3.【解析】人本主义者认为，所谓意义学习是指是学习者成为完整的人，使个体的行为、态度、个性以及在未来选择行动方针发生重要改变的学习。人本主义心理学家提出促进意义学习的条件有九个：(1)相信人性本善且人人皆有天赋学习潜力，这是人本主义学习理论的基本假设与前提；(2)强调以学生为中心的教育理念，突出学习者在学习过程中的中心地位；(3)当学生察觉到学习内容和自己的目的有关时才会产生意义学习；(4)涉及改变自我概念的学习是有威胁性的，并往往受到抵制。为促进学生有效地进行意义学习，教师不宜轻率地对任何一个学生的自我形象进行否定的评价，而要学会尊重不同类型人格的学生；(5)在较少威胁的教育情境下才会有效学习；(6)主动自发全身心投入学习才会产生良好的效果；(7)自评学习结果可养成学生独立思维与创造力；(8)强调注重从做中学；(9)在知识外重视生活能力学习，以期更好地适应复杂的社会。

4.【解析】学习动机是影响学生学习活动的重要因素，它不仅影响学习的发生，还影响学习的进程和结果。因此，教师应将培养和激发学生的学习动机视为教学任务的一部分，在教学生知识的同时培养其学习动机。学习动机的培养措施有：

(1) 创设问题情境，实施启发教学。

启发式教学实施的关键在于创设问题情境。问题情境就是一种适度的疑难情境。作业难度是构成问题情境的重要因素。要想创设问题情境，首先要求教师熟悉教材，掌握教材的结构，了解新旧知识之间的内在联系；此外要求教师充分了解学生已有的认知结构状态，使新的学习内容与学生已有发展水平构成一个适当的跨度。这样，才能创设问题情境。

(2) 根据作业难度，恰当控制动机水平。

学习动机和学习效果之间遵循耶克斯——多德森定律(简称倒"U"曲线)，教师在教学时，要根据学习任务的不同难度，恰当控制学生学习动机的激起程度。

(3) 充分利用反馈信息，给予恰当的评价。

评定是指教师在分数的基础上进行的等级评价和评语。一般地，只有恰当地评定等级，才能发挥评定的作用。此外，研究表明，让学生明白等级评定的作用，并且教师在评定等级后再加上适当的评语，两者结合，就会有好的结果。

(4) 妥善进行奖惩，维护内部学习动机。

在对学生进行评价时，奖励和惩罚对于学生动机的激发具有不同的作用。一般而言，表扬与奖励比批评与指责能更有效地激发学生的学习动机，因为前者能使学生获得成就感，增强自信心，而后者恰恰起到相反的作用。虽然表扬和奖励对学习具有促进作用，但使用过多或者使用不当，也会产生消极作用。在教育教学中，教师适时地、恰当地给予表扬应引起高度重视。具体应做到以下方面：教师应根据学生的具体情况进行奖励，把奖励看成某种隐含着成功的信息，其本身并无价值，只是用它来吸引学生的注意力，促使学生由外部动机向内部动机转化，对信息任务本身产生兴趣；对于那些在竞争中处于劣势的个体而言，教师应给予更多的关注与鼓励，设置情境使其有成功的体验，以免产生自暴自弃的心理。

(5) 合理设置课堂环境，妥善处理竞争和合作。

学生的学习主要是在课堂中进行的，课堂中的合作与竞争环境是影响学习动机的一个重要的外部因素。个体选择哪种成就目标，一方面取决于他所持有的内隐能力观念，另一方面取决于外在的课堂环境。研究表明，课堂目标结构包括三种：竞争型、合作型和个体化型。这三种课堂结构都能在不同方面激发学生的学习动机。但是大量的研究表明，合作型目标结构能最大限度地调动学习的积极性，更有利于激励学生的学习动机和改善同伴关系。不过，要使得合作学习有效，必须将小组奖励与个人责任相结合；否则，极有可能产生责任扩散和“搭便车”现象。

(6) 适当进行归因训练，促使学生继续努力。

研究表明，不同的归因方式将导致个体不同的认知、情感与行为反应，具体表现在，对成功与失败的情感反应、对成功与失败的期望、所投入的努力和自我概念。因此，在学生完成某一学习任务后，教师应指导学生进行成败归因。一方面，要引导学生找出成功或失败的真正原因，即进行正确归因；另一方面，更重要的是，教师也应根据每个学生一贯成绩的优劣差异，从有利于今后学习的角度进行积极归因，哪怕这时的归因并不真实。积极归因训练对于差生转变具有重要意义。

总之，激发学生学习动机的方式和手段多种多样，只要教师们有效地利用上述手段来调动学生学习的积极性，学生就有可能学得积极主动，并学有成效。

三、论述题

1.【解析】(一) 人类社会是一个政治社会，政治活动的触角无孔不入，渗透到社会的每一个角落。教育是任何社会都不容忽视的一项加强政治统治、实现政治发展的有效手段，教育也成为政治家所普遍关注，政治活动积极发挥影响的一个领域。政治对教育的影响主要表现在以下几个方面：

(1) 政治制约着教育的领导权和受教育的权利

中国是社会主义国家，教育的领导权掌握在中国共产党手中，因而也就决定了当今中国由中国共产党来办教育、教育是为人民服务。中国共产党通过出台相应的政策、采取一定的强制措施乃至动用国家强制力量，来保证公民的受教育权朝着越来越平等的方向发展。

(2) 政治影响教育目的和性质

当前我国的教育方针和目的的表述为，“教育必须为社会主义现代化建设服务，必须与生产劳动相结合，培养德、智、体、美全面发展的社会主义事业的建设者和接班人”，这也是由我国社会主义社会的政治特点决定的。

(3) 政治决定教育内容

在当前的中国，政治因素对教育内容的影响，更多体现在政治教育、思想教育、道德教育等传统德育内容中，另外在历史、语文等课程的内容中也有较多的政治成分，其他科目乃至一些自然科学课程或多或少也会受到政治因素的影响和制约。

（二）教育的政治功能

（1）教育培养社会治理人才。我国古代提倡“学而优则仕”，隋唐以至晚清的各级官员队伍，基本是由学校教育经由科举途径而选拔出来的。而现代教育是为了培养社会主义的建设者和接班人，因而，教育是为了培养优秀人才，为社会主义建设服务。

（2）教育培养合格公民。我国开设政治类和思想品德教育的课程，如“社会课”、“公民课”、“政治课”、“品德课”、“法律课”等，其主要内容都是向学生介绍我国的社会政治制度、法律制度、主导的意识形态、公民的权利和义务等，旨在使每一个人形成我国社会所要求的政治思想和政治信念，成为社会所期望的合格的公民。

（3）教育传播政治意识，倡导主流政治价值观。在推进社会主义社会政治民主化，培养公民的民主、平等意识和习惯的过程中，教育的作用虽然不是根本性的，但也是极其重要的。

2.【解析】教学是在一定的教育目的的规范下，教师的教与学生的学共同组成的一种教育活动。在这一活动中，学生在教师有计划地组织和引导下，能动地学习、掌握系统的科学文化基础知识，发展自身的智能和体力，养成良好的品行与美感，逐步形成全面发展的个性。简而言之，教学乃是在教师引导下学生能动地学习知识以获得个性发展的活动。

（1）教师和学生的关系。在教学的过程中，教师起主导作用，同时学生又是学习的主体，因而要掌握好教师主导作用和学生主动性之间的关系。发挥教师的主导作用是学生简捷有效地学习知识、发展身心的必要条件；尊重学生、调动学生的学习主动性是教师有效地教学的一个主要因素；因而要防止忽视学生主动性和忽视教师主导作用的偏向。

（2）知识传授和能力培养之间的关系。能力是成分复杂的集合，下面以智力为例说明掌握知识和发展能力在教学过程中的统一性。智力的发展和知识的掌握二者相互依存、相互促进；生动活泼地理解和创造性地运用知识才能有效地发展智力；防止单纯抓知识教学或只重智力发展的片面性。

（3）教与学之间的关系。教学是由教与学两种活动构成的。单一的教师的教或者学生的学，都不能称之为教学。但一方面，教与学又是两种不同性质的活动，另一方面教与学之间是紧密联系的，两者共同构成教学过程。“教”不能离开“学”，离开了“学”的“教”就如同无的放矢，毫无意义。

3.【解析】（一）陶行知的“生活教育”理论深受杜威实用主义教育思想的影响。他提出以下几点观点，对中国的近代教育产生了重大影响。

（1）生活即教育。首先，生活含有教育的意义。从生活的横向展开来说，过什么生活就是受什么教育；从生活的纵向发展来说，生活伴随人生命的始终，教育也是如此。其次，实际生活是教育的中心。教育要通过生活来进行，无论教育内容还是教育方法，都要根据生活需要，与生活一致。再次，生活决定教育，教育改造生活。

（2）社会即学校。一方面，社会含有学校的意味，或者说以社会为学校，需要拆除学校与社会和自然之间的高墙。同时，劳苦大众只能在社会这所大学校中受到教育。另一方面，学校含有社会的意味。社会力量帮助学校进步；而学校的力量也帮助社会进步。

（3）教学做合一。首先，要“在劳力上劳心”做到“手脑双挥”。其次，懂得行动是知识的来源。再次，要求做到“有教有学”和“有学有教”。最后，反对注入式教学。

（二）生活教育对当代的意义

陶行知的生活教育学说不同于很多一般理论的独特之处，在于它在本质上是一种实践教育学说，具有很强的操作性。它既是具有中国特色的社会主义教育理论体系的重要营养来源，又能为当前我国的教育改革与发展提供有益的理论借鉴。对于现代社会主义教育而言，我们应该：借鉴“生活即教育”的思想，应该使教育和社会生活更加紧密地结合起来；借鉴“社会即学校”的思想，应该构建一个多层次、多形式、开放的大教育体系；借鉴“教学做合一”的思想，应该加强理论联系实际；同时“全面教育”也是“生活教育”的重要观点，借鉴“全面教育”的思想，应该培养德、智、体、美、劳全面发展的人才。

4.【解析】(1) “教育性教学”是指通过教学来进行教育的原则。在西方教育史上，赫尔巴特第一次明确、系统地提出并论证了“教育性教学”的思想，把教学作为道德教育最基本的途径和手段。赫尔巴特认为，知识和道德有着直接和内在的联系。所以道德教育只有通过教学才能产生实际的作用，教学是道德教育的基本途径。不存在无教学的教育，也不存在无教育的教学。在他看来，教学如果没有进行道德教育，只是一种没有目的的手段，道德教育如果没有教学，就是一种失去了手段的目的。因而，要通过教学传授知识，形成各种道德观念，并在此基础上使学生养成各种品德。教学的目的要与整个教育目的保持一致，教学的最高目的在于养成德行，为了这个目的，教学要培养多方面兴趣，改变个性。多方面兴趣也因此具有道德的力量。

(2) 在赫尔巴特以前，教育家们通常是把道德教育和教学分开进行研究的，教育和教学通常被规定了各自不同的任务和目的。在这个问题上，赫尔巴特的突出贡献在于，运用其心理学的研究成果，具体阐明了教学和教育之间存在的内在的本质联系，使道德教育获得了坚实的基础，其思想有其合理性。但是，在另一方面，他把教学完全从属于教育，把教育和教学完全等同起来，具有机械论的倾向。因为除了教学之外，道德教育还有其他多种途径，尤其是道德实践。

(3) 我国目前的学校德育常常用思想教育课、政治教育课等直接的道德教育途径进行着一切德育。长期以来，我国的学校德育将活动性、实践性、情境性很强的道德教育，变成了机械的、僵化的知识教育，课堂上教道德知识，课后学生背道德知识，最后考道德知识，其结果自然常常培养出来的有较高道德知识的人，而不一定是真正具有美德品质的人。其实，孔子早就提出，道德评价不仅要“听其言”，而且要“观其行”。可见，我国目前大部分的学校德育是不合理的，不能满足真正的德育要求和目标。所以，从我国目前道德教育实施的情况来看，要科学、合理地认识和运用“教育性教学”理论。

2014 年青岛大学教育综合真题

一、选择题(每小题 1 分，共计 15 分)

1. 马克思说：“搬运工和哲学家之间的原始差别要比家犬和猎犬之间的差别小得多，他们之间的鸿沟是分工掘成的。”这一论断说明________。

A. 遗传素质最终决定人的发展　　B. 遗传素质只是为人的发展提供可能性

C. 遗传素质具有差异性　　D. 遗传素质对人的发展不起作用

2. 对人的身心发展来说，学校教育是一种________环境。

A. 宏观的　　B. 间接的　　C. 一般的　　D. 特殊的

3. 因材施教原则的精神实质是教师在教学中要________。

A. 针对学生的实际情况　　B. 采用不同的教学方法

C. 根据不同的教材　　D. 设置不同的专业、学科

4. 活动课程论的代表人物是________。

A. 孔子　　B. 杜威　　C. 赫尔巴特　　D. 布鲁纳

5. 校本课程是________的课程。

A. 国家规定　　B. 学校规定　　C. 学校安排　　D. 学校教师开发

6. 道德认识、道德情感、道德意志三者高度发展的合金是________。

A. 道德信念　　B. 道德理想　　C. 道德情操　　D. 道德行为

7. 教学过程的中心环节是________。

A. 感知教材　　B. 理解教材　　C. 巩固知识　　D. 运用知识

8. 诊断性评价的目的是________。

A. 改进教学　　B. 了解学生　　C. 评定成绩　　D. 分班分组

9. 整个教育制度的核心组成部分是________。

A. 国民教育制度　　B. 义务教育制度　　C. 学校教育制度　　D. 成人文化教育机构

10. 属于《中华人民共和国教师法》明确规定的教师专业权利的是________。

A. 指导学生学习与发展的权利

B. 对学校进行管理与领导的权利

C. 选择教材教法开展教学工作的权利

D. 检查与评价学生品行、学业、身体的权利

11. 某个厌恶刺激的退出会提高个体的行为反应，这种现象是________。

A. 正强化　　B. 负强化　　C. 塑造　　D. 惩罚

12. "孟母三迁"终使孟子成才，能够有效解释该现象的心理学理论是________。

A. 认知学习理论　　B. 社会学习理论　　C. 人本主义理论　　D. 建构主义理论

13. 下面不属于创造性思维的主要特征的是________。

A. 流畅性　　B. 变通性　　C. 适应性　　D. 独特性

14. 迁移的概括原理理论认为实现迁移的原因是两种学习之间有共同的概括化的原理，这一理论的代表人物是________。

A. 桑代克　　B. 苛勒　　C. 奥苏倍尔　　D. 贾德

15. 学习者有目的、有意识地通过对相关认知策略的含义、作用的感知、理解，并在特定的问题解决情境中进行具体的联系，进而掌握该策略并能迁移到其他情境之中，这种学习是________。

A. 发现学习　　B. 迁移学习　　C. 自上而下的学习　　D. 自下而上的学习

二、简答题(每小题 9 分，共计 45 分)

1. 简述个体的能动性在人的发展中的作用。

2. 简述古代教育的基本特征。

3. 什么是讲授法？运用讲授法有哪些基本要求？

4. 自我效能感及其来源。

5. 简述学习动机的需要层次理论。

三、论述题(每小题 20 分，共计 40 分)

1. 联系实际论述在教学过程中为什么要处理好智力活动与非智力活动的关系。

2. 论述维果茨基文化历史发展理论的主要观点，这一理论认为教学与认知发展是一种什么样的关系？

四、案例分析题(每小题 25 分，共计 50 分)

1. 案例一：

某位班主任老师在班会上，用无记名的方式评选出 3 名“坏学生”，其中两位同学是因为最近违反了学校纪律，另一位学生虽然只有 9 岁，居然被同学们选出了 18 条“罪状”。当天下午二年级组组长召集评选出来的“坏学生”开会，对这三个孩子进行批评和警告，要求他们写一份检查，将自己干的坏事都写出来，让家长签字，星期一交到年级组长手中。

当学生家长质疑教师的教育方法会挫伤孩子的自尊心时，班主任是这样回答的：你的孩子是班上最坏的孩子，这是同学们用无记名投票的方式选出来的。自尊心是自己树立的，不是别人给的。自从这个 9 岁的孩子被评选为“坏学生”后，情绪一直非常低落，总是想方设法找借口逃学。

(1) 请用相关的德育原则对该班主任的做法进行评价。

(2) 你认为针对学生出现的问题，教师应该怎样去做。

2. 案例二：

张 A 是一个十分聪明的学生，但就是太贪玩，学习不用功。每次考试他都有侥幸心理，希望能够靠运气过关。这次期末考试他考得不理想，他认为是自己的运气太差了。

请用归因理论分析：

(1) 他的这种归因是否正确？这种归因对他以后的学习会产生怎样的影响？

(2) 如不正确，正确的归因是怎样的？

(3) 对教师来讲，正确掌握归因理论有何意义？

2014 年青岛大学教育综合真题详解

一、选择题

1. B　2. D　3. A　4. B　5. D　6. D　7. B　8. B　9. C　10. C　11. B　12. B　13. C
14. D　15. C

二、简答题

1.【解析】其一，个体的能动性是在人的活动中产生和表现出来的。人是在以自己的活动为中介同环境相互作用。在这个过程中，人接受着环境的影响，同时也改造着环境，并在改造环境的过程中改造着自己。离开人的活动，遗传素质和环境所赋予的一切发展条件，都不可能成为人的发展的现实。

其二，个体的能动性是人的发展的内在动力。人不仅是社会历史活动的主体，而且是自身发展的主体。人的发展不是消极被动的过程，而是积极主动的过程，人在自身的发展过程中也会表现出人所特有的能动性。个体的能动性不仅影响个体对环境的选择，而且影响个体对环境的加工。

其三，个体的能动性影响人的自我设计和自我奋斗。

人在发展中，自我意识和自我控制能力也发展起来个体也就能够逐步有目的地、自觉地影响自己的发展。它意味着人不仅能把握自己与外部世界的关系，而且能把自身的发展当做自己认识的对象和自觉实践的对象，人能进行自我设计和自我奋斗。只有达到了这一水平，人才在完全意义上成为自我发展的主体。

2.【解析】(1) 主要是在社会生产和生活中进行的原始的教育

在原始社会里，由于生产力水平很低，教育还没有从社会生活中分化成为专门的事业，没有专门的教育机构和专职教育人员，而是在社会生产与社会生活的过程中进行。这种教育被称为原始的教育。而且原始教育方式不仅仅局限于原始社会，奴隶社会和封建社会虽然有了学校教育这种新的教育形式，但那是极少数人的事情，绝大多数人仍然在社会生产和社会生活的过程中接受教育。

(2) 古代学校出现并得到发展

在奴隶社会，出现了专门从事教育工作的教师，产生了学校教育，使教育从社会生活中分化出来，成为独立的形态。学校的出现意味着人类正规教育制度的诞生，是人类教育文明发展的一个质的飞跃。学校自从产生以后，便曲折地向前发展，到了封建社会，学校的教育对象、教育规模和种类都在逐步扩大和增多。

(3) 教育阶级性出现并得到强化

原始社会没有阶级，因而原始社会的教育是没有阶级性的，到了奴隶社会，学校教育被奴隶主所独占，所有的学校都是奴隶主阶级用来培养他们自己的子弟的场所。因此，从学校产生之日起，教育便有了阶级性，成为统治阶级统治人民的工具。在封建社会，教育的阶级性得到了进一步的强化。

(4) 学校教育和生产劳动相脱离

在奴隶社会，奴隶被剥夺了上学的权利，而他们正是当时社会的直接生产者；能进学校的是与直接生产无关的统治阶级的子女。因而使得学校教育与生产劳动长期脱离，并逐渐形成了一种传统。奴隶社会是这一传统的起点，封建社会的学校进一步强化了这一传统。

3.【解析】讲授法是教师通过语言系统连贯地向学生传授知识的方法，可分为讲述、讲解、讲演、讲读。教师通过合乎逻辑的分析、论证；生动形象的描绘、陈述；启发诱导性的设疑、解疑，使学生在较短的时间内获得较为全面的知识，并把知识教学、思想教育和发展智力三者有效结合起来，使之融为一体，相互促进。

运用讲授法的基本要求是：①讲授内容要有科学性、系统性、思想性；②注意启发；③讲究语言艺术。

4.【解析】自我效能感指个体对自己是否有能力完成某一行为所进行的推测与判断。班杜拉对自我效能感的定义是指“人们对自身能否利用所拥有的技能去完成某项工作行为的自信程度”。

根据班杜拉等人的研究，自我效能感的来源有：

① 个人自身行为的成败经验。这个效能信息源对自我效能感的影响最大。一般来说，成功经验会提高效能期望，反复的失败会降低效能期望。但事情并不这么简单，成功经验对效能期望的影响还要受个体归因方式的左右，如果归因于外部机遇等不可控的因素就不会增强效能感，把失败归因于自我能力等内部的可控的因素就不一定会降低效能感。因此，归因方式直接影响自我效能感的形成。

② 替代经验或模仿。人的许多效能期望是来源于观察他人的替代经验。这里的一个关键是观察者与榜样的一致性，即榜样的情况与观察者非常相似。

③ 言语劝说。因其简便、有效而得到广泛应用。言语劝说的价值取决于它是否切合实际，缺乏事实基础的言语劝说对自我效能感的影响不大，在直接经验或替代性经验基础上进

行劝说的效果会更好。

④ 情绪唤醒。班杜拉在“去敏感性”的研究中发现，高水平的唤醒使成绩降低而影响自我效能。当人们不为厌恶刺激所困扰时更能期望成功，但个体在面临某项活动任务时的心身反应、强烈的激动情绪通常会妨碍行为的表现而降低自我效能感。

⑤ 情境条件。不同的环境提供给人们的信息是大不一样的。某些情境比其他情境更难以适应和控制。当一个人进入陌生而又易引起焦虑的情境中时，其自我效能感水平与强度就会降低。

5.【解析】马斯洛认为，人的一切行为都是由需要所引起的，他根据需要的发展水平，把需要划分为不同的层次，提出了著名的需要层次理论。他把不同层次的需要从低级到高级排成梯级，最低层是生理需要，中间层有安全需要、归属和爱的需要、尊重的需要，最高层是自我实现的需要。

（1）生理需要。生理需要是人类最原始、最基本的需要。他把人类的生理需要作为需要层次的基础或根本，只有这一层次的需要满足了，才会出现高层次的需要。

（2）安全的需要。当生理的需要得到一定满足之后，安全需要就会随之而来。

（3）归属和爱的需要。归属和爱的需要是在安全的需要得到满足时才会出现的。这种归属和爱的需要包括对社交、归属和认可的需要，给予爱和得到爱的需要。

（4）尊重的需要。马斯洛把尊重的需要分为两大类——自尊和来自他人的尊重。

（5）自我实现的需要。自我实现的需要是人的需要层次结构中最高层次的需要。

总之，这五个层次中，生理需要是其他各种需要的基础，只有当人们的一些低层次需要基本得到满足以后，才会有动力促使高一层次需要的产生和发展。自我实现的需要是人类需要发展的顶峰。各级需要层次的产生与个体发展密切相关，婴儿期主要是生理的需要占优势，而后产生安全的需要、归属的需要，到了少年、青年初期，尊重的需要日益强烈。青年中晚期以后，自我实现的需要开始占优势。

三、论述题

1.【解析】智力因素，主要包括观察力、记忆力、想象力、思维力和注意力等，任何学习过程都有赖于这些因素的参与。智力水平往往影响学习水平，并制约学习方式和学习风格。非智力因素，是指除智力因素以外的一切个性心理因素，包括动机、兴趣、情感、意志和性格等，对学习活动能产生巨大的动力、定向、引导、维持、调节、控制和强化作用。智力因素与非智力因素之间的关系如下：

（1）非智力因素依赖于智力因素，并积极作用于智力因素

一般来说，在教学中，非智力因素依赖于智力因素，因为智力因素是非智力因素的基础，学生的兴趣、情感、意志、性格是在认知事物、掌握知识的过程中产生和发展的。同时，非智力因素又积极作用于智力因素，因为学生是有能动性的人，他们已有的兴趣、情感、意志、性格等心理因素，常表现为内驱力量作用于智力因素，并对学生的学习产生巨大的影响。

（2）按教学需要调节学生的非智力因素活动才能有效地进行智力因素活动、完成教学任务

在教学中，按教学需要调节学生的非智力因素活动要从两个方面进行：一方面通过改进教学本身，使教学的内容和过程都富有知识性、趣味性、启发性、民主性，适合学生年龄特征，具有吸引力，以便引起、保持学生的求知欲和兴趣、毅力、信心、抱负，养成良好的非

智力因素品质；另一方面通过提高学生自我教育能力，逐步培养他们的求知欲和兴趣、毅力、信心、抱负，使他们能自觉地按教学需要调节自己的非智力因素及其活动，积极进行智力活动，提高学习效率。

可见，学生的智力因素与非智力因素的配合一致是成功进行教学的一个重要条件。在教学过程中，两者常常出现不一致，但如能按教学需要随时引导和调节学生的非智力因素活动就能使两者协调一致、相互促进。这是智力因素与非智力因素之间的必然联系。

2.【解析】维果茨基是苏联心理学家，社会文化历史学派的创始人之一。其主要观点如下：

(1) 文化历史发展理论

维果茨基提出，人的高级心理是随意的心理过程，它不是先天就有的，而要受人类文化历史的制约。高级心理包括认识能力。他认为人有两种工具：一种是物质工具，如原始人使用的石刀，现代人使用的机器；另一种是精神工具，主要指人类所特有的语言、符号等。由于动物没有且永远不会有这种精神工具，所以动物只能有低级水平的心理。人因使用精神工具，从而使人类的心理发生质的变化，上升到高级阶段。精神工具与物质工具一样，受人类文化历史发展的影响，是不断变化的。人也有两种心理机能：一种是靠生物进化获得的低级心理机能；另一种是文化历史发展的结果，即以精神工具为中介的高级心理机能。在个体发展过程中，这两种心理机能是融合在一起的。

(2) 心理发展的实质

他认为，心理发展是指一个人的心理，在环境与教育影响下，通过掌握高级心理机能的工具——语言、符号这一中介，在低级心理机能的基础上，逐渐向高级心理机能转化的过程。

(3) 教学与认知发展的关系。

他对教学和认知发展的关系的讨论主要从以下五个方面展开：

其一，教学的含义。他提出应将“教学”分为广义和狭义两种：广义的教学是指儿童通过活动和交往掌握精神生产的手段，它带有自发的性质；狭义的教育是指有目的、有计划地进行的一种交际形式，它“创造”着儿童心理的发展。

其二，最近发展区。他认为在进行教学时，必须注意到儿童有两种发展水平：一种是儿童现有发展水平；另一种是即将达到的发展水平。他把这两种水平间的差异称为“最近发展区”，即独立解决问题的真实发展水平和在成人指导下或其他儿童合作情况下解决问题的潜在发展水平之间的差距。他认为，弄清楚儿童发展的两种水平，即最近发展区，将大大提高教学对儿童心理发展的作用。

其三，教学应当走在发展的前面。首先，教学主导着或决定着儿童智力的发展，这种决定作用既表现在智力发展的内容、水平和智力活动的特点上，也表现在智力发展的速度上；除此之外，教学“创造”着最近发展区。儿童两种水平之间的动力状态是由教学决定的。

其四，学习存在着最佳期。他认为儿童学习任何内容都有一个最佳年龄。

最后，认知发展的“内化”学说。内化是外部的实际动作像内部心智动作的转化。他提出，一切高级的心理机能最初都是在人与人的交往中，以外部动作的形式表现出来的，然后经过多次重复、多次变化逐渐内化为内部的智力动作。

四、案例分析题

1. 案例一【解析】

(1) 以上教师的做法很明显的违反了三种德育原则，它们分别是：

① 疏导原则。疏导原则要求进行德育要循循善诱、以理服人，从提高学生的认识入手，调动学生的主动性，使他们积极向上。而材料中的教师显然违反了疏导原则，而是采用简单粗暴的评选“坏学生”的方式来解决问题。

② 长善救失原则。长善救失原则是指进行德育要调动学生自我教育的积极性，依靠和发扬他们自身的积极因素克服品德上的消极因素，促进他们的道德成长。以上教师没有“一分为二”的看待学生。其中一个学生只有 9 岁，但是教师没有意识到或者可以刻意忽视学生是不断变化的个体，其思想和知识都具有很强的可塑性，而是通过简单粗暴的方式就把学生贴上了“坏学生”的标签。

③ 严格要求和尊重学生原则。严格要求和尊重学生相结合原则是指进行德育要把对学生的思想和行为的严格要求和对他们个人的尊重和信赖结合起来。以上教师采取的这种公开“批斗”的形式，显然是没有尊重学生的人格，伤害了学生的自尊。

(2) 针对学生出现的问题，教师应该做到以下几点：

首先，提高学生的道德认知，消除意义障碍。通过道德认知的培养，使学生获得准确的道德知识，发展积极正确的道德评价，而且要使学生形成牢固的道德信念。道德认知的培养方法一般有短期训练法、小组讨论法和认知冲突法。

其次，注重移情体验，消除情感障碍。使学生在对事物进行判断和决策之前，将自己处在他人的位置上，考虑他人的心理反应，理解他人的态度和情感体验。

再次，锻炼意志力，消除习惯惰性障碍。最终进行德育的目的是为了改变以上学生们的道德行为，因而，必然要锻炼其意志力消除其他障碍。

最后，关注情感需求，杜绝简单粗暴的教育行为。像以上教师的这种简单粗暴的行为应该是被坚决禁止的，教师应尝试理解学生，进而改变学生。

2. 案例二【解析】

(1) 不正确。将失败归因于运气，运气是外在的不可控因素，不利于其学习动机的增强。

(2) 应该引导学生将自己的失败归因于努力而不是运气，因为努力是可控的，运气是外在的、不可控的因素，归因于努力有助于学生学习动机的增强。

(3) 对教师来讲，正确掌握归因理论的意义

① 了解心理和行为的因果关系。归因理论显示，任何行为都有其原因，人们会将自己在某种活动中的成功或失败自觉或不自觉地归于某种原因，教师对这种因果关系的掌握有助于对学生心理与行为之间进行有效的把握。

② 教师可以根据学生的归因倾向预测他们以后的动机。归因理论的一个重要价值就是使得教师可以根据学生当前的归因倾向预测学生在未来此方面的动机。

③ 通过归因训练，有助于教师帮助学生提高自我认识。让学生学会正确而积极归因是对学生进行心理教育的一项重要任务。学生学会归因的过程也就是提高自我认识的过程，通过归因训练可以帮助学生在了解自己到认识人的过程中建立明确的自我观念。

2014 年山东师范大学教育综合真题

一、名词解释(每题 5 分，共 20 分)

1. 综合实践活动
2. 学园
3. 骑士教育
4. 潜伏学习

二、辨析题(每题 10 分，共 40 分)

1. 人的身心发展的不平衡性要求教育要循序渐进。

2. 促进学生的全面发展与培养学生个性是相对立的。

3. 学习发生之后将要引起行为的变化。因此，如果有机体的行为发生变化，则可以断定学习发生了。

4. 根据卡特尔的智力理论，流体智力是指在实践中形成的能力，这一智力在人的一生中都在生长。

三、简答题(每题 10 分，共 60 分)

1. 简述政治经济制度对教育的制约。
2. 简述教师劳动的特点。
3. 简述清末新政下的教育改革措施。
4. 简述《国防教育法》的主要内容及其意义。
5. 简述改造主义教育的主要观点。
6. 根据维果茨基的理论观点，低级心理机能向高级心理机能发展的主要表现有哪些？

四、论述题(每题 15 分，共 30 分)

1. 如何理解教学过程中直接经验和间接经验的关系。
2. 试比较孟子和荀子教育思想之间的异同。

2014 年山东师范大学教育综合真题详解

一、名词解释

1.【解析】综合实践活动是现代教育中的个性内容、体验内容和反思内容，与传统教育片面追求教育个体的发展、共性和知识有所不同，综合实践活动提供了一个相对独立的学习生态化空间，学生是这个空间的主导者，学生具有整个活动绝对的支配权和主导权，能够以自我和团队为中心，推动活动的进行。在这个过程中，学生更谋求独立完成整个活动，而不是聆听教诲和听取指导。教师在综合实践活动这个生态化空间里，只是一个绝对的引导者、指导者和旁观者。其内容主要包括：信息技术教育、研究性学习、社区服务与社会实践以及劳动与技术教育等。

2.【解析】柏拉图于公元前 388 年创立的最早的高等教育机构，学园存在了九百多年，影响深远，其名称“academy”也成为后世学术机构的统称。学园开设哲学、数学、音乐、天文学等科学，并实行教学和探索思辨相结合，讲授和自由讨论相结合的教育模式，培养了大量人才，成为希腊的哲学和科学中心。

3.【解析】骑士教育是中世纪世俗教育的一种主要形式，以培养当时封建制度中骑士阶层的成员为目的。它也是一种特殊形式的家庭教育，并无专设的教育机构，也没有专职的教育人员。它在骑士生活和社交活动中进行。训练骑士的标准是剽悍勇猛，虔敬上帝，忠君爱国，宠媚贵妇。

4.【解析】潜伏学习又称隐匿学习，它是美国心理学家 E. 托尔曼符号学习理论中的一个重要概念。是指一种无明显的强化，其结果在一定时间后通过作业才显示出来的学习过程。潜伏学习在无奖赏时能够发生，但在有需求时才表现出来。例如，在没有直接奖赏时，收集和储存信息，以备将来之需。

二、辨析题

1.【解析】论述错误

人的身心发展的顺序性和阶段性要求教育要循序渐进。个体的身心发展遵循着一定的顺序性，即个体的发展表现为一个由低级向高级，由量变到质变的过程，个体身心发展的各个具体方面也都表现出一定的顺序。同时个体的身心发展又具有阶段性，主要表现为个体发展的年龄特征，即在不同年龄阶段个体的身心发展的一般的、典型的特征。

个体身心发展的顺序性和阶段性特点，决定了教育教学工作的顺序性和阶段性。对教育工作者而言，所有对青少年儿童的教育，包括道德养成、知识传授、身体锻炼、技能训练等，既要注意按照身心发展的顺序进行，又要针对不同年龄阶段的学生实施不同的教育，循序渐进，由浅入深，由易到难，由简单到复杂，切不可拔苗助长。同时也要注意各年龄阶段之间教育工作的衔接问题，加强教育教学工作的连续性。

2.【解析】论述错误

所谓个性发展，指的是个体独特性内在潜能的发展，或者具有社会意义的个体独特性的发展。所谓个性的全面发展是指具有社会意义的个体的独特性在德育、智育、体育等几方面得到全面的发展。个性全面的发展强调人的个性发展和全面发展的辩证统一。两者是相辅相成和相互促进的，并成为一个统一不可分割的整体；个性的全面发展还要求人的德育、智育、体育、美育和劳动教育各方面的协调发展。“五育”不仅是同时并进、相互联系、相互渗透、相互促进的，而且呈现为一个统一的完整过程；同时个性全面发展的教育思想还提倡自我教育，苏霍姆林斯基强调自我教育是学校教育中一个极其重要的因素。

3.【解析】论述错误

学习是个体在特定情境下由于练习或反复经验而产生的行为或行为潜能的比较持久的变化。学习这一定义有四个本质的特点，而这正是我们判断一个活动是否属于学习的关键。其中之一就是个体在经验的作用下发生了行为上的变化。因而，学习发生之后将要引起行为的变化。但是，学习的发生是由于经验引起的，所以并不是有机体的行为只要发生变化，则可以断定学习发生了。

4.【解析】论述错误

美国心理学家卡特尔等人认为，一般智力因素包括两种，即流体智力和晶体智力。流体智力是指与基本心理过程有关的能力，如知觉、记忆、运算速度和推理能力等。晶体智力则是经验的结晶。它是在一定的社会文化背景中习得的，如在学校学习获得的计算能力和操作能力等。流体智力大多是先天的，依赖于大脑的神经解剖结构，不大依赖于学习；而晶体智力则依赖于后天的学习和经验。

三、简答题

1.【解析】(1)社会经济政治制度的性质制约教育的性质。社会经济制度决定教育的性质，是说社会经济制度决定着教育的思想政治方向和为谁服务的问题，并非决定教育的一切。

(2) 社会经济政治制度制约教育的宗旨和目的。教育上要培养什么人，使受教育者具有什么思想品德和政治方向，以及为实现教育目的进行什么样的政治、哲学、道德的教育内容，是由社会的社会经济制度决定的。因此，不同的社会，社会经济制度不同，教育的宗旨和目的的内容也有很大区别。

(3) 社会经济政治制度制约教育的领导权。在人类社会中，谁掌握了生产资料，掌握了政权，谁就支配着精神生产的资料，掌握着教育的领导权。

(4) 社会经济政治制度制约受教育权。谁有受教育的权利，谁无受教育的权利，以及什么人受什么样的教育的权利，都是由社会经济制度决定的。

(5) 社会经济政治制度制约教育内容、教育结构和教育管理体制。教育内容是为实现教育目的服务的。政治制度决定教育目的的性质，也必然影响和支配教育内容的选择和编制，决定教育内容的体系。在知识数量范围和程度已经确定的条件下，选择哪些知识作为学校教育内容，在这些教育内容中选择什么为重点，渗透或突出什么样的思想观点，必然要符合社会的经济制度和统治阶级的阶级利益及其意识形态。

2.【解析】(1) 教师劳动的复杂性

教师劳动的复杂性，首先是由教育对象的复杂性决定的。教育对象是人，人的成长因素是多方面的，它包括遗传、环境、教育与人的自觉能动性因素，哪一方面受到忽视，都可能给青少年成长带来损失。教师劳动的复杂性也是由教育过程、教育方法和教育手段的复杂性决定的。

(2) 教师劳动的示范性

教师劳动的示范性首先是由教育内容、方法和手段的主体化及其与教育结果的一致性决定的。教师劳动的示范性也是由人的认识过程和心理过程的特点决定的。教师劳动的示范性也是由青少年心理特征决定的。

(3) 教师劳动的创造性

从知识的传授来说，教师不是把科学家发现和概括出来的知识简单地传授给学生，而是必须对知识进行加工，使知识易于为学生理解和接受。教师为帮助学生掌握某一概念或原理，往往需要选择多方面的资料，采取一定的方法和手段，帮助学生理解，并通过练习达到掌握的目的。这都需要教师付出创造性劳动。

同时，现代科技迅猛发展，知识更新十分迅速。教师为了让学生掌握教材中的基础知识、基本概念、基本原理，应当融进最新的现代知识，使知识的学习具有新鲜感、时代感，这也需要教师的创造。

再有，教师面临的教育对象是经常变化的，每个学生都有自己成长的条件，都有不同的个性特征。这样，教师所面临的教育现场就是复杂的，需要教师进行创造性劳动。

最后，教育过程要培养学生的创造性，这更需要教师设计创造性的活动，以培养学生的创造需要、创造品格、创造性思维能力，从而表现教师劳动的创造性。

(4) 教师劳动的长期性

培养人是一个长期的过程。某一种行为、习惯的养成，某种缺点的克服等，都需要教师付出长期的大量劳动，这也正是教师劳动的艰苦性之所在。教师劳动的长期性特点，意味着教师在从事教育教学工作时，不仅要从当前的社会需要出发，还应当考虑到未来，要高瞻远瞩，要有预见性，要有发展眼光，要有坚持不懈的精神和坚忍不拔的毅力，锲而不舍地对待自己所从事的崇高事业。

(5) 教师老师的专业性

教师劳动的专业性突出表现在教师对育人的崇高敬业精神和道德修养上，对教育教学专门化知识和技能的掌握和教育活动的自主权上。

3.【解析】(1)“壬寅学制”和“癸卯学制”的颁布

1902年，清政府公布了由官学大臣张百熙拟订的《钦定学堂章程》，该章程分《京师大学堂章程》、《高等学堂章程》、《中学堂章程》、《小学堂章程》、《蒙学堂章程》五部分。因公布的时间是光绪二十八年，壬寅年，故也称壬寅学制，它是中国近代史上第一个法定学制 。1904年的“癸卯学制”是由张百熙、张之洞、荣庆拟定的，是中国近代第一个比较完整、正式公布并在全国范围内实施的学制。

(2) 废科举、兴学堂

从改革科举考试内容，递减科举名额，到科举制完全废止，科举制的废除经历了三个阶段。此间，全国兴起办新学的热潮。至1909年，各级各类新式学堂已达5000多所，在校学生超过16万人。

(3) 建立教育行政体制

为保障学制的实施和兴学政策的落实，1904年政府规定专设总理学务大臣。废除科举制后，为适应形势，1905年底批准成立统辖全国教育的中央政府主管机构——学部。与此同时，地方各级行政机构也逐步建立起来。

(4) 确定教育宗旨

中国近代最早规定的教育宗旨始于《奏定学堂章程》。1906年，学部为适应时变，在中国近代第一次正式制定并颁布了明确的教育宗旨：“忠君、尊孔、尚公、尚武、尚实”，并说明前两项为中国所固有而亟须发扬以抵制“异说”，后三项为中国民众所缺乏而亟须养成的。

(5) 留日高潮与“庚款兴学”

这一时期因新政的实施，留学教育再掀热潮，其中以日本和美国为主。

4.【解析】1957年，前苏联卫星上天以后，美国朝野震惊，开始反思自身的教育问题，并将教育提高到保卫国家的高度，要求对教育进行改革。在此背景下，1958年颁布了《国防教育法》。法案的主要内容如下：

(1) 加强普通学校的自然科学、数学和现代外语(即所谓“新三艺”)的教学；

(2) 加强职业技术教育；

(3) 强调“天才教育”；

(4) 增拨大量教育经费，设立国防奖学金。

《国防教育法》认识到教育在国家竞争中的重要性，教育与国家的安危和国家前途命运息息相关。该法案的颁布有利于美国教育的发展，有利于教育质量的提高。

5.【解析】改造主义教育，是20世纪30年代从实用主义教育和进步主义教育中逐渐分化出来，到50年代成为一种独立的教育。其代表人物是康茨和布拉梅尔德。改造主义教育的主要观点可以概括为五个方面：

(1) 教育应该以“改造社会”为目标。在“危机时代”，教育的职责就是要设计并实现一种“理想社会”。

(2) 教育要重视培养“社会一致”的精神。学校运用民主方法，通过相互协作的教育，就能达到大多数人都同意的“社会一致”，即不分阶级的人与人之间的合作关系，不仅在口头上一致，而且在行动上一致。

(3) 强调行为科学对整个教育工作的指导意义。在学习过程中，应该很好地利用行为科学，以行为科学为指导。

(4) 教学上应该以社会问题为中心。课程与教学的目标应该统一于“理想社会”这一目标，课程以人文社会学科为主，教学以问题为中心，尽量利用最丰富的资料来源。

(5) 教师应该进行民主的和劝说的教育。通过劝说教育，使学生坚信改造主义教育，愿意去“改造社会”，并培养“社会一致”的精神。

6.【解析】前苏联心理学家维果茨基从历史唯物主义的观点出发，提出“文化历史发展理论”，他强调社会文化在儿童认知发展中的作用，主张人的高级心理机能是社会历史的产物，受社会规律的制约。

作为动物进化结果的低级心理机能，是个体早期以直接的方式与外界相互作用是表现出来的特征；而作为历史发展结果的高级心理机能，则是以符号系统为中介的心理机能。高级心理机能使人和动物区分开来，是各种活动和社会性相互作用不断内化的结果。

低级机能向高级机能发展有四个主要表现：第一，随意机能不断发展；第二，概括性和间接性得到发展；第三，逐步形成以符号为中介的心理结构；第四，心理活动的个性特征增强。

四、论述题

1.【解析】直接经验，即学生通过亲自活动、探索获得的经验；间接经验，即他人的认识成果，主要指人类在长期认识过程中积累并整理而成的书本知识，此外还包括以各种现代技术形式表现的知识与信息，如磁带、录像带、电视和电影片等。间接经验与直接经验的关系主要体现如下：

(1) 学生认识的主要任务是学习间接经验。

以间接经验为主组织学生进行学习，这是学校教学为青少年学生精心设计的一条认识世界的捷径。它的主要特点是：把人类世世代代积累起来的科学文化知识加以选择，使之简约化、洁净化、系统化、心理化，组成课程，编成课本，引导学生循序渐进地进行学习。这就可以使他们避免重复人类在认识发展中所经历的错误与曲折，用最短的时间、最高的效率来掌握人类创造的基本知识。

(2) 学习间接经验必须以学生个人的直接经验为基础

现成的书本知识，一般表现为概念、原理、定律与公式所组成的系统，是一种偏于理性的知识。这种知识对学生来说，是他人的认识成果、间接的经验，是很抽象的、不容易理解的东西。学生要把这种书本知识转化为自己理解的知识，就必须依靠个人以往积累的或现时获得的感性经验为基础。

(3) 防止忽视系统知识传授或直接经验积累的偏向。只有经过自己的独立思考，把直接经验与间接经验结合起来，理性认识与感性认识结合起来，学生才能理解所学的书本知识，获得运用知识的能力。

可见，教学以学习书本知识为主是学生个人认识赶上人类认识、获得自身发展的捷径，要使学生便捷而高效地掌握书本知识，则必须根据教学的需要充分利用和丰富学生的直接经验，这是间接经验与直接经验的关系之间的必然联系。间接经验与直接经验的关系，是教学过程中的一对基本的矛盾关系。

2.【解析】孟子和荀子都是我国古代著名的思想家和教育家。二者的思想同属于儒家学说，既有共同之处，又有不同的方面。

(1)孟、荀教育思想的共同之处

① 关于教育作用。

二者都非常重视教育在社会发展和个人成长中的作用。孟子认为教育的社会作用是"得民心"。"得民心"是"仁政"的关键，而教育是"得民心"的最有效措施。孟子认为教育在人的发展中的作用是"求放心"。他认为教育的作用在于找回散失的本性，保存和发扬天赋的善端。他指出任何人只要接受教育，肯于学习都可以成为圣人。此外，孟子也并不是完全无视环境等外部因素的影响，他也看到了环境等外部条件对人的发展有一定影响。

荀子十分重视教育的作用。他认为教育在人的发展中起着"化性起伪"的作用，就是通过教育和学习来改变自己的本性，使人具有适应社会生活的道德智能。环境的影响和个体的主观努力是决定性的因素。他也很重视教育的社会作用。他认为教育能够统一思想，统一行动，使兵劲城固，国富民强。

② 关于教育目的和内容。

孟子和荀子都强调道德教育在教育内容方面的重要地位。孟于认为教育目的为"明人伦"，就是"教以人伦——父子有亲，君臣有义，夫妇有别，长幼有序，朋友有信"，维护上下尊卑的社会秩序和道德观念。荀子特别强调学习《诗》、《书》、《礼》、《乐》、《春秋》和《易》等儒家经籍，而尤重礼乐。他认为礼可使上下有别，乐可使上下和谐，礼乐并施就能"移风易俗，天下皆宁，善美相乐。"

(2) 孟、荀教育思想的不同之处

孟子、荀子教育思想的差异源自两者不同的人性观。孟子肯定"性善"，他以为人性生来就是善的，有不学而能的"良能"和不虑而知的"良知"。他认为君子和庶人的区别就在于保存还是丧失这种"善性"。荀子则认为，人性本恶，人类的"礼"、"义"行为是后天习得的，人们必须通过教育和学习来改变自己的本性，使人具有适应社会生活的道德智能。因此，在教学方法上，孟子主张"内发"，荀子则主张"外烁"；在学与思的关系方面，孟子比较强调"思"，荀子则特别重视"学"；在教学过程方面，孟子把教学过程看作"存养"、"内省"、"自得"的过程。荀子则把教学的过程具体化为闻、见、知、行四个环节，并把行看作是学习的最终目标。

2014 年中山大学教育综合真题

一、名词解释(每小题 5 分，共 30 分)

1. 教育
2. 课程设计
3. 社会本位论
4. 学问思辨行
5. 自由教育
6. 认知发展

二、简答题(每小题 10 分，共 40 分)

1. 简述教育的社会流动功能及其现实意义。
2. 简述启发式教学原则及其在教学中的基本要求。
3. 简述隋唐文教政策的基本内容及其历史影响。
4. 评述科温顿的自我价值理论。

三、分析论述题(4 小题，每小题 20 分，共 80 分)

1. 试述社会发展转型背景下，教师职业所扮演的角色及其适应这些角色教师应具备的基本素养。

2. 阅读下列材料，分析和评论其中的主要教育思想。

子曰："从我于陈蔡者，皆不及门也。德行：颜渊，闵子骞，冉伯牛，仲弓。言语：宰我，子贡。政事：冉有，季路。文学：子游，子夏。(《先进》)

子曰：学而时习之，不亦说乎？有朋自远方来，不亦乐乎？人不知而不愠，不亦君子乎？(《述而》)

子绝四，毋意，毋必，毋固，毋我。(《子罕》)

子曰："不愤不启，不悱不发。举一隅不以三隅反，则不复也。"(《述而》)

3. 述评福禄培尔的教育思想。

4. 联系实际谈谈如何提高学生问题解决的能力。

2014年中山大学教育综合真题详解

一、名词解释

1.【解析】教育是一种有目的地培养人的社会活动，它的目的在于影响和促进人的发展。有目的地培养人，是教育这一社会现象与其他社会现象的根本区别，是教育的本质特点。教育之所以为教育，全赖于此。

2.【解析】课程设计是以一定的课程观为指导制定课程标准、选择和组织课程内容、预设学习活动方式的活动，是对课程目标、教育经验和预设学习活动方式的具体化过程。

3.【解析】社会本位论坚持教育目的是由社会的需要所决定的，培养社会所需要的人就是教育要追求的根本目的，教育应该按照社会对个人的要求来设计。社会本位论主要有以下观点：个人的一切发展都有赖于社会，都受社会的制约；教育除了满足社会需要以外并无其他目的；教育的结果或效果是以其社会功能发挥的程度决定的。

4.【解析】《中庸》对学习过程进行了阐述："博学之、审问之、慎思之、明辨之、笃行之"。学习过程被具体概括为学、问、思、辨、行五个先后相续的步骤。这一表述概括了知识获得过程的基本环节和顺序，它是对从孔丘到荀况先秦儒家学习过程思想学、思、行的发挥和完整表述，被后世学者引为求知的一般方法与途径。朱熹曾称之为"为学之序"，列为《白鹿洞书院揭示》的重要规定，产生了很大影响。

5.【解析】自由教育是由亚里士多德总结的古希腊教育传统。它是指对自由公民所施行的，强调通过自由技艺的学习进行非功利的思辨和求知，从而免除无知愚昧，获得各种能力全面完美的发展以及身心和谐自由状态的教育。

6.【解析】学生的认知发展是指学生的认知能力随其年龄和经验的增长而不断发生变化的过程，认知发展主要包括注意、记忆及思维等方面的发展。

二、简答题

1.【解析】(1) 教育的社会流动功能。教育的社会流动功能是指社会成员通过教育的培养、筛选与提高，能够在不同的社会区域、社会层次、职业岗位、科层组织之间转换、调整和变动，以充分发挥其个性特长，展现其智慧才能，实现其人生抱负。

(2) 教育的社会流动功能在当代的意义。

期望改变个人现状，为获得更好的生存和发展的境遇乃是人之天性。但为获得个人更好的发展的空间、条件与机遇而实现社会流动并非易事，不仅需要个人长期艰苦而又创造性地努力奋斗，而且必须通过一定的社会途径。自古以来，这些途径主要有：从军建功、从商致富、务工谋生、读书做官。其总体格局延续至今，并没有根本变化。然而，其中教育的社会流动功能的地位与作用则随着社会的发展变革而日益提升，对个人的社会流动起着基本的主要的作用。其一，教育已成为现代社会中个人社会流动的基础；其二，教育是社会流动的主要通道；再次，教育的社会流动功能关乎人的发展权利的教育资源分配问题。

2.【解析】启发性原则，是指在教学中教师要激发学生的学习主体性，引导他们独立思考，积极探究，自觉地掌握科学知识，学会分析问题，树立求真意识和人文情怀。

贯彻启发性原则的基本要求如下：

（1）调动学生学习的主动性；

（2）善于提问激疑，引导教学步步深入；

（3）注重通过在解决实施问题中启发学生获取知识；

（4）发扬教学民主。

3.【解析】在不同的历史时期，因政治经济的变化有不同的的文教政策，都直接影响文教事业的发展。隋唐时期有多方面的因素影响文教政策的选择和调整，文教政策呈现出阶段性的变化。

（1）在儒学德治思想的主导下，隋唐在开国之初都曾实行崇儒兴学的政策，作为推行教化的根本；

（2）又兼利用佛教和道教，作为控制民众思想的工具；

（3）积极发展科举，作为选拔人才、改进吏治的重要途径；

（4）提倡民间办学，听任私学发展，以补充官学。

隋唐是封建社会发展达到鼎盛时期。隋重新统一了国家，唐前期百余年社会比较稳定，经济的恢复与繁荣，为文化教育的发展提供了重要条件。由于统治者采取了较为开明的崇儒兴学的政策，有力地促进了学校教育事业的繁荣。同时，佛教和道教的兴盛，使不同形态的文化得以交流融合，推动了多元文教事业的发展。

4.【解析】科温顿提出的自我价值理论，吸取了成就动机理论求成需要和必败需要的理念，也受到维纳归因理论的影响。自我价值理论的特点是从学习动机的负面着手，从学生自尊需要出发，试图探讨学校教育实施中出现的“有的学生为什么不肯努力学习”、“为何逃避失败”等一系列棘手问题。

科温顿认为，自我价值感是个体追求成功的内在动力。有能力的人容易成功，成功使人产生自我价值感；失败则是能力缺乏的表现，会挫伤人的自尊，威胁自我价值感，能力、成功、自我价值感之间形成了一个前因后果的连锁关系。多次经历后，对自我价值感的追求就成了个人追求成功的内在动机。

在学校里，学生学习动机的一个重要方面就是自我价值感。学习动机的核心就成了逃避失败以维护自我价值。科温顿认为造成学生逃避失败的原因之一是个体所持有的能力观，会影响其在具体成就情境下的行为反应及其对努力的看法；另一个重要原因是充满竞争的教育环境。

动机的自我价值理论虽然缺乏系统完整性，但它是对前人理论的补充和发展，不仅如此，还切中教育的现实问题，有极强的实用价值。它对学校教育实践的启示是：课堂学习动机的激发和培养应当从内部动机入手，着重培养积极的信念，保护学生的自我价值感。

三、分析论述题

1.【解析】在飞速发展的现时代，教师角色的内容与重心都发生了巨大变化。1975 年联合国教科文组织成员国向国际教育局提供的报告，揭示了教师角色转换的一般趋势。

第一，在教学过程中更多地履行多样化的职能，更多地承担组织教学的责任；

第二，从一味强调知识的传授转向着重组织学生的学习，并最大限度地开发社区内部的新的知识资源；

第三，注重学习的个性化，改进师生关系；

第四，实现教师之间更为广泛的合作，改进教师与教师的关系；

第五，更密切地与家长和其他社区成员合作，更经常地参与社区生活；

第六，更广泛地参加校内服务和课外活动；

第七，削弱加之于孩子们身上——特别是大龄及其家长身上的传统权威。

教师角色的这些转换，不仅意味着学校教育功能的某些变化，而且对教师素养的要求以及相应的师资培训问题也提出了更高的要求。

教师的素养是指身为教师的应该具有的最基本的素质要求，当前我国教师应该具有的素养主要包括以下几个方面：

(1) 高尚的师德。这就要求教师要：一、热爱教育事业，富有献身精神和人文精神：许多优秀教师之所以能在教育工作中做出卓越的成绩，首先是因为他们热爱教育事业，另外，教师还要具备基本的人文精神，要关怀学生的生存和发展。二、热爱学生，诲人不倦：爱学生是教师的天职，是教育好学生的重要条件。三、热爱集体，团结协作：教师的劳动既具有个体性，又具有集体性。所以教师和教师之间应该相互尊重，团结协作。四、严于律己，为人师表：教师的劳动具有示范性，因而教师必须以身作则，严于律己。

(2) 宽厚的文化素养。教师的主要任务是通过向学生传授科学文化知识，以培养其能力，促进他们生动活泼地发展。因此，一个好的教师的基本条件之一，就是要有比较渊博的知识和多方面的才能。

(3) 专门的教育素养。教育素养包括：①教育理论素养，即教师对教育科学基本理论知识的掌握，能恰当地运用教育学、心理学的基本概念、范畴、原理处理教育教学中的各种问题，能自觉、恰当地运用教育理论总结、概括自己的教育教学经验并使之升华，能清晰、准确地表达自己的教育思想和教学设想。②教育能力素养，指的是教师顺利完成教育教学任务的基本操作能力，其包括课程开发能力，及良好的语言表达能力等。③教育研究素养，即教师运用一定的观点方法，探索教育领域的规律和解决问题的能力。教师应该富有问题意识，反思能力，善于总结工作中的经验教训，创造性地，灵活地解决各种教育问题。

(4) 健康的心理素质。教师的心理健康问题不仅会直接影响教育工作的成败，而且会影响学生的心理健康水平。

2.【解析】(1) 第一段话表明了孔子主张实行因材施教的教学方法。他认为只有从各人的实际情况出发，根据个性特点和具体要求来进行教育，才能达到一定的教育目的。因材施教有利于加速各种人才的成长。正是孔子使用了因材施教的教育方法才使得他的弟子在德行、政事、文学等方面有不同的建树。

(2) 第二段话表明孔子对教师的要求。孔子主张，作为教师应具备的基本条件有：教师应该能够温故而知新，教师既要了解掌握过去政治历史知识，又要借鉴有益的历史经验认识当代的社会问题，知道解决问题的办法。教师还应该以身作则，为人师表，人不知而不愠。

(3) 第三段表明德育思想和为人处世的原则——不凭空臆想，要灵活，不能固执己见，而且不能自以为是。

(4) 第四段表现了孔子主张使用启发诱导的教学方法。不论学习知识或培养道德，都要建立在学生自觉需要的基础上，应充分发挥学生的主动性、积极性。

3.【解析】福禄倍尔是德国著名的学前教育家。他大力倡导学前教育，创立了世界上第一所幼儿园，被誉为“幼儿园之父”。他长期从事学前教育实验和理论研究，成果丰硕，是近代学前教育理论的奠基人。

(1) 福禄倍尔在教育史上最早把自然哲学中的“进化”概念引入人的生命和教育。在他看来，宇宙万物是无限发展的，人的生命和教育也是“一种经久不断地成长着的、发展着的、永远地活着的东西”，不断地从“一个阶段向另一个阶段前进的东西”。因此，他反对将人的生命和教育视为是“固定和静止的东西”。

(2) 他还强调教育必须适应自然顺应儿童的天性，主张儿童的教育、教学和训练，应该要适应儿童的兴趣和愿望，并以儿童的个人能力为基础，而不应该是外来因素强加的。在他看来，“一切专断的、指示性的、绝对的和干预性的训练、教育和教学必然地起着毁灭的、阻碍的、破坏的作用”。主张发展和顺应自然，是福禄倍尔教育思想的重要内容，也是他的学前教育理论的基础。

(3) 他十分重视学前教育。他指出，幼儿时期是人生发展中一个非常重要的阶段，甚至认为人的整个未来生活，“其根源全在于这一生命阶段”。假如儿童在这个年龄阶段受到损害，“他必须付出最大的艰辛和最大的努力才能成长为强健的人”。正式基于这种认识，他重视学龄前儿童的家庭教育，尤其是母亲在早期教育中的作用。不过，他同样认为，仅有家庭教育是不够的，还应该创立专门的儿童教育机构协助家庭更好地开展学前教育。因此，在福禄倍尔那里，学前教育的主体是家庭教育，幼儿园只是作为家庭教育的继续和扩张，是家庭教育的“补充”而不是“代替”。福禄倍尔创办的幼儿园采取半日制，正体现了他这一思想。

(4) 根据感性直观，自我活动和社会参与的思想，福禄倍尔建立了一个以活动和游戏为主要特征的幼儿园课程体系，包括：游戏和歌谣、恩物、作业、运动、自然研究等。其中重要的有恩物和作业。恩物是福禄倍尔为儿童精心设计的游戏材料和教学用具，也即玩具。他之所以把这些游戏材料命名为恩物源于其宗教思想。他认为，恩物的教育价值就在于它是帮助儿童认识自然及其内在规律的重要工具。自然界的万物虽统一于上帝的精神，但在发展中又显出外在的差异性、多样性。恩物作为自然的象征，能帮助儿童由易到难、由简到繁、循序渐进地认识自然。福禄倍尔设计的恩物主要有六种，每一种恩物都有其象征意义和不同的教育作用。恩物能发展儿童的创造力和想象力，并可进一步发展“整体”和“部分”的观念。作业是为幼儿设计的各种游戏活动。要求将恩物的知识运用于实践。与游戏一样，积极有益的作业源于自动的原则。福禄倍尔认为积极有益的作业应该贯穿教育过程的始终。作业具有道德、精神和宗教等多种价值。积极有益的手工劳动除了有助于训练感觉。发展技能，锻炼体格，学成手艺之外，还有更深层次的意义，既展现人的内心思想，发展儿童的智力，帮助儿童表达其内心世界。

综上所述，福禄倍尔为学前教育事业和学前教育理论的发展作出了重大贡献。他的教育思想深刻地影响了欧美各国，以及日本等国的学前教育。在清末，福禄倍尔的教育思想开始传入中国，对中国学前教育实际和理论也产生了很大影响。

4.【解析】(1) 问题解决能力培养与学科知识教学有机结合，形成知识体系。

专门知识是个体正确和迅速地解决问题的必要基础。在保证掌握一定数量知识的同时，要特别重视学生合理知识结构的形成。在塑造学生知识机构时，不仅要保证陈述性知识的掌握，更要特别重视程序性知识的讲授。首先，要丰富学生的观念性知识。因为这类知识可以影响问题解决者对问题的表征以及搜索解决方案的过程。其次，要提供多种变式，促进知识的概括。只有深刻领会和理解知识才能牢固地记忆和有效地应用。最后，要重视知识间的联系，建立网络化结构。问题解决经常是综合应用各种知识的过程，知识之间的有机联系是保证正确地解决问题的基础。因此，问题解决能力的培养要与学科知识的教学相结合才是真正有效的。

(2) 问题的难度要适当注重对结构不良问题的训练。

首先，教师要求学生完成的问题必须要有一定的难度，问题应该是要求学生通过对已有知识、方法进行重新组合后能够解决的。问题过难，不易为学生掌握；问题过易，则起不到应有的训练作用。其次，学生在学科领域中遇到的问题大多数属于结构良好的问题，而现实中可能遇到的问题，绝大多数情况下都是结构不良问题。例如，教师在教学中必须加强对结构不良问题的训练。例如提供的已知条件偏多，让学生判断哪些条件有关或无关，或提供的已知的条件不足，让学生自己补充，也可创设一个问题情境，让学生去发现问题。

(3) 分析问题的构成，帮助学生正确地表征问题。

问题解决的核心是消除初始状态与目标状态的差别，而差别消除的关键在于对问题本质机构做深刻剖析，从中把握问题解决的规律。问题解决在某种意义上说，关键在于能否进行问题的类比和转化，寻求出可利用的识别模式。通过一系列认知操作，试图在不同对象或完全不相关的对象中认出同样的关系，在表面相似的事物间找出本质属性的不同点，并从中把握问题解决问题规律。这样不仅能促进问题得到解决，而且能够提高学生的问题解决能力。同时，在进行问题解决教学时，要注意帮助学生运用他们以掌握的知识去解决问题，或者用画草图、列表、写方程式等方式来重新表述问题，这对于有些学生回忆相关的信息有很好的促进作用。经常训练学生从不同的角度用不同的方法来表征问题可以使他们从中获得对问题灵活有效表征的经验。

(4) 强调一般思维方法和具体问题解决技能相结合，帮助学生养成分析问题和策略性思维的习惯。

心理学的研究表明，当训练内容有具体的和个别的问题解决技能构成时，迁移效果较好，这样个体习得的能力容易在类似的任务中迁移。因此，问题解决能力的培养必须将一般思维方法和具体技能结合起来，不能脱离对实际问题的解决。应该让学生在获得具体解题技能的过程中掌握一般思维策略，最终学会思维。此外，教师要帮助学生养成科学分析问题的习惯。鼓励学生主动投入到问题解决中，通过分析问题提出多种解决方案；教给学生问题解决的思维策略，如元认知监控策略、启发式策略等。

(5) 加强对学生解决问题的态度训练，培养和激发学生主动提出问题和解决问题的内在动机。

有研究者曾将成功解决问题的人和失败者进行比较，发现他们在态度方面存在如下差别：成功者在解决问题时，更有自信心，更重视认真思考和推理，而不是乱猜；精力更集中，而较少分心；更有耐力和毅力，较少烦躁和厌倦；随时愿意抛弃已有的思路和答案，而积极寻找更好的思路和答案。因此，首先要注意加强态度训练。一要训练学生积极思考问题。善于和不善于解决问题的人之间一个重要区别，就是前者能够积极地发现问题，他们对问题很敏感；而后者正好相反。二要注意培养学生解题的自信心。善于解决问题的人大都有很强的自信心。教师要告诉学生对解决问题快失去信心时要坚持下去，因为很多学生就是在绞尽脑汁后认为自己肯定解决不了这个问题时放弃努力的，而此时往往是新的设想的潜伏期，只要坚持一段时间，问题往往能够得到解决。三是要求学生严谨地思考问题。必须使学生清楚，解决问题是不能太冲动，不能急于求成，下结论不能过于匆忙。很多学生对一些难题总想一步得出答案，但往往事与愿违。在课堂教学中要鼓励学生提问，尽量减少观念上的限制，在班级上形成一种自由探索的气氛。同时教师也需要多给学生提供一些解决界定不良问题的机会，以更好地激发他们的内在动机。

2015 年真题

2015 年东北师范大学教育综合真题

教育学原理

一、名词解释

1. 教育
2. 隐性课程
3. 榜样示范法
4. 教学评价

二、简答题

1. 简述教学工作的基本环节及各自的意义。
2. 简述教师劳动的特点。

三、论述题

试从经济、政治、文化三个方面联系实际论述教育的社会功能。

外国教育史

一、名词解释

1. 骑士教育
2.《教育诗》

二、论述题

比较赫尔巴特与杜威的课程理论。

中国教育史

一、名词解释

1. “朱子读书法”
2. 京师同文馆

二、论述题

论述孔子的道德教育思想及对当代德育的启示。

教育心理学

一、名词解释

1. 发现学习
2. 自我效能感

二、论述题

结合实际谈谈一个对考试失败无能为力、自暴自弃的学生，教师应该怎样做？

2015 年东北师范大学教育综合真题详解

教育学原理

一、名词解释

1.【解析】教育是一种有目的地培养人的社会活动，它的目的在于影响和促进人的发展。有目的地培养人，是教育这一社会现象与其他社会现象的根本区别，是教育的本质特点。教育之所以为教育，全赖乎于此。培养人是教育的立足点，是教育的根本所在，是教育的本体功能。任何教育，只有通过培养人才能服务于社会。如果否定了教育的育人价值，也就否定了教育的社会价值；离开了对人的培养，教育对社会便无所作为。

2.【解析】隐性课程是指学生在学习环境(包括物质的、文化的和社会关系结构的)中潜移默化地受到的非预期的非计划的影响。

3.【解析】榜样示范法是以他人的高尚思想、模范行为和卓越成就来影响学生品德的方法。榜样包括：伟人的典范、教育者的示范、学生中的好样板。应用榜样示范法时要注意以下几点要求：一是，选好榜样；二是，激起学生对榜样的敬慕之情；三是，引导学生用榜样来调节行为。

4.【解析】教学评价是对教学工作质量所作的测量、分析和评定。它以参与教学活动的教师、学生、教学目标、内容、方法、教学设备、场地和时间等因素的有机组合的过程和结果为评价对象，是对教学活动的整体功能所作的评价。

二、简答题

1.【解析】(1) 备课。备好课是上好课的先决条件。上课前，教师必须备好课，编制出学期教学进度计划，写好课题计划与课时计划。备好课，必须做好下述三方面的工作，它们分别是：钻研教材、了解学生、考虑教法。

(2) 上课。提高教学质量的关键是上好课。而上好一堂课就必须以现代教学理念为指导，遵循教学规律，全面贯彻教学原则，善于科学而灵活地运用各种教学方法，此外，还要注意：其一，明确教学目的，这是上好一堂课的前提；其二，保证教学的科学性和思想性，这是上好一堂课的基本的质量要求；其三，调动学生学习的学习积极性，这是上好一堂课的内在动力；其四，解决学生的疑难，促进他们的发展，这是上好一堂课的关键；其五，组织好教学活动，这是上好一堂课的保障；其六，布置好课外作业。

(3) 课后的教导工作。课后的教导工作主要有以下两个方面：其一，做好学生的思想教育工作；其二，做好对学生的学习的辅导和帮助工作。

(4) 教学评价。教学评价具有多方面的意义。通过教学评价，学生、教师、学校、家长对学生的学习活动会有更好地了解，有利于工作的进一步开展。

2.【解析】教师劳动的特点：一、教师劳动的复杂性。首先，教师劳动的对象是发展变化中的，主要是未成熟的“人”。其次，教师的工作不仅仅包括教书一个方面，而是包含方方面面的。再次，教育过程是复杂的。最后，影响学生的因素是广泛的，不限于学校内部。二、教师劳动的示范性。教育是培养人的活动。教育活动这一本质特点，决定了教师的劳动必然带有严格的示范性。三、教师劳动的创造性。教师劳动创造性的最重要特征之一是他的工作对象——学生经常在变化，永远是新的，今天同昨天就不一样。教师劳动的创造性，还表现在教育教学过程中，教师对各种突发情况所作出的及时反应、妥善处理上的应变能力，即教育机智。教师劳动的创造性，并不意味着教师的劳动必然有创造性。教师要创造性地开展教育教学工作，必须经历艰苦的劳动和长期的积累，包括加强自身素质的锻炼和提高，深入地亲近与了解学生，熟能生巧地、机智地开展工作，才能使自己的教育活动呈现创造性。四、教师劳动的专业性。教师劳动的专业性突出表现在教师对育人的崇高敬业精神和道德修养上，对教育教学专业化知识和技能的掌握和教育活动的自主权上。

三、论述题

【解析】一方面，教育受社会发展制约，另一方面，教育作为社会的一个系统，它首先承担育人的功能，并通过育人功能进而实现其社会功能，影响和保障社会的延续与发展。教育的社会功能主要是推动社会变迁与促进社会流动。教育的社会变迁功能是指教育通过开发人的潜能、提高人的素质、促进人的社会化，引导人的社会实践，不仅使人能适应社会的发展，进而能够推动社会的改革与发展，教育的社会变迁功能表现在社会生活的经济、政治、和文化等各个领域。

（一）教育的经济功能。

其一，教育是使可能的劳动力转变为现实的劳动力的基本途径。个人的生命的成长只构成了可能的劳动力，一个人只有经过教育和训练，掌握一定生产部门的劳动知识、技能和技巧，并参与生产某种使用价值，创造一定财富，他才能成为现实的劳动力。可见，劳动力的培养或生产必须依靠教育。其二，现代教育是使知识形态的生产力转化为直接的生产力的一种重要途径。科学作为人们认识客观世界成果的知识体系，它仅仅是一种知识形态的生产力，只有当科学知识运用于生产过程，物化为机器、设施及技术，为扩大利用自然力和劳动对象开辟新的方法、途径和领域时，才可能转化为现实的生产力；而要实现有知识形态的潜在生产力转化为现实的生产力，除了要通过艰巨而复杂的科学研究、发明创造或革新实践外，其技术成果的推广，经验的总结与提升都需要通过教育与教学的紧密配合。最后，现代教育是提高劳动生产率的重要因素。现代生产有显著特点，它是日益科学化、机械化、电脑化、智能化的生产。它的生产率提高与古代不同，主要不是依靠增加劳动力数量和延长劳动时间，而是依靠科学技术在生产中的应用、推广和不断革新，依靠提高劳动者受教育的程度与质量，依靠提高劳动者的素质、扩大脑力劳动者的比重、发挥劳动者在生产和改革中的创造性。因此，随着科学技术在生产中的作用日益增强，脑力劳动在生产中的比重越来越大。

（二）教育的政治功能

其一，教育通过传播一定的社会的政治意识形态，完成年轻一代的政治社会化。其二，教育通过造就政治管理人才，促进政治体制的改革和完善。其三，教育通过提高全民文化素质，推动国家的民主政治建设。最后，教育还是形成社会舆论、影响政治时局的重要力量。

（三）教育的文化功能

其一，教育对文化的传递作用。人类社会能从愚昧与野蛮，走向今天的文明与开放，是文化教化的结果。而文化教化的前提是文化的传递。广义的教育无时无刻不在起着传递文化的作用。学校教育，因其具有明确的目的、周密的计划、专门的场所、集中的时间、精选的内容与适宜的方法等特点，古往今来，一直承担着传递文化的重要功能。其二，教育对文化的选择。教育为了有效地传递文化，还必须充分发挥对文化的选择功能。教育对文化的选择功能体现了教育对文化发展的积极引导和自觉规范。教育的文化选择既要符合特定社会政治经济制度的利益的要求，也要符合人的身心发展的客观规律。其三，教育对文化的发展。文化的生命不仅在对它的保存和积累，更在于对它的更新和创造。教育通过把人类已有的精神财富内化为学生个体的精神财富，培养他们对文化的深厚兴趣，使他们不仅能够适应和参与现实社会的文化活动，而且能够根据未来社会的需要创造更美好的文化。

外国教育史

一、名词解释

1.【解析】骑士教育是中世纪世俗教育的一种主要形式，以培养当时封建制度中骑士阶层的成员为目的。它也是一种特殊形式的家庭教育，并无专设的教育机构，也没有专职的教育人员。它在骑士生活和社交活动中进行。训练骑士的标准是剽悍勇猛，虔敬上帝，忠君爱国，宠媚贵妇。

2.【解析】《教育诗》是由苏联早期著名教育理论家和实践家马卡连柯所写的一本著作。在此书中，他提出了新型的教学思想—集体主义教育理论。

二、论述题

【解析】(一) 杜威提出了做中学和教材心理学化的观念。在经验论的基础上，杜威要求从做中学，从经验中学，要求以活动性、经验性的主动作业来取代传统书本式教材的统治地位。这种活动性、经验性课程包括园艺、烹饪、缝纫、印刷、纺织、油漆、绘画、唱歌、演剧、讲故事、阅读、书写等形式。在杜威看来，这些活动既能满足儿童的心理需要，又能满足社会性的需要，还能使儿童对事物的认识具有统一性和完整性。其中，杜威并没有把个人直接经验和人类间接经验对立起来，而是看到了个人直接经验的局限性，强调使儿童最终获取较系统的知识而同时又能在学习过程中顾及儿童的心理水平。

(二) 赫尔巴赫的课程理论建立在心理学基础上，提出了课程建构的新的标准和思路。其主要观点如下：

(1) 课程必须与儿童的经验和兴趣相适应

课程要与儿童日常经验保持联系，不可脱离他们的经验内容，强调直观教材的使用，与儿童经验联系才能引起他们的兴趣。兴趣分为两类：经验的兴趣和同情的兴趣。经验的兴趣包括经验、思辨和审美，同情的兴趣包括同情、社会和宗教的兴趣。各种不同的兴趣对应不同的课程。

(2) 课程要与统觉过程相适应

根据统觉，新的知识是在原有知识背景中产生的，以原有知识为基础。因此，课程安排必须使得儿童能够从熟悉的材料过渡到密切相关但不熟悉的材料。原则有两项：①相关。即学校不同课程的安排应该相互影响和联系。②集中。学校所有课程中，选择一门作为学习的中心，使其他作为学习和理解它的手段。历史和数学被视为所有学科的中心。这两项原则的目的是保持课程教学的逻辑结构和知识的系统性。

(3) 课程必须要与儿童发展阶段相适应

儿童发展被赫尔巴赫分为四个时期：婴儿期、幼儿期、儿童期、青年期。每个时期对应不同的心理特征。因此，每个时期都应该开设不同的课程。婴儿期进行身体的养护，发展感官训练，培养儿童的感受性，幼儿期教授《荷马史诗》发展儿童的想象力，童年和青年期教授数学、历史，培养理性。

在欧美近代教育史上，赫尔巴赫所提出的课程理论是最为完整和系统的。他继承了前人的合理思想，使之融合到一个有机联系的整体中，并力图赋予它以严格和广泛的心理学基础，从而使课程设置与编制有了明确的依据，这就避免了课程设置中的盲目性和随意性，克服了课程设计的散乱现象，以保证教学工作的有效进行。客观地说，无论在理论上还是在实践中，赫尔巴赫并未真正解决欧美近代学校的课程问题，但他为这个问题的解决进行了有益的探索，并提出了一些卓有见地的主张。

中国教育史

一、名词解释

1.【解析】朱熹对于如何读书提出了许多精辟的见解，他的弟子将其概括为“朱子读书法”六条。它们分别是：循序渐进、熟读精思、虚心涵泳、切己体察、着紧用力、局敬持志。

2.【解析】京师同文馆最初是作为外语学校设立的，是近代中国被动开放的产物。1860年《北京条约》签订，重新认定《天津条约》的各项条款。条款中规定今后中英、中法交涉使用文种是英文和法文，仅在三年内暂时配送中文。这一歧视性的规定，迫使清政府作出了开班外语学校的决定。1862年6月11日，中国近代第一所外语学堂在总理衙门内正式上课，定名为同文馆。最初设有英文馆，次年添设俄文馆和法文馆，1871年添设俄文馆，1895年设日文馆。

二、论述题

【解析】孔丘极其重视道德教育，其道德教育思想主要体现在其对德育的作用及其重要性、德育目标、德育内容、以及德育方法等各个方面。道德教育对促进人的全面发展和建设社会主义和谐社会具有主要意义。孔丘对传统伦理道德的认识对当代的德育仍具有很高的价值。

（1）孔丘认为道德教育对个人的完善、社区的和谐、乃至整个社会的发展都起着重要作用。在《论语》一书中，他对德育对个人完善的意义作了以下论述：“人而不仁，如礼何?”“仁者寿”进而提出“志于道，据于德，依于仁，游于艺”。他认为对个人而言道德的重要性高于知识和技艺，只有有了道德，人才能健康长寿。同时，他提出“里仁为美”的主张，认为社区的构建也要有道德的指导。对于国家而言，他主张“为政以德，譬如北辰，居其所而众星共之”，即道德教育可以保证社会的稳定和国家的繁荣。孔丘对道德教育的重视对当代的道德教育具有启发意义，这意味着当代的教育在重视智育的同时，不能忽视道德教育，要把德育放在更重要的位置上，要弥补现代教育的不足，使人们在享受现代生活水平提高的同时，精神文明也得到发展。

（2）孔丘的教育目的是培养从政的君子，成为君子的主要条件是具有道德修养。“礼”与“仁”是道德教育的主要内容，“礼”为道德规范，“仁”为最高道德准则，凡符合“礼”的道德行为，都要以“仁”的精神为指导。学礼要做到一切视听言行都符合礼的规范。礼要有一定的形式，但更应该重视的还是礼的内容，要体现一定的思想感情，否则就徒有形式。在道德教育中，提倡礼的教育要贯注仁的精神，礼是仁的形式，仁是礼的内容，有了仁的精神，礼才能真正充实。以仁的精神来对待不同的伦理关系时，就有不同的更具体的道德规范，其中最重要的两项道德规范是忠与孝。“忠”要求对人尽心竭力、诚实负责；“孝”要求尊敬和顺从父母。仁德的实行可分忠和恕两方面，即消极的方面和积极的方面，“尽己之谓忠，推己之谓恕”。孔丘对德育目标和德育内容的认识值得当代道德教育继承和发扬，当代德育要重视道德规范和道德品质的认识，提高人们的道德认知，从而在思想层面上认识道德教育的本质而不是仅仅关注其形式。

（3）孔丘还总结了一些道德修养的原则和方法。一是立志，以志于仁道为个人志向和人生理想，并且坚持志向，不为外来因素的干扰而动摇。二是克己，在处理对人对己的关系时，应着重要求自己，约束和克制自己的言行，使之合乎礼、仁的规范。三是力行，努力按道德规范进行实践。四是中庸，待人处事都要中庸，防止发生偏向，一切行为都要中道而行。五是内省，不论道德认识还是道德实践，都需要有主观积极的思想活动，称之为内省。六是改过，人会犯错误是客观存在，“过则勿惮改”，正确的态度是重视改过。这也就启示现代德育要注重道德教育的方法，改变以往重抽象灌输，轻视生活体验的倾向，从多方面，以多种形式提高人们的自我修养，使道德规范的学习和道德行为结合起来，切实提高学生道德认知的同时还要培养道德行为习惯。

教育心理学

一、名词解释

1.【解析】布鲁纳提倡发现学习法。他认为认识是一个过程而不是一种结果，教育的主要目的应该是使学生主动地参与到建立某一学科知识体系的过程当中，应该培养学生具有探索新情境、提出假设、推测关系、应用自己的能力解决新问题，发现新事物的态度。发现学习主要包括两个基本步骤：一是，学生依据所获得的感性材料，借助推理和直觉思维提出试探性的假设，二是，学生用更多的感性材料对试探性假设进行检验。

2.【解析】自我效能感是指个体对自己能否成功地进行某一行为的能力的主观判断。班杜拉认为人的自我效能感和行为动机之间有着密切的联系，这是因为人们对自己能力的判断影响着其对自己将来行为的期待。影响自我效能感的主要因素有：直接经验和归因方式；间接经验；言语劝说；情绪唤醒；身心状况。

二、论述题

【解析】以维纳的成败归因理论分析对考试失败无能为力、自暴自弃的学生，教师的做法。维纳的归因理论能从学生的角度分析其学习失败的原因，而学生的归因可预测其今后的学习动机，因而要用成败归因理论来探讨此情景下教师的做法。

维纳对行为结果的归因进行了系统探讨，把人们活动成败的原因主要归结为六种原因，即能力高低、努力程度、任务难易、运气好坏、身心状态和其他外部影响因素。他又把以上六种原因分为三个维度：控制点，也称原因来源；稳定性归因和非稳定性归因；可控制归因和不可控制归因。其中原因来源是指个体自认为导致其行为成败结果的原因来自于个体内部或外部，能力、努力和身心状态属于内部归因，任务难易、运气好坏及其他三项属于外部归因。稳定性指个体自认为导致其成败的原因是否稳定，在类似情况下是否具有一致性。能力和任务两种因素是相对稳定的，而其他四种都不够稳定。可控性指个体认为导致其成败的原因是否受个人意志控制。努力程度是受意志支配的、可控的，其余各种因素都不受意志支配。

个体的归因方式将影响其未来活动的选择、坚持性和动机强度。

归因的三个维度对学习动机都有重要影响。在指导对考试失败无能为力的学生进行归因时，教师应该做到：①引导学生将自己的失败归因于努力而不是运气，因为努力是可控的，运气是外在的、不可控的因素，归因于努力有助于学生学习动机的增强。②不应该使学生将失败归因于像能力这种不可控制的因素，如果将失败归因于能力这种不可控因素，他们就会听任失败，长期处于消极的归因心态而阻碍人格成长，表现冷漠、压抑、自暴自弃或“丧失动机”。

2015 年华南师范大学教育综合真题

一、名词解释(每题 5 分，共 30 分)

1. 广义教育
2. 教育目的

德育

3. 德育
4. 学校管理
5. 心理发展
6. 品德不良

二、简答题(每题 10 分，共 40 分)

1. 简述教育在我国社会主义建设中的地位和作用。
2. 简述教学工作的基本环节。
3. 简述孔子教育思想的历史影响。
4. 简述卢梭的自然教育理论。

三、论述题(每题 20 分，共 80 分)

1. 试述培养和提高教师素养的主要途径。
2. 试述张之洞“中体西用”思想的历史作用和局限性。
3. 试述基督教教育的特点。
4. 试述影响学习动机的因素。

2015 年华南师范大学教育综合真题详解

一、名词解释

1.【解析】广义的教育指的是，凡是有目的地增进人的知识技能，影响人的思想品德，增强人的体质的活动，不论是有组织的或是无组织的，系统的或是零碎的，都是教育。它包括人们在家庭中、学校里、亲友间、社会上所受到的各种有目的的影响。

2.【解析】教育目的是把受教育者培养成为一定社会所需要的人的总要求，是学校教育所要培养的人的质量规格。从内涵上看，教育日的的概念有广义和狭义之分，广义的教育目的是指存在于人的头脑中的对受教育者的期望和要求。狭义的教育目的是指国家提出的教育的总目的和各级各类学校的教育目标，以及课程与教学等方面对所培养的人的要求。

3.【解析】德育即道德教育。学校德育，一般来说，是指学生在教师的教导下，以学习活动、社会实践、日常生活、人际交往为基础，同经过选择的人类文化，特别是一定的道德观念、政治意识、处世准则、行为规范相互作用，经过自己的感受、判断、体验，从而生成道德品质、人生观和社会理想的教育。

4.【解析】学校管理是学校管理者在一定的社会历史条件下，通过一定的组织机构和制度，采取一定的方法和手段，带领和引导师生员工，充分发挥学校人、财、物、时间、空间和信息等资源的最佳整体功能，卓有成效地实现学校工作目标的组织活动。简而言之，学校管理是管理者通过一定的组织形式和工作方式以实现学校教育目标的活动。

5.【解析】心理发展是指个体从胚胎期经由出生、成熟、衰老一直到死亡的整个生命过程中所发生的持续而稳定的内在心理变化过程，心理发展反映的是个体心理随年龄增长而出现的持续而稳定的系列变化过程，主要包括认知发展和人格发展两大方面。

6.【解析】品德不良指经常发生的违反道德准则的行为或为了达到个人目的而违背道德规范，有较严重的道德过错，甚至处于违法犯罪边缘的行为。青少年品德不良表现在与其生活学习息息相关的各个领域。青少年较为普遍的几种品德不良类型有以下几种：一是，作弊行为；二是，诚信及文明礼仪缺失；三是，责任意识淡薄。

二、简答题

1.【解析】(1) 教育在我国社会主义建设中处于优先发展的战略地位。“百年大计，教育为本”。教育在我国社会主义现代化建设中具有基础性、先导性、全局性的意义。落实科学发展观，实现科技兴国战略和人才强国战略，就必须要求把教育摆在优先发展的战略地位。

所谓教育的基础性，实质上是人的素质在社会主义现代建设中的基础性。教育的育人功能，教育对人的个性素质全面发展的促进，既是个人的为人立世的基础，也是社会稳定和发展的基础。所谓教育的先导性，是指教育的发展对社会主义现代化建设具有引领作用。所谓教育的全局性，是指教育的发展关乎社会主义现代化建设的方方面面，具有全局性的影响。

(2) 教育在我国社会主义建设中的作用主要体现在以下几个方面：教育可以提高劳动者的素质；可以培养科技人才，促进科学技术的发展；可以促进社会主义精神文明建设，等等。

2.【解析】(1) 备课。备好课是上好课的先决条件。上课前，教师必须备好课，编制出学期教学进度计划，写好课题计划与课时计划。备好课，必须做好下述三方面的工作，它们分别是：钻研教材；了解学生；考虑教法。

(2) 上课。提高教学质量的关键是上好课。而上好一堂课就必须以现代教学理念为指导，遵循教学规律，全面贯彻教学原则，善于科学而灵活地运用各种教学方法，此外，还要注意：其一，明确教学目的，这是上好一堂课的前提；其二，保证教学的科学性和思想性，这是上好一堂课的基本的质量要求；其三，调动学生学习的学习积极性，这是上好一堂课的内在动力；其四，解决学生的疑难，促进他们的发展，这是上好一堂课的关键；其五，组织好教学活动，这是上好一堂课的保障；其六，布置好课外作业。

(3) 课后的教导工作。课后的教导工作主要有以下两个方面：其一，做好学生的思想教育工作；其二，做好对学生的学习的辅导和帮助工作。

(4) 教学评价。教学评价具有多方面的意义。通过教学评价，学生、教师、学校、家长时学生的学习活动会有更好地了解，有利于工作的进一步开展。

3.【解析】孔子是全世界公认的伟大思想家和教育家。孔子是儒家学派的创始人，儒家学派与中国封建社会的发展密切相关。孔子的思想学说深刻地影响着中国封建时代的政治、经济、文化，这种影响有积极因素也有消极因素，在不同历史阶段起了不同的作用。

孔子在中国教育史上的贡献是多方面的。其一，他创办私学，开私人讲学之风，成为百家争鸣的先驱；其二，他重视教育，他认为“庶、富、教”是立国治国的三大要素，教育对社会发展具有重要作用；其三，他主张实行“有教无类”的方针，受教育者不分贵贱贫富和种族，人人都可以接受教育，这种办学方针与贵族官学的办学方针相对立，它打破了贵贱、贫富和种族的界限，打破了贵族对学校教育的垄断，把受教育的范围扩大到平民，这是历史性的进步，有利于中华民族文化的发展；其四，他提出了“学而优则仕”的口号，它确定了培养统治人才这一教育目标，它反映了封建制兴起时的社会需要，成为当时知识分子积极学习的巨大推动力量；其五，重视古代文化的继承和整理，编订六经，保存中国古代文化；其六，总结教育实践经验，首倡启发式教学，实行因材施教；其七，他重视道德教育，提出道德修养要遵循的重要原则；最后，要求教师具有良好的职业道德，能够学而不厌，诲人不倦，以身作则。

4.【解析】参见 2011 年南京师范大学教育综合真题详解简答题第 4 题。

三、论述题

1.【解析】(1) 加强和改革师范教育

要发展师范教育，切实提高教师队伍的质量，首先必须采取有效的政策性措施，鼓励和吸引大批优秀学生报考师范院校。同时，要改革现行的师范教育，紧密联系现时代对教师的新要求，使未来教师能获得与之相适应的专业教育，尤其要让师范生形成正确的教育理念，加强职业能力的训练，以便胜任教师的职责。

(2) 加强教师在职提高

如何帮助新教师适应教学实践的要求，顺利地完成由师范生到正式任教者这一角色转换的过程，是教师在职培养的关键。因此，必须制定计划，通过有效的途径，专门向新教师提供系统的帮助，使他们尽快适应新环境，顺利地担当起一个教师应尽的职责。之后，还应关心新教师的成长，主要是通过实践学习、教学反思、交流合作等形式，使他们不断得到提高和完善。

2.【解析】(1) 张之洞是晚期洋务派的主要代表，对清末教育思想和实践都产生过重大影响。1898 年著成《劝学篇》，提出“中体西用”的理论体系，并由此受到朝廷的重用。

(2) 张之洞的《劝学篇》是对洋务运动的理论总结，并试图为以后的中国改革提供理论体系模式。《劝学篇》共 24 篇，分为内篇和外篇。内篇 9 篇，外篇 15 篇。内外篇各有主旨：“内篇务本以正人心，外篇务通，以开风气。”而通篇主旨归于：“中学为体，西学为用”。

(3)“中体西用”教育思想的历史作用和局限

洋务运动时期，封建传统教育仍然处于中国教育的主体地位。洋务派提出“中体西用”，在不危及“中体”的前提下侧重强调采纳西学，这既是洋务派的文化教育观，也是洋务派应对守旧派的策略。在“中体西用”的形式下，“西学”教育规模不断扩大，层次不断深入。同时，“中体西用”理论为“西学”教育的合理性进行了有效的论证，促进了资本主义文化在中国的传播；在此原则下实施的留学教育和举办新式学堂，给僵化的封建教育体制打开了缺口，改变了单一的传统教育结构。

在这一过程中，西方资本主义的社会政治学说，民主平等思想也被裹挟着一起传播。甲午战争后，经维新派的大力宣传介绍，“西学”的传播重点由科技进到政治体制、意识形态等上层建筑领域，直接冲击封建专制体制的政治制度和纲常伦理等“中体”的核心部分，“中体西用”正面临被突破的境地。恰在此时，张之洞即时写出《劝学篇》，起到了维护封建意识形态的作用，抑制了维新思想的传播，十分不利于近代刚刚开始的思想启蒙运动。“中体西用”作为中西文化接触后的初期结合方式，有其历史合理性。但“中体西用”作为一种文化整合方案和教育宗旨，又是粗糙的，它没有克服中、西之间固有的内在矛盾，必然要被新的形式所取代。

3.【解析】基督教教育的总体特点如下：

（1）教育目的宗教化。

主要是为了培养教会人才，扩大教会势力，巩固封建统治。

（2）教学内容神学化。

主要课程是神学和“七艺”。神学包括《圣经》、祈祷文、教会的礼仪等；“七艺”是从古希腊内容演变而来的，经由基督教改造，为神学服务。

（3）教育方法原始、机械、繁琐。

为了维护教会、神学的绝对权威，教会学校强迫学生盲目绝对服从《圣经》和教师，学校个别施教，纪律严格，体罚盛行。

总的来说，基督教教育在培养僧侣和其他为教会人员服务的同时，向群众宣传宗教，使劳动群众服从教会和封建统治，因此，西方教育发展中一个重要主题是教会和学校的分离，即教育的世俗化和国家化。但是在中世纪早期世俗学校普遍消亡、文化衰落的情况下，教会教育在保持、传播古代文化，发展封建文化方面，客观上起了一定作用。

4.【解析】探讨影响学习动机的因素，有利于提高我们对学生动机的培养和提高。

（一）内部因素

（1）学生的自身需要和目标结构。由于每个人在需要的强度和水平上不尽相同，反映在学习上动机的强度和水平也就有很大的差异。学生树立的目标不同，形成的目标结构不同也影响着学生的学习动机。在课堂上，学生常常有两类主要目标：以掌握所学内容为定向的掌握目标和以成绩为定向的成绩目标。掌握目标指向的学生具有内归因的倾向，成绩目标指向的学生具有外归因的倾向。

（2）成熟和年龄特点。年幼的儿童的动机主要是生理性动机，随着年龄的增长，社会性动机及其作用也日益增长。年龄较小的儿童对生理安全过分关注，而中学生对社会影响，如教师、家长的期望等比较关注。

（3）学生的性格特征和个别差异。学生本人的兴趣爱好、好奇心、意志品质都影响着学习动机的形成。

（4）学生的志向水平和价值观。学生整个人生观、世界观、价值观所直接反映的理想情况和志向水平影响着学习动机和目标结构的形成。

（5）学生的焦虑程度。学生的焦虑水平不仅影响着学习动机，更会影响学生的成绩。

（二）外部条件

（1）家庭环境和社会舆论。首先，社会要求通过家庭对学生的动机起影响作用；其次，在学生动机形成的过程中，家庭的文化背景、精神面貌也起着极其重要的作用。

（2）教师的榜样作用。首先，教师本人是学生学习动机的榜样；其次，教师的期望也会对学生的动机和行为产生不同的影响；再次，教师还是沟通社会、学校的要求和学生的成长，形成正确动机的纽带，要善于把各种外部因素和学生的内部因素结合起来。

2015年华中师范大学教育综合真题

一、名词解释(每题5分，共20分)

1. 教育
2. 学园
3. 心理发展
4. 修养

二、简答题(每题10分，共50分)

1. 简述教育的相对独立性含义及意义。
2. 简述直观性教学原则及要求。
3. 简述教师劳动的特点。
4. 简述梁启超的思想。
5. 简述活动性课程意义。

三、论述题(每题20分，共80分)

1. 论述掌握知识和发展智力的关系。
2. 论述德育过程中教师引导下学生能动的道德活动课程。
3. 论述创造性的培养措施。
4. 实验教育学评述。

2015年华中师范大学教育综合真题详解

一、名词解释

1.【解析】教育是有目的地培养人的社会活动，这是教育质的规定性。在教育学中，还把教育分为广义的和狭义的两种。广义的教育指的是，凡是有目的地增进人的知识技能，影响人的思想品格，增强人的体质的活动，不论是有组织的或是无组织的，系统的或是零碎的，都是教育。它包括人们在家庭中、学校里、亲友间、社会上所受到的各种有目的的影响。狭义的教育指的是专门组织的教育。

2.【解析】柏拉图于公元前388年创立的最早的高等教育机构，学园存在了九百多年，影响深远，其名称“academy”也成为后世学术机构的统称。学园开设哲学、数学、音乐、天文学等科学，并实行教学和探索思辨相结合，讲授和自由讨论相结合的教育模式，培养了大量人才，成为希腊的哲学和科学中心。

3.【解析】心理发展是指个体从胚胎期经由出生、成熟、衰老一直到死亡的整个生命过程中所发生的持续而稳定的内在心理变化过程，心理发展反映的是个体心理随年龄增长而出现的持续而稳定的系列变化过程，主要包括认知发展和人格发展两大方面。

4.【解析】修养是在教师引导下学生经过自觉学习、自我反思和自我行为调节，使自身品德不断完善的一种方法。修养包括：立学习、反思、箴言、慎独等。运用修养要注意以下几点要求：(1)培养学生自我修养的兴趣和自觉性；(2)指导学生掌握修养的标准；(3)引导学生积极参加社会实践。

二、简答题

1.【解析】所谓教育的相对独立性，是指作为社会一个子系统的教育，它对社会的能动作用具有自身的特点与规律性，它的发展也有其连续性和继承性。主要体现在以下几个方面：

(1) 教育是培养人的活动，主要通过所培养的人作用于社会。

教育尤其是学校教育是一种有意识地影响人、培育人、塑造人的社会活动。通过培养人来适应并推进社会向前发展是教育特有的重要社会功能。

(2) 教育具有自身的活动特点、规律与原理。

教育是培养人的活动，而人具有能动性、可塑性和创造潜能等特点，具有特殊的身心发展和成熟的规律。教育、教学及其相关活动，不仅必须认识、遵循和创造性地运用这些基本特点与规律才能卓有成效地培养人才；而且应重视和遵循前人在这一方面总结的宝贵经验，形成的科学原理，才能便捷地达到前人已达到的水平，并在此基础上继续发展、前进。

(3) 教育具有自身发展的传统和连续性。

由于教育有自身的特点、规律和特有的社会功能，它一经产生、发展便形成和强化其相对独立性：包括形成由教育者、受教育者、教育中介系统组成的特定教育结构；形成有一定教育理念、师生关系、文化内容与方法组合的活动模式；逐步建立形式化、班级化、制度化、系统化的教育组织形式；逐步构建不断分化与综合的学科课程，以及按专业、系、院、校运行的学科规则与专业规范等方面整合的教育系统。

教育是为适应社会的生存与发展而产生、发展，受社会发展的制约，具有对社会的依存性，这是一方面；另一方面，教育又是一种主体性的实践活动，在能动地反作用于社会发展的过程中，具有主体自身的价值取向与行为选择，由此实现着教育的社会功能，并表现出自身的相对独立性。教育的社会功能与教育的相对独立性是一致的。可以说，教育的社会功能是教育的相对独立性的依据和主要体现。如果教育没有特有的社会功能，便不可能发展成为社会的一个重要的子系统，形成教育的相对独立性。

2.【解析】直观性教学原则是指在教学中通过引导学生观察所学事物或图像，聆听教师用语言对所学对象的形象描绘，形成有关事物具体而清晰的表象，以便理解所学知识。

贯彻直观性原则的基本要求如下：

(1) 正确选择直观教具和现代化教学手段；

(2) 直观要与讲解结合；

(3) 防止直观的不当和滥用；

(4) 重视运用语言直观。

3.【解析】教师劳动的特点：一是，教师劳动的复杂性。首先，教师劳动的对象是发展变化中的，主要是未成熟的“人”。其次，教师的工作不仅仅包括教书一个方面，而是包含方方面面的。再次，教育过程是复杂的。最后，影响学生的因素是广泛的，不限于学校内部。

二是，教师劳动的示范性。教育是培养人的活动。教育活动这一本质特点，决定了教师的劳动必然带有严格的示范性。

三是，教师劳动的创造性。教师劳动创造性的最重要特征之一是他的工作对象——学生经常在变化，永远是新的，今天同昨天就不一样。教师劳动的创造性，还表现在教育教学过程中，教师对各种突发情况所作出的及时反应、妥善处理上的应变能力上，即教育机智。教师劳动的创造性，并不意味着教师的劳动必然有创造性。教师要创造性地开展教育教学工作，必须经历艰苦的劳动和长期的积累，包括加强自身素质的锻炼和提高，深入地亲近与了解学生，熟能生巧地、机智地开展工作，才能使自己的教育活动呈现创造性。

四是，教师劳动的专业性。教师劳动的专业性突出表现在教师对育人的崇高敬业精神和道德修养上，对教育教学专业化知识和技能的掌握和教育活动的自主权上。

4.【解析】(1)“开民智”、“伸民权”与教育作用

梁启超认为国势的强弱随着人民的受教育程度而转移，并明确地将“开民智”与“伸民权”联系起来，揭示了专制与愚民、民主与科学的内在联系。“世界之运，由乱而进于平，胜败之原，由力而趋于智，故言自强于今日，以开民智为第一义。”，“智恶乎开，开于学；学恶乎立，立于教”，他的“开民智”实具有科学与民主启蒙的内涵。

将“开民智”与“兴民权”和而论之，认为权生于智，欲伸民权须先广民智，既丰富了开民智的内涵，也揭示了教育作用的更深刻意义，表达了初步的教育民主思想。后来梁启超觉察到“民智”和“民权”并不能划等号，因此他提出教育应该有宗旨。

(2) 培养“新民”的教育目的

梁启超的教育目的是培养新民，新民必须具有新道德、新思想、新精神、新的特性和品质(即独立精神、权力思想、公民意识)，诸如国家思想、权利思想、政治能力、冒险精神以及公德、私德、自由、自治、自尊、尚武、合群、生利、民气、毅力等。同时重视体育和智育，“身体坏了，人便活不成或活的无趣”，“没有给养看家的本事，就不能养活自己，所以要给他种种智育”。

可以看出这种新民正是具有资产阶级政治信仰、思想观念、道德修养和适应资本主义社会生活的知识技能的新国民。

5.【解析】

活动课程的特点是：重视儿童的兴趣、需要、能力和阅历，以及儿童在学习中的自我指导作用与内在动力；注重引导儿童从做中学，通过探究、交往、合作等活动使学生的经验得到改组和改造，智能与品德得到养成与提高；强调解决问题的动态活动的过程，注重教学活动过程的灵活性、综合性、形成性，因人而异的弹性，以及把课程资源作为解决问题的工具，反对预先确定目标的观念。由此可以看出，活动课程与学科课程相对立，它打破学科逻辑系统的界限，是以学生的兴趣、需要、经验和能力为基础，通过引导学生自己组织的有目的的活动而编制课程。因而它也被称作经验课程或儿童中心课程。但是，活动课程不重视系统的科学文化知识的教学和严格确定的目的与任务的达成；过于重视灵活，缺乏规范性，其教学过程不易理性地引导，存在较大难度；对教师要求过高，不易实施和落实，也极易产生偏差，学生也往往学不到预期的系统的科学基础知识。

三、论述题

1.【解析】(1) 智力的发展和知识的掌握二者相互依存、相互促进。

在教学过程中，学生智力的发展依赖于他们知识的掌握。人们常说“无知必无能”。不爱学习，知识和经验都很贫乏的人，他的智力不可能发展得很好。学生学习的科学文化知识，既是人类知识长期积累和整理的成果，又是人类智力和智慧的结晶，它本身蕴藏着丰富的人类认识的方法。对学生来说，掌握知识的过程也是智力运用的过程。只有在掌握知识的过程中学会获取这些知识的认识方法，并把这些知识和认识方法自觉地、创造性地运用在以后的学习和实际中去，才能逐步发展自己的智力，形成自己的创造才能。

同时，学生对知识的掌握又依赖于他们的智力发展。因为人们的智力同样是人们掌握知识的必要条件。只有那些智力发展好的学生，他们接受能力才强，学习效率才高；而智力发展较差的学生在学习中则有较多困难。可见，发展学生的智力是顺利进行教学，提高教学质量的重要条件。特别是在科学技术迅猛发展的时代，教学内容迅速增多，程度不断提高，难度不断加大，尤其需要在教学中培养和提高学生的智力，发展他们的创造才能，这样，他们才能有效地掌握现代科学知识，攀登世界科学的高峰。

(2) 生动活泼地理解和创造性地运用知识才能有效地发展智力。

通过传授知识发展学生的智力是教学的一个重要任务。然而，知识不等于智力，传授了知识不等于发展了智力。一个学生知识的多少并不一定能标志他的智力发展的高低。如果知识进行“填鸭式”教学，学生只知机械记取和搬用知识，即使他们头脑里填满了一大堆知识，也不可能增进思考力，而且往往会使他们变得呆头呆脑，造成了一些“高分低能”的学生，不符合现代社会的要求。可见，不是任何一种知识教学都能有效地促进学生智力发展的。因为学生的智力不仅与他们所掌握的知识的性质、难度、分量有关，更重要的是与他们对这些知识的理解透彻度、获取这些知识的方式与活动的状况以及运用知识的自觉能动的程度紧密相关。因此，在教学中，不仅要教给学生知识，而且要引导学生通过生动活泼主动的学习活动透彻地理解知识原理，掌握学科的结构，特别是要启发学生了解获取知识的过程和方法，学会独立思考、逻辑推导与论证，能够自如地甚至创造性地运用知识来解决理论和实际问题，这样才能使学生的智力获得高水平的发展。

(3) 防止单纯抓知识教学或只重智力发展的片面性。

在近代教育史上，对于教学中应当如何处理掌握知识与发展智力的关系问题，形式教育论者和实质教育论者曾经有过长期的争论。前者认为，教学的主要任务在于训练学生的思维形式，知识的传授则是无关紧要的；后者认为，教学的主要任务在于传授学生对生活有用的知识，至于学生的智力则无需进行特别的培养和训练。显然，两者的主张都是片面的，都把掌握知识和发展智力人为地割裂开来。

在我们今天的教学中，也常有类似的情况出现。有的强调“双基”教学，认为“双基”教学抓好了，学生的智力就自然地发展了，忽视引导学生通过主动的探究，反思有意识地锻炼与发展学生的智力；也有的过于强调教学的活动性质和创造性，把探究与发展智力放在首要地位，却不重视系统知识和原理的精确掌握与优化。这两者都有片面性，都不利于提高教学质量。

2.【解析】德育过程是在教师有目的有计划教导下，学生主动积极地进行道德认识和道德实践，逐步提高自我修养能力、形成社会主义品德的过程。

(1) 学生品德的发展是在活动中能动地实现的

青少年学生在吸取社会和教育影响的活动中，不仅是被影响、被教育的对象，而且是能动地吸取环境和教育影响的主体，因为他们逐渐已有自己的生活经验、价值观念和思想倾向，都有自己的考虑和倾向，都需经过自己的内部思想、情感活动，然后做出自己的判断和选择。也就是说，外界的影响只有通过学生内部的思想情感活动，才能被他们所理解、选择和吸取，成为他们自己的观点、需要和追求，这样社会影响才能转化为学生个人的品德。

(2) 道德活动是促进外界的德育影响转化为学生自身品德的基础

将外部的教育影响顺利地转化为学生的内在品德，从根本上说，这个转化只能在学生与外在社会相互作用的活动中才能实现，而不可能在他们处在静态中进行；而道德活动则是促进德育影响转化为学生品德的基础。

(3) 进行德育要善于组织、指导学生的活动

由于人的心理活动是外部世界的反映，所以一般来说，在德育过程中，首先要组织好学生的各种表现为外部行为的实际的教育活动，才能启迪、激发和引导他们积极开展内部心理活动，以促进他们的思想认识的提高和品德的发展。德育的根本任务是引导学生在认识和改造客观世界的实践活动中改造主观世界，提高自己的修养水平。

3.【解析】参见2010年首都师范大学教育综合真题解析简答题第1题。

4.【解析】(一) 实验教育学是19世纪末20世纪初兴起的用自然科学的实验法研究儿童发展及其与教育的关系的理论。其代表人物是德国教育学家梅伊曼和拉伊，代表著作主要有梅伊曼的《实验教育学纲要》及拉伊的《实验教育学》。

(二) 实验教育学的主要观点包括以下几点：(1)提倡把实验心理学的研究成果和方法运用于教育研究，从而使教育研究真正"科学化"。(2)主张用实验、统计和比较的方法探索儿童心理发展过程的特点及其智力发展水平，用实验数据作为改革学制、课程和教学方法的依据。(3)把教育实验分为三个阶段：就某一问题构成假设；根据假设制定实验计划，进行实验；将实验结果应用于实际，以证明其正确性。

(三) 实验教育学所强调的定量研究成为20世纪教育学研究的一个基本范式，近百年来得到了广泛的应用和发展，极大地推动了教育科学的发展。实验教育学的方法也有局限性，因为像教育目的这样涉及价值的判断和选择的问题就不能通过实验的方法来解决，当实验教育学及其后继者把科学的定量方法夸大为教育科学研究的唯一有效方法时，它就走上了教育学研究中"唯科学主义"的迷途，受到了来自文化教育学的批判。

2015年山东师范大学教育综合真题

一、名词解释(每题5分，共20分)

1. 个人本位论
2. 三舍法
3. 学在官府
4. 智者

二、辨析题(每题10分，共40分)

1."近朱者赤近墨者黑"，所以说明环境在人的身心发展中起决定作用。
2. 教师劳动具有专业性。
3. 法家的绝对"性恶论"否定了教育的价值。
4. 经典性条件反射和操作性条件反射没有实质性的区别。

三、简答题(每题10分，共60分)

1. 简述现代教育的特征。
2. 试述学科课程的特点。

3. 简述汉代“独尊儒术”文件政策。

4. 简述巴特勒法案。

5. 简述奥苏伯尔的认知同化理论。

6. 简述规范学习的心理过程。

四、论述题(每题 15 分，共 30 分)

1. 如何理解教学中的掌握知识与发展能力的关系？

2. 请对卢梭的自然主义教育进行述评。

2015 年山东师范大学教育综合真题详解

一、名词解释

1.【解析】个人本位论坚持教育目的应当由人的本性、本能的需要来决定，教育的根本目的就是人的本性和本能的高度发展。个人本位论主要有以下观点：教育目的是根据个人的发展的需要制订的，而不是根据社会的需要而制订的；个人价值高于社会价值；人生来就有健全的本能，教育的基本职能就在于使这种本能不受影响地得到发展。

2.【解析】“三舍法”是“太学三舍选察升补之法”的简称，它是宋朝时期中国古代大学在大学管理制度上的一项创新。其重要内容是：将太学分为外舍、内舍和上舍三个程度不同、依次递升的等级，相应的太学生也被分为外舍生、内舍生和上舍生。在太学内部建立了严格的升舍考试制度，对太学生的考察和选拔力求做到将平时行艺和考试成绩相结合。因而调动了学生学习的积极性，提高了太学教学质量。

3.【解析】“学在官府”是西周教育制度的主要特征。奴隶主贵族为了管理需要，制定法纪规章，由文字记录并汇集成专书，有官员掌握，这就是“学术官守”的历史现象。因为官府有学而民间私家无学术，只有到官府中才能学习专门知识，这就是“学在官府”。

4.【解析】“智者”又称诡辩家或智术之师，是指一批收费传授辩论术和其他知识，并以此(收费授徒)为职业的巡回教师。智者的代表人物主要包括：普罗泰哥拉、高尔吉亚、普罗狄克斯等。智者的教育活动具有高等教育的性质，而且开始了集体教学。智者教育的目的是教人学会从事政治活动的本领，即训练公民和政治家。辩论术、修辞学、文法成为智者们主要的教学科目，甚至自然科学也被包含在内。

二、辨析题

1.【解析】此说法错误。虽然环境在人的身心发展中起着重要的作用，但是它不能是决定性的作用。

(1) 环境是人的发展的外部条件。一个人的身心能否得到发展和发展到什么程度，都与他所处的社会环境分不开，社会环境是儿童得以发展的现实条件和现实源泉，对人的发展起着重要的不可替代的作用。

(2) 环境具有给定性，但是环境的给定性并不意味着人的发展，人的命运已经被确定了、注定了。人的发展还有非常广阔的机遇，还有很多可能性与不确定性。尽管外在的客观环境对人的发展具有不可或缺的重要影响，可是，环境是一个非常丰富、复杂且变动的条件，而人是具有能动性的主体，人对环境还有选择性。

(3) 环境对人的发展的制约作用离不开人对环境的能动活动。环境的给定性离不开主体的选择性，环境的给定性不但不会限制人的选择性，而且正是因为有了环境的给定性，反而激发了人的能动性、创造性。

2.【解析】此说法正确。教师劳动具有专业性。

1966年，国际劳工组织、联合国教科文组织在《关于教师地位的建议》中提出，“教育工作应该被视为专门职业，这种职业是一种要求教员具备经过严格而持续不断的研究才能获得并维持专业知识及专门技能的公共业务；要求对所辖学生的教育和福利具有个人的及共同的责任感。”

3.【解析】此说法错误。相反法家的“性恶论”不仅没有否定了教育的作用，而是十分强调教育的作用。荀子关于“性恶论”和教育作用的观点可以归纳为三点：

(1)“性伪之分”。“伪”是与“性”相对的一个范畴。“性”即是指与生俱来的生理本能和感知能力；“伪”是指人为，是泛指一切通过人为的努力而使人发生的变化。荀况认为，孟轲所说的人性“善”实际上说的是“伪”而不是“性”。

(2)“性伪合”。性与伪是区别乃至对立的，但也是联系与统一的。性与伪就是素材与加工的关系，没有素材，就无以加工文饰，素材永远是那么原始和不完美。只有素材与加工结合，“性伪合”，才能实现对人的改造，实现对社会的改造。

(3)“化性起伪”。要实现“涂之人可以为禹”必须注意环境、教育和个体努力三方面的因素。而且教育的作用显得更主动，它是依一定的规矩对人加以改变的过程。

4.【解析】此说法正确。经典性条件反射和操作性条件反射实质都是刺激与反应之间的联结。

巴甫洛夫的经典性条件反射和斯金纳的操作性条件反射认为行为形成的关键都要通过强化，因而它们在本质上是相同的。而且两者理论都认为当有机体作出以前曾被强化过的反应之后不再有强化物相伴时，这一反应在今后发生的概率便会降低。

三、简答题

1.【解析】(1)学校教育逐步普及。19世纪中叶以后，各个先进资本主义国家通过了有关普及义务教育的法律，这些法律大都具有强制性。正是这些具有强制性质的法律的实施，使得先进资本主义国家先后在19世纪末20世纪初普及了初等教育。在20世纪，先进资本主义国家在二战后完成了中等教育的普及和实现了高等教育大众化；发展中国家由教育极端落后向普及教育迈进。

(2) 教育的公共性日益突出

教育逐渐成为社会的公共事业，成为社会的公共话题，也成为政治家们优先考虑的社会问题。

(3) 教育的生产性不断增强

现代教育与生产劳动的逐步结合，促使现代教育成为劳动力再生产的重要手段，也成为科学知识再生产和发展科学技术的重要手段，对提高社会生产效率和增加社会财富起着重要作用，因此，现代教育具有明显的生产性。

(4) 教育制度逐步完善

现代教育兴起以后，特别是在公共教育制度形成以后，随着学校大量增加，需要确定一定的规范作为衡量学校工作的尺度，并在学校职能健全以后解决上下级别学校的衔接、不同类型学校的分工以及办学权限之类的问题。于是，学校制度、课程设置、考试制度等措施应运而生，促使现代教育向制度化的方向发展。

2.【解析】学科课程，是指根据学校培养目标和科学发展，分门别类地从各门科学中选择合适学生年龄特征与发展水平的知识所组成的教学科目。亦称分科课程。

学科课程的特点是：重视成人生活的分析及其对儿童为适应未来社会生活需要所做准备的要求，有明确的目的和目标；能够按照人类整理的科学文化知识的逻辑系统，结合学生身心发展的特点，预先选定课程及内容编制好教材，便于师生分科而循序渐进地进行教学；强调课程与教材的内在的伦理精神和智能训练价值，对学生的发展有潜在的定向的质量要求。但是，学科课程是一种静态的，预先计划和确定好了的课程和教材，完全依据成人生活的需要，为遥远的未来做准备，往往忽视儿童现实的兴趣和欲求，极易与学生的生活和经验脱节，导致强迫命令，学生被动、消极，造成死记硬背等弊端，值得我们警惕和改正。

3.【解析】董仲舒在前后三次回答汉武帝的策问时，提出"独尊儒术"等三条建议，为汉武帝接纳，成为汉代政府的三条文教政策之一。

汉初在文化教育上采取宽松政策，给各学派的发展提供了良好的机会，但各学派之间相互争雄，势必危及政治思想的稳定。董仲舒站在儒家的立场上，从《春秋》大一统的观点出发，论证了儒学在封建政治中应居独一无二的统治地位，从而提出了"罢黜百家，独尊儒术"的建议。鼓励儒学的发展，对其他各家学说采取排斥态度，达到以儒学统一思想的目的。

4.【解析】为了进一步改革英国教育制度。1944 年，英国政府通过了以巴特勒为主席的教育委员会提出的教育改革法案，即《1944 年教育法》，又称《巴特勒法案》。法案的基本内容如下：

(1) 加强国家对教育的控制和领导，设立教育部，统一领导全国的教育。同时，设中央教育咨询委员会，负责向教育部长提供咨询和建议。

(2) 加强地方教育行政管理权限，设立由初等教育、中等教育和继续教育组成的公共教育系统。地方教育当局负责为本地区提供初等教育、中等教育和继续教育。初等教育分为三个阶段：幼儿园、幼儿学校和初等学校。小学生毕业后根据 11 岁考试结果，按成绩、能力和性向进入三类中等学校：文法中学、技术中学和现代中学。初等学校和中等学校实行董事会制。

(3) 实施 5~15 岁的义务教育。父母有保证子女接受义务教育和保证在册生正常上课的职责。地方教育当局应向义务教育超龄者提供全日制教育和业余教育。

(4) 法案还提出了宗教教育、师范教育和高等教育改革等要求。

5.【解析】奥苏贝尔认为，影响学习的最重要因素是学生已有的认知结构，他强调学生的学习应该是有意义的接受学习，这种学习是通过新知识与学生认知结构中的有关观念相互作用而进行的，其结果是新旧知识意义的同化。有意义学习的内部心理机制是同化、同化实质上是新知识通过与已有认知结构中起固定作用的知识或观念之间的相互作用。根据新旧观念的概括水平及其联系方式不同，划分了三种同化模式：

(1) 下位学习。当认知结构中的原有的有关观念在包摄和概括水平上高于新观念时，新旧观念(或知识)之间构成类属关系，或称为下位关系。这是新旧知识之间的相互作用过程称为“下位学习”。

（2）上位学习。当学习者的认知结构中已经形成了几个概念，新的学习要在几个原有概念的基础上设置一个包摄性更广、概括水平更高的概念或命题时，就产生“上位学习”。

（3）并列结合学习。当新的知识与认知结构中的原有的观念既不能产生从属关系，又不能产生上位关系，而只是并列关系，这种学习称为并列结合学习。

6.【解析】社会规范学习是个体形成和完善品德心理结构、发展道德认知的重要途径。社会规范学习是认知、情感和行为的整合。通过学习社会规范，获得对社会规范及其必要性的认知，通过情感学习产生与规范相一致的情感体验，促进对社会规范的积极态度形成，激发并维持个体与规范相一致的行为。按照个体对社会规范的接受程度，社会规范学习表现出有无条件的遵从到认同再到内化的渐进过程。

（1）社会规范的遵从。遵从是社会规范学习的初级接受水平，也是规范认同和内化的基础；

（2）社会规范的认同作为社会规范的一种较高接受水平，属于社会认同范畴，是指个体在认知、情感上对社会规范的吸收，将社会期待转变为个体对自身的期待，在行为上与行为规范一致。社会规范认同是个体接受社会规范、确立自觉态度、形成品德的一个关键阶段。

（3）社会规范的内化。社会规范的内化是社会规范接受的高级水平，是品德形成的最高阶段，它是主题随着对规范认识的概括化和系统化，以及对规范体验的逐步积累与深化，最终形成一种价值信念作为个体规范行为的驱动力。

四、论述题

1.【解析】掌握知识和发展能力的关系。能力是成分复杂的集合，下面以智力为例说明掌握知识和发展能力在教学过程中的统一性。

（1）智力的发展和知识的掌握二者相互依存、相互促进

在教学过程中，学生智力的发展依赖于他们知识的掌握。人们常说“无知必无能”。不爱学习，知识和经验都很贫乏的人，他的智力不可能发展得很好。学生学习的科学文化知识，既是人类知识长期积累和整理的成果，又是人类智力和智慧的结晶，它本身蕴藏着丰富的人类认识的方法。对学生来说，掌握知识的过程也是智力运用的过程。只有在掌握知识的过程中学会获取这些知识的认识方法，并把这些知识和认识方法自觉地、创造性地运用在以后的学习和实际中去，才能逐步发展自己的智力，形成自己的创造才能。

同时，学生对知识的掌握又依赖于他们的智力发展。因为人们的智力同样是人们掌握知识的必要条件。只有那些智力发展好的学生，他们接受能力才强，学习效率才高；而智力发展较差的学生在学习中则有较多困难。可见，发展学生的智力是顺利进行教学，提高教学质量的重要条件。特别是在科学技术迅猛发展的时代，教学内容迅速增多，程度不断提高，难度不断加大，尤其需要在教学中培养和提高学生的智力，发展他们的创造才能，这样，他们才能有效地掌握现代科学知识，攀登世界科学的高峰。

（2）生动活泼地理解和创造性地运用知识才能有效地发展智力

通过传授知识发展学生的智力是教学的一个重要任务。然而，知识不等于智力，传授了知识不等于发展了智力。一个学生知识的多少并不一定能标志他的智力发展的高低。如果知识进行“填鸭式”教学，学生只知机械记取和搬用知识，即使他们头脑里填满了一大堆知识，

也不可能增进思考力，而且往往会使他们变得呆头呆脑，造成了一些“高分低能”的学生，不符合现代社会的要求。可见，不是任何一种知识教学都能有效地促进学生智力发展的。因为学生的智力不仅与他们所掌握的知识的性质、难度、分量有关，更重要的是与他们对这些知识的理解透彻度、获取这些知识的方式与活动的状况以及运用知识的自觉能动的程度紧密相关。因此，在教学中，不仅要教给学生以知识，而且要引导学生通过生动活泼主动的学习活动透彻地理解知识原理，掌握学科的结构，特别是要启发学生了解获取知识的过程和方法，学会独立思考、逻辑推导与论证，能够自如地甚至创造性地运用知识来解决理论和实际问题，这样才能使学生的智力获得高水平的发展。

(3) 防止单纯抓知识教学或只重智力发展的片面性

在近代教育史上，对于教学中应当如何处理掌握知识与发展智力的关系问题，形式教育论者和实质教育论者曾经有过长期的争论。前者认为，教学的主要任务在于训练学生的思维形式，知识的传授则是无关紧要的；后者认为，教学的主要任务在于传授学生对生活有用的知识，至于学生的智力则无需进行特别的培养和训练。显然，两者的主张都是片面的，都把掌握知识和发展智力人为地割裂开来。

在我们今天的教学中，也常有类似的情况出现。有的强调“双基”教学，认为“双基”教学抓好了，学生的智力就自然地发展了，忽视引导学生通过主动的探究，反思有意识地锻炼与发展学生的智力；也有的过于强调教学的活动性质和创造性，把探究与发展智力放在首要地位，却不重视系统知识和原理的精确掌握与优化。这两者都有片面性，都不利于提高教学质量。

2.【解析】参见2011年南京师范大学教育综合真题详解简答题第4题。

2015年天津师范大学教育综合真题

一、名词解释(每题5分，共30分)

1. 颜氏家训
2. 绅士教育
3. 学习策略
4. 有意义学习
5. 学校教育制度
6. 德育过程

二、简答题(每题10分，共40分)

1. 简述孔子教学思想。
2. 简述泰勒课程原理理论。
3. 简述教学过程的实质。
4. 简述教师的权利和义务。

三、论述题(每题20分，共80分)

1. 试述蔡元培教育思想与实践。
2. 试述环境、教育和遗传在人的身心发展中的作用。

3. 试述创造性及其培养。

4. 试述杜威的教育本质观。

2015年天津师范大学教育综合真题详解

一、名词解释

1.【解析】从士族地主的立场出发，为保持自己家族的传统与地位，颜之推根据自己的经历和体验，写出了我国封建社会第一部系统完整的家庭教科书——《颜氏家训》，用以训诫其子孙。这部著作包含了不少颜之推在士大夫教育、家庭教育等方面的真知灼见。

2.【解析】洛克认为教育的最高目的在于培养绅士，并从体育、德育、智育三个方面对绅士教育进行了论述。洛克认为绅士应该是“有德行、有用、能干的人才”，新型资产阶级的“事业家”。绅士应具有“德行、智慧、礼仪和学问”四种道德品质，以及健康的身体素质。洛克绅士教育思想在近代教育史上有着重要地位。

3.【解析】学习策略是指在学习过程中，学习者为了达到有效学习的目的而采用的规则、方法、技巧及其调控方法的总和。其中，学习过程中用来进行信息加工的策略称为学习认知策略，用来调节控制学习过程，保障加工过程有效进行的学习策略则称为学习监控策略。

4.【解析】奥苏贝尔认为，所谓有意义学习，是指符号所代表的新知识与学习者认知结构中已有的适当观念建立起非人为的、实质性的联系。有意义学习的类型包括表征学习、概念学习、和命题学习。

5.【解析】现代教育制度的核心部分是学校教育制度。学校教育制度简称学制，指的是一个国家各级各类学校的系统及其管理规则，它规定着各级各类学校的性质、任务、入学条件、修业年限以及它们之间的关系。

6.【解析】德育过程是在教师有目的有计划地引导下，学生主动地积极地进行道德认知和道德实践，逐步提高自我修养能力，形成品德的过程。德育过程是教师引导下学生能动的道德活动的过程；培养学生知情信意行的过程；是提高学生自我教育能力的过程。

二、简答题

1.【解析】(1) 以六艺为教学内容

孔丘的教学内容虽袭用西周“六艺”名称，但对所传授的学科都已作了调整，充实了内容。孔丘进行研究并变成教材的有《诗》《书》《礼》《乐》《易》《春秋》六种。

这六种教材，各有教育任务，对人的思想教育都有重要价值。《诗》教使人态度温和，性情柔顺；《书》教使人熟知历史，通晓先王施政之理；《礼》教使人恭敬严肃，知道道德规范；《乐》教使人心胸宽畅，品行善良；《易》教使人知道人事正邪吉凶，事物之理的精微；《春秋》之教使人知道交往用辞得体，褒贬之事有原则。

孔丘的教学内容存在三方面的特点：偏重社会人事；偏重文事；轻视科技和生产劳动。

(2) 教学方法

因材施教。孔丘是我国历史上首倡因材施教的教育家。他认为只有从个人的实际情况出发，根据个性特点和具体要求来进行教育，才能达到一定的教育目的。

启发诱导。他是世界上最早提出启发式教学的教育家。不论学习知识或是培养道德，都要建立在学生自觉需要的基础上，应充分发挥学生的主动性、积极性。

学思行结合。“学而知之”学是求知的途径，也是求知的唯一手段。学，不仅是学习文字上的间接经验，而且要通过见闻获得直接经验。“学而不思则罔，思而不学则殆。”孔丘提倡广泛学习知识，并在此基础上认真深入思考，学思结合。“学以致用”，学到的知识应当用于社会实践之中。由学而思而行，孔丘所探究和总结的学习过程，也就是教育过程，与人的一般认识过程基本符合。这一思想对后来的教学理论、教学实践产生深远的影响。

2.【解析】1949 年，泰勒出版了《课程和教学的基本原理》一书，该书被认为是现代课程理论的奠基石。他认为课程原理是围绕四个基本的问题组成和运作的，即学校应该达到哪些教育目标？提供哪些教育经验才能实现这些教育目标？怎样才能有效地组织这些教育经验？以及怎么才能确定这些目标正在得到实现？他提出的四个问题实际上揭示了课程组成的四个部分，也明确了课程编制过程的四个步骤：确定目标，选择经验，组织实施，评价结果。他的课程原理系统、完整而重点突出，其中，确定目标是主要的基础的一环。泰勒的课程原理被称为“目标模式”，对课程开发有很大的影响，至今仍在西方课程领域中占有重要地位。

3.【解析】教学过程是由教师、学生、教学内容、教学手段等基本要素构成的，是教师根据教学的目的、任务和学生身心发展的特点，有计划地引导学生掌握知识、认识客观世界的过程，也是促进学生身心全面发展的过程。教学过程的本质可以从以下几个方面来说：

（1）教学过程是由教师的教和学生的学所组成的双边活动。

教师的教和学生的学，是构成教学活动的重要条件。学是为了求知，教是为了帮助学生求知。教和学的共同目的是为了解决学生从不知到知、从不会到会的矛盾。从教和学的关系来说，在教学过程中，教师要发挥主导作用，要充分调动学生的自觉性和积极性，才能真正完成教学任务。

（2）教学过程是一种特殊的认识过程。

教学过程是认识的一种特殊形式，其特殊性在于，教学内容的间接性、教学环境的潜隐性、教学中介的多样性、教学发展的高效性、教学主体的发展性。它是学生个体的认识，是由教师领导未成熟的主体通过学习知识去间接认识世界。其目的在于：在教师的指导下，把社会历史经验变为学生个体的精神财富，不仅使学生获得关于客观的映像即知识，也使学生个体获得发展。学生认识的特殊性表现在：认识的间接性；认识的交往性；认识的教育性；有领导的认识。

（3）教学过程是促进学生身心发展的过程。

教学过程是传授和掌握知识的过程，也是促进学生身心发展的过程。在教学中，自始至终充满着多种多样的身心活动。学生掌握知识、认识世界，不但需要发展智力，同时还要发展情感、意志、性格等心理品质。而一切心理品质又都是与身体的发展联系在一起的，身体的发展有助于学生心理的发展。教学最终应促进学生的身心发展，使其身体和心理达到最健全的发展水平。

4.【解析】（1）教师的权利：教师的权利是指教师依法享有的各种权益。

我国 1993 年颁布的《中华人民共和国教师法》规定，教师所享有的特殊权利主要有以下几方面：

其一，独立工作的权利，即教师依法享有对学生实施教育、指导、评价的权利；

其二，自我发展的权利，即教师依法享有发展自己、提高专业文化水平的权利；

其三，参与管理的权利，即教师可以通过各种合法途径参与学校管理和建设；

其四，争取合理报酬、享受国家规定的各种福利待遇的权利。

（2）教师义务：教师的义务是指教师依法应当承担的各种职责。

《中华人民共和国教师法》规定，教师除了必须承担国家宪法规定的公民的一般义务外，还必须履行如下基本职责：

其一，遵守宪法、法律和职业道德，为人师表；

其二，贯彻国家的教育方针，遵守规章制度，执行学校的教学计划，履行教师聘约，完成教育教学工作任务；

其三，对学生进行宪法所确定的基本原则的教育和爱国主义、民族团结的教育，法制教育以及思想品德、文化、科学技术教育，组织、带领学生开展有益的社会活动；

其四，关心、爱护全体学生，尊重学生人格，促进学生在品德、智力、体质等方面全面发展；

其五，制止有害于学生的行为或者其他侵犯学生合法权益的行为，批评和抵制有害于学生健康成长的现象；

其六，不断提高思想政治觉悟和教育教学业务水平。

三、论述题

1.【解析】(一)“五育并举”的教育方针

1912年初，蔡元培发表了《对于教育方针之意见》一文，提出军国民教育、实利主义教育、公民道德教育、世界观教育和美感教育“五育”并举的教育思想，系统阐述了“五育”各自的内涵、作用和相互关系，成为制定民国教育方针的理论基础。

军国民教育主张将军事引入到学校和社会教育之中，让学生和民众受到一定的军事教育和训练，强调学生生活的军事化，特别是体育的军事化等。实利主义教育即是“以人民生计为普通教育之中坚”，密切教育与国民经济生活的关系，加强职业技能的培训，使教育能发挥提高国家经济能力和改善人民生活水平的作用。公民道德教育的基本内容是法国资产阶级革命所标榜的自由、平等、博爱等，但蔡元培也明确指出，中国传统伦理特别是儒家伦理的一些基本范畴，其内涵和自由、平等、博爱的精神是相通的。世界观教育为蔡元培所独创并作为教育的最高境界，就是要培养人民立足于现象世界但又超脱现象世界而贴近实体世界的观念和精神境界。美感教育与世界观教育紧密联系，要引导人们具有实体世界的观念，最有效的方式就是通过美感教育，利用美感这种超越利害关系，人我之分界的特性去破除现象世界的意识，从而陶冶、净化人的心灵。他认为“五育”不可偏废其一，前三种教育偏于现象世界之观念，为隶属于政治之教育；后两者以追求实体世界之观念为目的，为超越政治之教育。

（二）蔡元培的教育实践

1916年年底，蔡元培受命担任北京大学校长，对北京大学进行了全面改革，把北京大学这所充满官僚气息的旧式学校变成生机勃勃的新式大学。

（1）首先，蔡元培改革北大的第一步是明确大学的宗旨，即大学是研究高深学问的场所，并进而为师生创造研究高深学问的条件和氛围；其次，是整顿教师队伍，延聘积学热心教员；再次，是发展研究所，广积图书，引导师生研究兴趣，为了从机构设置上有利于学术研究，蔡元培率先在国内大学中设立了各科研究所；除此之外，他还强调砥砺德行，培养正当兴趣。

(2)“循思想自由原则，取兼容并包主义”，是蔡元培主持北京大学的基本指导思想，同时也体现在教师聘用上，在这一原则下，北大教师队伍一时出现流派纷呈的局面，使北大成为新思想的策源地。

(3) 在学校管理方面，主要体现了蔡元培“教授治校，民主管理”的思想，把推动学校发展的责任交给教授，让真正懂得学术的人来管理学校。

(4) 在学科与教学体制改革方面，蔡元培采取的措施有：扩充文理，改变“轻学而重术”的思想；沟通文理，废科设系；改年级制为选科制(学分制)以充分照顾学生的能力和兴趣，发展学生的个性。

北京大学的改革是全方位的。除此之外，还有不少开风气之先的改革。如开我国公立大学招收女生的先例，实行旁听生制度等。北京大学的改革不仅使自身改变了面貌，也是我国高等教育发展的一座里程碑，使北大成为新文化运动和马克思主义的传播中心、五四运动的策源地。

2.【解析】人的发展取决于多种因素，是诸多因素相互作用与建构而形成的结果。人们对这些因素有不同划分，对其在人的发展中的作用也有不同的认识和估价。

(1) 环境在人的身心发展中的作用。

其一，环境是人的发展的外部条件。

环境泛指个体生存与其中并影响个体发展的外部世界。人的生存、发展与环境的关系十分复杂。根据其性质可以把它分为自然环境与社会环境两大类。一个人的身心能否得到发展和发展到什么程度，都与他所处的社会环境分不开，社会环境是儿童得以发展的现实条件和现实源泉，对人的发展起着不可替代的作用。

其二，环境的给定性与主体的选择性。

儿童只能在先在的、既成的、给定的环境中生活，无法抗拒和摆脱环境的影响和限制，只有适应环境而生活，并从中获得自身的生存和发展。但是，环境的给定性并不意味着人的发展，人的命运已经被确定了、注定了。人的发展还有非常广阔的机遇，还有很多可能的可能性和不确定性。

其三，环境对人的发展的制约作用离不开人对环境的能动活动。环境的给定性离不开主体的选择性，环境的给定性不但不会限制人的选择性，而且正因为有了环境的给定性，反而激发了人的能动性、创造性。

(2) 教育在人的身心发展中的作用

其一，教育是一种有目的地培养人的社会活动。

教育不管是有组织的或是无组织的，系统的或是零碎的，家庭的或是学校的、社会的，都是有目的地培养人的社会活动，这是教育的质的规定性。教育尤其是学校教育，作为有目的地培养人的社会活动，对人的发展起着主导作用。

其二，教育主要通过文化知识的传递来培养人。

教育尤其是学校教育，一般是在人为设置的环境中进行的，这一环境中有意识地提供的条件与活动对象，都是为实现教育目的服务的，其最大的特点是弥漫着文化知识的气息。事实上，教育主要是通过文化知识的传承来培养人的，文化知识是滋养人的生长的最重要的社会因素与资源。

(3) 遗传在人的发展中的作用。

其一，遗传素质是人的发展的生理前提，为人的发展提供了可能性。遗传是指人从上代继承下来的生理解剖上的特点，也叫遗传素质，是人的发展的自然的生理的前提条件。同时，遗传素质为人的发展提供了巨大的生理潜能，为人的发展提供了极其巨大而多样的可能性。

其二，遗传素质的成熟程度制约着人的发展过程及年龄特征。遗传素质本身有一个发展过程，它主要表现为人的身体的各种器官的构造及其功能的发展变化与完善。如周岁幼儿学步，青少年身高的剧增，骨骼构造的变化，心肺和大脑的发育，性的成熟等。遗传素质的成熟程度，为一定年龄阶段的身心特点的出现提供了可能与限制，制约着人的发展的年龄特征。

其三，遗传素质的差异性对人的发展有重要影响。

人的遗传素质是有差别的。人的遗传素质不仅表现在体态和感觉器官的功能上，也表现在神经活动的类型上。遗传素质的差异对人的发展有重要影响。一个在禀赋的某些方面比一般人优异的人，如果后天又得到适宜的培养加之个人的努力，他就可以在某些方面比一般人发展得快一些，高一些。

其四，遗传素质具有可塑性。

随着环境、教育和实践活动的作用，人的遗传素质会逐渐地发生变化。遗传素质为人的发展提供了生理上的可能性，但成长为什么样的人，并不决定于人的遗传素质。

3.【解析】参见 2010 年首都师范大学教育综合真题详解简答题第 1 题。

4.【解析】参见 2011 年中山大学教育综合真题详解论述题第 3 题。

2015 年南京师范大学教育综合真题

一、选择题(每题 2 分，共 20 分)

1. 下列属于我国古代“四书”的是(　　)。

A.《诗经》《春秋》《礼记》《尚书》

B.《学记》《大学》《论语》《中庸》

C.《大学》《中庸》《论语》《孟子》

D.《大学》《春秋》《孟子》《周易》

2. 在西方教育中，现代教育思潮的代表人物是(　　)。

A. 卢梭　　B. 赫尔巴特　　C. 杜威　　D. 佩斯泰洛奇

3. 新课改的三维教学目标是(　　)。

A. 识记、理解、应用

B. 认知技能、操作技能、情感目标

C. 生成目标、获得目标、转化目标

D. 知识与技能、过程与方法、情感态度价值观

4. 教育为政治服务的最基本的途径是(　　)。

A. 建设社会政治制度　　B. 开展思想宣传活动

C. 开设思想政治课程　　D. 培养现代政治公民

5. 由学生自己选择出来的最好的或最喜欢的作品来展示学生的学习成果，这种评价方

式是(　　)。

A. 形成性评价　　B. 总结性评价　　C. 档案袋评价　　D. 表现性评价

6. 教师按一定的教学要求向学生提出问题让学生回答，通过问答的形式来引导学生思考、探究，获取或巩固知识，促进智能发展教学方法是(　　)。

A. 讲授法　　B. 谈话法　　C. 实验法　　D. 演示法

7. 近代采用美国式的六三三分段法的，适合儿童的身心发展规律的新学制是(　　)。

A. 壬寅学制　　B. 癸卯学制　　C. 壬子癸丑学制　　D. 壬戌学制

8. 下列哪种思想不是中国近代五四运动时期资产阶级改革中所提倡的教育思想？(　　)

A. 复古主义思想　　B. 工读主义教育思想

C. 平民教育思想　　D. 实用主义教育思想

9. 在古代欧洲教育中，重视发展学生的全面教育的是(　　)。

A. 斯巴达教育　　B. 雅典教育　　C. 教会教育　　D. 骑士教育

10. 重视观察学习和榜样模仿的学习观点，属于(　　)。

A. 操作性反射理论　　B. 人本主义学习理论

C. 社会认知理论　　D. 认知派学习理论

二、名词解释(每题5分，共20分)

11. 学校教育制度

12. 课程标准

13. 书院

14. 美国进步教育运动

三、辨析题(判断正误，并说明理由，每题10分，共30分)

15. 教育为社会所制约，具有社会制约性。因而，教育是社会的附属品，没有独立性。

16. 教学就是教师传授知识的活动。

17. 品德教育就是要晓之以理、动之以情、持之以恒、导之以行。

四、简答题(每题10分，共40分)

18. 简述当前学制发展的主要趋势。

19. 试比较分析学科课程和活动课程的优缺点。

20. 简述陶行知“生活教育”观点的主要内容。

21. 简述建构主义学习理论在知识观、学习观、学生观、教学观的基本主张。

五、论述分析题(每题20分，共40分)

22. 试论述教学过程的性质。

23. 阅读下列案例，回答问题：

班级里的一位同学经常化妆，就这一问题，班主任王老师在课下找来这位同学谈话。

老师向学生说道：“懂得打扮自己是好事，但是你还不知道化妆的学问啊”，同学说：“化妆有什么学问呢？请老师赐教”。老师说：“中学生应该朴素自然、整洁大方、健康活泼。化妆切忌浓妆艳抹。浓妆艳抹会在同学之间、师生之间造成隔膜；青少年应有自然朴素的美，过分的化妆会掩盖住你的青春活力和红润的肤色，让人觉得矫揉造作。”从这之后，老师发现这位同学没有再过分化妆。

（1）案例中教师运用了什么样的德育方法？

（2）请简述这种德育方法的基本含义和实施要求。

2015 年南京师范大学教育综合真题详解

一、选择题

1. C　2. C　3. D　4. D　5. C　6. B　7. D　8. A　9. B　10. C

二、名词解释

11.【解析】现代教育制度的核心部分是学校教育制度。学校教育制度简称学制，指的是一个国家各级各类学校的系统及其管理规则，它规定着各级各类学校的性质、任务、入学条件、修业年限以及它们之间的关系。

12.【解析】课程标准是对学生接受一定教育阶段之后的结果所做的具体描述，是教育质量在特定教育阶段应达到的具体指标，是对课程教学的基本规范和要求，是教学管理和课程评价的依据，是教材编写、教学实施和考试命题的依据。课程标准的基本框架一般由前言、课程目标、课程内容和要求、实施建议等部分组成。

13.【解析】书院是中国古代特有的教育组织形式。书院在唐之前是由中央官府设立，用于收藏、校勘和整理图书的机构。唐末五代因战乱成为公认读书治学的地方，从宋朝开始，书院作为一种教育制度正式形成。书院至清才废止，前后有千余年的历史。书院以私人创办和组织为主，将图书的收藏、校对和教学、研究合为一体，是相对于官学之外的民间性学术研究和教育机构，对中国封建社会教育与文化的发展产生了重要的影响。

14.【解析】19 世纪末 20 世纪初美国教育界发生了一场规模浩大、影响深远的教育改革运动，这就是进步教育运动。进步主义教育理论的"实验室"主要是美国的公立学校。相对欧洲的"新学校"来说，进步学校更关心普通民众的教育，更强调教育与社会生活的联系，更重视从做中学，更注意学校的民主化问题。工业的发展、科学的兴起、动荡的社会、欧洲进步的教育理论的传入，动摇了美国传统教育的根基，终于使进步教育运动那个蓬勃发展起来。

三、辨析题(判断正误，并说明理由)

15.【解析】表述错误

虽然教育为社会所制约，具有社会制约性。但是，教育具有相对独立性。

所谓教育的相对独立性，是指作为社会一个子系统的教育，它对社会的能动作用，具有自身的特点与规律性，它的发展也有其连续性和继承性。主要体现在以下几个方面：

（1）教育是培养人的活动，主要通过所培养的人作用于社会。

（2）教育具有自身的活动特点、规律与原理。

（3）教育具有自身发展的传统和连续性。

所以，虽然教育是为适应社会的生存与发展而产生、发展的，受社会发展的制约，具有对社会的依存性，这是一方面；另一方面，教育又是一种主体性的实践活动，在能动地反作用于社会发展的过程中，具有主体自身的价值取向与行为选择，由此实现着教育的社会功能，并表现出自身的相对独立性。教育的社会功能与教育的相对独立性是一致的。可以说，教育的社会功能是教育的相对独立性的依据和主要体现。如果教育没有特有的社会功能，便不可能发展成为社会的一个重要的子系统，形成教育的相对独立性。

16.【解析】表述错误

教学是教师的教和学生的学所组成的一种人类特有的人才培养活动。

17.【解析】表述正确

知，指道德认知或道德观念，是人们对是非、善恶的认识和判断及评价；情，指道德情感，是人们对客观事物作判断时而引起的内心体验，也是对客观事物的爱憎、好恶的态度；意，指道德意志，是人们为实现一定道德目的而克服内心障碍和外部困难的能力和毅力；行，指道德行为，是指人们在一定道德认识、情感和意志的支配与调节下所表现的行动。

学生品德中知、情、意、行四要素既相对独立，又相互联系，相互促进。其中，知是基础，行是关键。一般来说，德育过程是沿着知、情、意、行的顺序进行的，即提高认识，陶冶情感，锻炼意志，培养行为习惯。很多教育工作者提出的"晓之以理，动之以情，导之以行，持之以恒"，正是反映了思想品德形成的规律。

四、简答题

18.【解析】学制是学校教育制度的简称，在现代教育制度的形成过程中，最先形成和完善起来的是学校教育系统，最初的教育制度就是学校教育制度，简称学制。随着现代教育的发展，学制已经不只是学校教育制度的简称，而是各种施教机构系统的总称，指一个国家各级各类学校的系统，它规定各级各类学校的性质、任务、入学条件、学习年限以及它们之间的纵向和横向关系。当前学制发展的主要趋势有：

（1）重视幼儿教育并加强与小学教育的衔接；

（2）逐渐延长义务教育年限；

（3）普通教育和职业教育日趋接近；

（4）高等教育多样化、大众化；

（5）重视继续教育和终生教育。

19.【解析】

学科课程亦称"分科课程"即分别从各门科学中选择部分内容，组成不同学科，分科进行教学。代表人物有孔子、亚里士多德、夸美纽斯、赫尔巴特、斯宾塞。

学科课程的优点：重视每门学科知识的逻辑性、系统性和完整性。这些特点非常有助于学生学习和巩固基础知识，也易于教师教授。

学科课程的缺点：不重视相互联系，造成和加深了学科的分离；不利于联系学生的生活实际和社会实践；不重视或忽视学生的兴趣和需要。学科课程的特点可以归纳为：系统性、选择性、对象性、理性和情意统一性。

活动课程是相对于系统的学科知识而言，侧重于学生直接经验的一种课程形式。它认为课程应是一系列由儿童自己组织的活动，儿童通过活动学习，获得经验，培养兴趣，解决问题，锻炼能力。代表人物：杜威和克伯屈。活动课程重视课程要适合儿童的兴趣、需要和教材，重视在活动中进行教学和教育，把教学从教的外在重心转移到学的内在重心上来，在促进儿童积极学习方面是十分可取的。但它夸大了儿童个人的经验，忽视了知识本身的逻辑顺序，影响了系统的知识学习，其结果只能使学生学到一些片断、零碎的知识，最终导致教学质量的降低。

20.【解析】

（1）生活即教育。首先，生活含有教育的意义。从生活的横向展开来说，过什么生活就是受什么教育；从生活的纵向发展来说，生活伴随人生命的始终，教育也是如此。其次，实际生活是教育的中心。教育要通过生活来进行，无论教育内容还是教育方法，都要根据生活需要，与生活一致。再次，生活决定教育，教育改造生活。

（2）社会即学校。一方面，社会含有学校的意味，或者说以社会为学校，需要拆除学校与社会和自然之间的高墙。同时，劳苦大众只能在社会这所大学校中受到教育。另一方面，学校含有社会的意味。社会力量帮助学校进步；而学校的力量也帮助社会进步。

（3）教学做合一。首先，要“在劳力上劳心”做到“手脑双挥”。其次，懂得行动是知识的来源。再次，要求做到“有教有学”和“有学有教”。最后，反对注入式教学。

21.【解析】建构主义是行为主义发展到认知主义之后的进一步发展。该理论更加关注如何以原有的经验、心理结构和信念为基础来建构知识。强调学习的主动性、社会性和情境性。

（一）知识观

在知识观上，建构主义在一定程度上对知识的客观性和确定性提出了质疑，强调知识的动态性。建构主义者一般强调：

（1）知识并不是对现实的准确表征，它只是一种解释、一种假设，不是最终答案。

（2）知识并不能精确地概括世界的法则，在具体问题中，我们并不是拿来便用，一用就灵，而是需要针对具体情境进行再创造。

（3）尽管我们通过语言符号赋予了知识一定的外在形式，甚至这些命题还得到了较普遍的认可，但这并不意味着学生会对这些命题有同样的理解，因为这些理解只能由每个学生基于自己的经验背景而建构起来。

尽管建构主义有不同倾向，但它们都以不同的方式、在某种程度上对知识的客观性、可靠性和确定性提出了怀疑，其中有些知识观尽管不免过于激进，但它向传统的教学和课程理论提出了巨大挑战，值得我们深思。

（二）学生观

学生不是被动的信息吸收者，而是意义的主动建构者。这种建构不可能由他人代替。

（1）教学不能无视学生的经验，要把学生现有的知识经验作为新知识的生长点，引导其从旧知识中“生长”出新知识。

（2）教师要促进学生知识建构活动，促进知识经验的重新组织、转换和改造。教学不是知识的传递，而是知识的处理和转换。

（三）教学观

学习不简单是知识由外到内的转移和传递，不是知识由教师向学生的传递过程，而是学习者主动地建构自己的知识经验的过程，即通过新经验与原有知识经验的双向的相互作用，来充实、丰富和改造自己的知识经验。学习者不是被动的信息吸收者，相反，他要主动地建构信息的意义，这种建构不可能由其他人代替。学习者的这种知识建构过程具有三个重要特征：主动建构性、社会互动性和情景性。

（四）学习观

建构主义认为学习是学习者主动地建构内部心理表征的过程。学习者并不是把知识从外界搬到记忆中，而是以已有的经验为基础，通过与外界的相互作用来建构新的理解。学习过程同时包含两方面的建构：一是建构对新信息意义的理解；二是对原有知识经验的改组和重建。建构主义更重视后一种建构。

五、论述分析题

22.【解析】教学过程是教师有目的、有计划地引导学生能动地进行认识活动，自觉调节自己的兴趣和情感，掌握文化科学基础知识与基本技能，以促进学生德、智、体、美、劳全面发展，并为学生奠定科学世界观基础的活动过程。教学过程的实质应该从以下几个方面论述：

（一）教学过程是一种特殊的认识过程

（1）教学过程首先主要是一种认识过程。

教学过程是学生在教师指导下，借助教材或精神客体的中介，掌握科学认识方法，以最经济的途径认识客观世界并改造主观世界、发展自身的活动过程。

（2）教学过程是一种特殊的认识过程。

这一特殊性表现在：它是学生个体的认识，不同于科学家、艺术家、成年人的个体认识，是由教师领导未成熟的主体通过学习知识去间接认识世界，其目的在于把人类社会历史经验转变为学生个体的精神财富，不仅使学生获得关于客观世界的映像即知识，也使学生个体获得发展。在教学过程中，学生以认识活动为主，受认识论的一般规律的制约，但学生的个体认识活动又有特殊性，主要表现为：

（1）认识对象的间接性。

学生以掌握人类长期积累的科学文化知识为主要的认识对象，间接认识现实世界。

（2）认识方式的引导性。

学生的认识过程主要是在教师的引导下进行的。

（3）认识过程的简捷性。

学生可以突破时空的局限，在比较短的时间内掌握丰富的知识。

（二）教学过程必须以交往为背景和手段

教学活动不是孤立的个体认识活动，而是社会群体性的有目的有组织的认识活动。它离不开师与生、生与生之间的交往、互动，离不开人们的共同生活。

教学过程以社会交往为背景。尤其是个体最初的学习与认识，例如对实物及其名词概念的认识就是在交往中发生与发展的。人们对语言的掌握，对通过语言文字授受的经验、知识的掌握，均有赖于人们交往与沟通的共同生活经验。所以，有目的地进行的教学也必须以交往为背景，并通过社会交往与联系社会生活来帮助和检验学生的学习效果，理解所学知识的实际意义与社会价值。

教学还以交往、沟通、交流为重要手段和方法。在教学过程中，教师引导学生围绕着循序渐进地学习与运用系统的科学文化知识，常常有意识地在师与生、生与生之间进行问答、讨论、交流、互助，以便学生获得启发、进行思想碰撞与反思、集思广益与加深理解，并学会应用，使教学中的认知活动进行得更加生动活泼而有效。在教学中，教师不仅运用交往引导学生学习知识、进行认知，而且还运用交往对学生进行情感方面的沟通、感染与培养。教师在教学中应当注意师生之间的平等对话、思想情趣的坦诚沟通，以便激起师生在认识与情感上的共鸣，智慧与志趣的共享，从而在学生的个性发展上培养和形成教育者所期望的品质。

（三）教学过程也是一个促进学生身心发展、追寻与实现价值目标的过程

教学过程是按照学生身心发展的特点组织进行的。在教学过程中，教师有目的、有计划地引导学生能动地进行认识活动，自觉地调节自己的兴趣和情感，循序渐进地掌握文化科学基础知识和基本技能，以促进学生智力、体力和社会主义品德、审美情趣的发展，并为学生奠定科学世界观的基础。

同时，教学过程永远具有教育性，教学是德育的一条重要途径，即赫尔巴特的教学教育性原则。

23.【解析】(1) 德育方法是指用来提高学生思想认识，培养其道德品质的方法，包括教育者的施教方法，也包括受教育者自我教育的方法。我国中小学的德育方法主要有：说服、榜样、锻炼、修养、陶冶、奖惩。本案例中，王老师对化妆女同学主要采取了说服的德育教育方法。

(2) 说服是通过摆事实、讲道理，使学生提高认识、形成正确观点的方法。要求学生遵守道德规范、养成道德行为，首先要提高认识、启发自觉、调动他们的积极性，这就需要运用说服的方法来讲清道理，使学生明白，认识。只有学生的认识提高了，认识到道德的必要性，才能自觉去履行。我们学校是社会主义的学校，要把学生培养成为自觉的建设者，尤其要注重说服。说服的应用很广，无论运用哪种德育方法，都离不开提高学生的认识，都需要结合运用说服的方法，但是仅仅强调或运用说服的方法是不行的。说服包括讲解、谈话、报告、讨论、参观等。

运用说服要注意以下几点要求：①明确目的性；②富有知识性、趣味性；③注意时机；④充满诚意。

2015 年杭州师范大学教育综合真题

一、名词解释(每题 5 分，共 30 分)

1. 学校教育
2. 教育目的的个人本位论
3. 德育
4. 校本课程
5. 最近发展区
6. 教学评价

二、简答题(每题 10 分，共 40 分)

1. 如何理解教育的相对独立性？认识教育的相对独立性有何意义？
2. 简述班杜拉的观察学习理论及其教育应用。
3. 简析颜元的“习行”教学法。
4. 简析帕克赫斯特的道尔顿制。

三、分析论述题(每题 20 分，共 80 分)

1. 如何理解教师职业是一种需要人文精神的专业性职业？其专业性表现在哪里？其人文精神又表现在哪里？

2. 接受学习和发现学习各有何特点？应当怎样处理二者的关系。

3. 试述蔡元培关于“养成共和国民健全之人格”的思想，分析它对民国初年的教育方针制定及对学制改革的影响。

4. 试论述夸美纽斯在西方教育史上的贡献。

2015 年杭州师范大学教育综合真题详解

一、名词解释

1.【解析】学校教育是由专职人员和专门机构承担的有目的、有系统、有组织的，以影响受教育者的身心发展为直接目标的社会活动。学校教育是与社会教育相对的概念。专指受教育者在各类学校内所接受的各种教育活动。是教育制度的重要组成部分。一般来说，学校教育包括初等教育、中等教育和高等教育。

2.【解析】教育目的的个人本位论认为，教育目的应当由人的本性、本能的需要来决定，教育的根本目的就是人的本性和本能的高度发展。个人本位论主要有以下观点：

(1) 教育目的是根据个人发展的需要来制订的，而不是根据社会的需要而制订的；

(2) 个人价值高于社会价值；

(3) 人生来就有健全的本能，教育的基本职能就在于使这种本能不受影响地得到发展。

个人本位论把个人的自身的需要作为制订教学目的的依据，在一定的历史条件下还是具有一定的进步意义的。

3.【解析】道德教育即德育，德育有广义和狭义之分。广义的德育包括“道德教育”、“思想教育”、“政治教育”和“法制教育”四个方面。即教育者根据一定社会或阶级的要求，有目的、有计划、有组织地对受教育者施加思想教育和道德影响，通过受教育者积极地认识、体验、和身体力行以形成他们的道德和自我修养能力的教育活动。

4.【解析】校本课程即以学校为本位、由学校自己确定的课程，它与国家课程、地方课程相对应。“校本课程”是一个外来语，最先出现于英、美等国，已有 20 多年的历史了。现在在中国新课改的教育形势下，校本课程成为了新课改的重点。

5.【解析】最近发展区是由维果茨基提出的。他认为在进行教学时，必须注意到儿童有两种发展水平：一种是儿童现有发展水平；另一种是即将达到的发展水平。他把这两种水平间的差异称为“最近发展区”，即独立解决问题的真实发展水平和在成人指导下或其他儿童合作情况下解决问题的潜在发展水平之间的差距。他认为，弄清楚儿童发展的两种水平，即最近发展区，将大大提高教学对儿童心理发展的作用。

6.【解析】教学评价是对教学工作质量所作的测量、分析和评定。它以参与教学活动的教师、学生、教学目标、内容、方法、教学设备、场地和时间等因素的有机组合的过程和结果为评价对象，是对教学活动的整体功能所作的评价。

二、简答题

1.【解析】(1) 所谓教育的相对独立性，是指作为社会一个子系统的教育，它对社会的能动作用具有自身的特点与规律性，它的发展也有其连续性和继承性。主要体现在以下几个方面：

① 教育是培养人的活动，主要通过所培养的人作用于社会

教育尤其是学校教育是一种有意识地影响人、培育人、塑造人的社会活动。通过培养人来适应并推进社会向前发展是教育特有的重要社会功能。

② 教育具有自身的活动特点、规律与原理

教育是培养人的活动，而人具有能动性、可塑性和创造潜能等特点，具有特殊的身心发展和成熟的规律。教育、教学及其相关活动，不仅必须认识、遵循和创造性地运用这些基本特点与规律才能卓有成效地培养人才；而且应重视和遵循前人在这一方面总结的宝贵经验，形成的科学原理，才能便捷地达到前人已达到的水平，并在此基础上继续发展、前进。

③ 教育具有自身发展的传统和连续性

由于教育有自身的特点、规律和特有的社会功能，它一经产生、发展便形成和强化其相对独立性：包括形成由教育者、受教育者、教育中介系统组成的特定教育结构；形成有一定教育理念、师生关系、文化内容与方法组合的活动模式；逐步建立形式化、班级化、制度化、系统化的教育组织形式；逐步构建不断分化与综合的学科课程，以及按专业、系、院、校运行的学科规则与专业规范等方面整合的教育系统。

教育是为适应社会的生存与发展而产生、发展，受社会发展的制约，具有对社会的依存性，这是一方面；另一方面，教育又是一种主体性的实践活动，在能动地反作用于社会发展的过程中，具有主体自身的价值取向与行为选择，由此实现着教育的社会功能，并表现出自身的相对独立性。教育的社会功能与教育的相对独立性是一致的。可以说，教育的社会功能是教育的相对独立性的依据和主要体现。如果教育没有特有的社会功能，便不可能发展成为社会的一个重要的子系统，形成教育的相对独立性。

(2) 认识教育相对独立性，具有十分重要的意义。由于教育具有相对独立性，要求我们在分析和研究教育问题时，不能单凭政治和生产力发展水平来考察，还应注意到教育的自身规律。更不能仅用政治、经济等方面的规律去知道教育工作，或以政治经济中的工作方法替代教育工作的方法，这就忽视了教育自身的特点和规律，教育和社会其他领域同一化、等同化，进而否定了教育的独立性、特殊性。

2.【解析】观察学习是美国心理学家班杜拉在 20 世纪 60 年代提出的一个概念。观察学习也叫社会学习，是个体通过观察环境中他人的行为以及行为结果获得行为反应的学习过程。这一过程包括注意、保持、动作再现和动机四个过程。

(1) 注意过程：指学习者对被观察对象的特征有选择的观察。榜样和观察者的几个特征决定了观察学习的程度：观察者比较容易观察那些与他们自身相似的或者被认为是优秀的、有力的榜样。有依赖性的、自身概念低的或焦虑的观察者更容易产生模仿行为。强化的可能性或外在的期望影响个体决定观察谁、观察什么。

(2) 保持过程：指将观察到的信息化为符号的形式并贮存在长时记忆中。所观察的行为在记忆中以符号的形式表征，个体使用两种表征系统　　表象和言语。

(3) 复制过程：复制从榜样情景中所观察到的行为。个体将符号表征转换成适当的行为，个体必须：①选择和组织反应要素。②在信息反馈的基础上精炼自己的反应，即自我观察和矫正反馈。自我效能感是影响复制过程的一个重要因素，所谓自我效能感，即一个人相信自己能成功地执行产生一个特定的结果所要求的行为。如果学习者不相信自己能掌握一个

任务，他们就不能继续做一个任务。

(4) 动机过程：因表现所观察到的行为而受激励。社会学习论区别获得和表现，因为个体并不模仿他们所学的每一件事，强化非常重要，但并不是因为它增强行为，而是提供了信息和诱因，对强化的期望影响观察者注意榜样行为，激励观察者编码和记住可以模仿的、有价值的行为。除了这种直接强化外，班杜拉还提出了另外两种强化：替代性强化和自我强化。

3.【解析】颜元，明末清初杰出的教育家。他批判程朱理学脱离实际的书本教育，竭力提倡"实学"和"实用"的教育，主张"习行"教学法。

他所说的"习行"的教学法，就是强调在教学过程中要联系实际，要坚持练习和躬行实践，唯有如此，学到的知识才是真正有用的。他重视"习行"教学法，一方面同他朴素的唯物主义认识论有密切联系。他主张"见理于事，因行得知"，认为"理"存在于客观事物之中，只有接触事物，躬行实践，才能获得真正的知识。另一方面反对理学家静坐读书、空谈心性的教学方法。他强调"习行"，并不排斥通过读、讲和学习书本知识。他主张读书、讲说必须与"习行"相结合，而且要在"习行"上下更多的功夫，花更多的精力。他所说的"习行"，虽然讲的是个人行动，没有社会实践的意义，但他强调接触实际，重视练习，这在当时以读书为穷理功夫，讲说著述为穷理事业，脱离实际的"文墨世界"中，无疑是吹进了一股清新之风，令人耳目一新，具有进步意义。

4.【解析】道尔顿制是美国教育学家帕克赫斯特在马萨诸塞州道尔顿中学创立的一种个别教学制度，其教育方法以"道尔顿实验室计划"命名，一般简称"道尔顿制"或"道尔顿计划"。

帕克赫斯特提出在学校里废除课堂教学，废除课程表和年级制，代之以学生用"公约"的形式确定自己应完成的各项学习任务，然后学生根据自己的需要自学；将各教室改为各科作业室或实验室，按学科的性质陈列参考用书和实验仪器，供学生学习之用。各作业室配有该科教师一人负责指导学生，同时用"表格法"来了解学生的学习进度。道尔顿制两个重要原则是自由与合作，既强调儿童自由学习，养成独立工作的能力，又强调合作精神的形成，以培养学生的社会意识。

道尔顿制存在的主要问题是过于强调个别差异，对教师要求过多，以及在实施时易导致放任自流；并且，将教室完全改为实验室也不太实际。

三、分析论述题

1.【解析】教师这种职业是需要经过专门的师范教育培训的，需要掌握学科专业知识和技能，具有较高的职业道德，有终生学习理念的进取心，教师职业的专业性表现在以下几个方面：

(1) 专业理想的建立。教师的专业理想是教师在教育工作感受和理解的基础上所形成的，关于教育本质、目的、价值和生活等的理想和信念。它是教师在教育教学工作中的世界观和方法论，是教师专业行为的理性支点和专业自我的经省内涵。

(2) 专业知识的拓展。教师的专业知识是教师职业区别于其他职业的理论体系与经验系统。

(3) 专业能力的发展。教师的教育教学能力，它是教师在教育教学活动中所形成的顺利完成某项任务的能量和本领。教师的专业能力是教师综合素质最突出的外在表现，也是评价教师专业性的核心因素。

(4) 专业自我的形成。教师专业自我就是教师在职业生活中创造并体现符合自己志趣、能力与个性的独特的教育教学生活方式及其个体自身在职业生活中形成的知识、观念、价值体系和教学风格的总和。

教育是教师通过教学活动培养人的活动，教师拥有自己的价值观和行为规范，这些会体现在在教学的过程中。所以说，教师职业具有人文精神。其人文精神主要体现在：

(1) 教师的敬业、奉献精神。教师的敬业精神，就是教师首先要尊重自己的职业选择，正确认定自己从事教师职业的人生价值定向。其次，教师要在教育教学工作中尊重和热爱学生。再次，教师在教育教学工作中要有好的人生态度，认真备课，上课，认真批改作业。此外，教师不仅要把教育教学工作作为一种职业，而且要把教育教学工作作为人生意义中的一种很好的事业，教师要处理好教师劳动价值和劳动报酬的关系。

(2) 教师的创新精神。教师的创新精神，就是要求教师在教育教学工作中大胆质疑，善于发现和解决问题，能够打破习惯势力和传统观念，能够在已有的知识基础上生成新知识，不断提高教育教学质量。此外，教师还要积极投身到教育科研中去，努力使自己早日成为专家型教师

(3) 教师的合作精神。教师的合作精神，体现在与学校领导在教学业务方面的合作，体现在教师团队中的友好合作，体现在教师正确处理好教师和学生之间的教学关系，还体现在教师与学生家长和其他社会成员的积极合作，教师要善于调动和有效利用各方面有利于教师工作的积极因素，团结一切可以团结的教育力量，为实现教育的宏伟目标而努力奋斗。

(4) 教师的慎独精神。教师的慎独精神是教师道德修养的最高境界，又是教师道德修养的基本方法。它首先体现在教师注意把教师职业道德规范内化为教师的内心信念及道德行为品质，并且以此来支配教师行为；其次，体现在教师不仅要在大是大非面前具有高尚的师德风范，而且在细微之处体现在职业道德精神；最后，它体现在教师要在日常的教育教学工作中真正把握教师职业道德行为的底线，真正地杜绝道德中的不作为现象，成为一个真正的有道德的人，一个让人民满意的人民教师。

2.【解析】接受学习是教师引导学生接受事物意义的学习，也是课堂学习中教师讲、学生听的学习方式。教师讲授，学生接受，这是课堂学习的主要形式。发现学习是教师启发学生独立发现事物意义的学习。

接受学习有以下一些特点：

(1) 从学习内容上说，事物的意义是由语言和符号来表达的。符号学习、概念学习和命题学习，都是现成的、已有定论的、科学的基础理论材料。

(2) 从学习内容呈现的方式说，一般是用定义的方式，或通过上下文的方式直接呈现给学生。

(3) 学生学习的主要任务是接受事物的意义，即反映事物的符号、概念和命题的意义。

(4) 从学习过程说，是将新的符号、概念和命题整合于已有的认知结构之中，使新旧学习材料的内容有机地结合起来，即信息内化，融为一体而储存下来，以便日后可以再现并运用。

(5) 从发生上说，它较发现学习为晚。因为学龄前儿童知识贫乏，缺少应有的适当观念，所以它不能成为学习的主要方式。但在入学后，知识日益丰富，同化逐渐可能，才逐渐取代发现学习而转为学习的主要方式。

与接受学习比较，发现学习有以下几个特点。

(1) 发生较早。学龄前儿童就有，而且也是他们获得初级概念的主要手段，是概念形成的典型方式。到学龄期则降为次要地位，虽然在任何年龄的人中都有它。

(2) 学习内容，多少是以未有定论的实际性材料为主，不是现成的结论。所以，也是一种解决问题的学习方法。

(3) 教师呈现学习材料，采取的是间接提供方式，让学生依据提供的事实或线索去独立发现事物的意义，从而解决所面临的问题。

(4) 学习过程较为复杂。首先要将提供的材料或既定的信息序列进行重新组织或转换，使之与已有的认知结构统一，并发现其中的隐蔽关系。然后，将它们整合，并纳入认知结构之中，将发现的内容加以内化，从而获得新的意义。必须先独立发现，而后整合内化。作为概念的形成，包括有序的八个心理过程：辨别、抽象、假设、验证、选择、整合、分化、表述。

(5) 它适合学前儿童和低年级学生的初级概念的学习，适用于实际问题的解决。虽然，时间较长，模式又不固定，但各种问题的解决要通过发现学习。

在实际教学过程中，应从以下四个方面来处理接受学习和发现学习的关系。

第一，从总体说，学校教学应以接受学习为主，发现学习为辅。这是因为，人是一种文化的动物，每一个个体都应该在未成年时吸收、继承人类经过漫长时间积累起来的文化中的精髓，接受作为人类文化遗产的基本知识，这是个体社会化的重要内容和重要途径。只有这样个体才能在较短时间内达到较高的社会化水平、发展水平。因此，让学生吸收人类的文化，大量地掌握人类通过漫长的实践积累起来的知识，是学校教学最重要的任务。掌握现成知识的最有效的办法乃是接受学习，而没有必要也不可能让他们重新发现，即重复知识的发现、产生过程。当然，发现学习也是不可缺少的，因为它在培养学生的探究精神，使学生掌握科学发现的方法等方面具有独特的功能，而这些都是学校教学的重要目标；而且在有些情况下，发现学习还是学生赖以理解抽象的、概括性知识的必经途径。

第二，接受学习与发现学习在学校教学中的地位，应随教育层次的变化相应地有所变化。可以这样说，学生受教育的过程就是从接受走向发现的过程。

第三，接受学习与发现学习在学校教学中的地位，应随不同的教学科目以及学习阶段而相应地有所变化。相对而言，在数理学科中应比其他学科中更多地使用发现学习。就一门学科的不同学习阶段而言，在初学一门学科特别是难度较大的学科时，一般总是先采用接受学习，尤其是对那些核心性的概念和原理的学习。

第四，没有哪一种学习方式绝对好，也没有哪一种学习方式绝对差，只能说这种学习方式适合这一种场合，而不适合那一种场合。

3.【解析】蔡元培的教育思想和实践主要包括“五育”并举的教育方针、改革北京大学实践大学教育思想、教育独立思想等几个方面。1912 年初，蔡元培发表《对于教育方针之意见》一文，根据专制时代和共和时代对教育的不同要求，从“养成共和国民健全之人格”的观点出发，提出军国民教育、实利主义教育、公民道德教育、世界观教育和美感教育“五育”并举的教育思想，成为制定民国元年教育方针的理论基础，影响深远。军国民教育、实利主义教育、公民道德教育、世界观教育和美感教育“五育”并举的教育思想，他系统阐述了“五育”各自的内涵、作用和相互关系，成为制定民国教育方针的理论基础。

军国民教育主张将军事引入到学校和社会教育之中，让学生和民众受到一定的军事教育和训练，强调学生生活的军事化，特别是体育的军事化等。实利主义教育即是“以人民生计为普通教育之中坚”，密切教育与国民经济生活的关系，加强职业技能的培训，使教育能发挥提高国家经济能力和改善人民生活水平的作用。公民道德教育的基本内容是法国资产阶级革命所标榜的自由、平等、博爱等，但蔡元培也明确指出，中国传统伦理特别是儒家伦理的一些基本范畴，其内涵和自由、平等、博爱的精神是相通的。世界观教育为蔡元培所独创并作为教育的最高境界，就是要培养人民立足于现象世界但又超脱现象世界而贴近实体世界的观念和精神境界。美感教育与世界观教育紧密联系，要引导人们具有实体世界的观念，最有效的方式就是通过美感教育，利用美感这种超越利害关系，人我分界的特性去破除现象世界的意识，从而陶冶、净化人的心灵。他认为“五育”不可偏废其一，前三种教育偏于现象世界之观念，隶属于政治之教育；后两者以追求实体世界之观念为目的，为超越政治之教育。

“五育并举”的教育思想充分体现社会价值与人的发展价值的统一、追求人的自由、和谐发展的教育思想。作为对理想人格的设计，五育并举的教育思想是深刻的、有远见的。当时的中国教育正在进入科学教育阶段，这是一个不可逾越的历史发展阶段。作为中国近代科学教育之父，蔡元培看到了这一阶段的片面性，力图通过积极的文化建设，通过完全人格的培养教育来避免这种片面性，在国家、民族的生存问题是社会主要矛盾的情况下，在科学主义弥漫整个社会的背景下来谈人生境界问题，无疑与当时社会的主流思想相悖。因此，蔡元培的世界观教育作为教育方针的组成部分，在民国首次举行的全国临时教育大会上无法通过就不难理解了。但在当今社会里，如何重视受教育者完全人格的教育，在建设受教育者物质家园的同时也应该努力建造好精神家园，在这一方面，蔡元培的五育并举的教育思想能给我们一些有益的启迪，对我国建设社会主义现代化理论体系具有重大的帮助。

4.【解析】夸美纽斯的教育主张有：

（1）教育目的：夸美纽斯对教育目的的看法是矛盾的，从宗教世界观出发，认为世间的生活只是“永生”的一种准备，因此，教育目的也应是使人为来世生活做好准备。但另一方面，在他的《大教学论》等著作中又渗透着现实性的教育目的，认为人既然是上帝“最崇高、最完善、最美好”的创造物，人就应该成为理性的动物，要主宰万物，并利用万物来过好现实生活。

（2）教育作用：首先，他把教育看作改造社会、建设国家的手段，强调教育对于改造社会、建设国家的意义，但夸大了教育的作用。其次，高度评价教育对人的发展的作用，认为人的天赋发展的如何，关键在于教育。

（3）教育原则：夸美纽斯提出了教育必须顺应自然原则和“泛智”原则。

教育要遵循人的自然发展的原则。这一原则的中心思想是“普遍的秩序”，即客观规律。实际上包含两层意思：一是指教育工作应该是有规律的，教育工作者应遵循这些规律；二是既然教育工作是有规律的，那么应该努力探明、发现这些规律。

“泛智教育”—把广泛的自然知识传授给普通的人。夸美纽斯指出：每一个生而为人的人都应该有接受教育的机会，都应该学习一切最重要的知识。泛智论体现出夸美纽斯普及教育、普及知识的民主精神。

（4）教育制度：夸美纽斯提出了学年制和班级授课制。

在总结前人思想和教学实践经验的基础上，夸美纽斯在《泛智学校》中根据学年制度，各年级应在同一时间开学和放假；每年招生一次，学生同时入学，以便使全班学生的学习进度一致，学年结束时，经过考试，同年级学生同时升级。他还强调学校工作要有计划。

夸美纽斯是班级授课制理论的创立者。他主张把全校的学生按照年龄和程度分成班级，作为教学的组织单元，每个班级有一个教室，以免妨碍其他的班级。每个班级有一个教师同时对全班学生进行教学，又分成许多小组，每组 10 人，选出一个组长，帮助教师管理小组同学。

(5) 教学原则：夸美纽斯在总结前人基础上第一个提出较为完整的教学原则体系。他的教学原则主要有：直观性原则，激发学生求知欲望原则，巩固性原则，量力性原则，系统性和循序渐进性原则。

(6) 道德教育：夸美纽斯的道德教育理论突破了宗教教育的模式，把世俗道德培养从宗教教育中分离出来，成为独立的部分；在道德教育的理论基础上，他也突破了宗教教育的束缚，不以基督教教义为理论基础，而是以功利主义和人文主义为理论基础。在道德教育内容上，他把勇敢、智慧、节制、公正，还有劳动教育作为内容。德育方法上，采用正面教育、养成道德行为习惯、榜样、教诲与规则、择友等方法。

2015 年宁波大学教育综合真题

一、名词解释(每题 5 分，共 30 分)

1. 夸美纽斯
2. 教育叙事
3. 学生生活
4.《教育漫画》
5. 陶行知
6. 昆体良

二、简答题(每题 10 分，共 40 分)

1. 简述文化教育学的基本观点。
2. 简述“新教育运动”。
3. 列举二、三所近代教会大学，并分析其办学特点。
4. 简述行为问题学生的类型及产生原因。

三、分析论述题(每题 20 分，共 80 分)

1. 结合今天我国基础教育的实际，论述你对素质教育的看法。
2. 从现实角度论述科举制度的积极意义及局限性。
3. 试论道尔顿制特点及当代意义。
4. 联系实际阐述男生女生的心理差异及教学建议。

2015 年宁波大学教育综合真题详解

一、名词解释

1.【解析】夸美纽斯生于 1592 年，死于 1670 年，捷克伟大的民主主义教育家，西方近代教育理论的奠基者。他是公共教育最早的拥护者，其理念在他所著作的《大教学论》中提出。他尖锐地抨击中世纪的学校教育并号召“把一切知识教给一切人”。提出统一学校制度，主张普及初等教育，采用班级授课制度，扩大学科的门类和内容，强调从事物本身获得知识。主要著作有《母育学校》《大教学论》《语言和科学入门》《世界图解》等。

2.【解析】教育叙事即讲有关教育的故事。它是教育主体叙述教育教学中的真实情境的过程，其实质是通过讲述教育故事，体悟教育真谛的一种研究方法。非为讲故事而讲故事，而是通过教育叙事展开对现象的思索，对问题的研究，是一个将客观的过程、真实的体验、主观的阐释有机融为一体的一种教育经验的发现和揭示过程。

3.【解析】学生生活是社会生活的一个重要组成部分，是由教师的教学活动和学生在学校的一切行为的总和共同构成的。透过定义我们可以看出学校生活主要包括两个方面的内容：一是教师的教学活动。教学是学校工作的重心，学生在校主要的任务是发展智力，进行各种类型的学习，因此教学是学生学习的主要渠道；二是学生在校一切行为的总和。

4.【解析】《教育漫话》是17世纪英国著名哲学家和思想家洛克的著作，它集中反映了欧洲文艺复兴时期新兴资产阶级的教育观。本书以“绅士教育”为主题，分为体育保健、道德教育、智育(包括学问、知识和技能)三个部分，阐明了如何才能培养出符合时代需要的有理性、有德行、有才干的绅士或者开拓精神的事业家。本书与1963年问世后，成为欧美乃至世界文化、教育的瑰宝，数百年来被许多人奉为办学的圭臬乃至“宪章”，影响了一代又一代学人。

5.【解析】陶行知，中国近现代著名教育家。他在批判杜威“教育即生活”的基础上，提出了“生活即教育”、“社会即学校”、“教、学、做合一”的主张，形成了生活教育的思想体系。

6.【解析】昆体良是古代罗马著名的教育家，在教育史上是发展完善教育方法和思想的先驱。他主张对儿童的教育应是鼓励的，反对体罚。其代表作是《雄辩术原理》。这部著作既是他自己约二十年教育教学工作经验的总结，又是古代希腊、罗马教育经验的集大成者。昆体良的教育理论和实践都以培养雄辩家为宗旨。

二、简答题

1.【解析】文化教育学是19世纪出现在德国的一种教育学说，又称精神科学教育学。代表著作有狄尔泰的《关于普遍妥当的教育学的可能》、斯普朗格的《教育与文化》、利特的《职业陶冶与一般陶冶》等。

文化教育学基本观点为：

第一，人是一种文化的存在，人类历史是一种文化的历史；

第二，教育过程是一种历史文化过程；

第三，教育研究必须采用精神科学或文化科学的方法；

第四，教育的目的就是要促进社会历史的客观文化向个体的主观文化的转变，并将个体的主观世界引导向博大的客观世界，培养完整的人格；

第五，培养完整的人格的主要途径就是“陶冶”与“唤醒”，建构对话的师生关系。

2.【解析】“新教育”是19世纪末20世纪初，随着欧洲国家工业化发展，垄断进一步形成而出现在欧洲的一种反对传统教育理论和方法，广泛采用新的教育形式、内容和方法，革新已有教育的方方面面的教育改革运动。这一教育运动在实践上表现为“新学校”的兴起和发展；在理论上则表现为具有浓厚自由主义色彩的理论出现。新教育运动的教育纲领是“生活教育”、“尊重个性”和“自发学习”。

新教育思想的主要观点是：(1)通过自由教育发展儿童内在潜能，培养适应社会发展需要的、具有主动精神和创造精神的人才；(2)按儿童身心发展规律组织教育；(3)重视现代人文科学和自然科学课程，通过多方面的教育来培养儿童多方面的能力，通过灌输民主、自由和合作的观念来培养学生的责任心和进取心；(4)主张教育要联系实际生活，鼓励儿童自由、自主地活动。

3.【解析】教会大学，一般意义上是中国19世纪，20世纪的天主教会和基督新教会在中国开办的大学。由于对中国的文化，科技影响很大，故称教会大学。其中一般新教13所，天主教会3所。其中比较出名的有燕京大学、辅仁大学等。

燕京大学是20世纪初由四所美国及英国基督教教会联合在北京开办的大学。是近代中国规模最大、质量最好、环境最优美的大学，创办于1916年，司徒雷登任校长，曾与哈佛大学合作成立哈佛-燕京学社，在国内外名声大噪。在中国高等院校1952年院系调整中，燕京大学被撤销。

辅仁大学1925年由罗马教廷创办，20世纪初与北大、清华、燕京并称北平四大名校，并驰名于海内外华人社会。创始人之一同为复旦大学的马相伯先生。1952年在中国高校调整过程中被撤销，其校舍划入北京师范大学的北校区。

虽然宗教文化的宣扬、普及是教会大学的主要特色，但随着世俗化和专业化程度的加强，教会大学在课程的设置、教学方法和师生关系等方面都有自己的一些特点。

（1）课程设置。教会大学课程的设置一般分为宗教课程和文化课课程。宗教课程为必修课程，成绩合格方能升班。所有学生，无论是否为教徒都必须接受教会的教义和礼拜仪式。

（2）教学方法。教会大学已突破了原来重讲授、记诵为主的教会学校教学方式，不仅重理论研究、而且强调社会实践，注重培养学生的科学研究和社会服务能力。

（3）学校师生关系。教会大学普遍实行基督化的人格教育。基督化人格教育的重要方式就是在学校中营造一种平等、博爱的基督教氛围，形成师生间亲密无间的和谐关系。

4.【解析】学生的问题行为是指学生个体或群体由错误道德意识支配的、严重违反道德规范、损害他人或集体利益的行为。它具有一贯性、严重性、有意性、倾向性等特点。行为问题学生可以分为一下四种类型：顽固型、随流型、忏悔型、冲动型。行为问题学生的产生一般而言有以下原因。

（1）家庭的不良影响

① 家庭结构不良因素的消极影响，包括家庭自然结构的破坏；家庭关系结构的破坏；家庭意识的不良和家长的不良性格等方面。

② 家庭教育功能不良的消极影响。

（2）学校教育的某些缺陷的不良影响

① 某些教师缺乏正确的教育思想，“自我中心倾向”严重，对学生不能一视同仁。

② 学校教育与家庭教育脱节，互不沟通，互不配合，各行其是，削弱了教育的力量，甚至相互抵消。

③ 有少数教师本身缺乏师德，或者品德不良，给学生带来了直接的不良影响。

④ 有些学校破墙开店，教师经商，严重干扰了学校正常的教学秩序，破坏了学校里的学习气氛，对学生的品德教育产生了负面影响。

⑤ 学校的各种压力，常会引起学生过度的焦虑与挫折，从而产生不良行为。

⑥ 有些教师对学生或家长的要求过高、过严、过急，而忽视他们的年龄特征和个性差异，忽视他们的心理需要和人格尊严，无节制地加大他们的精神压力，以至造成他们的对抗心理而产生不良行为。

（3）社会环境中消极因素的不良影响

① 社会上各种错误的思想、不良风气、社会文化生活中不健康因素的影响；

② 社会上具有各种恶习的人的影响，尤其是坏人的教唆；

③ 学生群体亚文化与小伙伴的不良影响等。

(4) 中小学生的一般心理特点

① 他们正处在迅速社会化阶段，未定型、可塑性大；

② 他们自我意识能力差，因而抗腐蚀能力差，容易受到外部条件的诱惑和熏染；

③ 他们既有独立自主的强烈愿望，又乐意成群结队；

④ 他们重感情、易激动。

四、分析论述题

1.【解析】素质教育是 20 世纪 80 年代中期产生的与应试教育相对应的一个概念。应试教育片面强调智育，而忽视德育、体育、美育以及劳动教育；素质教育则是以面向 21 世纪中国经济及社会发展需要为依据，以提高全体国民的素质为目标，重视德、智、体、美、劳诸方面的全面和谐发展。素质教育与基础教育、全面发展密切相关，基础教育是素质教育可以依托的起步阶段，而全面发展是素质教育的诉求。

基础教育是国民素质教育的奠基工程，具有鲜明的基础性、相对稳定性，也具有一定的时代性。素质教育鲜明地体现了基础教育的基本特征。

(1) 素质教育是一种着眼于发展、着力于打基础的教育，其根本任务是为每一个学生今后的发展和成长奠定坚实而稳固的基础。这里的“基础”内涵十分丰富，包括思想品德素质、科学文化素质、身体心理素质、劳动技能素质、审美素质在内的广泛而全面的基础。

(2) 人的素质是一种“以先天禀赋为基础，在教育和环境影响下形成和发展起来的相对稳定的身心组织要素的总和”。而素质教育凭借着人类历史上积累起来的优秀文化成果来形成学生的全面素质，发展学生健康的个性，必然要求教育的目标、内容、方式等相对保持稳定。

(3) 人的素质既有相对稳定性，也有时代性。因而要求学校教育在保持相对稳定的基础上，根据时代发展和社会需要，适当吸纳最新科技、文化成果，调整、充实和完善教育目的、内容和方法，以适应现代社会和未来世界多方面的挑战。因为素质教育较好地体现了基础教育的基本特征，因此，素质教育是一种高层次的基础教育。

素质教育的全面实施，使基础教育返璞归真，重新成为真正意义上的基础教育。长期以来，基础教育在片面追求升学率的严重干扰下，已异化为应试教育。这种异化使基础教育的本质属性和基本特征逐步被扭曲，背离了教育教学的基本规律，在一定程度上破坏了教育、教学秩序和规范，导致了学生素质的片面发展或畸形发展。因此，基础教育由应试教育向素质教育的转移是历史赋予的重任。而转移的过程，实质上也就是基础教育回归自身、重新定位、寻求自身本质属性和基本特征的过程。

2.【解析】科举制度是中国古代读书人参加人才选拔考试的制度。它是历代封建王朝通过考试选拔官吏的一种制度。由于采用分科取士的办法，所以叫做科举。科举制从隋代开始实行，到光绪二十七年举行最后一科进士考试为止，历经了一千三百多年。1905 年 9 月 2 日，清政府废除科举制度。科举制既有积极的 面也有消极的一面。

(一) 积极影响：

(1) 第一，科举制度的实行从根本上打破了两晋南北朝以来豪门世族对政治权力的垄断，最大限度地网罗全国优秀人才，从而扩大了统治阶级的政权基础。

(2) 第二，选拔官吏有了文化作为依据，从而能够选拔素质较高的人才。科举制改变了九品中正制选拔人才只重品行、门第，而忽视了才能之弊端，具有一定的客观性。

（3）第三，科举制度使读书成为一种潮流。科举制度在中国的古代有巨大的影响，是因为从科举中不仅能够得到政治上的特权，而且还有经济上的利益。

（4）第四，我国古代科举制度对世界也产生了广泛的影响。中国封建社会时期的科举制度长存1300多年，不仅影响了中国社会的发展，而且对国际社会也起了一定的影响。日本、朝鲜、越南等都曾仿照中国实行科举制。在西方，有人称它是“人类所发展出的选择公仆的方法中，最奇特最令人赞赏的方法”。

（二）消极影响：

（1）国家只重视科举取士，而忽视学校教育。学校成为科举考试的预备机构，一切教学活动都围绕科举考试进行，学校失去了相对独立的地位和作用，完全成为科举制的附庸。

（2）科举制度相当功利，缺乏长远性，容易滋生腐败，败坏学风。

（3）科举制度束缚了人们的思想，尤其是明清的八股文考试，不利于文化和科技创新。

3.【解析】道尔顿制是美国教育家柏克赫斯特女士于20世纪20年代所创建的教学法，也是一种教学组织形式。这是一种彻底的适应个性的教学方法。

她提出废除课堂教学、课程表和年级制，代之以学生用“公约”的形式确定自己应该完成的各项学习任务，然后学生根据自身的需要自学，将各教室改为各科作业室或实验室，按学科的性质陈列参考用书和实验仪器，供学生学习之用。各作业室配置该科教师一名负责指导学生，同时用“表格法”了解学生的学习进度。道尔顿制的两个重要原则是自由与合作，强调合作精神的形成，以培养学生的社会意识。

道尔顿计划的亮点与素质教育的重点正巧吻合，强调让学生得到全面发展、主动发展与生动活泼地发展，十分注重培养学生的创造能力，锻炼了学生的自主学习能力。“实验室时间”为全体教师提供了个性化教学的机会，也使学生能够定期且方便地跟他们的老师接触。在高中甚至更早阶段，道尔顿的学生就已经学会了如何规划自己的时间，寻求老师的帮助并且为自己的学习负责。道尔顿学校不仅能使资质优秀的学生得到充分发展，也能使资质平常的学生得到超水平发挥，甚至成为天才少儿。其秘密就在于他们注重发掘孩子的潜能，培养孩子的自信，使其成为一个独特的、无可替代、充满创造力的人。道尔顿学校遵循的基本理念是“自由和合作”。所谓“自由”，是指让学生拥有尽可能多的自由时间和自由意志，让他们在教师的指导下相对自由地支配学习时间、选择学习科目、选择合适的学习速度等。这种自由并非放任自流，而是有组织、有纪律前提下的自由。所谓“合作”，亦可称这为群体生活的互动，指培养学生良好的社会适应能力、善于与人人共处的能力。在道尔顿计划中，学生可以自由地在学校里追求自己的爱好，但到月底，学生应该完成老师布置的每门学科的学习任务，并用卡片标出完成任务过程中每个阶段的进步情况。此外，帕克赫斯特在学科领域还保留了传统的规则和课程的权威性。她认为，应当把学习中的问题直接放在学生面前，并指出必须达到的标准，允许学生以自己的方式达到的标准，允许学生以自己的方式和速度解决问题，只要他们觉得合适。学生对结果的责任心不仅会发展他们潜在的智力，还会发展他们的判断力和个性。

4.【解析】

（1）性别差异是指男女两性的生理差异，以及在智力、人格和成就等方面的心理差异。

智力的性别差异：

第一，男女两性在智力发展的总体上是平衡的，男性智力分布的离散程度比女性大。

第二，男女两性在智力结构上表现出不平衡性。

第三，男女智力差异发展变化具有年龄倾向。

第四，智力差异取决于遗传、环境和教育等许多因素的影响，特别是环境和教育的影响。

人格和行为上的性别差异：

第一，性格特征的性别差异。研究表明，小学阶段男女学生的性格特征并无显著的性别差异，但到了中学阶段，学生逐渐形成了对现实的稳固的态度和习惯了的行为方式，并表现出性别差异。

第二，学习兴趣的性别差异。一般来说，小学男生对数学、体育和美术的兴趣超过女生；女生对语文、英语和音乐的兴趣超过男生。中学男生对数学、物理、化学等理科的兴趣超过女生；女生对语文、外语、政治、历史等文科的兴趣超过男生。在课外阅读兴趣上的性别差异，研究发现，从小学六年级开始分化，到初中三年级出现明显区别，而后到了高中二年级其差异又渐小至不明显。

第三，学习动机的性别差异。研究发现，小学阶段，女生在成就性动机、认知性动机上都显著高于男生；男生在附属性动机上显著地高于女生，其中为满足家长的要求和监督，为执行老师指示而学习因素差异非常显著。中学阶段，男生成就性动机及其所含的竞争性、新奇性因素显著高于女生，女生的成功性因素，认知性动机中的获取知识因素显著高于男生；威信性动机和班级威信因素女生略高于男生，他人尊重、社会影响因素男生略高于女生，附属性动机和执行教师要求，挣大钱因素男生显著高于女生。

第四，学习归因的性别差异。一般来说女生比男生更容易把失败归结为自己内部的因素，如努力程度不够、自己的学习能力较低等。男生则更多地归结为外部环境的因素，如学习内容太困难、学习任务重、教师教学方法不好等问题。

（2）依据性别差异的教育策略

第一，改变不同性别学生的性格局限，培养积极兴趣，提高多种能力。男女生的性格，各有所长，各有所短，要教育他(她)以人之长，补己之短，发扬优点，弥补缺点。

第二，改变传统观念，对男女学生一视同仁，彻底改变男尊女卑的思想。对女生的进步主义表扬，增强其自信心和自尊心，对女生应热心指导，帮助他们与男生并驾齐驱。

2016 年真题

2016 年华东师范大学教育综合真题

一、名词解释(每题 5 分，共 30 分)

1. 苏湖教法
2. 班级授课制
3. 中体西用
4. 自由七艺
5. 绅士教育
6. 双轨制

二、简答题(每题 10 分，共 40 分)

1. 简述朱子读书法及其现代价值。
2. 简述校长负责制的内涵及需要注意的问题。
3. 简述蔡元培五育并举。
4. 简述社会建构理论对学习的作用。

三、论述题(每题 20 分，共 80 分)

1. 试述要素主义教育的教学思想。
2. 试述课程内容设计对学生学习的影响。
3. 试述班集体培养的方法及意义。
4. 试述元认知视角分析提升学生学习效能的教学策略。

2016 年华东师范大学教育综合真题详解

一、名词解释

1.【解析】北宋学者胡瑗主持苏州郡学、湖州州学时，改变传统教法，创立了一种新的教学制度，即在学校内分设经义斋和治事斋，分斋教学。经义斋选择学习儒家经义；治事斋又称治道斋，分设治兵、治民、水利、算数等学科，学生可选择其中一科为主修，另选一科为副修。两斋的培养目标不同，经义斋以培养比较高级的统治人才为目标；治事斋为了造就在某一方面有专长的技术、管理人才。这种教法史称“苏湖教法”或“分斋教学”。

2.【解析】17 世纪捷克教育家夸美纽斯在《大教学论》中提出了班级授课制，即把一定数量的学生按年龄和知识程度编程固定的班级，根据周课表和作息时间表安排教师有计划地向全班学生集体进行教学的制度。19 世纪中期，班级授课制成为西方学校主要的教学组织形式。我国最早采用班级授课制是在 1862 年创办的京师同文馆，并在 1904 年的癸卯学制中以法令的形式确定下来。

3.【解析】洋务运动实质上是一场对近代西方文明成果的移植过程。在如何解决“西学”

与中国固有文明之间的关系这一问题上，洋务派提出了典型方案就是："中体西用"，即在"中学"的主导下肯定"西学"的辅助作用和器物价值。在张之洞撰写的《劝学篇》中，他系统地阐述了这一思想体系。

4.【解析】"七艺"是希腊教育的基础课程，它由智者学派提出的"三艺"–文法、修辞学、和逻辑学，以及由柏拉图补充的"四艺"–算术、几何、天文学和音乐组成。"七艺"的基本特点是实施"分科"教学；重视身心全面发展和践行实践。

5.【解析】绅士教育由洛克提出，他认为教育的最高目的在于培养绅士，并从体育、德育、智育三个方面对绅士教育进行了论述。洛克认为绅士应该是"有德行、有用、能干的人才"，新型资产阶级的"事业家"。绅士应具有"德行、智慧、礼仪和学问"四种道德品质，以及健康的身体素质。洛克绅士教育思想在近代教育史上有着重要地位。

6.【解析】在 18～19 世纪的西欧，在社会政治、经济发展及特定的历史文化条件影响下，由古代学校演变来的带有等级特权痕迹的学术性现代学校和新产生的供劳动人民子女入学的群众性现代学校，都同时得到了比较充分的发展，于是就形成了欧洲现代教育的双轨制：一轨自上而下其结构是大学、中学；另一轨从下而上，其结构是小学及其后的职业学校。

二、简答题

1.【解析】朱熹对于如何读书提出了许多精辟的见解，他的弟子将其概括为"朱子读书法"六条。

(1)循序渐进。包含三个意思：第一，读书应该按一定次序，不要颠倒；第二，应根据自己的实际情况和能力，安排读书计划并切实遵守；第三，读书要扎扎实实打好基础，不可囫囵吞枣，急于求成。(2)熟读精思。读书要熟读成诵，又要精于思考，精思就是要从无疑到有疑再到解疑的过程。(3)虚心涵泳。所谓"虚心"，是指读书时要虚怀若谷，精心思虑，仔细体会书中的意思，不要先入为主，牵强附会；所谓"涵泳"是指读书时要反复咀嚼，细心玩味。(4)切己体察。读书不能仅仅停留在书本上，口头上，而必须见之于自己的实际行动，要身体力行。(5)着紧用力。其一，必须抓紧时间，发愤忘食。反对悠悠然；其二，必须抖擞精神，勇猛奋发，反对松松垮垮。(6)居敬持志。这不仅是朱熹道德修养的重要方法，也是他最重要的读书法。"居敬"就是读书时精神专一，注意力集中；所谓"持志"就是要树立远大的志向，高尚的目标，并要以顽强的毅力长期坚持。

"朱子读书法"六条在当今社会，对于学生读书、教师治学和指导学生学习仍具有广泛的应用价值，具有很重要的现代意义。主要归纳为启发式教学的教与学，学以致道式的知与行，虚心修为好和勤奋持衡的道德观与学习观三个部分，其深刻地影响了当代教学模式，并给后人提供了宝贵的意见和令人反思的教育价值。

2.【解析】(1) 校长负责制的内涵

"校长负责制是指校长受上级政府主管部门的委托，在党支部和教代会的监督下，对学校进行全面领导和负责的制度。在这一领导体制中，校长是学校行政系统的最高决策者和指挥者，是学校的法人代表，他对外代表学校，对内全面领导和管理学校的教育、教学、科研和行政工作。

(2) 实施校长负责制应该注意的问题：

第一，明确校长的权利与责任；

第二，发挥党组织的保证监督作用；

第三，建立以教师为主体的教职工代表大会制度，加强民主管理和监督。

3.【解析】五育并举是由教育思想家蔡元培提出的一种思想主张。所谓的五育是指军国民教育、实利主义教育、公民道德教育、世界观教育和美感教育。

军国民教育，即体育，一方面是当时形势，需要举国强兵，另一方面又是养成完全人格所必需，主张完全人格，首在体育。

实利主义教育，也就是智育，包括各种普通文化科学知识，认为教育不仅要传授知识技能，而且要训练学生思维细密，对事物有科学态度。

公民道德教育，就是德育。认为德育就是完整人格之本，德育内容要以自由、平等、亲爱为主，体现了他要以资产阶级道德观念培养学生的愿望。

美育即“应用美学之理论于教育，以陶养感情为目的者也”。进行美育的课程可采用多种形式。蔡元培认为美育有特殊意义，其是引导人由现象世界通向实体世界的桥梁。

世界观教育，为蔡元培所独创，并被认为是教育的最高境界。世界观教育即是培养人们立足于现象世界，但又能超脱现象世界而贴近实体世界的精神境界。但他认为世界观教育不可言传、只可意会，说不出具体的方法和内容来，只能潜移默化的改变。

五育的关系即军国民教育是体育，实利主义教育是智育，公民道德教育是德育，美感教育可辅助德育，世界观教育是德智体教育的三者结合，五者作用不同但以公民道德教育为根本。

4.【解析】社会建构论是现代西方心理学中一种新的思想潮流。它反对经验实证主义在解释心理现象时所持有的反映论观点，认为心理活动现象是社会建构的产物，主张知识是建构的，是处于特定文化历史中的人们互动和协商的结果。

社会构建学习理论重视学生之间的社会交往和与环境的互动对建构的作用，重视在学生的过程中形成的非正式的经验背景的作用。他强调个体的学习过程是学习者以自己的方式建构对事物的意义，不存在唯一的标准的理解。

教学过程中，教师提供解决问题的原型，即创设与真实情景相类似的教学环境并指导学生进行探索。建构主义重视教学中教师与学生以及学生与学生之间的社会性相互作用，提倡合作学习和交互式学习。

三、论述题

1.【解析】要素主义教育是 20 世纪 30 年代末作为实用主义教育和进步教育的对立面而出现的。1938 年在美国成立的“要素主义者促进美国教育委员会”是要素主义教育形成的标志。代表人物有巴格莱、科南特等。

主要观点有：（1）在人类文化的遗传中，存在着永恒不变的、共同的、超越时间和空间的要素，它们是民族文化和种族文化的基础；

（2）在民主社会中，应该通过学校教育“使每一代人拥有以代表人类遗传最宝贵的要素的各种观念、意义、谅解和理想的共同核心”；

（3）教育的最重要功能就是尽可能高水平地保持共同的文化，因而，“包括这些要素在内的一个各门特殊学科的教学计划应当是民主教育制度的核心”，要素主义教育的名称就是由此而来的；

（4）要素主义激烈地批判美国的进步主义教育，认为进步主义教育导致了美国教育质量的下降。它强调学校教育的核心是人类文化的共同要素，强调教学过程必须是一个训练智慧的过程；学生在学习上必须努力和专心，同时强调教师在教育和教学中的核心地位。

第二次世界大战后，尤其是 1957 年前苏联人造卫星上天，使美国政府大为震惊，并把科技落后归结为教育质量问题，要素主义重视系统知识传授的教育主张受到了人们的重视。但到60年代末，由于要素主义教育片面注重书本知识和传统的教学方法，加重学生负担，脱离实际，引起学生的普遍不满，因而在美国也逐渐失去统治地位。

2.【解析】

（1）课程内容是指各门学科中特定的事实、观点、原理和问题及其处理方式，它是学习的对象，它源于社会文化，并随着社会文化的发展而不断发展变化。因为课程内容具有教学的基础性，所以在平时的教学中，如何把握教学的基础性就显得很重要。中小学教育的基本任务是要使学生有效地掌握人类文化遗产中的精华，并充分发展学生的各方面能力，以适应未来社会发展的需要。因此，所选择的课程内容应该包括使学生成为社会中一名合格公民所必备的基础知识和基本技能，同时也要包括学生以后继续学习所必需的技能和能力。在选择课程内容时要注意到学科知识的广度和深度之间的平衡。

（2）因为学生的发展离不开社会，课程内容一旦脱离了社会，就是让学生脱离社会，所以课程内容应该考虑到让学生了解社会、接触社会，掌握一些解决问题的基本技能。即使在选择学术性学科的内容时，也应该尽可能地联系社会的需要，以便学生所掌握的知识技能可以较好地发挥社会效用。此外，课程内容不仅要注意与现实社会有关，而且还要注意与未来社会相关，因为学生是发展中的个体。

（3）课程内容是为特定教育阶段的学生而选择的，如果是不适合某个特定阶段的学生的话，教学效果可能不会达到预期效果。因此，选择课程内容时要能够注意到学生的兴趣、需要和能力，并尽可能与之相适应，这不仅有助于学生更好地掌握科学文化知识，而且还有助于他们对学校学习形成良好的态度。

3.【解析】班集体是按照班级授课制的培养目标和教育规范组织起来的，以共同学习活动和直接性人际交往为特征的社会心理共同体。班集体培养的方法：

（1）确定集体的目标；

（2）健全组织，培养干部已形成集体核心；

（3）有计划地开展集体活动；

（4）培养正确的舆论和良好的班风。

班集体的功能很早就为一些教育家们所认识。班集体的教育功能，是指班集体对其成员发展所产生的教育作用。班集体的教育功能主要有以下三个方面：

（1）班集体不仅是教育的对象，而且是教育的巨大力量

一个具有良好班风的班集体，能给学生以多方面的正面教育和积极影响。学生在班集体里通过学习和掌握系统的文化科学技术知识、技能，提高认识世界和改造世界的能力；学生通过班集体的共同活动及生活中所处的各种关系，学习和内化社会规范，积累社会生活经验，学习“做人”之道；学生通过班集体中规范化的组织结构，扮演各种社会角色，培养公民品质，可为做一个合格公民奠定基础。同时，班集体为学生个性化提供机会和条件。丰富多彩的集体生活和集体活动，培养了学生不同的兴趣、爱好、特长。形成和发展了学生各具特色的能力；性质和内容各异的集体活动和人际交往也塑造着学生的性格，形成各具特点的个性品质；同班同学间的互相比较和评价，促进学生自我意识的发展。

（2）班集体是促进学生个性发展的一个重要因素

良好的班集体是学生个性发展的平台。

首先，班集体的自主管理为学生提供了不同的责任岗位，担任不同的角色，学生在承担

集体责任和角色时，产生对自我的积极期望，并在努力发挥作用中，促进个性情感、能力、社会性、行为等方面发生积极变化。

其次，班集体具有丰富多彩的活动和精神生活，在集体活动中，每一个学生都有展示自己才能，发挥个性创造潜力，获得集体成员肯定的机会。

再次，集体生活中展开的各种评价，有利于形成学生积极客观的自我意识，唤起积极的自我价值追求。从而，促使其个性和谐健康的发展。在集体生活中，学生之间、师生之间的交往，也是学生个性发展的不可缺少的养分。班主任、教师积极健康的个性及其与学生的和谐关系，是学生个性健康发展的重要保障。能为学生个性的自我塑造提供现实的精神榜样，学生之间和谐的人际关系和交往能为学生个性和谐发展提供丰富的精神内涵，提供相互借、学习的榜样。

实际上，良好的班集体不仅对学生发展具有重要的教育价值。而且对优化学校教育教学过程，提高德育实效，促进教师人格健康等方面都有十分重要的作用。

(3) 班集体能培养学生的自我教育能力

前苏联教育家苏霍姆林斯基说过："真正的教育是自我教育。"自我教育能力是指学生自觉主动地把社会要求的思想道德规范在内心加以理解和体验，并通过实践转化为自己比较稳定的自觉行为的能力。

① 在班集体能培养学生的自我教育能力，需要激发学生自我教育的动机，指导学生发现自己的优缺点，完善自我；

② 引导学生参加自我教育的实践活动，班主任应创造各种机会，让学生参加实践活动，以培养学生的自我教育能力；

③ 引导学生正确进行自我评价，自我评价是自我教育的重要方面。它既能使学生得到自我评价的反馈信息，又能加深学生对自己行为的自我认识，是深化了的认识过程；

④ 培养学生的自我控制能力；

⑤ 培养学生的自我激励能力。

一个良好的班集体能够促进学生自我教育能力的形成，而学生自我教育能力的形成又会极大地促进班集体的建设。

4.【解析】元认知由弗拉维尔于 20 世纪 70 年代提出，又称为反省认知、超认知、后设认知。元认知就是个体关于自己的认知过程的知识和调节这些过程的能力。元认知策略是一种典型的学习策略，指学生对自己的认知过程及结果的有效监视及控制的策略。元认知策略控制着信息的流程，监控和指导认知过程的进行，包括计划策略、监控策略(注意策略)和调节策略。

(1) 计划策略是根据认知活动的特定目标，在一项活动之前制定计划，预计结果、选择策略、想出解决问题的方法，并预计其有效性，包括设置学习目标、浏览阅读材料、产生待回答的问题以及分析如何完成学习任务。

(2) 监控策略是在认知活动进行的过程中，根据认知目标及时评价、反馈认知活动的结果与不足，正确估计自己达到认知目标的程度、水平，并根据有效性标准评价各种任职行动、策略的效果，包括阅读时对注意加以跟踪、对材料进行自我提问、考试时监视自己的速度和时间。

(3) 调节策略是根据对认知活动结果的检查，如发现问题，则采取相应的补救措施；或者根据对认知策略的效果的检查，及时修正、调整认知策略。

2016年北京师范大学教育综合真题

一、名词解释(每题5分，共30分)

1. 教育
2. 班级上课制
3. 榜样法
4. 校长负责制
5. 接受学习
6. 心智技能

二、简答题(每题10分，共40分)

1. 简述教育的文化功能。
2. 简述课程设计的基本任务。
3. 简述蔡元培的教育独立思想。
4. 简述杜威的教育目的论。

三、论述题(每题20分，共80分)

1. 论述教学过程中智力活动与非智力活动的关系。
2. 评述王守仁的教育思想。
3. 评述苏霍姆林斯基的和谐教育思想。
4. 举例论述社会规范学习的心理过程。

2016年北京师范大学教育综合真题详解

一、名词解释

1.【解析】教育是一种有目的地培养人的社会活动，它的目的在于影响和促进人的发展。有目的地培养人，是教育这一社会现象与其他社会现象的根本区别，是教育的本质特点。教育之所以为教育，全赖于此。

2.【解析】17世纪捷克教育家夸美纽斯在《大教学论》中提出了班级授课制，即把一定数量的学生按年龄和知识程度编程固定的班级，根据周课表和作息时间表安排教师有计划地向全班学生集体进行教学的制度。

3.【解析】榜样示范法是以他人的高尚思想、模范行为和卓越成就来影响学生品德的方法。榜样包括：伟人的典范、教育者的示范、学生中的好样板。应用榜样示范法时要注意以下几点要求：一是，选好榜样；二是，激起学生对榜样的敬慕之情；三是，引导学生用榜样来调节行为。

4.【解析】校长负责制是指校长受上级政府专管部门的委托，在党支部和教代会的监督下，对学校进行全面领导和负责的制度，在这一领导体制中，校长是学校行政系统的最高决策者和指挥着，是学校的法人代表。他对外代表学校，对内全面领导和管理学校的教育、教学、科研和行政工作。

5.【解析】接受学习是在教师指导下，学习者接受事物意义的学习。在教师的合理指导下，学习者可以尽快地掌握大量的间接知识。它特别适合于知识的学习，但对于学生技能的发展，尤其是创新能力的发展则有一定的局限性。

6.【解析】心智技能也称智慧技能、智力技能，是借助于内部语言在头脑中进行的智力活动方式，其中抽象思维因素占据着最主要的地位。阅读技能、写作技能、运算技能、等都是常见的心智技能。

二、简答题

1.【解析】其一，教育对文化的传递作用。人类社会能从愚昧与野蛮，走向今天的文明与开放，是文化教化的结果。而文化教化的前提是文化的传递。广义的教育无时无刻不在起着传递文化的作用。学校教育，因其具有明确的目的、周密的计划、专门的场所、集中的时间、精选的内容与适宜的方法等特点，古往今来，一直承担着传递文化的重要功能。

其二，教育对文化的选择。教育为了有效地传递文化，还必须充分发挥对文化的选择功能。教育对文化的选择功能体现了教育对文化发展的积极引导和自觉规范。教育的文化选择既要符合特定社会政治经济制度的利益的要求，也要符合人的身心发展的客观规律。

其三，教育对文化的发展。文化的生命不仅在于对它的保存和积累，更在于对它的更新和创造。教育通过把人类已有的精神财富内化为学生个体的精神财富，培养他们对文化的浓厚兴趣，使他们不仅能够适应和参与现实社会的文化活动，而且能够根据未来社会的需要创造更美好的文化。高等学校既是优秀人才汇集的地方，又是造就各种具有较高素质的文化生产者的专门场所，在促进社会文化发展过程中居于重要地位。随着社会与教育日益开放化，学校在加强国际文化交流中的作用也日益明显。教育通过广泛的文化交流，不断地吸收其他民族的文化精华，补充、更新和发展本民族的文化，也是文化发展的一种重要方式。

2.【解析】在课程史上，最为经典，同时也是应用最为广泛的课程设计模式源于美国课程论学者泰勒的目标模式。他在 1949 年出版的《课程与教学的基本原理》一书中开宗明义的指出，任何课程的设计与开发都设计以下基本问题：

（1）学校应该达到什么教育目标；

（2）提供哪些教学活动才能达到这些目标；

（3）怎样有效地组织这些教育活动；

（4）我们如何确定这些目标正在得到实现。

3.【解析】（1）经费独立，要求政府划出某项固定收入，专作教育经费，不能移用。

（2）行政独立，专管教育的机构不能附属于政府部门之下，要由懂得教育的人充任，不能因政局而变动。

（3）思想独立，不必依从某种信仰或观念。

（4）内容独立，能自由编辑、自由出版、自由采用教科书。

（5）以传教为主的人，不得参与教育事业。

蔡元培提出教育独立的思想，主张教育脱离政党、教会而独立，要求把教育交给教育家办理，反映了资产阶级民主派要求摆脱军阀政府对教育的控制，反对帝国主义国家的文化侵略，在中国独立、自由地发展教育事业的愿望。

4.【解析】（1）教育即生活、学校即社会

杜威认为教育是生活的一种形式，学校生活应与儿童自己的生活相契合，满足儿童的需要和兴趣，学校生活应与学校以外的社会生活相契合，适应现代社会变化的趋势并成为推动

社会发展的重要力量。“学校即社会”是对“教育即生活”这一命题的进一步引申，杜威意在使学校生活成为一种经过选择的、净化的、理想的社会生活，使学校成为一个合乎儿童发展的雏形社会。

（2）教育即生长、教育即经验的不断改造

“教育即生长”实质上是在提倡一种新的儿童发展观和教育观。“教育即经验的改造”是指构成人的身心各种因素在外部环境和人的主动经验过程中统一的全面改造、全面发展、全面生长的连续过程。这也是教育无目的的思想基础。

（3）教育无目的、教育的社会性目的是民主，为社会进步服务，为民主制度服务

杜威反对外在的、固定的、终极的教育目的，他所追求的是教育过程中的内在目的，这个目的就是“生长”。教育过程，在它本身以外没有目的，它就是它自己的目的。在民主社会中，个人发展与社会进步是统一的。

三、论述题

1.【解析】在教学过程中要处理好智力活动和非智力活动的关系，结合实际来说，其原因主要体现在以下两方面：

（1）学生的学习、认识活动包括智力活动也包括非智力活动

教学中学生的智力活动，主要指认知事物、掌握知识而进行的感知、观察、思维、记忆和想象等心理因素的活动。它是进行学习、认识世界的工具、手段。一个人缺乏智力或不开展智力活动，他是无法进行学习和认识世界的。但过去人们在教学上，对智力及智力活动关注、研究过多，而对非智力因素及非智力活动则相对关注不够、研究不多。学生的非智力活动，主要是指认知事物、掌握知识过程中的好奇心、欲望、兴趣、情感、意志和性格等心理因素的活动。它是进行学习、研究和实践的动力。在教学过程中，学生的智力活动和非智力活动同时存在，各有其特点与功能，二者相互依存，相互作用，只有正确地发挥其整体功能才能更好地提高学生的学习效能和教学的质量。

（2）按教学需要调节学生的非智力活动才能有成效地进行智力活动

由于学生在认识过程中的好奇心与注意力容易转移，兴趣和情感容易发生变化，因而在教学中，学生的智力活动与非智力活动的关系是复杂多变的。主要有两种情况：一种是教学的知识与过程丰富、多彩、生动，引发了学生的需要、兴趣、情感、意志等非智力活动，这些活动又反过来推动他们去认知、学习。在这种情况下，学生的智力活动与非智力活动一致，相互促进、良性循环，教学卓有成效，这是教学所要求的。另外一种教学的知识与过程贫乏、单调、死板，引发不了学生的需要、兴趣、情感、意志，使他们感到乏味、厌恶，注意力转移，对窗外树枝上歌唱的小鸟，工地上发出轰鸣的拖拉机非常向往，或对别的事物感到兴奋。在这种情况下，学生的非智力活动与智力活动便不一致，干扰了他们去认知、学习。这是不符合教学要求的，必须及时调节，纠正。

在教学中，按教学需要调节非智力活动要从两个方面进行。一方面通过改进教学本身，是教学的内容和过程都富有知识性、趣味性、启发性、民主性，适合学生年龄特征，具有吸引力。以便引起、保持学生的求知欲、兴趣、毅力和信心，养成良好的非智力因素品质。另一方面通过提高学生自我教育能力，让他们逐步自我养成强烈的求知欲和稳定的学习兴趣以及毅力、信心、抱负，能够自觉地按教学要求调节自己的非智力因素及其活动，积极进行智力活动，提高学习效率。

2.【解析】第一，王守仁十分重视教育对于人的发展所起的重要作用，提出了“学以去其

昏蔽”的思想。第二，王守仁坚持了我国古代儒家教育的传统，把道德教育与修养放在学校教育工作的首要地位。第三，关于道德修养的方法，王守仁提出了四个基本主张，即静处体悟、事上磨炼、省察克治、贵于改过。第四，王守仁十分重视儿童教育，在《训蒙大意示教读刘伯颂等》一文中，比较集中地阐发了他的儿童教育思想，即揭露和批判传统儿童教育不顾儿童的身心特点，提出儿童教育必须顺应儿童的性情，儿童教育的内容是“歌诗”“习礼”和“读书”，教学中要“随人分限所及”，量力施教等。

王守仁教育思想中包括了很多积极因素，值得我们学习：第一，从“学以去其昏蔽”的思想出发，肯定了人人都应受教育，并强调了教育过程中人的主观能动性的发挥。第二，在当时士人“皆驰骛于记诵辞章”，重功利而轻修养的社会风气中，重新强调自身道德修养的重要，具有一定的历史进步意义。第三，对于道德教育的某些主张，反映了学校道德教育和道德修养的某些规律性的东西，对我们是有启发的。第四，反对“小大人式”的传统儿童教育方法和粗暴的体罚等教育手段，要求顺应儿童性情，根据儿童的接受能力施教，使他们在德育、智育、体育和美育诸方面都得到发展等主张，反映了他教育思想的自然主义倾向，是难能可贵的。

3.【解析】参考 2010 年华中师范大学教育综合真题详解论述题第 3 题。

4.【解析】社会规范学习是个体形成和完善品德心理结构、发展道德认知的重要途径。社会规范学习是认知、情感和行为的整合。通过学习社会规范，获得对社会规范及其必要性的认识，通过情感学习产生与规范相一致的情感体验，促进对社会规范的积极态度形成，激发并维持个体与规范相一致的行为。按照个体对社会规范的接受程度，社会规范学习表现出由无条件的遵从到认同再到内化的渐进过程。

（1）社会规范的遵从

遵从是社会规范学习的初级接受水平，也是规范认同和内化的基础。社会规范遵从所具有的特点是：盲动性、工具型、和情境性。一个人是否遵从某一社会规范受到他所在的群体特征的影响。一个群体的规范越标准、越集中、越明确，群体成员的认同感就越强。当一个人在群体中与多数人的意见或行为不一致时，就会感到强大的群体压力而产生社会遵从。同时，外界压力也是诱发个体社会规范遵从的主要外因。外界压力有直接的外部压力，也有间接的外部压力。同时，个性特征不同的人，也会有不同的表现。一般来说，缺乏主见、独立性差、场依存型认知方式的人，更容易表现出遵从。

（2）社会规范的认同

社会规范认同作为社会规范的一种较高接受水平，属于社会认同范畴，是指个体在认识、情感上对社会规范的吸收，将社会期待转变为个体对自身的期待，在行为上与社会规范一致。社会规范认同是个体接受社会规范、确立自觉态度、形成品德的一个关键阶段。社会规范认同具有的特点是：自觉性、主动性以及稳定性。这时，个体可能出于对某人和某团体的崇拜、仰慕等所产生的趋同心理；或者对规范本身的含义及规范执行的必要性的认识而发生的对社会规范的认同，接受并按照规范行动的现象。

（3）社会规范的内化

社会规范的内化是社会规范接受的高级水平，是品德形成的最高阶段，它是指主体随着对规范认识的概括化与系统化，以及对规范体验的逐步累积与深化，最终形成一种价值信念最为个体规范行为的驱动力。社会规范内化所具有的特点是：需求性、稳定性。个体对规范价值的认知以及其情感体验，将影响到社会规范的内化。

2016 年华南师范大学教育综合真题

一、名词解释(每题 5 分，共 30 分)

1. 广义教育
2. 教育目的
3. 教学
4. 德育
5. 学习动机
6. 知识

二、简答题(每题 10 分，共 40 分)

1. 简述现代教育的特点。
2. 简述班主任素质要求。
3. 简述我国科举制的影响。
4. 简述洛克白板说。

三、分析论述题(每题 20 分，共 80 分)

1. 如何处理教学中的几种关系。
2. 试述陶行知生活教育。
3. 试述杜威教育思想及其影响。
4. 试述心理健康教育目标和内容。

2016 年华南师范大学教育综合真题详解

一、名词解释

1.【解析】广义教育指的是，凡是有目的地增进人的知识技能，影响人的思想品德，增强人的体质的活动，不论是有组织的或是无组织的，系统的或是零碎的，都是教育。它包括人们在家庭中、学校里、亲友间、社会上所受到的各种有目的的影响。

2.【解析】教育目的是把受教育者培养成为一定社会所需要的人的总要求，是学校教育所要培养的人的质量规格。从内涵上看，教育目的的概念有广义和狭义之分，广义的教育目的是指存在于人的头脑中的对受教育者的期望和要求。狭义的教育目的是指国家提出的教育的总目的和各级各类学校的教育目标，以及课程与教学等方面对所培养的人的要求。

3.【解析】教学是在一定的教育目的的规范下的，教师的教和学生的学共同组成的一种教育活动。在这一活动中，学生在教师有计划地组织和引导下，能动地学习、掌握系统的科学文化基础知识，发展自身的智能与体力，养成良好的品行和美感，逐步形成全面发展的个性。

4.【解析】道德教育即德育，德育有广义和狭义之分。广义的德育指所有有目的、有计划地对社会成员在政治、思想与道德等方面施加影响的活动，包括社会德育、社区德育、学校德育和家庭德育等方面。狭义的德育专指学校德育。学校德育是指教育者按照一定的社会或阶级要求，有目的、有计划、有系统地对受教育者施加思想、政治和道德等方面的影响，并通过受教育者积极的认识、体验与践行，以使其形成一定社会与阶级所需要的品德的教育活动，即教育者有目的地培养受教育者品德的活动。

5.【解析】动机是引起和维持个体活动，使活动趋向一定的目标，以满足某种需要的一种内部心理状态。学习动机是动机在学习活动中的表现。学习动机是引起和维持个体进行学习活动，并使活动朝向一定的学习目标，以满足某种学习需要的内部心理状态，它的主要内容包括知识价值观、学习兴趣、学习效能感和成败归因。

6.【解析】知识，是指人类在实践中认识客观世界(包括人类自身)的成果。它包括事实、信息、描述或在教育和实践中获得的技能。它可能是关于理论的，也可能是关于实践的。

二、简答题

1.【解析】现代教育是伴同资本主义大工业和商品经济发展起来的，致力于与生产劳动相结合、培养全面发展个人的教育。现代教育是迄今为止教育发展的最高阶段，也是人类教育发展的一个非常重要的阶段。现代教育是资产阶级革命时代大工业生产方式出现之后的产物，它随着社会的发展、生产与科技水平的提高而不断更新其内容和形式。就其主要特点而言，有以下几个方面：

(1) 学校教育逐步普及

这一时期，教育对象逐步扩大，学校教育逐步普及。学校教育的普及是人类教育发展史上的一件了不起的大事，它既对社会的发展起了不可估量的作用，又满足了人的发展需要，促进了人的解放。

(2) 教育的公共性日益突出

现代教育的公共性即现代教育越来越成为社会的公共事业，是为全体人民服务，而不是仅为一小部分人服务的。随着大工业生产的发展，随着工人阶级和其他劳动人民对教育权的争取，随着现代社会管理方式的变化，教育的阶级性越来越不合时宜，越来越受到来自统治阶级和被统治阶级两方面的批判。在此情形下，教育逐渐成为社会的公共事业，成为社会的公共话题，也成为政治家们优先考虑的社会问题。

(3) 教育的生产性不断增强

现代教育的生产性即现代教育越来越与人类的物质生产结合起来，越来越与生产领域发生密切的、多样化的关系即生产的发展也越来越对教育系统提出新的要求。今天的教育就是明天的经济。在现代社会，一方面由于大工业生产要求劳动者在从事体力劳动时，发展智力，掌握科学知识，把体力劳动和脑力劳动结合起来；另一方面大工业生产促进了科学技术的发展，又为劳动者的体脑结合创造了条件，而科学知识的发展和在生产中的应用也丰富了教学内容，教育与生产劳动的结合成为掌握这些知识的必要手段。因此，教育与生产劳动的结合成为历史的必然。

(4) 教育制度逐步完善

现代教育兴起以后，特别是在公共教育制度形成以后，随着学校大量增加，现代教育开始向制度化的方向发展。

2.【解析】班主任作为班的教育者和组织者应该具有以下6个方面的素质：

(1) 高尚的思想道德：班主任是学生的教育者、引路人，是学生学习的榜样，班主任应该有崇高的品德，饱满的热情，坚持不懈的进取精神，言行一致，表里如一，能够为人师表。这样班主任才能在学生中树立崇高的威信，给学生以强有力的影响。

(2) 坚定的教育信念：应坚信每个学生都有优点和才干，都有自己的前途，即对使有某些缺点和不足的学生，只要对他做细致深入的思想教育工作，也能使他朝好的方向发展。班主任只有确信教育的力量，树立坚定的教育信念，才能在工作中不畏困难，顽强而耐心地工作，收获教育的硕果。

(3) 家长的心肠：班主任对待学生要像家长对待孩子一样，集严父和慈母于一身。既要无微不至的关怀学生，真诚地爱护学生，与学生彼此信赖，有深厚的情感；又要严格要求学生，对他们的错误和缺点毫不放过。如果学生感受到班主任对他的深情和期望，那么他将更亲近班主任，并乐于接受教育，从而使班主任在工作中收获更大的成效。

(4) 较强的组织能力：善于组织学生开展活动是教育学生的重要条件。一个称职的班主任必须善于计划和组织学生的各种活动，善于根据情况的变化迅速作出决定、采取措施、进行调整，在工作中展现出魄力，能令行禁止，引导学生开展活动，不断前进。

(5) 多方面的兴趣和才能：青少年学生活泼好动，每个学生都有自己的兴趣爱好，因而需要开展各种各样、丰富多彩的活动。这就要求班主任也需要多方面的兴趣和才能。一般来说，性格开朗、兴趣广泛、多才多艺的班主任，与学生有较多的共同语言，易于打成一片，便于开展工作。而沉默寡言，不爱活动的班主任则容易脱离学生，难以深入的了解和教育学生。

(6) 善于待人接物：班主任为了教好学生，要与家长，任课老师，校外辅导员和有关社会人士联系和协作，因而要善于待人接物。事实证明，只有那些善于交往、能团结人的班主任，才能更好地协调各方面的教育力量，把班主任的工作做好。

3.【解析】科举制度是中国古代读书人参加人才选拔考试的制度。它是历代封建王朝通过考试选拔官吏的一种制度。由于采用分科取士的办法，所以叫做科举。科举制从隋代开始实行，到光绪二十七年举行最后一科进士考试为止，历经了一千三百多年。1905 年 9 月 2 日，清政府废除科举制度。科举制既有积极的一面也有消极的一面。

积极影响：

(1) 第一，科举制度的实行从根本上打破了两晋南北朝以来豪门世族对政治权力的垄断，最大限度地网罗全国优秀人才，从而扩大了统治阶级的政权基础。

(2) 第二，选拔官吏有了文化作为依据，从而能够选拔素质较高的人才。科举制改变了九品中正制选拔人才只重品行、门第，而忽视了才能之弊端，具有一定的客观性。

(3) 第三，科举制度使读书成为一种潮流。科举制度在中国的古代有巨大的影响，是因为从科举中不仅能够得到政治上的特权，而且还有经济上的利益。

(4) 第四，我国古代科举制度对世界也产生了广泛的影响。中国封建社会时期的科举制度长存 1300 多年，不仅影响了中国社会的发展，而且对国际社会也起了一定的影响。日本、朝鲜、越南等都曾仿照中国实行科举制。在西方，有人称它是"人类所发展出的选择公仆的方法中，最奇特最令人赞赏的方法"。

消极影响：

(1) 国家只重视科举取士，而忽视学校教育。学校成为科举考试的预备机构，一切教学活动都围绕科举考试进行，学校失去了相对独立的地位和作用，完全成为科举制的附庸。

(2) 科举制度相当功利，缺乏长远性，容易滋生腐败，败坏学风。

(3) 科举制度束缚了人们的思想，尤其是明清的八股文考试，不利于文化和科技创新。

4.【解析】洛克是 17 世纪英国著名的哲学家和教育家。他重视教育对个人幸福、事业和前途的影响，其教育思想具有世俗化、功利主义和个人主义的色彩。他的主要著作是《教育漫话》。在他的教育思想中，白板说是其核心概念之一。

洛克继承和发展了培根和霍布士的唯物主义经验论，提出了“白板说”。他认为人的心灵好比一块白板，人的一切观念来自经验，根本就没有什么天赋原则。他认为观念有两个来源，一类来自感觉，另一类来自反省。感觉是外物刺激人的感官而引起的，是外部经验；反省是人观察自己内心的活动而得来的，是内部经验。洛克在西方心理学史上第一个提出了“联想”的概念，认为联想是观念的联合，为联想主义心理学奠定了基础。他认为由感觉和反省得来的观念都是人心被动接受的简单观念，是基本的或不能分析的。人心中的很多复杂的观念则是人心施用自己的力量，经过综合、联系和分离作用，把简单观念联合而来的。他还认为观念的联想有“自然的联合”与“习惯的联合”两种。他尤其重视后者，认为习惯是使观念联合的一种力量，这是后来联想律中的频因律的开端。

洛克除了用联想的原则说明观念的结合外，另外还用它解释情绪的形成及其在儿童教育上的作用。可见，洛克不仅提出了联想概念，而且扩大了联想概念。所以洛克是联想主义心理学的创立者。但洛克的思想在诸多方面具有不彻底性和妥协性。例如，他把感觉观念分为两类，一类是第一性的质的观念，即关于物体的体积、广延、形状、运动、静止等等的观念，它们同自己的原型是相同的，是这些性质的“真正映象”；另一类是第二性的质的观念，即关于事物的颜色、声音、滋味等等的观念，它们完全根据主体的变化而变化，根本没有与之相符合的原型，至多在物体中只有引起这种感觉的原因。他对第二性的质的观念的解释则是唯心主义的，为贝克莱所直接继承。

三、分析论述题

1.【解析】教学是在一定的教育目的的规范下，教师的教与学生的学共同组成的一种教育活动。在这一活动中，学生在教师有计划地组织和引导下，能动地学习、掌握系统的科学文化基础知识，发展自身的智能和体力，养成良好的品行与美感，逐步形成全面发展的个性。简而言之，教学乃是在教师引导下学生能动地学习知识以获得个性发展的活动。我们在实际教学过程中应处理好以下几种关系：

（一）间接经验与直接经验的关系

直接经验，即学生通过亲自活动、探索获得的经验；间接经验，即他人的认识成果，主要指人类在长期认识过程中积累并整理而成的书本知识，此外还包括以各种现代技术形式表现的知识与信息，如磁带、录像带、电视和电影片等。间接经验与直接经验的关系主要体现如下：

（1）学生认识的主要任务是学习间接经验。

以间接经验为主组织学生进行学习，这是学校教学为青少年学生精心设计的一条认识世界的捷径。它的主要特点是：把人类世世代代积累起来的科学文化知识加以选择，使之简约化、洁净化、系统化、心理化，组成课程，编成课本，引导学生循序渐进地进行学习。这就可以使他们避免重复人类在认识发展中所经历的错误与曲折，用最短的时间、最高的效率来掌握人类创造的基本知识。

（2）学习间接经验必须以学生个人的直接经验为基础

现成的书本知识，一般表现为概念、原理、定律与公式所组成的系统，是一种偏于理性的知识。这种知识对学生来说，是他人的认识成果、间接的经验，是很抽象的、不容易理解的东西。学生要把这种书本知识转化为自己理解的知识，就必须依靠个人以往积累的或现时获得的感性经验为基础。

（3）防止忽视系统知识传授或直接经验积累的偏向。只有经过自己的独立思考，把直接经验与间接经验结合起来，理性认识与感性认识结合起来，学生才能理解所学的书本知识，获得运用知识的能力。

可见，教学以学习书本知识为主是学生个人认识赶上人类认识、获得自身发展的捷径，要使学生便捷而高效地掌握书本知识，则必须根据教学的需要充分利用和丰富学生的直接经验，这是间接经验与直接经验的关系之间的必然联系。间接经验与直接经验的关系，是教学过程中的一对基本的矛盾关系。

（二）掌握知识和发展智力的关系

（1）智力的发展与知识的掌握二者相互依存、相互促进。

在教学过程中，学生能力的提高依赖于他们知识的掌握，因为系统的知识是智力发展的必要条件，人们的智力发展离不开知识和经验；同时，学生对知识的掌握又依赖于他们能力的提高，因为人们的智力同样是人们掌握知识的必要条件，只有那些能力高的学生，他们的接受能力才强、学习效率才高。

（2）生动活泼地理解和创造性地运用知识才能有效地发展智力

学生的能力不仅与他们所掌握的知识的量的性质、难度和分量有关，更重要的是与他们获取这些知识的方法和运用知识的创造态度密切相关。在教学过程中，不仅要交给学生系统的有适当难度的知识，而且要引导学生正确理解知识和巩固记忆知识，掌握学科的结构，特别是要启发学生了解掌握知识的过程，弄清获得知识的方法，学会独立思考、逻辑推导与论证，能够自如地、甚至创造性的运用知识来解决理论和实际问题，才能有效地提高他们的能力。

可见，在教学中，如能引导学生自觉积极地进行学习，正确理解知识，掌握获取和运用知识的方法，就能有效地促进他们能力的提高。学生的学习活动进行得越是富有创造性，他们的能力就将提高得越快、达到的水平越高。这是掌握知识与提高能力之间的必然联系。

（3）防止单纯抓知识教学或只重智力发展的片面性

对于教学中应当如何处理掌握知识与发展智力的关系问题，曾经有过长期的争论。不管是认为，教学的主要任务在于训练学生的思维形式，知识的传授则是无关紧要的，或者认为教学的主要任务在于传授给学生对生活有用的知识，至于学生的智力则无需进行特别的培养和训练。都是片面的，都不利于学生的发展。

（三）智力活动与非智力活动的关系

智力因素，主要包括观察力、记忆力、想象力、思维力和注意力等，任何学习过程都有赖于这些因素的参与。智力水平往往影响着学习水平，并制约着学习方式和学习风格。非智力因素，是指除智力因素以外的一切个性心理因素，包括动机、兴趣、情感、意志和性格等，对学习活动能产生巨大的动力、定向、引导、维持、调节、控制和强化作用。智力因素与非智力因素之间的关系如下：

（1）非智力因素依赖于智力因素，并积极作用于智力因素

一般来说，在教学中，非智力因素依赖于智力因素，因为智力因素是非智力因素的基础，学生的兴趣、情感、意志、性格是在认知事物、掌握知识的过程中产生和发展的。同时，非智力因素又积极作用于智力因素，因为学生是有能动性的人，他们已有的兴趣、情感、意志、性格等心理因素，常表现为内驱力量作用于智力因素，并对学生的学习产生巨大的影响。

（2）按教学需要调节学生的非智力因素活动才能有效地进行智力因素活动、完成教学任务

在教学中，按教学需要调节学生的非智力因素活动要从两个方面进行：一方面通过改进

教学本身，使教学的内容和过程都富有知识性、趣味性、启发性、民主性，适合学生年龄特征，具有吸引力，以便引起、保持学生的求知欲和兴趣、毅力、信心、抱负，养成良好的非智力因素品质；另一方面通过提高学生自我教育能力，逐步培养他们的求知欲和兴趣、毅力、信心、抱负，使他们能自觉地按教学需要调节自己的非智力因素及其活动，积极进行智力活动，提高学习效率。

可见，学生的智力因素与非智力因素的配合一致是成功进行教学的一个重要条件。在教学过程中，两者常常出现不一致，但如能按教学需要随时引导和调节学生的非智力因素活动就能使两者协调一致、相互促进。这是智力因素与非智力因素之间的必然联系。

(四) 教师主导作用与学生主动性的关系

教师与学生这两个认识主体之间的关系是贯穿教学全过程的最基本关系。教师的教与学生的学既对立又统一，二者相互联系、互为依存，教是为了学并且决定着学，而学依据教并且影响着教。

其一，发挥教师的主导作用是学生简捷有效地学习知识、发展身心的必要条件。在整个教学过程中，教师是教育的主体，只有通过教师的组织调节或指导作用，学生才能迅速地掌握知识，形成技能、品德，促进自己的发展。

其二，调动学生的学习主动性是教师有效地教学的一个主要因素。学生则是学习的主体，教师对学生的指导和调节，只有当学生积极参与教学活动时，才能起到应有的作用。

其三，防止忽视学生主动性和忽视教师主导作用的偏向。

把教师的主导作用与学生的主动性对立起来，强调一个而忽视另一个都将导致削弱或破坏，唯有师生积极合作才能产生的教学双方的积极性和教学的整体功能。

2.【解析】参见2010年曲阜师范大学教育综合真题详解论述题第2题。

3.【解析】杜威是20世纪美国著名的教育家。杜威的教育思想来源于机能心理学、实用主义哲学、社会进化论。从这些出发，他提出了以新的哲学和心理学理论为基础的教育新理论，注重实验和活动，成为现代教育的代表人物。其主要著作是《民主主义与教育》。

(1) 教育即生活、学校及社会

杜威认为教育是生活的一种形式，学校生活应与儿童自己的生活相契合，满足儿童的需要和兴趣，学校生活应与学校以外的社会生活相契合，适应现代社会变化的趋势并成为推动社会发展的重要力量。“学校即社会”是对“教育即生活”这一命题的进一步引申，杜威意在使学校生活成为一种经过选择的、净化的、理想的社会生活，使学校成为一个合乎儿童发展的雏形社会。

(2) 教育即生长、教育即经验的不断改造

“教育即生长”实质上是在提倡一种新的儿童发展观和教育观。“教育即经验的改造”是指构成人的身心各种因素在外部环境和人的主动经验过程中统一的全面改造、全面发展、全面生长的连续过程。这也是教育无目的的思想基础。

(3) 教育无目的、教育的社会性目的是民主，为社会进步服务，为民主制度服务

杜威反对外在的、固定的、终极的教育目的，他所追求的是教育过程中的内在目的，这个目的就是“生长”。教育过程，在它本身以外没有目的，她就是它自己的目的。在民主社会中，个人发展与社会进步是统一的。

(4) 论课程与教材

杜威提出了做中学和教材心理化的观念。在经验论的基础上，杜威要求从做中学、从经

验中学，要求以活动性、经验性的主动作业来取代传统书本式教材的统治地位。教材心理化是指把各门学科或知识各部分恢复到它所被抽象出来之前的原来的经验，就是把间接经验转化为直接经验，即直接经验化。之后再把直接经验组织化，从而形成能提供给有技能的、成熟的人的教材形式。

（5）论思维与教学方法

杜威反对以教师、教科书、教室为中心的传统教学方法，提倡“从做中学”。这是一种通过主动作业，在经验的情境中思维的方法。通过做中学来达到经验与思维的统一、思维与教学的统一、课程与作业的统一、教材与教法的统一。根据杜威的科学的实验主义探究方法和反省思维方式，他提出了五步教学法：其一，疑难的情景；其二，确定疑难所在；其三，提出解决问题的种种假设；其四，推断那个假设能解决这个困难；其五，验证这个假设。这种教学方法重视科学探究思维，重视解决实际问题的行动能力，与主智主义的传统教育理论有本质区别，但该方法过于注重活动，忽视了系统知识的传授，狭化了认知的途径，泛化了问题意识，在实践中也存在了诸多影响教育质量的问题。

（6）论道德教育。杜威认为道德教育的主要任务是协调个人和社会的关系。他反对个人至上和社会至上论，反对将社会与个人割裂开来，认为个人的充分发展是社会进步的必要条件，社会的进步又可为个人发展提供更好的基础。

杜威是西方现代教育派的理论代表。他对传统教育的整个理论体系进行挑战，奠定了现代教育理论大厦的基石。他的《民主主义与教育》使美国教育由赫尔巴特主义转入杜威主义，并影响到其他国家。他是新教育的思想旗手。他的教育理论突破以往建立在主客体两分之上的传统教育的弊端，将知行合一，使教学中死的知识变为活的知识，突破了内发论和外烁论，将教育看做人与环境的交互过程中经验的观点具有很高的创新性。在此基础上，他奠定了儿童中心论，解决教育与儿童想脱离的问题，并通过学校和社会的统一，思维和经验的统一，解决教育与实践，学校与社会相脱离的问题，更重要的是，他提出了做中学这一建立在新哲学和心理学基础上的新方法，拓宽了教学形式和方法，提高了教学专业化。杜威的教育理论对世界教育进程发挥了巨大作用，对日本、中国、土耳其、前苏联、墨西哥等国具有直接的影响。但因其理论偏重儿童中心、活动中心、经验中心而使得教育实践忽视了系统知识的传授以及引发了自由与纪律、教师与学生等诸多矛盾。另外根据经验和教材心理化原则编写新型教材的设想过于理想化，难以实现。

4.【解析】(一)心理健康教育目标

心理健康教育的总的目标是：提高全体学生的心理素质，充分开发他们的潜能，培养学生乐观、向上的心理品质，促进学生人格的健全发展。

心理健康教育的具体目标是：

（1）使学生获得不断正确认识自我，调控自我，承受挫折，适应环境的能力；

（2）培养学生健全的人格和良好的个性心理品质；

（3）对少数有心理困扰或心理障碍的学生，给予科学有效的心理咨询和辅导，是他们尽快摆脱障碍，调节自我，提高心理健康水平，增强自我教育能力。

心理健康教育的主要任务是全面推进素质教育，增强学校德育工作的针对性、实效性和主动性，帮助学生树立在出现心理行为问题时的求助意识，促进学生形成健康的心理素质，维护学生的心理健康，减少和避免对他们心理健康的各种不利影响；培养身心健康，具有创新精神和实践能力，有理想、有道德、有文化、有纪律的一代新人。

（二）心理健康教育的主要内容

根据教育部制定的《中小学心理健康教育指导纲要》，心理健康教育的内容主要包括：

第一，普及心理健康基本知识，树立心理健康意识；

第二，了解简单的心理调节方法；

第三，认识心理异常现象；

第四，初步掌握心理保健常识，其重点是学会学习、人际交往、升学择业以及生活和社会适应等方面的常识。

2016 年山东师范大学教育综合真题

一、名词解释(每题 5 分，共 20 分)

1. 活动课程
2. 致良知
3. 大学区制
4. 自我效能感

二、辨析题(每题 10 分，共 40 分)

1. 教育目的是人制定的，所以是主观的。
2. 教师在教学过程中担任多种角色。
3. 新教育运动是 19 世纪末 20 世纪初兴起于美国的教育革新运动。
4. 场独立型的人适合学习人文知识，场依存型的人适合学习数理知识。

三、简答题(每题 10 分，共 60 分)

1. 简述教育的政治功能。
2. 简述教学的任务。
3. 简述九品中正制的内容及影响。
4. 简述基督教教育的特点。
5. 简述严复的三育论。
6. 简述明治维新的教育改革的内容及意义。

四、论述题(每题 15 分，共 30 分)

1. 论述教师主导与学生主动性的关系。
2. 联系实际说明促进学习迁移的措施。

2016 年山东师范大学教育综合真题详解

一、名词解释

1.【解析】活动课程，又称“经验课程”或“儿童中心课程”。它兴起于 19 世纪末 20 世纪初的欧美“进步教育运动”。虽未全面系统地从理论上论证了它的价值，并在实践中加以推行与试验。这种课程的最大的主旨在于，试图在儿童现有经验和学科知识所代表的人类种族经验或逻辑经验之间架起一座桥梁，以解决儿童现有经验与学科知识之间明显的脱节问题。

2.【解析】王阳明以“致良知”论证教育目的。他的教育思想是以他的主观唯心主义的“心学”为基础的。他认为，万事万物都是靠心的认识而存在。万事万物都不在心外，而在心中。而心的本体就是“良知”。良知是道德生成的根本及为人的本质所在，良知就是天理。圣人之所以为圣人，是因为天理纯全，良知常在。而一般人的良知常被物欲、邪念所蒙蔽，就像明镜常为尘埃蒙蔽而失去明亮一样。除掉物欲、邪念，也就是做为善去恶的工夫，从而恢复本心，这就是“致良知”。他指出：“圣人之学，惟是致良知而已。”

3.【解析】大学区制是指把全国分为若干大学区，以学区为单位对教育事业进行管理的制度。这种制度能够加强中央对地方教育事业的管理和控制。在日本的明治维新时期，和中国国民政府时期都分别实行了这种制度。1927 年 6 月，国民党政府在每学区设大学一所，大学校长兼管区内教育行政及学术事业。

4.【解析】自我效能感理论的代表人物是班都拉。自我效能感指人们对自己是否能够成功地从事某一成就行为的主观判断，即人们对自己在特定情境中是否有能力操作行为的预期。自我效能感表现为对自己能力的自信程度。影响自我效能感形成的主要因素包括：个体自身行为的成败经验、替代经验、言语劝说和情绪唤醒等。

二、辨析题

1.【解析】表述错误

教育目的虽然是人制定的，但是它的制定有其理论基础，它要遵循人发展的客观规律，符合社会对受教育者的要求。所以，不能说教育目的是主观的。

2.【解析】表述正确

教师确实要扮演多种角色，教师的“角色从”是“家长代理人”、“朋友、知己者”、“传道、授业、解惑者”、“管理者”、“心理调节者”、“研究者”。

3.【解析】表述错误

新教育运动就是 19 世纪末至 20 世纪初在欧洲出现的资产阶级教育改革运动。它的主要内容是建立与旧式的传统学校在教育目的、内容、方法上完全不同的新学校，因此也称新学校运动。

4.【解析】表述错误

场独立型是指个体较多依赖于自己内部的参照，不易受外来因素影响和干扰，习惯独立对事物进行判断。行为常是非社会定向的，社会敏感性差，不善于社交，关心抽象的概念和理论，喜欢独处。因此，场独立性的人适合学习数理知识。而场依存型的人则与之相反，更适合学习人文知识。

三、简答题

1.【解析】从历史发展来看，历代统治阶级都非常重视教育，重视教育在稳定社会秩序中的作用。教育的政治功能主要是通过传播思想意识和培养人才来实现的。

第一，教育通过传播一定的社会的政治意识形态，完成年轻一代的政治社会化；

第二，教育通过造就政治管理人才，促进政治体制的变革和完善；

第三，教育通过提高全民文化素质，促进国家的民主政治建设；

第四，教育还是形成社会舆论，影响政治时局的重要力量。

2.【解析】教学作为学校教育工作的中心任务，是正常发挥教育的育人功能，实现教育目的的基本途径。在学校教育中，教学工作所承担的主要任务可以概括为以下几个方面。

（1）引导学生掌握科学文化基础知识和基本技能；

（2）发展学生的体力、智力、创造力和实践精神；

（3）培养学生的道德品质和审美情趣；

（4）促进学生个性健康发展。

3.【解析】九品中正制，又称九品官人法，是魏晋南北朝时期重要的选官制度，是魏文帝曹丕为了拉拢士族而采纳吏部尚书陈群的意见，于黄初元年（220 年）命其制定的制度。此制至西晋渐趋完备，南北朝时又有所变化。它上承两汉察举制，下启隋唐之科举，在中国古代政治制度史上占有十分重要的地位。其主要内容为：

（1）先在各郡、各州设置中正。州郡中正只能由本地人充当，且多由现任中央官员兼任。任中正者本身一般是九品中的二品即上品。郡中正初由各郡长官推选，晋时改由州中正荐举，中正的任命权掌握在司徒府。州郡中正都设有属员。一般人物可由属员评议，重要人物则由中正亲自评议。

（2）中正的职权主要是评议人物，其标准有三：家世（被评者的族望和父祖官爵）、道德、才能。中正对人物的道德、才能只作概括性的评语，称为"状"。中正根据家世、才德的评论，对人物作出高下的品定，称为"品"。品共分为九等，即上上、上中、上下、中上、中中、中下、下上、下中、下下。但类别却只有上品和下品。一品无人能得，形同虚设，故二品实为最高品。三品西晋初尚可算高品（上品），以后降为卑品（下品）。

（3）中正评议结果上交司徒府复核批准，然后送吏部作为选官的根据。中正评定的品第又称"乡品"，和被评者的仕途密切相关。任官者其官品必须与其乡品相适应，乡品高者做官的起点（又称"起家官"）往往为"清官"，升迁也较快，受人尊重，乡品卑者做官的起点往往为"浊官"，升迁也慢，受人轻视。

（4）中正评议人物照例 3 年调整一次，但中正对所评议人物也可随时予以升品或降品。一个人的乡品升降后，官品及居官之清浊也往往随之变动。为了提高中正的权威，政府还禁止被评者诉讼枉曲。但中正如定品违法，政府要追查其责任。

九品中正制建立之初，确实起到了选拔人才的作用，其选拔标准家世、品德、才能并重；同时九品中正制的推行也剥夺了州郡长官自辟僚属的权力，将官吏的任免权收归中央，有利于加强中央的权力。然而随着时间的推移，选拔标准开始发生变化，仅仅重视门第出身。这就使得九品中正制失去了选拔人才的意义。因为选拔人才的中正官多由二品官吏担任，而被选拔的人才也多出自二品以上的大族，同时他们也往往出任高级官吏。久而久之，官吏的选拔权就被世家大族所垄断，形成了"上品无寒门，下品无士族"的门阀制度，九品中正制成为世族地主操纵政权的工具。

4.【解析】基督教教育的总体特点如下：

（1）教育目的宗教化

主要是为了培养教会人才，扩大教会势力，巩固封建统治。

（2）教学内容神学化

主要课程是神学和"七艺"。神学包括《圣经》、祈祷文、教会的礼仪等；"七艺"是从古希腊内容演变而来的，经由基督教改造，为神学服务。

（3）教育方法原始、机械、繁琐

为了维护教会、神学的绝对权威，教会学校强迫学生盲目绝对服从《圣经》和教师，学校纪律严格，体罚盛行。

5.【解析】严复是中国近代从德、智、体三要素出发构建教育目标模式的第一人，受达尔文进化论和斯宾塞社会学说的影响，他认为一个国家的强弱，取决于那个国家的民力强弱、民智高低、民德的好坏。以此来考察中国，他认为中国最大的忧患不是政治腐败，而是愚、弱、贫。在《原强》中首次阐发了他的“三育论”。所谓“鼓民力”就是提倡体育；“开民智”就是要全面开发人民的智慧，核心是改革科举制度，废除八股取士和训诂辞章之学，讲求西学；“兴民德”主要是从改变传统德育内容，用西方的民主自由平等取代封建伦理道德，培养人民忠爱国家的观念意识。

这三育教育就是要用资产阶级的德、智、体三育武装国民，取代以儒学为中心的封建教育。他还强调这三育是统一的、相互联系、不可偏废。这种教育观实属教育救国论，但也确实切中中国当时的时弊，具有某些启蒙作用。

6.【解析】1871年明治政府开始在中央设立支部省，主管全国的文化事业，1872年颁布《学制令》，这是日本近代教育史上的第一个新学制，在确立教育领导体制的基础上，建立全国的学校教育体制。我们一般从教育的阶段性来分析明治维新教育改革的内容。

（1）以小学为基础，努力普及国民教育，提高全民整体素质；

（2）努力推进中高等教育的发展；

中学教育十分重视基础科学知识和外语的教育；高等教育方面规定全国实行中央集权式的大学区制，鼓励兴办私立高等学校。

（3）兴办女子学校。

其意义为：

（1）促进了日本资本主义经济的发展，加速了日本的工业化进程；

（2）推进和促进了日本近代化教育事业的发展；

（3）普及了文化，提高了整个国民的文化素质；

（4）教育的普及促进了阶层的流动，打破了官员阶层唯士族所垄断的局面；

（5）后期，教育与军国主义思想的结合，促使日本最终走向军国主义道路。

四、论述题

1.【解析】教师与学生这两个认识主体之间的关系是贯穿教学全过程的最基本关系。教师的教与学生的学既对立又统一，二者相互联系、互为依存。教是为了学并且决定着学，而学依据教并且影响着教。

（1）发挥教师的主导作用是学生简捷有效地学习知识、发展身心的必要条件

在教学过程中，充分发挥教师的主导作用是有效教学的普遍规律。因为教师是教育者，他们受社会的委托，代表社会的利益，执行社会对教学的要求；他们受过专门训练，精通所教专业知识，了解学生的身心发展，懂得如何组织和进行教学。对缺乏知识和能力的学生来说，只有借助于教师的教导和帮助，才能以简捷有效的方式掌握人类创造的基本文化科学知识，迅速提高自己的身心发展水平，成为社会需要的人才；就连学生的学习主动性、积极性的正确发挥，都有赖于教师的激发与引导，否则往往导致盲目、自发与低效。教学的效率和质量首先由教师教的好坏来决定的。一般来说，只有提高教师的素质和教学水平才能培养出成绩优秀的学生。

（2）尊重学生、调动学生的学习主动性是教师有效教学的一个主要因素

教师的教是为了学生的学。学生是有能动性的人，他们不只是教学的对象，而且是学习与发展的主体。教师的教固然重要，但对学生来说毕竟是外因，外因只有通过内因才能起作用。这就是说，教师传授的知识和技能，施加的思想影响，都要经过学生个人的观察、思

考、领悟、练习和自觉运用、自我修养，才能转化为他们的本领与品德。学生的学习主动性发挥的作用怎样，直接影响并最终决定着他们的学习效果和身心发展的水平。因此，教师要尊重学生，民主平等地对待学生，充分调动学生的学习积极性，对于学生好奇、好问、好探究的天性要珍惜、爱护、循循善诱。

（3）防止忽视学生积极性和忽视教师主导作用的偏向

如何处理教学中的师生关系，在教学史上曾出现过两种片面性。以赫尔巴赫为代表的传统教育派认为，教师在教学中处于中心地位，向学生传授知识、进行教育主要依靠教师。他们片面强调教师权威，忽视学生的主动性，使教学变得死板、被动，不利于培养学生的自主精神和创造才能，随着社会的发展而日益显现其落后性。以杜威为代表的现代教育学派，则指责传统教育以学科为教学中心，以教师为教学主宰，给儿童发展带来的严重危害，因而主张进行重心转移的革命，把儿童变成教学的中心，充分发挥学生的主动性，教育的一切措施围绕着学生转。但是，他们走向另一个极端，片面强调学生的学习主动性，忽视教师的主导作用，往往使学生的学习陷入盲目探索，学不到系统的科学知识，不利于造就现代科技人才，同样落后于时代的发展。上述两派观点的共同特点是把教师的主导作用和学生的主动性对立起来，强调一个而忽视另一个。但损伤任何一方的积极作用，都将导致削弱或破坏唯有师生积极合作才能产生的教学双方的积极性和教学整体功能。

2.【解析】学习迁移也称训练迁移，指一种知识对另一种知识学习的影响，既有先前的知识对后续知识学习的影响，也有后续学习的知识对先前知识的影响。

教育系统中教学的目标是使学生接受和掌握经验，以形成和发展学生的能力与品德。迁移是实现这一目标的有效途径，也是检验教学是否达到目标的可靠标志。因此，在实际教学中，应该掌握和应用学习迁移的规律，以提高教学成效。具体而言，我们在实际教学中从以下各个方面着手：

（1）在每个新的单元教学之前为学生明确具体的教学目标，如有可能可让学生一起参与教学目标的制定，并要学生了解某一阶段学习的目标。明确而具体的教学目标可以使学生对与学习目标有关的已有知识形成联想，即有一个先行组织者，会有利于迁移的发生。

（2）在教学内容的安排和教材的编排上，要注意在各个教学单元相对独立的前提下，体现出各单元和各部分内容之间的内在逻辑联系和前后衔接，切记造成各部分之间的相互割裂。

（3）各派迁移理论各有价值，因此在教学中要分清教材内容是易于产生共同要素的迁移还是原理、时间的迁移。如果在学习的新知识与已经学习的知识间有共同要素或成分，可引导学生利用这些共同要素进行学习。

（4）一方面，在教学中注意引导学生自己总结出概括化的原理，培养和提高其概括总结的能力，充分利用原理、原则的迁移。另一方面，在讲解原理、原则时，要举最大范围的例子，枚举各种变式，使学生正确把握知识的内涵和外延。在允许的情况下，尽量让学生在真实的情景中去观察、实践原理、原则；条件不允许或无法亲自观察实践的，教师也应利用直观教具或生动的教学语言等，让学生可能地增加感性认识。总之要将所学和所用的情景联系起来。

（5）有意识地教学生学会如何学习。布朗等人在阅读理解的实验中，用矫正性反馈训练法教给学生元认知策略，结果不仅使学生对阅读理解正确反应的百分数明显提高，而且是其学到的元认知策略迁移到了他们的常规课堂的其他学习当中。所以，帮学生掌握概括化的认知策略和元认知策略，有助于学生学会如何学习，从而促进学习和知识的迁移。

2016年曲阜师范大学教育综合真题

一、名词解释(每题5分，共30分)

1. 教育目的
2. 教育制度
3. 自我效能感
4. 短时记忆
5. 书院
6. 自然后果法

二、简答题(每题10分，共40分)

1. 简述教育的相对独立性。
2. 简述奥苏伯尔有意义学习实质与条件。
3. 简述皮亚杰认知发展实质与阶段。
4. 简述孔子“性相近，习相远”的教育思想。

三、论述题(每题20分，共80分)

1. 论述人的未完成性与教育的关系。
2. 论述教师的基本素养。
3. 论述新学制的特点和评价。
4. 述评赫尔巴特的教育性教学原则。

2016年曲阜师范大学教育综合真题详解

一、名词解释

1.【解析】教育目的是把受教育者培养成为一定社会所需要的人的总要求，是学校教育所要培养的人的质量规格。从内涵上看，教育目的的概念有广义和狭义之分，广义的教育目的是指存在于人的头脑中的对受教育者的期望和要求。狭义的教育目的是指国家提出的教育的总目的和各级各类学校的教育目标，以及课程与教学等方面对所培养的人的要求。

2.【解析】教育制度是一个国家各级各类教育机构与组织体系有机构成的总体及其正常运行所需的种种规范、规则或规定的总和。它包含有学前教育机构、学校教育机构、业余教育机构、社会教育机构等，还包括各机构间的组织关系、各机构的任务、组织管理等，它的设立主体是国家，是国家教育方针制度化的体现。教育制度是一个社会赖以传授知识和文化遗产以及影响个人社会活动和智力增长的正式机构和组织的总格局。

3.【解析】自我效能感理论的代表人物是班都拉。自我效能感指人们对自己是否能够成功地从事某一成就行为的主观判断，即人们对自己在特定情境中是否有能力操作行为的预期。自我效能感表现为对自己能力的自信程度。影响自我效能感形成的主要因素包括：个体自身行为的成败经验、替代经验、言语劝说和情绪唤醒等。

4.【解析】短时记忆又称操作记忆或工作记忆，是指信息一次呈现后，保持时间在1分钟之内的记忆。就其功能来说，短时记忆与感觉记忆不同，感觉记忆中的信息是不被意识并且也是未被加工的，而短时记忆是操作性的、是正在工作的、活动着的记忆。人们短时记忆某事物，是为了对该事物进行某种操作，操作过后即行遗忘；如是有长期保持的必要，就须在这一系统内进行加工编码，然后才能被储存在长时记忆中。

5.【解析】书院是中国古代特有的教育组织形式。书院在唐之前是由中央官府设立，用于收藏、校勘和整理图书的机构。唐末五代因战乱成为公认读书治学的地方，从宋朝开始，书院作为一种教育制度正式形成。书院至清才废止，前后有千余年的历史。书院以私人创办和组织为主，将图书的收藏、校对和教学、研究合为一体，是相对于官学之外的民间性学术研究和教育机构，对中国封建社会教育与文化的发展产生了重要的影响。

6.【解析】当儿童犯了错误和过失后，不必直接去制止他们或处罚他们，而让他们在同自然的接触中，体会到自己所犯的错误和过失带来的自然后果，使儿童服从于自然法则，结合具体事物是他们从自己的直接经验中受到教育。这就是“自然后果法”。这一概念是 18 世纪的教育家卢梭提出来的。

二、简答题

1.【解析】所谓教育的相对独立性，是指作为社会一个子系统的教育，它对社会的能动作用具有自身的特点与规律性，它的发展也有其连续性和继承性。主要体现在以下几个方面：

（1）教育是培养人的活动，主要通过所培养的人作用于社会；

（2）教育具有自身的活动特点、规律与原理；

（3）教育具有自身发展的传统和连续性。

教育是为适应社会的生存与发展而产生、发展，受社会发展的制约，具有对社会的依存性，这是一方面；另一方面，教育又是一种主体性的实践活动，在能动地反作用于社会发展的过程中，具有主体自身的价值取向与行为选择，由此实现着教育的社会功能，并表现出自身的相对独立性。教育的社会功能与教育的相对独立性是一致的。可以说，教育的社会功能是教育的相对独立性的依据和主要体现。如果教育没有特有的社会功能，便不可能发展成为社会的一个重要的子系统，形成教育的相对独立性。

2.【解析】有意义接受学习理论是奥苏伯尔认知结构同化学习理论中的重要概念。有意义学习是指就是将符号所代表的新知识与学习者认知结构中已有的适当观念建立非人为的和实质性的联系。

有意义学习的实质：将符号所代表的新知识与学习者认知结构中已有的适当的观念建立非人为的(指内在联系而不是任意的联想或联系，指新知识与原有认知结构中有关的观念建立在某种合理的或逻辑基础上的联系)和实质性的联系(指表达的词语虽然不同，但却是等值的，也就是说这种联系是非字面的联系)。

有意义学习的条件包括：

（1）客观条件

有意义学习的材料本身必须满足能与认知结构中有关知识建立实质性和非人为性联系的要求。也就是说，材料必须具有逻辑意义，在学习者的心理上是可以理解的，是在其学习能力范围之内的。一般来说，学生所学的教科书或教材，是人类认识世界的概括，都是有逻辑意义的。

（2）主观条件

学习者必须具有积极主动地将符号所代表的新知识与认知结构中的适当知识加以联系的倾向性(心向)；学习者认知结构中必须具有适当的知识，以便与新知识进行联系；学习者必须积极主动地使这种具有潜在意义的新知识与认知结构中的有关旧知识发生相互作用，使认知结构或旧知识得到改善，使新知识获得实际上心理意义。

有意义学习的目的，就是使符号代表的新知识获得心理意义。上述条件缺一不可，否则就不能构成有意义的学习。

3.【解析】皮亚杰是瑞士著名的心理学家和哲学家，也是20世纪杰出的心理学家。他在20世纪60年代创立了发生认识论，形成了其独具特色的认知发展观，对教育产生了巨大的积极影响。

(一) 认知发展的实质

皮亚杰认为，认知发展的实质就是适应，具体而言就是儿童的认知是在已有图式的基础上，通过同化、顺应和平衡，不断从低级向高级发展。

(二) 认知发展的阶段

皮亚杰将个体认知的发展分为四个阶段：感知运动阶段、前运算阶段、具体运算阶段和形式运算阶段。

(1) 感知运动阶段(0~2岁)

主要是感觉和动作的分化，其认知活动主要是通过探索感知与运动之间的关系来获得动作经验，在这些活动中形成了一些低级的行为图式，以此来适应外部环境和进一步探索外界。

(2) 前运算阶段(2~7岁)

在这一阶段，儿童能运用语言或较为抽象的符号来代表他们经历过的事物，但是还不能很好地掌握概念的概括性和一般性，认知活动具有很大的具体性，思维具有不可逆转性，尚未获得守恒概念。

(3) 具体运算阶段(7~11岁)

儿童的认知结构发生了重组和完善，具有了抽象概念，能够进行逻辑推理。出现“守恒”的概念，开始能凭借具体事物或从具体事物中获得的表象进行逻辑思维和群集运算。这一阶段的儿童的思维仍需要具体事物的支持，他们还不能进行抽象思维。

(4) 形式运算阶段(11~16岁)

儿童的思维已超越了对具体的、可感知的事物的依赖，使形式从内容中解脱出来，进入形式运算阶段(命题运算阶段)。本阶段儿童不再刻板地恪守规则，并且常常由于规则与事实的不符而拒绝规则或违抗师长。对这一年龄阶段的儿童，教师和家长不宜采用过多的命令和强制性的教育，而应鼓励和指导他们自己作决定，同时对他们考虑不全面的地方提出改进建议。

4.【解析】孔子是第一个从教育与人的发展的关系上论述教育的作用的思想家，为他实施“有教无类”提供了理论依据。他承认在人的成长中，教育起决定作用。他说：“性相近，习相远也”。(《论语·阳货》)人的本性是很接近的，后来之所以差别很大，是教育和学习的结果。人的聪明才智不是先天的，主要靠后天习行，无论何人，只要肯努力求学，就一定能获得成功。这一论调包含两个方面：第一，人的先天素质并无差别，不论贫贱，人生来应该是平等的。第二，他也意识到人的个性差异，这种个性差别主要是由于人们的环境习染各不相同之故，是后天作用于先天的结果。教育是一种特殊的环境影响，力量更大，这就大大地肯定了教育的必要性与可能性。

当然，孔子并未完全摆脱先天决定论的羁绊，仍然认为有少数生而知之的圣人和学而不能的下民不能接受教育。

三、论述题

1.【解析】人的发展的未完成性既包含人的自然属性的未完成性，也包括人的社会属性和精神属性的未完成性。如前所述，从生理上讲，人是未完成的动物，这是一个显而易见的事实。人的未完成性与人的未特定化密切相关。对于儿童来说，他们不仅处于未完成状态，而且处于未成熟状态。儿童发展的未完成性、未成熟性，蕴藏着人的发展的不确定性、可选择性、开放性和可塑性，潜藏着巨大的生命活力和发展可能性。人能否成为人，将变成什么样的人，这都是不确定的事情。教育人类学认为，人的未完成性及其蕴藏的发展潜能，充分说明人需要接受教育，人可以接受教育。

教育是有目的地培养人的社会活动，这是教育的质的规定性。教育尤其是学校教育，作为有目的地培养人的社会活动，就是在一定的教育目的引领下，通过人的主体选择把人的发展中所蕴涵的某一种或几种符合教育目的的可能因素在人的现实的发展过程中呈现出来，改变人在自然状态下自发的发展过程，以期形成教育目的所规定的理想品质。因此，在教育活动中所实现的人的发展，是在人的干预下实现的教育活动过程，实质上是有目的地促进人的发展的过程，使受教育者成为符合教育目的即社会期望的人的过程。

教育主要通过文化知识的传承来培养人的，文化知识是滋养人的生长的最重要的社会因素与资源。语言符号及其负载的文化知识之所以对人的发展至关重要。主要是因为文化知识蕴含着有利于人的发展的多方面价值：知识的认识价值、知识的能力价值、知识的陶冶价值、知识的实践价值。

学校教育之所以在人的现代化过程中起着重要的作用，是因为学生在学校里不仅仅学会了读写算各个方面的基本知识和技能，而且学到了与他们个人的发展和他们国家的未来有相关的态度、价值和行为方式。目前，我国正在进行社会主义现代化建设，人的现代化是社会现代化的重要基础和前提条件。我们应当自觉地优先发展教育，高度重视并充分发挥教育对人的现代化的促进作用。

2.【解析】教师一词有两重含义，既指一种社会角色，又指这一角色的承担者。广义的教师是泛指传授知识、经验的人，狭义的教师是指受过专门教育和训练的人，并在教育(学校)中担任教育、教学工作的人。教师作为教育的直接实施者，其素质的高低直接影响到学生素质的养成，更是影响教育质量的关键因素。教师的素养是指身为教师的应该具有的最基本的素质要求，主要包括以下几个方面：

(1) 高尚的师德。这就要求教师要：一、热爱教育事业，富有献身精神和人文精神。许多优秀教师之所以能在教育工作中做出卓越的成绩，首先是因为他们热爱教育事业，另外，教师还要具备基本的人文精神，要关怀学生的生存和发展。二、热爱学生，诲人不倦。爱学生是教师的天职，是教育好学生的重要条件。三、热爱集体，团结协作。教师的劳动既具有个体性，又具有集体性。所以教师和教师之间应该相互尊重，团结协作。四、严于律己，为人师表。教师的劳动具有示范性，因而教师必须以身作则，严于律己。

(2) 宽厚的文化素养。教师的主要任务是通过向学生传授科学文化知识，以培养其能力，促进他们生动活泼地发展。因此，一个好的教师的基本条件之一，就是要有比较渊博的知识和多方面的才能。

(3) 专门的教育素养。教育素养包括：一、教育理论素养，即教师对教育科学基本理论知识的掌握，能恰当地运用教育学、心理学的基本概念、范畴、原理处理教育教学中的各种问题，能自觉、恰当地运用教育理论总结、概括自己的教育教学经验并使之升华，能清晰、准确地表达自己的教育思想和教学设想。二、教育能力素养，指的是教师顺利完成教育教学任务的基本操作能力，其包括课程开发能力，及良好的语言表达能力等。三，教育研究素养，即教师运用一定的观点方法，探索教育领域的规律和解决问题的能力。教师应该富有问题意识，反思能力，善于总结工作中的经验教训，创造性地、灵活地解决各种教育问题。

（4）健康的心理素质。教师的心理健康问题不仅会直接影响教育工作的成败，而且会影响学生的心理健康水平。

总之，教师的教育素质直接关系到教育工作的成败，是建立教师威信的基础。教师的教育素质还是造成教师劳动价值巨大差异的重要原因。广大教师要根据社会需要、教育特点和自身水平，不断加强学习、提高自身素质，以便更好地从事教育教学工作，促进学生身心的健康发展。

3.【解析】“壬子癸丑学制”颁布施行后，暴露出了一系列问题，针对这种情况，从1915年开始，全国开展了有关学制的大讨论，直到1922年11月1日以大总统令公布了《学校系统改革案》。这就是1922年的“新学制”，或称“壬戌学制”，因其采用美国式中小学六三三分段法，又称“六三三学制”。

学制分期大致以儿童身心发展时期为根据，采取纵横活动主义，从纵向看，小学6年，初小和高小4-2分段。中学6年，初中和高中3-3分段。大学4至6年。小学之下有幼稚园，大学之上有大学院。从横向看，与中学平行的有师范学校和职业学校。入学年龄为6岁。学制《附则》还规定：注重天才教育，得变通年限及教程，使优异之智能尽量发展；对于精神或身体上有缺陷者，应施以相当的特殊教育。新学制有以下特点：

其一，根据学龄儿童的身心发展规律，划分教育阶段。

规定6岁入学、小学6年、初中和高中各3年、大学4至6年的分段及各阶段的教育，基本上依据了我国青少年身心发展的阶段及特点，六三三学制中各教育阶段基本上是依据我国青少年身心发展特点来划分的，这在我国近代史上是第一次。

其二，初等阶段教育趋于合理，更加务实。

小学由7年缩短为6年，又分为初小4年、高小2年，可由各地酌设，初小为义务教育阶段，更加务实、合理，并有利于初等教育普及。

其三，中等教育是学制改革的核心。

中学由4年延长为6年，克服了旧制4年造成中学基础知识薄弱的缺点，中学水平提高并改善了与大学的衔接关系，也便于兼顾其他方面需要；中学分为初中、高中两级，增加了地方办学伸缩余地，也增加了学生选择余地；中学实行分科选科制，适应学生个性发展需要；加强职业教育，充分兼顾升学和就业。

其四，师范教育种类增加，程度提高，设置灵活。

其五，高等教育阶段缩短年限，取消大学预科。

取消大学预科，缩短高等教育年限，既保障了中等教育的年限，也有利于大学专门化教育和提高研究水平。

新学制借鉴了美国学制却非盲从，而是经过中国教育界长期酝酿、讨论乃至实验所产生的，是借鉴国外经验探索本民族教育模式的典范。它最大限度上适应了中国的国情、各地发展的不平衡、学生需要的差异，从学校体质上奠定了二三十年代中国教育发展的基础，此学制颁布后除个别调整外，一直沿用到解放前夕，有其内在合理性。这是中国教育现代化发展的一个更要的阶段性标志，是对辛亥革命以来教育改革的理论和实践的系统总结，是中国教育发展史上的一座里程碑。但也存在脱离中国实际，照搬了美国的模式的缺点。

4.【解析】(1)“教育性教学”原则是指通过教学来进行教育的原则。在西方教育史上，赫尔巴特第一次明确、系统地提出并论证了“教育性教学”的思想，把教学作为道德教育最基本的途径和手段。赫尔巴特认为，知识和道德有着直接和内在的联系。所以道德教育只有通过教学才能产生实际的作用，教学是道德教育的基本途径。不存在无教学的教育，也不存在无教育的教学。在他看来，教学如果没有进行道德教育，只是一种没有目的的手段。道德教育如果没有教学，就是一种失去了手段的目的。因而，要通过教学传授知识，形成各种道德观念，并在此基础上使学生养成各种品德。教学的目的要与整个教育目的保持一致，教学的最高目的在于养成德行。为了这个目的，教学要培养多方面兴趣，改变个性。多方面兴趣也因此具有道德的力量。

(2)在赫尔巴特以前，教育家们通常是把道德教育和教学分开进行研究的，教育和教学通常被规定了各自不同的任务和目的。在这个问题上，赫尔巴特的突出贡献在于，运用其心理学的研究成果，具体阐明了教学和教育之间存在的内在的本质联系，使道德教育获得了坚实的基础，其思想有其合理性。但是，他又把教学完全从属于教育，把教育和教学完全等同起来，具有机械论的倾向。因为除了教学之外，道德教育还有其他多种途径，尤其是道德实践。

(3)我国目前的学校德育常常用思想教育课、政治教育课等直接的道德教育途径进行着一切德育。长期以来，我国的学校德育将活动性、实践性、情境性很强的道德教育，变成了机械的、僵化的知识教育，课堂上教道德知识，课后学生背道德知识，最后考道德知识，其结果自然常常培养出来的有较高道德知识的人，而不一定是真正具有美德品质的人。其实，孔子早就提出，道德评价不仅要“听其言”，而且要“观其行”。可见，我国目前大部分的学校德育是不合理的，不能满足真正的德育要求和目标。所以，从我国目前道德教育实施的情况来看，要科学、合理地认识和运用“教育性教学”理论。

2016年上海师范大学教育综合真题

一、名词解释(每题5分，共30分)

1. 负强化
2. 学校教育制度
3. 德育过程
4. 稷下学宫
5. 课程设计
6. 苏格拉底教学方法

二、简答题(每题10分，共40分)

1. 简述最近发展区的教育含义。
2. 简述掌握知识的授受基本阶段。
3. 简述教师劳动的价值。
4. 简述教育的生态功能。

三、论述题(每题 20 分，共 80 分)

1. 试论述杜威教育本质论。

2. 试论述蔡元培五育并举思想。

3. 试论述卢梭教育思想。

4. 试评述建构主义。(可以从一方面展开，抑或是两种建构主义的对比)

2016 年上海师范大学教育综合真题详解

一、名词解释

1.【解析】凡是增强反应发生概率的刺激或事件就是强化。强化可以分为正强化和负强化。负强化是通过消除或中止厌恶、不愉快刺激来增强反应频率的刺激或事件。

2.【解析】学校教育制度是现代教育制度的核心部分，简称学制，指的是一个国家各级各类学校的系统及其管理规则，它规定着各级各类学校的性质、任务、入学条件、修业年限以及它们之间的关系。

3.【解析】教育者就是在教育活动中承担教的责任和施加教育影响的人，包括直接和间接"承担教者"和"施加影响者"。这样看来，广义的教育者应该包括：专职和兼职教师、各级教育管理人员、校外教育机构的工作人员、学生家长以及学生自己等。狭义的教育者，多在学校教育领域内使用，应该指具有一定资格的专职教师和相对固定的兼职教师。教育是教育者有目的有意识地向受教育者传授或引导他们学习人类生产活动经验和社会生活经验的活动。教育者是教育活动的主导者，是构成教育活动的一个基本要素。

4.【解析】稷下学宫是战国时代齐国田齐所创设的一所著名的学府，它是一所由官家举办而由私家主持的特殊形式的学校；一所集讲学、著述、育才活动为一体并兼有咨议作用的高等学府。它建立不久，当时的文化和教育中心也由鲁国转移到齐国，稷下学宫遂成为百家争鸣的园地。它是齐国文化和教育的标本，不仅闻名于当世，促进了当时文化教育的发展，为先秦教育史和思想史揭开了新的一页，而且对整个古代文化和教育也具有深远的影响。

5.【解析】课程设计是以一定的课程观为指导制定课程标准、选择和组织课程内容，预设学习活动方式的活动，是对课程目标、教育经验和预设学习活动方式的具体化过程。

6.【解析】苏格拉底在教学中形成了具有自己特色的方法，一般称为"苏格拉底法"，苏格拉底将它称为"产婆术"。苏格拉底法可以分为四个部分：讥讽、助产术、归纳和下定义。"讥讽"，就是在谈话中让对方谈出自己对某一问题的看法，然后揭露出对方谈话中的自相矛盾，使对方承认自己对这一问题实际上一无所知。"助产术"，就是用谈话法帮助对方把知识回忆起来，就像产婆帮助产妇产出婴儿一样。"归纳"，是通过问答使对方能逐步排除事物的个别的、特殊的东西，揭示出事物的本质的、普遍的东西。从而得出事物的"定义"。这是一个从现象、个别到普遍、一般的过程。这是一种要求学生和教师共同讨论，互为激发，共同寻求正确答案的方法。它有助于激发学生积极思考，判断和寻找正确答案。

二、简答题

1.【解析】最近发展区是由维果茨基提出的，它是指儿童有两种发展水平：一种是儿童现有发展水平；另一种是即将达到的发展水平。他把这两种水平间的差异称为"最近发展区"，即独立解决问题的真实发展水平和在成人指导下或其他儿童合作情况下解决问题的潜在发展水平之间的差距。他认为，弄清楚儿童发展的两种水平，即最近发展区，将大大提高教学对儿童心理发展的作用。他的观点是学习先于发展并促进发展。帮助处于具体形象思维阶段的儿童进行概念系统化，促进其思维向抽象逻辑方向转化。

教育活动应建立在儿童的第二种水平之上，应立足于不断地将其“最近发展区”转化为现有的发展水平，使全部教育和教学工作走在学生发展的前面。

2.【解析】掌握知识的授受基本阶段，即传授-接受教学中学生掌握知识的基本阶段。传授-接受教学，是指教师通过语言传授和示范操作使学生接受、掌握系统知识与技能的教学。

第一，引起求知欲；

第二，感知教材；

第三，理解教材；

第四，巩固知识；

第五，运用知识；

第六，检查知识、技能和技巧。

3.【解析】(1) 教师劳动的社会价值。教师劳动的社会价值最突出地表现在教师对延续和发展人类社会的巨大贡献上，教师是社会发展的中介人，是人类文明的传递者和传播者。没有教师就没有社会文明的传递，社会发展也会大大延缓，社会进步就会大大推迟。

(2) 教师劳动的个人价值。个人价值首先表现在这种劳动能够创造巨大的社会价值。因为个人价值的大小主要取决于他对社会贡献的大小。其次，教师劳动也有个人所得。教师的劳动是培养人，这种劳动能有力地促进个人自身的完善和发展。教师劳动还能得到一般劳动所享受不到的乐趣。

(3) 要正确认识和评价教师的劳动。教师是履行教育教学职责的专业人员，根本任务是教书育人。正确认识和评价教师劳动对教育事业具有重大意义。

4.【解析】(1) 树立建设生态文明的理念

人类生存在地球的自然怀抱里，是自然的产儿，自然生命的分子，理应爱护环境，与自然万物保持必要的生态平衡。可是，人们为了个人及其群体的私利和生活改善却一味无止境地向自然索取，力图征服，主宰自然，而不顾自然是否承受得起，是否对它造成了伤害。为了改变这种状况，我们在学校里和社会上要加强生态文明的教育与宣传，让学生从小养成爱护自然、爱护生命、节约资源、保护生态环境的思想情感，从而逐步在全社会牢固树立建设生态文明观念。

(2) 普及生态文明知识，提高民族素质

造成生态灾害与生态失衡的原因有很多，都与人的素质有关。因此，我们应当有计划地普及生态文明知识，引导学生联系生活实际切实懂得：什么是生态？爱护生态和节约资源对人的长远发展有何意义？什么是污染与生态失衡？它给人类带来哪些严重的危害？并注意指导与督促他们将这些知识运用于生活实践，去爱鸟、花草、树木；节约用水，煤气等资源；不乱丢垃圾，爱护环境的清洁卫生，从小养成良好的保护生态环境的行为习惯。

(3) 引导生态文明的社会活动

生态文明建设关涉社会移风易俗。所以，学校的生态文明建设不应局限在校内，要组织学生参加到社区的生态文明建设中去。

三、论述题

1.【解析】教育本质论是杜威整个教育体系的核心。他以哲学、伦理学、社会学、心理学为武器，在批判传统学校教育的基础上提出了“教育即生长”、“教育即生活”和“教育即经验的改组和改造”的观点。

(1) 教育即生长

杜威把生长这一生物学概念赋予了丰富的社会内涵，他并不是要把教育和生长混为一物，而是在提倡一种新的儿童发展观和教育观。

首先，“教育即生长”是针对当时无视儿童天性，按成人标准去要求儿童的教育时弊提出来的。“教育即生长”要求摒除压抑、阻碍儿童自由发展之物，使一切教育和教学适合儿童的心理发展水平、兴趣和要求。杜威所理解的生长指的就是机体于外部环境、内在条件于外部条件交互作用的结果，是一个持续不断的社会化的过程。尤其是杜威要求尊重儿童但不同意放纵他们，这是杜威与进步主义教育实践的一个重要区别。

其次，“教育即生长”所体现的儿童发展观也是杜威民主思想的反映。尊重儿童身心发展特点是使儿童获得充分生长和发展的重要条件，而儿童的充分生长和发展亦有助于社会目的的达成。然而杜威并不仅仅把儿童个体的充分生长视为达到社会目的的一个手段和工具，他认为儿童充分生长本身便是民主主义的要求，便含有丰富的价值意义。可以说杜威把民主主义发展到学校中求学的儿童中间，给儿童提供一个有利于生长的环境，让其充分、自由生长，这也是他一生的追求。

简而言之，儿童心理活动的基本内容就是以本能活动为核心的心理机能不断发展和生长的过程，教育就是起促进本能生长的作用。因此，教育是一个尊重儿童身心发展特点，使儿童获得充分生长和发展的过程。

以此为基础，杜威提出了著名的“儿童中心主义”教育原则。杜威批判传统教育不考虑儿童的心理特点，压抑儿童的个性，置儿童于被动地位，主张教育要重视儿童自身的能力和主动精神，阐明了学生在教育、教学中的主要地位。

(2) 教育即生活

杜威认为，儿童本能的生长总是在生活过程中展开的，所以教育即生活。教育是儿童现在生活的过程，而不是未来生活的新任务。与此相对应，杜威又提出“学校即社会”。教育既然是一种社会生活的过程，那么学校就是社会生活的一种形式。学校应该“成为一个小型的社会，一个雏形的社会”。杜威之所以强调教育与社会的联系，是因为他坚信教育是社会进步及社会改革的基本方法，认为社会的改造要依靠教育的改造，教育改造之所以必要，是因为要给社会生活的变革以充分和明显的影响。

总之，在当时教育严重脱离社会生活的情况下，这有利于使教育参与生活，有一定的积极意义。

(3) 教育即经验的改组和改造

杜威指出，受教育过程实际上就是儿童不断地取得个人的直接经验，即使经验不断改组或改造的过程。于是要求在教育过程中尊重儿童的身心发展条件和水平，顾及儿童兴趣，提高儿童参与教育过程的积极性和主动性，创设有利于儿童发展的外部条件。由此杜威又提出了另一个教育基本原则——“从做中学”，他认为这是教学的中心原则。杜威强调在教学中重视学生的主动性和创造性，使学生主动地活动、积极地思维并注意学生的兴趣和需要。这是很有见地的，为“发现法”的教育方法奠定了基础，但是把整个教学过程完全建立在学生带有盲目摸索性质的做的基础上，这是不科学的，是不符合教学规律的。

2.【解析】蔡元培的教育思想和实践主要包括“五育”并举的教育方针、改革北京大学实践大学教育思想、教育独立思想等几个方面。1912 年初，蔡元培发表《对于教育方针之意见》一文，根据专制时代和共和时代对教育的不同要求，从“养成共和国民健全之人格”的观点出发，提出军国民教育、实利主义教育、公民道德教育、世界观教育和美感教育“五育”并举的教育思想，成为制定民国元年教育方针的理论基础，影响深远。军国民教育、实利主义教育、公民道德教育、世界观教育和美感教育“五育”并举的教育思想，他系统阐述了“五育”各自的内涵、作用和相互关系，成为制定民国教育方针的理论基础。

军国民教育主张将军事引入到学校和社会教育之中，让学生和民众受到一定的军事教育和训练，强调学生生活的军事化，特别是体育的军事化等。实利主义教育即是“以人民生计为普通教育之中坚”，密切教育与国民经济生活的关系，加强职业技能的培训，使教育能发挥提高国家经济能力和改善人民生活水平的作用。公民道德教育的基本内容是法国资产阶级革命所标榜的自由、平等、博爱等，但蔡元培也明确指出，中国传统伦理特别是儒家伦理的一些基本范畴，其内涵和自由、平等、博爱的精神是相通的。世界观教育为蔡元培所独创并作为教育的最高境界，就是要培养人民立足于现象世界但又超脱现象世界而贴近实体世界的观念和精神境界。美感教育与世界观教育紧密联系，要引导人们具有实体世界的观念，最有效的方式就是通过美感教育，利用美感这种超越利害关系，人我分界的特性去破除现象世界的意识，从而陶冶、净化人的心灵。他认为“五育”不可偏废其一，前三种教育偏于现象世界之观念，隶属于政治之教育；后两者以追求实体世界之观念为目的，为超越政治之教育。

“五育并举”的教育思想充分体现社会价值与人的发展价值的统一、追求人的自由、和谐发展的教育思想。作为对理想人格的设计，五育并举的教育思想是深刻的、有远见的。当时的中国教育正在进入科学教育阶段，这是一个不可逾越的历史发展阶段。作为中国近代科学教育之父，蔡元培看到了这一阶段的片面性，力图通过积极的文化建设，通过完全人格的培养教育来避免这种片面性，在国家、民族的生存问题是社会主要矛盾的情况下，在科学主义弥漫整个社会的背景下来谈人生境界问题，无疑与当时社会的主流思想相悖。因此，蔡元培的世界观教育作为教育方针的组成部分，在民国首次举行的全国临时教育大会上无法通过就不难理解了。但在当今社会里，如何重视受教育者完全人格的教育，在建设受教育者物质家园的同时也应该努力建造好精神家园，在这一方面，蔡元培的五育并举的教育思想能给我们一些有益的启迪，对我国建设社会主义现代化理论体系具有重大的帮助。

3.【解析】参见 2011 年南京师范大学教育综合真题详解简答题第 4 题。

4.【解析】建构主义是学习理论中行为主义发展到认知主义以后的进一步发展，即向与客观主义更为对立的另一方向发展。从现实缘起来看，建构主义是针对传统教学的诸多弊端而提出的。有人对传统教学中学生的知识做了这样的概括：①不完整，过于空泛，过于脆弱；②惰性，无法在需要的时候运用；③不灵活，无法在新的或类似的情境中迁移应用。如何缩小学校学习与现实生活之间的差距，实现学习广泛而灵活的迁移，这是建构主义者所关注的核心问题之一。

当今的建构主义者主张，世界是客观存在的，但是对于世界的理解和赋予意义却是由每个人自己决定。我们是以自己的经验为基础来建构现实，或者至少说是在解释现实，我们个人的世界是用我们自己的头脑创建的，由于我们的经验以及对经验的信念不同，于是我们对外部世界的理解便也迥异。所以他们更关注如何以原有的经验、心理结构和信念为基础来建构知识。他们强调学习的主动性，社会性和情境性，对学习和教学提出了许多新的见解。

建构主义学习理论的基本观点如下：

（一）知识观

在知识观上，建构主义在一定程度上对知识的客观性和确定性提出了质疑，强调知识的动态性。建构主义者一般强调：

（1）知识并不是对现实的准确表征，它只是一种解释、一种假设，不是最终答案。

（2）知识并不能精确地概括世界的法则，在具体问题中，我们并不是拿来便用，一用就灵，而是需要针对具体情境进行再创造。

（3）尽管我们通过语言符号赋予了知识一定的外在形式，甚至这些命题还得到了较普遍的认可，但这并不意味着学生会对这些命题有同样的理解，因为这些理解只能由每个学生基于自己的经验背景而建构起来。

尽管建构主义有不同倾向，但它们都以不同的方式、在某种程度上对知识的客观性、可靠性和确定性提出了怀疑，其中有些知识观尽管不免过于激进，但它向传统的教学和课程理论提出了巨大挑战，值得我们深思。

（二）学生观

学生不是被动的信息吸收者，而是意义的主动建构者。这种建构不可能由他人代替。

（1）教学不能无视学生的经验，要把学生现有的知识经验作为新知识的生长点，引导其从旧知识中“生长”出新知识。

（2）教师要促进学生知识建构活动，促进知识经验的重新组织、转换和改造。教学不是知识的传递，而是知识的处理和转换。

（三）教学观

学习不简单是知识由外到内的转移和传递，不是知识由教师向学生的传递过程，而是学习者主动地建构自己的知识经验的过程，即通过新经验与原有知识经验的双向的相互作用，来充实、丰富和改造自己的知识经验。学习者不是被动的信息吸收者，相反，他要主动地建构信息的意义，这种建构不可能由其他人代替。学习者的这种知识建构过程具有三个重要特征。

（1）主动建构性

面对新信息、新概念、新现象或新问题，学习者必须充分激活头脑中的先前知识经验，通过高层次思维活动，即需要付出高度心理努力的有目的、有意识、连贯性的对知识进行分析、综合、应用、反思和评价的认知活动。每个学生都在以自己原有的知识经验为基础建构自己的理解。

（2）社会互动性

学习是通过对某种社会文化的参与而内化相关的知识和技能、掌握有关的工具的过程，这一过程常常需要通过一个学习共同体的合作互动来完成。学习共同体的协商、互动和协作对于知识建构有重要的意义。在学习共同体中，各成员之间经常在学习过程中进行沟通交流，分享各种学习资源，共同完成一定的学习任务，因而在成员之间形成了相互影响、相互促进的人际联系，形成了一定的规范和文化。

（3）情境性

建构主义者提出，知识是生存在具体的、情境性的、可感知的活动之中的。它不是一套独立于情境的知识符号（如名词术语等），不可能脱离活动情境而抽象地存在。它只有通过实际情境中的应用活动才能真正被人所理解。学习应该与情境化的社会实践活动结合起来。

建构主义者在吸收维果茨基、认知信息加工学说、皮亚杰、布鲁纳等思想的基础上提出的许多富有创见的教学思想，如强调学习过程中学习者的主动性、建构性；对于学习做了初级与高级学习的区分，批评传统教学中把初级学习的教学策略不合理地推及到高级学习中；提出合作学习、情境性教学等，对深化当前的教育教学改革具有深远的意义。

但是，传统教学重视知识的确定性和普遍性，注重分析和抽象，这在学习的初级阶段是必要且有其合理性的。全盘否定它，同样会犯以偏概全，以特殊代替一般的错误，会引起教学上的混乱。提倡情境性教学，力主具体和真实，但由此而反对抽象和概括，认为进行抽象的训练是没有用的也是片面的。

2016 年浙江师范大学教育综合真题

一、名词解释(每题 5 分，共 30 分)

1. 学习动机
2. 流体智力
3. 经学教育
4. 苏湖教法
5. 实科中学
6. 初级学院运动

二、简答题(每题 10 分，共 40 分)

1. 简述我国教育目的基本精神。
2. 简述蔡元培的五育并举的教育方针。
3. 简述《学记》的基本内容。
4. 简述教师劳动的特点。

三、论述题(每题 20 分，共 80 分)

1. 论述皮亚杰的认知发展阶段理论及影响认知发展的因素。
2. 论述夸美纽斯的教育思想。
3. 结合实际，谈谈教师的素养。
4. 结合实际，谈谈教学过程的性质。

2016 年浙江师范大学教育综合真题详解

一、名词解释

1.【解析】动机是引起和维持个体活动，使活动趋向一定的目标，以满足某种需要的一种内部心理状态。学习动机是动机在学习活动中的表现。学习动机是引起和维持个体进行学习活动，并使活动朝向一定的学习目标，以满足某种学习需要的内部心理状态，它的主要内容包括知识价值观、学习兴趣、学习效能感和成败归因。

2.【解析】美国心理学家卡特尔等人认为，一般智力因素包括两种，即流体智力和晶体智力。流体智力是指与基本心理过程有关的能力，如知觉、记忆、运算速度和推理能力等。晶体智力则是经验的结晶。它是在一定的社会文化背景中习得的，如在学校学习获得的计算能力和操作能力等。流体智力大多是先天的，依赖于大脑的神经解剖结构，不大依赖于学习；而晶体智力则依赖于后天的学习和经验。流体智力随年龄的老化而减退，而晶体智力则并不随年龄的老化而减退。

3.【解析】经学原本是泛指各家学说要义的学问。但在中国汉代独尊儒术后为特指研究儒家经典，是一种解释其字面意义、阐明其蕴含义理的学问。公元 124 年汉武帝下令为五经博士设弟子，标志着以经学教育为基本内容的中国封建教育制度的正式确立。从此，《诗》、《书》、《礼》、《易》、《春秋》五经超出了一般典籍的地位，成为神圣的法定经典。

4.【解析】北宋学者胡瑗主持苏州郡学、湖州州学时，改变传统教法，创立了一种新的教学制度，即在学校内分设经义斋和治事斋，分斋教学。经义斋选择学习儒家经义；治事斋又称治道斋，分设治兵、治民、水利、算数等学科，学生可选择其中一科为主修，另选一科为副修。两斋的培养目标不同，经义斋以培养比较高级的统治人才为目标；治事斋为了造就在某一方面有专长的技术、管理人才。这种教法史称“苏湖教法”或“分斋教学”。

5.【解析】实科中学产生于 18 世纪初的德国，着重讲授自然科学和实用知识。这类学校通常修业 6 年，主要培养工、农、商业方面的管理和技术人才，学生多为市民阶层子弟。这是一种既具有普通教育性质，又有职业教育性质的新型学校。它排除了教学科目、课程内容的纯古典主义的倾向，适应了德国资本主义生产方式与封建生产方式的较量。

6.【解析】19 世纪后半期，美国中等教育改革的一项重要内容是解决中学与大学的衔接问题，人们开始从高等教育的教育目标和高等教育自身结构方面提出改革的设想。1892 年，芝加哥大学的校长哈珀率先提出把大学的四个学年分为两个阶段的设想。第一阶段的两年为“初级学院”，第二个阶段的两年为“高级学院”；同时，也把大学的课程分为两部分，使前一阶段的课程类似于中等教育，后一阶段的课程类似于专业教育或研究生教育。初级学院是一种从中等教育向高等教育过渡的教育，学生毕业后可以直接就业，也可以转入四年制大学的三年级继续学习。初级学院满足了希望进大学继续学习的人数迅速增加的要求，也提供了一些学生为谋生和就业接受一定职业教育的机会。

二、简答题

1.【解析】我国教育目的的基本精神在于：培养德、智、体、美全面发展的具有独立个性的社会主义现代化需要的各级各类人才。

（1）教育目的要求培养的是社会主义事业的建设者和接班人，因此要坚持政治思想道德素质和科学文化知识能力的统一；

（2）教育目的要求培养德智体美等全面发展的人，要求脑力与体力两方面的协调发展；

（3）适应时代的要求，强调学生个性的发展，培养学生的创造精神和实践能力。

2.【解析】蔡元培的教育思想和实践主要包括“五育”并举的教育方针、改革北京大学实践大学教育思想、教育独立思想等几个方面。1912 年初，蔡元培发表《对于教育方针之意见》一文，根据专制时代和共和时代对教育的不同要求，从“养成共和国民健全之人格”的观点出发，提出军国民教育、实利主义教育、公民道德教育、世界观教育和美感教育“五育”并举的教育思想，成为制定民国元年教育方针的理论基础，影响深远。

军国民教育主张将军事引入到学校和社会教育之中，让学生和民众受到一定的军事教育和训练，强调学生生活的军事化，特别是体育的军事化等。实利主义教育即是“以人民生计为普通教育之中坚”，密切教育与国民经济生活的关系，加强职业技能的培训，使教育能发挥提高国家经济能力和改善人民生活水平的作用。公民道德教育的基本内容是法国资产阶级革命所标榜的自由、平等、博爱等，但蔡元培也明确指出，中国传统伦理特别是儒家伦理的一些基本范畴，其内涵和自由、平等、博爱的精神是相通的。世界观教育为蔡元培所独创并作为教育的最高境界，就是要培养人民立足于现象世界但又超脱现象世界而贴近实体世界的观念和精神境界。美感教育与世界观教育紧密联系，要引导人们具有实体世界的观念，最有效的方式就是通过美感教育，利用美感这种超越利害关系，人我分界的特性去破除现象世界的意识，从而陶冶、净化人的心灵。他认为“五育”不可偏废其一，前三种教育偏于现象世界之观念，隶属于政治之教育；后两者以追求实体世界之观念为目的，为超越政治之教育。

3.【解析】《学记》是《礼记》中的一篇，是中国古代最早的一篇专门论述教育、教学问题的论著，被认为是“教育学的雏形”。《学记》是先秦时期儒家教育和教学活动的理论总结。它主要论述教育的具体措施，侧重说明教学过程中的各种关系。其中的内容主要包括：

（1）教育的作用和目的。《学记》继承了先秦儒家的一贯思想，把教育视为政治的最佳手段。“建国君民，教育为先”；同时教育对个体发展也起到重要作用。

（2）教育制度和学校管理。《学记》关于教育制度和学校管理的设想包括：即学制和学年，以及视学与考试。

（3）教育教学的原则和方法等。其中论述的主要教育原则有预防性原则，循序渐进原则；学习观摩原则；长善救失原则；启发诱导原则；和藏息相辅原则。除此之外，它还对教学方法有精当的阐述，即讲解法、问答法、以及练习法。

（4）教师。《学记》十分强调尊师，要求形成普遍尊师的风气。

4.【解析】（1）教师劳动的复杂性

教师劳动的复杂性，首先是由教育对象的复杂性决定的。教育对象是人，人的成长因素是多方面的，它包括遗传、环境、教育与人的自觉能动性因素，哪一方面受到忽视，都可能给青少年成长带来损失。教师劳动的复杂性也是由教育过程、教育方法和教育手段的复杂性决定的。

（2）教师劳动的示范性

教师劳动的示范性首先是由教育内容、方法和手段的主体化及其与教育结果的一致性决定的。教师劳动的示范性也是由人的认识过程和心理过程的特点决定的。教师劳动的示范性也是由青少年心理特征决定的。

（3）教师劳动的创造性

从知识的传授来说，教师不是把科学家发现和概括出来的知识简单地传授给学生，而是必须对知识进行加工，使知识易于为学生理解和接受。教师为帮助学生掌握某一概念或原理，往往需要选择多方面的资料，采取一定的方法和手段，帮助学生理解，并通过练习达到掌握的目的。这都需要教师付出创造性劳动。

同时，现代科技迅猛发展，知识更新十分迅速。教师为了让学生掌握教材中的基础知识、基本概念、基本原理，应当融进最新的现代知识，使知识的学习具有新鲜感、时代感，这也需要教师的创造。

再有，教师面临的教育对象是经常变化的，每个学生都有自己成长的条件，都有不同的个性特征。这样，教师所面临的教育现场就是复杂的，需要教师进行创造性劳动。

最后，教育过程要培养学生的创造性，这更需要教师设计创造性的活动，以培养学生的创造需要、创造品格、创造性思维能力，从而表现教师劳动的创造性。

（4）教师劳动的长期性

培养人是一个长期的过程。某一种行为、习惯的养成，某种缺点的克服等，都需要教师付出长期的大量劳动，这也正是教师劳动的艰苦性之所在。教师劳动的长期性特点，意味着教师在从事教育教学工作时，不仅要从当前的社会需要出发，还应当考虑到未来，要高瞻远瞩，要有预见性，要有发展眼光，要有坚持不懈的精神和坚忍不拔的毅力，锲而不舍地对待自己所从事的崇高事业。

(5) 教师老师的专业性

教师劳动的专业性突出表现在教师对育人的崇高敬业精神和道德修养上，对教育教学专门化知识和技能的掌握和教育活动的自主权上。

三、论述题

1.【解析】皮亚杰是瑞士著名的心理学家和哲学家，他在 20 世纪 60 年代创立了发生认识论，形成了其独具特色的认知发展观，对教育产生了巨大的积极影响。

(一) 皮亚杰认为，认知发展的实质就是适应，具体而言就是儿童的认知是在已有图式的基础上，通过同化、顺应和平衡，不断从低级向高级发展。

(二) 皮亚杰认为，影响儿童认知发展的主要因素是：成熟(即机体的成长，特别是神经系统和内分泌系统的成熟)、成熟练习和经验(即个体对物体做出动作过程中的练习和习得的经验，其不同于社会性经验)、社会性经验(即社会环境中人与人之间的相互作用和社会文化的传递)以及具有自我调节作用的平衡过程。这四个因素都是认知发展的必要条件，但它们本身都不是充要条件。

(三) 认知发展的阶段

皮亚杰将个体认知的发展分为四个阶段：感知运动阶段、前运算阶段、具体运算阶段和形式运算阶段。

(1) 感知运动阶段(0~2 岁)

主要是感觉和动作的分化，其认知活动主要是通过探索感知与运动之间的关系来获得动作经验，在这些活动中形成了一些低级的行为图式，以此来适应外部环境和进一步探索外界。

(2) 前运算阶段(2~7 岁)

在这一阶段，儿童能运用语言或较为抽象的符号来代表他们经历过的事物，但是还不能很好地掌握概念的概括性和一般性，认知活动具有很大的具体性，思维具有不可逆转性，尚未获得守恒概念。

(3) 具体运算阶段(7~11 岁)

儿童的认知结构发生了重组和完善，具有了抽象概念，能够进行逻辑推理。出现“守恒”的概念，开始能凭借具体事物或从具体事物中获得的表象进行逻辑思维和群集运算。这一阶段的儿童的思维仍需要具体事物的支持，他们还不能进行抽象思维。

(4) 形式运算阶段(11~16 岁)

儿童的思维已超越了对具体的、可感知的事物的依赖，使形式从内容中解脱出来，进入形式运算阶段(命题运算阶段)。本阶段儿童不再刻板地恪守规则，并且常常由于规则与事实的不符而拒绝规则或违抗师长。对这一年龄阶段的儿童，教师和家长不宜采用过多的命令和强制性的教育，而应鼓励和指导他们自己作决定，同时对他们考虑不全面的地方提出改进建议。

总之，皮亚杰的理论告诉我们，学生的认知发展，是一个主动建构的过程，是一个个体与其社会环境的互动过程。因此在教育、教学工作中，要注意学生学习的主体性地位。要在教育过程中充分发挥学生的自主性和主动性，要让学生在教学活动中，在社会实践中，通过各种各样的活动，建构自己的知识。

2.【解析】参见 2013 年苏州大学教育综合真题详解简答题第 3 题。

3.【解析】教师一词有两重含义，既指一种社会角色，又指这一角色的承担者。广义的教师是泛指传授知识、经验的人，狭义的教师是指受过专门教育和训练的人，并在教育(学校)中担任教育、教学工作的人。教师作为教育的直接实施者，其素质的高低直接影响到学生素质的养成，更是影响教育质量的关键因素。教师的素养是指身为教师的应该具有的最基本的素质要求，主要包括以下几个方面：

(1) 高尚的师德。这就要求教师要：①热爱教育事业，富有献身精神和人文精神。许多优秀教师之所以能在教育工作中做出卓越的成绩，首先是因为他们热爱教育事业，另外，教师还要具备基本的人文精神，要关怀学生的生存和发展。②热爱学生，诲人不倦。爱学生是教师的天职，是教育好学生的重要条件。③热爱集体，团结协作。教师的劳动既具有个体性，又具有集体性。所以教师和教师之间应该相互尊重，团结协作。④严于律己，为人师表。教师的劳动具有示范性，因而教师必须以身作则，严于律己。

(2) 宽厚的文化素养。教师的主要任务是通过向学生传授科学文化知识，以培养其能力，促进他们生动活泼地发展。因此，一个好的教师的基本条件之一，就是要有比较渊博的知识和多方面的才能。

(3) 专门的教育素养。教育素养包括：①教育理论素养，即教师对教育科学基本理论知识的掌握，能恰当地运用教育学、心理学的基本概念、范畴、原理处理教育教学中的各种问题，能自觉、恰当地运用教育理论总结、概括自己的教育教学经验并使之升华，能清晰、准确地表达自己的教育思想和教学设想。②教育能力素养，指的是教师顺利完成教育教学任务的基本操作能力，其包括课程开发能力，及良好的语言表达能力等。③教育研究素养，即教师运用一定的观点方法，探索教育领域的规律和解决问题的能力。教师应该富有问题意识，反思能力，善于总结工作中的经验教训，创造性地、灵活地解决各种教育问题。

(4) 健康的心理素质。教师的心理健康问题不仅会直接影响教育工作的成败，而且会影响学生的心理健康水平。

总之，教师的教育素质直接关系到教育工作的成败，是建立教师威信的基础。教师的教育素质还是造成教师劳动价值巨大差异的重要原因。广大教师要根据社会需要、教育特点和自身水平，不断加强学习、提高自身素质，以便更好地从事教育教学工作，促进学生身心的健康发展。

4.【解析】教学过程是教师有目的、有计划地引导学生能动地进行认识活动，自觉调节自己的兴趣和情感，掌握文化科学基础知识与基本技能，以促进学生德、智、体、美、劳全面发展，并为学生奠定科学世界观基础的活动过程。教学过程的实质应该从以下几个方面论述：

(一) 教学过程是一种特殊的认识过程

(1) 教学过程首先主要是一种认识过程。

教学过程是学生在教师指导下，借助教材或精神客体的中介，掌握科学认识方法，以最经济的途径认识客观世界并改造主观世界、发展自身的活动过程。

(2) 教学过程是一种特殊的认识过程。

这一特殊性表现在：它是学生个体的认识，不同于科学家、艺术家、成年人的个体认识，是由教师领导未成熟的主体通过学习知识去间接认识世界，其目的在于把人类社会历史经验转变为学生个体的精神财富，不仅使学生获得关于客观世界的映像即知识，也使学生个体获得发展。在教学过程中，学生以认识活动为主，受认识论的一般规律的制约，但学生的个体认识活动又有特殊性，主要表现为：

（1）认识对象的间接性。

学生以掌握人类长期积累的科学文化知识为主要的认识对象，间接认识现实世界。

（2）认识方式的引导性。

学生的认识过程主要是在教师的引导下进行的。

（3）认识过程的简捷性。

学生可以突破时空的局限，在比较短的时间内掌握丰富的知识。

（二）教学过程必须以交往为背景和手段

教学活动不是孤立的个体认识活动，而是社会群体性的有目的有组织的认识活动。它离不开师与生、生与生之间的交往、互动，离不开人们的共同生活。

教学过程以社会交往为背景。尤其是个体最初的学习与认识，例如对实物及其名词概念的认识就是在交往中发生与发展的。人们对语言的掌握，对通过语言文字授受的经验、知识的掌握，均有赖于人们交往与沟通的共同生活经验。所以，有目的地进行的教学也必须以交往为背景，并通过社会交往与联系社会生活来帮助和检验学生的学习效果，理解所学知识的实际意义与社会价值。

教学还以交往、沟通、交流为重要手段和方法。在教学过程中，教师引导学生围绕着循序渐进地学习与运用系统的科学文化知识，常常有意识地在师与生、生与生之间进行问答、讨论、交流、互助，以便学生获得启发、进行思想碰撞与反思、集思广益与加深理解，并学会应用，使教学中的认知活动进行得更加生动活泼而有效。在教学中，教师不仅运用交往引导学生学习知识、进行认知，而且还运用交往对学生进行情感方面的沟通、感染与培养。教师在教学中应当注意师生之间的平等对话、思想情趣的坦诚沟通，以便激起师生在认识与情感上的共鸣，智慧与志趣的共享，从而在学生的个性发展上培养和形成教育者所期望的品质。

（三）教学过程也是一个促进学生身心发展、追寻与实现价值目标的过程

教学过程是按照学生身心发展的特点组织进行的。在教学过程中，教师有目的、有计划地引导学生能动地进行认识活动，自觉地调节自己的兴趣和情感，循序渐进地掌握文化科学基础知识和基本技能，以促进学生智力、体力和社会主义品德、审美情趣的发展，并为学生奠定科学世界观的基础。

同时，教学过程永远具有教育性，教学是德育的一条重要途径，即赫尔巴特的教学教育性原则。

2016年陕西师范大学教育综合真题

一、名词解释(每题5分，共30分)

1. 学校教育制度
2. 教育

3. 三舍法

4. 苏格拉底法

5. 最近发现区

6. 学习动机

二、简答题(每题 10 分，共 60 分)

1. 简述班级授课制的局限性。

2. 简述实施德育的途径。

3. 简述《大学》中“三纲领，八条目”的内容。

4. 简述《国防教育法》的主要内容。

5. 简述培养学生创造力的具体措施。

6. 如何促进学生的学习迁移？

三、论述题(每题 15 分，共 60 分)

1. 试述张之洞“中体西用”思想的历史意义及其局限性。

2. 杜威和赫尔巴特的教学过程理论进行对比，并谈谈你对这两种理论的基本观点。

3. 我国新基础教育课程改革中“六大目标”是什么？如何在课堂上落实？

4. 什么是启发性原则？请结合个人经验，谈谈如何贯彻。

2016 年陕西师范大学教育综合真题详解

一、名词解释

1.【解析】学校教育制度是现代教育制度的核心部分，简称学制，指的是一个国家各级各类学校的系统及其管理规则，它规定着各级各类学校的性质、任务、入学条件、修业年限以及它们之间的关系。

2.【解析】教育有广义和狭义之分。广义的教育泛指一切有目的地影响人的身心发展的社会实践活动。狭义的教育是指专门组织的教育，它不仅包括全日制的学校教育，而且也包括半日制的、业余的学校教育、函授教育、刊授教育、广播学校和电视学校的教育等。总体而言，教育是一种有目的地培养人的社会活动，它的目的在于影响和促进人的发展。

3.【解析】三舍法是北宋王安石变法科目之一，即用学校教育取代科举考试。“三舍法”，是把太学分为外舍、内舍、上舍三等，外舍 2000 人，内舍 300 人，上舍 100 人。官员子弟可以免考试即时入学，而平民子弟需经考试合格入学。“上等以官，中等免礼部试，下等免解”，后来地方官学也推行此法，反映了班级教学的特色。这一改革措施，事实上将太学变成了科举的一个层次，学校彻底变成了选官制度的一个组成部分。

4.【解析】苏格拉底在教学中形成了具有自己特色的方法，一般称为“苏格拉底法”，苏格拉底将它称为“产婆术”。苏格拉底法可以分为四个部分：讥讽、助产术、归纳和下定义。“讥讽”，就是在谈话中让对方谈出自己对某一问题的看法，然后揭露出对方谈话中的自相矛盾，使对方承认自己对这一问题实际上一无所知。“助产术”，就是用谈话法帮助对方把知识回忆起来，就像产婆帮助产妇产出婴儿一样。“归纳”，是通过问答使对方能逐步排除事物的个别的、特殊的东西，揭示出事物的本质的、普遍的东西。从而得出事物的“定义”。这是一个从现象、个别到普遍、一般的过程。这是一种要求学生和教师共同讨论，互为激发，共同寻求正确答案的方法。它有助于激发学生积极思考，判断和寻找正确答案。

5.【解析】最近发展区是由维果茨基提出的。他认为在进行教学时，必须注意到儿童有两种发展水平：一种是儿童现有发展水平；另一种是即将达到的发展水平。他把这两种水平间的差异称为“最近发展区”，即独立解决问题的真实发展水平和在成人指导下或其他儿童合作情况下解决问题的潜在发展水平之间的差距。他认为，弄清楚儿童发展的两种水平，即最近发展区，将大大提高教学对儿童心理发展的作用。

6.【解析】动机是引起和维持个体活动，使活动趋向一定的目标，以满足某种需要的一种内部心理状态。学习动机是动机在学习活动中的表现。学习动机是引起和维持个体进行学习活动，并使活动朝向一定的学习目标，以满足某种学习需要的内部心理状态，它的主要内容包括知识价值观、学习兴趣、学习效能感和成败归因。

二、简答题

1.【解析】17 世纪捷克教育家夸美纽斯在《大教学论》中提出了班级授课制，即把一定数量的学生按年龄和知识程度编程固定的班级，根据周课表和作息时间表安排教师有计划地向全班学生集体进行教学的制度。19 世纪中期，班级授课制成为西方学校主要的教学组织形式。我国最早采用班级授课制是在 1862 年创办的京师同文馆，并在 1904 年的癸卯学制中以法令的形式确定下来。

班级授课制的局限性主要有：

（1）教学活动多由教师做主，学生学习的主动性和独立性受到一定程度的限制；

（2）强调系统的书本知识的学习，容易产生理论和实际脱节，而且学生主要接受现成的知识成果，其探索性、创造性不易发挥；

（3）班级授课制的时间、内容和进程都固定化、形式化，不能够容纳和适应更多的教学内容和方法；

（4）强调教学过程的标准、同步、统一，难以照顾学生的个别差异和对学生进行个别指导，不利于充分发展学生的潜能、培养学生的特长，也不利于因材施教；

（5）班级授课制以“课”为活动单元，而“课”又有时间限制，因而往往将某些完整的教学内容和教学活动人为地分割，以适应“课”的要求；

2.【解析】（1）思想政治课与其他学科教学。这是学校有目的、有计划、系统地对学生进行德育的基本途径。

（2）劳动与其他社会实践。这是学校进行德育、尤其是劳动教育的重要途径。

（3）课外活动和校外活动。这是生动活泼地向学生进行德育的一个重要途径。

（4）学校共青团和少先队活动。这是通过青少年自己的组织所开展的活动来向他们进行德育的重要途径。

（5）心理咨询。心理咨询使咨询员能就来访者的具体问题提供有针对性的服务，也是开展德育的一条重要途径。

（6）班主任工作。班主任工作是进行日常思想品德教育和指导学生成长的重要途径。

（7）校园生活。校园生活是德育工作一条不可忽视的潜形途径。

总之，各德育途径有各自的功能，缺一不可，也不能互相代替，它们之间互相联系，相互促进，从而形成学校德育工作的整体。

3.【解析】《大学》原是《礼记》的一篇，朱熹作《大学章句》。自程朱后，《大学》便从《礼记》中分离出来，成为“四书”之一。宋元以后封建教育都以“四书”为基本教材。《大学》提出了儒家对于大学教育目的、任务和途径的总结性论断，提出一个完整而概括的政治、道德教育的纲领和程序。

大学教育三纲领即“大学之道，在明明德，在亲民，在止于至善”。

教育的目的在于“明明德”，就是使人们的先天善性得到明复和发扬，善德既明就要做“新民”，并且要达到“至善”的境界。这是对封建社会君臣、父子的伦理纲常最为准确的概括和表述。

《大学》把大学的教育程序概括为八个条目，即格物、致知、正心、诚意、修身、齐家、治国、平天下。这是根据纲领，完成“修己治人”的教育目的的一套完整程序或步骤。

4.【解析】1957 年，前苏联卫星上天以后，美国朝野震惊，开始反思自身的教育问题，并将教育提高到保卫国家的高度，要求对教育进行改革。在此背景下，1958 年颁布了《国防教育法》。法案的主要内容如下：

（1）加强普通学校的自然科学、数学和现代外语（即所谓“新三艺”）的教学；

（2）加强职业技术教育；

（3）强调“天才教育”；

（4）增拨大量教育经费，设立国防奖学金。

《国防教育法》认识到教育在国家竞争中的重要性，教育与国家的安危和国家前途命运息息相关。该法案的颁布有利于美国教育的发展，有利于教育质量的提高。

5.【解析】参见 2010 年首都师范大学教育综合真题详解简答题第 1 题。

6.【解析】学习迁移也称训练迁移，指一种知识对另一种知识学习的影响，既有先前的知识对后续知识学习的影响，也有后续学习的知识对先前知识的影响。

教育系统中教学的目标是使学生接受和掌握经验，以形成和发展学生的能力与品德。迁移是实现这一目标的有效途径，也是检验教学是否达到目标的可靠标志。因此，在实际教学中，应该掌握和应用学习迁移的规律，以提高教学成效。具体而言，我们在实际教学中从以下各个方面着手：

（1）在每个新的单元教学之前为学生明确具体的教学目标，如有可能可让学生一起参与教学目标的制定，并要学生了解某一阶段学习的目标。明确而具体的教学目标可以使学生对与学习目标有关的已有知识形成联想，即有一个先行组织者，会有利于迁移的发生。

（2）在教学内容的安排和教材的编排上，要注意在各个教学单元相对独立的前提下，体现出各单元和各部分内容之间的内在逻辑联系和前后衔接，切记造成各部分之间的相互割裂。

（3）各派迁移理论各有价值，因此在教学中要分清教材内容是易于产生共同要素的迁移还是原理、时间的迁移。如果在学习的新知识与已经学习的知识间有共同要素或成分，可引导学生利用这些共同要素进行学习。

（4）一方面，在教学中注意引导学生自己总结出概括化的原理，培养和提高其概括总结的能力，充分利用原理、原则的迁移。另一方面，在讲解原理、原则时，要举最大范围的例子，枚举各种变式，使学生正确把握知识的内涵和外延。在允许的情况下，尽量让学生在真实的情景中去观察、实践原理、原则；条件不允许或无法亲自观察实践的，教师也应利用直观教具或生动的教学语言等，让学生可能地增加感性认识。总之要将所学和所用的情景联系起来。

（5）有意识地教学生学会如何学习。布朗等人在阅读理解的实验中，用矫正性反馈训练法教给学生元认知策略，结果不仅使学生对阅读理解正确反应的百分数明显提高，而且是其学到的元认知策略迁移到了他们的常规课堂的其他学习当中。所以，帮学生掌握概括化的认知策略和元认知策略，有助于学生学会如何学习，从而促进学习和知识的迁移。

三、论述题

1. 2013 年参见 2014 年华东师范大学教育综合真题详解论述题第 1 题。

2.【解析】赫尔巴特被认为是近代教育心理学化和科学化的教育学之父。他丰富了近代教育学理论体系。其思想通过赫尔巴特学派影响了世界教育思想和实践的进展，确立了传统教育学派，对传统教育的影响巨大。但其理论过于强调教师作用，强调主知主义，从而导致了现代教育对其批判。杜威是西方现代教育派的理论代表。他对传统教育的整个理论体系进行挑战，奠定了现代教育的理论大厦的基石。他的《民主主义与教育》使美国教育由赫尔巴特主义转入杜威主义，并影响到其他国家。他是新教育的思想旗手。他的教育理论突破以往建立在主客观两分之上的传统教育的弊端，将知行合一，使教学中死的知识变为活的知识，突破了内发论和外烁论。在此基础上，他奠定了儿童中心论，解决了教育与儿童相脱离的问题，并通过学校和社会的统一，思想和经验的统一，解决教育和实践，学校与社会脱离问题。更为重要的是，他提出了做中学这一建立在新哲学和心理学基础上的新方法，拓宽了教学形式和方法，提高了教学专业化。但因其理论偏重儿童中心、活动中心、经验中心从而使教育实践忽视了系统知识的传授以及引发了自由与纪律，教师与学生关系等诸多矛盾。另外根据经验和教材心理化原则编写新型教材的设想过于理想化，难以实现。

赫尔巴特和杜威对于教学过程的看法分歧主要体现在以下两个方面：

（1）在对待直接经验和间接经验的关系上：赫尔巴特主张书本至上，重视书本知识的传授，习惯于教师讲、学生听；而不注重引导学生通过一定的实际活动、独立操作去积累经验，探取知识，未能把书本知识和学生的直接经验很好结合起来，导致注入式教学，造成学生掌握知识上的一知半解、形式主义。另一种是在实用主义教育观影响下杜威的偏向是：过于重视学生个人的经验积累，注重从做中学，强调学生通过自己探索来发现、获得知识，而忽视书本知识的学习和教师的系统传授，结果使学生难以掌握系统的科学文化知识。这二者都违反教学的规律性，人为地割裂了学生掌握知识过程中间接经验与直接经验之间的内在联系，严重影响了教学质量的提高。

（2）在如何处理教学中的师生关系，以赫尔巴特为代表的传统教育派认为，教师在教学中处于中心地位，向学生传授知识、进行教育主要依靠教师。他们片面强调教师权威，忽视学生的主动性，使教学变得死板、被动，不利于培养学生的自主精神和创造才能，随着社会的发展而日益显现其落后性。以杜威为代表的现代教育学派，则指责传统教育以学科为教学中心，以教师为教学主宰，给儿童发展带来的严重危害，因而主张进行重心转移的革命，把儿童变成教学的中心，充分发挥学生的主动性，教育的一切措施围绕着学生转。但是，他们走向另一个极端，片面强调学生的学习主动性，忽视教师的主导作用，往往使学生的学习陷入盲目探索，学不到系统的科学知识。

3.【解析】1999 年召开的第三次全国教育工作会议和 2001 年召开的全国基础教育工作会议先后提出了转变人才培养模式，建立新的基础教育课程体系的建设任务。2001 年，在党中央、国务院的领导下，教育部正式启动了新一轮基础教育课程改革，颁发了《基础教育课程改革纲要(试行)》等一系列政策文件，初步构建了符合时代要求、具有中国特色的基础教育课程体系。文件中提出了新基础教育课程改革中“六大目标”。

（1）改变课程过于注重知识传授的倾向，强调形成积极主动的学习态度，使获得基础知识与基本技能的过程同时成为学会学习和形成正确价值观的过程。

(2) 改变课程结构过于强调学科本位、科目过多和缺乏整合的现状，整体设置九年一贯的课程门类和课时比例，并设置综合课程，以适应不同地区和学生发展的需求，体现课程结构的均衡性、综合性和选择性。

(3) 改变课程内容“难、繁、偏、旧”和过于注重书本知识的现状，加强课程内容与学生生活以及现代社会和科技发展的联系，关注学生的学习兴趣和经验，精选终身学习必备的基础知识和技能。

(4) 改变课程实施过于强调接受学习、死记硬背、机械训练的现状，倡导学生主动参与、乐于探究、勤于动手，培养学生搜集和处理信息的能力、获取新知识的能力、分析和解决问题的能力以及交流与合作的能力。

(5) 改变课程评价过分强调甄别与选拔的功能，发挥评价促进学生发展、教师提高和改进教学实践的功能。

(6) 改变课程管理过于集中的状况，实行国家、地方、学校三级课程管理，增强课程对地方、学校及学生的适应性。

我们在课堂上落实新基础教育课程改革中“六大目标”，需要做到以下几个方面：

(1) 转变课程功能

知识不是衡量21世纪所需人才的主要依据，能力和态度成为人才素质的核心内容。因此，课程的功能绝不仅仅是传授知识，而应当通过课程使学生学会做人、学会求知、学会生活、学会劳动、学会健体、学会审美，使学生得到全面和谐的发展。这一根本性的转变，对于实现新课程的培养目标，在基础教育领域全面实施素质教育，培养学生具有社会责任感、健全人格、创新精神和实践能力、终身学习的愿望和能力、良好的信息素养和环境意识等具有重要意义。

(2) 强调课程结构的均衡性

课程结构的均衡性是指学校课程体系中的各种课程类型、具体科目和课程内容能够保持一种恰当、合理的比重。根据新课程的培养目标，新课程结构包容了各种类型的课程和多种与现实社会生活以及学生的自身生活密切相关的科目，同时通过课时的比例调整，使其保持适当的比重关系。这是从课程方案层面体现出来的均衡性。如何在实践层面上落实？首先，要承认每门课程的独特性和独特价值，它们在实现新课程的培养目标上都能做出自己的贡献。其次，要承认每门课程的特殊性和局限性，没有一门课程能够包打天下，实现所有的课程目标。再次，要承认课程之间在教学任务上有轻重之分。

(3) 引导学生转变学习方式

教师在教学过程中应与学生积极互动、共同发展，要处理好传授知识与培养能力的关系，注重培养学生的独立性和自主性，引导学生质疑、调查、探究，在实践中学习，促进学生在教师指导下主动地、富有个性地学习。教师应尊重学生的人格，关注个体差异，满足不同学生的学习需要，创设能引导学生主动参与的教育环境，激发学生的学习积极性，培养学生掌握和运用知识的态度和能力，使每个学生都能得到充分的发展。

大力推进信息技术在教学过程中的普遍应用，促进信息技术与学科课程的整合，逐步实现教学内容的呈现方式、学生的学习方式、教师的教学方式和师生互动方式的变革，充分发挥信息技术的优势，为学生的学习和发展提供丰富多彩的教育环境和有力的学习工具。

(4) 加强课程内容与生活和时代的关系

在课堂上，课程内容应有利于引导学生利用已有的知识与经验，主动探索知识的发生与发展，同时也应有利于教师创造性地进行教学。课程内容的选择应符合课程标准的要求，体现学生身心发展特点，反映社会、政治、经济、科技的发展需求；课程内容的组织应多样、生动，有利于学生探究，并提出观察、实验、操作、调查、讨论的建议。

积极开发并合理利用校内外各种课程资源。学校应充分发挥图书馆、实验室、专用教室及各类教学设施和实践基地的作用；广泛利用校外的图书馆、博物馆、展览馆、科技馆、工厂、农村、部队和科研院所等各种社会资源以及丰富的自然资源；积极利用并开发信息化课程资源。实现教材的高质量与多样化。

（5）建立与素质教育理念一致的评价与考试制度

日常考试命题要依据课程标准，杜绝设置偏题、怪题的现象。教师应对每位学生的考试情况做出具体的分析指导，不得公布学生考试成绩并按考试成绩排列名次。

4.【解析】启发性原则是指教师在教学过程中要善于启发诱导，充分调动学生的自觉性和积极性，引导学生独立思考，积极探索，融会贯通地掌握知识并提高分析问题和解决问题的能力。贯彻这一原则要做到：

（1）调动学生学习的主动性。包括两个方面：一是教师要善于质疑，提出富有启发性的问题，或指明所学知识的价值，以激发学生对知识本身的兴趣，并进一步培养学生对真知的探索和追求；二是对学生进行学习目的教育，强调学生的学习责任，培养学生自觉积极的学习态度。

（2）启发学生积极思考，指导学生善于思考，教学生学会学习。启发的关键是使学生的思维活跃起来，向纵深发展。一、提出少而精、富有启发性的问题，启发学生的思考并给学生时间，然后因势利导，使学生的认识步步深入；二、启发学生理解学习的过程，并结合学习过程对学生进行思维方法的指导，使学生掌握思维的方法，学会思考；引导学生亲自观察、动手操作、在多种教学实践中激发和培养学生积极思考及其解决问题的能力。

（3）发扬教学民主。这是启发的重要条件。它包括建立平等民主的师生关系，创造民主和谐的教学气氛，鼓励学生发表不同见解，允许学生向教师提问质疑等。

2016 年中山大学教育综合真题

一、名词解释(每题 5 分，共 30 分)

1. 义务教育
2. 癸卯学制
3. 骑士教育
4. 苏湖教法
5. 教育机智
6. 最近发展区

二、简答题(每题 10 分，共 60 分)

1. 简述教育国际化的主要内容。
2. 简述美国学者古德莱德提出的课程类型及其含义。
3. 简述多元智力理论及其意义。
4. 什么是学习准备？学生的学习准备主要包括哪些？
5. 简述蔡元培的“思想自由”、“兼容并包”办学方针。

6. 简述卢梭的自然教育理论及其影响。

三、分析论述题(每题 20 分，共 60 分)

1. 用教育社会化理论，分析“寒门难再出贵子”现象。

2. 试比较孟子及荀子教育思想的异同。

3. 运用班杜拉学习理论分析“近朱者赤，近墨者黑”的道理。

2016 年中山大学教育综合真题详解

一、名词解释

1. 义务教育，是根据宪法规定，适龄儿童和青少年都必须接受，国家、社会、家庭必须予以保证的国民教育。其实质是国家依照法律的规定对适龄儿童和青少年实施的一定年限的强迫教育的制度。义务教育又称强迫教育和免费义务教育。义务教育具有强制性、公益性、普及性的基本特点。我国义务教育法规定的义务教育年限为九年(小学六年，初中三年，部分省市为小学五年，初中四年)，这一规定符合我国的基本国情，是适当的。

2. 1903 年(光绪二十九年)7 月清政府命张百熙、荣庆、张之洞以日本学制为蓝本，重新拟订学堂章程，于 1904 年 1 月公布，即《奏定学堂章程》。因 1903 年为癸卯年，故称“癸卯学制”。癸卯学制是我国正式实施的第一个现代学制。该学制以“中学为体，西学为用”为指导思想，对学校系统、课程设置、学校管理等都作了具体的规定。癸卯学制自 1903 年公布起，一直延用到 1911 年满清王朝覆灭为止，对旧中国的学校教育制度的影响很大。以后学校制度的建立，实际上是在癸卯学制的基础上进行的。

3. 骑士教育是西欧中世纪一种特殊的家庭教育形式，是当时西欧封建社会等级制度的产物。骑士教育的主要目的是培养英勇善战、忠君敬主的骑士精神和技能。

4.“苏湖教学法”又名“分斋教学法”，是北宋教育家胡瑗在苏州、湖州二地办学，使用的一种新的教法。这种教法一反当时盛行的重视诗赋歌律的学风，提倡经世致用的实学，重经义和时务，主张“明体达用”。他在校中设“经义”、“治事”两斋，经义斋学习研究经学基本理论，属于“明体”之学；治事斋则以学习农田、水利、军事、天文、历算等实学知识为主，属于“达用”之学，在治事斋中，一人各治一事，又兼摄一事，创立了分科教学和学科的必修以及选修制度，在世界教育史上是最早的。范仲淹当政兴学时，曾取其法，“著书令于太学”。此谓“苏湖教法”。

5. 教育机智就是教师在特定的教育情境中，依据学生的具体情况，选择能对学生施加积极的教育影响、促进学生全面发展的手段，并作出符合各种具体教育情境的教育决策和付诸实施的能力。

6. 最近发展区是前苏联心理学家维果斯基提出的概念，他指出：我们至少应该确定儿童发展的两种水平：第一种水平我们称为儿童的现实发展水平。这是指一定的已经形成的儿童发展周期的结果和由它而形成的心理机能的发展水平，表现为儿童独立演算习题的水平；另一种水平是儿童在成人的引导和帮助下演算习题的水平。这两种水平之间存在差距，这个差距就是儿童的最近发展区。

二、简答题

1. 教育国际化是 20 世纪 80 年代和 90 年代世界教育发展中出现的一种新趋势，其主要内容包括：

（1）在世界范围内，教育的国际交流与合作日益增强；各国文化教育交流日益频繁，教师、研究人员交流增多，留学生增加，教材交流与合作增强。

（2）各国在教育思想、教育内容、教育方法和教育模式等方面的相互交流和相互影响更加频繁和深刻，一种世界范围内的共性正在教育的各个方面不断形成和加强。

（3）世界各国所面临的教育问题也出现了一种世界范围内的一致性，各国教育正面对一种共同的挑战。

（4）各种国际性教育组织和机构的产生，以及它们对世界教育发展的积极介入，也从社会结构上标志着教育国际化潮流的到来。

2. 古德莱德认为"课程"应该划分为五个层次，即五种不同的课程形态："理想的课程"(ideological curriculum)、"正式的课程"(formal curriculum)、"领悟或理解的课程"(perceived curriculum)、"运作的课程"(operational curriculum)、"经验的课程"(experiential curriculum)。

一是理想的课程，即由一些教育研究机构、学术团体和课程专家提出的应该开设的课程；

二是正式的课程，即由教育行政部门规定的课程计划、课程标准和教材，我们平时在课程表中看到的课程即属此类；

三是领悟或理解的课程，即任课教师所领悟的课程，这种领悟的课程可能与正式课程之间会产生一定的距离，正所谓"一千个读者就有一千个哈姆雷特"；

四是运作的课程，即在课堂上实际实施的课程，在实施中，教师常常会根据学生的反应随时进行调整；

五是经验的课程，是学生在课堂学习中实实在在体验到的东西，也即课程经验。

古德莱德的"课程"层次说实际上揭示了"课程"从理论到实践的运动形态，使人们对"课程"概念的理解从静态的角度转换到动态的角度。从古德莱德的这一课程层次理论中，我们不难发现，所谓理想的课程也好、正式的课程也好，正是我们传统认识范畴中的课程概念，而领悟的课程、运作的课程，尤其是经验的课程，才是我们理解意义上的真正的"创生性课程"。

3.（一）多元智力理论的内容

加德纳认为过去对智力的定义过于狭窄，未能正确反映一个人的真实能力。他认为，人的智力应该是一个量度他解决问题的指标。根据这个定义，他在《心智的架构》这本书里提出，人类的智能至少可以分成七个范畴(后来增加至九个)：

（1）语言：这种智能主要是指有效地运用口头语言及文字的能力，即指听说读写能力，表现为个人能够顺利而高效地利用语言描述事件、表达思想并与人交流的能力。这种智能在作家、演说家、记者、编辑、节目主持人、播音员、律师等职业上有更加突出的表现。

（2）数理逻辑：从事与数字有关工作的人特别需要这种有效运用数字和推理的智能。他们学习时靠推理来进行思考，喜欢提出问题并执行实验以寻求答案，寻找事物的规律及逻辑顺序，对科学的新发展有兴趣。即使他人的言谈及行为也成了他们寻找逻辑缺陷的好地方，对可被测量、归类、分析的事物比较容易接受。

（3）空间：空间智能强调人对色彩、线条、形状、形式、空间及它们之间关系的敏感性很高，感受、辨别、记忆、改变物体的空间关系并借此表达思想和情感的能力比较强，表现为对线条、形状、结构、色彩和空间关系的敏感以及通过平面图形和立体造型将他们表现出来的能力。能准确地感觉视觉空间，并把所知觉到的表现出来。这类人在学习时是用意象及图像来思考的。

(4) 身体-运动：善于运用整个身体来表达想法和感觉，以及运用双手灵巧地生产或改造事物的能力。这类人很难长时间坐着不动，喜欢动手建造东西，喜欢户外活动，与人谈话时常用手势或其他肢体语言。

(5) 音乐：这种智能主要是指人敏感地感知音调、旋律、节奏和音色等能力，表现为个人对音乐节奏、音调、音色和旋律的敏感以及通过作曲、演奏和歌唱等表达音乐的能力。这种智能在作曲家、指挥家、歌唱家、乐师、乐器制作者、音乐评论家等人员那里都有出色的表现。

(6) 人际：人际关系智能是指能够有效地理解别人及其关系、及与人交往能力，包括四大要素：①组织能力，包括群体动员与协调能力。②协商能力，指仲裁与排解纷争能力。③分析能力，指能够敏锐察知他人的情感动向与想法，易与他人建立密切关系的能力。④人际联系，指对他人表现出关心，善解人意，适于团体合作的能力。

(7) 内省：这种智能主要是指认识到自己的能力，正确把握自己的长处和短处，把握自己的情绪、意向、动机、欲望，对自己的生活有规划，能自尊、自律，会吸收他人的长处。会从各种回馈管道中了解自己的优劣，常静思以规划自己的人生目标，爱独处，以深入自我的方式来思考。喜欢独立工作，有自我选择的空间。这种智能优秀的政治家、哲学家、心理学家、教师等人员那里都有出色的表现。

(8) 自然探索：认识植物、动物和其他自然环境（如云和石头）的能力。自然智能强的人，在打猎、耕作、生物科学上的表现较为突出。自然探索智能应当进一步归结为探索智能，包括对于社会的探索和对于自然的探索两个方面。

(9) 存在：人们表现出的对生命、死亡和终极现实提出问题，并思考这些问题的倾向性。

（二）多元智力理论的教学意义：

(1) 有助于形成开放多元的智力观；

(2) 有助于形成因材施教的教学观；

(3) 有助于形成客观合理的评价观；

(4) 有助于形成尊重个体的学生观；

(5) 有助于形成健康持续的发展观。

4. 学习准备是指学生原有的知识水平或心理发展水平对新的学习的适应性，即学生在学习新知识时，那些促进或妨碍学习的个人生理、心理发展的水平和特点。学习准备的主要内容有：

(1) 身体的发展：这是所有学习准备中最基础的准备，学习中所有其他准备都依赖于某些神经的、腺体的、肌肉的和骨骼的结构与机能的准备情况。身体的发展是学习的必备条件。如果个体在身体发展方面没有做好准备，学习起来就会发生困难。

(2) 智力的发展：这是所有学习准备中最重要的准备。心理学家把一定的智力年龄作为儿童能否学习的重要标志。

(3) 情感的发展：现代教育科学理论表明，情感是影响学生学习的重要因素。

(4) 社交能力的发展：心理学家的调查发现，社交方面较成熟的儿童，由于适应性较强，同伴关系相处得较好，因此常常被成人看作是“有能力”、“有创造性”的人。在同伴中也多留下稳重、友好等印象，这些评价和印象提高了儿童的社会地位，满足了他的尊重需要，从而进一步激发他掌握技能、发展智力的愿望。

(5) 自我意识的发展：自我意识是作为主体的我对于自己以及自己周围事物的关系，尤其是物—我关系的认识。

5. 蔡元培在担任北大校长时，确定了“思想自由”、“兼容并包”的办学方针，作为改造旧大学的指导思想。他认为大学是研究高深学问的机关，但并不是研究某一家或者某一派的学问，更不是研究某些人指定的学问。应该提倡思想自由，学术自由，各派主张只要言之成理，持之有故，尚不达自然淘汰之运命，都可以让它们自由发展。

依据这一方针，他聘请教师“以学诣为主”，允许不同学术观点的人同时在大学任教，使北大教师队伍人才济济，面貌一新。他的这一办学方针改变了旧北大一片死寂的景象，在突破中国封建社会长期文化专制主义方面起了积极的作用，为各种新思想在大学讲坛上传播提供了有利条件，使北大成为“五四”新文化运动的发源地。

6. 卢梭的自然教育的核心是“归于自然”。他从儿童受的多方面的影响来论证教育必须“归于自然”。他说每个人都是由自然的教育、事物的教育和人为的教育三者培养起来。只有三种教育圆满的结合才能达到预期的目的。但自然的教育是人力不能控制的，所以无法使自然的教育向事物的和人为的教育靠拢，只能是后两者向自然的教育趋于一致。因此，教育“归于自然”，即以自然的教育为基准才能是良好有效的教育。自然教育的培养目标是“自然人”，这个概念不同于“公民”或“国民”，“自然人”是能独立自主的人，平等的、自由的、自食其力的、道德高尚、能力和智力极高的人。

卢梭的自然教育思想影响是深远的。首先，它确立了一种自然教育和儿童本位的教育观。卢梭的思想被称为“新旧教育的分水岭”。在西方教育史上，卢梭第一次鲜明地把儿童放在了教育的中心位置，有力地改变了儿童在受教育中的被动地位，确立了真正的自然主义教育体系。卢梭提出的一些思想至今仍然闪烁着耀眼的光芒，对我国当前的中小学教育的健康发展仍有明显的指导意义。

其次卢梭的思想影响了几代教育家(赫尔巴特、福禄培尔、第斯多惠、杜威等)的教育思想和实践。据滕大春的观点，“《爱弥儿》在世界教育领域的传播则采用东行线，而后才波浪式的护层的。”自然主义教育思想先东传进入德国，巴西多因《爱弥儿》才投身教育，并创办的人道主义和自然主义的学校。康德则是则自称自己并非对教育学有素养，是读了《爱弥儿》才严肃地考虑教育课题的。然后由德国东进，裴斯泰洛齐在瑞士进行的卢梭教育思想的原则的实验。然后传入英国。19 世纪卢梭教育思想传到美国，直接影响到杜威的教育思想。

最后，欧洲的新教育和美国的进步主义教育的先驱者在自然教育理论中找到了儿童中心主义思潮的萌芽。自然教育理论是西方教育思想史上一个重要的理论，构成了文艺复兴运动以后西方教育发展的主线之一。

三、分析论述题

1. 1976 年，鲍尔斯和金迪斯在合著的《资本主义美国的学校教育：教育改革与经济生活的矛盾》一书中提出了教育的社会化理论。在该书中，他们采用西方新马克思主义的观点和方法，强调教育对维护资本主义经济制度所起的作用，认为教育与经济的关系是阶级矛盾关系的反映。

社会化理论的基本观点认为，教育的经济价值源于它的社会功能，教育的社会功能远比教育提高认知技能对经济的影响重要。该理论试图从结构和功能方面，分析美国教育维持美国资本主义制度存在的功能，解说教育与社会经济之间的关系。在阐述教育的经济价值源于其社会功能时，该理论认为，教育为学生培养了生产结构所需要的种种非认知性的个性特征。美国生产结构的等级化、分工化以及不同的工作需要不同的个性特征，教育的经济功能便是通过种种途径及手段使学生社会化，使不同的学生经教育培养形成经济结构所需要的种种个性特征。教育的社会化过程是一个差异性的社会化过程。通过教育结构形式的多样化、教育决策的作用、教育经费来源的多寡及课程的多种设置，来源于不同阶段的学生便会受到不同形式和不同素质要求的教育，他们的个性特征也会向不同的社会方向发展。

随着我国社会主义市场经济的高速发展，教育制度中各种弊端也凸显出来。有专家提出了"寒门难再出贵子"的观点。在社会主义社会建立以后，我国的一个现实是消灭了剥削阶级，阶级矛盾已经不是我国社会的主要矛盾了。但改革开放，尤其是新世纪以后，我们面临的一个新的现实是劳动人民内部出现了分化，很多阶层分化出来。阶层除了所从事工作性质的差异外，另一个重要的差异就是收入差异。在市场经济条件下，这种收入差异逐渐演变为身份差异。收入越高的人，如私营企业主、民营外资企业高级管理人员、自由职业者、各种技术人才在社会中享受更高的身份；而收入低的人，如进城务工者、个体小商贩、下岗失业人员在社会中的身份地位逐渐降低，失去了在文明进程中的话语权，沦为弱势群体。由于这些新的变化，新的教育公平问题也应运而生，就是阶层公平缺失。这一点，人人都有切身感受，最明显地体现在合法化的择校费之类"钱学交易"和暗行、半遮半掩、甚至公开的"权学交易"中。有了钱，就能进入比较好的学校就读，享受优质的教育资源，从而踏入一条宽阔的教育和职业路径；有了权，就能通过权力的运作，让自己和后代享受优秀的教育，甚至是"名义"上的教育，从而更利于权力的扩大。

社会化理论指出，经济的不平等是社会不平等的根源，教育改革和教育扩展不能改变经济的不平等结构，要实现社会平等，就得改革经济。因此，我们就要树立科学发展观，统筹城乡发展、统筹区域发展、统筹经济社会发展、统筹人与自然和谐发展、统筹国内发展和对外开放。

2. 孟子和荀子都是我国古代著名的思想家和教育家。二者的思想同属于儒家学说，既有共同之处，又有不同的方面。

（1）孟、荀教育思想的共同之处

① 关于教育作用。

二者都非常重视教育在社会发展和个人成长中的作用。孟子认为教育的社会作用是"得民心"。"得民心"是"仁政"的关键，而教育是"得民心"的最有效措施。孟子认为教育在人的发展中的作用是"求放心"。他认为教育的作用在于找回散失的本性，保存和发扬天赋的善端。他指出任何人只要接受教育，肯于学习都可以成为圣人。此外，孟子也并不是完全无视环境等外部因素的影响，他也看到了环境等外部条件对人的发展有一定影响。

荀子十分重视教育的作用。他认为教育在人的发展中起着"化性起伪"的作用，就是通过教育和学习来改变自己的本性，使人具有适应社会生活的道德智能。环境的影响和个体的主观努力是决定性的因素。他也很重视教育的社会作用。他认为教育能够统一思想，统一行动，使兵劲城固，国富民强。

② 关于教育目的和内容。

孟子和荀子都强调道德教育在教育内容方面的重要地位。孟于认为教育目的为"明人伦"，就是"教以人伦——父子有亲，君臣有义，夫妇有别，长幼有序，朋友有信"，维护上下尊革的社会秩序和道德观念。荀子特别强调学习《诗》、《书》、《礼》、《乐》、《春秋》和《易》等儒家经籍，而尤重礼乐。他认为礼可使上下有别，乐可使上下和谐，礼乐并施就能“移风易俗，天下皆宁，善美相乐。”

（2）孟、荀教育思想的不同之处

孟子、荀子教育思想的差异源自两者不同的人性观。孟子肯定“性善”，他以为人性生来就是善的，有不学而能的“良能”和不虑而知的“良知”。他认为君子和庶人的区别就在于保存还是丧失这种“善性”。荀子则认为，人性本恶，人类的“礼”、“义”行为是后天习得的，人们必须通过教育和学习来改变自己的本性，使人具有适应社会生活的道德智能。因此，在教学方法上，孟子主张“内发”，荀子则主张“外烁”；在学与思的关系方面，孟子比较强调“思”，荀子则特别重视“学”；在教学过程方面，孟子把教学过程看作“存养”、“内省”、“自得”的过程。荀子则把教学的过程具体化为闻、见、知、行行四个环节，并把行看作是学习的最终目标。

3. 班都拉认为，人类大多数的行为都是通过观察习得的，这个学习过程受注意、保持、动作再现和动机四个子过程的影响。

① 注意过程：调节者、观察者对示范活动的探索与知觉。注意过程是观察学习的首要阶段，决定着大量的榜样中选择什么作为观察对象，影响注意的因素有：榜样行为的特性；榜样的特征；观察者的特点。

② 保持过程：使得学习者把瞬间的经验转变为符号概念，形成内部表征，这一过程有赖于表象系统、语言系统，有时还有动作演练。

③ 动作再现过程：以内部表征为指导，做出反应。观察学习的第三个过程是把符号性的表征转化为适当的行为。一个人即使充分意识到了榜样行为，并记忆在头脑中，没有适当的动作能力，个体仍不能再现这种行为。所以是否具备榜样行为所需的自己能力也是一个条件。

④ 动机过程：决定所习得的行为中哪一种将被表现出来。班都拉把习得与行为表现相区分，认为行为表现是由动机变量控制的。动机过程包括外部强化、替代强化和自我强化。

如果按照榜样行为行动会导致有价值的结果，而不会导致无奖励或惩罚的后果，人们倾向于展现这一行为，这是一种外部强化。观察到榜样行为的后果，与自己直接体验到的后果，是以同样的方式影响观察者的行为表现的，即学习者的行为表现是受替代强化影响的。自我强化是指人们能够自发地预测自己行为的结果，并依靠信息反馈进行自我评价和调节。

观察和模仿是人类个体在社会生活中学习他人的行为方式、人际交往、生活习惯、态度作风、审美情趣、文化娱乐和体育运动等诸多内容的主要学习方式。这种学习不需要特定的场合地点，不需要听课看书做作业，而是随时随地在人们的相互接触中潜移默化地进行着。俗话说，身教胜于言教。所以，这种观察和模仿学习对于人的个性形成，生活和工作方式的养成，道德品质和社会性行为的塑造起着十分重要的作用。社会就是教育人的一个大课堂，而观察学习就是人类个体在这个大课堂里进行有意或无意学习的主要方式。一个社会要学会利用这种课堂影响和塑造社会中的每个成员．就要运用班杜拉社会学习理论的基本原理，提供良好的、有影响力的、能被大众普遍接受的榜样或示范性行为，为每个社会成员的社会性学习提供良好的“教材”。为此，任何一个发愤进取的民族，任何一个文明进步的国家，任何一个社会机构或场所都要对他的每个成员提出明确的行为规范、道德准则、生活方式、工作方式、人际交往方式、社会活动方式、职业道德和娱乐方式等等。并用榜样去教育和影响人的行为，影响和教育儿童和学生。一个国家、一座城市、一个工厂、一个乡镇、一个机关、一所学校都必须营造良好的社会环境，形成积极的社会舆论，创造文明社会的文化氛围，促进社会中每位成员的社会性学习向着健康的、文明的方向发展。这就是社会精神文明建设的基本内容和主要形式。我国古代思想家和教育家们所说的“近朱者赤，近墨者黑”，讲的就是这个道理。

【科兴点评】中山大学2016年考察了很多311教育综合的知识点，同学们不能完全按照333大纲来复习。

2016年江西师范大学教育综合真题

一、名词解释(每题6分，共30分)

1. 教育目的
2. 认知发展阶段
3. 动作技能
4. 班级授课制
5. 教育行动研究

二、简答题(每题12分，共60分)

1. 简述裴斯泰洛齐“教育心理学化”主张的基本含义。
2. 简述建构主义教学理论的基本主张。
3. 简述陈鹤琴的“活教育”的三大命题。
4. 简述德育、智育、体育的相互联系。
5. 简述提高教育实验研究内在效度的方法(至少五个)。

三、论述题(每题30分，共60分)

1. 对于学生在课堂上的违规行为，教师可能采用各种不同的方法进行处理。下面是5个

实例：

例一：学生刘凯在课堂上对邻座做鬼脸，引起对方发笑，老师对其注视片刻后，即不再理睬，继续上课，学生遂终止其不当行为。

例二：当学生的违规行为获得部分学生认可时，让违规学生坐到教室后边，与其他学生分开，有效地阻止了学生的违规行为。

例三：刚上课时，郭忠抽掉前座刘军的椅子，李军重重地摔了一跤，老师当即严肃地批评了郭忠，并令其放学后到老师办公室写情况说明。

例四：课间有两个学生吵架，前来上课的老师厉声制止，毫无效果，学生越来越多。老师于是决定用8分钟时间让两个学生吵个够，而让其他学生在一旁静观。结果两个学生很快就不再吵架了。

例五：对于平时在课堂上经常讲闲话的学生，一旦他在某节课上不再讲闲话，老师就及时予以表扬。

请用行为主义学习观点，分析说明上述各实例中处置学生不当行为的教育措施的心理学依据。

2. 阅读下述材料，按要求回答。

“小学三年级语文老师卢红梅执教的两个班，90%的学生是外来务工人员子女。在日常教学中，卢老师发现，这些孩子大多握笔姿势不正确、不善于与人交流、知识面窄。为了进一步了解外来务工人员子女在学习上面临的困难及其原因，卢老师对部分学生进行了家访，并就相关问题询问了本年级其他科任教师。结果显示：与本市居民子女相比，外来务工人员子女在在学习上存在一定差距，其中英语学习差距最大，语文学习次之，数学学习差别不大。

为了探索提高这些外来务工人员子女语文学习成绩的有效策略，卢老师打算在这两个班进行以“扩展课外阅读”为自变量的实验研究。但是，学校科研顾问认为采取行动研究方式更为适当。卢老师陷入困惑，不能确定采用何种方式展示研究。”

(1) 案例中卢老师在发现和确定研究问题的过程中使用了哪些研究方法?

(2) 针对卢老师的困惑，请为她选择一种研究方式，并从研究目的、研究过程、研究主体三个方面作出这种选择的理由。

2016 年江西师范大学教育综合真题详解

一、名词解释

1. 教育目的即指教育要达到的预期结果，反映为教育在人的培养规格标准、努力方向和社会倾向性等方面的要求。狭义的教育目的特指一定社会(国家或地区)为所属各级各类教育人才培养所确立的总体要求；广义的教育目的是指对教育活动具有指向作用的目的领域，含有不同层次预期实现的目标系列。它不仅标志着一定社会(国家或地区)对教育培养人的要求，也标示着教育活动的方向和目标，是教育活动的出发点和归宿。

2. 认知发展阶段是著名教育心理学家皮亚杰提出的一个概念。他将儿童和青少年的认知发展划分为四个阶段：感知运动阶段、前运算阶段、具体运算阶段和形式运算阶段。他认为所有的儿童都会依次经历这四个阶段，新的心智能力的出现是每个新阶段到来的标志，而这些新的心智能力使得人们能够以更为复杂的方式来理解世界；虽然不同的儿童以不同的发展速度经历这几个阶段，但是都不可能跳过某一个发展阶段。

3. 动作技能指通过练习巩固下来的、自动化的、完善的动作活动方式。动作技能的理解与形成过程是通过领悟和练习逐步掌握某种动作操作程序的过程。复杂运动技能的形成，一般要经历认知阶段、分解阶段、联系定位阶段、自动化阶段等四个主要阶段。

4. 班级授课制是一种集体教学形式。它把一定数量的学生按年龄与已有知识水平编成固定的班级，根据周课表和作息时间表，安排教师有计划地向全班学生集体上课。在班级授课制中，同一个班的每个学生的学习内容与进度必须一致，且开设的各门课程，特别是在高年级，通常由具有不同专业知识的教师分别担任。其注重集体化、同步化、标准化，长于向学生集体教学，但拙于照顾学生的个别差异、对学生进行个别指导，不利于培养学生的兴趣、特长和发展他们的个性。

5. 教育行动研究是在实际情景中，由实际工作者和专家共同合作，针对实际问题提出改进计划，通过在实践中实施、验证、修正而得到研究结果的一种研究方法。

二、简答题

1. 在西方教育史上，裴斯泰洛齐第一个提出“教育心理学化”，并在教育实践中探索以心理学为基础来发展人的能力的方法。其“教育心理学化”主张的基本含义主要包括以下几个方面：

（1）教育适应儿童的心理发展。要求将教育的目的和教育的理论指导置于儿童本性发展的自然法则的基础上。只有认真探索和遵循儿童的心理活动和心理发展的规律性，才能取得应有的教育和教学效果。

（2）教学内容心理学化。即使教学内容的选择和编制适合儿童的学习，合理规律。裴斯泰洛齐还力图从客观现象和人的心理过程探索教育和教学内容中普遍存在的基本要素，并依据这些要素为核心来组织各科课程和教学内容，提出了“要素教育”理论。

（3）教学原则和教学方法的心理学化。教学要遵循自然的规律，要与自然活动的规律相协调。首要的是要使教学程序与学生的认识过程相协调。教学依据人的认识过程进行，从模糊的感觉印象到精确的感觉印象，从精确的感觉印象到清晰的表象，从清晰的表象到确定无误的概念。在此原则下，提出了直观性教学原则、循序渐进原则。

（4）教育者要适应儿童的心理时机，尽力调动儿童的自我能动性和积极性，培养他们的独立思考能力，使他们懂得自己教育自己。这也是教育心理学化的一个重要方面。

裴斯泰洛齐对人的心理的理解存在严重的缺陷，但他关于教育心理学化的思想，不仅成为他自己关于人的和谐发展论、要素教育论、简化的教学方法和初等学校各科教学法的重要理论基础，而且对 19 世纪欧美一些国家教育研究和实践产生了重大影响。

2. 建构主义是行为主义发展到认知主义之后的进一步发展。该理论更加关注如何以原有的经验、心理结构和信念为基础来建构知识。强调学习的主动性、社会性和情境性。

（1）知识观

在知识观上，建构主义在一定程度上对知识的客观性和确定性提出了质疑，强调知识的动态性。建构主义者一般强调：

① 知识并不是对现实的准确表征，它只是一种解释、一种假设，不是最终答案。

② 知识并不能精确地概括世界的法则，在具体问题中，我们并不是拿来便用，一用就灵，而是需要针对具体情境进行再创造。

③ 尽管我们通过语言符号赋予了知识一定的外在形式，甚至这些命题还得到了较普遍的认可，但这并不意味着学生会对这些命题有同样的理解，因为这些理解只能由每个学生基于自己的经验背景而建构起来。

（2）学生观

学生不是被动的信息吸收者，而是意义的主动建构者。这种建构不可能由他人代替。

① 教学不能无视学生的经验，要把学生现有的知识经验作为新知识的生长点，引导其从旧知识中“生长”出新知识。

② 教师要促进学生知识建构活动，促进知识经验的重新组织、转换和改造。教学不是知识的传递，而是知识的处理和转换。

（3）教学观

学习不简单是知识由外到内的转移和传递，不是知识由教师向学生的传递过程，而是学习者主动地建构自己的知识经验的过程，即通过新经验与原有知识经验的双向的相互作用，来充实、丰富和改造自己的知识经验。学习者不是被动的信息吸收者，相反，他要主动地建构信息的意义，这种建构不可能由其他人代替。学习者的这种知识建构过程具有三个重要特征。

① 主动建构性：面对新信息、新概念、新现象或新问题，学习者必须充分激活头脑中的先前知识经验，通过高层次思维活动，即需要付出高度心理努力的有目的、有意识、连贯性的对知识进行分析、综合、应用、反思和评价的认知活动。

② 社会互动性：学习是通过对某种社会文化的参与而内化相关的知识和技能、掌握有关的工具的过程，这一过程常常需要通过一个学习共同体的合作互动来完成。在学习共同体中，各成员之间经常在学习过程中进行沟通交流，分享各种学习资源，共同完成一定的学习任务，因而在成员之间形成了相互影响、相互促进的人际联系，形成了一定的规范和文化。

③ 情境性：建构主义者提出，知识是生存在具体的、情境性的、可感知的活动之中的。它不是一套独立于情境的知识符号（如名词术语等），不可能脱离活动情境而抽象地存在。它只有通过实际情境中的应用活动才能真正被人所理解。学习应该与情境化的社会实践活动结合起来。

3. 陈鹤琴一生致力于幼儿教育研究与教学，是我国现代幼儿教育事业的开拓者，著名的儿童教育家。陈鹤琴在幼儿教育方面总结出丰富的内涵和鲜活的教育理念，其中影响最大的是他的“活教育思想”，其理论体系包括目的论、课程论、方法论三大组成部分。

（1）“活教育”的目的论

“活教育”的目的是：“做人，做中国人、做现代中国人”。其中，“做人”是“活教育”最为一般意义的目的，是人区别于动物所在。“做中国人”意味着要爱护这块生养自己的土地，爱自己国家长期延续的光荣历史，爱与自己共命运的同胞。对于“做现代中国人”，陈鹤琴则赋予它五方面的要求：第一，“要有健全的身体”；第二，“要有建设的能力”；第三，“要有创造的能力”；第四，“要能够合作”；第五，“要服务”。

（2）“活教育”的课程论

“大自然、大社会都是活教材。”他说：“活教育课程就是把大自然、大社会作为出发点，让学生直接向大自然、大社会去学习。”即让儿童在与自然、社会的直接接触中，在亲身观察中获取经验和知识，让自然、社会、儿童生活和学校教育内容形成一个有机联系整体。这一主张直接针对以书本为主的传统而发。尽管陈鹤琴主张从自然和社会中直接获取知识，但他并非绝对强调经验，决然否定书本。陈鹤琴又具体将活教育课程分为五类：儿童健康活动、儿童社会活动、儿童自然活动、儿童艺术活动、儿童文学活动。

（3）“活教育”的教学论

“做中教，做中学，做中求进步”是“活教育”教学方法的基本原则，也是“活教育”教学论的出发点。“做”是学生学习的基础，也是教学论的出发点，他强调儿童在学习过程中的主体地位和在活动中直接经验的获取。

陈鹤琴的“活教育”理论，切中传统教育的弊病，反对读死书，死读书，读死本，书本至上，主张发展儿童的创造性和动手能力，比较深刻地揭示了教育教学上一些带有规律性的问题，提出了教育改革的新思路。在提倡素质教育的当代，仍具有现实的意义。

4. 德育，是教育者按照社会的要求，对受教育者施加影响以形成所期望的政治立场、世界观和道德品质的教育，它体现了整个教育的社会主义性质，对受教育者的全面发展起着定向的作用。

智育，是传授系统科学文化知识，形成科学的世界观，培养基本的技能技巧和发展智力的教育，它在个性全面发展中起着重要作用。

体育，是全面发展体力，增强体质，传授和学习健身知识和体育运动技能的教育。体力和体质的发展是个性全面发展的生理基础。

德育、智育、体育是全面发展教育的其中三个部分，三者之间是相互联系、相互影响、辩证统一的。首先，各育间不可分割。其次，各育间不能相互代替。在处理各育之间的关系时，要避免两种倾向：一是只注重各育之间的联系性和相互促进性而忽视各育的独特功能；二是只注重各育的区别和不可代替性而忽视各育相互促进的作用，甚至把它们割裂开来、对立起来。德育、智育、体育是相对独立的，缺一不可，不能互相替代，每一育的社会价值和满足个体发展的价值都是不同的。它们是相互联系、互为目的和手段，在实践中，共同组成统一的教育过程。德育对其他各方面起着保证方向和保持动力的作用。智育为其他各育实施提供认识基础。体育是实施各育的物质保证，处理好它们的关系，使其相辅相成，发挥教育的整体功能。

5. 内在效度指实验的自变量和因变量之间存在明确因果关系或相关关系的程度。提高教育实验研究内在效度的方法有：

（1）偶然事件：在实验进展过程中没有预料到的影响因变量的事件的发生。

（2）成熟程度：时间在被试身上起的作用。

（3）测验：注意一次测验对随后另一次测验的影响。

（4）测量手段：测量手段不统一会产生错误的结果。

（5）统计回归：挑选被试的误差，比如用极端分数进行回归，将对今后的测验产生不利影响。

（6）在实验进展过程中被试的选择差异：被试未能随机分配或挑选，而其中一个因素起了作用，从而产生了组的不对等性。

（7）实验的偶然减员：非随机挑选的被试脱离实验，会产生不良影响。

（8）取样：成熟程度交互作用，由于取样不一带来的成熟程度的不一致。

三、论述题

1. 上述5个实例中对学生不当行为的处置措施，集中体现了行为主义学习观点在学校教育中的运用。行为主义学习理论把个体行为改变的过程视为条件反射的形成与消除过程，而影响这一过程的重要条件是强化、惩罚和消退等外部条件。

例一中教师运用的方法是消退法。依据行为主义学习观点，一种行为若不予以强化就会消退。他对学生“做鬼脸”的行为采取不理睬、忽视的态度；最终使其消退。如果教师对学生的错误行为作过激的反应，反而会成为一种强化。

例二中教师运用的方法是隔离法。他对学生采取“孤立”的措施，目的是将违规学生与其他学生“隔离”开来，防止其不当行为因部分学生的支持赞赏而得到强化。

例三中教师运用的方法是惩罚法。该学生行为的错误性质较严重，予以忽略是不恰当的。教师采用严肃批评、写检查等惩罚性措施，使其错误行为受到禁止，或使其发生的概率降低。

例四中教师运用的方法是餍足法。他在采用其他方法无法终止学生违规行为的特殊情况下，让学生过量地重复其原有行为，使其因得不到强化、失去意义而自动消退。

例五中教师运用的方法是强化法。他对平时在课堂上经常讲闲话的学生“不再讲闲话”的表现，及时予以表扬，实际是通过强化与学生原有错误行为不相容的行为，来制止学生的错误行为，并培养其良好的行为习惯。

2.（1）观察法和访谈法。

（2）选择之一：教育行动研究

理由如下：在研究目的方面，教育实验研究侧重于因果关系或相关关系的探究，对理论研究更为适合；而对于李老师要探索新的教学策略这一实践性较强的研究目的来说，以改进实践为基本取向的教育行动研究更为适合。在研究过程方面，教育实验要求严格的变量控制，难度较高；而教育行动研究在实际情境中进行，无需严格的变量控制，对李老师而言，相对简便易行。在研究主体方面，教育实验中研究者与行动者的角色通常是分离的，而教育行动研究更强调行为研究者，这对李老师的专业发展更有好处。

选择之二：教育实验研究

理由如下：在研究目的方面，教育行动研究追求教育实践的改进，而教育实验研究更侧重于因果关系的探究，更有利于李老师确证"扩展课外阅读"与"外来务工人员子女语文学习成绩"之间的因果关系。在研究过程方面，教育行动研究强调在实际情境中进行，不做严格的变量控制，因而其研究过程的规范性和研究结果的代表性均不强；而教育实验研究要求对变量作适度控制，研究过程的规范性强，研究结果的普适性高，更有利于李老师研究成果的推广应用。在研究主体方面，教育行动研究强调教师自己成为研究主体，受教师自身教育理论素养和研究视野的局限，研究有可能流于肤浅和零碎；而选择做实验，李老师的研究可以在学校科研顾问的指导下进行，这更有利于研究结果在理论上的概括提升和李老师教育理论水平的提高。

【科兴点评】2016 年江西师范大学考察了不少教育与心理测量的知识点，这与该校学科优势有关。2017 年江西师范大学删除了这一部分的考点。

2016 年宁波大学教育综合真题

一、名词解释（每题 5 分，共 30 分）

1. 教育目的和制定教育目的的依据
2. 教育制度和义务教育制度
3. "有教无类"
4. "罢黜百家，独尊儒术"
5. 自我效能
6. 强化

二、简答题（每题 10 分，共 40 分）

1. 教育的文化功能及其表现。
2. 卢梭自然教育的基本含义。
3. 教师的社会角色包括哪些？
4. 认知心理学的学习理论的主要观点是什么？

三、分析论述题（每题 20 分，共 80 分）

1. 作为一名教师，你如何了解学习教育学的价值和意义？

2. 学生发展的含义及一般规律是什么？请根据学生发展的一般规律，谈谈其中的教育意义。

3. 蔡元培主持北京大学的改革举措及其启示。

4. 杜威关于思维与教学方法的主张及其当代价值。

2016 年宁波大学教育综合真题详解

一、名词解释

1. 教育目的即指教育要达到的预期结果，反映为教育在人的培养规格标准、努力方向和社会倾向性等方面的要求。狭义的教育目的特指一定社会(国家或地区)为所属各级各类教育人才培养所确立的总体要求；广义的教育目的是指对教育活动具有指向作用的目的领域，含有不同层次预期实现的目标系列。它不仅标志着一定社会(国家或地区)对教育培养人的要求，也标示着教育活动的方向和目标，是教育活动的出发点和归宿。

教育目的是由人提出的，属于意识范畴，它的形式是主观的。但是，人们提出的教育目的是有其现实基础和社会根源的，它的内容是客观的。人们在规定教育目的时必须以一定的客观存在及其发展规律为前提和根据，比如物质生产水平，生产关系以及由此产生的政治关系和思想关系，受教育者身心发展的特点。

2. 教育制度是指一个国家各级各类教育机构与组织的体系及其管理规则。它包括相互联系的两个基本方面：一是各级各类教育机构与组织的体系，二是教育机构与组织体系赖以存在和运行的一套规则，如各种各样的教育法律、法规、条例等。在教育学中，教育制度通常只论述教育的各种施教机构与组织构成的系统，它既包括学校教育机构与组织，也包括幼儿教育机构与组织、校外儿童教育机构与组织、成人教育机构与组织等。

义务教育，是根据宪法规定，适龄儿童和青少年都必须接受，国家、社会、家庭必须予以保证的国民教育。其实质是国家依照法律的规定对适龄儿童和青少年实施的一定年限的强迫教育的制度。

3. “有教无类”本意为：不分贵贱贫富和种族，人人都可以入学受教育。孔丘提倡“有教无类”作为私学办学方针，与贵族官办的办学方针相对立，扩大了受教育范围。这个方针对孔家私学的教育对象作了原则性的规定，指导着他的教育实践活动，是孔丘教育思想的组成部分。

4. “罢黜百家，独尊儒术”是董仲舒建议汉武帝实行的文教政策。董仲舒认为，为了保证政治法纪的大一统，必须首先统一思想。他建议罢黜百家，独尊儒术，以实现思想的统一，即“诸不在六艺之科，孔子之术者，皆绝其道，勿使并进，邪辟之说灭息。然后统纪可一而法度可明，民知所从矣。”绝其道并不一定要取缔各种学术，而是不给它们以发展的条件。通过大力尊崇儒学，给予培养和做官的前途，自然成为大多数士人的追求方向，其他学派也就难以与之“并进”了。“独尊儒术”文教政策的确立，标志着封建统治阶级树立起符合自身利益的意识形态，这一文教政策此后一直维系了两千多年。

5. 自我效能感理论的代表人物是班都拉。自我效能感指人们对自己是否能够成功地从事某一成就行为的主观判断，即人们对自己在特定情境中是否有能力操作行为的预期。自我效能感表现为对自己能力的自信程度。影响自我效能感形成的主要因素包括：个体自身行为的成败经验、替代经验、言语劝说和情绪唤醒等。

6. 强化是指通过某一事物增强某种行为的过程。在经典条件反射中，指使无条件刺激与条件刺激相结合，用前者强化后者。在操作条件反射中，指正确反应后所给予的奖励（正强化）或免除惩罚（负强化）。

二、简答题

1.（1）教育对文化的传递

人类文化是人类生产与社会生活的产物，但同时又是人们新的社会生活和社会生产的基础和必要条件。由于人们的价值观念、社会生活的风俗与规范，人们的审美情趣以及人类文化的所有特质，不可能通过遗传的方式获得，而只能通过传递的方式继续并发展下去。因此，教育从一开始就成了传递和保存人类文化的重要手段。实质上，也正是从这个意义上说，教育是人类社会的永恒范畴。

（2）教育对文化的选择

教育在文化选择方面的功能主要表现在：①通过教育传递和传播大量的人类文化，为文化选择提供丰富的原料；②通过教育提高一定文化主体的素质及分析判断能力，对已有文化进行优化选择；③在教育系统内部，教育者根据社会发展要求及受教育者身心发展的规律，使受教育者在较短的时间内掌握人类社会几千年以来创造的丰富文化的基础性内容，并能运用于社会生产和生活。在这样一个教育过程中，就包含有对文化的选择。

（3）教育对文化的发展

教育具有融合各种文化功能的同时，教育对文化还具有发展的功能。对此，我们可以从两个方面来理解。其一，在现代教育中，教育者对作为教育内容的文化素材，已不是简单机械地照搬，而是根据教育原理和各种文化素材的特点进行再加工和再创造。其二，以科学研究为主要形式的文化创造活动，已经成为现代教育，特别是高等教育不可缺少的一个组成部分。

2.①自然教育的含义。自然教育是指教育要遵循人的自然本性，使人得到自由地发展。人为的教育和事物的教育要以自然的教育为基准。卢梭指出要保证儿童在自身的教育和成长中取得主动地位，无须成人灌输、压制和强迫。教师只须创造学习的环境、防范不良的影响。

卢梭认为，每个人都是由自然的教育、事物的教育和人为的教育三者共同培养起来的。而只有后两者和自然的教育趋于一致，才能实现三种教育的良好结合。因此教育“归于自然”，即以自然的教育为基准，才是良好有效的教育。卢梭指出，自然教育主要是针对富人的。因为穷人所处的环境特别是农村环境，已经十分接近自然，而且他们也只能接受这种教育。

② 自然教育的培养目标。卢梭提出，自然教育的最终目标是培养“自然人”。这个概念是与“公民”、“国民”等概念相对立的。自然人相对于专制国家的公民来说，就是独立自主、平等自由、道德高尚、能力和智力极高的人。“自然人”虽然是与专制国家的“公民”相对的概念，但它并不与“社会人”完全不容。自然人既能尽到作为社会成员的职责，又能保持纯真的天性，自由地发展，不受腐蚀和侵蚀。

③ 自然教育的原则方法：

第一，正确看待儿童。卢梭认为儿童有其特有的看法、想法和感情。不能用成人的思想来代替儿童的思想和感情。卢梭指出自然教育的一个必要前提就是要改变对儿童的看法。卢梭指出，在万物的秩序中，人类有它的地位；在人生的秩序中，儿童有它的地位。应当把成人看作成人，把孩子看作孩子。他呼吁人们既不要把孩子当成待管教的奴仆，也不能把他作为成人的玩物。

第二，给儿童以充分的自由。他主张对儿童实行消极教育，就是成人不干预、不灌输、不压制和让儿童遵循自然率性的发展。但消极教育并非是无所作为，还有两件事情要做：一是观察自由活动中的儿童，了解他们的自然倾向和特点；二是防范来自外界的不良影响。此外，卢梭也注意到了儿童天性中的个体差异，强调要因材施教。

④ 自然教育的实施。卢梭告诫教育者要按照儿童的年龄去对待他们。他在《爱弥儿》一书中根据自己对儿童的观察和研究，设想了教育的四个阶段。

第一阶段是婴儿期的教育(出生后的2年)。卢梭认为这一时期应以身体的养育和锻炼为主。

第二阶段是儿童期的教育(2~12岁)。卢梭提出这一时期在锻炼儿童感官并继续发展他们身体的同时，还要让儿童在这一时期掌握一些道德观念，但要联系具体事例进行，而且要行动多于口训。

第三阶段是青年期的教育(12~15岁)。这一阶段的教育包括文化知识的学习和劳动教育两个方面。在文化知识学习方面，卢梭把培养兴趣和提供能力放在首位，并注意通过学习知识陶冶情操。在劳动教育方面，他主张学生必须学习一门职业。通过劳动教育可以使思想得到陶冶，同时锻炼思维能力。

第四阶段是青春期的教育(15~20岁)。卢梭认为儿童在这一阶段可以由农村返回城市，接受道德教育和宗教教育，学会做一个城市社会中的自然人。

3. 教师角色丛是指与教师特定的社会职业和地位相关的所有角色的集合。明确教师角色观念，扮演好教师角色。角色观念是指教师对自己所要扮演的角色的认知以及按照角色要求履行角色义务和角色行为的意识。

(1)“家长代理人”和“朋友、知己者”的角色

教师是儿童继父母之后遇到的另一个社会权威，家长的代理人，有的同学视教师为朋友，分担快乐与痛苦，幸福与忧愁的朋友。

(2)“传道、授业、解惑者”的角色

教师通过自身的言论，行动潜移默化的引导学生，并启发他们的智慧，解除他们的困惑，促使他们全面发展。

(3)“管理者”的角色

教师要管理班集体，制定和贯彻规章制度，维持班级纪律，组织班级活动，规范调节人际关系等。

(4)“心理调节者”的角色

教师因适应社会的要求，提高自身的心里健康水平，掌握心理卫生常识，帮助学生解决心理问题。

(5)“研究者”的角色

教师要积极参与教学研究，提高教学质量。

4. 认知主义学习理论与行为主义学习理论相对立，源自于格式塔学派的认知主义学习论，经过一段时间的沉寂之后，再度复苏。20世纪60年代，行为主义心理学的统治地位被认知心理学所代替，认知学习理论得到快速发展。其中，皮亚杰的建构主义学习理论、布鲁

纳的认知结构学习理论、奥苏贝尔的认知同化学习理论、信息加工的学习理论等都有很大影响。他们认为，学习就是面对当前的问题情境，在内心经过积极的组织，从而形成和发展认知结构的过程，强调刺激反应之间的联系是以意识为中介的，强调认知过程的重要性。认知学派的基本观点有：

(1) 学习实质：学习不是简单的S-R的联结，而是S-O-R的过程，结果形成"认知地图"。(O代表有机体的内部变化)

(2) 学习结果：不是在强化条件下形成刺激反应的联结，而是形成情境的"认知地图"。它是对局部环境的综合表象，是情境整体的领悟。

(3) 学习过程：有机体在达到目的的过程中，根据预期进行尝试，不断对周围环境进行认知，形成"目标-对象-手段"三者联系在一起的认知结构，即形成了整体的认知地图。

三、分析论述题

1. (1)树立正确的教育观，掌握教育规律，指导教育实践

教育有其自身的客观规律，并不为人们的主观意志所转移，教育工作者只有按照教育规律办事，才能搞好教育。历史经验证明，教育规律早在人们认识它之前，就已经存在并起作用了。遵循它，教育事业就发展，就前进，就成功；违背它，教育事业就受挫，就倒退，就失败。教育学系统地剖析了教育现象的不同层次和各个侧面，揭示了教育领域里的一般规律和特殊规律，如能自觉地在教育实践中按规律办事，将会取得事半功倍的效果。

我国的教育学以马列主义为理论基础，以发展、变化、唯物、辩证、动态的观点为指导，去分析、认识与把握教育现象及其本质属性。因此，学习教育学可以使我们逐步树立正确、科学的教育观，提高我们投身教育实践的自觉性、积极性与预见性，也能使我们在各种错综复杂的教育实际中坚持正确的方向，掌握正确解决问题的思维方式和工作方法。

(2) 树立正确的教学观，掌握教学规律，提高教学质量

有人说："不学教育学，照样能上课。"当然，现实中这种现象虽然存在，但是否学习教育学，掌握教学规律，对于提高教学质量影响很大。因为，上课有好坏优劣之分。一个卓越而成功的教师正是借助教育学的理论睿智，敏锐地观察课堂上学生心理活动的脉搏，恰当地利用科学的教育环境和科学的教育方法，去集中学生的注意力，激发他们的学习动机，"点燃"他们的求知欲望，从而把教学过程组织得生动活泼，水乳交融，富有成效。

在课堂教学过程中，"教"有教的规律，"学"有学的规律，各门学科自身又有各自的特点与规律，要形成高水平的教学"双边活动"，需要对许多因素进行综合、协调，使其发挥整体效应。有的教师上课，不能使学生心领神会，学生愁眉苦脸，摇头叹息，既窒息了学生的求知热情，又压抑了学生的思维发展。这两种截然不同的教学效果，关键就在于教学是否符合教学规律，教师是否善于科学而巧妙地将教学规律应用于教学实践，并按照教学规律，形成自己的教学艺术风格。

(3) 掌握学生思想品德发展规律，做好教书育人工作

年轻一代是祖国的未来和希望，他们的思想品德决定着今后中华民族的精神面貌。随着实行对外开放政策，学习西方先进技术的同时，也给学校的思想品德教育带来了诸多新的矛盾和许多负面影响。因此，教师要树立正确的"人才观"，不仅要重视对学生文化知识的传授，而且要重视对学生思想品德的教育，即不仅要"教书"，而且要"育人"，并且把两者辩证统一地结合起来，以提高学生的思想道德素质及对不良影响的"抵御"与"免疫"能力。这

样，才能培养出合格人才，实现培养目标。

青少年时期容易受外界影响，具有很强的可塑性。教师只有掌握德育过程的特点与规律、原则与方法，并将其建立在社会发展需要与学生身心发展特点的科学基础之上，才能使学生的思想觉悟、道德品质、行为习惯，按照现代化建设对人才的需要健康成长，学生才可望成为具有健全个性、奋发有为，德才兼备的新一代。

(4) 建构教师合理优化的知识结构，提高教育理论水平和实际技能

教师合理的知识结构，既是提高教育理论水平与技能技巧、适应教师职业需要的必要条件，又是教师发展智力，培养能力，焕发创造精神的根本保证。正如一个缺乏坚实古文基础的人不可能成为一名出色的考古学家一样，一名没有深厚教育学基础知识的教师，很难成为一名出色的教师。教师的知识结构，既需要扎实的专业知识，又需要广博的文化科学知识，还需系统的教育学科知识。只有三者兼备一身，合理优化，才能产生相得益彰的效果。目前，我国高等师范院校课程结构的弊端之一，就是只在本专业一个点上掘井。这种掘井式的知识汲取也许对学术研究是必要的，但作为一种教师的培养模式只能导致知识单一，视野狭窄，很难适应教师职业的要求。

2. 教育与人发展的关系问题，是教育学的永恒的主题之一。教育的根本目的之一就是促进人的发展。人的发展大体上可以分为三个方面：一是生理发展，包括机体的正常发育，体质的不断增强，神经、运动、生殖等系统生理功能的逐步完善；二是心理发展，包括感觉、知觉、注意、记忆、思维、言语等认知的发展，需要、兴趣、情感、意志等意向的形成，能力、气质、性格等个性的完善；三是社会发展，包括社会经验和文化知识的掌握，社会关系和行为规范的习得，成长为具有社会意识、人生态度和实践能力的现实的社会个体，能够适应并促进社会发展的人。人的发展的这三个方面是相互制约和相互促进的。人的发展是有规律可以遵循的，为了促进青少年的身心健康发展，使教育工作取得良好的效果，我们就必须掌握和利用这些规律。

人的发展的规律性主要表现为人的发展的顺序性、不平衡性、阶段性、个别差异性和整体性，而这些规律性具有重要的教育学意义，是教育工作必须遵循的规律性。

(1) 顺序性

人的身心发展的顺序性，是指人从出生到长大成人，身心的发展是一个由低级到高级、由简单到复杂、由量变到质变的连续不断的发展过程。在这一过程中，不仅整个身心发展具有一定的顺序，身心发展的个别过程和特点的出现也具有一定的顺序。在生理方面，身体的发展是“先头部后四肢，先中心后边缘”进行的。心理机能的发展顺序是：由具体形象思维到抽象逻辑思维，由机械记忆到意义记忆，由无意注意到有意注意，由喜、怒、哀、惧等一般情感到理智感、道德感和美感。

人的身心发展的顺序性决定了在教育活动中，无论是知识技能的学习还是思想品德的发展，必须遵循着由具体到抽象，由浅入深，由简到繁，由低级到高级等顺序，逐渐地前进，不能“揠苗助长”、“凌节而施”。要使教学着眼于学生的“最近发展区”，使教学既不能脱离学生的发展实际，又要走在发展的前面，以最有效地促进学生的发展。

(2) 不平衡性

人的发展的不平衡性，是指人的身心发展所具有的发展速度和发展时间的先后上的不均衡的特性。科学研究证明，个体的身心发展的各个方面是不平衡的，这种不平衡性具体表现

在：一是身心系统发展的不平衡，二是身心系统内部各方面发展的不平衡，三是就每一项素质来说，其发展速度是不平衡的，四是从人的总体发展看，从出生到成熟的进展是不平衡的，是呈波浪型向前推进。个体身心发展的不平衡性要求教育者要充分把握人的各项身心素质发展的关键期和最佳期。

（3）阶段性

人的发展的阶段性，是指人的身心发展的不同年龄阶段具有不同的发展目标、发展重点和发展特征。个体身心发展的后一阶段的发展总是建立在前一阶段发展的基础上，而且后一阶段既包含着前一阶段发展的结果，又萌发着后一阶段发展的新质。如弗洛伊德的性心理发展阶段理论、皮亚杰的认知发展阶段理论和埃里克森的社会发展阶段理论，都是根据不同标准提出并产生了重要影响的阶段理论。这些理论都认识到心理的发展是知、情、意的统一，是形成一种统一的人格。

根据儿童身心发展的阶段性，教育也要体现出阶段性的特点。教育的阶段应该与儿童身心发展的阶段相适应。在教育工作中，就必须从教育对象的实际出发，针对不同年龄的学生，提出不同的具体任务。

（4）个别差异性

人的发展的差异性是指不同个体之间在身心特征上所具有的相对稳定的不相似性。由于人的遗传、社会生活条件和教育、主观能动性的不同，人的发展的速度、水平以及发展的优势领域千差万别，彼此间表现出发展的个别差异性。个体差异性有多种层次。从群体的角度看，个体的差异性首先表现为男女性别的差异。其次，个别差异性表现在不同方面的发展存在差异。再次，个别差异性还表现在不同青少年儿童具有不同的个性心理倾向和个性心理特征。身心发展的个体差异性，不仅表现在个体身上，也表现在群体上，不同的社会文化背景和社区生活环境下生活的儿童群体，其发展水平、表现方式也会呈现出群体之间的差异。教育工作应该注意学生的个别差异性，针对学生的个别差异，真正做到“因材施教”、“长善救失”，使每个学生都能迅速地、切实地获得最佳发展。

（5）整体性

教育面对的是一个个活生生的、整体的人，他们既具有生物性和社会性，还表现出个体的独特性。不从整体上把握教育对象的特征，就无法教育人。事实上，人的生理、心理和社会性等方面的发展是密切地联系在一起的，并在人的发展过程中相互作用，使人的发展表现出明显的整体性。人的发展的整体性要求教育要把学生看作复杂的整体，促进学生在体、智、德、美等方面全面和谐地发展，把学生培养成为完整和完善的人。

3.（一）蔡元培北大改革措施

（1）改变校风，明确教育宗旨

北京大学的前身是京师大学堂，官僚习气浓重，学生入学多为升官发财，重文轻理，尤重法科。他极力改变这种状况，改变当时不良习气，养成正当、健康的娱乐爱好，从而促进北大优良学风的形成。主要的措施即：

第一，改变学生的观念，要求学生“抱定宗旨、砥砺德行、敬爱师友”。

第二，整顿教师队伍，延聘积学热心的教员。

第三，发展研究，广积图书，引导师生研究兴趣。

第四，砥砺德行，培养正当兴趣。

(2) 贯彻“思想自由，兼容并包”的办学原则

“循思想自由原则，取兼容并包主义”是他办北大的基本原则，成为他发展高等教育的指导思想。蔡元培认为大学的性质所决定了，一个真正的大学，应该使各派学说都在此占有一席之地。他主张学术、言论、思想自由，反对学术上的门户之见。“思想自由，兼容并包”也体现在教师的聘用上，在这一原则指导下，北大教师队伍一时出现流派纷呈的局面。也为当时营造出一种良好的学术气氛。

(3) 提倡教授治校的管理模式

蔡元培参照德国办法，实行教授治校、民主办学，主张大学应该有真正懂学术者来管理，改变少数人说了算的现象。因此学校成立了最高立法和权力机构——评议会；成立全校最高行政执行机构——行政会议；建立全校教务传导机构——教务会议及教务处第；建立主管全校人事和事务工作的机构——总务处；成立各学科教务管理机构——教授会。

(4) 改革教学体制

针对当时北大“重术而轻学”的现象，沟通文理科学，停办工科，扩充文理两科，奠定了基础理论学科的发展基础；依据现代科学发展趋势，沟通文理两科，废科设系；依据发展个性和沟通文理的思想，改年级制为选科制，按一定基础和专业要求修满规定学分，不拘年限，即允许毕业。简而言之即扩充文理，改变“轻学而重术”的思想；沟通文理，废科设系；改年级制为选科制。

(二) 蔡元培改革北大的教育启示：

(1) 大学应当以研究学问为第一要义。大学不是灌输知识的场所，教师和学生都应该热爱学问，培养自己的学者风范。

(2) 大学以引领社会、服务社会为职责，应当担当起带领社会风气的责任。作为高级知识分子聚集的地方，大学代表一个社会最高层次的群体的精神面貌，也是一个国家精神面貌的标志，应当有强烈的责任心来维持这种好的精神状态。

(3) 大学教育的目的是育人而非制器。教育应以培养学生的健全人格为宗旨。教育要帮助学生发展能力、完善人格，为人类文化尽一份责任，同时也要兼顾学生的技能和道德的教育。

(4) 大学的管理者、办学者，应该好好审视大学的意义、角色，做好正确的定位，只有把握好大学应有的特点，应做的事，才能真正把教育办好，把学生办活。

4. 杜威对以教师、教科书、教室为中心的传统教学方法颇不以为然，由此他推崇“从做中学”的教学方法，具体来讲是一种在经验的情境中思维的方法。杜威的思维是反省思维，意指对某个经验情境中的问题进行反复的、严肃的、持续不断的思考，其功能在于求得一个新情境，把困难解决、疑虑排除、问题解答。另外，杜威还认为思维方法在积聚知识的同时，更重要的是培养人的智慧。

由于思维起于不确定的、有问题的情境，培养思维能力首先要提供合适的情境，杜威认为经验、活动性的课程恰恰能提供这种情境的条件，由此，他把他的思维五步法直接运用到教学方法上，形成了教学的五个步骤：

第一，学生要有一个真实的经验的情境——要有一个对活动本身感兴趣的连续的活动；

第二，在这个情境内部产生一个真实的问题，作为思维的刺激物；

第三，他要占有知识资料，从事必要的观察，对付这个问题；

第四，他必须负责有条不紊地展开他所想出的解决问题的方法；

第五，他要有机会和需要通过应用检验他的观念，使这个观念意义明确，并让他自己发现它们是否有效。

杜威作为现代教育的代表人物，其教学思想在20世纪上半叶美国乃至全世界教学改革中起了理论指导的作用。今天，时值中国革除传统教育弊端、实施素质教育之际，杜威反思思维思想中的合理成分正好与我国教育改革的方向相一致，对教育工作者确立现代教学理念、改革课堂教学具有重要的意义。

2017 年真题

2017 年华东师范大学教育综合真题

一、名词解释(每题 5 分，共 30 分)

1. 致良知
2. 以吏为师
3. 实科中学
4. 学科课程
5. 发现学习
6. 要素主义

二、简答题(每题 10 分，共 40 分)

1. 简述形成性评价在教学过程中的作用。
2. 简述安德森心智技能发展阶段。
3. 颜元“六斋”与“实学”教育内容。
4. 简述朱子读书法的内容及其当代价值。

三、论述题(每题 20 分，共 80 分)

1. 试述郎之万-瓦隆教育改革方案内容及其对教育民主性的意义。
2. 举例说明课程内容组织做好横向组织和纵向组织的关系。
3. 举例说明班主任工作对集体发展和学生品德发展作用。
4. 举例说明有意义学习实质和条件。

2017 年华东师范大学教育综合真题详解

一、名词解释

1. 致良知是明代教育家王守仁的心学主旨。王阳明认为，良知人人具有，个个自足，是一种不假外力的内在力量。“致良知”就是将良知推广扩充到事事物物。“致”本身即是兼知兼行的过程，因而也就是自觉之知与推致知行合一的过程，“致良知”也就是知行合一。“良知”是“知是知非”的“知”，“致”是在事上磨炼，见诸客观实际。“致良知”即是在实际行动中实现良知，知行合一。

2. 以吏为师是秦朝丞相李斯提出的一个概念。“以吏为师”即由国君直接操法之大权，主持制定律令。让全体官吏都去作施行法制教育的教师，教民学法。这样法家的法制教育就得到全面的普及。“以吏为师”目的在于减少从事文化知识工作的人。

3. 实科中学产生于 18 世纪初的德国，着重讲授自然科学和实用知识。这是一种既具有普通教育性质，又有职业教育性质的新型学校。它排除了教学科目、课程内容的纯古典主义的倾向，适应了德国资本主义生产方式与封建生产方式的较量。

4. 学科课程也称分科课程，是一种主张以学科为中心来编定的课程。主张课程要分科设置，分别从相应科学领域中选取知识，根据教育教学需要分科编排课程，进行教学。逻辑性、系统性和简约性是学科课程最大的特点。

5. 发现学习是指学生根据教师提出的一些事实和问题，积极思考，独立探究、自行发现并掌握相应的原理的一种学习方式。它为布鲁纳所积极倡导，其指导思想是以学习者为主体，在教师的启发下主动探索、发现事物的发展起因和内部联系，从中找出规律，并自己得出结论。

6. 要素主义最基本的观点就是主张把人类文化的“共同要素”作为学校教育的核心，强调在民族生活、文化历史发展过程中的基本的、永恒不变的、青年人必须学习的文化与知识要素，并坚决认为传统教育的基本内容、原则、方法等仍然是现代教育必须保留并发扬的要素。

二、简答题

1. 形成性评价又称过程评价，是在教学过程中进行的评价，是为引导教学过程正确、完善地前进而对学生学习结果和教师教学效果采取的评价。形成性评价的主要目的不是为了选拔少数优秀学生，而是为了发现每个学生的潜质，强化改进学生的学习，并为教师提供反馈。心理学的研究成果和教育实践经验表明，经常向教师和学生提供有关教学进程的信息，可以使学生和教师有效地利用这些信息，按照需要采取适当的修正措施，使教学成为一个“自我纠正系统”。

教学设计中进行的评价主要是形成性评价。对于提高教学质量来说，重视形成性评价比重视总结性评价更有实际意义。

(1) 改进学生的学习

形成性测试的结果可以表明学生在掌握教材中存在的缺陷和在学习过程中碰到的难点。当教师将批改过的试卷发给学生并由学生对照正确答案自我检查时，学生就能了解这些缺陷和难点，并根据教师的批语进行改正。有时，当教师发现某个或某些题目被全班大多数或一部分学生答错时，可以立即组织班级复习，重新讲解构成这些测试题基础的基本概念和原理。当有些错误只存在于个别学生身上时，教师可以为其提供适合其特点的纠正途径。

(2) 确定学生的学习进度

某门学科的教学总是可以划分为若干个循序渐进、互有联系的学习单元，学生对一个单元的掌握往往是学习下一个单元的基础。因此，形成性评价可以用来确定学生对前边单元的掌握程度，并据此确定该学生下一单元的学习任务与速度。如果形成性测试能有计划地进行，就可使学生一步一步地(一个单元接一个单元)掌握预定的教学内容。

(3) 强化学生的学习

形成性评价的结果可以对学生起积极的强化作用。正面的肯定，一方面通过学生的情感反应加强了学生进一步学习的动机或积极性，另一方面，也通过学生的认知反应加固了学生对正确答案(概念、法则、原理等)的认识，校正了含糊的理解和不清晰的记忆。

要使形成性评价发挥这种强化作用，重要的一点是，形成性测试不要简单地打等第分数，而应通过适当形式简单地让学生知道他是否已掌握了该单元的学习材料，如已掌握或接近掌握，应明确指出；如没掌握，要尽可能使用肯定性或鼓励性的评语，并提出改进建议。

(4) 给教师提供反馈

通过对形成性测试结果的分析，教师可以了解：自己对教学目标的陈述是否明确，教材的组织和呈现是否有结构性，讲授是否清晰并引导了学生的思路，关键的概念、原理是否已讲清讲透，使用的教学手段是否恰当，等等。这些信息的获得，将有助于教师重新设计并改进自己的教学内容、方法和形式。

2. 认知心理学家安德森将心智技能的形成分为以下三个阶段：

（1）认知阶段

在该阶段，要了解问题的结构，即问题的起始状态、目标状态以及从起始状态到达目标状态中间的步骤，从而形成最初的问题表征。

（2）联结阶段

在该阶段，学习者将某一领域的描述性知识编辑为程序性知识，应用具体的方法来解决问题。

（3）自动化阶段

在该阶段，个体操作某一技能所需的有意识的认知投入较小，且不易受到干扰。但高度自动化的程序可能使人的反应变得刻板，因此安德森主张对某些程序保持一定程度的有意识的控制是十分重要的。

3.（1）“实学”教育内容

颜元在教育内容上提倡以“六艺”为中心的“三事”、“六府”、“三物”为教育内容。“三事”指正德、利用、厚生；“六府”指金、木、水、火、土、谷说；“三物”指六德、六行、六艺。“六德”为智、仁、圣、义、忠、和；“六行”为孝、友、睦、姻、任、恤；“六艺”为礼、乐、射、御、书、数。这三事、六府、三物，就是颜元所谓的“实学”。

（2）“六斋”教学

晚年，他曾规划漳南书院，陈设六斋，并规定了各斋的具体教育内容，这是对他“真学”，“实学”内容的最明确、也是最有力的说明。漳南书院的六斋及各斋教育内容为：

文事斋：课礼、乐、书、数、天文、地理等科；

武备斋：课黄帝、太公及孙、吴五子兵法，并攻守、营阵、陆水诸战法，射御、技击等科；

经史斋：课《十三经》、历代史、诰制、章奏、诗文等科；

艺能斋：课水学、火学、工学、象数等科；

理学斋：课静坐、编著、程、朱、陆、王之学；

帖括斋：课八股举业。

4. 参见 2016 年华东师范大学教育综合真题详解简答题第 1 题。

三、论述题

1. 1944 年，法国临时政府委托一个委员会制定战后教育发展计划。1947 年，委员会提出一份报告，人们以其先后两任主席命名，称“郎之万-瓦隆计划”。该计划受“统一学校”和“新教育”两种思潮的影响，首次提出了“教育民主化”的思想和“以儿童为中心”的改革。

1947 年，“郎之万-瓦隆计划”出台，提出了战后法国教育改革的 6 大原则：

（1）社会公正原则，即男女儿童和青年，不论家庭、社会地位和种族出身如何，都有受适合其自身才能的教育的平等权利。

（2）各种类型的教育和训练方式，居于同等地位。

（3）普通教育是一切专门教育和职业教育的基础，学校应该成为传播普通文化的中心。

（4）学校教育应该重视学生的才能、兴趣、禀赋的发展，并给予科学指导，使学生能够适应社会的需要。

(5) 建立单一的前后连贯的学校制度，义务教育年限是6~18岁，各级教育实行免费。

(6) 加强师资培养，提高教师地位。

《郎之万-瓦隆教育改革方案》融会了法国战前教育改革的诸多成果，紧紧把握住了世界教育改革的主要潮流，具有十分明显的进步性质，虽然由于受战后初期历史条件的限制，方案未能实施，但提供了战后法国教育改革的重要依据。它所提出的"教育民主化"思想对法国教育具有深远的影响，为法国教育改革指出了方向，被称为法国教育史上的"第二次革命"。

2. 纵向结构或称序列结构，是指将课程内容的各种要素按照一定准则以先后发展顺序排列，保持其整体的连贯性。在课程史上，夸美纽斯的"务使先学的为后学的扫清道路"的要求与《学记》中的"不陵节而施"都是强调按先后顺序，由简至繁地组织课程内容。强调学习内容从已知到未知，从具体到抽象是一些课程论学者的一贯主张。例如：在平面几何教学中，从点到线，从线到面，从面到体，在课程内容的编排方面体现了连续性、顺序性和整合性。近年来，教育心理学家又从新的角度提出了一些纵向组织原则。如加涅的层次结构理论按照复杂性程度把人类学习分为八类，强调复杂学习以简单学习为基础。而皮亚杰认为课程内容要与学生思维发展阶段相匹配才能取得最佳效果。一般来讲，学科课程多是按纵向原则组织的。

20世纪70年代以后，一些教育家开始强调课程内容的横向组织原则，即要求打破学科之间的界限和传统的知识体系，以便让学生有机会更好地探索社会和个人最关心的问题。他们主张用一些所谓的"大观念""广义概念"和"探究方法"作为课程内容组织的要素，使课程内容与学生校外经验有效地联系起来。然而，这种横向组织也出现了一些实际问题：①任课教师要精通或熟悉各门学科的内容，而目前的教师队伍尚不具备这一条件；②学校课程表难以安排，学校现有的物资设施也跟不上；③学生难以应付目前通行的考试方式。

比较地看，纵向组织注重课程内容的独立体系和知识的深度，而横向组织强调课程内容的综合性和知识的广度。在我国目前的课程实践中，纵向组织原则仍占主导地位。这是因为学校中以分科学习为主，横向组织原则的应用存在一些障碍。比如说，横向组织原则强调学科的综合，而我国目前的师资还是分科培养，精通或熟悉各门学科内容的教师很少。另外，考试制度也是适应分科学习的。过于强调知识的逻辑性、系统性而忽视不同学科之间的横向结合，造成了学科学习的孤立性，使学生解决实际问题的能力较差，知识面也过于狭窄。随着社会的发展，横向组织的综合课程已成为一种需要，我们必须创造各种条件促进综合课程的发展。

3. 班级是进行教育和教学工作的基本单位，是教师和学生开展活动、进行信息交流的最基本的组织形式。班主任是班级思想政治、道德品质教育的首席责任教师。每个班级有四五十个学生集合在一起上课、劳动、锻炼、娱乐、共同生活，没有班主任的带领、诱导，把他们组织成一个坚强的集体，是不能正常完成各项教育任务的。

(1) 班主任在整个学校教育工作中占有特殊地位

为了全面、正确地贯彻党的教育方针，实施学校制订的各项教育要求和教育计划，培养德、智、体、美、劳全面发展的社会主义劳动者，班主任必须进行创造性的工作。他应按照教育方针和学校工作计划组织各种有意义的活动，培养和选拔学生干部，形成班集体，促使学生养成良好的思想、政治和道德素质，努力学习科学文化基础知识和劳动技能，锻炼成健全的体魄，使学生成为有理想、有道德、有文化、有纪律的热爱农村，为建设社会主义新农村服务的新一代。班主任应该对整个班级、对每个学生负责，是班集体的组织者、教育者和指导者，是学校领导实施教育计划的得力助手。班主任工作的优劣很大程度上决定了班级学生素质的高低。根据有关追踪调查表明，一些优秀班主任，其培养的学生合格率较高，其中有不少人成为各行各业优秀人才，真是“名师出高徒”。反之，个别不合格的班主任不仅学生合格率低甚至可能会出一些社会渣滓。某县有所小学的班主任个人道德品质败坏，有偷盗行为，竟指使学生偷农民的鸡、鸭、蔬菜，并与学生一起烧熟后吃喝。在他的影响下，许多学生先后进了工读学校，有的还判了刑。他自己也因盗窃犯罪而锒铛入狱。因此班主任在培养学生良好的思想品质、道德行为上应负重大责任，其地位是其他人员不能代替的，是班级学生教育的首席责任教师。

（2）班主任在培养学生中应起到组织、指导、协调作用

班主任是学生全面健康成长的导师。学生的健康成长是遗传、环境和教育共同作用的结果。遗传素质是从上一代继承下来的生理解剖上的特点，是学生健康成长的物质前提；环境是学生生活其间的社会生活条件，它和教育一起主要决定了学生的成长。而其中学校教育又起着主导作用。肩负学生全面健康成长的班主任老师在学校教育中则起着比其他教师更重要、更经常的教育作用。

班主任通过创造性的辛勤劳动，把班级培养成良好的班集体，使每个学生在这样的集体中生活、学习。同时又通过细致的工作，根据不同学生的个性特点，因势利导，促使学生身心健康发展，从而使每个学生形成良好的思想、政治、道德品质，促进智力、能力、体力的发展，为未来的学习和工作奠定了扎实的基础。学生身心的发展是活动中形成的新需要和已有心理水平之间的矛盾不断产生并又不断解决的结果。班主任和学生接触频繁、关系密切，更了解学生的个性特点及其变化。可以根据学生的情况，及时采取相应的教育对策，促使学生身心内部矛盾的转化。班主任工作是学生健康个性形成和发展的必要外部条件。因此班主任应当不失时机地给予学生以指导和帮助，使学生全面、和谐、健康成长。

为了使学生全面健康地成长，班主任还要通过创造性的工作形成一个优化的育人环境。为此班主任必须协调本班各学科的教育教学工作，并沟通学校与家庭、社会之间的教育联系。

在校内，班主任必须协调学校领导、任课教师、共青团、少先队工作者等关系，共同做好学生教育工作。班主任要及时地把学校有关的重大决定，学校的中心工作告诉学生，并讲清其目的意义，把要求和实施的具体步骤、方法、手段告诉学生，动员和组织学生投入中心工作。班主任要经常联系任课教师，按照学校的统一要求和班级的实际，决定分阶段教育的主要内容，并及时通知任课教师。班主任还要协调好各学科之间的关系，妥善安排时间。如对差生的辅导时间，毕业班各科的复习时间，平时测验、考查时间等，都应统筹安排防止过分集中，加重学生负担。

在校外，班主任应当协调统一学校、家庭和社会对学生的教育影响，加强一致性，以发挥更大的教育作用。青少年教育是一项综合工程、需要学校、家庭和社会各方面力量的配合和协调。家长是子女的第一任老师，家庭教育对学生有着十分深刻的影响，起着举足轻重的作用。随着农村经济的发展，农民生活水平不断提高，农村学生的生活条件有了较大改善。但是也存在许多问题：有些家长只关心子女的身体、学习，不关心子女的思想品德；有些家长忙于商品生产和经营管理，放弃对子女的前途教育；也有的家长以不良的思想行为影响子

女，使子女走上歧途。因此班主任要指导家庭教育工作、有条件的可通过举办家长学校，提高家庭教育水平。对于家庭教育较差的学生家长，班主任应当与家长共同商讨改进的办法，或者与有关部门联系，提出负责的合理的解决方法，改善家庭教育的环境。

班主任还要积极争取社会各方面的配合，加强对学生的教育影响。社会环境的影响是一种动态因素，在青少年中起着难以估量的作用。改革开放的深入发展对于青少年学生个性的发展有着积极的影响。这种积极的影响表现在：社会主义生产力的提高，充分显示了社会主义制度的优越性，有利于青少年学生深刻认识社会主义的广阔前景；改革开放冲击了陈腐的传统观念，促进了人们思想观念的变革，有利于青少年学生形成适应社会发展的新观念，如守时观念、民主观念、创新观念、竞争观念、信息观念、知识观念、价值观念等；社会主义现代化进程的深入，有利于青少年学生树立集体主义思想，正确认识和实现自我价值。班主任应当充分利用这些积极因素，通过组织各种活动，让学生接触社会实际，强化学生在学校中所受到的教育影响。除此之外班主任也不应该忽视社会上消极因素对学生的不良影响。班主任特别要注意不健康录像、书刊等对学生的消极甚至有害的影响，班主任可以组织影视评论、书刊阅读的活动，引导学生看好书、好电影，提高阅读水平和鉴赏能力，抵制不健康的影视、书刊的影响。

总之，班主任是直接贯彻党的教育方针的前哨兵，是对班级学生进行思想政治、道德品质教育的主要组织者和领导者，是培养四化建设所需要的新一代的最辛勤的园丁，是任何人代替不了的。

4. 奥苏贝尔根据学习材料与学习者认知结构中已有知识的关系，将学习分为机械学习和有意义学习。奥苏贝尔认为有意义学习指符号所代表的新知识与学习者认知结构中已有的适当概念建立非人为的、实质性联系的过程。非人为的，是指新知识与认知结构中有关概念的联系不是任意的，而是建立在合乎逻辑的基础上。实质性联系，是指非字面上的联系，即新知识与认知结构中的有关观念用的表达词语可能不同，但二者是等值的。例如，学习“有四个角为直角的菱形是正方形”时，学生可以将新知识“正方形”与旧知识“菱形”建立起实质性联系，这属于有意义学习。再比如说，学习电解水时，教师用口诀“负极←氢气，父亲”帮助学生学习，虽然能使学生产生与负极相连的电极能产生氢气这一结论，但是这是一种人为的联系，不属于有意义学习，它属于机械学习。

有意义学习的发生需要具备客观和主观两个方面的条件，缺一不可。

（1）客观条件

有意义学习的材料本身必须满足能与认知结构中有关知识建立实质性和非人为性联系的要求。也就是说，材料必须具有逻辑意义，在学习者的心理上是可以理解的，是在其学习能力范围之内的。一般来说，学生所学的教科书或教材，是人类认识世界的概括，都是有逻辑意义的。

（2）主观条件

① 学习者必须具有积极主动地将符号所代表的新知识与认知结构中的适当知识加以联系的倾向性；

② 学习者认知结构中必须具有适当的知识，以便与新知识进行联系；

③ 学习者必须积极主动地使这种具有潜在意义的新知识与认知结构中的有关旧知识发生相互作用，使认知结构或旧知识得到改善，使新知识获得实际上心理意义。

2017 年江西师范大学教育综合真题

一、名词解释(6 小题，每小题 5 分，共 30 分)

1. 学校教育
2. 稷下学宫
3. 活动课程
4. 骑士教育
5. 学习迁移
6. 学习动机

二、简答题(4 小题，每小题 20 分，共 80 分)

1. 教育的相对独立性。
2. 学校管理的基本环节及其联系。
3. 王守仁的儿童教育思想及其意义。
4. 夸美纽斯的泛智思想及其现实意义。

三、论述题(4 小题，每小题 20 分，共 80 分)

1. 论述德育过程是教师引导下学生能动的活动过程。
2. 分析杜威关于教育本质的思想及其现实意义。
3. 运用记忆的规律分析教学实际中出现的“漏一罚十”现象。
4. 教学案例：

19 世纪末，美国西部有个坏孩子，他把石头扔向邻居的窗户，把死兔装进桶里放到学校的火炉里烧烤，弄得到处臭气熏天。9 岁那年，他父亲娶了继母，父亲对继母说：“你要注意着孩子，他在我们这里最坏，让我防不胜防。”继母好奇地走进孩子，对孩子进行了全面了解后，对丈夫说：“你错了，亲爱的，他不是最坏的孩子，而是最聪明的孩子，只是我们还没有找到发挥他聪明才智的地方罢了。”继母很欣赏这个孩子，在她的正确引导下，孩子很快走上了正路，后来成为美国著名的企业家和思想家，他就是戴尔·卡耐基。

你怎样理解“坏孩子”“差学生”？你从这个故事中得到什么启发？

2017 年江西师范大学教育综合真题详解

一、名词解释

1. 狭义的教育主要指学校教育，即根据一定的社会和阶级的要求，有目的，有计划，有组织地对受教育者身心施加影响，把他们培养成一定阶级或社会所需要的人的活动，是人类社会发展到一定阶段的产物。

2. 稷下学宫是战国时期齐国的一所著名的学府，因位于齐国都城稷下而得名。稷下学宫是一所由官家操办而由私家主持的特殊形式的学校，是一所集讲学、著述、育才活动为一体并兼有咨政、议政作用的高等学府。

3. 活动课程是打破学科逻辑组织的界限，以学生的兴趣、动机、需要和能力为基础，以学生的经验为中心组织实施的课程。它也被称为“儿童中心课程”、“经验课程”或“生活课程”。活动课程的主导价值在于使学生获得关于现实世界的直接经验和真切体验。

4. 骑士教育是西欧中世纪一种特殊的家庭教育形式，是当时西欧封建社会等级制度的产物。骑士教育的主要目的是培养英勇善战、忠君敬主的骑士精神和技能。

5. 学习迁移即一种学习对另一种学习的影响，它广泛地存在于知识、技能、态度和行为规范的学习中。任何一种学习都要受到学习者已有知识经验、技能、态度等的影响，只要有学习，就有迁移。迁移是学习的继续和巩固，又是提高和深化学习的条件，学习与迁移不可分割。

6. 学习动机是指引发与维持学生的学习行为，并使之指向一定学业目标的一种动力倾向。它包含学习需要和学习期待两个成分，根据不同标准可以划分为不同类别。不同心理学家从不同角度对学习动机进行了阐释，主要包括强化理论、归因理论、需要层次理论、成就动机理论、自我价值理论、自我效能感理论等。激发和培养学习动机的策略主要有采用启发式教学、控制动机水平、给予恰当评定、维护学习动机、正确处理竞争与合作等。

二、简答题

1. 教育的相对独立性是指作为社会子系统的教育，它对社会的能动作用具有自身的特点和规律性，它的发展也有其连续性和继承性。主要表现在：

（1）教育是培育人的活动，主要通过所培育的人作用于社会。

（2）教育具有自身的活动特点、规律与原理。

（3）教育具有自身发展的传统与连续性。

切不可无视教育的相对独立性，轻率地否定教育的连续性而另搞一套，否则，不可避免地会给教育带来一定的紊乱，甚至出现质量严重下滑，使教育改革或发展大起大落。也不能把教育的相对独立性理解为绝对独立性。因为：

（1）教育归根到底是受生产力的发展和政治制度决定的；

（2）每一时代的教育从以往教育中继承什么，也与当时的生产力发展和政治制度分不开；

（3）在新的政治制度下，与旧的政治制度相适应的教育思想和内容，绝不会长期存在下去，迟早要改变；

（4）新的教育思想，只能在新的政治制度下才能真正得到普遍的实施和发展。

总之，如果把教育的相对独立性当作绝对的独立性，就会使教育走向“超经济”、“超政治”、“超文化”的错误道路，丧失教育发展的社会基础和动力。

2. 活动管理过程一般包括计划、实施、检查与评价、总结与处理四个环节。

（1）计划

切实可行的教学工作计划是学校教学管理过程中的首要一环，应力争做到：集思广益，统一认识；目标明确，层层分解，责任到人。

（2）实施

实施是教学管理过程的中心环节。在这阶段应做如下四方面的管理工作：组织工作；培训工作；指导工作；协调工作。

（3）检查与评价

教学检查与评价是学校教学管理过程的中介环节。检查与评价的主要内容包括：教学工作计划实施的进展和效果；教学规章制度的执行情况；教学工作的质量分析；各级教学管理组织机构及其管理人员发挥管理职能作用的情况等等。

（4）总结与处理

“总结”是对计划实施过程中的某一阶段或全过程进行分析，肯定成绩，指出不足，做出结论。总结中的一项重要工作是表扬先进教师，宣传推广先进的教学经验。“处理”就是把总结中得出的经验、教训运用于下一周期的管理活动中。

教学管理过程中计划、实施、检查与评价、总结与处理四个基本环节是紧密联系、相互渗透、相互促进的。它们一环接一环，共同构成一个有序、统一的教学管理过程。这一过程年复一年、连续不断，周而复始。但新的教学管理周期不是对前一周期的简单重复，而是在更高意义上的一种发展——螺旋式上升。

3. 明代教育家王阳明高度重视儿童教育，对儿童教育问题提出了许多精辟的见解。

(1) 揭露和批判传统儿童教育不顾及儿童的身心特点，把儿童当作“小大人”是致命的弱点。传统儿童教育压抑儿童的个性发展，视儿童为囚犯，学校为监狱。

(2) 主张儿童教育应顺应儿童的性情。教育应适应儿童的年龄特征，尊重儿童的兴趣，对待儿童就像对待小树苗一样，给予春风细雨的呵护，趋向鼓舞学生。

(3) 教育方法：采用“诱”“导”“讽”的“栽培涵养之方”，即以诱导、启发、讽劝的方式代替传统的“督”“责”“罚”的方法。

(4) 教育内容：发挥多门课程多方面的作用，歌诗、读书、习礼，都有各自独特的作用，应该加以综合的运用。

(5) 程序：主张动静搭配，体脑并用，精心安排课程，使儿童既得到道德熏陶，又能学到知识，锻炼身体。

(6) 教育原则：“随人分限所及”，教学应量力而行，盈科而进，因材施教。

尽管王阳明进行儿童教育的目的是灌输封建伦理道德，但是他主张顺应儿童的性情，依据儿童的接受能力，使儿童在德智体美方面得到全面发展，反映了他教育思想的自然主义倾向。

4. 17 世纪，捷克教育家夸美纽斯提出了泛智教育思想，主张把一切知识教授给一切人和教育要适应自然，提出了统一的学制系统以及新颖的教学原则、教学方法。所谓“泛智”，用夸美纽斯的话来说，就是“把一切事物教给一切人类”。它包含着两个方面内容：一是教育内容泛智化，夸美纽斯对几乎以《圣经》为唯一教育内容的旧教育极为不满，指出在那些学校学习的学生都没有受到周全的教育。他认为人们所受的教育应当是周全的，要“学会一切现世与来生所必需的事项”，即百科全书式的知识，从而“懂得科学，纯于德行，习于虔敬”；二是教育对象普及化，夸美纽斯指责当时的学校只是为富人、贵人设立的，穷人、贱人被排斥在校门之外。他要求学校向全体人们敞开大门，不论富贵贫贱，一切男女青年都应进学校。

夸美纽斯的“泛智”思想，反映当时新兴资产阶级反对宗教蒙昧主义，提倡认识世界和发展科学的时代精神，以及广泛普及教育的民主要求，具有极大的进步意义。通过普及教育，特别是义务教育来提高全民族的素质，是促进我国社会生产力发展的决定因素，是我国现代化建设的迫切需要。日本教育界人士称，他们成功的经验就在于扎扎实实地抓了普及义务教育。社会的进步是通过人的素质的提高而实现的，因而提高人的素质是推进社会进步的关键，这就要求我们必须将义务教育落到实处。要加强教育法制观念，做到有法可依、有法必依、执法必严，切实实施《中华人民共和国义务教育法》等有关教育法规。要增加教育投入，实行多渠道筹资办学，让全社会的人都来关心教育的发展。

三、论述题

1. (1)目前我国德育工作在现实的教育效果、针对性、主动性和实效性上都存在问题，对青少年学生的说服力和吸引力不强。要增强德育的实效性和感染力，注重方法的变革是十分重要的，学校德育工作应注重“以德育人”。“以德育人”就是要求德育工作者不仅在口头上要求学生有思想品德，更重要的是要用行动把什么是道德展示出来。

(2) 德育过程是在教师有目的有计划地教导下，学生主动地积极地进行道德认识和道德实践，逐步提高自我修养能力、形成社会主义的品德的过程。教师对学生的德育影响，必须经过他们主体的选择、吸取与能动的实践活动，才能转化为他们的品德。

(3) 德育过程是教师教导下学生能动的道德活动过程

① 学生品德的发展是在活动中能动地实现的

青少年学生在吸取社会和教育影响的活动中，不仅是被影响、被教育的对象，而且是能动地吸取环境和教育影响的主体，因为他们逐渐已有自己的生活经验、价值观念和思想倾向，都有自己的考虑和倾向，都需经过自己的内部思想、情感活动，然后做出自己的判断和选择。也就是说，外界的影响只有通过学生内部的思想情感活动，才能被他们所理解、选择和吸取，成为他们自己的观点、需要和追求，这样社会影响才能转化为学生个人的品德。

② 道德活动是促进外界的德育影响转化为学生自身品德的基础

将外部的教育影响顺利地转化为学生的内在品德，从根本上说，这个转化只能在学生与外在社会相互作用的活动中才能实现，而不可能在他们处在静态中进行；而道德活动则是促进德育影响转化为学生品德的基础。

③ 进行德育要善于组织、指导学生的活动

由于人的心理活动是外部世界的反映，所以一般来说，在德育过程中，首先要组织好学生的各种表现为外部行为的实际的教育活动，才能启迪、激发和引导他们积极开展内部心理活动，以促进他们的思想认识的提高和品德的发展。德育的根本任务是引导学生在认识和改造客观世界的实践活动中改造主观世界，提高自己的修养水平。

2. 参见2011年中山大学教育综合真题详解论述题第3题。

3. 德国心理学家艾宾浩斯(H. Ebbinghaus)研究发现，遗忘在学习之后立即开始，而且遗忘的进程并不是均匀的。最初遗忘速度很快，以后逐渐缓慢。他认为“保持和遗忘是时间的函数”，他用无意义音节(由若干音节字母组成、能够读出、但无内容意义即不是词的音节)作记忆材料，用节省法计算保持和遗忘的数量。并根据他的实验结果绘成描述遗忘进程的曲线，即著名的艾宾浩斯记忆遗忘曲线。

根据记忆规律，教师的这种做法是行之无效的。学生识记的效果和识记材料的性质和数量有关，在一定的时间不宜过多，否则，易引起学生过度的疲劳，降低记忆的效果，同时，“漏一补十”“错一罚十”的做法易使学生丧失学习兴趣、记忆的信心和主动性，对进一步学习制造一些心理障碍。

复习是巩固所学知识的最基本办法，为了促进知识的保持，避免知识的遗忘，必须注意合理地组织学生复习，具体方法如下：

(1) 复习时机要得当，即要及时复习。

(2) 复习方法要合理。如合理分配复习时间；阅读与尝试背诵相结合；综合使用整体复习与部分复习。

(3) 复习次数要合理。研究表明，学习的熟练程度达到150%时，记忆效果最好。

4. 所谓差学生就是指那些不能达到基本教育要求，德智体全面发展水平较差或发展不平衡的学生。学生都是可教育的，没有哪个学生天生就是不想学好，世界上只有教不好学生的老师，绝没有不可教育的孩子。教育的力量是巨大的。

从这个故事中我们可以知道：

(1) 平等公正地对待他们，尊重、理解、信任他们，使他们主动接受教育。

(2) 一分为二地看待他们，找出教育的切入点。

(3) 给差等生以高尚的教育爱，转变差等生并不难，使他们成为国家的栋梁之才也是完全可以做到的。

2017 年浙江师范大学教育综合真题

一、名词解释(每题 5 分，共 30 分)

1. 自我效能感
2. 陈述性知识
3. 苏格拉底法
4. 学在官府
5. 监生历事
6. 进步主义教育运动

二、简答题(每题 10 分，共 40 分)

1. 简述《学记》的思想。
2. 简述世界课程改革的趋势。
3. 简述教学的任务。
4. 简述“中体西用”的历史作用和缺陷。

三、论述题(每题 20 分，共 80 分)

1. 论述杜威的教育思想，并且思考能作为我国的课程改革的理论基础吗?
2. 试述学生品德不良的纠正机制。
3. 联系实际，论述教师的素养。
4. 联系实际，论述人的发展的规律性以及如何实现人的发展。

2017 年浙江师范大学教育综合真题详解

一、名词解释

1. 自我效能感理论的代表人物是班都拉。自我效能感指人们对自己是否能够成功地从事某一成就行为的主观判断，即人们对自己在特定情境中是否有能力操作行为的预期。自我效能感表现为对自己能力的自信程度。影响自我效能感形成的主要因素包括：个体自身行为的成败经验、替代经验、言语劝说和情绪唤醒等。

2. 安德森根据知识的状态和表现方式把知识分为两类即陈述性知识和程序性知识。陈述性知识是对事实、定义、规则、原理等的描述性知识，主要说明事物是什么、为什么、怎么样，是个人可以有意识回忆出来的关于事物及其关系的知识。这种知识具有静态性质，相当于传统所说的知识。

3. 所谓的“苏格拉底法”就是一种对话式教学方法，它并不是把学生所应知道的原理直接教给学生，而是从学生所熟知的具体事物开始，通过师生间的对话、提问和讨论等方式来揭示学生认识中的矛盾，刺激学生在教师帮助下寻找正确答案，使其得出正确的原理。

4. 西周的政治体制是领主贵族制度，诸侯、大夫都有自己的世袭领地，政府的官职也多是世袭的，史称“世卿世禄”。在这种体制下，形成了官学机构与政治机构联系在一起，互不分离独立的现象，历史上称这之为“学在官府”。这是西周教育制度的显著特点，即学术和教育为官方所把持，民间无学术，无学校教育。

5. 明洪武五年，为满足当时官吏不足的需要，创立监生历事之制。历事即“历练政事”，是实习官吏的制度。凡在监 10 余年者，派到六部诸司实习吏事，并考察其勤惰。历练 3 个月，进行考核，勤谨者送吏部备案待选，仍令继续历事，遇到官缺，依次补用。表现平常的再令历练。下等的取消历练资格，送还国子监读书。清初改称拨历，监生坐监期满，即拨历各部院衙门实习吏事，每三个月考核一次，一年期满，送朝廷考察授官。康熙以后停止拨历。监生历事制度，使教学与做官实践联系起来，有利于培养日后监生为官的实际能力，对于政府选拔官员来说，也有了一项十分重要的实际考察依据。

6. “进步主义教育运动”是指产生于 19 世纪末并持续到 20 世纪 50 年代的美国的一种教育革新思潮。进步主义教育理论的“实验室”主要是美国的公立学校。相对欧洲的“新学校”来说，进步学校更关心普通民众的教育，更强调教育与社会生活的联系，更重视从做中学，更注意学校的民主化问题。

二、简答题

1. 参见 2016 年浙江师范大学教育综合真题详解简答题第 3 题。

2. 20 世纪 80 年代以来，世界各国的学校课程改革十分活跃，体现出如下课程改革发展的新趋势：

（1）追求卓越的整体性课程目标；

（2）注重课程编制的时代性、基础性、综合性和选择性；

（3）讲求学习方式的多样化。

3. 教学是教育目的规范下的，教师的教与学生的学共同组成的一种教育活动，在这个活动中，学生掌握一定的知识和技能，同时身心获得一定的发展，形成一定的思想品德。教学的任务主要包括：

（1）引导学生掌握科学文化基础知识和基本技能；

（2）发展学生的智力、体力和创造才能；

（3）培养学生的社会主义品德和审美情趣，奠定学生的科学世界观基础；

（4）促进学生个性健康发展。

4. 参见 2015 年华南师范大学教育综合真题详解论述题第 2 题。

三、论述题

1. 约翰 · 杜威是美国著名的哲学家、社会学家和教育家，毕生从事哲学、心理学和教育理论的研究与著述工作，积极开展社会实践和教育实践活动，是美国实用主义教育理论和进步主义教育运动的主要代表人物。他以其独特的创见和精深的思想对美国乃至现代世界，产生过巨大的影响。他的教育思想有：

（1）杜威关于教育本质的见解

关于教育本质的理论是杜威整个教育体系的核心。他以哲学、伦理学、社会学、心理学为武器，在批判传统学校教育的基础上提出了“教育即生长”、“教育即生活”和“教育即经验的改组和改造”的观点。

① 教育即生长。教育的目的就是促进生长，以此为基础，杜威提出了著名的“儿童中心主义”教育原则；他认为儿童的生长不仅要靠内在条件(兴趣、本能、依赖性和可塑性以及习惯等)，也需要外部条件(社会环境)。

② 教育即生活。教育即是生活本身，而不是为未来的生活做准备，包含两层含义：学校要与社会生活相联系；学校要与儿童的生活经验相联系。根据“教育即生活”，杜威又提出了一个基本的教育原则及“学校即社会”，也就是说学校不仅要教人成才，也要教人成人，使学校成为社会的雏形的同时也让学校变成改造社会的有效工具。

③ 教育即经验的持续不断的改造。经验是杜威实用主义哲学和实用主义教育体系中的核心概念，他把教育视为从已知经验到未知经验的连续过程，这种过程不是教给儿童既有的科学知识，而是让他们在活动中不断增加经验，经验的获得离不开儿童的亲身活动，由此杜威又提出了另一个教育基本原则——“从做中学”，他认为这是教学的中心原则。

(2) 杜威关于教育目的的见解

基于教育即生长、生活，即经验不断改造的理论，杜威提出，教育是一种过程，除这一过程自身发展以外，教育是没有目的的。

(3) 杜威关于课程与教材的见解

杜威从批判传统教育以课堂为中心的课程、教材观点出发，批判了传统教育对儿童的压制，他认为，课程与教材必须建立在社会生活经验的基础上，必须站在儿童的立场上，并且以儿童为出发点来考虑，提出了“从做中学”为中心的活动性和经验性的课程论思想，主张以活动作业取代传统的书本式教材，主张以“教材心理化”来使儿童同时获得直接经验和间接经验。

(4) 杜威论思维与教学方法

杜威从批判传统教育的形式主义教育方法出发，提倡反省思维，即指对某个经验情境中的问题进行反复的、严肃的、持续不断的思考，其功能在于求得一个新情境，把困难解决、疑虑排除、问题解答。杜威因此提出了著名的解决问题的“五步教学法”：第一，学生要有一个真实的经验的情境；第二，在这个情境内部产生一个真实的问题；第三，占有必须的知识和材料，进行必要的观察；第四，提出解决问题的种种方法；第五，对方法进行检验。也可以简单概括为：情境—问题—资料—方法—检验。当然，杜威认为，教师在教学中可根据具体情况省略其中的某个步骤。

(5) 杜威论道德教育

杜威认为道德教育的主要任务是协调个人与社会的关系，他提倡与人合作的新个人主义，重视理智的作用。道德教育的目的就是要培育出这样一种人——时代的新人，这种人不会因追逐个人私利而不顾公利，也并不头脑僵化、固守成规而对变动不居的社会熟视无睹。在实施德育方面，他主张在社会性的情境中实施道德教育。杜威要求学校生活、教材、教法皆应渗透社会精神，视学校生活、教材、教法为“学校道德之三位一体”，这三者都是道德教育的重要途径。

综上所述，杜威所提出的教育思想满足当时美国资本主义现代化发展的要求，他所提出的教育思想如“教育即经验的改造或改组”“学校即社会”“做中学”，摒弃了传统的以课堂、书本、教师为中心的教育思想，实现了教育理论发展的历史性转变，他的教育思想对于当今的教育仍具有很强的感召力和借鉴作用。因此，学习杜威的教育思想有利于深化新课改。新课改根据我国教育现状，吸收杜威教育思想的精华，并融入了新的教育教学理论，如建构主义、教育生态学、多元智能理论，是对杜威教育思想的发展和超越。它符合当前中国教育发展的要求，具有先进性和时代性。

2. 品德不良是指学生经常违反道德准则或犯有比较严重的道德过错，如说谎、偷盗、打架斗殴等。品德不良常常有经常性、倾向性、有意性等特点。品德不良的纠正机制有：

(1) 品德不良学生的转化过程

品德不良学生的转化是有规律可循的，转化过程一般可以划分为以下三个阶段：

① 萌发阶段。学生萌发上进的愿望，开始向前迈进的阶段。此阶段是品德不良学生道德观念开始战胜非道德观念的阶段。教育影响是引起学生改过的主要条件，如先进人物事迹的感染、推心置腹的交谈、接受深刻的教训都能激起改过上进的愿望。但这种愿望或不稳固、易消逝，或稳而显。教育者必须要有高度的敏感性，发现萌芽，抓住时机，积极引导。

② 转化阶段。这是品德不良学生转化的关键阶段。所谓转化，是指品德不良学生在萌发改过愿望的基础上，行动上开始有改正错误的表现。此阶段有两个特点，第一个特点是：学生心理复杂，处于矛盾态度，一方面对过错行为感到羞愧，想将功补过，希望得到他人的尊重与信任，这些要求是推动他们实现转化的动因；另一方面他们又很自卑，对错误认识不深，与集体对立的情绪却使他们徘徊、犹豫，阻碍行为转化。第二个特点是：出现反复。品德不良学生在转变过程中出现反复有两种情况，一是前进中的暂时后退，二是反复中出现倒退。这都是正常现象。因为品德的转化中经历着新旧道德认识、情感和行为习惯的冲突和斗争。认识上的动摇、情感上的留恋、老朋友的引诱、周围人们的偏见都是反复现象出现的原因。教育的关键在于把反复当作转化时机，分析原因，循循善诱，有针对性地做好品德不良学生的转化。

③ 稳定、巩固阶段。在此阶段，学生的不良行为习惯已基本改正，不再出现反复，或很少有反复。积极因素在品德行为总体中逐渐占主导地位，自信心、责任感、集体荣誉感代替了消极情感。作为教育者，要加倍爱护、关心、信任、尊重他们；要有计划地提高他们的道德认识水平，防止骄傲和停步不前，及时地提出高一层次的行为标准，鼓励他们再接再厉，不断前进。

(2) 品德不良学生矫正的心理学策略

① 改善人际关系，消除疑惧与对立情绪。一般来说，品德不良学生在集体中的地位和角色体验是不佳的，他们与周围人的关系是不正常的，因为他们自身的不道德行为危害了他人，常受到批评，甚至是严厉的惩罚，常常处于怀疑、惧怕、戒备的心理状态，对学校、教师、家长、社会的帮助，常持以沉默、回避和对抗的情绪。作为教育工作者一定要关心，爱护他们，尊重、理解他们，把教育品德不良学生作为自己的责任，二是要引导集体中的每个学生认识到关心、帮助 品德不良学生是自己的道德义务，三是教师应机智地捕捉或者创造机会，让品德 不良学生得到能表现其优点的机会，从而促进其人际关系的改善。

② 善于发现学生优点，保护与激发学生的自尊心与自信心。优点是一个人前进的力量，是自信心的源泉。只有发挥优点，才能克服缺点。发现品德不良学 生的优点是能否促进其转变的一个关键。品德不良学生的自尊心极为敏感，又特别脆弱。教师要依据他们自尊心的特点，善于保护学生的自尊心，教师要在问题与缺点之中，善于发现重新点燃学生自尊心的火种，使学生获得克服缺点的勇气和自信。

③ 提高学生辨别是非的能力。辨别是非能力差，是学生品德不良的重要原因之一。辨别能力差的学生不能在出现错误举动的企图时，及时加以辨别和制止，在行动之后也不可能产生忏悔与改正的意向，因而，错了不知错，是非不分。解决这类问题，需要向他们反复讲解道德规范，提高他们的理论修养、认识水平。

④ 合理运用奖励与惩罚。奖励与惩罚是矫正学生不良品德的强化手段，运用得当，可以加快学生的转变，否则有害无益，学生犯了错误，不应动不动就惩罚。运用惩罚时要采取和善、友好、亲切的态度，应以对学生人格的尊重，对学生的关心和爱护为基础。此外，惩罚必须公正，还要考虑学生年龄特征。

⑤ 针对学生的个别差异采取灵活多样的教育方式。学生品德不良的性质、程度不同，他们的年龄、性别、个性不同。因此，在教育他们时应因材施教，采取灵活多样的教育方式。如对低年级学生可采用正面诱导法，指出怎样做才对，对了要给予表扬，养成好的行为习惯。

3. 参见 2016 年浙江师范大学教育综合真题详解论述题第 3 题。

4. 人的发展的规律性主要表现为人的发展的顺序性、不平衡性、阶段性、个别差异性和整体性，而这些规律性具有重要的教育学意义，是教育工作必须遵循的规律性。

(1) 顺序性

人的身心发展的顺序性，是指人从出生到长大成人，身心的发展是一个由低级到高级、由简单到复杂、由量变到质变的连续不断的发展过程。在这一过程中，不仅整个身心发展具有一定的顺序，身心发展的个别过程和特点的出现也具有一定的顺序。在生理方面，身体的发展是“先头部后四肢，先中心后边缘”进行的。心理机能的发展顺序是：由具体形象思维到抽象逻辑思维，由机械记忆到意义记忆，由无意注意到有意注意，由喜、怒、哀、惧等一般情感到理智感、道德感和美感。

人的身心发展的顺序性决定了在教育活动中，无论是知识技能的学习还是思想品德的发展，必须遵循着由具体到抽象，由浅入深，由简到繁，由低级到高级等顺序，逐渐地前进，不能“揠苗助长”、“凌节而施”。要使教学着眼于学生的“最近发展区”，使教学既不能脱离学生的发展实际，又要走在发展的前面，以最有效地促进学生的发展。

(2) 不平衡性

人的发展的不平衡性，是指人的身心发展所具有的发展速度和发展时间的先后上的不均衡的特性。科学研究证明，个体的身心发展的各个方面是不平衡的，这种不平衡性具体表现在：一是身心系统发展的不平衡，二是身心系统内部各方面发展的不平衡，三是就每一项素质来说，其发展速度是不平衡的，四是从人的总体发展看，从出生到成熟的进展是不平衡的，是呈波浪型向前推进。个体身心发展的不平衡性要求教育者要充分把握人的各项身心素质发展的关键期和最佳期。

(3) 阶段性

人的发展的阶段性，是指人的身心发展的不同年龄阶段具有不同的发展目标、发展重点和发展特征。个体身心发展的后一阶段的发展总是建立在前一阶段发展的基础上，而且后一阶段既包含着前一阶段发展的结果，又萌发着后一阶段发展的新质。如弗洛伊德的性心理发展阶段理论、皮亚杰的认知发展阶段理论和埃里克森的社会发展阶段理论，都是根据不同标准提出并产生了重要影响的阶段理论。这些理论都认识到心理的发展是知、情、意的统一，是形成一种统一的人格。

根据儿童身心发展的阶段性，教育也要体现出阶段性的特点。教育的阶段应该与儿童身心发展的阶段相适应。在教育工作中，就必须从教育对象的实际出发，针对不同年龄的学生，提出不同的具体任务。

(4) 个别差异性

人的发展的差异性是指不同个体之间在身心特征上所具有的相对稳定的不相似性。由于人的遗传、社会生活条件和教育、主观能动性的不同，人的发展的速度、水平以及发展的优势领域千差万别，彼此间表现出发展的个别差异性。个体差异性有多种层次。从群体的角度看，个体的差异性首先表现为男女性别的差异。其次，个别差异性表现在不同方面的发展存在差异。再次，个别差异性还表现在不同青少年儿童具有不同的个性心理倾向和个性心理特征。身心发展的个体差异性，不仅表现在个体身上，也表现在群体上，不同的社会文化背景和社区生活环境下生活的儿童群体，其发展水平、表现方式也会呈现出群体之间的差异。教育工作应该注意学生的个别差异性，针对学生的个别差异，真正做到“因材施教”、“长善救失”，使每个学生都能迅速地、切实地获得最佳发展。

(5) 整体性

教育面对的是一个个活生生的、整体的人，他们既具有生物性和社会性，还表现出个体的独特性。不从整体上把握教育对象的特征，就无法教育人。事实上，人的生理、心理和社会性等方面的发展是密切地联系在一起的，并在人的发展过程中相互作用，使人的发展表现出明显的整体性。人的发展的整体性要求教育要把学生看作复杂的整体，促进学生在体、智、德、美等方面全面和谐地发展，把学生培养成为完整和完善的人。

2017 年东北师范大学教育综合真题

教育心理学

论述题(每题 15 分，共 30 分)

1. 举例说明学生的自我效能感受哪些因素影响。
2. 根据维果斯基、布鲁纳等人认知派学习理论，要达到教学目的应注意哪些问题。

教育学原理

一、名词解释(每题 5 分，共 20 分)

1. 教育目的
2. 外铄论
3. 说服法(德育方法中的)
4. 学校管理

二、简答题(每题 10 分，共 20 分)

1. 新一轮课改的六大目标。
2. 结合各级《教师专业标准》谈谈教师专业素养的基本内容。

三、论述题(20 分)

论述教学过程中应处理好几处关系。

外国教育史

一、名词解释(每题 5 分，共 10 分)

1. 英国公学

2.《毛雷尔法案》

二、简答题(每题 10 分，共 20 分)

1. 简述赫尔巴特四步教学。

2. 简述要素主义教育思想。

中国教育史

一、名词解释(每题 5 分，共 10 分)

1. 学记

2. 书院

二、简答题(每题 10 分，共 20 分)

1. 韩愈的师说中的教师观和意义。

2. 陈鹤琴活教育课程理论的基本内容及现代价值。

2017 年东北师范大学教育综合真题详解

教育心理学

论述题

1. 自我效能感指个体对自己是否有能力完成某一行为所进行的推测与判断。班杜拉对自我效能感的定义是指“人们对自身能否利用所拥有的技能去完成某项工作行为的自信程度”。班杜拉提出，影响自我效能感的因素主要有六个方面：成绩经验，替代经验，想象经验，口头说服，生理唤起，情绪状态。

(1) 成绩经验

成绩经验尤其是明显的成功或者失败，是最强大的自我效能感信息来源。成功经验可以提高个体自我效能感，失败经验会降低个体自我效能感，但是一旦强大的自我效能感形成，失败就不可能有更大的影响。例如，试图一整天不吸烟而失败的人们很可能怀疑自己未来一整天不吸烟的能力，而能够一整天不吸烟的人可能对另一天不吸烟有强烈的自我效能感。

自我效能感随着个人成就的提高而提高。一个人的成功经验越多，其知觉到的自我效能感越强。这意味着自我效能感是可以训练的。如果能让儿童获得成功，儿童就可能形成较高的自我效能感。

(2) 替代经验

当人们观察他人的行为时，替代经验(观察学习、示范、模仿)影响自我效能感。当看见一个与自己类似的人在一项任务上成功或失败，自我效能感也能够随着提高或降低。观察到那些与自己的能力相似的人的成功操作能够提高观察者的自我效能感；而看到与自己能力力相似的示范者的失败会降低观察者的自我效能感。替代经验的影响取决于这样的一些因素，如观察者对自己和榜样之间类似性的知觉、榜样的数量和种类、榜样的力量、观察者和榜样面对问题的类似性。替代经验一般比直接经验对自我效能感的影响要小。比如一个同学看到另外一个和自己水平差不多的同学在考试中取得了高分，他觉得通过努力自己也能取得高分。

（3）想象经验

人们能够通过想象自己或其他人在未来情境中有效或无效地行动，而产生关于个人功效或无效的信念。这样的想象可能产生于对类似情境的期待或替代经验或者被口头说服所诱发，如系统脱敏和示范。然而，想象自己成功或不成功地行动，不可能像实际的成功或失败经验那样对自我效能感有强烈的影响。

（4）口头说服

口头说服是比成绩经验和替代经验的强度要弱一些的自我效能感信息来源。口头说服作为自我效能感的一个来源，它的力量受一些因素的影响，如说服者的技能、可信度的吸引力。实验研究表明，口头说服是改变自我效能感的中等有效方法。

学生常常从教师和父母那里接受说服信息，如“你能做”。积极的反馈能够提高自我效能感，但如果以后的努力证明是无效的，它的作用是暂时的。像示范一样，说服可能让一个人尝试一活动，但是必须带来实际的成功，才能真正提高自我效能感。

（5）生理状态

当人们把厌恶的生理唤起和差的行为表现、不胜任和失败联系起来时，生理状态将影响自我效能感。当人们产生不愉快的生理唤起时，比生理状态愉快或中性时更可能怀疑自己的胜任力。同样，舒适的生理感觉可使一个人对自己的能力感到自信。学生从生理反应获得功效信息（如心率、出汗），焦虑症状可能意味着一个人缺乏技能。

（6）情绪状态

生理线索是情绪的重要成分，但情绪体验并不仅仅是生理唤起的结果。因而，情绪和心境可能是自我效能感的信息来源。当人们体验到积极的情感时，更可能对成绩产生较高的自我效能感，而焦虑和抑郁对自我效能感可能产生有害的影响。

情绪唤起能够影响人们的自我效能感。人们在悲哀、抑郁或者对某一活动过度焦虑时，自我效能感不如在心境好时那样高。人们学习把情绪作为自我效能感的线索，如“我今天不能应付”，是某一情绪体验的结果。

从以上六个来源获得的信息并不直接影响自我效能感，而主要通过认知评价影响人们的自我效能感。在评价自我效能感时，个体会权衡各种因素，如能力知觉、任务难度、花费的努力、接受的外界帮助数量、成功和失败的数量、与榜样的相似性以及说服者的可信性并把它们结合起来，形成自我效能感。

2. 现代认知派学习理论主要以布鲁纳的认知结构学习理论、奥苏伯尔的认知结构同化理论以及50年代兴起的信息加工学习理论为代表。布鲁纳和奥苏伯尔是美国当代认知学习理论的代表人物。他们都继承了格式塔的完形说对行为主义联结说的批判观点，否认刺激—反应间直接的、机械的联系，认为学习中存在着一个认知过程。他们认为，学习是通过认知、获得意义和意向形成认知过程，学习是认知结构的组织与重新组织。这与格式塔的观点基本一致，但去掉了早期格式塔学习理论的神秘色彩，更强调已有知识经验（原有知识结构）的作用和学习材料本身的逻辑结构。学习变化的实质就是有内在逻辑结构的教材与学生原有认知结构关联起来，新旧知识发生相互作用，新材料在学习者头脑中获得了新的意义。

可见，认知主义所研究的学习属于狭义的学习，即个体对事物经认识、辨别、理解从而获得知识的历程。在这一历程中，个体学到的是思维方式即认知结构。个体通过学习增加经验，改变认知结构，所以这种学习是内发的、主动的，是整体性的质变过程。

根据认知学派学习理论，要达到教学目的，应该注意一下问题：

(1) 教学要适应儿童的认知发展水平

教学要考虑儿童不同发展阶段的认知特点，根据不同阶段儿童的特点采用不同的教学方法和措施。一方面，根据小学生认知发展的具体、直接水平进行教学。小学生认知发展的局限性使他们凭借具体的实际经验来理解定义性概念以及概念之间的关系，因此，教师要运用适合他们特点的语言来描述科学的概念和原理，以便于他们理解。另一方面，要根据中学生认知发展抽象水平占优势的特点进行教学。这一阶段，学生可以省去具体的实践经验而直接理解新的抽象概念，因此教师可以主要用定义性概念进行教学。当然，必要的时候也要辅以适当的具体例子，以帮助学生理解。

(2) 教学应引导并促进学生的认知发展

虽说儿童的认知发展具有一定的规律性，教学必须充分考虑这些特点和规律，适应儿童的认知发展水平，但是，教学也不只是消极被动地适应，它可以主动促进儿童认知的发展。维果茨基的认知发展理论提出的“最近发展区”，恰恰阐明了这种可能性，即我们可以通过教学，将儿童的最佳发展水平转化为儿童能独立解决问题的水平，同时再开辟新的发展区。维果茨基认为“教学应当走在发展前面”，其含义是教学的重要任务是创造最近发展区。如此循环往复，促进儿童认知的发展。因此，我们要采用合理的教学方法，对学生进行有效地引导，教给学生有组织、结构化的陈述性知识、自动化的智慧技能以及高效的认知策略，促进学生认知水平的发展。

(3) 学习是主动建构的过程

知识是学习者经过同化、顺应构建起来的经验体系。我们要树立新的知识观、学习观，学生自身也要积极地参加活动，促进自身的发展。

教育学原理

一、名词解释

1. 教育目的是教育功能的确定性指向，是教育制度、课程、教学得以展开的核心。是教育活动的起点和归宿，也是整个教育工作的核心。教育目的有广义和狭义之分：狭义的教育目的特指一定社会(国家或地区)为所属各级各类教育人才培养所确立的总体要求；广义的教育目的是指对教育活动具有指向作用的目的领域，含有不同层次预期实现的目标系列。它不仅标志着一定社会(国家或地区)对教育培养人的要求，也标示着教育活动的方向和目标，是教育活动的出发点和归宿。

2. 外铄论，与内发论相对应。它的基本观点是人的发展主要依靠外在的力量，如环境的刺激或要求，以及他人的影响和学校的教育等。由于外铄论强调外部因素对身心发展的作用，一般都强调教育的价值和作用，对教育改造人的本性、形成社会发展所需要的知识、能力、态度等方面持积极乐观的态度。他们关心的重点是人的学习：学习什么，以及如何有效地学习。外铄论的著名代表人物有中国的(荀子)、英国的(洛克)和美国的(华生、斯金纳)。

3. 说服法是通过摆事实、讲道理，使学生提高认识、形成正确观点的方法。说服包括讲解、谈话、报告、讨论、参观等。运用说服法要注意以下几点要求：(1)明确目的性；(2)富有知识性、趣味性；(3)注意时机。

4. 学校管理是学校管理者通过合理的组织形式和运行方式，充分发挥学校人、财、物、时诸因素的最佳功能，以实现学校教育目标的活动。学校管理工作的水平，关系着学校的教育质量和发展前景。它有下述显著特性：学校管理以育人为中心，具有教育性；学校管理的目的在于促进学生发展，具有服务性；学校管理在特定的文化环境中进行，具有文化性；学校管理是对校内外各种资源的有效整合，具有创造性。

二、简答题

1. 新一轮基础教育课程改革主要有以下六大目标：

① 改变课程过于注重知识传授的影响，强调让学生形成积极主动的学习态度，使其获得基础知识与基本技能的过程同时成为学会学习和形成正确价值观的过程。

② 改变课程结构过于强调学科本位、门类过多和缺乏整合的现状，使课程结构具有均衡性、综合性和选择性。

③ 改变课程内容繁、难、偏、旧和偏重书本知识的现状，加强课程内容与学生生活以及现代社会科技发展的联系，关注学生的学习兴趣和经验，精选适合学生终身学习必备的基础知识和技能。

④ 改变课程实施过于强调接受学习、死记硬背、机械训练的现状，倡导学生主动参与、乐于探究、勤于动手，培养学生搜集和处理信息的能力、获取新知识的能力、分析和解决问题的能力，以及交流与合作的能力。

⑤ 改变课程评价过分强调评价的甄别与选拔的功能，发挥评价促进学生发展、教师提高和改进教学实践的功能。

⑥ 改变课程管理过于集中的状况，实行国家、地方、学校三级课程管理，增强课程对地方、学校及学生的适应性。

2. 参见 2016 年浙江师范大学教育综合真题详解论述题第 3 题。

三、论述题

教学过程是教师有目的、有计划地引导学生能动地进行认识活动，自觉调节自己的兴趣和情感，掌握文化科学基础知识与基本技能，以促进学生德、智、体、美、劳全面发展，并为学生奠定科学世界观基础的活动过程。教学过程一般要处理好以下四类关系：

(一) 间接经验与直接经验的关系

直接经验，即学生通过亲自活动、探索获得的经验；间接经验，即他人的认识成果，主要指人类在长期认识过程中积累并整理而成的书本知识，此外还包括以各种现代技术形式表现的知识与信息，如磁带、录像带、电视和电影片等。间接经验与直接经验的关系主要体现如下：

(1) 学生认识的主要任务是学习间接经验

以间接经验为主组织学生进行学习，这是学校教学为青少年学生精心设计的一条认识世界的捷径。它的主要特点是：把人类世世代代积累起来的科学文化知识加以选择，使之简约化、洁净化、系统化、心理化，组成课程，编成课本，引导学生循序渐进地进行学习。这就可以使他们避免重复人类在认识发展中所经历的错误与曲折，用最短的时间、最高的效率来掌握人类创造的基本知识。

(2) 学习间接经验必须以学生个人的直接经验为基础

现成的书本知识，一般表现为概念、原理、定律与公式所组成的系统，是一种偏于理性的知识。这种知识对学生来说，是他人的认识成果、间接的经验，是很抽象的、不容易理解的东西。学生要把这种书本知识转化为自己理解的知识，就必须依靠个人以往积累的或现时获得的感性经验为基础。

(3) 防止忽视系统知识传授或直接经验积累的偏向

只有经过自己的独立思考，把直接经验与间接经验结合起来，理性认识与感性认识结合起来，学生才能理解所学的书本知识，获得运用知识的能力。

(二) 掌握知识和发展智力的关系

(1) 智力的发展与知识的掌握二者相互依存、相互促进

在教学过程中，学生能力的提高依赖于他们知识的掌握，因为系统的知识是智力发展的必要条件，人们的智力发展离不开知识和经验；同时，学生对知识的掌握又依赖于他们能力的提高，因为人们的智力同样是人们掌握知识的必要条件，只有那些能力高的学生，他们的接受能力才强、学习效率才高。

(2) 生动活泼地理解和创造性地运用知识才能有效地发展智力

学生的能力不仅与他们所掌握的知识的量的性质、难度和分量有关，更重要的是与他们获取这些知识的方法和运用知识的创造态度密切相关。在教学过程中，不仅要交给学生系统的有适当难度的知识，而且要引导学生正确理解知识和巩固记忆知识，掌握学科的结构，特别是要启发学生了解掌握知识的过程，弄清获得知识的方法，学会独立思考、逻辑推导与论证，能够自如地、甚至创造性的运用知识来解决理论和实际问题，才能有效地提高他们的能力。

(3) 防止单纯抓知识教学或只重智力发展的片面性

对于教学中应当如何处理掌握知识与发展智力的关系问题，曾经有过长期的争论。不管是认为，教学的主要任务在于训练学生的思维形式，知识的传授则是无关紧要的，或者认为教学的主要任务在于传授给学生对生活有用的知识，至于学生的智力则无需进行特别的培养和训练。都是片面的都不利于学生的发展。

(三) 智力活动与非智力活动的关系

智力因素，主要包括观察力、记忆力、想象力、思维力和注意力等，任何学习过程都有赖于这些因素的参与。智力水平往往影响着学习水平，并制约着学习方式和学习风格。非智力因素，是指除智力因素以外的一切个性心理因素，包括动机、兴趣、情感、意志和性格等，对学习活动能产生巨大的动力、定向、引导、维持、调节、控制和强化作用。智力因素与非智力因素之间的关系如下：

(1) 非智力因素依赖于智力因素，并积极作用于智力因素

一般来说，在教学中，非智力因素依赖于智力因素，因为智力因素是非智力因素的基础，学生的兴趣、情感、意志、性格是在认知事物、掌握知识的过程中产生和发展的。同时，非智力因素又积极作用于智力因素，因为学生是有能动性的人，他们已有的兴趣、情感、意志、性格等心理因素，常表现为内驱力量作用于智力因素，并对学生的学习产生巨大的影响。

(2) 按教学需要调节学生的非智力因素活动才能有效地进行智力因素活动，完成教学任务

在教学中，按教学需要调节学生的非智力因素活动要从两个方面进行：一方面通过改进教学本身，使教学的内容和过程都富有知识性、趣味性、启发性、民主性，适合学生年龄特征，具有吸引力，以便引起、保持学生的求知欲和兴趣、毅力、信心、抱负，养成良好的非

智力因素品质；另一方面通过提高学生自我教育能力，逐步培养他们的求知欲和兴趣、毅力、信心、抱负，使他们能自觉地按教学需要调节自己的非智力因素及其活动，积极进行智力活动，提高学习效率。

(四) 教师主导作用与学生主动性的关系

教师与学生这两个认识主体之间的关系是贯穿教学全过程的最基本关系。教师的教与学生的学既对立又统一，二者相互联系、互为依存，教是为了学并且决定着学，而学依据教并且影响着教。

其一，发挥教师的主导作用是学生简捷有效地学习知识、发展身心的必要条件

在整个教学过程中，教师是教育的主体，只有通过教师的组织调节或指导作用，学生才能迅速地掌握知识，形成技能、品德，促进自己的发展。

其二，调动学生的学习主动性是教师有效地教学的一个主要因素

学生则是学习的主体，教师对学生的指导和调节，只有当学生积极参与教学活动时，才能起到应有的作用。

其三，防止忽视学生主动性和忽视教师主导作用的偏向

把教师的主导作用与学生的主动性对立起来，强调一个而忽视另一个都将导致削弱或破坏唯有师生积极合作才能产生的教学双方的积极性和教学的整体功能。

外国教育史

一、名词解释

1. 英国公学指英国为贵族和资产阶级子女特别开设的独立中等学校。以培养升入著名大学的毕业生，造就未来担任国家事务领导工作的政治活动家为办学的主要目标。公学选拔学生的标准极为严格，从不允许滥竽充数。尽管社会地位和财富是进入公学的首要条件，但达官显贵家中才智平庸的子女也会被拒之门外。公学很重视绅士品格的培养。为了尽快让学生养成典雅的绅士风度，学校实行寄宿制。尽管学生都来自社会上层家庭，公学为养成他们吃苦耐劳，坚韧不拔的性格，所提供的住宿和饮食都非常简陋。公学课程中一直把神学，文法和古典名著学习放在重要地位。但是，由于工业革命和科学技术的飞速发展，也迫使公学接受了新兴学科。

2. 1862 年，美国国会通过《毛雷尔法》，这一法案规定：联邦政府按各州在国会的议员人数，以每位议员拨三万英亩土地的标准向各州拨赠土地，各州应将赠地的收入用于开办或资助农业和机械工艺学院。这一法案颁布后，美国大多数州创办了农工学院或在原有的大学内附农工学院。农工学院的出现改变了美国高等教育的结构，也改变了美国高等教育重理论、轻实际的传统。这种学院也因而被称作“赠地学院”。

二、简答题

1. 赫尔巴特根据“统觉”学说，强调教学应该是一个统一完成的过程，提出形式四步教学理论。他将教学过程分为清楚、联想、系统和方法四个阶段。

(1) 清楚，当一个表象由自身的力量突出在感官前，兴趣活动对它产生注意，这时学生处于静止的专心活动，教师通过运用直观教具和讲解的方法，进行明确的提示，使学生获得清晰的表象，以作好观念的联合，即学习新知识的准备。

(2) 联想，由于表象的产生并进入意识，激起原有观念的活动，因而产生新旧观念的联合，但又尚未出现最后的结果，这时，兴趣活动处于获得新观念的期待状态，教师的任务是

与学生无拘束的谈话，运用分析的教学方法。

(3) 系统，新旧观念最初形成的联系并不有序，因而需要对前一阶段由专心活动得到的结果进行审思，兴趣活动处于要求阶段，需要用综合的教学方法，使新旧观念的联合系统化，从而获得新的概念。

(4) 方法，新旧观念的联合形成后需要进一步巩固和强化，这就要求学生自己进行活动，通过联系巩固新习得的知识。

2. 要素主义教育最初形成于20世纪30年代末，其形成的标志是1938年在美国成立的"要素主义者促进美国教育委员会"。要素主义教育的主要观点可以概括为四个方面：

(1) 把人类文化的"共同要素"作为学校教育的核心

教育的最重要的功能是，使学生学习在人类文化遗产中所存在的那些永恒不变的、共同的、超时间和空间的要素，即一种知识的基本核心。学校的课程计划要保证学生学到基础知识和基本技能，同时要按逻辑系统编写教材和进行教学。

(2) 教学过程必须是一种训练智慧的过程

真正的教育就是智慧的训练，因此，学校要提高智力标准，注重思维能力的严格训练。学校还要注意"天才"的发掘和培养，发现最有能力的学生，激发他们最大的潜力。

(3) 学生在学习上必须努力和专心

对学生的学习应该坚持严格的学业标准，促使学生刻苦和专心地学习。因为只有强调"努力"，才能实现最有价值的学习。如果学生对学习"共同要素"不感兴趣，那就要强迫他们学习。

(4) 强调教师在教育和教学中的核心地位

在系统的学习过程中，要树立教师的权威，加强教师的控制。但是，教师必须具有一流的头脑和渊博的知识，精通所教的科目，了解学生在学习过程中的心理，具有很强的传授知识的能力，并能全心全意地献身于自己的工作。

要素主义教育由于忽视学生的兴趣、身心特点和能力水平，加上所编的教材脱离学校教育实际，而受到人们的批评。从70年代起，要素主义逐渐失去其优势地位，但仍有相当的影响。

中国教育史

一、名词解释

1.《学记》是《礼记》中的一篇，是中国教育史上和世界教育史上一部最早的、最完整的专门论述教育、教学问题的论著。战国末期思孟学派所著，全文1229字，对先秦的教育理论和教育实践作了相当全面的总结和概括，论述了教育的作用、目的、任务以及教育制度，教学内容、原则、方法，教师及师生关系，总之，对教育学基本问题都有论述，被认为是"教育学的雏形"。

2. 书院是唐宋至明清出现的一种独立的教育机构，是私人或官府所设的聚徒讲授、研究学问的场所。宋朝时，书院教育最为兴盛，著名的书院有江西庐山的白鹿洞书院、湖南长沙的岳麓书院、河南商丘的应天书院、江西上饶的鹅湖书院、湖南衡阳石鼓山的石鼓书院、河南登封太室山的嵩阳书院等。书院的产生在中国教育史上具有十分重要的意义，书院扩大了中国古代学校教育的类型，起到了弥补官学不足的作用，书院提倡自由讲学，注重讨论，学术风气浓厚，开辟了新的学风，成为推动教育和学术发展的重要动力，另外在办学管理领域也创造许多行之有效的经验，成为中国封建社会中后期一种重要的教育组织形式。

二、简答题

1. 韩愈《师说》的基本精神就在于"存师卫道"。它从师与道、道与业、师与生等各方面系统地论述了教师问题。提出了卓越的见解。其主要见解：

（1）教师的作用与地位

韩愈从"存师卫道"的角度阐述了教师的独特功能，他认为师是"传道"的，儒家的道统是封建社会的精神支柱。而道要靠教师来传递，传道须有师。卫道必须先尊师，师与道是密切结合、不可分离的。"道之所存，师之所存"。

（2）教师的基本任务

针对教师的基本任务，韩愈作了经典性地表述，即"师者，所以传道、授业、解惑也。"他认为教师的三大任务为：传递儒家道统，传授古文六艺之业，解决学生在学习道与业过程中存在的困惑。

（3）教师的资格

韩愈认为教师的选择，不应受年龄、地位、资格等限制，主要是用道与业来衡量。谁先有"道"，谁在术业上有专攻，谁就能成为教师。

（4）师生关系

韩愈提出了"弟子不必不如师，师不必贤于弟子"的命题，含有"能者为师"和"教学相长"的意思，确立了新型的师生关系。

总之，《师说》是我国古代第一篇集中论述教师问题的文章，他既肯定教师在传道、授业、解惑中的主导作用，又强调教师要尊重学生，向学生学习，教学相长；既要求学生虚心向教师学习，又鼓励学生敢于超过教师；既提倡乐为人师，又强调不耻下问，虚心拜人为师。其看到了师与道、道与业、师与生之间统一关系，含有朴素辩证法因素，对于我们正确理解和处理教师的职责、政治与业务、德育与智育、教书与育人、教师与学生关系等有一定参考价值和启发意义。

2. 陈鹤琴一生致力于幼儿教育研究与教学，是我国现代幼儿教育事业的开拓者，著名的儿童教育家。陈鹤琴在幼儿教育方面总结出丰富的内涵和鲜活的教育理念，其中影响最大的是他的"活教育思想"，其理论体系包括目的论，课程论，方法论三大组成部分。

（1）"活教育"的目的论

"活教育"的目的是："做人，做中国人、做现代中国人"。其中，"做人"是"活教育"最为一般意义的目的，是人区别于动物所在。"做中国人"意味着要爱护这块生养自己的土地，爱自己国家长期延续的光荣历史，爱与自己共命运的同胞。对于"做现代中国人"，陈鹤琴则赋予它五方面的要求：第一，"要有健全的身体"；第二，"要有建设的能力"；第三，"要有创造的能力"；第四，"要能够合作"；第五，"要服务"。

（2）"活教育"的课程论

"大自然、大社会都是活教材。"他说："活教育课程就是把大自然、大社会作为出发点，让学生直接向大自然、大社会去学习。"即让儿童在与自然、社会的直接接触中，在亲身观察中获取经验和知识，让自然、社会、儿童生活和学校教育内容形成一个有机联系整体。这一主张直接针对以书本为主的传统而发。尽管陈鹤琴主张从自然和社会中直接获取知识，但他并非绝对强调经验，决然否定书本。陈鹤琴又具体将活教育课程分为五类：儿童健康活动、儿童社会活动、儿童自然活动、儿童艺术活动、儿童文学活动。

(3)“活教育”的教学论

“做中教，做中学，做中求进步”是“活教育”教学方法的基本原则，也是“活教育”教学论的出发点。“做”是学生学习的基础，也是教学论的出发点，他强调儿童在学习过程中的主体地位和在活动中直接经验的获取。

陈鹤琴的“活教育”理论，切中传统教育的弊病，反对读死书，死读书，读死本，书本至上，主张发展儿童的创造性和动手能力，比较深刻地揭示了教育教学上一些带有规律性的问题，提出了教育改革的新思路。在提倡素质教育的当代，仍具有现实的意义。

2017年上海师范大学教育综合真题

一、名词解释(每题5分，共30分)

1. 课程目标
2. 教学方法
3. 教育制度
4. 学校管理目标
5. 苏格拉底法
6. 稷下学宫

二、简答题(每题10分，共40分)

1. 简述德育中贯彻教育影响的一致性和连贯性的原则。
2. 简述教师的基本素养。
3. 简述奥苏伯尔的先行组织概念及其对学生在学习中的作用。
4. 列举中国教育史上五所著名的书院。

三、论述题(每题20分，共80分)

1. 结合实际，论述教学过程中充分发挥教师指导作用与学生主体性之间的关系。
2. 试述建构主义的知识观、教学观和学习观，及其对教学和学习的启发。
3. 试述赫尔巴特的教育思想，评价其历史贡献和局限性。
4. 试述张之洞“中体西用”的教育思想。

2017年上海师范大学教育综合真题详解

一、名词解释

1. 课程目标是指课程本身要实现的具体目标和意图。它规定了某一教育阶段的学生通过课程学习后，在发展品德、智力、体质等方面期望实现的程度，它是确定课程内容、教学目标和教学方法的基础。一个完整的课程目标应包含4个要素：行为主体(audience)、行为动词(behavior)、行为条件(condition)和表现程度(degree)，简称ABCD形式。

2. 教学方法是教师和学生为了实现共同的教学目标，完成共同的教学任务，在教学过程中运用的方式与手段的总称。教学方法要服务于教学目的和教学任务的要求；教学方法是师生双方共同完成教学活动内容的手段；教学方法是教学活动中师生双方行为体系。

3. 教育制度是指一个国家各级各类教育机构与组织的体系及其管理规则。它包括相互联系的两个基本方面：一是各级各类教育机构与组织的体系；二是教育机构与组织体系赖以存在和运行的一套规则，如各种各样的教育法律、法规、条例等。在教育学中，教育制度通常只论述教育的各种施教机构与组织构成的系统，它既包括学校教育机构与组织，也包括幼儿教育机构与组织、校外儿童教育机构与组织、成人教育机构与组织等。

4. 学校管理目标是学校管理主体进行管理活动所要达到的状态、标准、结果。换言之，就是学校管理者通过实施一系列的管理职能，希望把学校办成什么样子，沿着什么轨道发展，最终达到什么规格要求。学校管理目标在学校管理活动中占据重要地位，它既是学校管理活动的指南，也是衡量学校管理工作好坏的标尺。

5. 所谓的"苏格拉底法"就是一种对话式教学方法，它并不是把学生所应知道的原理直接教给学生，而是从学生所熟知的具体事物开始，通过师生间的对话、提问和讨论等方式来揭示学生认识中的矛盾，刺激学生在教师帮助下寻找正确答案，使其得出正确的原理。

6. 稷下学宫是战国时期齐国的一所著名的学府，因位于齐国都城稷下而得名。稷下学宫是一所由官家操办而由私家主持的特殊形式的学校，是一所集讲学、著述、育才活动为一体并兼有咨政、议政作用的高等学府。

二、简答题

1. 教育影响一致性和连贯性原则是指进行德育应当有目的有计划地把来自各方面对学生的教育影响加以组织调节，使其互相配合协调一致前后连贯地进行，以保障学生的品德能按教育目的的要求发展。

贯彻教育影响一致性和连贯性原则要求：

(1) 组建教师集体，使校内教育影响一致；

(2) 发挥学校教育的主导作用，使学校、家庭和社会对学生的教育影响互相配合；

(3) 做好衔接工作，使对学生的教育前后连贯和一致。

2. (1) 高尚的师德

① 热爱教育事业，富有献身精神和人文精神

热爱教育事业，是搞好教育工作的基本前提。许多优秀教师之所以能在教育工作中做出卓越的成绩，首先是因为他们热爱教育事业，愿意为下一代的成长贡献自己的毕生精力。另外，教师还应具备基本的人文精神，要关怀学生的生存和发展、人生价值的实现，要关怀民族、人类的现实生存境遇和未来发展前景。

② 热爱学生，诲人不倦

热爱教育事业具体体现在热爱学生上。爱学生是教师的天职，是教育好学生的重要条件。教师只有热爱学生，才能教育好学生，才能使教育发挥最大限度的作用，才能真正成为杜威所谓的"天国引路人"。

③ 热爱集体，团结协作

教师的劳动既具有个体性，又具有集体性。教师与教师之间，教师与其他为教育服务的工作人员之间应该相互尊重、团结协作，热爱、尊重并依靠教师集体，最大效度地发挥集体的教育力量。

④ 严于律己，为人师表

教师劳动具有示范性，因此教师必须以身作则，严于律己，凡是要求学生做到的，教师都要首先做到；凡是要求学生不能做的，教师都能首先自律。

(2) 宽厚的文化素养

教师的主要任务是通过向学生传授科学文化知识，以培养其能力，促进他们生动活泼地发展。因此，一个好教师的基本条件之一，就是要有比较渊博的知识和多方面的才能。教师应对自己所教学科的知识有科学、正确的把握，在教学过程中不出知识性、表述性的错误。在此基础上，教师要对自己所教专业融会贯通，能从整体上系统把握，这样才能深入浅出，高瞻远瞩，达到运用自如的境界。同时，教师还应有比较深厚的文化修养。

(3) 专门的教育素养

① 教育理论素养主要指教师对教育科学基本理论知识的掌握，能恰当地运用教育学、心理学的基本概念、范畴、原理处理教育教学中的各种问题，能自觉、恰当地运用教育理论总结、概括自己的教育教学经验并使之升华，能清晰、准确地表达自己的教育思想和教学设想。

② 教育能力素养主要指保证教师顺利完成教育教学任务的基本操作能力。这要求教师善于从事各种教育、教学活动，成为教育方面的“临床专家”，能够像医生那样进行“分析”、“诊断”、“假设”和“开处方”，解决教育教学中的各种问题。

③ 教育研究素养主要指教师运用一定的观点方法，探索教育领域的规律和解决问题的能力。无论是用教育理论指导教育实践，还是在教育工作中不断创新和改革，作为一名工作在教育的“第一线”的教师，都有资格也有条件进行教育科学研究，尤其是他们从事的教育或教学研究。教师应富有问题意识，反思能力，善于总结工作中的经验教训，创造性地、灵活地解决各种教育问题。

(4) 健康的心理素质

健康的心理素质体现在心理活动的方方面面，概括起来主要指教师要有轻松愉快的心境，有昂扬振奋的精神、乐观幽默的情绪以及坚韧不拔的毅力等。

3. 先行组织者是先于学习任务本身呈现的一种引导性材料，它要比原学习任务本身有更高的抽象、概括和包容水平，并且能清晰地与认知结构中原有的观念和新的学习任务关联。根据奥苏贝尔的理论，先行组织者可以分为陈述性组织者和比较性组织者两类。

奥苏贝尔认为，先行组织者不仅能够帮助学习者学习新知识，而且可以帮助其保持知识。具体表现在以下几个方面：

第一，能够将学生的注意力集中在将要学习的新知识中的重点部分；

第二，突出强调新知识与已有知识的关系，为新知识提供一种框架；

第三，能够帮助学生回忆起与新知识相关的已有知识，以便更好地建立联系。

4. 书院是唐宋至明清出现的一种独立的教育机构，是私人或官府所设的聚徒讲授、研究学问的场所。书院的产生在中国教育史上具有十分重要的意义，书院扩大了中国古代学校教育的类型，起到了弥补官学不足的作用，书院提倡自由讲学，注重讨论，学术风气浓厚，开辟了新的学风，成为推动教育和学术发展的重要动力，另外在办学管理领域也创造许多行之有效的经验，成为中国封建社会中后期一种重要的教育组织形式。

历史上著名的书院有宋朝的江西庐山的白鹿洞书院、湖南长沙的岳麓书院、河南商丘的应天书院、江西上饶的鹅湖书院、湖南衡阳石鼓山的石鼓书院、河南登封太室山的嵩阳书院，明朝的东林书院。

三、论述题

1. 教学过程是教师引导下学生的认识过程，因而如何处理师生在教学中的地位与关系问题，一直是教学史上的一个主要理论和实践问题。

（1）发挥教师的主导作用是学生简捷有效地学习知识、发展身心的必要条件

在教学过程中，要充分发挥教师的主导作用。因为教师是教育者，他们受社会的委托，代表社会的利益，执行社会对教育的要求；他们受过专门的训练，精通所教的专业知识，了解学生的身心发展，懂得如何组织和进行教学。对缺乏知识和能力的学生来说，只有借助于教师的教导和帮助，才能以简捷有效的方式掌握人类创造的基本文化科学知识，迅速提高自己的身心发展水平，成为社会需要的人才；就连学生的学习主动性、积极性的正确发挥，都有赖于教师的引导。教学的效率和质量主要是由教师教的好坏决定的，一般来说，只有提高教师的素质和教学水平才能培养出成绩优秀的学生。在教学过程中，教师的教是矛盾的主要方面。

教师的主导作用是针对能否引导学生积极学习而言的，它主要体现在，善于按照教学任务和教学过程规律性对学生进行启发、诱导、讲解、训练和指点上，以便使学生积极而高效地掌握知识、提高自身的能力与修养。因而学生的主动性调动得怎样，学习的效果怎样，又是衡量教师主导作用发挥好坏的主要标志。

（2）调动学生的学习主动性是教师有效地教学的一个主要因素

教师的教是为了学生的学，在教学过程中，必须充分调动学生的学习主动性和积极性。学生是有能动性的人，他们不只是教学的对象，而且是学习的主体。教师的教固然重要，但对学生来说毕竟是外因，外因只有通过内因才能起作用。一般来说，学生的学习主动性、积极性越大，求知欲、自信心、刻苦性。探索性和创造性愈大，学习效果也愈好。学生的学习主动性积极性发挥得怎样，直接影响并最终决定着他个人的学习效果和身心发展的水平。调动学生的学习主动性是教师有成效地进行教学的一个主要因素。所以，学生的学也是教学中不可忽视的重要方面。

学生的学习主动性是以教学为前提的，是对教师的教的积极配合；是在教师引导下自觉、专心、刻苦学习，善于创造性完成独立作业。背离教师的主导作用，学生的积极性就会具有盲目性，使学生在学习上费力而不讨好，成效甚微。但随着学生年龄增长，知识增多、能力增强，他们在学习上的主动性、独立性、自主性也将日益提高，考虑到这些特点，对不同的学生进行教学时，教师的主导作用的要求也应有所变化。

（3）防止忽视学生积极性和忽视教师主导作用的偏向

以赫尔巴特为代表的传统教育派认为，教师在教学中处于中心地位，向学生传授知识。进行教育主要依靠教师，主张教师的极大威信，以为只要顺从教师的教导，学生就能学到知识、养成良好的品德，至于学生的独立性、自主性被认为是有害的东西。他们片面强调教师权威，忽视学生的主动性，使教学进行得死板、被动，不利于培养学生的自主精神和创造才能，随着社会的发展而日益显现其落后性。

以杜威为代表的“现代教育”派，则指责传统教育以学科为教学的中心、以教师为教学的主宰，主张进行中心转移的革命，把儿童变成教学的中心，充分发挥学生的主动性，教育的一切措施都围绕着学生转动。至于教师的作用、系统知识的传授，被放在很次要的地位。他们走向另一个极端，片面强调学生的学习主动性，忽视教师的主导作用，往往使学生的学习陷入盲目探索，只能获得一些零星的实用知识，而学不到系统的科学知识，这不利于造就现代化科技发展需要的专门人才，同样落后于时代的发展。

上述两派的共同特点，都是把教师的主导作用与学生的主动性对立起来，强调一个而忽

视另一个。但损伤任何一方的积极作用，都将导致削弱或破坏师生双方积极合作才能具有的整体功能，影响教育质量。

2. 建构主义教学的目的是培养新世纪善于学习的终身学习者，使他们能够自我控制学习过程，具有自我分析和评价能力；反思与批判能力以及创新精神。因此，建构主义学习理论给我们提出了新的知识观，也给传统教学带来了一场革命。使教学的中心由教师向学生转移，这就要求我们彻底地改变传统的知识观、学习观和教学观。

（1）建构主义的知识观

在知识观上，建构主义在一定程度上对知识的客观性和确定性提出了质疑，强调知识的动态性。建构主义者一般强调：

① 知识不是对现实的纯粹客观的反映，任何一种传载知识的符号系统也不是绝对真实的表征。它只不过是人们对客观世界的一种解释、假设或假说，是他对客观世界的心理体验，它不是问题的最终答案，它必将随着人们认识程度的深入而不断地变革、升华和改写，随之出现新的解释和假设。知识并不能绝对准确无误地概括自然与社会的法则，提供对任何活动或问题都适用的解决方法。在具体的问题解决中，是需要针对具体问题的情境对原有知识进行再加工和再创造的。

② 知识不可能以实体的形式存在于个体之外，尽管通过语言赋予了知识一定的外在形式，且获得了较为普遍的认同，但这并不意味着学习者对这种知识有同样的理解。真正的理解只能由学习者自身基于自己的经验背景而建构起来，取决于特定情境下的学习活动过程。否则，就不叫理解，而是被动的复制式的学习，学生掌握的所谓“知识”只是一些抽象的、无意义的符号。

③ 课本知识，只是一种关于某种现象的较为可靠的解释或假设，并不是解释现实世界的“绝对参照”。某一社会发展阶段的科学知识固然包含真理，但并不意味着终极答案，随着社会的发展，将会有更真实的解释。

④ 任何知识在为个体接收之前，对个体来说是没有什么意义的，也无权威性可言。所以，教学不能把知识作为预先决定了的东西教给学生，不要以我们对知识的理解方式作为让学生接收的理由，用社会性的权威去压服学生。学生对知识的接收，只能由他自己来建构完成，应以他们自己的经验为背景，来分析、判断知识的合理性。在学习过程中，学生不仅理解新知识，同时也对新知识进行分析、检验和批判。

（2）建构主义的学习观

建构主义主张，世界是客观存在的，但是对于世界的理解和赋予意义却是由每个人自己决定的。我们是以自己的经验为基础来建构现实的（或者至少说是在解释现实的），每个人的经验世界是用他自己的头脑创建的，由于每个人的经验和产生这些经验的过程和社会文化——历史的背景的不同，导致每个个体对外部世界的理解也迥异不同。所以，

① 学习不是由教师把知识简单地传递给学生，而是由学生自己建构知识的过程。学生不是简单被动地接收信息，而是主动地建构知识的意义，这种建构是无法由他人来代替的。

② 学习的过程应该同时包含两方面的建构：一方面是对新信息意义的建构，另一方面又包含着对原有经验的改造和重组。

③ 任何学习都要涉及到学习者原有的认知结构，学习者总是以其自身的经验，包括正规学习前的非正规学习和科学概念学习前的日常概念，来理解和建构新的知识和信息。即学习是以自己的经验为背景，对外部信息进行主动的选择、加工和处理，从而获得自己的意义。

(3) 建构主义的教学观

学习不简单是知识由外到内的转移和传递，不是知识由教师向学生的传递过程，而是学习者主动地建构自己的知识经验的过程，即通过新经验与原有知识经验的双向的相互作用，来充实、丰富和改造自己的知识经验。学习者不是被动的信息吸收者，相反，他要主动地建构信息的意义，这种建构不可能由其他人代替。学习者的这种知识建构过程具有主动建构性、社会互动性和情境性三个重要特征。

(4) 建构主义对当今教育改革的影响

① 教师在教育教学过程中应当要更加重视学生的个性化特点，因材施教，并不是对所有学生传授完全相同的原理知识，而是要让每个学生能够按照他的知识经验建构出新的知识内容。

② 教学过程中更加注重学生的有意义建构，通过适当的学习策略启发学生能够自主建构认知结构。例如合作学习。

③ 在教学过程中充分发挥学生的主体地位，强调学生的自主性和能动性，在学习过程中能够主动发现、分析、解决问题。学生由被动的知识接受者变为主动地信息搜集者，教师由知识的灌输者变为引导学生建构知识意义的领路人。

3.(1) 赫尔巴特的教育思想

赫尔巴特是德国著名的教育家和心理学家。他是最早宣称心理学是一门有别于哲学、生理学的科学的人，同时他还是最先强调教育应根据于心理学的人。赫尔巴特的教学过程理论是建立在他的联想主义的心理学基础上的，具体而言，是建立在联想主义心理学的“统觉”理论基础上的。

统觉是赫尔巴特心理学理论中一个重要概念。统觉是由当前事物引起的心理活动同已有的知识经验相联系、相融合，从而更明显地理解事物意义的过程。在教学过程中，统觉是指学生在原有经验基础上掌握新概念的过程。

赫尔巴特认为，“兴趣”是形成统觉的条件，“兴趣”赋予“统觉”以主动性，因此教学必须激发学生牢固掌握知识和企图扩充知识的兴趣。在他看来，兴趣就是指心理的积极活动，实际上也就是观念的大规模的广泛的活动和观念的游戏。赫尔巴特重视兴趣并把兴趣的多方面性看成是教学的基础。他把兴趣分为六种、两类：经验的兴趣、思辨的兴趣、审美的兴趣、同情的兴趣、社会的兴趣和宗教的兴趣。前三种被归为一类叫自然的或“知识的”兴趣；后三种归为一类，成为历史的或“同情”的兴趣。

赫尔巴特把任何兴趣都分为四个阶段：即注意、期待、探求和行动。同时，他还认为在教学过程中，学生掌握的知识必须通过“钻研”(接受和学习教师所讲材料)和“理解”(深入思考新材料)两个环节。基于这种对心理活动过程的分析，他把教学过程分为四个阶段：明了、联想，系统和方法。

(2) 赫尔巴特的教育思想历史意义和局限性

赫尔巴特的教育思想，不仅对德国教育理论和实践的发展起了推动作用，还对世界其他许多国家的教育也有较人影响。20 世纪初，它曾借道日本传入中国，对当时中国教育观念的变革和教育实践的发展起了促进作用。第一次世界发展后，随着进步主义教育思潮等地兴起，赫尔巴特教育思潮及赫尔巴特学派的影响逐渐衰落。

但在赫尔巴特学派运动中，也存在着许多弊端。如他们认为五段教学法对任何学科都普遍适用，结果导致了严重的形式主义和教条主义。教学中过于重视教师的作用和知识的传授，而不利于学生积极性的发挥，不利于学生能力培养。正是这些不足，导致了后来现代教育思想家们对其的批判和超越。

4. 1898 年，洋务派重臣张之洞在《劝学篇》一文全面阐述了“中学为体，西学为用”的教育观点。《劝学篇》分内篇和外篇，“内篇务本，以正人心，外篇务通，以开风气”。中学也称旧学，“四书五经，中国史事、政书、地图为旧学”，其中最注重的是三纲名教。西学也称新学，“西政、西艺、西史为新学”。《劝学篇》的内篇中，张之洞将中学作为根本内容，其目的是宣扬维护封建统治的理论；外篇中则主张通过学习西方技艺等方面内容以挽救走向末路的大清王朝。张之洞在《劝学篇》中，围绕中学和西学提出了一个改革教育体制的思想纲领，具体包括以下几个方面的内容：

第一，张之洞建议各地建立不同的学制系统以及教育结构布局。在京师建立大学堂，道府建立中学堂，州县建立小学堂，中小学为大学堂培养、输送人才。

第二，关于学堂课程设置及课程层次，张之洞提出“新旧兼学”“政艺兼学”的原则，对于课程设置，其主张在各个不同学段，中学的四书五经作为必学之课程，而西学则根据年龄作适当的安排。

第三，重视基础教育，张之洞提出“宜教少年”的原则，主张教育从娃娃抓起，十分重视青少年的教育。

第四，重视师范教育。张之洞高度重视师范教育在整个教育体系中的基础地位，他认为教育的质量取决于教师的质量，而合格的教员必须经过正规的训练，这些思想在“癸卯学制”及《学务纲要》中有充分体现。在“癸卯学制”中，各级各类师范教育相互配套，形成独立完整的体系，初级师范与中学堂平行，相当于现在的师范专科学校；优级师范与高等学堂平行，相当于现在的师范学院或师范大学。

第五，重视发展农工商矿并专业的发展。在极力推动基础教育发展的基础上，张之洞十分重视职业教育的发展，他提出“先学艺后举事为要义”的主张，并积极举办各种职业专业教育。这些新式的教育思想的出现促进了中国近代教育的变革，也对其发展有着重要的作用。

“中体西用”思想的历史作用是多方面的，就其对中国近代教育的影响而言，其在构建中国近代新式教育上具有基础性的作用，它促进了中国教育向近代化的全面转型。

首先，“中体西用”思想作为基础促进了新式教育的兴起。当时的中国面对如何才能名正言顺地学习西学、培养新式人才的情形，“中体西用”思想的提出，对此问题给出了一个看似走了折中路线但却是当时最好的解决方案。“中体西用”思想对于洋务派倡导新式教育，对于国人接受西学提供了思想上的支撑，对于近代教育的发展在思想舆论方面起到了保护作用。

其次，“中体西用”思想推动了近代新式学校的创办。据《中国近代教育史资料汇编》的统计，从 1862 年第一所新式学校同文馆的创立到戊戌变法前，各类新式学校有：外国语学堂 7 个；军事学堂 10 个；科学技术学堂 13 个。可见“中体西用”的意识和口号作用于中国近代社会，尤其是作用于近代中国的教育发展具有重要意义。

再次，“中体西用”论为近代新式教育注入了大量西方科技与文化内容。例如在当时很多外语学校、技术学校和军事学校的教学内容中，都淡化了中学的内容。而外文、自然科学等已成为课程设置的重头戏。这对于变革旧的教育内容，改变我国知识分子的知识结构，培养适应社会进步所需的新式人才无疑起了积极作用。此外在教育形式方面，“中体西用”思想推动了中国学校教育的发展。

2017 年辽宁师范大学教育综合真题

一、名字解释(每题 5 分，共 30 分)

1. 教育制度
2. 课程设计
3. 学校管理
4. 教学评价
5. 最近发展区
6. 社会规范的内化

二、简答题(每题 10 分，共 40 分)

1. 简述活动课程的特点。
2. 简述学校德育的原则。
3. 简述中世纪大学的特点。
4. 简述清末新政教育改革的内容。

三、论述题(每题 20 分，共 80 分)

1. 试述教育的社会流动功能的内容及对个人社会流动的作用。
2. 试述书院的特点及现实意义。
3. 试述问题解决的影响因素及培养措施。
4. 试述卢梭自然教育思想内容，意义及局限性。

2017 年辽宁师范大学教育综合真题详解

一、名字解释

1. 教育制度是指一个国家各级各类教育机构与组织的体系及其管理规则。它包括相互联系的两个基本方面：一是各级各类教育机构与组织的体系；二是教育机构与组织体系赖以存在和运行的一套规则，如各种各样的教育法律、法规、条例等。在教育学中，教育制度通常只论述教育的各种施教机构与组织构成的系统，它既包括学校教育机构与组织，也包括幼儿教育机构与组织、校外儿童教育机构与组织、成人教育机构与组织等。

2. 课程设计是拟订一门课程的组织形式和组织结构，是以一定的课程观为指导制订课程标准、选择和组织课程内容、预设学习活动方式的活动，是对课程目标、教育经验和预设学习活动方式的具体化过程。

3. 学校管理是学校管理者通过合理的组织形式和运行方式，充分发挥学校人、财、物、时诸因素的最佳功能，以实现学校教育目标的活动。学校管理工作的水平，关系着学校的教育质量和发展前景。因此，我们应该重视研究学校管理，促进学校管理的科学化。它有下述显著特性：学校管理以育人为中心，具有教育性；学校管理的目的在于促进学生发展，具有服务性；学校管理在特定的文化环境中进行，具有文化性；学校管理是对校内外各种资源的有效整合，具有创造性。

4. 教学评价主要指依据一定的客观标准，通过各种测量和相关资料的收集，对教学活动及其效果进行客观衡量和科学判定的系统过程。

5. 维果斯基的“最近发展区理论”，认为学生的发展有两种水平：一种是学生的现有水平，指独立活动时所能达到的解决问题的水平；另一种是学生可能的发展水平，也就是通过教学所获得的潜力。两者之间的差异就是最近发展区。教学应着眼于学生的最近发展区，为学生提供带有难度的内容，调动学生的积极性，发挥其潜能，超越其最近发展区而达到下一发展阶段的水平，然后在此基础上进行下一个发展区的发展。

6. “内化”最初由法国社会学派杜克海姆等人提出，指社会意识向个体意识的转化，亦即意识形态的诸要素移置于个体意识之内。

规范的接受就是一种内化的过程。学习者对社会规范及其价值原则有了深刻的理解，并持有积极的情感体验，使之成为自己的一种信念，与原有的价值观念一体化。并且，学习者所做出的规范行为是由自己的价值信念所驱动的，而不是因为外界的压力所控制的。

社会规范的内化是社会规范接受的高级水平，是品德形成的最高阶段，它是指主体随着对规范认识的概括化与系统化，以及对规范体验的逐步累积与深化，最终形成一种价值信念作为个体规范行为的驱动力。

二、简答题

1. 活动课程亦称经验课程、儿童中心课程，是与学科课程对立的课程类型。它以儿童从事某种活动的兴趣和动机为中心组织课程。活动课程的思想可以溯源到法国自然主义教育思想家卢梭。19 世纪末 20 世纪初，美国的杜威和克伯屈发扬了这一思想，杜威的课程为“经验课程”或“儿童中心课程”。

其基本特征是：第一，主张一切学习都来自于经验，而学习就是经验的改造或改组；

第二，主张学习必须和个人的特殊经验发生联系，教学必须从学习者已有的经验开始；第三，主张打破严格的学科界限，有步骤地扩充学习单元和组织教材，强调在活动中学习，而教师从中发挥协助作用。

2. 德育原则是根据德育目的、德育目标和科学规律提出的指导德育工作的基本要求。德育原则指导着德育工作的各个方面及其整个过程，对制定德育大纲，确定德育内容，选择德育方法，运用德育组织形式等都具有指导作用。

我国中小学常用的德育原则主要有：理论和生活相结合、疏导、长善救失、严格要求与尊重学生相结合、因材施教、在集体中教育、教育影响一致性和连贯性，具体如下。

（1）理论和实践相结合的原则

理论和生活相结合的原则是指进行德育要把思想政治观点和道德规范的教育与参加社会生活的实际锻炼结合起来，把提高学生的思想认识与培养道德行为习惯结合起来，使他们言行一致。

（2）疏导原则

疏导原则是指进行德育要循循善诱、以理服人，从提高学生认识入手，调动学生的主动性，使他们积极向上。

（3）长善救失原则

长善救失原则是指进行德育要调动学生自我教育的积极性，依靠和发扬他们自身的积极因素去克服品德上的消极因素，促进他们的道德成长。

（4）严格要求与尊重学生相结合原则

严格要求与尊重学生相结合原则是指进行德育要把对学生的思想和行为要求与他们对个

人的尊重和信赖结合起来，使教育者对学生的影响与要求易于转化为学生的品德。

（5）因材施教的原则

因材施教的原则是指进行德育要从学生的思想认识和品德发展的实际出发，根据他们的年龄特征的个性差异进行不同的教育，使每个学生的品德都能得到最好的发展。

（6）在集体中教育的原则

在集体中教育的原则是指进行德育要注意依靠学生集体、通过集体进行教育，以便充分发挥学生集体在教育中的巨大作用。

（7）教育影响一致性和连贯性原则

教育影响一致性和连贯性原则是指进行德育应当有目的有计划地把来自各方面对学生的教育影响加以组织调节，使其互相配合协调一致前后连贯地进行，以保障学生的品德能按教育目的的要求发展。

3. 参见 2013 年福建师范大学教育综合真题详解论述题第 2 题。

4.（1）颁布“壬寅学制”和“癸卯学制”

1902 年，在管学大臣张百熙的主持下拟定了一系列学制系统文件，8 月 15 日奏呈颁布，通称《钦定学堂章程》因该年为壬寅年，又称壬寅学制。这是中国近代第一个以中央政府的名义制定的全国性学制系统，具体规定了各级各类学堂的性质、培养目标，入学条件、在学年限、课程设置和相互衔接关系。壬寅学制虽经正式公布，但并未实行，第二年，光绪《奏定学堂章程》于 1904 年 1 月颁布执行，该学制称癸卯学制。癸卯学制纵的方面把整个学程分为三段七级，第一段为初等教育，分为蒙养院四年，初等小学五年，高等小学四年，共三级十三年；第二阶段为中等教育，仅设中学堂一级，五年；第三阶段为高等教育，分高等学堂（或大学预科）三年，分科大学堂三年到四年，通儒院五年，共三级十一年到十二年。儿童从七岁入学，到通儒院毕业，共计二十六年。横的方面除直系各学堂外，另有师范教育及实业教育两个系统。

（2）废科举，兴学堂

科举制度从改革到废除共经历了改革科举内容、递减科举中额、到完全废止三个步骤。终于在光绪三十一年（1905 年）八月，下诏“立停科举以广学校”。乡试、会试一律停考，各省岁科考试也随即停考，至此，共实行了一千三百年的科举考试，终告废除。

（3）建立教育行政体制

为保障学制的实施和兴学政策的落实，1904 年政府规定专设总理学务大臣。废除科举制后，为适应形势，1905 年年底批准成立统辖全国教育的中央政府主管机构——学部。与此同时，地方各级行政机构也逐步建立起来。1906 年令各省设提学使司专管一省教育，长官为提学使；府、州、设劝学所管理一地教育。又制定视学规程，将全国划为 12 个视学区，以三年为一视学周期。由此形成从中央到地方的统一的教育行政系统。

（4）确定教育宗旨

中国近代教育宗旨的正式颁布是在光绪三十二年（1906 年），由学部明定教育宗旨为：“忠君，尊孔，尚公，尚武，尚实。”

（5）留日高潮与“庚款兴学”

这一时期因新政的实施，留学教育再掀热潮，以日本和美国为主。

三、论述题

1.（1）教育的社会流动功能的含义

教育的社会流动功能是指社会成员通过教育的培养、筛选和提高，能够在不同的社会区域、社会层次、职业岗位、科层组织之间转换、调整和变动，以充分发挥其个性特长，展现其智慧才能，实现其人生抱负。

教育的社会流动功能，按其流向可分为横向流动功能和纵向流动功能。教育的社会横向流动功能，是指社会成员因受教育和训练，能够在社会区域、职业岗位与社会组织中作水平的流动，即可以根据社会需要，结合个人的意愿与可能条件更换工作地点、单位、任务，改变其环境而不提升其社会阶层或科层结构中的地位。教育的纵向流动功能是指社会成员因受教育的培养和筛选，能够在社会阶层、科层结构作纵向的提升，包括职称晋升、职务升迁、薪酬提级，改变了其社会层级地位和作用。教育之所以具有社会流动功能，是因为通过教育可以提高人的学历、能力和人格，创造了能够流动的条件和可能。关于教育的社会流动功能，有代表性的有筛选理论和劳动力市场划分理论。

（2）教育的社会流动功能的历史发展

教育的社会流动功能也是随着时代的发展而发展的。在古代社会，教育的社会流动功能只能在统治阶级内部一个较小的范围中进行，到了现代社会，随着教育的迅猛发展、不断普及与提高，教育的社会流动功能变得越来越重要这一功能的充分发挥，使社会成员的职业岗位与社会地位从决定于政治权力、物质财富，逐步转移到决定于个人的素质，显然是一种巨大的历史进步。

（3）教育的社会流动功能在当代的重要意义

人们期望改变个人现状、获得更好的生存和发展空间，这不仅需要个人长期艰苦而有创造性地努力奋斗，而且必须通过一定的社会途径。自古以来，这些途径主要有：从军建功、从商致富、务工谋生、读书做官。其总体格局延续至今并没有根本的变化。然而，其中教育的社会流动功能的地位和作用则随着社会的发展变革而日益提升，对个人的社会流动起着重要作用：

① 教育已成为现代社会中个人社会流动的基础

因为在今天无论是参军、打工，或是经商，要在社会上生存、生活、流通，就必须具有一定的文化、技术和品质，也就是必须接受基础教育或义务教育。我们必须认识到："基础教育"是必不可少的"走向生活的通行证"，它使享受这一教育的人能够选择自己将要从事的职业，参与建设集体的未来和继续学习。

② 教育是社会流动的主要通道

在今天我国农村，年轻一代成功地进行社会流通，尤其是纵向流通，只有经过教育，甚至只有经过优质的高等教育才能实现。

③ 教育的社会流动功能关乎人的发展权利的教育资源分配问题

由于教育具有社会流动功能，在社会成员的就业和社会地位提升中起着非常重要的作用，使得优质教育资源的获得成为一种激烈竞争，其突出表现就是"学历主义"抬头，"片面追求升学率"现象愈演愈烈，教育机会均等的呼声强烈，对教育流动功能的认识分歧也日益激化。有关教育竞争的争论一方认为它使得个人通过个人奋斗获得好的教育机会，从而获得好的职业岗位和较高的社会地位，是社会进步的条件和表征，另一方认为教育竞争必然强化教育的功利主义倾向，导致个性发展的扭曲，促进社会差别扩大，貌似公平实质上是社会不平等再生产的手段。

2.（1）书院的发展历史

书院是中国封建社会后期的一种重要教育组织，始于唐代，有官办和私办两种，但是只是校刊、收藏经典的地方。由于官学极易因政局动荡而兴废无常，导致士人失学，而中国又有悠久的私人讲学传统，加之受佛教禅林制度影响，书院在宋代兴盛，宋以后书院教育兴起。

北宋以白鹿洞、岳麓、应天府、嵩阳、石鼓、茅山等书院为著名，南宋以白鹿洞、岳麓、丽泽、象山等书院为代表，书院兴盛与理学发展相互促进。元代提倡办书院，但通过委任教师、资助经费等措施加强控制，书院出现有官学化倾向。明代书院一度强盛，与理学、心学发展相表里，政府曾四次禁毁书院，表明书院影响扩大和政府干预加强。清代政府从开办、教师任命、招生等方面实现对书院的控制，书院官学化并几乎沦为科举附庸、丧失自由讲学和研究学术的传统。

(2) 书院教育的特点

第一，书院作为一种教育制度已经确立，既是教学机构，又是学术研究机构。教学与科研相结合，相互促进。

第二，允许不同学派学者莅临讲学，重视学术交流，开展论辩，努力使书院成为一个地区的教育和学术活动中心。

第三，书院讲学可自由听讲，不受地域限制。教学以学生个人读书钻研为主，十分注重培养学生自学能力，发展学生学习兴趣。

第四，书院师生关系密切，比较融洽，感情相当深厚。

第五，书院教学以学生个人读书专研为主，十分注重培养学生的自学能力，发展学生的学习兴趣。

(3) 书院教育的意义

书院的产生在中国教育史上具有十分重要的意义，书院扩大了中国古代学校教育的类型，起到了弥补官学不足的作用，书院提倡自由讲学，注重讨论，学术风气浓厚，开辟了新的学风，成为推动教育和学术发展的重要动力，另外在办学管理领域也创造许多行之有效的经验，成为中国封建社会中后期一种重要的教育组织形式。

3.(一) 问题，就是在人做某件事、达到某种目标的过程中遇到一定的阻碍，暂时不知道通向目标的方法。问题解决是一种以目标定向的搜寻问题空间的认知过程。其中原有知识经验和当前问题的组成成分必须重新改组、转换或联合，才能达到既定目标。这一定义包含四个要点：其一，问题解决是以目标定向的，无目标的幻想不算问题解决；其二，问题解决是在头脑内或认知系统内进行的，只能通过解题者的行为才能推测它的存在，如用绳打结不算问题解决，只是一种技能；其三，解决活动包括一系列心理运动算，如回忆朋友电话号码太简单也不是；其四，问题解决是个人化的，对这个人不是问题可能对另一个人是。

(二) 影响问题解决的因素

(1) 问题的特征

个体解决有关问题时，常常受到问题的类型、呈现的方式等因素的影响。教师课堂中各种形式的提问、各种类型的课堂和课后练习、习题或作业等，都是学校情境中常见的问题形式．不同的呈现问题的方式将影响个体对问题的理解。

实际教学与研究发现，学生解决抽象而不带具体情节的问题时比较容易，解决具体而接近实际的问题时比较困难。解决不需要过实际操作的“文字题”时比较容易，解决需要实际操作的“实际题”时比较困难。此外，由于问题的陈述或图示直接提供了问题解决的线索，便于寻找解决问题的方法、方向，而有些则包含某些多余的信息，或者问题解决所需的部分条件被隐含起来。这就是增加了问题解决的难度，需要个体能够发现、分离出解决问题所需的必要条件，撇开表面现象，抓住问题的本质特征。

（2）已有的知识经验

已有经验的质和量都影响着问题的解决。与问题解决有关的经验越多，解决该问题的可能性也就越大。研究发现，优生头脑中储存的知识经验显著地多于差生。可以说，拥有某一领域的丰富的知识经验是有效地解决问题的基础。但若大量的知识经验是以杂乱无章的方式储存于头脑中，则对于有效的问题解决毫无帮助。显然，知识经验在头脑中的储存方式决定了问题能否有效地解决。

对专家与新手的对比研究发现，专家不仅拥有某一领域的大量的知识经验，而且这些知识经验在头脑中的组织是非常合理的，并且在需要的时候可以快速地提取，并加以应用。专家不仅拥有丰富、组织合理的陈述性知识，而且也拥有解决问题所必需的、有效的心智技能和认知策略。

（3）定势与功能固着

如前所述，定势是影响学习迁移的一个重要因素，而学习情境中的问题解决主要是通过迁移实现的，因此，定势也必然影响问题的解决。

功能固着也可以看作是一个定势，即从物体的正常功能的角度来考虑问题的定势。也就是说，当一个人熟悉了某种物体的常用或典型的功能时，就很难看出物体所具有的其他潜在功能。而且最初看到的功能越重要，就越难看出其他的功能。当在某种情形下需要利用某一物体的潜在功能来解决问题时，功能固着可能起到障碍的作用。

（4）个体的智能与动机

智力水平的高低对问题解决有重要的作用。智力中的推理能力、理解力、记忆力、分析能力等对问题解决有重要影响，认知特点即对问题的敏感性、灵活性、冲动性、反省性等特点，对问题解决也有一定影响。

动机也影响问题的解决：对问题持漠然的态度，既不能发现问题也不能解决问题。但动机过于强烈，人处于高度的焦虑状态也会阻碍问题的解决。

（5）原型启发与酝酿效应

类似事物即称原型，它对人的创造活动所起的作用叫做原型启发。原型启发经常成为人们创造活动的催化剂。原型所以能起启发作用，一是由于原型与所要创造的事物之间具有共同之处或类似之处，二是由于人们可以从原型中发现某种原理，从而引起模仿。原型启发法就是通过与假设的事物具有相似性的东西，来启发人们解决新问题的途径。

（三）问题解决能力的培养措施

（1）充分利用已有经验，形成知识结构体系

知识和能力内在关系的规律揭示出学生问题解决能力的培养提高受制于两个因素：一个是教师对学生知识基础状况的精确洞察与把握；另一个是在此基础上为学生解决问题提供的知识准备。

（2）分析问题的构成，把握问题解决规律

教学生分析问题是解决问题的第一步。对问题解决规律的把握也是解决问题的关键。

（3）开展研究性学习，发挥学生的主动性

所谓研究性学习，就是在教学过程中创设一种类似科学研究的情境或途径，让学生在教

师引导下，从学习、生活及社会生活中去选择和确定研究专题，用类似科学研究的方式，主动地探索、发现和体验。

(4) 教授问题解决策略，灵活变换问题

先让学生判断用算法还是启发法，培养其判断力；教授常用的启发法：手段—目的分析法；逆向反推法；类比思维

(5) 允许学生大胆猜想，鼓励实践验证

大胆猜想，是直觉思维，具有突发飞跃的特点。

4. 卢梭是 18 世纪法国启蒙运动中最激进的思想家，自然教育思想是他教育理论的集中体现。卢梭自然教育理论的主要特征是反对封建社会对人性的压制，强调教育要以人的自然发展为中心。自然教育理论是西方教育思想的重要内容之一，给后世教育以重大的影响。

(1) 卢梭自然教育理论的主要内容

① 自然教育的含义。自然教育是指教育要遵循人的自然本性，使人得到自由地发展。人为的教育和事物的教育要以自然的教育为基准。卢梭指出要保证儿童在自身的教育和成长中取得主动地位，无须成人灌输、压制和强迫。教师只须创造学习的环境、防范不良的影响。

卢梭认为，每个人都是由自然的教育、事物的教育和人为的教育三者共同培养起来的。而只有后两者和自然的教育趋于一致，才能实现三种教育的良好结合。因此教育“归于自然”，即以自然的教育为基准，才是良好有效的教育。卢梭指出，自然教育主要是针对富人的。因为穷人所处的环境特别是农村环境，已经十分接近自然，而且他们也只能接受这种教育。

② 自然教育的培养目标。卢梭提出，自然教育的最终目标是培养“自然人”。这个概念是与“公民”、“国民”等概念相对立的。自然人相对于专制国家的公民来说，就是独立自主、平等自由、道德高尚、能力和智力极高的人。“自然人”虽然是与专制国家的“公民”相对的概念，但它并不与“社会人”完全不容。自然人既能尽到作为社会成员的职责，又能保持纯真的天性，自由地发展，不受腐蚀和侵蚀。

③ 自然教育的原则方法：

第一，正确看待儿童。卢梭认为儿童有其特有的看法、想法和感情。不能用成人的思想来代替儿童的思想和感情。卢梭指出自然教育的一个必要前提就是要改变对儿童的看法。卢梭指出，在万物的秩序中，人类有它的地位；在人生的秩序中，儿童有它的地位。应当把成人看作成人，把孩子看作孩子。他呼吁人们既不要把孩子当成待管教的奴仆，也不能把他作为成人的玩物。

第二，给儿童以充分的自由。他主张对儿童实行消极教育，就是成人不干预、不灌输、不压制和让儿童遵循自然率性的发展。但消极教育并非是无所作为，还有两件事情要做：一是观察自由活动中的儿童，了解他们的自然倾向和特点；二是防范来自外界的不良影响。此外，卢梭也注意到了儿童天性中的个体差异，强调要因材施教。

④ 自然教育的实施。卢梭告诫教育者要按照儿童的年龄去对待他们。他在《爱弥儿》一书中根据自已对儿童的观察和研究，设想了教育的四个阶段。

第一阶段是婴儿期的教育(出生后的 2 年)。卢梭认为这一时期应以身体的养育和锻炼为主。

第二阶段是儿童期的教育(2~12 岁)。卢梭提出这一时期在锻炼儿童感官并继续发展他

们身体的同时，还要让儿童在这一时期掌握一些道德观念，但要联系具体事例进行，而且要行动多于口训。

第三阶段是青年期的教育(12~15 岁)。这一阶段的教育包括文化知识的学习和劳动教育两个方面。在文化知识学习方面，卢梭把培养兴趣和提供能力放在首位，并注意通过学习知识陶冶情操。在劳动教育方面，他主张学生必须学习一门职业。通过劳动教育可以使思想得到陶冶，同时锻炼思维能力。

第四阶段是青春期的教育(15~20 岁)。卢梭认为儿童在这一阶段可以由农村返回城市，接受道德教育和宗教教育，学会做一个城市社会中的自然人。

(2) 卢梭自然教育理论的现代意义

① 卢梭的自然教育理论确立了一种自然教育和儿童本位的教育观，影响了几代教育家的教育思想和实践，奠定了欧美新教育改革的思想基础，直到现在仍有极大的参考价值。

② 自然教育是针对专制制度下的社会及其戕害人性的教育所发出的挑战，"归于自然"、遵从天性，就是要开创新教育的目标和根本原则。卢梭所提出的"自然人"实际上就是摆脱封建羁绊的资产阶级新人。他在这个问题的论述中所包含的重视普通教育、反对等级教育，强调手脑并用、身心两健，培养独立判断力和适应能力等教育思想至今仍然是教育思想中的宝贵理论财富。

③ 卢梭教育思想的基本内容是高度尊重儿童的善良天性，并以此为标准批判了当时流行的教育思想和教育措施的荒谬，倡导了自然教育和儿童本位的教育观。他对封建教育腐朽性的揭露切中时弊，对新教育所提出的设想则更具有划时代的意义。不但在当时的法国引起强烈的反响，而且对整个欧洲，对后世的教育也产生了深刻的影响。欧美各国的教育家都在研究、实践、修正和丰富卢梭的教育思想，新的儿童观被广为普及。卢梭提出的研究学生、研究儿童的号召，也一直是现代教育研究的重要课题。

(3) 卢梭自然教育理论的局限性

① 卢梭主张的摆脱社会制约而率性发展的自然教育其实是一种乌托邦式的教育。他将天性与社会性截然分离，视天性为至上，视教育为自然成长，是不正确的。贯穿这种哲学最终会导致教育的消亡。人不能脱离社会而存在，人是社会性而非生物性的，教育是社会学而非生物学，发展人性必须在现实社会中而不在真空中进行，不能抛弃社会性与历史性而抽象地谈天性发展。因而他培养的"自然人"带有浓重的生物主义色彩，同时也是小资产者的化身。

② 卢梭过分强调儿童在活动中的自然成长，注重生活经验的价值，而忽视人类文化传统在教育中的作用，也轻视由语言文字所表达的科学知识的意义、价值，轻视书本，轻视逻辑思维的培养和由定理、公理组成的系统知识。这是自然教育中的根本缺陷和消极的东西。因为以此取得的知识是支离破碎的，只囿于实用而无系统性和丰富性。人类文化传统是形成人能力的极为重要的因素，否定了数千年人类所积累的知识就等于取消了教育。

③ 卢梭将教学过程与认识过程等同起来是不科学的。儿童在生活中进行的学习不能保证知识的数量与质量。只有教师按照科学体系有计划、有步骤的传授知识，才能使儿童取得优良成绩。另外，卢梭又是极端的直观教学的倡说者，拒绝使用仪器、模型势必会缩小学习空间，影响学习效果。

④ 卢梭对儿童教育的四个阶段划分和教学内容的安排过于刻板和机械，带有很大的主观随意性。

2017年安徽师范大学教育综合真题

一、名词解释(6小题，每小题5分，共30分)

1. 教育制度
2. 观察学习
3. 校本管理
4. 自然教育
5. 程序性知识
6. 公学

二、简答题(4小题，每小题15分，共60分)

1. 教育对人身心发展规律的适应。
2. 革命根据地教育的经验及现代价值。
3. 自我效能感影响因素及措施。
4. 韩愈师说中的教育观。

三、论述题(2小题，每小题20分，共40分)

1. 美育的原则。
2. 终身教育对学习型社会建立的意义。

四、材料分析题(20分)

苏霍姆林斯基是前苏联著名的大教育家，他曾在乌克兰一所乡村中学任校长，在他任校长期间，根据他的记载，曾发生过这样一件事。校园的花房里开出了一朵很大的玫瑰花，全校的同学从没见过这样大玫瑰花，就都赶来看，纷纷称赞不已。有一天早晨，苏霍姆林斯基正在花园里散步，看到幼儿园的一个小朋友跑过来把那朵玫瑰花摘下来，拿在手里，往外走。苏霍姆林斯基很想知道这个小女孩为什么摘那朵玫瑰花，就弯下腰，亲切地问："小朋友，你为什么要摘那朵玫瑰花呢?"小女孩很认真地回答："我奶奶病了，病得很重，我告诉她学校里开了这么大的玫瑰花，她不相信，我摘下来拿回去让她看看，看完就送回来。"听了孩子天真的回答，听了孩子天真的回答苏霍姆林斯基的心震撼了，就牵着小女孩到花房里又摘了两朵大玫瑰花，对小女孩说："这两朵玫瑰花一朵是奖励你的，因为你是一个有爱心的孩子，另一朵是送给你妈妈的，她养育了一个你这样好的孩子。"

为什么苏霍姆林斯基没有批评小女孩摘花的行为？如果是你，你会怎么做？

2017年安徽师范大学教育综合真题详解

一、名词解释

1. 教育制度是指一个国家各级各类教育机构与组织的体系及其管理规则。它包括相互联系的两个基本方面：一是各级各类教育机构与组织的体系；二是教育机构与组织体系赖以存在和运行的一套规则，如各种各样的教育法律、法规、条例等。在教育学中，教育制度通常只论述教育的各种施教机构与组织构成的系统，它既包括学校教育机构与组织，也包括幼儿教育机构与组织、校外儿童教育机构与组织、成人教育机构与组织等。

2. 观察学习是指人们仅仅通过观察他人(榜样)的行为及其结果就能学会某种复杂行为，又称替代学习、无尝试学习。而班杜拉认为，即人的一切社会学行为都是在社会环境的影响下，通过对他人示范行为及其结果的观察学习而得以形成的。不必直接做出行为，不依赖于直接强化，具有认知性，不等同于模仿，可提高学习效率。

3. 校本管理是指学校在教育方针与法规的指引下，可以根据自己的实际情况和需要来自主确定发展目标和方向，自主进行学校的教育、教学和管理工作。质言之，就是以学校为本位的管理。

4. "自然教育"是以自然环境为背景，以人类为媒介，利用科学有效的方法，使儿童融入大自然，通过系统的手段，实现儿童对自然信息的有效采集、整理、编织，形成社会生活有效逻辑思维的教育过程。从教育形式上说，自然教育，是以自然为师的教育形式。人，只是作为媒介存在。

5. 程序性知识是关于怎样完成某项活动的知识，是关于"怎样做"的知识，是个体的用于具体情境的算法或一套行为步骤。它相当于技能。程序性知识(认知策略、智慧技能、运动技能)包括一般领域的程序性知识(弱方法)和特殊领域的程序性知识(强方法)，前者适用于许多不同的领域，后者适用于某一特殊的领域。

6. 公学指英国的公共学校，公学部分与皇室有关，另有是由一些较富有的社会人士设立，为他们的子女提供教育。公学最早时是为比较贫穷人家或平民的子弟提供教育的场所，但到 18 世纪逐渐发展成为贵族学校，入读这种学校的基本条件并不是学费，而是家庭背景。校方会先衡量申请者的家庭是否合乎学校的校风，即指该家庭是否属于中产或贵族，才决定招收这位学生与否。

二、简答题

1. 人的发展的规律性主要表现为人的发展的顺序性、不平衡性、阶段性、个别差异性和整体性，而这些规律性具有重要的教育学意义，是教育工作必须遵循的规律性。

(1) 顺序性

人的身心发展的顺序性，是指人从出生到长大成人，身心的发展是一个由低级到高级、由简单到复杂、由量变到质变的连续不断的发展过程。在这一过程中，不仅整个身心发展具有一定的顺序，身心发展的个别过程和特点的出现也具有一定的顺序。人的身心发展的顺序性决定了在教育活动中，无论是知识技能的学习还是思想品德的发展，必须遵循着由具体到抽象，由浅入深，由简到繁，由低级到高级等顺序，逐渐地前进，不能"揠苗助长"、"凌节而施"。要使教学着眼于学生的"最近发展区"，使教学既不能脱离学生的发展实际，又要走在发展的前面，以最有效地促进学生的发展。

(2) 不平衡性

人的发展的不平衡性，是指人的身心发展所具有的发展速度和发展时间的先后上的不均衡的特性。科学研究证明，个体的身心发展的各个方面是不平衡的，这种不平衡性具体表现在：一是身心系统发展的不平衡，二是身心系统内部各方面发展的不平衡，三是就每一项素质来说，其发展速度是不平衡的，四是从人的总体发展看，从出生到成熟的进展是不平衡的，是呈波浪型向前推进。个体身心发展的不平衡性要求教育者要充分把握人的各项身心素质发展的关键期和最佳期。

(3) 阶段性

人的发展的阶段性，是指人的身心发展的不同年龄阶段具有不同的发展目标、发展重点和发展特征。个体身心发展的后一阶段的发展总是建立在前一阶段发展的基础上，而且后一阶段既包含着前一阶段发展的结果，又萌发着后一阶段发展的新质。根据儿童身心发展的阶段性，教育也要体现出阶段性的特点。教育的阶段应该与儿童身心发展的阶段相适应。在教育工作中，就必须从教育对象的实际出发，针对不同年龄的学生，提出不同的具体任务。

（4）个别差异性

人的发展的差异性是指不同个体之间在身心特征上所具有的相对稳定的不相似性。由于人的遗传、社会生活条件和教育、主观能动性的不同，人的发展的速度、水平以及发展的优势领域千差万别，彼此间表现出发展的个别差异性。个体差异性有多种层次。从群体的角度看，个体的差异性首先表现为男女性别的差异。其次，个别差异性表现在不同方面的发展存在差异。再次，个别差异性还表现在不同青少年儿童具有不同的个性心理倾向和个性心理特征。身心发展的个体差异性，不仅表现在个体身上，也表现在群体上，不同的社会文化背景和社区生活环境下生活的儿童群体，其发展水平、表现方式也会呈现出群体之间的差异。教育工作应该注意学生的个别差异性，针对学生的个别差异，真正做到"因材施教"、"长善救失"，使每个学生都能迅速地、切实地获得最佳发展。

（5）整体性

教育面对的是一个个活生生的、整体的人，他们既具有生物性和社会性，还表现出个体的独特性。不从整体上把握教育对象的特征，就无法教育人。事实上，人的生理、心理和社会性等方面的发展是密切地联系在一起的，并在人的发展过程中相互作用，使人的发展表现出明显的整体性。人的发展的整体性要求教育要把学生看作复杂的整体，促进学生在体、智、德、美等方面全面和谐地发展，把学生培养成为完整和完善的人。

2.（1）紧密结合当前的中心任务，坚持教育为政治服务：

① 在教育对象上，坚持"干部教育第一，国民教育第二"，在民众教育中又坚持"成人教育第一，儿童教育第二"；

② 在教育内容上，以革命战争所需要的内容为主；

③ 在教育形式上，坚持灵活多样，以非制度化的教育为主。

（2）教育和生产劳动相结合：

① 在教育内容上，联系当地当时的生产和生活实际；

② 在教育组织形式上，注意适应当时当地的生产需要；

③ 要求学生参与实际生产劳动。

（3）依靠群众办学：

① 成人群众教育群众自己办，民主政府给予指导；

② 普通教育中依靠群众的力量，普通小学由群众自己办理或采取民办公助的形式；

③ 干部不脱离群众，尽量考虑群众工作的实际需要。

总之，革命根据地教育是一种新型的革命教育，它的无产阶级和人民大众的性质，为革命战争和阶级斗争服务的目的，以及与此相适应的新型教育体制，多种形式的办学途径，注重联系实际、讲究实效的学制、教学内容和教学方法，都是别具一格的。在当时严酷的斗争环境下，革命根据地教育的政策、理论、措施、方法已经被历史证明是卓有成效的，因此，它在中国教育史上有着十分重要的地位。在当代和平建设的环境下，我们当然不宜盲目照搬老区教育的模式，但它的大量的宝贵经验，仍然值得我们认真研究和汲取。

3. 自我效能感指个体对自己是否有能力完成某一行为所进行的推测与判断。班杜拉对自我效能感的定义是指“人们对自身能否利用所拥有的技能去完成某项工作行为的自信程度”。班杜拉提出，影响自我效能感的因素主要有六个方面：成绩经验，替代经验，想象经验，口头说服，生理唤起，情绪状态。

(1) 成绩经验

成绩经验尤其是明显的成功或者失败，是最强大的自我效能感信息来源。成功经验可以提高个体自我效能感，失败经验会降低个体自我效能感，但是一旦强大的自我效能感形成，失败就不可能有更大的影响。例如，试图一整天不吸烟而失败的人们很可能怀疑自己未来一整天不吸烟的能力，而能够一整天不吸烟的人可能对另一天不吸烟有强烈的自我效能感。

自我效能感随着个人成就的提高而提高。一个人的成功经验越多，其知觉到的自我效能感越强。这意味着自我效能感是可以训练的。如果能让儿童获得成功，儿童就可能形成较高的自我效能感。

(2) 替代经验

当人们观察他人的行为时，替代经验(观察学习、示范、模仿)影响自我效能感。当看见一个与自己类似的人在一项任务上成功或失败，自我效能感也能够随着提高或降低。观察到那些与自己的能力相似的人的成功操作能够提高观察者的自我效能感；而看到与自己能力相似的示范者的失败会降低观察者的自我效能感。替代经验的影响取决于这样的一些因素，如观察者对自己和榜样之间类似性的知觉、榜样的数量和种类、榜样的力量、观察者和榜样面对问题的类似性。替代经验一般比直接经验对自我效能感的影响要小。比如一个同学看到另外一个和自己水平差不多的同学在考试中取得了高分，他觉得通过努力自己也能取得高分。

(3) 想象经验

人们能够通过想象自己或其他人在未来情境中有效或无效地行动，而产生关于个人功效或无效的信念。这样的想象可能产生于对类似情境的期待或替代经验或者被口头说服所诱发，如系统脱敏和示范。然而，想象自己成功或不成功地行动，不可能像实际的成功或失败经验那样对自我效能感有强烈的影响。

(4) 口头说服

口头说服是比成绩经验和替代经验的强度要弱一些的自我效能感信息来源。口头说服作为自我效能感的一个来源，它的力量受一些因素的影响，如说服者的技能、可信度的吸引力。实验研究表明，口头说服是改变自我效能感的中等有效方法。

学生常常从教师和父母那里接受说服信息，如“你能做”。积极的反馈能够提高自我效能感，但如果以后的努力证明是无效的，它的作用是暂时的。像示范一样，说服可能让一个人尝试—活动，但是必须带来实际的成功，才能真正提高自我效能感。

(5) 生理状态

当人们把厌恶的生理唤起和差的行为表现、不胜任和失败联系起来时，生理状态将影响自我效能感。当人们产生不愉快的生理唤起时，比生理状态愉快或中性时更可能怀疑自己的胜任力。同样，舒适的生理感觉可使一个人对自己的能力感到自信。学生从生理反应获得功效信息(如心率、出汗)，焦虑症状可能意味着一个人缺乏技能。

(6) 情绪状态

情绪唤起能够影响人们的自我效能感。人们在悲哀、抑郁或者对某一活动过度焦虑时，自我效能感不如在心境好时那样高。人们学习把情绪作为自我效能感的线索，如“我今天不能应付”，是某一情绪体验的结果。

从以上六个来源获得的信息并不直接影响自我效能感，而主要通过认知评价影响人们的自我效能感。在评价自我效能感时，个体会权衡各种因素，如能力知觉、任务难度、花费的努力、接受的外界帮助数量、成功和失败的数量、与榜样的相似性以及说服者的可信性并把它们结合起来，形成自我效能感。

4. 韩愈《师说》的基本精神就在于“存师卫道”。它从师与道、道与业、师与生等各方面系统地论述了教师问题。提出了卓越的见解。其主要见解：

(1) 教师的作用与地位

韩愈从“存师卫道”的角度阐述了教师的独特功能，他认为师是“传道”的，儒家的道统是封建社会的精神支柱。而道要靠教师来传递，传道须有师。卫道必须先尊师，师与道是密切结合、不可分离的。

(2) 教师的基本任务

针对教师的基本任务，韩愈作了经典性地表述，即“师者，所以传道、授业、解惑也。”他认为教师的三大任务为：传递儒家道统，传授古文六艺之业，解决学生在学习道与业过程中存在的困惑。

(3) 教师的资格

韩愈认为教师的选择，不应受年龄、地位、资格等限制，主要是用道与业来衡量。谁先有“道”，谁在术业上有专攻，谁就能成为教师。

(4) 师生关系

韩愈提出了“弟子不必不如师，师不必贤于弟子”的命题，含有“能者为师”和“教学相长”的意思，确立了新型的师生关系。

三、论述题

1. (1) 美育即培养学生正确的审美观点，发展他们感受美、鉴赏美和创造美的能力的教育。美育是全面发展教育的一个不可缺少的重要组成部分。过去，我们一度只强调德，智，体育，而忽视了美育的作用。但是，从人的心理结构来看，人的心灵是知、情、意的统一，是理智感、审美感、道德感的统一。

(2) 社会主义社会的美育是为建设社会主义精神文明和培育学生心灵美、行为美服务的。它用现实生活中的美好事物和反映在艺术形象中的先进人物的思想感情和活动来感染受教育者。它广泛而深入地影响着学生的情感、想象、思想、意志和性格。它能丰富学校的文化精神生活，激起学生的情绪体验，有助于培养高尚情操，提高社会主义觉悟，鼓舞学生为实现共产主义理想和创造一切美好的事物而奋发向上。社会主义美育的主要原则是：

① 思想性和艺术性相结合。把革命的思想性和完美的艺术性紧密地结合起来。

② 美育内容和实际生活相结合。美育的内容须富有生活气息；并渗透到学校全部生活中。

③ 情绪体验和逻辑思维相结合。使学生在感受美和享受美的过程中，焕发高尚的情感，使学生通过逻辑思维来分析作品，加深他们对生活的认识。

④ 艺术内容与表现方法的统一。既要使学生钻研艺术内容，加深理解；又要使他们了解艺术的表现方法，掌握表现的技能、技巧。

⑤ 统一要求和因材施教相结合。要使全体学生都学点绘画、唱歌和其他艺术，有一般的艺术修养；也要适应学生艺术才能和兴趣的不同，因材施教。

(3) 在教学中进行美育的主要途径和方法：

① 在教学中充分揭示学科美的特征，进行审美教育

在教学中充分揭示学科中的统一美，使学生的知识系统化；展现学科中的对称美，消除思维定势的消极影响；追求学科中的简洁美，培养学生思维的灵活性；寻找学科中的奇异美，培养学生的创造能力。

② 在教学活动中，要积极创设思维情景，激发学生感知科学精神和美的能力，进行审美教育

在教学活动中，教师可以从审美的角度出发，为学生设置思维情景，激发学生的学科美感，让学生沉浸在学科美的享受之中，自发地产生求知的欲望，从而能够轻松，愉快地从感性认识向理性认识过渡，达到审美教育的目的，开放性的题目就像一朵美丽的奇葩，在教与学的活动中，师生可以共同分享每一个步骤中所蕴含的学科美感，从而使审美教育的效果达到一个较高的层次。

③ 贯穿美学原则，讲究教学艺术，进行审美教育

我们在引导学生进行学科活动时，除了应该尽可能地挖掘教学内容中的美的因素之外，还应该进行“美化处理”，即是采用审美手段对教学内容进行分，合；增，减；补充，完善，使其精美化。从而提高学科教材的启发性、趣味性、降低难度，使材料好学好记好用，使学生乐于接受，乐于思考。

④ 加强逻辑思维和形象思维的训练，开发左，右脑的潜在功能，进行审美教育

传统教育实质上只是一种继承型的教育方式。它往往只注重学生的记忆能力，理解能力和逻辑思维能力的训练，而忽视了学生想像能力，直觉思维能力，创造性思维能力和实际操作能力的训练。因此，进行审美教育，完善学生的审美心理结构，还必须注重形象思维的训练。采取直观、形象的教学，还可以在教学活动中完成左，右脑的协调发展，发挥人的大脑应有的整体思维效益，完善审美心理结构。

⑤ 美的教学需要美的教学设计

设计精美的学科问题，寻求最美的解题思路，运用优美的学科形式，绘制精美的学科图形，描述直观的学科现象，操作优美的教学演示，使用优美的学科语言，书写精美的文字，采用优美的教态。

2.(一) 终身教育体系和学习型社会的基本概念

(1) 终身教育是一个纵横贯通的教育体系，是实现人的可持续发展、迈向学习化社会的必由之路。中国终身教育体系是“全人生化、全社会化的大教育体系；是终身教育和终身学习双向同构的复合型教育体系；是以素质教育为基础的创新教育体系；是具有中国特色的社会主义现代化教育体系”。它包括一切教育性质、教育类别的教育形式、教育方式和教育内容中的所有组成部分和环节，在终身教育体系中，学前教育、义务教育、高中阶段教育、职业教育、高等教育、继续教育、民族教育和特殊教育都是不可缺少的。

(2) 学习型社会是“社会的每一个成员、家庭和组织都具有多种多次受教育的机会，是一个多层次、多领域提供教育服务的社会”，也是“以学习为核心，以全民为主体，以终身教育体系为基石，以学习型组织为基础，以运行机制为保障，以学习工作化和工作学习化为标志，以促进人的全面发展为目的，以营造学习氛围为环境，以实现与时俱进，开拓创新，推进社会发展为结果的全民学习、终身教育的社会”。在学习型社会中，学习已经成为人们乃至整个社会的基本需求，终身学习的观念已经为全社会成员认同，社会的每个家庭和社会

的各种组织都成为学习型家庭和学习型组织。

（二）构建终身教育体系是创建学习型社会的基石

（1）终身教育体系与特征，说明了终身教育的时空、对象、功能、方式、内容和手段等具有鲜明的开放性、发展性和社会性，构建终身教育体系的过程，就是促进创建学习型社会不断发展和成熟的过程，学习型社会的形成是终身教育体系构建的真正标志。

（2）构建终身教育体系是一项庞大的社会工程，涉及面广，需要外部支持和内在机制的完善来统一规划、管理，从而整合和统筹运用各类终身学习资源，满足学习者学习的需求。构建终身教育体系的目标是对教育资源和人才培养模式进行优化和整合，实现终身教育与终身学习双向强化，形成教育型社会和学习型社会的组合，形成"处处是学习之所"的社会环境，使每一个人在各个年龄阶段都有受教育的机会。同时，终身教育体系将整合国内外教育资源，建立起"教育超市"和"教育网络"，实现优质教育资源共享，促进和推动学习型社会的形成。

（3）构建并不断完善终身教育体系是当今世界各国经济发展和社会进步的共同趋势，是形成学习型社会的必然要求。终身教育体系的构建，使社会成员接受教育的方式将突破时间和空间的界限，将逐步由"教育化学校"转化为"学习化学校"，将由"封闭式、接受式教育"转化为"开放式、自主式学习"。因此，没有一个完善的终身教育体系的构建，就不会形成一个和谐、积极向上的学习型社会。面临现实，我国清醒地认识到构建灵活开放的终身教育体系的重要性和迫切性，同时把这一课题纳入国家教育改革和发展中长期规划之中，要求学校、科研院所、企业等相关组织和部门统筹扩大继续教育资源，大力发展远程教育，为学习者提供方便、灵活、个性化的学习条件，并逐步搭建终身学习"立交桥"，促进各类教育纵向衔接、横向沟通，提供多次选择机会，满足个人多样化的学习和发展需要，从而为创建学习型社会打下坚实的基础。

（三）学习型社会的创建促进终身教育体系的完善和发展

学习型社会的创建必须坚持终身学习理念，整合各类教育资源，以先进学习文化为引导，以各种学习型组织为基础，为社会成员无障碍学习提供充分支持以助其全面发展，并进而促进社会可持续发展的新型社会。在经济发达的美国、日本和韩国均较早地提出了终身学习、终身教育的口号。构建终身教育体系需要一个良好的社会环境、政策环境和舆论环境，学习型社会的创建使得终身学习的观念为全社会成员认同，学习已经从无意到有意、从被动到主动；学习已成为人的生活组成部分，社会成员养成了良好的学习习惯和方法，成为学习型个人。这样，从个人、家庭、社会组织，再到整个社会，都有着鲜明的学习理念。正确的学习导向、丰富的学习兴趣、和谐的学习环境，必将有力地促进社会的全面进步和经济的持续发展，促进社会成员文明程度的提高，促进终身教育体系的完善和发展。

总之，从终身教育体系和学习型社会的基本特征和关系来看，二者虽然有着内涵和外延的区别，但同时有着本质的、必然的联系。构建终身教育体系和形成学习型社会是当今世界的一种教育思潮，是时代发展和社会进步的迫切需要，是世界各国教育改革和发展的共同趋势，是进入知识经济时代和信息时代世界各国的必然选择，也是保持个人、社会和经济可持续发展的不竭动力。

四、材料分析题

案例中小女孩摘下玫瑰花的确是个错误，但这个错误与她年幼无知有关。她以为摘一朵花就像借一样东西，用过了还回来就行了。苏霍姆林斯基的高明之处在于，他不但看到了孩子的错误，更看到了小女孩错误背后的爱心。批评一个孩子所犯错误很容易，可是，要呵护和培养一个孩子的爱心却不是一件容易的事。因为在孩子成长的过程中，他的爱心会漫漫地融化或吸纳他的错误的，可无情的批评和处罚可能将毁掉孩子爱心的火花。所以，对学生来说，培养孩子的爱心远比对他们的错误进行无情指责重要。

在漫长的教育生涯中，苏霍姆林斯基与他的同事们培养了一批又一批的优秀毕业生，也积累了丰富的教育经验，特别是他卓越的育人技巧，值得我们认真学习和借鉴。

(1) 教师要关心、热爱和了解孩子。热爱孩子是苏霍姆林斯基教育思想的核心，也是目前我们教育教学工作倡导的主要教育理念。热爱孩子是做好一切教育工作的前提和基础。我们要认真学习和领会苏霍姆林斯基“以人为本”、“热爱孩子”的教育理念，把满腔爱心倾注在孩子们身上，多关心孩子、了解孩子，让爱充满校园。只要教师满怀爱心走入校园，走进课堂，那么一切教育问题都可找到解决和正确处理的办法。

(2) 教师要熟悉孩子的心理特点，走进孩子们的心灵。教育者只有一颗爱心还远远不够，而是要十分熟悉孩子们的年龄与心理特点，懂得教育规律，像苏霍姆林斯基那样，真心走进孩子们的心灵，做孩子们的知心朋友和领路人。

(3) 教育者要有教育智慧，讲究教育艺术。针对目前孩子们教育现状的复杂性，教师们要认真学习教育理论，认真研究教育教学实际问题，生成自己的教育智慧，应对各种各样的教育现象。

2017 年南京师范大学教育综合真题

一、选择题(每题 2 分，共 20 分)

1. 在稷下学宫为祭酒，被称为“最为老师”的是(　　)。

A. 孔子　　B. 孟子　　C. 荀子　　D. 墨子

2. 为蔡元培所独创并被认为教育的最高境界的是(　　)。

A. 军国民教育　　B. 公民　　C. 世界观　　D. 美育

3. 被毛泽东誉为“伟大的人民教育家”的是(　　)。

A. 陶行知　　B. 晏阳初　　C. 陈鹤琴　　D. 梁漱溟

4. 西方教育史上第一个教授法学者，最早提出分班教学初步设想的是(　　)。

A. 夸美纽斯　　B. 昆体良　　C. 赫尔巴特　　D. 亚里士多德

5. 在教育史第一次明确提出教育心理学化口号，开启十一世纪教育心理化运动的是(　　)。

A. 皮亚杰　　B. 桑代克　　C. 弗洛伊德　　D. 裴斯泰洛齐

6. 杜威著作中，其实用主义教育思想最系统和最集中的阐述是(　　)。

A.《我的教育信条》　　B.《民主主义与教育》　　C.《学校与社会》　　D.《经验与教育》

7. 班杜拉将对产生一定结果所需要的组织和执行行为过程能力的信念，称之为(　　)。

A. 自我效能感　　B. 自我效能意识　　C. 自我观念　　D. 自我满足

8. 在学校教育中，有规划，有组织的试试的“正式课程”或“官方课程”，称为(　　)。

A. 直线式课程　　B. 螺旋式课程　　C. 显性课程　　D. 隐性课程

9. 在课程内容上，恰当处理学科知识与学生需要能力的关系意味着实现(　　)。

A. 科学性与思想性的统一　　B. 学科性与儿童心理逻辑的统一

C. 事实与价值的统一　　D. 主体体与客观的统一

10. 在课程计划后教学活动开始之前，对需要准备状态的评价是(　　)。

A. 形成性评价　　B. 终结性评价　　C. 诊断性评价　　D. 发展性评价

二、名词解释(每题 5 分，共 20 分)

1. 班级文化

2. 测验效度

3. 课程编制的泰勒原理

4. 洛克的“白板说”

三、辨析题(判断正误，并说明理由，每题 10 分，共 30 分)

1. 班级是由学生和教师构成的组织，其中，教师是班级的主体，起引导、协助、监督、咨询等作用。

2. 非指导性教学的核心是让学生开展自主学习和小组全体学习。

3. 不良行为者不良行为的形成在某种意义上讲是由于不良刺激不断强化的结果，而通过强化暂停的方法可以对个体暂时不予强化或把个体与特征的强化环境相隔离，从而抑制不良行为的发生或降低其发生的频率，所以，强化暂停的时间越长，效果越好。

四、简答题(每题 10 分，共 40 分)

1. 简述学校德育应坚持的基本理念。

2. 简述交往对话的新型师生关系的特征。

3. 简述校本课程开发的优势和局限。

4. 简述动机在学习活动中的作用。

五、论述题(每题 20 分，共 40 分)

1. 试论述学校教育在人的发展中的作用。

2. 讲授式教学方法在近现代的教育改革和实验中不断遭遇诟病和挫判，但为什么直到现在其依然是基础教育学校的主要教学方法，请论述你的观点。

2017 年南京师范大学教育综合真题详解

一、选择题(每题 2 分，共 20 分)

1. C　“老师”一词最早是对荀子的称呼，《史记·孟子荀卿列传》：“齐襄王时，而荀卿最为老师。”“老师”的本意是指最老的师。

2. C　世界观教育为蔡元培所独创并被作为教育的最高境界，就是要培养人民立足于现象世界但又超脱现象世界而贴近实体世界的观念和精神境界。

3. A　陶行知以高度的历史使命感和责任感，以中华民族的伟人复兴为理想日标，激励和启迪了一批又一批国人，在近代中国产生了巨大影响。在其逝世后，毛泽东发来唁电，赞誉他为“伟大的人民教育家”。

4. B　昆体良是西方教育史上第一个教授法学者，他最早提出了分班教学的初步设想，后来被捷克教育家夸美纽斯继承和发展。

5. D　在世界教育史上，裴斯泰洛齐是第一个明确提出“教育心理学化”口号的教育家。

6. B　《民主主义与教育》是杜威实用主义教育思想的最系统和最集中的阐述，它作为美国实用主义教育运动的指导纲领，影响深远。

7. A　班杜拉将对产生一定结果所需要的组织和执行行为过程能力的信念，称之为自我效能感。自我效能感具有决定人们对行为任务的选择及对该任务的坚持性和努力程度，同时也影响人们在执行任务过程中的思维模式以及情感反映模式。

8. C　显性课程是指学校情境中以直接的、明显的方式呈现的课程。大多数情况下显性课程是以学校教育中有计划、有组织地实施的“正式课程”或称“官方课程”的方式呈现。

9. B　恰当处理学科知识与课程内容的关系意味着既要尊重学科知识的内在的逻辑体系的要求，又要尊重儿童的心理发展的内在要求，实现学科逻辑与儿童心理逻辑的统一。

10. C　诊断性评价是在课程计划或教学活动开始之前，对需要或准备状态的一种评价，其目的在于使计划或活动的安排具有针对性。

二、名词解释(每题5分，共20分)

1. 班级文化是作为社会群体的班级所有或部分成员共有的信念、价值观、态度的复合体。班级文化是一个班级的灵魂，是每个班级所特有的。它具有自我调节、自我约束的功能。班级文化涉及到与班级有关的各类人群，既包括我们以往比较关注的学生与学生之间的关系、师生之间的关系，也包括我们容易忽略的教师之间以及教师与家长之间的关系。

2. 测验效度亦称测试的有效性，指一套测试对应该测试的内容所测的程度。也就是说，一套测试是否达到了它预定的目的以及是否测量了它要测量的内容。如用听写来测量学生的听觉能力，其效度也是不理想的，因为书面记录有声语言不仅涉及学生的听觉能力，而且还与他们的书写速度、拼写能力、语法知识、记忆能力和对全文的理解能力等有关。

3. 在泰勒出版的《课程与教学的基本原理》一书中，他开宗明义地指出，开发任何课程和教学计划都必须回答四个基本问题：第一，学校应该试图达到什么教育目标？第二，提供什么教育经验最有可能达到这些目标？第三，怎样有效组织这些教育经验？第四，我们如何确定这些目标正在得以实现？这四个基本问题——确定教育目标、选择教育经验(学习经验)、组织教育经验、评价教育经验——构成了著名的“泰勒原理”。

4. 洛克反对天赋观念论，他认为，人出生时心灵像白纸或白板一样，只是通过经验的途径，心灵中才有了观念，因此，经验是观念的唯一来源。白板说是一种典型的“外铄论”，强调了环境对人的影响，否定了遗传的作用。

三、辨析题(判断正误，并说明理由，每题10分，共30分)

1. 错误。班级组织是由学生和教师构成的正式的社会组织，其中，学生是班级的主体，班主任起着引导、协助、监督、咨询的作用。

2. 错误。非指导性教学以师生间的非指导性交谈为核心。非指导性交谈是指教师摒弃了传统教师专制者和决策者的角色，而以尊重学生情感体验的建议者、引导者的角色与学生平等地交流，并为学生实施教师的建议提供心理帮助。

3. 错误。强化暂停持续时间切忌过长，否则会造成问题行为者失去应有的受教育的机会。一般说来，应按预先约定的时间，时间一到，暂停即告终止，或者按个人良好行为是否已明显得到抑制或有所好转来控制强化暂停时间。

四、简答题(每题10分，共40分)

1. 德育原则是根据德育目的、德育目标和科学规律提出的指导德育工作的基本要求。

德育原则指导着德育工作的各个方面及其整个过程，对制定德育大纲，确定德育内容，选择德育方法，运用德育组织形式等都具有指导作用。我国中小学常用的德育原则主要有：理论和生活相结合、疏导、长善救失、严格要求与尊重学生相结合、因材施教、在集体中教育、教育影响一致性和连贯性，具体如下。

（1）理论和实践相结合的原则是指进行德育要把思想政治观点和道德规范的教育与参加社会生活的实际锻炼结合起来，把提高学生的思想认识与培养道德行为习惯结合起来，使他们言行一致。

（2）疏导原则是指进行德育要循循善诱、以理服人，从提高学生认识入手，调动学生的主动性，使他们积极向上。

（3）长善救失原则是指进行德育要调动学生自我教育的积极性，依靠和发扬他们自身的积极因素去克服品德上的消极因素，促进他们的道德成长。

（4）严格要求与尊重学生相结合原则是指进行德育要把对学生的思想和行为要求与他们对个人的尊重和信赖结合起来，使教育者对学生的影响与要求易于转化为学生的品德。

（5）因材施教的原则是指进行德育要从学生的思想认识和品德发展的实际出发，根据他们的年龄特征的个性差异进行不同的教育，使每个学生的品德都能得到最好的发展。

贯彻因材施教的原则要求：深入了解学生的个性特点和内心世界；根据学生个人特点有的放矢地进行教育；根据学生的年龄特征有计划地进行教育。

（6）在集体中教育的原则是指进行德育要注意依靠学生集体、通过集体进行教育，以便充分发挥学生集体在教育中的巨大作用。

（7）教育影响一致性和连贯性原则是指进行德育应当有目的有计划地把来自各方面对学生的教育影响加以组织调节，使其互相配合协调一致前后连贯地进行，以保障学生的品德能按教育目的的要求发展。

2. 和谐的师生关系是一种巨大的教育力量，也是一种珍贵的教育资源。对话型师生关系是最为和谐师生关系，有了对话，双方就有了理解和尊重，进而推进教学活动的有序高效进行。对话型师生关系的特征有：

首先，在人格上师生是平等的关系。

其次，教师和学生都力图突破封闭的自我，破除种种极端倾向，寻求对话的“边缘地带”。

再次，师生不只是知识教学的关系，更是共同分享知识、智慧、情感，共同建构精神意义的关系。

3.（1）国家课程因其自身的特点与局限，没有、也不可能充分考虑各地方、各学校的实际；更不可能照顾众多学习者的认知背景及其学习特点；更无力在学法指导与策略教学方面采取相应的、有针对性的措施。这恰恰是校本课程开发的意义所在，也是当今时代赋予学校教育的重要使命。它有以下几方面好处：

① 教师的积极参与；

② 考虑学生的认知背景与需要；

③ 学校的主客观条件及其所处社区的经济与文化水平；

④ 凸现学校自身特色。

（2）校本课程自身的局限。比如，由于学校条件和教师水平的限制，校本课程可能降低质量标准，产生平庸和折衷；增加学校和教师的压力和负担，影响教师的工作积极性；校本课程的实施可能加剧地区间经济文化发展的不平衡；由狭小的社区和单个学校所规划的教育有可能偏离国家教育方针，助长地方化倾向等诸如此类的问题，都是实施校本课程开发中必须认真加以解决的。

4. 学习动机是激发个体进行学习活动、维持已引起的学习活动，并致使个体的学习活动朝向一定的学习目标的一种内部启动机制。它与学习活动可以相互激发、相互加强。学习动机一旦形成，它就会自始至终，贯穿于某一学习活动的全过程。因此，学习动机可以加强并促进学习活动，学习活动又可激发、增强甚至巩固学习动机。学习动机具有动机的一般作用以及区别于其他动机的独特作用。

(1) 一般作用

① 激发功能，动机能激发个体产生某种行为。这里，动机是引起行为的原动力，对行为起着始动作用。

② 指向功能，动机能使个体的行为指向某一目标。这里，动机是引导行为的指示器，对行为起着导向作用。

③ 维持功能，动机能使个体的行为维持一段时间。这里，动机是维持行为的续动力，对行为起着续动作用。

(2) 独特作用

学习动机具有不同于其他动机的独特作用，具体讲，动机对学生的学习与行为的作用主要表现在以下几个方面：

① 使个体的学习行为朝向具体的目标。具有某种动机的个体经常自己设定某种目标，并使自己的行为朝向这些目标。

② 使个体为达到某一目标而努力。动机决定了个体在某一活动中所投入的努力、热情的多少。动机越强，努力越大，热情越高。

③ 激发和维持某种活动。研究表明，动机决定了学生在多大程度上能主动地从事某种活动并坚持下去。

④ 提高信息加工的水平。根据信息加工理论，动机影响着加工何种信息以及怎样加工信息。具有学习动机的学生注意力更集中，而注意在获取信息以进入工作记忆与长时记忆中起着关键作用。

⑤ 决定了何种结果可以得到强化。学生取得学业成就的动机越强，则获得好成绩时的自豪感(自我强化)越强，而获得不良成绩时的受挫感或厌恶感越强。

⑥ 导致学习行为的改善。这是上述各种作用的最终体现。良好的、适当的学习动机最终将促进学习行为的改善，提高学习能力。

五、论述题(每题 20 分，共 40 分)

1. 学校教育是教育者根据一定社会的要求和个体发展的规律，有目的、有计划、有组织地对受教育者身心施加影响，把他们培养成为一定社会服务的人的活动。教育活动中的发展是一种在人的有目的地参与、干预下多发生的变化过程，也就是说，受教育者的身心发展是包括受教育者自身在内的人的有目的的学习、培养、锻炼和构建的成果。学校教育是一种制度化的教育，它由各级各类学校来实施对人的发展特别是对年轻一代的发展的重要作用。

(1) 教育是一种有目的地培养人的社会活动

教育是有目的地培养人的社会活动，这是教育的质的规定性。教育尤其是学校教育，作为有目的地培养人的社会活动，就是在一定的教育目的引领下，通过人的主体选择把人的发展中所蕴涵的某一种或几种符合教育目的的可能因素在人的现实的发展过程中呈现出来，改变人在自然状态下自发的发展过程，以期形成教育目的所规定的理想品质。因此，在教育活动中所实现的人的发展，是在人的干预下实现的教育活动过程，实质上是有目的地促进人的发展的过程，使受教育者成为符合教育目的即社会期望的人的过程。

（2）教育主要通过文化知识的传递来培养人

教育主要通过文化知识的传承来培养人的，文化知识是滋养人的生长的最重要的社会因素与资源。语言符号及其负载的文化知识之所以对人的发展至关重要。主要是因为文化知识蕴含着有利于人的发展的多方面价值：知识的认识价值、知识的能力价值、知识的陶冶价值、知识的实践价值。

鉴于知识的这些价值，要有效地促进学生的发展，教育必须引导学生尊重知识、热爱知识、主动学习、探究真知、创造性地理解和运用知识，并在这个过程中使儿童的智能、品德、个性和人格都获得发展，成为社会的主体。在教育过程中，要反对忽视和贬低知识、降低教育教学质量的倾向，同时也要克服教育脱离生活的弊端。

（3）教育对人的发展的作用越来越大

学校教育之所以在人的现代化过程中起着重要的作用，是因为学生在学校里不仅仅学会了读写算各个方面的基本知识和技能，而且学到了与他们个人的发展和他们国家的未来有相关的态度、价值和行为方式。目前，我国正在进行社会主义现代化建设，人的现代化是社会现代化的重要基础和前提条件。我们应当自觉地优先发展教育，高度重视并充分发挥教育对人的现代化的促进作用。

2. 讲授法是教师通过语言向学生描绘情境、叙述事实、解释概念、论证原理和阐明规律的一种教学方法。它以教师为中心，以传授知识，培养基本技能为主要目的，以教师的课堂讲解和学生的习题练习为主要手段。其特点是：①要根据一定的教学目的进行；②教师起主导作用，引导学生进行思考；③学生在倾听与反馈中建构知识；④口头语言、表情语言、体态语言是传递知识的基本工具；⑤教师要对讲授的内容做合理的组织。讲授法是一种非常古老而又应用最广的传统教学方法。

讲授法容易产生“满堂灌”、注入式教学，难以顾及个别差异，在培养学生的创造力等方面有较大的局限。近几年，随着新课程理念的推行，课堂教学无论是教学方法、教学模式，还是教学内容都遭受着强有力的冲击。新课程强调“以学生的发展为本”，强调学生自主探索新知的经历和获得新知的体验，把教学本质定位为交往，这就意味着教学要体现探究性学习的理念，改变传统教学中老师讲学生听的做法，要变“要我学”为“我要学、我会学”。这种讲解方法已普遍不再受欢迎，它被称为“满堂灌”、“填鸭式”、“教师的独角戏”，并逐渐退居二线，少人问津。那么，是不是说我们使用已久的“讲授法”就过时了呢？我认为，虽然讲授法与其他教法相比存在着不足，但不能因此而否定他的存在价值。作为一种传统的教学方法，讲授法有着其他教学方法所不具备的特点，具有优越性。

（1）讲授法有利于在规定的时间内完成教学任务

讲授法是教师通过口头语言系统而连贯地向学生传授科学文化知识的方法。教师在教学过程中可通过科学的分析、论证，生动的描绘，有启发性的提问等，使学生在较短时间内获得较多的知识。

（2）讲授法有利于学生准确、系统地掌握科学文化知识

在教学过程中，讲授法有多种方式：讲述、讲解、讲读、讲演等。我们在教学过程中，

向学生说明、解释和论证科学概念、原理、公式和定理的时候多采用讲解的方式。如：我在讲授七年级上册《地理》中气候和天气的概念时曾尝试在不同的班级用不同的方法。在一个班我直接用讲解的方式告诉学生“天气是一个地方短时间里阴晴、风雨、冷热的状况”，“气候是一个地方多年的天气平均状况”，并举例区分了什么是天气、什么是气候。学生比较容易接受，且记忆较准确。在另外一个班我采用了讨论发，让学生通过小组讨论，合作探究这两个概念的含义并比较两者的不同，学生对这个问题的完成情况不是很理想。虽然在我的指导下有的小组的学生能说出两者的概念并能指出两者的不同之处，但是不够全面。表述也不科学。教学目标即便是完成了，但耗时过长，且我并不能保证每个学生对概念掌握的系统性、准确性。

（3）每一种教学方法的实施过程中都渗透着讲授法，可以综合使用

讲授法作为一种传统的教学方法，至今仍被广泛使用而没有过时，不仅仅在于它容易控制教学时间，有利于学生获得正确系统的知识，还在于随着教学方法的改革，新教法不断出现的同时，讲授法也在不断地完善。不论是哪一种教学方法，都离不开教师的讲解、点评、总结，这些都是教师运用讲授法的过程。讲授法渗透于其他教法的实施过程中，离开了讲授法，其他教学方法就难以独立存在。同样的，讲授法只有与其他教学方法结合起来，才能弥补使用该教法学生容易处于被动状态、个性发展容易受到影响的不足。

2017 年福建师范大学教育综合真题

一、名词解释（每题 5 分，共 30 分）

1. 六艺教育
2. 大学院制
3. 国防教育法
4. 新教育运动
5. 自我效能感
6. 角色扮演

二、简答题（每题 15 分，共 60 分）

1. 教育制度的特点。
2. 教师劳动的特点。
3. 教育的政治功能。
4. 环境对人的影响。

三、论述题（每题 20 分，共 60 分）

1. 结合教学实践谈循序渐进的原则及其要求。
2. 幼童留美的历史影响。
3. 夸美纽斯的教育适应自然原则，对今天基础教育的启示。

2017 年福建师范大学教育综合真题详解

一、名词解释（每题 5 分，共 30 分）

1.“六艺”具体是指礼、乐、射、御、书、数。按照其学科性质分成三大类：①礼乐。

礼是指周礼，范围十分广泛，涉及政治、伦理、道德、礼仪等各个领域；乐教也是西周官学中的主要科目，当时乐的概念十分宽泛，包括音乐、师哥、舞蹈等，世纪上是各门艺术的总称。②射御。射，指射箭的技术；御，指马拉战车的技术。③书数。书，指书写文字；数，指计算。

“六艺”教育作为西周教育的特征与标志，内容包括多方面因素，既重思想道德，又重文化知识；既重传统文化，又重实用技能；既重军事，又重戒备；既重礼仪规范，又要重内心情感修养。“六艺”体现了文武兼备、诸育兼顾的特点，反映了中华文明发展早期的辉煌。

2. 1927 年 6 月，国民党教育行政委员会决定采用大学院制，任命蔡元培为大学院院长。后来公布的《中华民国大学组织法》规定，大学院为全国最高学术教育机关，隶属国民政府，管理全国学术和教育行政事宜。由于大学院制不适合中国国情只有江苏、浙江两省试行。1928 年 7 月国民政府废止大学院，成立教育部。

3. 1957 年，苏联卫星上天后，美国朝野极为震惊，改革教育的呼声更加高涨。1958 年，美国颁布了《国防教育法》，主要内容有：加强普通学校的自然科学、数学和现代外语（即“新三艺”）的教学；加强职业技术教育；加强“天才教育”；增拨大量教育经费，作为对各级学校的财政援助。

《国防教育法》是作为改革美国教育、加快人才培养的紧急措施推出的，法案冠以“国防”二字足以说明美国当局对这次改革十分重视，认识到教育在国际竞争中的重要性，教育与国家的安危和国家的前途命运息息相关。该法的颁布有利于美国教育的发展，有利于教育质量的提高，有利于培养科技人才。

4. 新教育运动就是 19 世纪末至 20 世纪初在欧洲出现的资产阶级教育改革运动。它的主要内容是建立与旧式的传统学校在教育目的、内容、方法上完全不同的新学校，因此也称新学校运动。19 世纪末，资本主义进入垄断时期，新的经济与政治状况需要有首创精神和有能力开拓资本主义事业的人才，那种只重书本知识、纵人骄奢怠惰的贵族式学校教育已不能满足要求，必须进行改革。1889 年，英国教育家雷迪在英格兰的德比郡创办了欧洲第一所新学校阿博茨霍尔姆乡村寄宿学校，标志着新教育运动的开端。

5. 自我效能感理论的代表人物是班都拉。自我效能感指人们对自己是否能够成功地从事某一成就行为的主观判断，即人们对自己在特定情境中是否有能力操作行为的预期。自我效能感表现为对自己能力的自信程度。影响自我效能感形成的主要因素包括：个体自身行为的成败经验、替代经验、言语劝说和情绪唤醒等。

6. 角色扮演为心理学家莫雷诺所创。其于公元 1920 年创设心理剧后，角色扮演也就成为团体辅导，以及教学上的重要技术。莫雷诺认为，角色置换是一种心理技术，它让人置身于他人的社会角色，并按照这一角色所要求的方式、态度行事，以增进人们对他人社会角色及自身角色的理解，让个人真正地体验生活并学习如何解决问题。透过这种历程，个人不仅可借着演出来抒发情感，而且可以学到新的行为方式以更有效地履行自己的角色。

二、简答题（每题 15 分，共 60 分）

1. 教育制度是指一个国家各级各类教育机构与组织的体系及其管理规则。教育制度的特点有：

① 客观性。教育制度作为一种制度化的东西，自然不是从来就有的，而是一定时代的人们根据社会生产力发展水平和人的发展水平制订的，这所决定了教育制度的客观性。

② 规范性。任何教育制度都是其制定者根据需要而制定的，因而，是有一定价值取向

的，且主要表现在入学条件即受教育权的限定和各级各类学校培养目标的确定上。

③ 历史性。教育制度既是对客观现实的反映，又反映制定者一定的价值取向，因而，在不同的历史时期、不同的文化背景下，就会有不同的教育制度，是随着时代和文化背景的变化而不断创新的。

④ 强制性。教育制度作为教育机构系统的制度，是先于个体而存在的。它独立于个体之外，对个体的行为具有一定的强制作用。

2. 教师劳动的特点主要包括以下几个方面：

① 复杂性。教师劳动的复杂性，首先是由教育对象的复杂性决定的。教育对象是人，人的成长因素是多方面的，它包括遗传、环境、教育与人的自觉能动性因素，哪一方面受到忽视，都可能给青少年成长带来损失。教师劳动的复杂性也是由教育过程、教育方法和教育手段的复杂性决定的。

② 示范性。教育是培养人的活动这一本质特点决定了教师的劳动必须带有强烈的示范性。教师的劳动之所有具有示范性，还在于模仿是青少年学生的一个重要学习方式。

③ 创造性。一般来说，任何一种劳动都需要有一定的创造性，但教师的劳动则要求有更灵活的创造性。教育是一种培养人的活动，它需要按照一定社会的要求有目的有计划地进行，但它决不能单纯模仿或机械重复，教师要根据自己对教育方针、培养目标以及教材的理解，针对教育对象的不同特点和普遍规律，选择最能奏效的方法与途径来实现教育目的。的活动，以培养学生的创造需要、创造品格、创造性思维的能力，从而表现教师劳动的创造性。

④ 长期性。培养人是一个长期的过程。某一种行为、习惯的养成，一种缺点的克服等，都需要教师付出长期的大量劳动，这也正是教师劳动的艰苦性之所在。

⑤ 专业性。教师劳动的专业性突出表现在教师对育人的崇高敬业精神和道德修养上，对教育教学专门化知识和技能的掌握和教育活动的自主权上。

3. 教育的政治功能主要包括以下几个方面：

① 教育通过传播一定社会的政治意识形态，完成年轻一代的政治社会化

在阶级社会中，任何一种教育总是要向受教育者传播一定的政治、哲学、道德等方面的思想体系，形成他们一定的阶级意识和行为品质，其目的是使人们从思想上去自觉维护和巩固某种经济关系，以及建立在这种经济关系上的政治、伦理道德关系等。

② 教育通过造就政治管理人才，促进政治体制的变革与完善

任何一个社会政治秩序的稳定，除了全体人民的政治社会化之外，还需要一批专门的政治人才。学校教育从它一产生就担负起为社会培养国家所需要的政治人才、管理人才的责任。我国古代学校典型的“养士”教育在培养政治人才方面具有十分突出的功能。英国的“公学”和牛津、剑桥大学培养了一大批英国最高层的政治人才。

③ 教育通过提高全民文化素质，推动国家的民主政治建设

一个国家的政治是否民主，主要取决于该国的政体，但也与国民的文化素质密切相关。一个国家普及教育的程度越高，国民的文化素质越高，其国民就越能认识民主的价值，在政治生活和社会生活中就越能履行民主的权利。而在一个文盲充斥的国家里，政治独裁、宗教迷信和官僚主义则是比较容易推行的。

④ 教育还是形成社会舆论、影响政治时局的重要力量

学校是知识分子和青少年集中的地方，他们有知识、有见解，思想敏锐，勇于发表意

见，通过教育者和受教育者的言论、行动、讲演、文章、学校的教材和刊物等，来宣传一定的思想，造就一定的舆论，借以影响群众，为一定的政治、经济服务

4. ①环境是人的发展的外部条件。环境是人的发展的现实根基与资源，分为自然环境和社会环境两大类，其中对人的发展的影响起主要作用的是社会环境，它是儿童得以发展的现实条件和现实源泉，对人的发展起着不可替代的重要作用。

② 环境的给定性与主体的选择性。环境的给定性指的是自然、历史，对发展的个体来说是客观的、先在的和给定的。主体的选择性是因为人是具有能动性的主体，个体的能动性、主体性、选择性和创造性会随着年龄和经验的增长而逐步增加，这就产生了例如逆境中有人奋起也有人消沉的不同效果。

③ 环境对人的发展的作用离不开人对环境的能动活动。环境的给定性离不开主体的选择性，环境的给定性不会限制人的选择性，反而会激发人的能动性和创造性，二者之间的相互作用蕴含着人多样发展的可能性。

尽管环境对人的发展具有不可替代的重要影响，但它同样并不能简单的决定人的发展。

三、论述题(每题 20 分，共 60 分)

1. 循序渐进原则，又称系统性原则，是指教学要按照学科的逻辑系统和学生认识发展的顺序进行，使学生系统地掌握基础知识、基本技能，形成严密的逻辑思维能力。首先，循序渐进的原则是由本身的系统性和严密性决定的。其次，还由于学生认识能力的发展存在着生理活动的节律性和心理发展的阶段性。此外，学生认识活动进程本身也是有序的，是由简单到复杂逐步深化的。因此，循序渐进的“序”包括教材内容的逻辑顺序，学生生理纪律的发展之序，学生认识能力发展的顺序和认识活动本身之序，是四种顺序的有机结合。只有循序渐进，才能使学生有效掌握系统的知识，发展严密的思维能力。

贯彻系统性原则的基本要求是：

① 正确处理五种序之间的关系。教师的教学顺序要以学生的生理发展节律为基础要考虑学生身心发展的阶段性特征要以教材的逻辑顺序为主导同时尽可能结合学生的认识能力和学生的认识顺序的发展做到五序合一。

② 适时而教。教学内容只有通过一定的教学组织形式和活动方式并落实在特定的时空中才能产生其教育作用。因此要加强课堂活动的时间设计和管理做到适时而教。所谓适时主要表现在五个方面发展上的适时、起点行为的适时、及时、进度上的适时、管理上的适时。

③ 系统地传授新知识。在教学过程中教师要做到加强新旧知识的联系以旧带新以新固旧要突出重点难点做到主次分明教师要随时指导学生对所学知识进行及时的归纳整理进行认知结构的重启教师在讲课时既要注意本门学科的逻辑顺序又要关注相关学科之间的横向联系。

④ 注意抓主要矛盾解决好重点与难点的教学。

⑤ 教学必须由近及远由浅入深、由简到繁。教师要认真研究学生针对他们在学习过程中的认识需要和特点处理好近与远、浅与深、简与繁等问题。

⑥ 根据具体情况进行调整速度、顺序增删内容。系统性原则并非要求教师刻板、僵化地执行大纲。在实际教学中不同地区、学校、学生的情况有很大差异。在基本服从大纲顺序的前提下教师要善于从自己面对的实际出发适当地调整速度、顺序、增删内容。循序渐进并不等于单向的直线前进尽管教材中前面知识是后面知识的基础后面知识是前面知识的继续喝扩展。但是由于教材结构本身的复杂性和学生学习发展的多端性有时学生也可以跳过前面的

一些难点内容先学后面的其他知识而后面知识的掌握反过来会加深学生对前面知识的理解。

⑦ 培养学生系统学习的能力和习惯。系统的学习习惯包括合理地计划学习活动编制有逻辑结构的答题计划善于把学到的新知识纳入到已有的知识体系中系统地检查自己的学习并及时加以强化。

⑧ 循序渐进还要注意教学环节之间的衔接。无论是旧知识的复习检查还是渐进知识的系统传授无论是教师的课堂教学还是学生的作业练习都要循序渐进地进行。

2. 中国留美幼童指中国历史上最早的官派留学生。公元 1872 年到 1875 年间，由容闳倡议，在曾国藩、李鸿章的支持下，清政府先后派出四批共一百二十名学生赴美国留学。这批学生出洋时的平均年龄只有十二岁。虽然派遣幼童赴美留学这一事件最终以大多数幼童中途被召回国而告终，但我们不能否认幼童赴美留学这一具有里程碑性质的事件的历史意义。

其一、幼童留美在一定范围内促进了晚清中国教育体系的近代化转型。晚清幼童留美的实行一举突破了传统科举制度在中国的垄断地位，打破了传统儒学教育的藩篱。幼童留美不仅在教育内容、课程体系、教学方法等微观层面为晚清教育注入新的血液，此后国内各学堂开始接受分年排课、班级授课等西方教育方式，也促使晚清政府在进行教育改革时加大了自然科学和实用技术的教学，使教育内容和课程设置更多样化、实用化，开启了晚清教育的近代转型。同时，幼童留美也“为中国大规模派遣留学生积累了经验，它在留学专业选择、派遣人员标准、经费来源及使用、管理等方面都有可资借鉴的经验和教训，为以后留学教育探索了道路”。

其二、幼童留美在为晚清政府培养新式人才的同时也推动了近代中国社会人才观念的转变。幼童留美在短期内即为清政府培养了一批受过欧美教育的新型人才，这批幼童归国后凭借他们在美国所学到的科学知识很快成为晚清各领域的骨干力量。

其三、留美幼童回国后在国际外交领域为近代中国外交事业发展作出了重要贡献。第二次鸦片战争后清政府外交局面有了较大突破，但专业外交人才的缺乏却成为对外交往中亟待解决的重要问题。留美幼童回国后因其留美背景，成为清政府外交人才的重要来源。

其四、留美幼童归国后以他们在多个领域的重要贡献有力地推动了近代中国科学事业的发展。留美幼童回国后在国内从事工矿、铁路、电报业者多达 30 人。他们“在工厂、矿山、铁路、航运、电报、电话、银行、商店等部门担任技术指导，直接传播西方的先进技术”，有力地促进了晚清工矿、铁路、电报以及教育事业的迅速发展。

【科兴点评】关于留美幼童，考生可以参阅央视制作的五集纪录片《留美幼童》。

3. (1) 夸美纽斯的教育适应自然原则，其内涵包括两个方面：一是教育要适应大自然的规律。夸美纽斯认为，在自然界存在着一种保证万物和谐发展的秩序，即普遍规律，所以，人的各种活动包括教育活动都应该遵循这些自然的、普遍的秩序或规律。二是教育要适应儿童的自然本性和年龄特征。夸美纽斯认为，人属于自然界的一部分，人的发展适应自然发展的规律。他的这一贡献使以往零散的教育经验加以理论化，引导人们注意遵循教育规律，使教学理论从神学的束缚中解放出来，给人们以教育思想的解放。

(2) 夸美纽斯的自然适应性教育原则，它不仅对旧教育进行了批判，同时为近代教育理论的建立打下了坚实的基础。即使在我们今天的教育中所提倡的素质教育和创新性教育也有它的影子。尤其是“教育要符合儿童的身心发展特点和教学客观规律”更是我们今天所倡导的。

①教育科学研究需要积极的探索精神。《大教学论》之所以成为教育学发展的一个新时代的标志，与夸美纽斯的积极探索精神密不可分。

②教育科学研究需要注重实践的累积。众所周知，实践出真知。科学的教育理论来源于人们丰富的教育实践。夸美纽斯“自然适应性”思想就绝不是从什么“自然原理”中引申出来的，而是有其丰富的教育实践作根基。

③教育科学研究需要选择适宜的方法。科学发展史告诉人们，理论上的突破往往取决于方法上的创新。夸美纽斯在教育理论上取得的突破性进展，正是缘于他对研究方法在科学研究中的巨大作用的体认。他的这一举动，无疑告谕人们：教育科学研究应取科学的研究方法。

2017 年青岛大学教育综合真题

一、简答题(每小题 10 分，共计 60 分)

1. 简述教学过程中的几个必然联系。
2. 新一轮基础教育课程改革的具体目标有哪些？
3. 简述有关教育目的两个典型的价值取向。
4. 根据皮亚杰的观点，教学中如何发展儿童的认知能力？
5. 简述陈述性知识获得的机制。
6. 简述加德纳的多元智力理论。

二、论述题(每小题 30 分，共计 60 分)

1. 个体身心发展有哪些规律？针对这些规律你认为应该采取怎样的教育措施？
2. 联系实际，谈谈学校教育中如何培养学生的创造性。

三、案例分析题(30 分)

当人们谈到天才，马上就会想到爱因斯坦。1955 年诺贝尔奖获得者爱因斯坦在普林斯顿逝世，享年 76 岁。他的儿子授权病理学家托马斯·哈维保存一些爱因斯坦的大脑切片用于科学研究。随后他将大脑切片分发给了至少 18 位全球各地的研究者。后来陆续有几位研究者发表相关研究，试图说明爱因斯坦大脑中某些部分的与众不同是如何转化为爱因斯坦惊人的思维能力的。

你认为天才来自于何处，从爱因斯坦的大脑中能找到天才的因子吗？由此分析一个人的发展受哪些因素影响？这些影响因素在人的发展中各起怎样的作用？对上述的天才研究你作何评价？

2017 年青岛大学教育综合真题详解

一、简答题(每小题 10 分，共计 60 分)

1.（1）间接经验和直接经验的必然联系：

① 学生认识的主要任务是学习间接经验；

② 学校间接经验必须以学生的直接经验为基础；

③ 防止忽视系统知识传授或间接经验积累的偏向。

（2）掌握知识和发展智力的必然联系：

① 智力的发展依赖于知识的掌握，知识的掌握又依赖于智力的发展；

② 引导学生自觉地掌握知识和运用知识才能有效地发展他们的智力；

③ 防止单纯抓知识教学或只重视能力发展的片面性。

(3) 掌握知识和提高思想的必然联系：

① 学生思想的提高以知识为基础；

② 引导学生对所学的知识产生积极的态度才能使他们的思想得到提高；

③ 学生思想的提高又推动他们积极地学生知识。

(4) 智力活动和非智力活动的必然联系：

① 非智力活动依赖于智力活动，并积极作用于智力活动；

② 按照教学需调节学生的非智力活动才能有效地进行智力活动，完成教学任务。

(5) 教师主导作用和学生主动性的必然联系：

① 发挥教师的主导作用是学生简捷有效地学习知识发展身心的必要条件；

② 调动学生的学习主动性是教师有效教学的一个主要因素；

③ 防止忽视学生积极性和忽视教师主导作用的偏见。

2. 新一轮基础教育课程改革的具体目标有：

(1) 改变课程过于注重知识传授的倾向，强调形成积极主动的学习态度，使获得基础知识与基本技能的过程同时成为学会学习和形成正确价值观的过程；

(2) 改变课程结构过于强调学科本位、科目过多和缺乏整合的现状，整体设置九年一贯的课程门类和课时比例，并设置综合课程，以适应不同地区和学生发展的需求，体现课程结构的均衡性、综合性和选择性；

(3) 改变课程内容"难、繁、偏、旧"和过于注重书本知识的现状，加强课程内容和学生生活以及现代社会和科技发展的联系，关注学生的学习兴趣和经验，精选终身学习必备的基础知识和技能；

(4) 改变课程实施过于强调接受学习、死记硬背、机械训练的现状，倡导学生主动参与、乐于探究、勤于动手，培养学生搜集和处理消息的能力、获取新知识的能力、分析和解决问题的能力以及交流与合作的能力；

(5) 改变课程评价过分强调甄别与选拔的功能，发挥评价促进学生发展、教师提高和改进教学实践的功能；

(6) 改变课程管理过于集中的状况，实行国家、地方、学校三级课程管理，增强课程对地方、学校及学生的适应性。

3. 由于人们对教育持有不同的价值观，因而在教育目的上就形成了不同的理论，主要有个人本位论和社会本位论。

(1) 个人本位论在 18 世纪和 19 世纪上半叶盛行于西方资本主义世界，其思想主要反映在自然主义和人本主义的教育思想中，认为教育目的应该根据人的本性的需要来确定。代表人物主要有卢梭、裴斯泰洛齐、福禄贝尔、康德、萨特等。主要观点有：

第一，教育目的应该根据个人发展的需要来制定。

第二，个人的价值高于社会的价值。

第三，认为人生来就有健全的本能，教育的职能就在于使这种本能，不受影响地得到自然的发展。

(2) 社会本位论在 19 世纪下半叶开始出现于西方国家。其认为教育的一切活动都要服从于社会的需要，教育目的应该根据社会的需要来确定。代表人物主要有孔德、纳托普、涂尔干、凯兴斯泰纳等。主要的观点有：

第一，主张教育目的应以社会需要为根本或出发点，强调以社会的发展需要为主来制定教育目的和建构教育活动的一种教育目的的理论。教育的最高目的在于使个人成为国家的合格公民，具有起码的政治品格、生产能力和社会生活素质。单纯的个人不可能成为教育目的

第二，人的本性是其社会性，人的一切发展都依赖与社会。

第三，社会的价值高于个人的价值，个人的使命在于为国家或社会进步事业献身。

4. 皮亚杰的发展理论对教育教学实践有很大的影响。皮亚杰不主张教给儿童那些明显超过他们发展水平的知识，也不主张毫无根据地或人为地加速儿童的发展，但同时过于简单的问题对儿童的认知发展作用也不大。在皮亚杰看来，儿童的认知发展是以自身已有的认知结构为基础的，并以已有图式与环境相互作用而产生的认知需要为动力。鉴于此，为了发展学生的认知能力，教育上我们要做到：

(1) 提供活动。教师要为学生提供大量的、丰富的活动，这些活动也是真实环境中发生的活动。

(2) 创设最佳的难度。教师创设或提供的教学环境应该是既能引起学生的认知不平衡，又不过分超越学生已有的认知水平和知识经验。

(3) 了解儿童如何思考。当学生在学习中出现错误或体会到一种认知冲突时，他们会重新思考自己的理解，也就可能会获得新的理解或知识。因为学生是在与周围人的相互作用中获得知识、检验自己的思维并不断地得到反馈的，具体的经验也提供了思维的素材，教师只有了解儿童的思考方式，才能更好地引导学生的认知发展。

(4) 认识儿童认知发展水平的有限性。教师需要认识各年龄段儿童认知发展所达到的水平，促使儿童在教学过程中更加主动。

(5) 让儿童多参与社会活动。皮亚杰特别强调社会活动对儿童认知发展的作用。

5. 知识的获得是一个建构的过程，而知识的建构是通过新旧知识的同化和顺应实现的。

(1) 同化

在知识的建构过程中，学习者需要以原有的知识经验作为基础来同化新知识。学生对新信息的理解即使来源于他们原有的知识和经验，也必须通过适当的途径在新信息和原有知识经验之间建立适当的联系，才能获得新信息的意义。这种通过将新知识和原有知识经验相联系，从而获得新知识的意义，并把它纳入原有认知结构而引起认知结构发生量变的过程，叫做知识的同化。

(2) 顺应

随着新知识的同化，原有的知识经验会因为新知识的纳入而发生一定的量变或改组，这就是知识的顺应。当新观念与原有知识可以融洽相处时，新观念的进入可以丰富和充实原有知识。有时，新观念与原有观念会存在一定的偏差，此时新观念的进入会使原有的观念发生一定的调整，以顺应新知识的接纳。

(3) 同化与顺应的关系

同化意味着学习者联系、利用原有知识来获取新概念，它体现了知识发展的连续性和累积性；顺应则意味着新旧知识之间的磨合、协调，体现了知识发展的对立性和改造性。同化新知识是原有知识发生顺应的基础，真正的同化离不开顺应的发生，只有转变原有错误观念，解决新旧知识之间的冲突，才能真正一体化。

6. 美国心理学家加德纳认为，智力的内涵是多元的，它由 7 种相对独立的智力成分所构成。每种智力都是一个单独的功能系统，这些系统可以相互作用，产生外显的智力行为。这 7 种智力分别为：

（1）言语智力：包括阅读、写文章或小说，以及用于日常会话的能力。大脑的“布罗卡区”负责产生合乎语法的句子。

（2）逻辑—数理智力：包括数学运算与逻辑思考的能力。

（3）空间智力：包括认识环境、辨别方向的能力等。大脑右半球掌管空间位置的判断。

（4）音乐智力：包括对声音的辨别与韵律表达的能力。

（5）运动智力：包括支配肢体完成精密作业的能力，大脑的每一个半球都控制或支配对侧身体的运动。

（6）社交智力：包括与人交往且能和睦相处的能力。

（7）自知智力：包括认识自己并选择自己生活方向的能力。

二、论述题(每小题 30 分，共计 60 分)

1. 人的发展的规律性主要表现为人的发展的顺序性、不平衡性、阶段性、个别差异性和整体性，而这些规律性具有重要的教育学意义，是教育工作必须遵循的规律性。

（1）顺序性

人的身心发展的顺序性，是指人从出生到长大成人，身心的发展是一个由低级到高级、由简单到复杂、由量变到质变的连续不断的发展过程。在这一过程中，不仅整个身心发展具有一定的顺序，身心发展的个别过程和特点的出现也具有一定的顺序。在生理方面，身体的发展是“先头部后四肢，先中心后边缘”进行的。心理机能的发展顺序是：由具体形象思维到抽象逻辑思维，由机械记忆到意义记忆，由无意注意到有意注意，由喜、怒、哀、惧等一般情感到理智感、道德感和美感。

人的身心发展的顺序性决定了在教育活动中，无论是知识技能的学习还是思想品德的发展，必须遵循着由具体到抽象，由浅入深，由简到繁，由低级到高级等顺序，逐渐地前进，不能“揠苗助长”、“凌节而施”。要使教学着眼于学生的“最近发展区”，使教学既不能脱离学生的发展实际，又要走在发展的前面，以最有效地促进学生的发展。

（2）不平衡性

人的发展的不平衡性，是指人的身心发展所具有的发展速度和发展时间的先后上的不均衡的特性。科学研究证明，个体的身心发展的各个方面是不平衡的，这种不平衡性具体表现在：一是身心系统发展的不平衡，二是身心系统内部各方面发展的不平衡，三是就每一项素质来说，其发展速度是不平衡的，四是从人的总体发展看，从出生到成熟的进展是不平衡的，是呈波浪型向前推进。个体身心发展的不平衡性要求教育者要充分把握人的各项身心素质发展的关键期和最佳期。

（3）阶段性

人的发展的阶段性，是指人的身心发展的不同年龄阶段具有不同的发展目标、发展重点和发展特征。个体身心发展的后一阶段的发展总是建立在前一阶段发展的基础上，而且后一阶段既包含着前一阶段发展的结果，又萌发着后一阶段发展的新质。如弗洛伊德的性心理发展阶段理论、皮亚杰的认知发展阶段理论和埃里克森的社会发展阶段理论，都是根据不同标准提出并产生了重要影响的阶段理论。这些理论都认识到心理的发展是知、情、意的统一，是形成一种统一的人格。根据儿童身心发展的阶段性，教育也要体现出阶段性的特点。教育的阶段应该与儿童身心发展的阶段相适应。在教育工作中，就必须从教育对象的实际出发，针对不同年龄的学生，提出不同的具体任务。

(4) 个别差异性

人的发展的差异性是指不同个体之间在身心特征上所具有的相对稳定的不相似性。由于人的遗传、社会生活条件和教育、主观能动性的不同，人的发展的速度、水平以及发展的优势领域千差万别，彼此间表现出发展的个别差异性。个体差异性有多种层次。从群体的角度看，个体的差异性首先表现为男女性别的差异。其次，个别差异性表现在不同方面的发展存在差异。再次，个别差异性还表现在不同青少年儿童具有不同的个性心理倾向和个性心理特征。身心发展的个体差异性，不仅表现在个体身上，也表现在群体上，不同的社会文化背景和社区生活环境下生活的儿童群体，其发展水平、表现方式也会呈现出群体之间的差异。教育工作应该注意学生的个别差异性，针对学生的个别差异，真正做到“因材施教”、“长善救失”，使每个学生都能迅速地、切实地获得最佳发展。

(5) 整体性

教育面对的是一个个活生生的、整体的人，他们既具有生物性和社会性，还表现出个体的独特性。不从整体上把握教育对象的特征，就无法教育人。事实上，人的生理、心理和社会性等方面的发展是密切地联系在一起的，并在人的发展过程中相互作用，使人的发展表现出明显的整体性。人的发展的整体性要求教育要把学生看作复杂的整体，促进学生在体、智、德、美等方面全面和谐地发展，把学生培养成为完整和完善的人。

2. 创造性是一种个性特质，这种个性特质的人具有创造力，即根据一定目的，运用已知信息，产生出某种新颖、独特、有社会或个人价值的产品的能力。其显著特征是流畅性、变通性、独特性。从本质上来讲，创造也是一种问题解决的过程，是最终产生新颖的产品的活动过程，因此，可以将它看作是问题解决的最高形式。

培养和发展儿童的创造性，是教育特别是学校教育的一项重要任务和目标。在教学中培养学生的创造性，可以从以下方面着手：

(1) 创设有利于创造性发挥的环境

这时的环境不仅指学校环境，还包括家庭环境和社会环境。所谓有利于创造性发挥的环境，应该是一个能支持或高度容忍标新立异者和偏离常规者的环境，是一个让儿童感到心理安全和心理自由的环境。心理安全就是指不对儿童的独特想法进行批评或挑剔，使其消除对批评的顾虑，获得创造的安全感，敢于表达自己的见解；心理自由就是尽量减少对儿童行为和思维的无谓限制，给其自由表现的机会。从大的社会环境来看，我们要改造传统文化中负面的东西，鼓励竞争，鼓励冒尖。

(2) 注重创造个性的塑造

要培养学生的好奇心，激发学生的求知欲，不断创设变化的、能够激起新异感的学习环境，多创设适当的问题情境，组织学生观察自然，考察社会。为了发展学生的创造性，应该注意培养学生的独创精神，鼓励他们创造性的解决问题。重视非逻辑思维能力消除个体对答错问题的恐惧感。

(3) 注重创造性思维的培养

在创造性结构中，认知因素是核心，而创造思维又是最重要的认知因素，因此应注重创造思维的培养。

第一，培养发散思维和集中思维。创造性是“一种以发散思维为核心、聚合思维为支持性因素、发散思维与聚合思维有机结合的操作方式。"聚合思维就是根据已有信息求取唯一正确的答案。而发散思维是假定一个问题有多种答案，思维的方向往外发散，寻找各种可能的正确答案。实际上，一个创造性活动的过程，要经过从发散思维到聚合思维，再从聚合思维到发散思维的多次循环才能完成。因此既要培养发散思维，又要培养聚合思维。

第二，发展直觉思维。直觉思维是依靠直觉突然地看到解决问题的途径，预感到问题或情境的意义和结果，并直接指向目标。它是创造思维活跃的一种表现，在创造活动中占有重要地位。我们要增强学生的信心，鼓励学生大胆地对问题进行推测或猜想，养成良好的直觉习惯。

第三，培养创造想象。人类的创造活动离不开想象，特别是创造想象。通过创造想象，可以弥补事实链条上的不足和尚未发现的环节，可以把许许多多看来似乎无关的现象联系起来，产生新的形象组合。因此我们必须为学生创设自由而轻松的环境，设法帮助学生增加表象储备，注意灵感的捕捉等，以发展学生的创造想象。

三、案例分析题(30 分)

案例中的病理学家试图从爱因斯坦的大脑中找到天才的因子，无疑是徒劳的。这明显是一种遗传决定论，认为天才完全依赖于遗传。这种理论完全忽视了社会生活条件的重要性。实际上，天才是遗传因素、环境、教育和个体能动性共同作用的结果。

(1) 遗传素质是人的发展的生理前提，为人的发展提供了可能性。遗传是指人从上代继承下来的生理解剖上的特点，也叫遗传素质。遗传素质是个体身心发展的物质前提，为人的发展提供了可能。个体发展总是要以遗传所获得的生理组织和最初生命能力为前提条件的。如果没有这些自然条件，人的发展就无法实现。

(2) 人的发展是受后天环境制约的，如果说遗传素质作为人的发展的生理前提，为人的发展提供了先天可能性。而环境则是把这种发展的可能性转化为发展的现实性。环境是人的发展的现实根基与资源。一个人的身心能否得到发展和发展到什么程度，都与他所处的社会环境分不开，社会环境是儿童得以发展的现实条件和现实源泉，对人的发展起着重要的不可替代的作用。没有社会环境影响，生物人不可能获得人的社会发展。

(3) 个体的能动性是个体在社会实践的基础上能动地认识世界，在认识的指导下通过实践能动地改造世界，人不仅是社会活动的主体，而且也是自身发展的主体，人在自身发展过程中会表现出人所特有的能动性。只有外部环境的客观要求转化为个体自身的需要，才能发挥环境和教育的影响。个体身心发展的特点、广度和深度，主要取决于其自身的主观能动性的高低。在个体的发展过程中，人不仅能反映客观环境，而且也能改造客观环境以促进自身的发展。

(4) 教育主要通过文化知识的传承来培养人的，文化知识是滋养人的生长的最重要的社会因素与资源。语言符号及其负载的文化知识之所以对人的发展至关重要。

通过上述分析可知，虽然遗传因素在人的发展中有着非常大的作用，但并不起决定作用。

遗传素质是个体发展的物质前提，它只提供了人发展的可能性。人的遗传素质只有在一定社会环境和教育条件下，才能发展为现实。个体遗传素质的成熟和人的身心发展阶段的划分也不是绝对的，遗传素质上的缺陷还可以通过教育和个人努力得到抑制和补偿。同时，随着环境、教育和实践活动的作用，人的遗传因素会逐渐地发生变化。

2017 年宁波大学教育综合真题

一、名词解释(每题 5 分，共 30 分)

1.“白板说”

2.《爱弥儿》

3. 教育

4. 教育目的

5. 程序性知识

6. 最近发展区

二、简答题(每题 10 分，共 60 分)

1. 韩愈的“尊师重道”思想。

2. 简述古代书院的萌芽及其原因。

3. 蔡元培提倡的“五育”之间的关系。

4. 简述教育促进个体社会化和个性化功能的表现。

5. 简析学生的道德认知和道德行为的关系。

6. 简介学生对学业成败的归因如何影响学习行为。

三、分析与论述题(每题 20 分，共 60 分)

1. 试论赫尔巴特的教学阶段理论。

2. 政治、经济、文化因素是如何影响课程变革的?

3. 教师专业发展的内容有哪些？结合自己经验或体会，谈谈当前教师专业发展中的存在的一个或者几个问题。

2017 年宁波大学教育综合真题详解

一、名词解释(每题 5 分，共 30 分)

1. 洛克反对天赋观念论，他认为，人出生时心灵像白纸或白板一样，只是通过经验的途径，心灵中才有了观念，因此，经验是观念的唯一来源。白板说是一种典型的“外铄论”，强调了环境对人的影响，否定了遗传的作用。

2.《爱弥儿》是 18 世纪法国教育家卢梭写的一部作品。在这本书中，卢梭提出了自然教育理论，奠定了其在教育史上显赫地位。自然教育理论的核心是“归于自然”，即教育必须遵循自然，顺应人的自然本性。

3. 广义的教育指的是，凡是有目的地增进人的知识技能，影响人的思想品德，增强人的体质的活动，不论是有组织的或是无组织的，系统的或是零碎的，都是教育。狭义的教育主要指学校教育，即根据一定的社会和阶级的要求，有目的，有计划，有组织地对受教育者身心施加影响，把他们培养成一定阶级或社会所需要的人的活动，是人类社会发展到一定阶段的产物。

4. 教育目的即指教育要达到的预期结果，反映对教育在人的培养规格标准、努力方向和社会倾向性等方面的要求。狭义的教育目的特指一定社会(国家或地区)为所属各级各类教育人才培养所确立的总体要求；广义的教育目的是指对教育活动具有指向作用的目的领域，含有不同层次预期实现的目标系列。它不仅标志着一定社会(国家或地区)对教育培养人的要求，也标示着教育活动的方向和目标，是教育活动的出发点和归宿。

5. 程序性知识是关于怎样完成某项活动的知识，是关于"怎样做"的知识，是个体的用于具体情境的算法或一套行为步骤。它相当于技能。程序性知识(认知策略、智慧技能、运动技能)包括一般领域的程序性知识(弱方法)和特殊领域的程序性知识(强方法)，前者适用于许多不同的领域，后者适用于某一特殊的领域。在特殊领域的程序性知识中又分为自动化技能和特殊策略知识。

6. 最近发展区是原苏联心理学家维果茨基提出的概念，他指出：我们至少应该确定儿童发展的两种水平：第一种水平我们称为儿童的现实发展水平。这是指一定的已经形成的儿童发展周期的结果和由它而形成的心理机能的发展水平，表现为儿童独立演算习题的水平；另一种水平是儿童在成人的引导和帮助下演算习题的水平。这两种水平之间存在差距，这个差距就是儿童的最近发展区。

二、简答题(每题 10 分，共 60 分)

1.（1）教师的作用与地位：韩愈从"存师卫道"的角度阐述了教师的独特功能，他认为师是"传道"的，儒家的道统是封建社会的精神支柱。而道要靠教师来传递，传道须有师。卫道必须先尊师，师与道是密切结合、不可分离的。"道之所存，师之所存"。

（2）教师的基本任务：针对教师的基本任务，韩愈作了经典性地表述，即"师者，所以传道、授业、解惑也。"他认为教师的三大任务为：传递儒家道统，传授古文六艺之业，解决学生在学习道与业过程中存在的困惑。

（3）教师的资格：韩愈认为教师的选择，不应受年龄、地位、资格等限制，主要是用道与业来衡量。谁先有"道"，谁在术业上有专攻，谁就能成为教师。

（4）师生关系：韩愈提出了"弟子不必不如师，师不必贤于弟子"的命题，含有"能者为师"和"教学相长"的意思，确立了新型的师生关系。

2. 书院始于唐代，当时有两种场所被称为书院。一种是由中央政府设立的主要用作收藏、校勘、整理图书的机构，如唐代的集贤书院、丽正书院，其性质相当于皇家图书馆；另一种是民间设立的主要供个人读书治学的地方，如李秘书院、松洲书院等。在私人书院中出现了不太普遍的收徒讲学活动，虽没有形成系统的制度，但已成为书院的萌芽。

唐末出现书院萌芽的原因有：第一，社会动荡，官学衰落，士人失学；第二，我国有源远流长的私学讲学传统；第三，佛教禅林制度的影响；第四，印刷术的发展，书籍大量涌现。

3. 蔡元培在 1912 年发表的《对于教育方针之意见》中，从"养成健全之人格"的观点出发，提出了"五育并举"的教育思想。五育包括军国民教育、实利主义教育、公民道德教育、世界观教育和美感教育。蔡元培强调五育不可偏废：前三者偏于"现象世界"之观念，隶属于政治教育；后两者以追求"实体教育"之观念为目的，为超越政治之教育。军国民教育为体育，实利主义教育为智育，公民道德教育为德育，美感教育可以辅助德育，世界观教育将德、智、体合二为一，是教育的最高境界。五育尽管各自的作用不同，但都是"养成共和国民健全之人格"所必需的，是统一整体中不可分割的有机部分。五育中也有重点，即必须以公民道德教育为根本。

4. 个性化一般指个体在社会适应和社会参与过程中所表现出来的、比较稳定的独特个性。社会化一般指个体在出生后的发展中，习得社会规范、价值观念和行为习惯等，并借以适应社会、参与社会的过程。个性化和社会化是人自身发展的两个相互对应的不同方面，是人得以良好发展的重要标志。个性化和社会化的和谐统一是人的发展与完善的基础和前提。

（1）教育，尤其是学校教育促进个体个性化主要体现在：

① 教育促进人的主体意识的形成和主体能力的发展；

② 教育促进个体差异的充分发展，形成人的独特性；

③ 教育开发人的创造性，促进人的个体价值的实现。

（2）教育，尤其是学校教育促进个体社会化主要体现在：

① 教育促进个体观念的社会化；

② 教育促进个体行为的社会化；

③ 教育促进个体智力与能力的社会化；

④ 教育培养个体的职业意识和角色。

5. 道德认知，是指人对道德行为准则及其意义的认识，通常表现为人对道德想象或道德行为的是非、善恶及其意义的认识。它包括对一定道德知识的掌握，也包括以这些知识作为自己的行动指南，变为信念，并且以此来评价自己的他人的道德行为。道德行为是人在一定的道德意识支配下所进行的各种具体行动，是实现道德需要、道德动机的手段。

二者的关系为：道德认知和道德行为是德育过程中的两个关键阶段，二者相互统一，相互作用，共同发展；道德认知是道德行为的先导，道德行为是道德认知的外在表现。

6. 韦纳发现人们倾向于将活动成败的原因即行为责任归结为以下六个因素，即能力高低、努力程度、任务难易、运气（机遇）好坏、身心状态、外界环境等。同时，韦纳认为这六个因素可归为三个维度，即内部归因和外部归因、稳定性归因和非稳定性归因、可控制归因和不可控归因。其中不可控是激发动机面临的最大挑战，它会使学习产生习得性无助。

韦纳的归因理论认为，一个人解释自己行为结果的原因会反过来激发他的动机，影响他的行为、期望和情感反应。例如：把成功归结为内部原因，会使学生感到满意和自豪；归结为外部原因，会使学生产生惊奇和感激的心情。把失败归于内部原因，会使学生产生内疚和无助感；归于外部原因，会产生气愤和敌意。把成功归于稳定因素，会提高学生的积极性；归因于不稳定因素，学习的积极性可能提高，也可能降低。把失败归因于稳定因素，会降低学习的积极性；归因于不稳定因素，则可能提高学习的积极性。

三、分析与论述题（每题 20 分，共 60 分）

1. 赫尔巴特教育理论思想对后世影响最大的是他的教学阶段论，要了解赫尔巴特的教学阶段论，首先有必要了解他的“专心”和“审思”这两个概念。所谓“专心”，是指在某一时间内只专心研究某一个东西而不考虑其他东西。所谓“审思”，是指把一个又一个“专心”活动统一起来。

赫尔巴特认为兴趣可以分为四个阶段：注意、期待、要求、行动。在此基础上，他提出了教学阶段论：教师应采取符合学生心理活动规律的教学程序，有计划、有步骤地进行教学。他把教学过程分成四个连续的阶段：

（1）明了。指教师讲解信教材时，把教材分为若干部分，提示给学生，以便学生掌握和领悟。这时，学生的心理处于“静止的专心”状态，其兴趣阶段是注意，教师适合用叙述的方法传授知识。

（2）联想。指通过师生谈话把新旧观念结合起来。教学的任务是把前一阶段教师所提示的新观念和学生意识中原有的旧观念结合起来。这时，学生的心理表现为“动态的专心”。其兴趣阶段发展到“期待”新的知识；教师的任务是与学生交流，自由交谈是联想的最好办法。

（3）系统。指在教师指导下寻找结论和规则，使观念系统化，形成概念。这时学生的心理处于“静止的审思”状态，兴趣活动处于要求阶段，教师要运用综合的方法，使知识系统化。

（4）方法。指通过练习把所学知识应用于实际，以检查学生对新知识的理解是否正确。这时学生的心理表现为“动态的审思”。其兴趣点在于进行学习行动，教学方法主要是让学生做作业、写文章与修改等对知识的运用。

赫尔巴特的形式教学阶段理论最突出贡献是在严格的心理活动的过程基础上，对教学过程中的一切因素和活动都进行了高度的抽象，建立了一种明确的规范的教学模式。从这个意义上讲，教学形式阶段理论不仅是对教育教学活动本质认识的发展，而且具有实践的意义。因此，19 世纪后期到 20 世纪前期，对世界教育的发展起了重要的推动作用，但它固有的机械论倾向也受到来自各方面的批判。

2. 如果从课程变革的复杂性来看，课程变革通常有五种类型。一是“替代”，即一种要素可能被另一种现成的要素所替代。比如，用新的教科书代替旧的教科书。二是“交替”，即当变革被引进到现行的材料中，并有希望成为选修科目而容易被采纳时，交替就产生了。这种方式常常表现为在现行课程内容和结构不变的情况下增加一些新的内容，对其进行充实、改进等。三是“紊乱”，这种变革是破坏性的，对课程变革往往起反作用。四是“重建性变革”，这种变革导致对体系本身的修改，即课程变革不仅仅是课程内容、结构的改造，而是要更新课程体系，形成新的教学观，因为课程与教学的改革是分不开的。五是“价值观变革”，它强调课程变革归根到底是一种价值变革，是与课程有关的人的价值思想观念的变革。

影响课程变革的因素主要有政治因素，经济因素和文化因素。

（1）课程变革不可能脱离社会政治因素的影响，而且政治因素对课程变革的影响是多层面的、深刻的。正如布鲁纳所言：“不顾教育过程中的政治、经济和社会环境来论述教育学理论的心理学家和教育家，是自甘浅薄，势必在社会上和教室里受到蔑视。”尤其是当政治变革影响到教育的根本性质时，这种影响就更为强烈。从历史上来看，政治变革对课程变革的影响和制约较之科技、文化变革更为直接，而且这种影响和制约并非总是积极的、进步的，有时也会产生消极的抑制作用，甚至使课程产生倒退。政治变革对课程变革的影响和制约大致表现为以下几个方面：①课程变革目标的厘定。②课程变革的内容选择。③制约着课程的编制过程。

（2）经济因素对教育变革有着直接的推动作用，对学校课程变革亦是如此。现代以来，由于科技的发展，生产过程日渐复杂，社会大生产需要提高劳动者的科技文化素质，所以学校课程门类日益增多，课程中科技知识的含量加重，学校课程更加贴近经济发展的需求。总的来看，经济因素对学校课程变革的制约表现为以下几个方面：①经济领域劳动力素质提高的要求制约着课程目标。②经济的地区差异性制约着课程变革。③市场经济的发展对课程变革有着直接的冲击和影响作用。

(3) 在社会文化系统中教育是文化的一个子系统，而文化通过教育的传递、传播和创造，才得以保存和发展。因此，可以说课程是社会文化的缩影，其内容来自于社会文化，但并不仅是社会文化的简单复制。社会文化需要通过教育机制的筛选，才能进入学校课程。文化因素对课程变革的影响在于：①文化模式要求学校课程变革时，依据不同民族的文化特质，设置与不同民族文化相适应的课程，在内容、难度、编排、实施、评价等方面考虑和体现民族特色。②文化变迁要求学校课程应在课程目标、课程编制、课程设置、课程实施等方面进行调整，或大量增减科目、删添内容，或重新组合课程结构。③ 文化多元要求学校课程体现文化间的差异，在尊重各少数民族文化、各社会阶层文化的同时，将主流文化与少数族群文化整合起来。

【科兴点评】显然，课程变革的影响因素并不包含在333教育综合的大纲。

3. (1) 教师的专业发展指的是教师以自身专业素质包括知识、技能和情意等方面的提高和完善为基础的专业成长、成熟过程，是由非专业人员转向专业人员的过程。教师专业发展既指教师个体通过职前培训，从一名新手逐渐成长为成熟教师的一个可持续的专业发展过程，也指教师职业整体从非专业职业、准专业职业向专业性质进步的过程。教师专业发展的内容包括：

① 专业理念，主要包括专业态度、教育理念和专业道德三个方面的内容。“专业态度”是教师对自己从事的职业所持有的基本态度；“教育理念”是指教师对教育事业所持有的理想和信念；“专业道德”是教师在教育教学活动中处理人际关系所要遵循的基本准则和职业操守。

② 专业知识，包括学科专业知识、教育教学科学理论知识和实践性知识三个主要成分。

③ 专业能力，即教师在育人中所表现出来的教育教学能力的总和。教师的专业能力应包括一般能力(智力)和特殊能力两方面。教师在智力上必须达到一般水平，它是维持教师正常教学思维流畅的基本保障。教师特殊能力包括与教学实践直接相关的特殊能力，如学科教学能力、交往能力、语言表达能力、班级管理能力等。

(2) 当前教师专业发展中的存在这样两个问题：

① 青年教师专业发展中产生“高原现象”

大部分青年教师从师范毕业走上工作岗位后，经过几年的磨合期，他们逐渐掌握了备课、上课、作业批改、课外辅导等教学常规，慢慢站稳了讲台，并迅速成长起来。他们在教学实践中摸索出了一定的教学方法，形成了自己的教学风格，事业进入相对稳定的时期，但随后有部分教师专业发展中产生“高原现象”，具体表现在三个方面：教学水平没有提高甚至下降；专业发展停滞不前；找不到前进的动力。

② 中老年教师专业发展中产生“职业倦怠现象”

中老年教师是学校的中坚力量，他们的工作量大，任务繁重，工作时间长，由于其职业的高强度、高压力和职称的稳定，导致了小部分教师产生“职业倦怠现象”具体表现在三个方面：教学无兴趣，工作无激情；职业兴趣转移；成就感低。

2017 年杭州师范大学教育综合真题

一、名词解释(每小题 5 分，共 30 分)

1. 班级授课制

2.《爱弥尔》

3. 综合课程

4. 教育目的

5. 学习定势

6. 形式教育论与实质教育论

二、简答题(每小题 10 分，共 40 分)

1. 如何正确看待学校教育中的惩罚问题?

2. 简述启发性教学原则。

3. 简述古希腊雅典教育的特点。

4. 简要分析《白鹿洞书院揭示》以及书院教育宗旨。

三、分析论述题(每小题 20 分，共 80 分)

1. 教师劳动的特殊性表现在哪些方面？教师劳动的特殊性会对教师提出什么要求？

2. 创造性与智力并非是简单的线性关系，请阐述两者的种种关系，并结合实际谈谈如何培养学生的创造性。

3. 试论述赫尔巴特教育学思想的心理学基础。

4. 试论述陈鹤琴的儿童教育思想。

2017 年杭州师范大学教育综合真题详解

一、名词解释(每小题 5 分，共 30 分)

1. 班级授课制是一种集体教学形式。它把一定数量的学生按年龄与已有知识水平编成固定的班级，根据周课表和作息时间表，安排教师有计划地向全班学生集体上课。在班级授课制中，同一个班的每个学生的学习内容与进度必须一致，且开设的各门课程，特别是在高年级，通常由具有不同专业知识的教师分别担任。其注重集体化、同步化、标准化，长于向学生集体教学，但拙于照顾学生的个别差异、对学生进行个别指导，不利于培养学生的兴趣、特长和发展他们的个性。

2.《爱弥儿》是 18 世纪法国教育家卢梭写的一部作品。在这本书中，卢梭提出了自然教育理论，奠定了其在教育史上显赫地位。自然教育理论的核心是“归于自然”，即教育必须遵循自然，顺应人的自然本性。

3. 综合课程是与分科课程对应的一类课程，它打破传统的从一门学科中选取特定内容构成课程的做法，根据一定的目的，从相邻、相近的几门学科中选取内容并将这些内容相互融合，构成课程。

4. 教育目的即指教育要达到的预期结果，反映为教育在人的培养规格标准、努力方向和社会倾向性等方面的要求。狭义的教育目的特指一定社会(国家或地区)为所属各级各类教育人才培养所确立的总体要求；广义的教育目的是指对教育活动具有指向作用的目的领域，含有不同层次预期实现的目标系列。它不仅标志着一定社会(国家或地区)对教育培养人的要求，也标示着教育活动的方向和目标，是教育活动的出发点和归宿。

5. 学习定势指学生对学习活动的心理准备状态。学生已有的生活经验、知识结构、思维方式，以及需要、愿望、态度等都能构成其学习的心理准备状态，对学习发生定势作用，从而使学习活动有一定的方向性。定势有积极作用也有消极作用。所谓积极作用是指人一旦形成某种定势，在条件不变时，可以更迅速地知觉对象与做出合理的反应，从而使人更好地适应环境。所谓消极作用是指人一旦形成了某种定势，由于来不及适应外界情境的细小变化，就往往容易发生错觉，妨碍对新问题的解决。解决新问题时，越是信赖一种解题原则，就越会固执不变地用旧的方法解题，而不去尝试用其他方法。

6. 形式教育与实质教育，是在教育的历史发展过程中形成的两种相对立的教育理论。形式教育认为，教育的主要任务在于使学生的官能或能力得到发展。实质教育，认为教育的主要任务在于使学生获得知识。

【知识拓展】形式教育论和实质教育论的基本观点

(1) 形式教育论的基本观点是：

① 教育的任务在于训练心灵的官能。身体上的各种器官，只有用操练使它们发展起来；心智的能力，也只有用练习使它们发展起来。除了练习或训练以外，没有别的方法能发展官能。人们的一切能力，都是从练习而来的，记忆力因记忆而增强，想象力由想象而长进，推理力以推理而提高，等等。这些能力，如果得不到练习，就会减退、变弱。因此，主要的任务就是发现那些能够最有效地训练学生各种官能的心智练习。

② 教育应该以形式为目的。认为，在教育中灌输知识远不如训练官能来得重要。学生受教育的时间是有限的，不可能把所有的知识都灌输给他们。如果他们的官能由于训练而发展了，任何知识随时都可以去吸收。所以知识的掌握在教育上是次要的，重要的是能力的发展。知识的价值在于作为训练的材料，就是学习的东西被遗忘了，却仍留下了一种永久的、更有价值的效果。因此，不必重视课程和教材的实用性，而要重视它们的训练作用。沃尔夫和其他官能心理学家，原来是反对学习古典课程的。然而，当古典课程被认为是训练官能最优良的工具时，形式教育与古典课程就相互提携起来。

③ 学习的迁移是心灵官能得到训练而自动产生的结果。形式教育论是一种早期的学习迁移理论。认为通过一定的训练，使心灵的官能或某种官能得到发展，就能转移到其他学习上去。学生学习拉丁文、希腊文和数学，会对学习其他的课程和教材有很大的好处。这是由于从拉丁文、希腊文和数学的学习中，提高了的比较能力、分析和综合能力、推理能力，能够有效地适应别的情境，能够转移到其他课程和教材的学习上去。因此，官能训练及其迁移的作用和价值，就成为设置课程和选择教材的一个重要依据。

【知识拓展】(2) 实质教育论的基本观点是：

① 教育在于提示适当的观念来建设心灵。心灵在初生时一无所有。心灵的官能不是现成存在的；心灵有赖于观念的联合，它是经验的产物。因此，主要的任务就是以观念充实心灵的内容。

② 教育应该以实质为目的。建设心灵的原料是各种观念。提示外界事物，产生观念的课程和教材，就具有首要的地位。因此，教育不在于重视课程和教材的训练作用，或知识教学促进学生能力发展的作用，而是重视课程、教材的具体内容本身及其实用价值，使学生获得丰富的知识。

③ 必须重视课程和教材的组织。心灵要靠观念的联合以组成概念和范畴。课程和教材的组织和程序，直接影响心灵的组织和程序。

二、简答题(每小题 10 分，共 40 分)

1. 首先，惩罚前要心中有人。教育惩罚是在关爱的前提下对儿童的不良行为进行纠正的强制措施。我们应该知道，“人非圣贤，孰能无过”，任何人都会犯这样那样的错误。教师更应该以一颗宽容的心来看待学生的错误。惩罚作为教育的一种特殊的手段，不可多用，更不可滥用，必须慎之又慎，不要为了一件小事而大动干戈。惩罚前一定要让学生知道错在何处，为何错了，为何受惩罚，做到言之有据，有的放矢，避免惩罚的盲目和滥用。心中装着学生，这是惩罚是否有效的关键。

其次，惩罚要用多种方法。在惩罚的过程中应该摒弃原来罚抄、罚写、罚站等机械的方式，而应该灵活多样，视情况而定，让学生在惩罚中既受到了思想教育，又得到了知识技能的训练。不要为惩罚而惩罚。一个父亲为了惩罚踢碎邻居玻璃的儿子，罚儿子用打零工的钱偿还价格不菲的玻璃款；一个校长为惩罚学生杀了自己的爱犬，罚学生画出狗的血液循环和骨骼图；一个教师惩罚犯错的学生为大家唱首歌，为班集体做一件好事……这些惩罚方法非常高明，使学生在受惩罚的过程中更好地进行了自我教育。

再次，惩罚后要爱护有加。惩罚肯定会使学生的心情受到影响，因而教师不能一罚了之，应该在恰当的时机找他聊聊天，谈谈心，“晓之以理，动之以情”，巩固惩罚效果。让学生把缺点、错误认识透彻，认识到要“为自己的行为负责”，加强学生知错改错的责任感，让学生感到教师一直在关注着自己，从而激起改正错误的信心和勇气。

惩罚是一把双刃剑，能育人也能毁人，而“爱”就是其中的润滑剂。让爱做主，让“爱”把学生和教师的心联系得更紧密，惩罚的副作用也就降到了最低。

2. 启发性原则是指在教学中教师要承认学生是学习的主体，注意调动他们的学习主动性，引导他们独立思考，积极探索，生动活泼地学习，自觉地掌握科学知识和提高分析问题和解决问题的能力。

贯彻启发性原则的基本要求：

① 立正确的学生观，承认学生是教学活动的主体，让学生成为学习活动的主人。

② 充分调动学生的学习积极性和主动性。

③ 创设问题情境，引导学生质疑问题和学会思考。

④ 发扬民主教学。在教学中教师应注意建立民主平等的师生关系和生生关系，创造民

主和谐的教学气氛，鼓励学生敢于发表自己的独立见解。

3. 雅典教育的特点是：

(1) 教育不完全由国家控制，私人讲学盛行；

(2) 教育具有阶级性；

(3) 教育的目的是培养身心和谐发展的国家公民。身心和谐发展包括：身体健美，具有智慧、勇敢、节制、公正等美德；

(4) 不但重视体育教育，而且重视文化教育；

(5) 教育方式同斯巴达相比要温和得多；

(6) 轻视女子教育。

4.《白鹿洞书院揭示》是中国书院发展史上第一个纲领性学规，不仅对当时的书院教育，而且对官学教育产生过重大影响。它以“父子有亲，君臣有义，夫妇有别，长幼有序，朋友有信”为教育目的；以“博学之，审问之，慎思之，明辨之，笃行之”为治学顺序；以“言忠信，行笃敬，惩忿窒欲，迁善改过”为修身之要；以“正其义不谋其利，明其道不计其功”为处事之要；以“己所不欲，勿施于人，行有不得，反求诸己”为接物之要。形成比较完善的书院教育理论体系，成为后世学规的范本和办学准则，使书院逐步走向制度化的发展轨道。书院以自学读书为主，讲学辅导为辅。注重自学、自由独立的精神。注重讨论、辩论，师生质疑辩难的论辩成为家常便饭。大多是自发、平等的，体现出一种民主治学的学术精神。此外，自由讲学和自由论学的自由精神是书院精神的最好体现。

《白鹿洞书院揭示》是朱熹为了培养封建统治人才，而制定的大学教育方针和大学生守则。总的来说，它要人们遵循封建伦理道德。其不仅对于当时及以后的书院教育，而且对于官学教育都产生过重大的影响。

三、分析论述题(每小题 20 分，共 80 分)

1. (1) 教师劳动的特点主要包括以下几个方面：

① 复杂性。教师劳动的复杂性，首先是由教育对象的复杂性决定的。教育对象是人，人的成长因素是多方面的，它包括遗传、环境、教育与人的自觉能动性因素，哪一方面受到忽视，都可能给青少年成长带来损失。教师劳动的复杂性也是由教育过程、教育方法和教育手段的复杂性决定的。

② 示范性。教育是培养人的活动这一本质特点决定了教师的劳动必须带有强烈的示范性。教师的劳动之所有具有示范性，还在于模仿是青少年学生的一个重要学习方式。

③ 创造性。一般来说，任何一种劳动都需要有一定的创造性，但教师的劳动则要求有更灵活的创造性。教育是一种培养人的活动，它需要按照一定社会的要求有目的有计划地进行，但它决不能单纯模仿或机械重复，教师要根据自己对教育方针、培养目标以及教材的理解，针对教育对象的不同特点和普遍规律，选择最能奏效的方法与途径来实现教育目的。的活动，以培养学生的创造需要、创造品格、创造思维能力，从而表现教师劳动的创造性。

④ 长期性。培养人是一个长期的过程。某一种行为、习惯的养成，一种缺点的克服等，都需要教师付出长期的大量劳动，这也正是教师劳动的艰苦性之所在。

⑤ 专业性。教师劳动的专业性突出表现在教师对育人的崇高敬业精神和道德修养上，对教育教学专门化知识和技能的掌握和教育活动的自主权上。

（2）现代教师必备的素质

① 高尚的人格魅力。为了使学生的人格得到健康发展，教师必须首先塑造自己的高尚人格。一般来说，学生对教师都有着一种非凡的信任和依靠感，他们把教师看成自己学习上的导师、德行上的榜样、生活上的参谋，任何一个成功的人，无不受益于教师高尚人格的影响。

② 扎实的理论功底。教师作为一种职业，有其自身区别于其他职业的不同特点，教师更要有精湛的专业技能：(a)语言表达能力。正如专家指出的那样，教师的语言要做到准确、鲜明、生动、简明、形象等特色。(b)文字表述能力。合格的教师应当能把教学经验、教研成果、课后反思用笔表述出来。因此，在新形势下要求现代教师一定要有较高的文字表述能力。(c)课堂驾驭能力。课堂教学是教育教学的主阵地。一个教师驾驭课堂能力的高低，决定着课堂教学效果的成败。(d)深厚的学科知识素养。教师务必要精通所教学课的课程标准，熟悉学科的基本结构和各部分之间的内在联系，所掌握的学科知识必须大大超出教学大纲的要求，在专业知识方面造诣越深，教学才能越有足够的回旋余地。

③ 博学不厌的品质。作为教书育人的现代教师，培养的是“德、智、体、美、劳全面发展的社会主义合格的建设者和接班人”，所以凡是涉及德、智、体、美等方面知识的时候，教师首先必须掌握。再者，时代在前进、社会在发展、知识在更新，教师必须具备一种更新知识结构、补充学术养料、拓展教育视野的强大能力，努力使自己做到一专多能，只有这样才能担当起素质教育的重任。

④ 强烈的创新精神。在大力推进素质教育的今天，我们必须以教育创新为核心，把转变教学观念、改革教学内容、创新教学方法、改善教学手段、培养学生的创新意识、创新思维、创新能力放在首位。只有教师具有不断创新的精神，我们的教育才会不断创新，才能不断培养学生的创新意识。

⑤ 一颗博大的爱心。一颗博大的爱心其实指的就是师爱，即对学生的爱，它包含了对全体学生中每一个人的热爱、尊重、理解和期待。学生是教师服务的对象，不管是成绩好的学生，还是成绩差的学生，都一视同仁地对待他们。教师要热爱学生，当然，这种爱不是溺爱，不是无原则的宽容，更不是无原则的放纵。而是在尊重学生人格的同时，面向每个学生，平等、公正，因材施教。

2.（1）创造性与智力并非是简单的线性关系，二者既有独立性，又在某种条件下具有相关性，其基本关系表现在以下几个方面：

① 低智商不可能具有创造性。

② 高智商可能有高创造性，也可能有低创造性。

③ 低创造性的智商水平可能高，也可能低。

④ 高创造性者必须有高于一般水平的智商。

上述关系表明，高智商虽非高创造性的充分条件，但可以说是高创造性的必要条件。

（2）培养和发展儿童的创造性，是教育特别是学校教育的一项重要任务和目标。在教学中培养学生的创造性，可以从以下方面着手：

① 创设有利于创造性发挥的环境

这时的环境不仅指学校环境，还包括家庭环境和社会环境。所谓有利于创造性发挥的环境，应该是一个能支持或高度容忍标新立异者和偏离常规者的环境，是一个让儿童感到心理安全和心理自由的环境。心理安全就是指不对儿童的独特想法进行批评或挑剔，使其消除对批评的顾虑，获得创造的安全感，敢于表达自己的见解；心理自由就是尽量减少对儿童行为和思维的无谓限制，给其自由表现的机会。从大的社会环境来看，我们要改造传统文化中负面的东西，鼓励竞争，鼓励冒尖。

② 注重创造个性的塑造

要培养学生的好奇心，激发学生的求知欲，不断创设变化的、能够激起新异感的学习环境，多创设适当的问题情境，组织学生观察自然，考察社会。为了发展学生的创造性，应该注意培养学生的独创精神，鼓励他们创造性的解决问题。重视非逻辑思维能力消除个体对答错问题的恐惧感。

③ 注重创造性思维的培养

在创造性结构中，认知因素是核心，而创造思维又是最重要的认知因素，因此应注重创造思维的培养。

第一，培养发散思维和集中思维。创造性是"一种以发散思维为核心、聚合思维为支持性因素、发散思维与聚合思维有机结合的操作方式。"聚合思维就是根据已有信息求取唯一正确的答案。而发散思维是假定一个问题有多种答案，思维的方向往外发散，寻找各种可能的正确答案。实际上，一个创造性活动的过程，要经过从发散思维到聚合思维，再从聚合思维到发散思维的多次循环才能完成。因此既要培养发散思维，又要培养聚合思维。

第二，发展直觉思维。直觉思维是依靠直觉突然地看到解决问题的途径，预感到问题或情境的意义和结果，并直接指向目标。它是创造思维活跃的一种表现，在创造活动中占有重要地位。我们要增强学生的信心，鼓励学生大胆地对问题进行推测或猜想，养成良好的直觉习惯。

第三，培养创造想象。人类的创造活动离不开想象，特别是创造想象。通过创造想象，可以弥补事实链条上的不足和尚未发现的环节，可以把许许多多看来似乎无关的现象联系起来，产生新的形象组合。因此我们必须为学生创设自由而轻松的环境，设法帮助学生增加表象储备，注意灵感的捕捉等，以发展学生的创造想象。

3. 赫尔巴特是西方历史上第一位把心理学作为一门独立学科加以研究，并努力把它建成一门科学的思想家。他研究了统觉、兴趣和注意等问题。

赫尔巴特的统觉理论深受莱布尼兹和康德思想的影响。莱布尼兹关于清晰的观念来自微知觉的联合、统觉活动的能动性以及心灵已有内容在统觉中的作用等思想，康德关于统觉与外界经验的依从关系的见解，都被赫尔巴特继承下来。与前人主要是在哲学思辨的领域内，并基本上从认识论的角度研究统觉不同，赫尔巴特虽然有时也用统觉活动表示人类的一般认识活动，但更主要的是把它当作一个心理学范畴，从而使之具体化，而这正是把统觉原理运用到教学过程的关键所在。在另一方面，赫尔巴特又抛弃了莱布尼兹和康德所强调的统觉的自发性和先验性，因为这与他的心灵白板论是相背离的。此外，在莱布尼兹和康德那里，统觉是与自我意识相近的概念，而根据赫尔巴特的见解，统觉则是认识的心理活动过程，特别是教育中认识活动的心理过程。

赫尔巴特的统觉学说还从以洛克为代表的英国联想主义心理学派那里吸取了一些思想。

在联想主义者看来，观念由感觉引起，并由于观念间的引力以某种方式产生联合，从而使简单观念成为复杂观念。这种思想经过改造成为赫尔巴特统觉理论的主导观念。

赫尔巴特统觉理论的基本含义是，当新的刺激发生作用时，表象就通过感官的大门进入到意识阈上，那么，二者的联合就进一步巩固了它的地位。赫尔巴特指出，“统觉，或内在的感觉，只有在条件允许的时候才会发生。”所谓统觉的条件，主要是指兴趣。根据赫尔巴特的观点，兴趣是指观念的积极活动状态，是一种好奇心和智力活动的警觉状态，正因如此，兴趣赋予统觉活动以主动性。他认为，当观念活动对事物的特性产生了兴趣这样一种活动时，意识阈上的观念就处于高度的活跃状态，因而更易唤起原有的观念，并争取到新的观念。

自笛尔卡以来的西欧近代哲学主要研究认识活动中的主体因素，即人的认识能力、认识过程、认识的界限等，因而在不同程度上都具有心理学倾向。但是，任何一种哲学和心理学要想真正运用到教育和教学领域，或对教育领域发生影响，它本身首先必须具备教育的“性质”。赫尔巴特的心理学正是如此。另一方面，与许多哲学家(心理学家)不同的是，赫尔巴特研究哲学、心理学的动机与目的从一开始就与教育，特别是教学问题直接联系在一起，他的心理学是一种教育化了的心理学。正因如此，赫尔巴特通常被认为是现代教育心理学的创始人。

4. 陈鹤琴先生是我国著名的儿童教育家。他的幼儿教育思想主要包括以下几个方面：

(1) 反对半殖民地半封建的幼儿教育，提倡适合国情的中国化幼儿教育他批评当时的幼儿园不是抄袭日本就是模仿欧美，生搬外国的教材、教法，全然不顾中国国情。他坚决主张幼儿教育要适合我国的国情。同时，他积极地推进为中国平民服务的、培养民族的新生一代的幼儿教育，指出这是中国求进步，摆脱半封建半殖民地状况，发展进步合理的社会之需要。

(2) 反对死教育，提倡活教育。其活教育体系的三大目标是：

① 做人，做中国人，做现代中国人。

② 做中教，做中学，做中求进步。

③ 大自然，大社会是我们的活教材。

对陈鹤琴活教育的解读是：

① 教育观：提倡幼儿自己动手，自动、自发地学习，教师要尊重儿童的自主性，反对传统的注入式，消极的约束式管理。

② 教育方法。实现活教育目标的教育方法，如陈鹤琴先生所说：“非从‘做’做起来不可”，应当是“做中教，做中学”。

③ 教育内容。以大自然、大社会为活教材，与实际紧密地结合。同时，活教育“做”的过程本身也就是幼儿园最好的教育内容。

④ 教育原则。陈鹤琴先生提出的活教育的十七条原则，体现了尊重幼儿的主体性，重视幼儿动手动脑，重视直接经验的价值等思想，奠定了幼儿园教育原则的基础。

(3) 幼儿园课程理论

① 课程的中心。陈鹤琴先生反对幼儿园课程脱离实际，主张根据儿童的环境——自然的环境，社会的环境制作幼稚园课程系统的中心，让儿童能充分地与实物和人接触，获得直

接经验。

② 课程的结构。陈鹤琴先生认为“应当把幼稚园的课程打成一片，成为有系统的组织。”虽然他把课程内容划分为：健康活动、社会活动、科学活动、艺术活动、文学活动等五项，但这五种活动是一个整体，如人的手指与手掌，手指只是手掌的一部分，其骨肉相连，血脉相通，因此被称为“五指活动”。

③ 课程的实施。他强调以幼儿经验、身心发展特点和社会发展需要作为选择教材的标准；反对实行分科教学，提倡综合的单元教学，以社会自然为中心的“整个教学法”；主张游戏式的教学。

④ 重视幼儿园与家庭的合作。陈鹤琴先生十分重视家庭对幼儿的影响，积极主张幼儿园与家庭合作起来教育幼儿。

陈鹤琴先生极其丰富的幼儿教育思想和实践是我国幼儿教育的宝贵财富。在我国幼儿教育深入改革的今天，学习和研究他的思想和教育理论，继承和发扬他为幼儿教育事业奋斗的精神，对我们建设有中国特色的幼儿教育理论体系具有重大的意义。

【科兴点评】杭州师范大学333教育综合的试题，基本每年都有超纲的内容。但考生在备考的时候也不是无迹可寻。其实，333的很多题目都源于历年杭州市教育学编制考试。

2017年山东师范大学教育综合真题

一、名词解释(每小题5分，共30分)

1. 教学评价
2. 上位学习
3. 成就动机
4. 教育准备说
5. 苏湖教法
6. 平民教育思潮

二、辨析题(每题10分，共30分)

1. 课程内容即教材内容。
2. 智力水平高的人创造力也高。
3. 蔡元培改革北大的指导思想“思想自由，兼容并包”，指所有思想无所不包。

三、简答题(每小题10分，共60分)

1. 简述教师角色冲突的主要表现。
2. 简述文化对教育的制约与影响。
3. 课程目标有几种基本的陈述方式。
4. 简述有意义学习的条件。
5. 简述夸美纽斯教育思想的主要内容。
6. 比较察举制和九品中正制的异同。

四、论述题(含材料分析)(每题15分，共30分)

1. 请结合下面材料，分析教育对人的发展的作用。

毕业于北京大学哲学系的肖清和因他的博士论文后记《从放牛娃到博士》而引起人们的关注。以下内容摘自这篇后记。“那一年秋天，同龄人都在新学校上学，过着让人兴奋、让我充满想象和向往的中学生活；可我，只能在家中放牛……。来到北大后，先前的担心变得没必要了……2003 年，我获得免试上本系研究生的机会，非常感谢我的导师孙尚扬教授的帮助，2005 年，我又由硕士研究生转为博士研究生。2006 年，在孙师无私的帮助以及香港中文大学卢龙光教授的支持下，我获得北大与中大联合培养博士生的资格。从 2006 年到 2008 年期间，我在香港生活、学习。”

2. 苏格拉底法评述。

2017 年山东师范大学教育综合真题详解

一、名词解释(每小题 5 分，共 30 分)

1. 教学评价主要指依据一定的客观标准，通过各种测量和相关资料的收集，对教学活动及其效果进行客观衡量和科学判定的系统过程。它以参与教学活动的教师、学生、教学目标、内容、方法、教学设备、时间、场地等因素的有机结合的过程和结果为评价对象，是对教学活动的整体功能所做的评价。教学评价是教学活动的反馈机制，有利于提高和改进教学活动。

2. 上位学习也叫总括学习，即通过综合归纳获得意义的学习。当认知结构中已经形成某些概括程度较低的观念，在这些原有观念的基础上学习一个概括和包容程度更高的概念或命题，便产生上位学习。例如，掌握了铅笔、橡皮、笔记本等观念之后，再学习更高一级的总观念“文具”时，原有的从属观念可以为学习总观念服务。

3. 成就动机是个体追求自认为重要的有价值的工作，并使之达到完美状态的动机，即一种以高标准要求自己力求取得活动成功为目标的动机。如：具有这种动机因素的学生，就能刻苦努力，战胜学习中的种种困难和障碍，取得优良成绩。

【知识拓展】成就动机的相关理论

(1) 情绪激发理论：认为成就动机是人格中非常稳定的特质，个体记忆中存在着与成就相联系的愉快经验，当情境能引起这些愉快经验时，就能激发人的成就动机欲望。成就动机强的人对工作学习非常积极，善于控制自己尽量不受外界环境影响，充分利用时间，工作学习成绩优异。

(2) 期望价值理论：认为动机水平依赖于 3 大因素：一是成功诱因值(Is)，即对实现目标的价值判断；二是在某任务中成功的可能性大小(Ps)；三是成就需要，即主体追求成功的动机强度(Ms)。这 3 个因素发生综合影响，其结果使个人接近与成就有关的目标倾向(Ts)。

4. 教育准备说主张教育应当为人的未来生活做准备，代表人物是 19 世纪英国教育家斯宾塞。他批判旧教育注重身份、点缀生活的空疏性质，提出真正的教育目的与任务应建立在实际需要的基础上，为完满的生活做准备。他的完满生活包括五项：直接保全自己的活动；间接保全自己的活动；抚养教育子女的活动；与维持正常社会政治关系有关的活动；满足爱好和感情的活动。他指出为实现这些目的，教育的根本任务就在于向青年传授科学知识。

5.“苏湖教学法”又名“分斋教学法”，是北宋教育家胡瑗在苏州、湖州二地办学，使用的一种新的教法。这种教法一反当时盛行的重视诗赋歌律的学风，提倡经世致用的实学，重经义和时务，主张“明体达用”。他在校中设“经义”、“治事”两斋，经义斋学习研究经学基本理论，属于“明体”之学；治事斋则以学习农田、水利、军事、天文、历算等实学知识为主，属于“达用”之学，在治事斋中，一人各治一事，又兼摄一事，创立了分科教学和学科的必修以及选修制度，在世界教育史上是最早的。范仲淹当政兴学时，曾取其法，“著书令于太学”。此谓“苏湖教法”。

6. 平民教育思潮是指提倡教育平等，保障平民教育权利，以及推行教育普及和提高国民素质的教育思潮。倡导平民教育，是新文化运动中民主思潮在教育领域的反映和重要组成部分，是随着民主思潮的演进而变化的。

二、辨析题(每题 10 分，共 30 分)

1. 错误。教材(教材内容)是教学内容的一个成分，但不是全部。同教学过程的客观结构相适应的教学内容包括如下要素：(1)对学生的引导与激发作用；(2)同计划相应的素材内容；(3)不属于学科教材内容的掌握过程最优化的一般方法论建议、指导或指引；(4)教师的教育性价值判断与学生集体成员的接受或批判性指示；(5)与上述因素相应，教师的指导作用与学生的规范行为。教学内容不仅包括教材内容(素材内容)，而且包括了引导作用、动机作用、方法论指示、价值判断、规范概念等。教材是教学内容的重要成分，但它不过是一种成分。由此看来，教学内容具备了教材内容所无法包含的内涵，它涉及教师的主观作用，因此隐藏着种种不确定性。

2. 错误。创造性与智力并非是简单的线性关系，二者既有独立性，又在某种条件下具有相关性，其基本关系表现在以下几个方面：

① 低智商不可能具有创造性。

② 高智商可能有高创造性，也可能有低创造性。

③ 低创造性的智商水平可能高，也可能低。

④ 高创造性者必须有高于一般水平的智商。

上述关系表明，高智商虽非高创造性的充分条件，但可以说是高创造性的必要条件。

3. 错误。蔡元培所提的“思想自由”不是不偏不倚的，“兼容并包”也不是无所不包的。其特定意义不在守旧，而在创新。其本意就是要打破封建文化专制主义的束缚，包容和扶植革命的新文化。旧北大受封建思想束缚，陈腐之气浓重，蔡元培提出“思想自由，兼容并包”就是想“开点风气”。对于新文化、新思潮和新学者，蔡元培积极扶持和保护，不畏反动势力的恐吓和政治压力，并公开为新派学者的所谓“过激言论”辩护。对于旧派人物，则珍惜人才，不求全责备。只要是做学问，与政治无涉，则听之。并要求学生尊重和学习这些人的学问，而不要追随他们的政治主张。因此，蔡元培的“思想自由，兼容并包”是有原则的自由，有目的地容与包。

三、简答题(每小题 10 分，共 60 分)

1. 教师的角色冲突是由于教师作为一个重要的社会角色，生活在错综复杂的社会关系中，不可避免的拥有多种社会身份。随着学校功能的日趋复杂化和多样化，现代教育也对教师提出了越来越高的要求，教师早已不再是单纯地“传道、授业、解惑”，而要在教育活动中扮演多种角色，如学生学习的发动者、组织者和评定者，学生的管理者、道德楷模、人际关系协调者、心理医生、父母代理人等等。教师身负种种角色期望，不可避免地会产生心理上的困扰。每一种期望都是合理的，有意义的，但个体又无法同时满足这些期望，履行多种角色义务，于是角色冲突就产生了。

教师职业常见的角色冲突主要有以下几种：

① 社会“楷模”与“普通人”角色的冲突；

② “令人羡慕”的职业与教师地位低下实况的冲突；

③ 教育者与研究者角色的冲突；

④ 教师角色与家庭角色的冲突。

2.（1）文化知识制约教育的内容与水平

教育内容是教育过程中十分重要的因素，教育内容通常是根据教育目的和学生身心发展特点，从人类文化总体中精选出来的经过教育学加工，为青少年儿童参加社会生活准备的必需的知识、技能、信仰、艺术、道德、法制、习惯等。文化是教育的基础，教育要通过传承和创新文化来培养人才。但值得注意的是，教育内容来自社会文化，但不是社会文化的简单复制。

（2）文化模式制约教育环境与教育模式

每个人都置身于一定的文化模式之中，教育促进个人的发展，必须受到特定的文化模式的制约。随着社会科技的发展，文化通过各种途径对人们产生的影响将越来越广，它们的作用也越来越为人们所重视，特别是对青少年的影响或教育作用更是不可低估。当前我国政府很重视净化文化市场，对书刊音像制品和通信网络等进行严格的管理，这也说明了文化对教育的制约和影响。

（3）文化传统制约教育的传统与变革

一定的文化传统形成特定社会的文化模式，形成特定文化领域中人们所共同遵守的规范。学校是社会的子系统，它所培养的人是服务于社会的，因而学校教育就一定要反映当时社会的文化规范，以便能培养出符合社会文化发展要求的人才。文化传统越久，对教育传统变革的制约性越大。

3. 根据目标生成的时间划分，完整的课程目标体系包括三类：结果性目标、体验性目标与表现性目标。因此，目标的陈述也有相应的三种基本的方式。

（1）结果性目标的描述方式

所谓结果性目标，即它清楚地阐明了学生应该干什么，要达到什么程度。在设计时所采用的行为动词要求具体明确、可观测、可量化。例如“每个学生在世界历史的短文考试中，必须能详细说明引起法国大革命的至少 3 个原因”，而“理解所有混合运算的规则、欣赏中国文学中的古诗词、掌握有关化学反应的知识”等非行为目标，因为“理解、欣赏、掌握”等词汇都不够精确，难以明确表述。这种指向结果性的课程目标，主要应用于“知识”领域。

（2）体验性目标的描述方式

所谓体验性目标，即描述学生自己的心理感受、情绪体验应达成的标准。它在设计中所采用的行为动词往往是历时性的、过程性的。这种指向体验性的课程目标，主要应用于各种

“过程”领域。

但体验性目标的描述形式在一定程度上弥补了结果性目标的不足，重视了教师、学生本身的个性特点和发展机会，但亦呈现出过于理想化的倾向，实际的操作和采纳有相当的困难。

（3）表现性目标的描述方式

表现性目标是美国课程理论家艾斯纳提出的描述课程目标的一种主张。所谓表现性目标，即明确安排学生各种各样的个性化的发展机会和发展程度。它在设计中所采用的行为动词通常是与学生表现什么有关的或者结果是开放性的。这种指向表现性的课程目标，主要适用于各种“制作”领域。

4. 有意义接受学习理论是奥苏贝尔认知结构同化学习理论中的重要概念。有意义学习是指就是将符号所代表的新知识与学习者认知结构中已有的适当观念建立非人为的和实质性的联系。有意义学习的发生需要具备客观和主观两个方面的条件，缺一不可。

（1）客观条件：有意义学习的材料本身必须满足能与认知结构中有关知识建立实质性和非人为性联系的要求。也就是说，材料必须具有逻辑意义，在学习者的心理上是可以理解的，是在其学习能力范围之内的。一般来说，学生所学的教科书或教材，是人类认识世界的概括，都是有逻辑意义的。

（2）主观条件

① 学习者必须具有积极主动地将符号所代表的新知识与认知结构中的适当知识加以联系的倾向性；

② 学习者认知结构中必须具有适当的知识，以便与新知识进行联系；

③ 学习者必须积极主动地使这种具有潜在意义的新知识与认知结构中的有关旧知识发生相互作用，使认知结构或旧知识得到改善，使新知识获得实际上心理意义。

5. 夸美纽斯教育思想的主要内容有：

（1）教育要遵循人的自然发展的原则。这一原则的中心思想是“普遍的秩序”，即客观规律。实际上包含两层意思：一是指教育工作应该是有规律的，教育工作者应遵循这些规律；二是既然教育工作是有规律的，那么应该努力探明、发现这些规律。

（2）教育制度：系统论述班级授课制方法和实施内容。他主张把全校的学生按照年龄和程度分成班级，作为教学的组织单元，每个班级有一个教室，以免妨碍其他的班级。每个班级有一个教师同时对全班学生进行教学，又分成许多小组，每组 10 人，选出一个组长，帮助教师管理小组同学。

（3）教学思想：“泛智教育”—把广泛的自然知识传授给普通的人。夸美纽斯指出：每一个生而为人的人都应该有接受教育的机会，都应该学习一切最重要的知识。泛智论体现出夸美纽斯普及教育、普及知识的民主精神。

（4）教学内容：规定了百科全书式的课程。夸美纽斯认为从所有个别的科学中能形成一种统一的，包罗万象的科学和艺术，即泛智论。“泛智”就是一种百科全书式的能为一切人所掌握的各种自然和社会知识大全。

（5）教学方法：夸美纽斯在总结前人基础上第一个提出较为完整的教学原则体系。他的教学原则主要有：直观性原则，激发学生求知欲望原则，巩固性原则，量力性原则，系统性和循序渐进性原则。

6.（1）察举制是根据皇帝诏令所规定的科目，由中央或地方的高级官员，通过考察向中央推荐士人或下级官吏的选官制度。汉高祖开察举制度的先河，而察举作为选官的一项制度是从文帝开始的，汉武帝则进一步把察举发展为比较完备的选官制度。它不同于先秦的世袭制和隋唐时的科举制，其主要特征是由地方官在辖区内随时考察、选取人才并推荐给上级或中央，经过试用考核再任命官职。东汉后期选拔官吏中钻营请托、结党营私和弄虚作假之风盛行，察举制渐趋败坏。

九品中正制魏晋南北朝时期一种重要的选官制度，又名九品官人法。其主要内容：在各州郡选择“贤有识见”的官员任“中正”，中正以家世、道德、才能为标准查访州郡人士，将他们分成上上、上中、上下、中上、中中、中下、下上、下中、下下九等，作为吏部授官的依据。这一方法在曹魏时对人才的提升和使用有重要作用，但西晋之后官员都从世家大族中选定，造成“上品无寒门，下品无士族”的局面。到了隋朝，随着门阀制度的衰落和科举制实行，此制终被废除。

（2）二者的比较如下表所示：

		察举制	九品中正制
共同点	继承性	同为中国古代的选官制度，九品中正制是在汉察举制的继承与改进的基础上创设的，实际是一种发展了的察举制	
	选才依据	才、德都曾成为两者选拔人才的依据	
	特点	以官举士、权操于上、百姓不得参与、民意无从体现	
不同点	出现条件	在西汉国家统一的前提下，为适应专制主义中央集权统治的需要而形成的一种荐举人才的制度	东汉末天下大乱，曹魏政权为更好地统治和平衡所辖区的各种力量而逐步形成的选官制度
	荐举方式	推举和考试相辅而行	是否出身于世家大族
	选才标准	主要看重才德	品第偏重门第高低

四、论述题(含材料分析)(每题 15 分，共 30 分)

1. 材料中肖清和的故事是一则典型的教育改变命运的案例。肖清和虽然家庭背景不好，但通过发挥自身学习能动性，努力学习，实现了从放牛娃到博士的转变。这某种程度上也说明了教育对人的发展的作用。

（1）教育是一种有目的地培养人的社会活动

教育是有目的地培养人的社会活动，这是教育的质的规定性。教育尤其是学校教育，作为有目的地培养人的社会活动，就是在一定的教育目的引领下，通过人的主体选择把人的发展中所蕴涵的某一种或几种符合教育目的的可能因素在人的现实的发展过程中呈现出来，改变人在自然状态下自发的发展过程，以期形成教育目的所规定的理想品质。因此，在教育活动中所实现的人的发展，是在人的干预下实现的教育活动过程，实质上是有目的地促进人的发展的过程，使受教育者成为符合教育目的即社会期望的人的过程。

（2）教育主要通过文化知识的传递来培养人

教育主要通过文化知识的传承来培养人的，文化知识是滋养人的生长的最重要的社会因素与资源。语言符号及其负载的文化知识之所以对人的发展至关重要。主要是因为文化知识蕴含着有利于人的发展的多方面价值：知识的认识价值、知识的能力价值、知识的陶冶价值、知识的实践价值。

鉴于知识的这些价值，要有效地促进学生的发展，教育必须引导学生尊重知识、热爱知识、主动学习、探究真知、创造性地理解和运用知识，并在这个过程中使儿童的智能、品德、个性和人格都获得发展，成为社会的主体。在教育过程中，要反对忽视和贬低知识、降低教育教学质量的倾向，同时也要克服教育脱离生活的弊端。

（3）教育对人的发展的作用越来越大

学校教育之所以在人的现代化过程中起着重要的作用，是因为学生在学校里不仅仅学会了读写算各个方面的基本知识和技能，而且学到了与他们个人的发展和他们国家的未来有相关的态度、价值和行为方式。目前，我国正在进行社会主义现代化建设，人的现代化是社会现代化的重要基础和前提条件。我们应当自觉地优先发展教育，高度重视并充分发挥教育对人的现代化的促进作用。

2. 所谓的"苏格拉底法"就是一种对话式教学方法，它并不是把学生所应知道的原理直接教给学生，而是从学生所熟知的具体事物开始，通过师生间的对话、提问和讨论等方式来揭示学生认识中的矛盾，刺激学生在教师帮助下寻找正确答案，使其得出正确的原理。

这一方法主要有讥讽、助产术、归纳和下定义四个步骤组成。

讥讽是就对方的问题不断提出追问，迫使对方陷入矛盾，承认自己的无知；助产术是帮助对方自己得出答案；归纳是从各种具体的事物中找出事物的共性，形成一般的概念；下定义是把个别事物归入一般概念，得到关于事物的普遍概念。由于苏格拉底把教师比喻为"知识的产婆"，因此，"苏格拉底方法"也被人们称为是"产婆术"。

这一方法的主要特点是通过与学生的对话来获得对事物的认识。由于对话不是建立在教师对学生的强制性灌输上，而是建立在与学生的共同讨论，从具体到抽象、从已知到未知的基础上，有利于思维的训练和真理的发现，因而，对以后西方教育教学的发展产生重要影响。当然，这种方法的使用需要有一定条件：如受教育者须有探索真理的愿望和热情；受教育者必须就所讨论的问题有一定的知识积累；教育对象更适合有一定推理能力的成年人。

苏格拉底创立的"苏格拉底方法"，在教育史上具有重要的意义，是近代启发式教学法和现代发现法的萌芽。它不仅提出了一种获取知识的方法和思路，也提出了教育者在教学方面所应具有的重要的品质和态度，即谦虚品质和和真诚的"无知"态度。

当然，苏格拉底的方法的使用需要一定的条件：如受教育者须有探求真理的愿望和热情；受教育者必须就所讨论的问题有一定的知识积累；教育的对象更适合有一定推理能力的人。

2018 年真题

2018 年首都师范大学教育综合真题

一、名词解释(每题 5 分，共 15 分)

1. 学习

2. 教育要素

3. 无关变量

二、简答题(每题 10 分，共 20 分)

1. 简述皮亚杰的认识发展阶段论。

2. 简述观察法的特点。

三、论述题(每题 20 分，共 60 分)

1. 请结合一个具体的案例，论述良好的师生关系有助于提升学生学习兴趣与学习成绩。

2. 论述同辈群体生活对学生成长的影响。

3. 论述当代中学生发展的时代特点，以及如果你是一名教师，你将如何教育现在的中学生。

四、材料分析题(共 55 分)

人工智能的研究近年来一直迅猛发展，不久前柯洁与谷歌 AlphyGo 的世纪围棋大战余温未散，现在就有机器人开始做高考题啦。据媒体报道，2017 年 6 月 7 日，高考数学散场后，北京的一个人工智能机器人 Aidam 的就对 2017 年北京高考数学试卷发起了挑战。并且 Aidam 不是独自战斗，他有对手，他的对手是往年的 6 名理科高考状元。最终以 9 分 47 秒取得了 134 分的成绩，只比 6 名状元的平均分少一分。

对于高考人机大战的结果，该人工智能的研究者表示，AlphaGo 输赢的结果其实并不重要。“我只是希望通过这样的 pk，让教育业界了解到人工智能在教育领域的应用已经发展到了什么程度。人工智能已经可以像人一样思考知识点，一步一步输出过程和答案。”

请结合上述材料，回答以下两个问题：

1. 在人工智能兴起的背景下，有网友提出这样的质疑：既然人工智能都能做高考数学题，不仅速度快，而且准确率高，那么其实我们就没必要再让中小学生学习语文、英语、数学等其他各门学科了。针对网友这一观点，请做出你的评价和分析。(25 分)

2. 还有网友指出：随着在人工智能时代的到来，教师的工作将会被取代。针对网友这一观点，请做出你的评价与分析。(30 分)

2018 年首都师范大学教育综合真题详解

一、名词解释(每题 5 分，共 15 分)

1. 狭义的学习指通过阅读、听讲、研究、观察、理解、探索、实验、实践等手段获得知识或技能的过程，是一种使个体可以得到持续变化(知识和技能，方法与过程，情感与价值的改善和升华)的行为方式。例如通过学校教育获得知识的过程。广义的学习指人在生活过程中，通过获得经验而产生的行为或行为潜能的相对持久的行为方式。

2. 构成教育活动的基本要素，主要包括教育者、受教育者和教育中介系统。教育者就是在教育活动中承担教的责任和施加教育影响的人，包括直接和间接“承担教者”和“施加影响者”。受教育者就是在教育活动中承担学的责任和接受教育影响的人，包括直接和间接“承担学者”和“接受影响者”。教育中介系统是教育者与受教育者联系与互动的纽带，是开展教育活动的内容和方式。

3. 无关变量是指在实验过程中除自变量之外任何能对因变量产生影响的变量，包括个体内外环境所产生的种种刺激、机体反应变量。由于这些变量与实验的主旨无关，所以统称为无关变量。因为因变量的变化，不但受到自变量的影响，也受到无关变量的影响，所以如何有效地控制无关变量，是决定实验结果是否确实可靠的一个极为重要的因素。

二、简答题(每题10分，共20分)

1. 皮亚杰将个体认知的发展分为四个阶段：感知运动阶段、前运算阶段、具体运算阶段和形式运算阶段。

(1) 感知运动阶段(0—2岁)：主要是感觉和动作的分化，其认知活动主要是通过探索感知与运动之间的关系来获得动作经验，在这些活动中形成了一些低级的行为图式，以此来适应外部环境和进一步探索外界。

(2) 前运算阶段(2—7岁)：在这一阶段，儿童能运用语言或较为抽象的符号来代表他们经历过的事物，但是还不能很好地掌握概念的概括性和一般性，认知活动具有很大的具体性，思维具有不可逆转性，尚未获得守恒概念。

(3) 具体运算阶段(7—11岁)：儿童的认知结构发生了重组和完善，具有了抽象概念，能够进行逻辑推理。出现“守恒”的概念，开始能凭借具体事物或从具体事物中获得的表象进行逻辑思维和群集运算。这一阶段的儿童的思维仍需要具体事物的支持，他们还不能进行抽象思维。

(4) 形式运算阶段(11—16岁)：儿童的思维已超越了对具体的、可感知的事物的依赖，使形式从内容中解脱出来，进入形式运算阶段(命题运算阶段)。本阶段儿童不再刻板地恪守规则，并且常常由于规则与事实的不符而拒绝规则或违抗师长。对这一年龄阶段的儿童，教师和家长不宜采用过多的命令和强制性的教育，而应鼓励和指导他们自己作决定，同时对他们考虑不全面的地方提出改进建议。

2. (1) 观察是一种有目的、有意识的搜集资料的活动。

(2) 观察是在客观条件下进行的，具有真实性。

(3) 观察的对象是当前正在发生的事实现象，具有直接性。

(4) 观察是在一定的心理学理论的指导下进行的，对结果的解释也是以有关理论为前提的。

(5) 观察总是借助于一定的观察工具，包括人的感官和仪器设备。

三、论述题(每题20分，共60分)

1. 孔子云：“知之者不如好之者，好之者不如乐之者。”兴趣是最好的老师，是一种重要的意向性心理因素。在语文教学中要想提高学生的语文能力，最大限度地提高教学质量，首要的问题就是培养兴趣的问题，那么，在教学中如何培养学生的学习兴趣、尤其是学困生的学习兴趣？

本学期开学之初，一班新来了两个高高大大的男同学。他们平时不苟言笑，无论是读书堂还是课堂，他们都喜欢睡觉。特别是读书堂，你刚把他叫醒，一转身，他又睡了。有时候，你叫了两次，他干脆白你一眼，让你自讨没趣。有一段时间，我拿他们没办法。看看他们上学期的成绩，是排在班级后列的。怎么办呢？

我想起苏霍姆林斯基说过的话："凡是出现大声叱责的地方，就有粗鲁的行为和情感冷漠的现象，大声叱责表现出最原始本能的反应，每个教师心灵中所具有的情感素养的种子都会在这种反应中丧失殆尽。"我深知，此时不能批评，一批评他们就会逆反，一逆反就难以收拾。

对，我要让他们先"亲其师"，然后就能"乐其学"。

有一次，我上完了第一节课后，不是回到办公室休息，而是走向睡觉的同学旁边，轻轻地拍拍他们的肩膀，小声地问"你们怎么了？是不是不舒服？要不要上医院？"

他们听到老师亲切关怀的声音，慢慢地抬起头，有点不好意思地说"没有——"我就说："是不是昨晚——"

"老师，你想说什么？"这两个同学紧张了起来。

"是不是昨晚开夜车了？"我说。学生一听，这话有点表扬的成分，便完全放松了，不再对我保持"高度警惕"。我趁热打铁，又问"你们是不是在被窝里打电筒看小说比如武侠小说什么的"。他们一听，开心地笑了起来，说"我们从来不看武侠小说。"

从此，这两个学生大概觉得在我的印象中，他们是非常用功因而劳累过度的学生，便和我拉近了许多距离，上课再也不睡觉了。

由此，我总结出：教师是学生的良师，又是学生的益友，健全的师生关系能营造良好的课堂气氛，能促进师生的互动。在语文课堂教学的过程中师生之间不仅仅是知识的传递，同时也伴随着心灵的接触，情感的交流。苏霍姆林斯基曾说过"用形象的话来说就是在知识活的身体里，要有情感的血液在畅流。"良好的师生关系能使学生"俯首称臣""跪服在你在教鞭之下"，积极配合你的教学，在良好的教学气氛中完成教学任务，达到预定的目的，收到预期效果。而要建立良好的师生关系，教师必须做到，并自始至终要正确认识这样一个问题："在教育教学中教师和学生的地位是平等的，教师要走近学生和学生交朋友，同时也要让学生走近你，切忌认为自己是老师，高人一等，凌驾于学生之上，动不动就无端训斥，漫骂，甚至横眉怒对，冷眼相加，冷嘲热讽"。而采用这种亲切关怀的交流办法就是接近学困生最体面的办法之一。

2. 同辈群体又称同龄群体，是由一些年龄、兴趣、爱好、态度、价值观、社会地位等方面较为接近的人所组成的一种非正式初级群体。同辈群体在青少年中普遍存在，他们交往频繁，时常聚集，彼此间有着很大的影响同辈群体对青少年成长发展的影响既有积极的一面，又有消极的一面。

（1）积极的一面表现在：

① 满足青少年的情感交流的需求和促进情感的发展成熟。同辈群体间相互的理解与支持、关心与尊重，可满足青少年交往的需要、归属的需要及尊重的需要，从而避免了这些正常需要得不到满足而带来的消极不良的情感，从而促进青少年的身心健康发展。

② 促进青少年学习和兴趣爱好发展。同辈群体的成员不仅在生活上、感情上相互支持，学习上也互相帮助，互相启发，有时彼此间还开展竞赛，这都有利于他们学习成绩的提高；

在兴趣爱好上，共同的兴趣爱好不仅使他们有了更多的共同语言，同时在一起的切磋和探讨也进一步促进了他们兴趣爱好的发展。

③ 是获得生活经验和社会信息的主要来源。与师生间的交往相比，同辈群体成员间的交往更直接、更经常、更亲切，他们无话不谈，彼此从对方获得大量的生活知识经验和社会信息，而这种信息获得的渠道要比从书本上获得来的更直接、随意，留下的印象也更深。

④ 对生活目标和价值观的影响。到了青少年期，在确立生活目标上及价值观念上，同辈群体的意见逐渐取代了父母的态度。

⑤ 培养社会角色，学习行为规范。同辈群体自己不成文的行为规范，如不准把团体内的事情告诉给师长、对外发生冲突是要团结一致等，谁违反了这些规则，群体就以诸如不准其参加今后的团体活动而给予压力等。由于成员对群体高度的认同感，为了避免受到群体的排斥，他们都能自觉遵守这些规范。而这为他们以后进入社会，能正确认识自己的社会角色，自觉遵守社会的道德规范、法律规范及各种规章制度奠定了基础。

⑥ 环境适应能力和合作竞争的本领。同辈群体中的相互关系是建立在平等基础上的，每个人都以其适应环境的能力而获得他应有的地位。它使得儿童形成社会相互作用的必要技能，服从共同利益的能力，以及维护自己的权利，将个人利益与共同利益联系起来的能力。

（2）当然，同辈群体对青少年发展的影响并非总是积极的，也可能对青少年产生消极影响，并造成破坏作用，促使青少年逆向成长和发展，主要体现在以下几个方面：

① 与社会主流文化存在着相悖。青少年群体性质的不同，传递的文化特质也不同。积极型群体往往载荷社会主流文化；中间型群体所承载的主要是同辈群体亚文化，它并非代表社会期望的主流文化；而且群体趋向于提供反权威的支持，引导与众不同的行为方式，甚至反社会行为，如结伴酗酒、抽烟、打架等，使群体的性质向消极型转化，从而其传递的文化也与社会主流文化背道而驰，对青少年成长产生不利影响。

② 一定的自卫性和排斥性。一旦群体形成属于自己的小圈子，“圈内人”就会构建出一道无形的屏障将自己与“圈外人”隔离开来。群体的归属感较强，这易使被排斥者产生孤立感，自尊心受损，影响到往后的情感表达，还可能导致在“报复心”驱使下的各种反社会行为。同时，它也不利于群体之间信息交流，抑制情感交流，阻碍社会化过程。

③ 行为规范非正式性。群体内部非制度化的行为规范对成员的控制是非正式性的，随意性较强。一旦群体内规范与社会行为规范相悖时，群体内强大的无形的制约力会促使青少年屈从于群体行为规范，不利于青少年的健康成长，特别是由一些常有不良行为表现的青少年组成的同辈群体，他们经常聚集在一起对整个群体的健康成长会带来很大的消极影响，如少数群体内的成员会结伴抽烟、喝酒、打架、整天泡网吧玩游戏，甚至出现偷窃、抢劫、损坏公物等，成为青少年违法犯罪滋生地。

④ 单一的感情纽带。维系同辈群体存在的单一的情感纽带，不具有稳定性，缺乏理性的指导，易导致意气用事。一旦青少年之间发生冲突，所属群体会凭着“朋友义气”、“有难同当、有福同享”等观念，不加思考地帮助群体成员解决各种疑难问题，这不仅不利于群体成员形成正确的行为模式，无助于培养正确处理人际关系的技能，还易形成反社会行为。

⑤ 易导致盲目性。青少年易受群体核心人物的影响，但这种魅力型权威也易导致盲目性。青少年在思想和行为上追随核心人物，一旦他的言行偏离了正确的轨道，群体成员也会误入歧途，产生各种反社会行为。

3. 中学阶段，是人生黄金时代的开端，是人一生中非常关键而又富有特色的时期。当代中学生发展具有的时代特点有：①生理成熟期提前；②思维活跃，但学习兴趣不高；③价值观念的多元化，具有较高的职业理想和务实的人生观；④自我意识增强，具有一定的社会交往能力；⑤心理问题增多。

针对这些特点，我们应该采取如下的教育方式：

（1）加强中学生心理健康教育。心理健康教育是学生全面发展的需要，全社会都应高度重视，政府要为孩子提供良好的社会环境，学校要把心理健康教育作为工作的重点，抓紧抓好；家长要提高认识，配合学校做好工作；使少年儿童都具有健康的心理和良好的心理承受能力，为将来踏上社会打下坚实的心理基础。具体来说，我们可以采取以下措施：

① 建立心育导向机制。通过心理辅导讲座、主题班会、心理活动课等多种途径，加强学生心理承受力、抗挫折能力的培养，提高学生面对危机时的心理应对能力，教给学生自我心理保健的方法，使学生初步形成一套心理自助机制。

② 创设良好的心理教育环境。通过宣传栏，黑板报、团队之声广播站等宣传设施，定时刊登、播报时事和发生在学生身边的人和事，开展批评与自我批评，形成健康的舆论导向。

③ 开设心理辅导课程。学校可根据专项计划开设心理辅导课，并保证每班每个月开设一节心理辅导课。

（2）加强中学生思想品德教育。首先，要掌握新时期中小学生的行为特点，思维方式，从而找到适合的教育方法。其次，引导孩子们用好网络，而不要让他们沉溺于网络。再次，现在的孩子，由于独生，家庭环境优越，往往缺乏责任感。所以，从小就要培养学生的责任意识，让孩子学会对自己的言行负责，对某人负责，对某事负责，只有养成了凡事负责的习惯，将来才会对社会对国家负责。最后，加强法制教育。加强法制教育势在必行，但不要只是空洞的说教，最好能结合实际，利用鲜活的案例来让学生讨论，发表看法，教师加以点拨，从而使学生得到正确引导，减少和避免青少年犯罪。

（3）建立良好的师生关系。教师和学生之间只有知识的多与少、先知与后知的差别，没有人格上的差别。所以课堂教学中一定要保持师生之间的和谐，因为教学过程本身就包含着丰富的人际关系。师生之间的密切交往是促进学习进步的一个强劲的因素。和学生能够交流沟通得像朋友一样的教师，在课堂教学中学生的主动性、积极性往往会比较高，良好的教学环境，和谐的课堂气氛才是教学相长的境界。

四、材料分析题(共 55 分)

1. 不可否认，人工智能越来越强大了。因此，有人提出，既然人工智能这么强大了，我们学生就没有必要学习各种文化课了。这显然是一种错误的观点。

首先，人工智能知识人们创造出来改变生活的工具。虽然人工智能能帮人类更有效率地做很多事情，但归根究底编写运行程序的是人。如果现在不学习语数外等基础科目知识，那么我们以后怎么能够编写程序代码，更好地使用人工智能呢？

其次，基础知识的学习过程是一种思维的锻炼过程。即使人工智能时代最终真的到来，我们也不能免除学习阅读、写作和算术等高难度认知技能。除非掌握这些基本技能，否则我们无法建立起创造性解决高阶问题的思维框架。

最后，我们学习也不仅仅为了工作。即使人工智能时代真的到来了，人们将拥有更多的闲暇，但是人与人之间的交流和沟通还是会一直存在的。交流和沟通就会涉及到情感因素，这恰恰是人工智能所欠缺的。从某种意义上来说，我们学习基础的文化课，也有培养健全人格的一种途径。

2. 自人工智能出现起，就存在一种人工智能威胁论，这种观点认为人工智能最终会取代人类，甚至消灭人类。回归到教育领域，假设未来人工智能不仅在教育的技术层面，而且在知识层面应用得越来越成熟，那么人工智能是否会取代人类教师呢？

对于这种担心，我认为可以从教育的本质以及人与机器的区别等角度进行审视。教育的任务是教书育人，教师的作用不仅是传授知识，而且需要通过情感的投入和思想的引导教会学生做人、塑造学生的品质等。对于什么是真正的教育，德国著名哲学家雅斯贝尔斯曾形象地描绘为，用一棵树撼动另一棵树，一朵云推动另一朵云，一颗心灵唤醒另一颗心灵。教育是一项心灵工程，它的实施者——教师是富于情感和智慧、想象力与创造力的人类，这些特质是人工智能无法比拟的。同时我们也看到教师正在努力从教学的主宰者、知识的灌输者向学生的学习伙伴、引导者等方向转变。

基于此，即使未来人工智能在知识储备量、知识传播速度以及教学讲授手段等方面超越人类，人类教师仍然具有不可替代的作用。但是面对人工智能的冲击，教师应该具备危机意识和改革意识，思考如何发展那些“AI 无而人类有”的能力，思考如何提高教师这个角色的不可替代性，思考什么才是真正的教育，思考未来需要培养怎样的人才等问题。只有朝这些方向努力，才能将人工智能带来的挑战转变为变革传统教育、创新未来教育的机遇。

【科兴点评】首都师范大学这些题目完全不按照 333 大纲命题，而且试题风格也比较主观，更多地考查考生对基础知识的理解和运用能力。

2018 年山西师范大学教育综合真题

一、名词解释(每题 5 分，共 30 分)

1. 教育
2. 课程
3. 苏格拉底法
4. 中体西用
5. 学习策略
6. 自我效能感

二、简答题(每题 10 分，共 60 分)

1. 教师的基本素养。
2. 教育的社会功能。
3. 班杜拉的观察学习法。
4. 蔡元培的教育思想以及教育实践。
5. 陶行知的生活教育理论。
6. 卢梭的自然主义教育。

三、论述题(每题 20 分，共 60 分)

1. 十九大强调要优先发展教育，论述为什么要把教育摆在优先发展地位。
2. 论述奥苏贝尔的有意义学习。
3. 皮亚杰的认知理论及对教育的启示。

2018 年山西师范大学教育综合真题详解

一、名词解释(每题 5 分，共 30 分)

1. 广义的教育指的是，凡是有目的地增进人的知识技能，影响人的思想品德，增强人的体质的活动，不论是有组织的或是无组织的，系统的或是零碎的，都是教育。狭义的教育主要指学校教育，即根据一定的社会和阶级的要求，有目的，有计划，有组织地对受教育者身心施加影响，把他们培养成一定阶级或社会所需要的人的活动，是人类社会发展到一定阶段的产物。

2. 由于不同的教育主张对课程的理解是不同的，因而至今没有一个课程概念的定论。有的人说课程即教学科目，有的人说课程即学习经验，有的人说课程即文化再生产，还有人说课程即社会改造的过程。

总体来说，课程由一定的育人目标、特定的知识经验和预期的学习活动方式构成的一种动态的教育存在。从育人目标的角度看，课程是一种培养人的蓝图；从课程内容的角度看，课程是一种适合学生身心发展规律的、连接学生的直接经验和间接经验的、引导学生个性全面发展的知识体系及其获取的途径。

3. 所谓的“苏格拉底法”就是一种对话式教学方法，它并不是把学生所应知道的原理直接教给学生，而是从学生所熟知的具体事物开始，通过师生间的对话、提问和讨论等方式来揭示学生认识中的矛盾，刺激学生在教师帮助下寻找正确答案，使其得出正确的原理。

这一方法主要有讥讽、助产术、归纳和下定义四个步骤组成。讥讽是就对方的问题不断提出追问，迫使对方陷入矛盾，承认自己的无知；助产术是帮助对方自己得出答案；归纳是从各种具体的事物中找出事物的共性，形成一般的概念；下定义是把个别事物归入一般概念，得到关于事物的普遍概念。由于苏格拉底把教师比喻为“知识的产婆”，因此，“苏格拉底方法”也被人们称为是“产婆术”。

4. 中体西用是“中学为体、西学为用”的缩略语。是 19 世纪 60 年代以后洋务派向西方学习的指导思想。中学”指以三纲八目即明德、新民、止至善；格物、致知、诚意、正心、修身、齐家、治国、平天下为核心的儒家学说，“西学”指近代传入中国的自然科学和商务、教育、外贸、万国公法等社会科学。张之洞的《劝学篇》全面阐述了中体西用的教育观点，主张中学之体对西学之用的主导和导向作用，学西学以补学习之不足。“中学为体，西学为用”思想，对教育的影响是深远的，在“中体西用”思想的指导下，创立和发展近代学校教育，改革了传统教育只重儒学的教育内容，增加了自然科学知识，发展了中国近代科学技术教育，培养了中国第一批不同于封建士大夫的一代新人，对中国教育的发展起到了促进作用。

5. 学习策略是指学习者为了提高学习的效果和效率，有目的有意识地制定的有关学习过程的复杂的方案。学习策略由两种相互作用的成分组成：一是基本策略，直接用于学生的认知活动；二是辅助性策略，用来维持合适的学习心理状态，如情绪调整策略。

6. 自我效能感理论的代表人物是班都拉。自我效能感指人们对自己是否能够成功地从事某一成就行为的主观判断，即人们对自己在特定情境中是否有能力操作行为的预期。自我效能感表现为对自己能力的自信程度。影响自我效能感形成的主要因素包括：个体自身行为的成败经验、替代经验、言语劝说和情绪唤醒等。

【科兴提示】自我效能感绝对是333考试中的热门概念，考生务必加以注意。

二、简答题(每题10分，共60分)

1. 答案参考上海师范大学2017年简答题第2题。

2. 教育作为社会的子系统，它首先承担培养人的功能，并通过育人功能进而实现其社会功能，保障社会的延续与发展。教育的社会功能主要体现在推动社会发展变迁和促进社会流动。教育的社会功能主要包括教育的社会变迁功能和教育的社会流动功能。

(1) 教育的社会变迁功能是就教育所培养的社会实践主体在生产、科技、经济、政治和文化等社会生活各个领域发挥的作用而言的，它指向的主要是社会整体的存在、延续、演变和发展。教育的社会变迁功能主要包括经济功能、政治功能、文化功能和生态功能。

(2) 教育的社会流动功能是指社会成员通过教育的培养、筛选和提高，能够在不同的社会区域、社会层次、职业岗位、科层组织之间转换、调整和变动，以充分发挥其个性特长，展现其智慧才能，实现其人生抱负。教育的社会流动功能，按其流向可分为横向流动功能和纵向流动功能。

3. 班杜拉的观察学习法认为，人类的学习，多数是在社会交往中，通过对榜样的示范行为的观察、模仿而进行的。学习者在通过观察进行学习时，可以不必做出外部反应，也不需亲自体验强化，仅仅是通过观察他人在一定环境中的行为，并观察他人接受一定的强化来进行学习的；这是在替代强化的基础上所发生的学习。班杜拉依据自己研究的结果，把观察学习分为四个过程：

(1) 注意阶段：指学习者对被观察的对象的特征有选择的观察。榜样和观察者的特征共同影响选择注意的效果。

(2) 保持阶段：指将观察到的信息转化为符号的形式并贮存在长时记忆中。对被观察到的信息进行两种编码：形象和语义编码，即表象和言语。

(3) 生成阶段：指将符号化的内容转化为相应的行为，亦叫复制。自我效能感是影响生成过程的一个重要因素。

(4) 动机阶段：因表现所观察到的行为而受激励，个体不仅通过观察模仿从楷模身上学习到了行为，而且愿意在适当的时机将学习到的行为表现出来。

4. (1) 蔡元培提出了“五育并举”的教学方针。五育即军国民教育、实利主义教育、公民道德教育、世界观教育与美育。

(2) 以“思想自由原则”、“兼容并包主义”为改革方针，对北京大学进行全面改革。

(3) 蔡元培认为教育应当独立，提出教育独立于政党和教会之外的主张。

(4) 倡导“尚自然”、“展个性”，反对注入式教学，提倡发挥儿童个性。

5. (1) 生活即教育。首先，生活含有教育的意义。从生活的横向展开来说，过什么生活就是受什么教育；从生活的纵向发展来说，生活伴随人生命的始终，教育也是如此。其次，实际生活是教育的中心。教育要通过生活来进行，无论教育内容还是教育方法，都要根据生活需要，与生活一致。再次，生活决定教育，教育改造生活。

(2) 社会即学校。一方面，社会含有学校的意味，或者说以社会为学校，需要拆除学校与社会和自然之间的高墙。同时，劳苦大众只能在社会这所大学校中受到教育。另一方面，学校含有社会的意味。社会力量帮助学校进步；而学校的力量也帮助社会进步。

(3) 教学做合一。首先，要“在劳力上劳心”做到“手脑双挥”。其次，懂得行动是知识的来源。再次，要求做到“有教有学”和“有学有教”。最后，反对注入式教学。

6. 卢梭的自然教育的核心是“归于自然”。他认为每个人都是由自然的教育、事物的教育和人为的教育三者培养起来。只有三种教育圆满的结合才能达到预期的目的。

(1) 自然教育的培养目标是“自然人”，这个概念不同于“公民”或“国民”，“自然人”是能独立自主的人，平等的、自由的、自食其力的、道德高尚、能力和智力极高的人。

(2) 在自然教育的方法原则上，首先要正确看待儿童，不要把他们看成是小绅士、小大人，要看成上帝的产物、成人的玩物。其次要给他们以充分的自由。成人的不干预、不灌输、不压制和让儿童遵循自然就是所谓的“消极教育”，但并不是不教育，而是要观察自由活动的儿童，了解他的自然倾向和特点；防范来自外界的不良影响。

(3) 在自然教育的实施上，卢梭按照年龄阶段把人的教育分为四个阶段。

第一个阶段：婴儿期的教育(0—2 岁)。以身体的养育和锻炼为主，因为良好的体质是智力发展的基础。

第二个阶段：儿童期的教育(2—12 岁)。又称“理智的催眠期”。儿童不能接受和形成抽象观念，因此以发展和锻炼儿童的外部感觉为主。具体教育以活动为主，不进行直接的智育，采用“自然后果法”，即利用儿童自身不良行为所产生的自然后果使他们接受教训。

第三个阶段：青年期的教育(12—15 岁)。属于儿童体力发展最旺盛的时期，具有独立工作和学习的能力，具备了接受智育的条件。卢梭主张这个时期的教育内容应是那些有用且有助于增进聪明才智的知识，通常是自然学科，智育的方法是让儿童在行动或活动中学习。

第四个阶段：青春期的教育(15—20 岁)。卢梭认为，这个时期的青少年处于“激动和热情的时期”。身心均已发育成熟，积累了较为丰富的感性经验和自然知识，可以由农村返回城市，接受道德教育及宗教教育，成为一个自然人。

三、论述题(每题 20 分，共 60 分)

1. 教育在我国社会主义现代化建设中具有基础性、先导性、全局性意义。落实科学发展观，实现科教兴国战略和人才兴国战略，就必然要求把教育摆在优先发展的战略地位。

所谓教育的基础性，实质上是人的素质在社会主义现代化建设中的基础性。教育的育人功能，教育对人的个性素质全面发展的促进，既是个人的为人立世的基础，也是社会稳定和发展的基础。为了开发我国的人口资源，使我国由人口大国转化为人才强国，优先发展教育不能不是一个必然的战略性举措。

所谓教育的先导性，是指教育的发展对社会主义现代化建设具有引领作用。我国正处于实现工业化的过程之中，同时又面对知识社会时代的来临，知识不仅是力量，而且成了第一力量，第一资源，第一产业，第一财富，第一权力乃至第一霸权。这对我国既是挑战，也是机遇。我国要调整产业结构，改变经济增长方式，提高经济增长的质量和效益，使经济社会可持续发展，关键在于知识创新，掌握核心技术，这在相当大的程度上要依靠教育来传播最新知识技术，培养创新性人才。

所谓教育的全局性，是指教育的发展关乎社会主义现代化建设的方方面面，具有全局性的影响。人们看教育的社会功能，有时只留意它的经济功能，津津乐道“人力资本”理论，这就把教育的社会功能窄化了。其实教育的功能对社会的发展来说无处不在，除了经济功能，还有政治功能、生态功能、文化功能和社会流动功能。我们不难看出，教育使人的价值提升，对我国社会结构的良性演变，对城乡差距、地区差距以及贫富差距的缩小和社会公平的拓展，对人与人、人与自然紧张关系的协调，对和谐社会的建设和完善，都会起到独特的积极作用。我们应当全面发挥教育的功能，促进人的全面发展和社会的全面进步。

2. 奥苏贝尔根据学习材料与学习者认知结构中已有知识的关系，将学习分为机械学习和有意义学习。奥苏贝尔认为有意义学习指符号所代表的新知识与学习者认知结构中已有的适当概念建立非人为的、实质性联系的过程。非人为的，是指新知识与认知结构中有关概念的联系不是任意的，而是建立在合乎逻辑的基础上。实质性联系，是指非字面上的联系，即新知识与认知结构中的有关观念用的表达词语可能不同，但二者是等值的。例如，学习“有四个角为直角的菱形是正方形”时，学生可以将新知识“正方形”与旧知识“菱形”建立起实质性联系，这属于有意义学习。再比如说，学习电解水时，教师用口诀“负极←氢气，父亲”帮助学生学习，虽然能使学生产生与负极相连的电极能产生氢气这一结论，但是这是一种人为的联系，不属于有意义学习，它属于机械学习。

有意义学习的发生需要具备客观和主观两个方面的条件，缺一不可。

（1）客观条件

有意义学习的材料本身必须满足能与认知结构中有关知识建立实质性和非人为性联系的要求。也就是说，材料必须具有逻辑意义，在学习者的心理上是可以理解的，是在其学习能力范围之内的。一般来说，学生所学的教科书或教材，是人类认识世界的概括，都是有逻辑意义的。

（2）主观条件

① 学习者必须具有积极主动地将符号所代表的新知识与认知结构中的适当知识加以联系的倾向性；

② 学习者认知结构中必须具有适当的知识，以便与新知识进行联系；

③ 学习者必须积极主动地使这种具有潜在意义的新知识与认知结构中的有关旧知识发生相互作用，使认知结构或旧知识得到改善，使新知识获得实际上心理意义。

3.（1）皮亚杰认为，认知发展的实质就是适应，具体而言就是儿童的认知是在已有图式的基础上，通过同化、顺应和平衡，不断从低级向高级发展。皮亚杰将个体认知的发展分为四个阶段：感知运动阶段、前运算阶段、具体运算阶段和形式运算阶段。

① 感知运动阶段（0—2 岁）：主要是感觉和动作的分化，其认知活动主要是通过探索感知与运动之间的关系来获得动作经验，在这些活动中形成了一些低级的行为图式，以此来适应外部环境和进一步探索外界。

② 前运算阶段（2—7 岁）：在这一阶段，儿童能运用语言或较为抽象的符号来代表他们经历过的事物，但是还不能很好地掌握概念的概括性和一般性，认知活动具有很大的具体性，思维具有不可逆转性，尚未获得守恒概念。

③ 具体运算阶段（7—11 岁）：儿童的认知结构发生了重组和完善，具有了抽象概念，能够进行逻辑推理。出现“守恒”的概念，开始能凭借具体事物或从具体事物中获得的表象进行逻辑思维和群集运算。这一阶段的儿童的思维仍需要具体事物的支持，他们还不能进行

抽象思维。

④ 形式运算阶段(11—16 岁)：儿童的思维已超越了对具体的、可感知的事物的依赖，使形式从内容中解脱出来，进入形式运算阶段(命题运算阶段)。本阶段儿童不再刻板地恪守规则，并且常常由于规则与事实的不符而拒绝规则或违抗师长。对这一年龄阶段的儿童，教师和家长不宜采用过多的命令和强制性的教育，而应鼓励和指导他们自己作决定，同时对他们考虑不全面的地方提出改进建议。

(2) 皮亚杰认知发展理论对教育实践的启示有：

① 教学要适应儿童的认知发展水平

教学要考虑儿童不同发展阶段的认知特点，根据不同阶段儿童的特点采用不同的教学方法和措施。一方面，根据小学生认知发展的具体、直接水平进行教学。小学生认知发展的局限性使他们凭借具体的实际经验来理解定义性概念以及概念之间的关系，因此，教师要运用适合他们特点的语言来描述科学的概念和原理，以便于他们理解。另一方面，要根据中学生认知发展抽象水平占优势的特点进行教学。这一阶段，学生可以省去具体的实践经验而直接理解新的抽象概念，因此教师可以主要用定义性概念进行教学。当然，必要的时候也要辅以适当的具体例子，以帮助学生理解。

② 教学应引导并促进学生的认知发展

虽说儿童的认知发展具有一定的规律性，教学必须充分考虑这些特点和规律，适应儿童的认知发展水平，但是，教学也不只是消极被动地适应，它可以主动促进儿童认知的发展。我们要采用合理的教学方法，对学生进行有效地引导，教给学生有组织、结构化的陈述性知识、自动化的智慧技能以及高效的认知策略，促进学生认知水平的发展。

③ 学习是主动建构的过程

知识是学习者经过同化、顺应构建起来的经验体系。我们要树立新的知识观、学习观，学生自身也要积极地参加活动，促进自身的发展。

2018 年华东师范大学教育综合真题

一、名词解释(每题 6 分，共 30 分)

1. 学校教育制度
2. 程序性知识
3. 道尔顿制
4. 学习策略
5. 苏格拉底法

二、简答题(每题 10 分，共 40 分)

1. 颜元的学校改革思想。
2. 西欧中世纪世俗教育的主要形式。
3. 德育教学中严格要求与尊重学生相结合原则。
4. 裴斯泰洛齐的要素教育思想。

三、论述题(每题 20 分，共 80 分)

1. 教育过程中讨论法的作用。

2. 现代管理中，有人主张“依法治校”，有人主张“以德治校”，根据相关理论并结合实际进行论述。

3. 陈鹤琴“活教育”的探索。

4. 学习动机的培养与激发。

2018 年华东师范大学教育综合真题详解

一、名词解释(每题 6 分，共 30 分)

1. 学校教育制度，简称学制，是指一个国家各级各类学校的系统。它规定了各级各类学校的性质、任务、入学条件、修业年限以及它们之间的关系。学制是整个教育制度的主体，它集中体现了整个教育制度的精神实质。一般来说，学制是由三个基本要素构成的，即学校的类型、学校的级别、学校的结构。现代学制主要有双轨学制、单轨学制和分支型学制三种。

2. 程序性知识是关于怎样完成某项活动的知识，是关于“怎样做”的知识，是个体的用于具体情境的算法或一套行为步骤。程序性知识(认知策略、智慧技能、运动技能)包括一般领域的程序性知识(弱方法)和特殊领域的程序性知识(强方法)，前者适用于许多不同的领域，后者适用于某一特殊的领域。

3. 道尔顿制是美国教育家柏克赫斯特 20 世纪初创行的一种个别化教学形式。在这种教学形式下，教师不再通过上课向学生系统讲授教材，而只为学生分别指定自学参考书、布置作业，由学生自学和独立作业，有疑难时才请教师辅导。学生完成一定阶段的学习任务后，向教师汇报学习情况和接受考查。这种组织形式有利于调动学生学习的主动性，培养他们的学习能力和创造才能，但不利于学生掌握系统知识，而且对教学设施和条件要求较高。

4. 学习策略是指学习者为了提高学习的效果和效率，有目的有意识地制定的有关学习过程的复杂的方案。学习策略由两种相互作用的成分组成：一是基本策略，直接用于学生的认知活动；二是辅助性策略，用来维持合适的学习心理状态，如情绪调整策略。

5. 所谓的“苏格拉底法”就是一种对话式教学方法，它并不是把学生所应知道的原理直接教给学生，而是从学生所熟知的具体事物开始，通过师生间的对话、提问和讨论等方式来揭示学生认识中的矛盾，刺激学生在教师帮助下寻找正确答案，使其得出正确的原理。

这一方法主要有讥讽、助产术、归纳和下定义四个步骤组成。讥讽是就对方的问题不断提出追问，迫使对方陷入矛盾，承认自己的无知；助产术是帮助对方自己得出答案；归纳是从各种具体的事物中找出事物的共性，形成一般的概念；下定义是把个别事物归入一般概念，得到关于事物的普遍概念。由于苏格拉底把教师比喻为“知识的产婆”，因此，“苏格拉底方法”也被人们称为是“产婆术”。

二、简答题(每题 10 分，共 40 分)

1. (1) 对理学教育的批判：揭露传统教育严重脱离实际；批驳传统教育的义利对立观；抨击八股取士制度。概括起来说，他认为理学有毁坏人才、灭绝圣学、败坏社会风气三大祸害。

(2) 关于教育作用：强调人才主要依靠学校教育培养。去掉隐蔽习染，恢复人的善性，正是教育应起的作用。

(3) 关于教育目的和教育内容：教育的目的是为了培养有实才实德的人，为此，他主张以“三事、六府、三物”作为“实学”的教育内容，其核心是“礼、乐、兵、农”。

(4) 关于教学方法：他强调“主动”、“习行”，即在教学过程中要联系实际，要坚持练习和躬行实践。

(5) 论劳动教育：重视农业知识的传授，注重在劳动中培育人才。

2. (1) 宫廷教育是一种设在国王或贵族宫廷中，主要培养贵族后代的教育机构，其中最著名的是查理曼大帝时，以阿尔琴为宫廷学校校长的宫廷学校。宫廷学校学习科目和当时的教会学校一样，主要是“七艺”，教学方法也才用教会学校盛行的问答法。宫廷学校主要培养封建统治阶级所需要的官吏，由于教俗封建主往往两者合一，因此，世俗官吏教育有深厚的宗教色彩。

(2) 骑士教育是这一时期西欧封建社会等级制度的产物，也是一种特殊的家庭教育形式。其主要目的是培养英勇善战、忠君敬主的骑士精神和技能。骑士教育的实施分为三个阶段：从出生到 7、8 岁为家庭教育阶段。儿童主要在家庭中接受母亲教育，学习的内容有宗教知识、道德教育以及身体的养护与锻炼。7、8 岁以后为礼仪教育阶段，低一级的贵族将儿子送到高一级的贵族家庭中充当侍童，主要学习上层社会的礼节和行为准则，同时，也要学习一些基本的知识和技能，在这一阶段，还要进行赛跑、角力、骑马、击剑等内容的训练，以使身体强壮有力。14—21 岁为侍从教育阶段，重点是学习“骑士七技”，同时还要侍奉领主和贵妇。年满 21 岁时，通过授职典礼，正式获得骑士称号。

(3) 城市学校是 11、12 世纪出现的一种新型世俗教育形式。城市学校作为一种学校类型，具有一些共同特点：在领导权上，最初大多由行会和商会开办，以后逐渐由市政当局接管。从其归属上看，尽管与教会有千丝万缕的联系，但打破了教会对学校教育的垄断；从内容上看，强调世俗知识，特别是读、写、算、的基础知识与商业、手工业等活动有关的各科知识的学习，扩大了教育的内容，使学校教育为人们的现实生活服务，一些程度低的学校，一般使用本民族语言；从培养目标上看，主要满足新兴城市对手工业、商业等职业人才的需要，虽然主要是初等学校，但也具有一些职业训练的性质。

(4) 中世纪大学是 12 世纪初出现的一种世俗教育形式。中世纪大学最初是由一些学生和教师按照行会形式自愿结合成的“组合”，旨在某一学科的学习和研究。最早的中世纪大学是意大利的萨来诺大学(以医学著称)、波洛尼亚大学(以法学著称)和法国的巴黎大学(以神学著称)。

3. 严格要求与尊重学生相结合原则是指进行德育要把对学生的思想和行为要求与他们对个人的尊重和信赖结合起来，使教育者对学生的影响与要求易于转化为学生的品德。尊重学生是严格要求的前提，只有真诚地关怀和尊重学生，相信他们的力量和能力，才能提出中肯的、合理的严格要求；也只有在尊重和信任的基础上提出的严格要求，才能促进学生克服困难，自觉地履行要求，逐渐形成坚强的意志和性格。没有严格要求就没有教育，对学生的严格要求中，包含着对学生的尊重和热爱。

贯彻严格要求与尊重学生相结合原则，教育者要注意：①要热爱和信任学生，对学生的上进心、健康成长的可能性充满信心，不以成见看人。②师生要平等相待，尊重学生的人格。③对学生的缺点既严肃对待，又诚恳帮助。④对学生提出的要求应是经过一定的努力，克服一定的困难，能够实现的。⑤对合理的、正确的要求，要坚持贯彻；对不合理的或不正确的要求，要及时改正。⑥要求学生做到的，自己首先要做到。

4. 按照裴斯泰洛齐的观点，任何事物都是由最基本的要素构成的。教育也应从最基本、最简单的要素开始，由易到难，循序渐进，适应儿童的接受能力。裴斯泰洛齐详细论述了德育、智育及体育的要素问题。

（1）智育。智力的要素是整个要素教育的核心，儿童智力的最初萌芽是对事物的感觉和观察能力，这种能力的萌芽由于眼前事物的最基本最简单的外部特征相统一，这就是事物的数目、形状、名称。儿童要认识这三个要素，必须具备相应的三种能力，即确定事物数量的计算能力，区分事物形状的测量能力，表达事物数、形及名称的语言能力。培养这三种能力的学科是算数、几何与语文。

（2）体育。体力的萌芽在于儿童身体各关节的活动，因而关节活动是体育的最基本的要素；体育教学必须依据儿童日常生活中的各种最简单的动作进行。劳动中的许多简单的动作要素都与身体运动分不开，通过这些动作训练发展儿童的体力，也可以让儿童掌握一些基本的劳动技能，并且这些训练应该与感觉训练和思维训练结合起来。

（3）德育。道德教育的最基本的要素是爱，而儿童的爱最初表现为对母亲的爱，即对母亲的深厚感情，然后由爱母亲扩展到爱父亲、爱家人、爱周围的人，乃至爱全人类。

裴斯泰洛齐认为德育的最基本的要素是儿童对母亲的爱；智育的最基本的要素是数目、形状和语言；体育的最基本的要素是各种关节的活动。

三、论述题(每题 20 分，共 80 分)

1. 讨论式教学法是学生在教师指导下，以全班或小组为单位，围绕教材的中心问题各抒已见，通过讨论或辩论活动，获得知识或巩固知识的一种教学方法。在教学过程中，讨论法的作用有：

（1）信息源多，信息的交换量、加工量大，师生获得的即时反馈信息快而强。

（2）能充分调动学员的学习主动性和积极性。由于讨论式教学法改变了学员在课堂教学中的地位，他们既是信息的接受者，更是信息的发出者，他们的思维不再受教师的限制。为了证明自己的观点，他们主动地、积极地去准备材料，搜集论据，进行思考。

（3）能有效地培养和提高学员的阅读和思维能力。讨论式教学法要求学员在课前反复阅读教材的基础上，对已有的知识进行分析、加工、推理、论证等一系列思维活动。特别是在讨论和争论中遇到的问题是事先预想不到的，学员要在极短的时间内抓住问题的实质，组织大脑中储存的知识进行分析、推理、论证，从而得出结论，这种高密度的思维活动能有效地培养和提高学员思维的敏捷性、灵活性和独立性。

（4）能培养和提高学员独立分析和解决问题的能力。讨论题一般都有难度，学员必须把书本知识和实际问题密切结合，才能解决。这样学员在准备讨论的过程中，运用知识解决问题的能力得到了培养和提高。同时，还能提高学员的即时反馈能力和评价能力。

（5）能培养和提高学员的口头表达能力。讨论的过程就是学员把自己的观点通过口头语言的形式准确、清楚、全面地表达出来的过程。在阐明自己的观点、驳斥对方的观点等一系列活动中，学员的口头表达能力也会得到锻炼和提高。

此外，通过讨论，教师能最大限度地了解和掌握学员个体和总体的知识准备程度和认识状况，随时调节教学进程，加强教学的针对性和有效性。学员能在讨论中听取别人的发言并作比较，取长补短，扩大视野，有利于新型师生关系和同学关系的建立。

2.（1）随着科教兴国战略的实施和依法治国方略的确立，依法治教已成为党和政府管理教育的基本方针，而依法治校作为依法治教的重要组成部分，将成为 21 世纪学校管理的必然选择。依法治校就是把学校管理纳入法治轨道，依法对学校进行管理。依法治校可以分为两个方面：一方面是政府及教育主管部门依法管理和规范学校行为，另一方面是学校管理者依法管理学校的各项内部事务。

如何推进依法治校工作？学校管理者应采取以下措施。

第一，转变行政管理职能，切实依法行政。

第二，加强制度建设，依法加强管理。

第三，推进民主建设，完善民主监督。

第四，加强法制教育，提高法律素质。

（2）以德治校是指学校管理工作要关注人的情感、满足人的需要、崇尚人的价值、开发人的潜能、尊重人的主体人格和地位。

实行以德治校，要做好以下工作。

第一，要考虑人的因素，一切从人的实际出发。

第二，在分配工作任务时，要考虑人的个体差异。

第三，要强调人的内在价值，把满足需要作为工作的起点，通过激励的方式来提高工作。

第四，要努力构建一种充满尊重、理解和信任的人际环境，增强教职工和学生的集体归属感。

第五，加强校园文化建设，充分发挥校园文化的管理和育人功能。

第六，要转变管理观念，改变管理方式，贯彻管理即育人、管理即服务的思想。

（3）总之，法律具有强制性，是硬约束，规范主体的外在行为。道德是软约束，强调主体的自觉性，解决人的内心思想观念问题。只有坚持德法并举的治校方略，内外结合，标本兼治，才能有效地贯彻党的教育方针，维护学校正常的教学秩序和良好的精神风貌，办好人民满意的学校。

3. 答案参考杭州师范大学 2017 年论述题第 4 题。

4. 学习动机的培养是指使学生建立学习动机的过程，是学习动机从无到有，从弱到强，从错误、低级到正确、高级的发展变化过程。学习动机的激发是指通过一定的教学措施使学生已有的学习动机由潜在状态转变为激活状态，成为学习活动直接、有效的推动力量。学习动机的培养是一个从无到有的过程，学习动机的激发是一个从静到动的过程。二者既有本质区别也有密切联系，学习动机的培养为激发提供了基础，学习动机的激发为培养的动机提供了进一步的强化，但在教学实践中常常不能截然分开，因此应坚持培养和激发并行的原则。

在实际教学中，我们一般采用如下措施来激发和培养学生的学习动机。

（1）创设问题情境，实施启发教学。启发式教学实施的关键在于创设问题情境。问题情境就是一种适度的疑难情境。作业难度是构成问题情境的重要因素。要想创设问题情境，首先要求教师熟悉教材，掌握教材的结构，了解新旧知识之间的内在联系；此外要求教师充分了解学生已有的认知结构状态，使新的学习内容与学生已有发展水平构成一个适当的跨度。这样，才能创设问题情境。

(2) 根据作业难度，恰当控制动机水平。学习动机和学习效果之间遵循耶克斯——多德森定律(简称倒“U”曲线)，教师在教学时，要根据学习任务的不同难度，恰当控制学生学习动机的激起程度。

(3) 充分利用反馈信息，给予恰当的评价。评定是指教师在分数的基础上进行的等级评价和评语。一般地，只有恰当地评定等级，才能发挥评定的作用。此外，研究表明，让学生明白等级评定的作用，并且教师在评定等级后再加上适当的评语，两者结合，就会有好的结果。

(4) 妥善进行奖惩，维护内部学习动机。在对学生进行评价时，奖励和惩罚对于学生动机的激发具有不同的作用。一般而言，表扬与奖励比批评与指责能更有效地激发学生的学习动机，因为前者能使学生获得成就感，增强自信心，而后者恰恰起到相反的作用。对学习结果进行评价，能激发学生的学习动机，对学习有促进作用；适当表扬的效果优于批评，所以在教学中要给予学生表扬而非批评。虽然表扬和奖励对学习具有促进作用，但使用过多或者使用不当，也会产生消极作用。在教育教学中，教师适时地、恰当地给予表扬应引起高度重视。具体应做到以下方面：教师应根据学生的具体情况进行奖励，把奖励看成某种隐含着成功的信息，其本身并无价值，只是用它来吸引学生的注意力，促使学生由外部动机向内部动机转化，对信息任务本身产生兴趣；对于那些在竞争中处于劣势的个体而言，教师应给予更多的关注与鼓励，设置情境使其有成功的体验，以免产生自暴自弃的心理。

(5) 合理设置课堂环境，妥善处理竞争和合作。学生的学习主要是在课堂中进行的，课堂中的合作与竞争环境是影响学习动机的一个重要的外部因素。个体选择哪种成就目标，一方面取决于他所持有的内隐能力观念，另一方面就取决于外在的课堂环境。研究表明，课堂目标结构包括三种：竞争型、合作型和个体化型。这三种课堂结构都能在不同方面激发学生的学习动机。但是大量的研究表明，合作型目标结构能最大限度地调动学习的积极性，更有利于激励学生的学习动机和改善同伴关系。不过，他认为，要使得合作学习有效，必须将小组奖励与个人责任相结合；否则，极有可能产生责任扩散和“搭便车”现象。

(6) 适当进行归因训练，促使学生继续努力。研究表明，不同的归因方式将导致个体不同的认知、情感与行为反应，具体表现在：对成功与失败的情感反应、对成功与失败的期望、所投入的努力和自我概念。因此，在学生完成某一学习任务后，教师应指导学生进行成败归因。一方面，要引导学生找出成功或失败的真正原因，即进行正确归因；另一方面，更重要的是，教师也应根据每个学生一贯成绩的优劣差异，从有利于今后学习的角度进行积极归因，哪怕这时的归因并不真实。积极归因训练对于差生转变具有重要意义。

2018 年上海师范大学教育综合真题

一、名词解释(每题 6 分，共 30 分)

1. 教育制度

2. 德育过程
3. 教学过程
4. 苏格拉底教学法
5. 京师同文馆
6. 最近发展区

二、简答题(每题 10 分，共 40 分)

1. 简述学校心理健康教育的途径。
2. 简述班级授课制的优缺点。
3. 简述遗传素质在人的发展中的作用。
4. 简述卢梭的自然教育理论。

三、论述题(每题 20 分，共 80 分)

1. 评述蔡元培五育并举的教育思想。
2. 结合实例说明和评价班主任工作的内容和方法。
3. 结合实例说明学习动机的实质及其在学生学习中的重要作用。
4. 评述赫尔巴特的教学理论。

2018 年上海师范大学教育综合真题详解

一、名词解释(每题 6 分，共 30 分)

1. 教育制度是指一个国家各级各类教育机构与组织的体系及其管理规则。它包括相互联系的两个基本方面：一是各级各类教育机构与组织的体系，二是教育机构与组织体系赖以存在和运行的一套规则，如各种各样的教育法律、法规、条例等。在教育学中，教育制度通常只论述教育的各种施教机构与组织构成的系统，它既包括学校教育机构与组织，也包括幼儿教育机构与组织、校外儿童教育机构与组织、成人教育机构与组织等。

2. 德育过程是教育者根据一定社会的要求及受教育者思想品德形成规律，对受教育者有目的施加影响，通过受教育者能动的认识、体验和实践，从而使其养成教育者所期望的思想品德的教育活动过程。其结构要素包括教育者、受教育者、德育的内容与方法；一说还包括施教与受教活动。其中教育者与受教育者均为能动主体，是过程的两个基本方面。

3. 教学过程是教师有目的、有计划地引导学生能动地进行认识活动，自觉调节自己的兴趣和情感，掌握文化科学基础知识与基本技能，以促进学生德、智、体、美、劳全面发展，并为学生奠定科学世界观基础的活动过程。教学过程一般可以分为六个阶段：①激发学生的学习动机；②感知教材，发展观察力；③理解教材，发展思维力；④巩固知识，发展记忆力；⑤运用知识，形成技能，发展分析问题和解决问题的能力；⑥检查和评定学习效果，发展自我评价的能力。

4. 所谓的“苏格拉底法”就是一种对话式教学方法，它并不是把学生所应知道的原理直接教给学生，而是从学生所熟知的具体事物开始，通过师生间的对话、提问和讨论等方式来揭示学生认识中的矛盾，刺激学生在教师帮助下寻找正确答案，使其得出正确的原理。

这一方法主要有讥讽、助产术、归纳和下定义四个步骤组成。讥讽是就对方的问题不断提出追问，迫使对方陷入矛盾，承认自己的无知；助产术是帮助对方自己得出答案；归纳是从各种具体的事物中找出事物的共性，形成一般的概念；下定义是把个别事物归入一般概念，得到关于事物的普遍概念。由于苏格拉底把教师比喻为“知识的产婆”，因此，“苏格拉底方法”也被人们称为是“产婆术”。

5. 京师同文馆是中国清末洋务运动时期由洋务派创办的第一所官办外语专门学校，后来并入京师大学堂。初以培养外语翻译、洋务人才为目的，是近代中国被动开放的产物。学校建立了中国近代最早的化学实验室和博物馆。在课程设置上，外语居于首位，侧重西学和西艺；在教学方法上，主张由浅入深，循序渐进，一定程度上改变了死记硬背的学风，注重理论和实践的结合。并且，最早开始了中国的班级授课制和分年课程。同文馆既有封建性，又有殖民性，是清政府在教育上和外国资本主义结合的产物。它是洋务血糖的开端，也是中国近代教育的开端。

6. 最近发展区是原苏联心理学家维果茨基提出的概念，他指出：我们至少应该确定儿童发展的两种水平：第一种水平我们称为儿童的现实发展水平。这是指一定的已经形成的儿童发展周期的结果和由它而形成的心理机能的发展水平，表现为儿童独立演算习题的水平；另一种水平是儿童在成人的引导和帮助下演算习题的水平。这两种水平之间存在差距，这个差距就是儿童的最近发展区。

二、简答题(每题 10 分，共 40 分)

1.（1）专题训练。专题训练过程一般由“判断鉴别—训练策略—反思体验”三个彼此衔接的基本环节构成。判断鉴别是通过多种形式的心理检测和评估，让学生了解自己某方面心理素质发展的现状，以此引起学生的认同感或缺失感，唤起情感共鸣或震撼，激活心理能量，思考问题根源，进而体会、感受该种心理素质对自己学习、生活、交往及成长的意义，激发接受训练的积极动机。训练策略就是针对该课主题和在判断鉴别中所发现的问题，提出若干解决该问题的具体而有效的方法和技巧，通过组织学生参与讨论和操作活动来感受、理解，进而选择。反思体验就是对训练中的心理感受、情感体验、行为变化、活动过程及效果等进行反思、强化、内化，强化训练效果，促进自我认知与评价。反思环节一定要强调“三自”，即自觉、自发、自控。

（2）咨询与辅导。开展心理咨询和心理辅导，对个别存在心理问题或出现心理障碍的学生及时进行认真、耐心、科学的心理辅导，帮助学生解除心理障碍。心理辅导是一种心理上的助人活动，是指在一种新型的建设性的人际关系中，辅导教师运用其专业知识和技能，给学生以合乎需要的心理上的协助与服务，帮助学生处理他所面临的问题局面，发展其未能充分利用的潜能与机遇，进而使其获得自助的能力与意愿，克服成长中的障碍，增强与维持自身的心理健康，以便在学习、工作与人际关系各个方面做出良好适应。心理辅导的最简单的定义是“助人者自助”。

（3）学科渗透。学科渗透是指教师在进行常规的学科教学时，自觉地、有意识地运用心理学的理论、方法和技术，让学生在掌握知识、形成能力的同时，完善各种心理品质，特别是诸如情感、意志、个性品质等方面。在学科教学、各项教育活动、班主任工作中，都应注重对学生心理健康的教育，这是心理健康教育的主要途径。

2.（1）班级授课制的优点：

① 有利于发挥教师的主导作用，经济而有效地大面积培养人才。

② 有利于发挥集体的教育作用。

③ 有利于严格管理教学，使教学目的、有计划、有组织地进行。

(2) 班级授课制的缺点：

① 过分强调整齐划一和集中统一，不能很好适应学生的个别差异，不易发挥学生的全部潜力，不利于培养学生的志趣、特长和发展他们的个性才能。

② 偏重系统的书本知识，容易忽视学生的实践活动，容易造成理论脱离实际。

3. 遗传是指人从上代继承下来的生理解剖上的特点，如机体的结构、形态、感官和神经系统的特点等。这些遗传的生理特点，也叫遗传素质。遗传素质在人的身心发展中的作用主要体现在：

(1) 遗传素质是人的发展的生理前提，为人的发展提供了可能性。

(2) 遗传素质的成熟程度制约着人的发展过程及年龄特征。

(3) 遗传素质的差异性对人的发展有重要的影响。

(4) 遗传素质具有可塑性。

(5) 遗传素质在个体发展的不同阶段作用的大小不同，随着个体不断地发展，遗传素质的作用日益减弱。

总之，遗传对人的发展有重要作用，但也不能因此夸大了遗传素质的作用。

4. 卢梭的自然教育的核心是“归于自然”。他认为每个人都是由自然的教育、事物的教育和人为的教育三者培养起来。只有三种教育圆满的结合才能达到预期的目的。

(1) 自然教育的培养目标是“自然人”，这个概念不同于“公民”或“国民”，“自然人”是能独立自主的人，平等的、自由的、自食其力的、道德高尚、能力和智力极高的人。

(2) 在自然教育的方法原则上，首先要正确看待儿童，不要把他们看成是小绅士、小大人，要看成上帝的产物、成人的玩物。其次要给他们以充分的自由。成人的不干预、不灌输、不压制和让儿童遵循自然就是所谓的“消极教育”，但并不是不教育，而是要观察自由活动的儿童，了解他的自然倾向和特点；防范来自外界的不良影响。

(3) 在自然教育的实施上，卢梭按照年龄阶段把人的教育分为四个阶段。

第一个阶段：婴儿期的教育(0—2 岁)。以身体的养育和锻炼为主，因为良好的体质是智力发展的基础。

第二个阶段：儿童期的教育(2—12 岁)。又称“理智的催眠期”。儿童不能接受和形成抽象观念，因此以发展和锻炼儿童的外部感觉为主。具体教育以活动为主，不进行直接的智育，采用“自然后果法”，即利用儿童自身不良行为所产生的自然后果使他们接受教训。

第三个阶段：青年期的教育(12—15 岁)。属于儿童体力发展最旺盛的时期，具有独立工作和学习的能力，具备了接受智育的条件。卢梭主张这个时期的教育内容应是那些有用且有助于增进聪明才智的知识，通常是自然学科，智育的方法是让儿童在行动或活动中学习。

第四个阶段：青春期的教育(15—20 岁)。卢梭认为，这个时期的青少年处于“激动和热情的时期”。身心均已发育成熟，积累了较为丰富的感性经验和自然知识，可以由农村返回城市，接受道德教育及宗教教育，成为一个自然人。

三、论述题(每题 20 分，共 80 分)

1. 蔡元培在哲学思想上受康德二元论的影响，把世界分割为现象世界和实体世界两部分。基于这种世界观，其把教育也分为两部分，一部分属于现象世界，包括军国民教育、实利主义教育、公民道德教育；一部分属于实体世界，包括世界观教育与美育。对于这五育，他认为是缺一不可的。“五者，皆今日之教育所不可偏废也”。

军国民教育，即体育，一方面是当时形势，需要举国强兵，另一方面又是养成完全人格所必需，主张完全人格，首在体育。

实利主义教育，也就是智育，包括各种普通文化科学知识，认为教育不仅要传授知识技能，而且要训练学生思维细密，对事物有科学态度。

公民道德教育，就是德育。认为德育就是完整人格之本，德育内容要以自由、平等、亲爱为主，体现了他要以资产阶级道德观念培养学生的愿望。

美育即“应用美学之理论于教育，以陶养感情为目的者也”。进行美育的课程可采用多种形式。蔡元培认为美育有特殊意义，其是引导人由现象世界通向实体世界的桥梁。

世界观教育，为蔡元培所独创，并被认为是教育的最高境界。世界观教育即是培养人们立足于现象世界，但又能超脱现象世界而贴近实体世界的精神境界。但他认为世界观教育不可言传、只可意会，说不出具体的方法和内容来，只能潜移默化的改变。

五育的关系即军国民教育是体育，实利主义教育是智育，公民道德教育是德育，美感教育可辅助德育，世界观教育是德智体教育的三者结合，五者作用不同但以公民道德教育为根本。

在中国近代教育思想发展史上，蔡元培是第一位提出五育并举的教育思想家。五育并举是蔡元培教育思想的一个显著特点，也是他对于中国近代教育理论的重大贡献。蔡元培五育并举的思想，是以公民道德教育为中心的德智美诸育和谐发展的思想，这在中国近代教育史上是首创，是对中国的半殖民地半封建教育宗旨的否定。它适应了辛亥革命后资产阶级改革封建教育的需要，顺应了当时中国社会的变革，以及世界发展的潮流。但是，他提出的教育方针的思想基础是唯心主义的，在具体解释各种教育，如德育、美育不免会掺杂某些唯心主义的色彩。

2.（1）了解和研究学生。这是教育学生、做好班主任工作的必要条件。了解学生集体状况是在了解学生个人状况的基础上进行的。

（2）教导学生学好功课。一般来说，教师要注意教导学生的学习目的和态度；还要加强学习纪律教育，指导学生改进学习方法。

（3）组织班会活动。班会的内容和形式应该多样化、有计划，班会的内容还要能吸引学生，调动全班同学的兴趣。

（4）组织课外活动、校外活动和指导课余生活。这些活动对培养学生的志趣、才能，丰富学生的生活非常有用，但是也要严格要求学生遵守学校制度和纪律，自觉抵制不良风气的侵蚀。

（5）组织学生的劳动。班主任在劳动前要做好劳动准备、思想准备和组织准备。在劳动过程中，教师要进行教育工作。劳动过后，要进行总结工作，展示班级学生的劳动成果。

（6）通过家访建立家校联系。班主任应该与家长形成教育合力，共同培养学生，这是一个教师与家长互相协助、互相促进学生发展的过程。

（7）协调各方面对学生的要求。班级工作力量是由多方面教育力量构成的教育整体，除学校领导外，任课教师、少先队组织、学生家长也是十分重要的教育力量，只有协调并发挥好这些力量，才能保持教育方向的一致性，教育要求的统一性，教育活动的协调性。

(8) 评定学生操行。学生操行评定是反映学生在校期间综合素质提高和表现的基础状况，是对学生实行教育的重要方法，是德育考核的重要内容，是实现德育目标的重要措施。

(9) 做好班主任工作的计划与总结。班主任工作计划的制定和总结，是班级工作不可缺少的环节，是班主任工作达到预定目的的重要保证。

3.(1) 学习动机是激发个体进行学习活动、维持已引起的学习活动，并致使个体的学习活动朝向一定的学习目标的一种内部启动机制。它与学习活动可以相互激发、相互加强。学习动机一旦形成，它就会自始至终，贯穿于某一学习活动的全过程。因此，学习动机可以加强并促进学习活动，学习活动又可激发、增强甚至巩固学习动机。

(2) 学习动机的作用是指在学习活动的开始、进行和完成的全过程中，与学习动机有关的各因素的作用及其相互关系，以及学习效果对学习动机、学习活动的反馈作用。动机对学生的学习与行为的作用主要体现：

① 使个体的学习行为朝向具体的目标。具有某种动机的个体经常自己设定某种目标，并使自己的行为朝向这些目标。

② 使个体为达到某一目标而努力。动机决定了个体在某一活动中所投入的努力、热情的多少。动机越强，努力越大，热情越高。

③ 激发和维持某种活动。研究表明，动机决定了学生在多大程度上能主动地从事某种活动并坚持下去。

④ 提高信息加工的水平。根据信息加工理论，动机影响着加工何种信息以及怎样加工信息。具有学习动机的学生注意力更集中，而注意在获取信息以进入工作记忆与长时记忆中起着关键作用。

⑤ 决定了何种结果可以得到强化。学生取得学业成就的动机越强，则获得好成绩时的自豪感(自我强化)越强，而获得不良成绩时的受挫感或厌恶感越强。

⑥ 导致学习行为的改善。这是上述各种作用的最终体现。良好的、适当的学习动机最终将促进学习行为的改善，提高学习能力。

4. 根据赫尔巴特的主张，统觉过程的完成大体上可以有三个环节：感官的刺激、新旧观念的分析和联合、统觉团的形成。与此相应，他提出三种不同的教学方法：单纯的提示教学、分析教学和综合教学，这三种教学方法之间的联系，就产生了教学过程。他提出的教学形式阶段，实际上就是课堂教学的完整过程，是一个包括教学方法、教学形式等在内的规范化的教学程序。

他认为，兴趣活动可划分为四个阶段：注意、期待、要求、行动。儿童在学习活动中的思维状态主要有两种：专心和审思。在此基础上，提出了教学形式阶段论。

(1) 明了。指教师讲解新教材时，把教材分为若干部分，提示给学生，以便学生掌握和领悟。这时，学生的心理处于“静止的专心”状态，其兴趣阶段是注意，教师适合用叙述的方法传授知识。

(2) 联想。指通过师生谈话把新旧观念结合起来。教学的任务是把前一阶段教师所提示的新观念和学生意识中原有的旧观念结合起来。这时，学生的心理表现为“动态的专心”。

其兴趣阶段发展到“期待”新的知识；教师的任务是与学生交流，自由交谈是联想的最好办法。

（3）系统。指在教师指导下寻找结论和规则，使观念系统化，形成概念。这时学生的心理处于“静止的审思”状态，兴趣活动处于要求阶段，教师要运用综合的方法，使知识系统化。

（4）方法。指通过练习把所学知识应用于实际，以检查学生对新知识的理解是否正确。这时学生的心理表现为“动态的审思”。其兴趣点在于进行学习行动，教学方法主要是让学生做作业、写文章与修改等对知识的运用。

他的教学形式阶段论是在严格按照心理学过程规律基础上，对教学过程中的一切因素和活动进行高度抽象，以建立一种明确的和规范化的教学模式。在这个意义上讲，不仅反映了人类对教学过程和教学活动本质的发展，而且具有广泛的实践意义。但也因机械化倾向遭到人们批评。

2018 年华中师范大学教育综合真题

一、名词解释（每题 5 分，共 30 分）

1. 学制
2. 修养
3. 产婆术
4. 稷下学宫
5. 五育并举
6. 学习策略

二、简答题（每题 10 分，共 40 分）

1. 简述教育的政治功能。
2. 孔子认为教师应该具备的基本特点。
3. 文艺复兴时期，人文主义教育的主要特征。
4. 简述赫尔巴特教学形式阶段论的内容。

三、论述题（每题 20 分，共 80 分）

1. 论述文化知识的育人价值。
2. 论黄炎培的职业教育思想。
3. 举例论证教学过程中的直观性原则及要求。
4. 论创造性的内涵及培养途径。

2018 年华中师范大学教育综合真题详解

一、名词解释（每题 5 分，共 30 分）

1. 学制，是指一个国家各级各类学校的系统。它规定了各级各类学校的性质、任务、入学条件、修业年限以及它们之间的关系。学制是整个教育制度的主体，它集中体现了整个教育制度的精神实质。一般来说，学制是由三个基本要素构成的，即学校的类型、学校的级别、学校的结构。现代学制主要有双轨学制、单轨学制和分支型学制三种。

2. 修养是在教师引导下学生经过自觉学习、自我反思和自我行为调节，使自身品德不断完善的一种重要方法。学生品德的提高是一个能动的发展过程，它的成效同学生个人能否自觉主动进行道德修养紧密相关，学生的年龄愈大，他们个人进行的道德修养在自身品德发展中的作用也愈大，所以德育不得不重视学生的道德修养和提高他们的修养能力。修养包括：学习、座右铭、立志、自我批评、慎独等。

3. 产婆术，又称苏格拉底法。这是一种对话式教学方法，它并不是把学生所应知道的原理直接教给学生，而是从学生所熟知的具体事物开始，通过师生间的对话、提问和讨论等方式来揭示学生认识中的矛盾，刺激学生在教师帮助下寻找正确答案，使其得出正确的原理。

这一方法主要有讥讽、助产术、归纳和下定义四个步骤组成。讥讽是就对方的问题不断提出追问，迫使对方陷入矛盾，承认自己的无知；助产术是帮助对方自己得出答案；归纳是从各种具体的事物中找出事物的共性，形成一般的概念；下定义是把个别事物归入一般概念，得到关于事物的普遍概念。

4. 稷下学宫，又称稷下之学，战国时期田齐的官办高等学府，始建于齐桓公田午。“稷”是齐国国都临淄城一处城门的名称。“稷下”即齐都临淄城的稷门附近，齐国君主在此设立学宫。故因学宫地处稷门附近而得名为“稷下学宫”。稷下学宫是世界上第一所由官方举办、私家主持的特殊形式的高等学府。稷下学宫由齐国官方出资举办，始终不改变养士、用士的基本目的。从其主办者和办学目的来看，稷下学宫是官学。稷下学宫是由养士制度发展演变而成的教育机构，它保持了充分尊重士人之讲学，不加干涉与限制的风范，其教学与学术自由，体现出私学的性质。

5. 五育并举是由教育思想家蔡元培提出的一种思想主张。所谓的五育是指军国民教育、实利主义教育、公民道德教育、世界观教育和美感教育。蔡元培强调五育不可偏废：前三者偏于“现象世界”之观念，隶属于政治教育；后两者以追求“实体教育”之观念为目的，为超越政治之教育。军国民教育为体育，实利主义教育为智育，公民道德教育为德育，美感教育可以辅助德育，世界观教育将德、智、体合二为一，是教育的最高境界。五育尽管各自的作用不同，但都是“养成共和国民健全之人格”所必需的，是统一整体中不可分割的有机部分。五育中也有重点，即必须以公民道德教育为根本。

6. 学习策略是指学习者为了提高学习的效果和效率，有目的有意识地制定的有关学习过程的复杂的方案。学习策略由两种相互作用的成分组成：一是基本策略，直接用于学生的认知活动；二是辅助性策略，用来维持合适的学习心理状态，如情绪调整策略。

二、简答题(每题 10 分，共 40 分)

1. 教育的政治功能是早为人们所认识的教育社会功能。从历史发展来看，历代统治阶级都非常重视教育，重视教育在稳定社会秩序中的作用。教育的政治功能主要是通过传播思想意识和培养人才来实现的。

(1) 教育通过传播一定社会的政治意识形态，完成年轻一代的政治社会化。在阶级社会中，任何一种教育总是要向受教育者传播一定的政治、哲学、道德等方面的思想体系，形成他们一定的阶级意识和行为品质，其目的是使人们从思想上去自觉维护和巩固某种经济关系，以及建立在这种经济关系上的政治、伦理道德关系等。

（2）教育通过造就政治管理人才，促进政治体制的变革与完善。任何一个社会政治秩序的稳定，除了全体人民的政治社会化之外，还需要一批专门的政治人才。学校教育从它一产生就担负起为社会培养国家所需要的政治人才、管理人才的责任。我国古代学校典型的“养士”教育在培养政治人才方面具有十分突出的功能。英国的“公学”和牛津、剑桥大学培养了一大批英国最高层的政治人才。

（3）教育通过提高全民文化素质，推动国家的民主政治建设。一个国家的政治是否民主，主要取决于该国的政体，但也与国民的文化素质密切相关。一个国家普及教育的程度越高，国民的文化素质越高，其国民就越能认识民主的价值，在政治生活和社会生活中就越能履行民主的权利。而在一个文盲充斥的国家里，政治独裁、宗教迷信和官僚主义则是比较容易推行的。

（4）教育还是形成社会舆论、影响政治时局的重要力量。学校是知识分子和青少年集中的地方，他们有知识、有见解，思想敏锐，勇于发表意见，通过教育者和受教育者的言论、行动、讲演、文章、学校的教材和刊物等，来宣传一定的思想，造就一定的舆论，借以影响群众，为一定的政治、经济服务。

2. 孔子热爱并终生从事教育事业，有丰富的教学经验，他认为教师应该具备以下基本条件：

（1）学而不厌。教师应重视自身的学习修养，掌握广博的知识，具有高尚的品德，这是教人的前提条件。

（2）温故知新。教师负有传递和发展文化知识的使命，既要注意继承，又要探索创新。既要了解掌握过去政治历史知识，又要借鉴有益的历史经验认识当代的社会问题，知道解决问题的办法。

（3）侮人不倦。教师以教为业，也以教为乐，要树立“诲人不倦”的精神。诲人不倦还表现在以耐心说服的态度教育学生。

（4）以身作则。教师对学生进行教育的方式，不仅有言教，还有身教。身教比言教更为重要。

（5）爱护学生。教师应该爱护关怀学生，表现在要学生们努力进德修业，成为具有从政才能的君子，为实现天下有道的政治目标而共同奋斗。

3. 人文主义的基本特征有：

（1）人本主义。人文主义教育在目标上注重个性发展，在教学方法上反对禁欲主义，尊重儿童天性，坚信通过教育这种后天的力量，可以重塑个人、改造社会和自然，这些都表现出人本主义的内涵，人的力量、人的价值被充分肯定。

（2）古典主义。人文主义教育思想吸收了许多古人的见解，人文主义教育实践尤其是课程设置已具有古典性质，但非纯粹复古，而是古为今用，在当时是一种进步。

（3）世俗性。不论从教育目的还是从课程设置等方面看，人文主义教育充溢着浓厚的世俗精神，关注人道而非神道，教育更关注今生而非来世，与中世纪有巨大区别。

（4）宗教性。人文主义教育仍具有宗教性，凡乎所有的人文主义教育家都信仰上帝，他们虽然抨击天主教会的弊端，但不反对宗教，更不打算消灭宗教，他们希望以世俗和人文精神改造中世纪陈腐专横的宗教性以造就一种更富世俗色彩和人性色彩的宗教性。

(5) 贵族性。这是由文艺复兴运动(并非大众运动)的性质决定的，人文主义教育的对象主要是上层子弟；教育的形式多为宫廷教育和家庭教育而非大众教育；教育的目的主要是培养上层人物如君主、侍臣、绅士等。

4. 赫尔巴特把教学过程分成四个连续的阶段：

(1) 明了。指教师讲解信教材时，把教材分为若干部分，提示给学生，以便学生掌握和领悟。这时，学生的心理处于“静止的专心”状态，其兴趣阶段是注意，教师适合用叙述的方法传授知识。

(2) 联想。指通过师生谈话把新旧观念结合起来。教学的任务是把前一阶段教师所提示的新观念和学生意识中原有的旧观念结合起来。这时，学生的心理表现为“动态的专心”。其兴趣阶段发展到“期待”新的知识；教师的任务是与学生交流，自由交谈是联想的最好办法。

(3) 系统。指在教师指导下寻找结论和规则，使观念系统化，形成概念。这时学生的心理处于“静止的审思”状态，兴趣活动处于要求阶段，教师要运用综合的方法，使知识系统化。

(4) 方法。指通过练习把所学知识应用于实际，以检查学生对新知识的理解是否正确。这时学生的心理表现为“动态的审思”。其兴趣点在于进行学习行动，教学方法主要是让学生做作业、写文章与修改等对知识的运用。

三、论述题(每题 20 分，共 80 分)

1. 教育主要通过文化知识的传承来培养人的，文化知识是滋养人的生长的最重要的社会因素与资源。语言符号及其负载的文化知识之所以对人的发展至关重要。主要是因为文化知识蕴含着有利于人的发展的多方面价值：知识的认识价值、知识的能力价值、知识的陶冶价值、知识的实践价值。

(1) 知识的认识价值

学生掌握知识，意味着他对知识所指的事物的认识，弄清事物是什么，把握住事物的特性。学生掌握知识的广度和深度，制约着他对事物的视域和世界认识的广度和深度。“秀才不出门，能知天下事”，在很大程度上可能是就此而言的。学生掌握知识，又意味着他掌握认识的工具。知识包含着许许多多的概念、范畴、命题、原理、因果关系与逻辑结构。学生掌握了这些知识，也就是掌握了观察事物的显微镜和望远镜，能见到别人见不到的事实，发现别人发现不了的问题，解释别人解释不了的疑难，重组别人不能重组的经验。学生掌握知识，还意味着掌握认识的资料和资源。人们常说认识是思维对信息的加工、建构、重组，知识就是这些信息的重要形态。学生认识的发展依赖于对知识资料、资源的思维加工，由不知转化为知，由旧知通向新知，在头脑里构思和想象现实中尚不存在的东西。

(2) 知识的能力价值

知识是心理操作与行为操作的认识结晶。学生学习知识的过程，要经历知识的展开过程和知识的发现过程，对知识进行心理操作和行为操作。这种操作方式的定型和积淀过程，也就是学生心理的认识能力和行为操作技能的形成过程。所以，学生学习知识，不仅要掌握知识的内容，而且要掌握知识的形式；不仅要获得对事物的认识，而且要养成从心理上和行为上操作事物的方法和能力；不仅要学会善于传承文化知识、技能，而且要养成探究、发现与创新知识的意向，其中包括对信息的搜集、鉴别、筛选、加工的能力和倾向。

（3）知识的陶冶价值

知识蕴涵着科学精神和人文精神，而科学精神和人文精神正是构成人生智慧的基本要素。科学精神引导人尊重事实，实事求是，诚实劳动，独立思考，追求真理，崇尚创新，修正错误，拒斥陈规，不唯上，不唯书，不迷信，不盲从，不妄言，不作伪，不哗众取宠，不搞假、大、空。人文精神引导人追问人生意义，追求人的价值、尊严、自由、权益和社会平等、社会正义，争取人的合理存在，向往人的解放。学生经历科学精神和人文精神的陶冶，体验到以史为据的事实尺度和以人为本的价值尺度，体悟到人何以生存，为何生存，才能真正形成人生智慧，具有人生理想，人生抱负，担当起社会责任，人类责任，才能成为挣脱奴性、物性的大写的人。

（4）知识的实践价值

知识具有对社会实践的有用性或有效性。学生通过学习获取知识，认识事物特性，也就获得了通过社会实践改造事物的可能性。他可以依据事物的特性、新的需要或生活中面临的问题重组知识，即在观念上形成实践的目标和程序，并付诸实施，以改变事物或生活的现状，创造出新的事物或新的生活情境。这对学生来说，大体上是一个将外在的知识转化为内在素质，又由内在素质外显为社会实践的过程。人们常说学习的目的全在于运用，在很大程度上可能就是强调知识的实践价值。

【科兴点评】这个题目命题的背景是2016年底习近平在全国高校思想政治工作会议上的讲话。习近平总书记指出，加强高校思想政治工作，要更加注重以文化人以文育人。

2. 黄炎培的职业教育思想主要涉及的内容有职业教育的作用、地位、目的和方针几个方面。

（1）职业教育的作用和地位

职业教育的理论价值在于谋个性之发展；为个人谋生之准备；为个人服务社会之准备；为国家及世界增进生产力之准备。职业教育的实践价值在于解决了中国最大、最急需解决的生计问题。职业教育在整个教育体制中的地位是一贯的、整个的、正统的。

（2）职业教育的目的

早期职业教育目的：使个人获得生活能力，解决个人生计问题，“谋个性之发展，为个人谋生之准备，为个人服务社会之准备，为世界、国家增加生产力之准备”。后期的职业教育目的：使无业者有业（即解决社会失业问题，保障人们的生计，这正是黄炎培最初办职业教育的出发点），使有业者乐业（即是指通过职业教育培养人们的知识、道德、技能，使受教育者胜任自己的职务，热爱自己的职业，尽职尽责，以造福社会，造福于人民）。

（3）职业教育的方针

职业教育的方针主要包括职业教育社会化和职业教育科学化两个方面。职业教育社会化的内涵包括办学宗旨的社会化、培养目标社会化、办学组织的社会化、办学方式的社会化。在1926年，黄炎培将其概括为“大职业教育主义”，“只从职业学校做功夫，不能发达职业教育；只从教育界做功夫，不能发达职业教育；只从农工商职业界做功夫，不能发达职业教育”。也就是说不能就职业教育论职业教育，必须联系社会，走职业教育社会化的道路。职业教育科学化就是用科学来解决职业教育问题。

（4）职业教育的教学原则

为了实现培养具有实际操作能力的人才目标，职业教育必须遵循手脑并用、做学合一的原则，手脑并用、做学合一、理论与实际并行、知识与技能并重。职业道德教育的原则是“敬业乐群”，热爱所业，尽职所业，有优美之情操，有协作之精神，职业教育不仅是为己谋生，更是为群服务

（5）职业道德教育

黄炎培把职业道德教育的基本要求概括为“敬业乐群”即：热爱所业，尽职所业，有优美之情操，有协作之精神，职业教育不仅是为己谋生，更是为群服务。

3.（1）直观性原则指在教学中要通过学生观察所学事物或教师语言的形象描述，引导学生形成所学事物、过程的清晰表象，丰富他们的感性认识，从而使他们能够正确理解书本知识和发展认识能力。直观性教学原则的提出，不仅反映了学生掌握知识的认识活动的规律，即学生掌握书本知识必须以感性知识或经验为基础，而且也体现了学生的年龄特征和思维发展由具体到抽象的特点。通过直观教学，可以丰富学生的感性认识，减少其掌握抽象概念的困难，对帮助学生感知、理解、记忆知识有非常重要的作用。

一般地说，直观的具体手段有以下三种。

① 实物直观。实物直观是通过实物进行的，直接将对象呈现在学生面前，在学习儿童生活中比较生疏的内容时，实物直观能够最为真实有效和充分地为学生提供理解、掌握所必需的感性经验。

② 模像直观。模像直观是运用各种手段对实物的模拟，包括图片、图表、模型、幻灯、录音、录像、电影、电视等。实物直观虽然具有真实有效的特点，但往往由于受到实际条件的限制而无法使用；模像直观则能够有效地弥补实物直观的缺憾，特别是现代技术在教育领域的应用，使得模像直观的范围更加广阔，大到宇宙天体，小到分子结构，都能够借助某种技术手段达到直观的效果。

③ 语言直观。语言直观是教师运用自己的语言、借助学生已有的知识经验进行比喻描述，引起学生的感性认识，达到直观的效果。与前两种直观相比，语言直观可以最大限度地摆脱时间、空间、物质条件的限制，是最为便利和最为经济的。语言直观的运用效果主要取决于教师本人的素质和修养。

（2）在教学中贯彻直观性教学原则，对于教师有以下基本要求。

① 恰当地选择直观手段。学科不同，教学任务不同，学生年龄特征不同，所需要的直观手段也不同。

② 直观是手段而不是目的。一般地说，在教学内容对于学生比较生疏，学生在理解和掌握上遇到困难或障碍时，才需要教师运用直观。为直观而直观，只能导致教学效率的降低。

③ 在直观的基础上提高学生的认识。直观给予学生的是感性经验，而教学的根本任务在于让学生掌握理论知识，因此教师应当在运用直观时注意指导，比如通过提问和解释鼓励学生细致深入地观察，启发学生区分主次轻重，引导学生思考现象和本质及原因和结果等。

4.（1）创造性是一种个性特质，这种个性特质的人具有创造力，即根据一定目的，运用已知信息，产生出某种新颖、独特、有社会或个人价值的产品的能力。其显著特征是流畅性、变通性、独特性。从本质上来讲，创造也是一种问题解决的过程，是最终产生新颖的产品的活动过程，因此，可以将它看作是问题解决的最高形式。

（2）培养和发展儿童的创造性，是教育特别是学校教育的一项重要任务和目标。在教学中培养学生的创造性，可以从以下方面着手：

① 创设有利于创造性发挥的环境

这时的环境不仅指学校环境，还包括家庭环境和社会环境。所谓有利于创造性发挥的环境，应该是一个能支持或高度容忍标新立异者和偏离常规者的环境，是一个让儿童感到心理安全和心理自由的环境。心理安全就是指不对儿童的独特想法进行批评或挑剔，使其消除对批评的顾虑，获得创造的安全感，敢于表达自己的见解；心理自由就是尽量减少对儿童行为和思维的无谓限制，给其自由表现的机会。从大的社会环境来看，我们要改造传统文化中负面的东西，鼓励竞争，鼓励冒尖。

② 注重创造个性的塑造

要培养学生的好奇心，激发学生的求知欲，不断创设变化的、能够激起新异感的学习环境，多创设适当的问题情境，组织学生观察自然，考察社会。为了发展学生的创造性，应该注意培养学生的独创精神，鼓励他们创造性的解决问题。重视非逻辑思维能力消除个体对答错问题的恐惧感。

③ 注重创造性思维的培养

在创造性结构中，认知因素是核心，而创造思维又是最重要的认知因素，因此应注重创造思维的培养。

第一，培养发散思维和集中思维。创造性是“一种以发散思维为核心、聚合思维为支持性因素、发散思维与聚合思维有机结合的操作方式。”聚合思维就是根据已有信息求取唯一正确的答案。而发散思维是假定一个问题有多种答案，思维的方向往外发散，寻找各种可能的正确答案。实际上，一个创造性活动的过程，要经过从发散思维到聚合思维，再从聚合思维到发散思维的多次循环才能完成。因此既要培养发散思维，又要培养聚合思维。

第二，发展直觉思维。直觉思维是依靠直觉突然地看到解决问题的途径，预感到问题或情境的意义和结果，并直接指向目标。它是创造思维活跃的一种表现，在创造活动中占有重要地位。我们要增强学生的信心，鼓励学生大胆地对问题进行推测或猜想，养成良好的直觉习惯。

第三，培养创造想象。人类的创造活动离不开想象，特别是创造想象。通过创造想象，可以弥补事实链条上的不足和尚未发现的环节，可以把许许多多看来似乎无关的现象联系起来，产生新的形象组合。因此我们必须为学生创设自由而轻松的环境，设法帮助学生增加表象储备，注意灵感的捕捉等，以发展学生的创造想象。

2018 年华南师范大学教育综合真题

一、名词解释(每题 5 分，共 30 分)

1. 广义教育

2. 德育

3. 教学

4. 学校管理

5. 心理发展

6. 品德不良

二、简答题(每题 10 分，共 40 分)

1. 生产力对教育的制约。

2. 简述苏格拉底的教育思想。

3. 教师的义务。

4. 中体西用思想的历史价值与局限。

三、论述题(每题 20 分，共 80 分)

1. 科举制影响。

2. 班主任的工作主要任务。

3. 杜威的教育思想。

4. 影响学习动机的因素。

2018 年华南师范大学教育综合真题详解

一、名词解释(每题 5 分，共 30 分)

1. 广义的教育指的是，凡是有目的地增进人的知识技能，影响人的思想品德，增强人的体质的活动，不论是有组织的或是无组织的，系统的或是零碎的，都是教育。

2. 德育的概念有广义和狭义之分。广义的德育包括“道德教育”、“思想教育”、“政治教育”和“法制教育”等这四个方面。即教育者根据一定社会或阶级的要求，有目的、有计划、有组织地对受教育者施加思想教育和道德影响，通过受教育者积极的认识、体验和身体力行，以形成他们的道德和自我修养能力的教育活动。简言之，德育就是教师有目的地培养学生品德的活动。狭义的德育专指“道德教育”，即教育者按照一定社会和阶级的道德要求，有目的、有计划、系统地对受教育者施加道德影响，培养道德素质，使得他们具有正确的道德观念、道德情感和道德意志，在思想上和行动上，不断提高他们的道德境界。

3. 在广义上，教学就是指教的人指导学的人以一定文化为对象进行学习的活动。教的人包括教师，但不仅仅指教师，还指各种有关的教育者；学的人包括学生，但不仅仅指学生，还包括各种有关的学习者。在狭义上，教学就是指学校教学，是专指学校中教师引导学生一起进行的，以特定文化为对象的教与学相统一的活动。

4. 学校管理是学校管理者通过合理的组织形式和运行方式，充分发挥学校人、财、物、时诸因素的最佳功能，以实现学校教育目标的活动。学校管理工作的水平，关系着学校的教育质量和发展前景。因此，我们应该重视研究学校管理，促进学校管理的科学化。它有下述显著特性：学校管理以育人为中心，具有教育性；学校管理的目的在于促进学生发展，具有服务性；学校管理在特定的文化环境中进行，具有文化性；学校管理是对校内外各种资源的有效整合，具有创造性。

5、心理发展是指个体从胚胎期经由出生、成熟、衰老一直到死亡的整个生命过程中所发生的持续而稳定的内在心理变化过程。心理发展反映的是个体心理随年龄增长而出现的持续而稳定的系列变化过程，主要包括认知发展和人格发展两大方面。

6. 学生的不良品德行为是指学生个体或群体由错误道德意识支配的、严重违反道德规范、损害他人或集体利益的行为。它具有一贯性、严重性、有意性、倾向性等特点。品德不良的学生可以分为一下四种类型：顽固型、随流型、忏悔型、冲动型。

二、简答题(每题10分，共40分)

1.（1）生产力的发展制约着教育事业发展规模和速度。办教育与要一定的人力、物力等物质条件作保证。生产力的发展为教育提供了物质条件，并要求教育有相应的发展，为物质生产提供所需的人才。如果教育跟不上生产力发展要求，则经济发展将因人才欠缺受到影响；反之，如果教育发展超过了生产力的承受能力，占用过多的人力、财力也会阻碍经济的发展。

（2）生产力发展水平制约着人才培养的规格和教育结构。生产力发展的水平对培养人的规格，提出一定的要求，要求受教育者必须具有某种程度的文化水平和生产上所需的知识技术，生产力的发展也必引起教育结构的变化。设立什么样的学校、专业，各级各类学校间的比例如何，各种专业间比例如何都受生产力发展水平和产业结构所制约。

（3）生产力发展水平促进着教学内容，教育方法和教学组织形式的发展与改革。生产力发展促进着科学技术的发展与更新，也促进着教育方法，组织形式的发展与改革，它们都与生产力的发展有密切的关系，都是以生产力的发展为前提的。

需要注意的是生产力对教育的作用，总是受着生产关系的影响，生产力的发展虽为教育提供物质条件，但它不能单独地决定教育的发展。生产力与生产关系是同时作用于教育的。

2.（1）教育内容观：美德即知识。

在苏格拉底看来，知识包括一切的善，美德是一种关于善的知识。道德的行为之所以发生，首先是因为行为的发生者具有关于道德的知识。苏格拉底高度评价“德即知识”在教育上的意义。在他看来，因为德即知识，而美德的获得与教育有重要的联系。因此，懂得善的人是通过教育获得的。

（2）教育方法观：“苏格拉底方法”。

所谓的“苏格拉底法”就是一种对话式教学方法，它并不是把学生所应知道的原理直接教给学生，而是从学生所熟知的具体事物开始，通过师生间的对话、提问和讨论等方式来揭示学生认识中的矛盾，刺激学生在教师帮助下寻找正确答案，使其得出正确的原理。

这一方法主要有讥讽、助产术、归纳和下定义四个步骤组成。讥讽是就对方的问题不断提出追问，迫使对方陷入矛盾，承认自己的无知；助产术是帮助对方自己得出答案；归纳是从各种具体的事物中找出事物的共性，形成一般的概念；下定义是把个别事物归入一般概念，得到关于事物的普遍概念。由于苏格拉底把教师比喻为“知识的产婆”，因此，“苏格拉底方法”也被人们称为是“产婆术”。

3. 教师的义务像教师的权利一样，可以分为两个部分。一是作为公民应承担的义务；二是作为教师应承担的义务。这部分义务与教师的职业特点相联系，是教师特定的义务。这两部分义务既有联系，又有区别，教师作为公民应承担的一部分义务体现在教师特定的义务中，教师的特定义务有一部分是公民义务的具体化、职业化。两者也各有一部分是独立的，互不重复。结合教师的职业特点，教师应承担的义务主要有以下6项：

① 遵守宪法、法律和职业道德，为人师表；

② 贯彻国家的教育方针，遵守规章制度，执行学校的教学计划，履行教师聘约，完成教育教学工作任务；

③ 对学生进行宪法所确定的基本原则的教育和爱国主义、民族团结的教育、法制教育以及思想品德、文化、科学技术教育，组织、带领学生开展有益的社会活动；

④ 关心、爱护全体学生，尊重学生人格，促进学生在品德、智力、体质等方面全面发展；

⑤ 制止有害于学生的行为或者其他侵犯学生合法权益的行为，批评和抵制有害于学生健康成长的现象；

⑥ 不断提高思想政治觉悟和教育教学业务水平。

4."中学为体，西学为用"思想，对教育的影响是深远的，在"中体西用"思想的指导下，创立和发展近代学校教育，改革了传统教育只重儒学的教育内容，增加了自然科学知识，发展了中国近代科学技术教育，培养了中国第一批不同于封建士大夫的一代新人，对中国教育的发展起到了促进作用。"中体西用"主张在不改变中国故有的道德、政体、思想学说前提下采纳西学，是应对顽固派的策略，也在此旗号下引进了西方的文化教育乃至部分社会制度，对传统教育在制度层面上进行了初步改造，在客观上对封建制度解体起了某些促进作用。

但"中体西用"是在没有克服中、西学之间固有的内在矛盾的情况下的直接嫁接，其必然会引起两者之间的排异性反应。这种简单拼凑中学西学，而不涉及中国文化传统和政体的改造，必然表现出严重的局限性。其阻抑了维新思想更广泛的传播，不利于近代刚刚开始的思想启蒙运动。

三、论述题(每题20分，共80分)

1. 科举制度在我国封建社会存在了1300多年，对我国后世产生深远的影响，其存在有一定的合理性。

(1) 积极作用

① 有利于加强中央集权制

第一，中央政府掌握选士大权，有利于加强中央集权制；

第二，官吏经考试选拔，提高官吏文化修养，有利于国家长治久安；

第三，士子通过科举获得参政机会，扩大统治基础；

第四，科举制度统一思想，笼络人心，缓和阶级矛盾，维护国家稳定与发展；

② 使选士与育士紧密结合

第一，促使社会形成良好的学习风气；

第二，促进人们思想统一于儒学，结束思想混乱的局面；

第三，刺激学校教育发展，有利于教育的普及；

第四，种类繁多的考试科目扭转人们重文轻武、重经学轻科学的现象。

③ 使选拔人才较为公正客观

第一，重视人的知识才能，而非门第；

第二，时务策与诗赋有利于检验人的能力；

第三，我国是世界上最早实行文官考试制的国家。

(2) 消极作用

从整个发展历程看，科举制从隋唐到宋朝，积极作用大于消极作用；到了明清时期，消极作用日趋明显，最终被社会淘汰。

① 国家只注重选科取士，而忽略了学校教育，使学校教育沦为科举制的附庸。

② 科举制具有很大的欺骗性。第一，评分时主观因素会影响评分客观性；第二，考官受贿和考试作弊现象严重；第三，驱使知识分子为功名利禄而学习，大部分考生将终身时间浪费在科场上。

③ 科举制束缚思想，败坏学风。第一，导致学校形成教条主义、形式主义的学习风气；第二，影响中国知识分子的性格，使很多知识分子养成重权威、轻创新，重经书、轻科学，重书本、轻实践，重记忆、轻思考，独立性弱、依赖性强的性格特征；第三，形成具有功利色彩的畸形读书观、学习观，如“万般皆下品，唯有读书高”、“书中自有颜如玉，书中自有黄金屋”等，这些思想长期“阴魂不散”。

2. (1) 了解和研究学生。这是教育学生、做好班主任工作的必要条件。了解学生集体状况是在了解学生个人状况的基础上进行的。

(2) 教导学生学好功课。一般来说，教师要注意教导学生的学习目的和态度；还要加强学习纪律教育，指导学生改进学习方法。

(3) 组织班会活动。班会的内容和形式应该多样化、有计划，班会的内容还要能吸引学生，调动全班同学的兴趣。

(4) 组织课外活动、校外活动和指导课余生活。这些活动对培养学生的志趣、才能，丰富学生的生活非常有用，但是也要严格要求学生遵守学校制度和纪律，自觉抵制不良风气的侵蚀。

(5) 组织学生的劳动。班主任在劳动前要做好劳动准备、思想准备和组织准备。在劳动过程中，教师要进行教育工作。劳动过后，要进行总结工作，展示班级学生的劳动成果。

(6) 通过家访建立家校联系。班主任应该与家长形成教育合力，共同培养学生，这是一个教师与家长互相协助、互相促进学生发展的过程。

(7) 协调各方面对学生的要求。班级工作力量是由多方面教育力量构成的教育整体，除学校领导外，任课教师、少先队组织、学生家长也是十分重要的教育力量，只有协调并发挥好这些力量，才能保持教育方向的一致性，教育要求的统一性，教育活动的协调性。

(8) 评定学生操行。学生操行评定是反映学生在校期间综合素质提高和表现的基础状况，是对学生实行教育的重要方法，是德育考核的重要内容，是实现德育目标的重要措施。

(9) 做好班主任工作的计划与总结。班主任工作计划的制定和总结，是班级工作不可缺少的环节，是班主任工作达到预定目的的重要保证。

3. 约翰·杜威是美国著名的哲学家、社会学家和教育家，毕生从事哲学、心理学和教育理论的研究与著述工作，积极开展社会实践和教育实践活动，是美国实用主义教育理论和进步主义教育运动的主要代表人物。他以其独特的创见和精深的思想对美国乃至现代世界，产生过巨大的影响。他的教育思想有：

（1）杜威关于教育本质的见解

关于教育本质的理论是杜威整个教育体系的核心。他以哲学、伦理学、社会学、心理学为武器，在批判传统学校教育的基础上提出了“教育即生长”、“教育即生活”和“教育即经验的改组和改造”的观点。

① 教育即生长。教育的目的就是促进生长，以此为基础，杜威提出了著名的“儿童中心主义”教育原则；他认为儿童的生长不仅要靠内在条件(兴趣、本能、依赖性和可塑性以及习惯等)，也需要外部条件(社会环境)；

② 教育即生活。教育即是生活本身，而不是为未来的生活作准备，包含两层含义：一是学校要与社会生活相联系；二是学校要与儿童的生活经验相联系。根据“教育即生活”，杜威又提出了一个基本的教育原则及“学校即社会”，也就是说学校不仅要教人成才，也要教人成人，使学校成为社会的雏形的同时也让学校变成改造社会的有效工具；

③ 教育即经验的持续不断的改造。经验是杜威实用主义哲学和实用主义教育体系中的核心概念，他把教育视为从已知经验到未知经验的连续过程，这种过程不是教给儿童既有的科学知识，而是让他们在活动中不断增加经验，经验的获得离不开儿童的亲身活动，由此杜威又提出了另一个教育基本原则——“从做中学”，他认为这是教学的中心原则。

（2）杜威关于教育目的的见解

基于教育即生长、生活，即经验不断改造的理论，杜威提出，教育是一种过程，除这一过程自身发展以外，教育是没有目的的。他认为由儿童的本能、冲动、兴趣所决定的具体教育过程，即“生长”，就是教育的目的，而由社会、政治需要所决定的教育目标则是“教育过程以外”的目的，杜威指责这是一种外在的、虚伪的目的。

（3）杜威关于课程与教材的见解

杜威从批判传统教育以课堂为中心的课程、教材观点出发，批判了传统教育对儿童的压制，他认为，课程与教材必须建立在社会生活经验的基础上，必须站在儿童的立场上，并且以儿童为出发点来考虑，提出了“从做中学”为中心的活动性和经验性的课程论思想，主张以活动作业取代传统的书本式教材，主张以“教材心理化”来使儿童同时获得直接经验和间接经验。

（4）杜威论思维与教学方法

杜威从批判传统教育的形式主义教育方法出发，提倡反省思维，即指对某个经验情境中的问题进行反复的、严肃的、持续不断的思考，其功能在于求得一个新情境，把困难解决、疑虑排除、问题解答。杜威因此提出了著名的解决问题的“五步教学法”：第一，学生要有一个真实的经验的情境；第二，在这个情境内部产生一个真实的问题；第三，占有必需的知识和材料，进行必要的观察；第四，提出解决问题的种种方法；第五，对方法进行检验。也可以简单概括为：情境—问题—资料—方法—检验。当然，杜威认为，教师在教学中可根据具体情况省略其中的某个步骤。

（5）杜威论道德教育

杜威认为道德教育的主要任务是协调个人与社会的关系，他提倡与人合作的新个人主义，重视理智的作用。道德教育的目的就是要培育出这样一种人——时代的新人，这种人不会因追逐个人私利而不顾公利，也并不头脑僵化、固守成规而对变动不居的社会熟视无睹。在实施德育方面，他主张在社会性的情境中实施道德教育。杜威要求学校生活、教材、教法皆应渗透社会精神，视学校生活、教材、教法为“学校道德之三位一体”，这三者都是道德教育的重要途径。

4. 学习动机是影响学生学习活动的重要因素，它不仅影响学习的发生，还影响学习的进程和结果。因此，教师应将培养和激发学生的学习动机视为教学任务的一部分，在教学生知识的同时培养其学习动机。影响学习动机的因素有：

（1）内部条件

① 学生的自身需要与目标结构。由于每个人在需要的强度和水平上不尽相同，反映在学习上动机的强度和水平也就有很大的差异。学生树立的目标不同，形成的目标结构不同，影响着学生的动机和学习。在课堂上，学生们常常有两类主要的目标：以掌握所学内容为定向的掌握目标和以成绩定向的成绩目标。掌握目标指向的学生具有内归因的倾向，成绩目标指向的学生具有外归因的倾向。

② 成熟和年龄特点。年幼儿童的动机主要是生理性动机，随着年龄的增长，社会性动机及其作用也日益增长。年龄较小的儿童对生理安全过分关注，而中学生对社会影响，如教师、家长的期望等比较关注。

③ 学生的性格特征和个别差异。学生本人的兴趣爱好、好奇心、意志品质都影响着学习动机的形成。

④ 学生的志向水平和价值观。学生整个人生观、世界观、价值观所直接反映的理想情况或志向水平影响着学习动机和目标结构的形成。

⑤ 学生的焦虑程度。学生的焦虑水平不仅影响着学习的动机，更会影响学生的成绩。

（2）外部条件

① 家庭环境和社会舆论。首先，社会要求通过家庭对学生的动机起影响作用；其次，在学生动机形成过程中，家庭的文化背景、精神面貌也起着极重要的作用。

② 教师的榜样作用。首先，教师本人是学生学习动机的榜样；其次，教师的期望也会对学生的动机和行为产生不同的影响；再次，教师还是沟通社会、学校的要求与学生的成长，形成正确动机的纽带，要善于把各种外部因素和学生的内部因素结合起来。

模拟试题

模拟试题(一)

一、名词解释(每小题 5 分，共 30 分)

1. 教育学的研究对象
2. 全民教育思潮
3. 教学相长
4. 朱子读书法
5. “五项竞技”
6. 结构主义教育

二、简答题(每小题 10 分，共 40 分)

1. 简述学生掌握知识的基本阶段。
2. 简述维多利诺“快乐之家”的基本特征。
3. 简述苏霍姆林斯基的教育思想。
4. 简述学习动机的作用

三、论述题(每小题 20 分，共 80 分)

1. 试论述教育、教学中所应建立的现代师生关系。
2. 什么是课程？课程与教学的关系如何？
3. 王夫之、颜元教育思想的特色。
4. 成就动机是什么？影响成就动机的因素是什么？如何激发学生的成就动机？

模拟试题(一)详解

一、名词解释

1.【解析】教育学是研究教育现象和教育问题，探索教育规律、规范和艺术的科学。①教育现象是以培养人为主要内容的社会实践活动的外在表现形式。②教育问题：当某种教育现象成为人们关注的焦点，被人们广泛地议论、评说或要求予以解决时，这种教育现象便成了教育问题。③教育规律：就是教育内部诸因素之间、教育与其他事物之间的具有本质性的联系，以及教育发展变化的必然趋势。

2.【解析】全民教育思潮是产生于 20 世纪 90 年代的世界教育发展的一种主要思潮。其宗旨和最终目的是满足所有人学习的需要，以提高所有人的基本文化水平和谋生的基本技能，追求公平、摆脱贫困和共同发展，解决当代人类所面临的人口膨胀、资源短缺和环境恶化等全球问题，从而使世界走上可持续发展的道路。

3.【解析】《学记》云：“虽有嘉肴，弗食不知其旨也；虽有至道，弗学不知其善也。故学然后知不足，教然后知困。知不足，然后能自反也；知困，然后能自强也。故曰：教学相长也。"这段话概括了教师自我提高的规律，它说明了教师本身的学习及施教相互推动，使教师不断进步。"教学相长"深刻揭示了教与学之间的辩证关系，两者相互依存，相互促进，"学"因"教"而日进，"教"因"学"而益深。这是《学记》对教育理论的一大贡献。

4.【解析】朱熹集成和发展了儒家传统的教学思想，并强调读书穷理。他一声酷爱读书，对于如何读书有深切的体会，弟子们将其精辟间接概括为"朱子读书法"六条，即循序渐进、熟读精思、虚心涵泳、切己体察、着紧用力、居敬持志。朱子读书法是古代最有影响的读书方法论。六条均反映了读书学习的基本规律和要求，在今天仍具有一定的参考价值。如循序渐进包含量力性思想，熟读精思包含重视思考的思想，虚心涵泳包含客观揣摩的思想，切己体察包含身体力行的思想，着紧用力包含精神专一、持之以恒的思想等等。

5.【解析】斯巴达教育的内容，包括赛跑、跳跃、摔跤、掷铁饼和投标枪。它是在 7~18 岁的公共教育场和 18~20 岁埃弗比学习中都要学习的内容。斯巴达教育的唯一目的是训练身体健壮、热爱祖国、忍苦耐劳、富于自制、遵守法律、服从命令、勇于作战的武士。"五项竞技"有助于培养孩子良好的体魄。

6.【解析】结构主义教育是一种建立在瑞士心理学家皮亚杰认知心理学基础之上的，在现代欧美国家广泛流行、影响很大的教育理论。其主要代表人物是美国心理学家布鲁纳。主要观点有：①强调教育和教学应重视学生的智能发展；②注重教授各门学科的基本结构；③主张学科基础的早期学习；④提倡"发现学习法"；⑤认为教师是结构教学中的主要辅助者。

结构主义教育思想为心理学研究和教育研究的互相协作提供了一个范例，对现代西方课程论影响很大，并成为 20 世纪 60 年代美国课程改革的指导思想。但是，结构主义教育的某些观点带有片面性，有的想法也过于天真和理想主义，致使课程和教材的改革偏难，也引起了人们不同的评论和争议。

二、简答题

1.【解析】概括地说，学生掌握知识、技能的过程，一般说来包括以下四个阶段。

（1）感知教材

学生的学习主要是掌握书本知识。为了理解和掌握知识，学生必须有感性认识作基础。为了使学生获得感性认识，首先要向学生提出问题或要求，以集中学生的注意力。其次要使学生把教学重点和非重点区别开来，以便清楚地感知教学重点。

（2）理解教材

在教学过程中，感知教材是很重要的，但是不应让学生的认识停留在感性认识上。为了使学生正确地进行思维，将书本知识与感性认识结合起来，转化为自己的精神财富，教材要善于运用比较、分析、综合等方法来引导和组织学生的思维过程，并培养他们的逻辑思维能力。为了全面深刻地理解教材，首先，要注意恰当地选择感性材料，要善于运用典型说明教材的主要问题，奠定理解知识的基础。其次，要注意概念的确切，要给概念以精确的定义。文字、语言的表达要准确、严谨，只有确切地把握了概念，才能深刻地理解知识。学生有些生活概念与书本上的概念不完全相符，教学中要注意纠正和改造这种平日形成的错误概念，使之上升为科学的认识。

（3）巩固知识

学生学习书本知识，把他人的认识成果转化为自己的精神财富，必须经过知识的巩固。知识的巩固是贯穿于教学过程始终的。为了牢牢地记住知识，防止遗忘，需要做知识的巩固工作，这就是各种形式的复习。学生牢固地掌握知识，需要通过他们的记忆。教师应注意指导学生进行记忆，提高他们记忆能力。在教学过程中，首先，要向学生提出记忆的任务，讲清记忆的重要性，培养记忆的兴趣，以增强学生记忆的自觉性和积极性。其次，要指导学生掌握记忆的方法，使他们在理解的基础上记忆，学会把理解记忆与机械记忆结合起来，养成边阅读、进理解、边在记忆中再现知识或用自己的语言复述知识的习惯。

(4) 运用知识

掌握知识的最终目的在于运用。学生通过运用知识于实际，可以形成技能、技巧，还可以检验所学知识，使认识深化。理解知识和巩固知识是运用知识的基础。因此，教师要注意引导学生运用知识，培养他们的基本技能和技巧。

2.【解析】维多利诺1423年应曼都亚公爵贡查加之聘开办一所宫廷学校——快乐之家。在校学习的不仅有公爵的子女，还有其他贵族巨商的子女以及外邦学生。根据维多利诺的意见，学校也招收一些贫苦学生。学校选择了风景优美的校址，并根据美学的要求布置学校，为学生提供一个愉快欢乐的学习环境。维多利诺推崇古希腊身心和谐发展的教育理想，办学宗旨是使学生身体、智力和道德得到和谐的发展。

学校具有以下特点：①健康身体是有效学习的基础，主张儿童在娱乐环境中学习，反对过早地呆读死记；②学校师生应组成亲密集体，学生在和谐气氛中学习、生活，发挥集体作用；③学校是养成学生守纪律的场所，爱和尊重以及相互间的正确评价是纪律教育的钥匙，不用体罚；④注重儿童个性发展，因材施教；⑤充分利用优美环境陶冶儿童情操，促进身心和谐发展。⑥通才教育。学校设置了广博的课程。古典语文和古典著作是核心，也要学习数学、自然科学和其他课程。宗教课也是必修，因为维多利诺认为宗教是道德教育的必要手段。

3.【解析】苏霍姆林斯基是二战后前苏联最有影响的著名教育家，其教育思想在世界上产生了广泛的影响。教育著作有《给教师的一百条建议》、《把整个心灵献给孩子》、《巴甫雷什中学》、《公民的诞生》、《失去的一天》等。

苏霍姆林斯基教育思想主要是个性全面和谐发展的教育观。他认为，使全体学生都得到全面和谐的发展是学校教育的理想和奋斗目标，为了培养全面和谐发展的人，必须深入改善整个教育活动，实施和谐的教育。对于如何进行和谐的教育，他认为应该从德智体美劳各方面相互渗透整体进行教育。他并提出了以下原则：①全面与和谐不可分割；②多方面教育的相互配合；③个性发展与社会需要相适应；④学生自由；⑤尊重儿童，重视自我教育。

苏霍姆林斯基的教育思想和实践对20世纪70~80年代前苏联的教育理论的发展产生了极大的影响，他被誉为教育思想泰斗。

4.【解析】学习动机的作用是指在学习活动的开始、进行和完成的全过程中，与学习动机有关的各因素的作用及其相互关系，以及学习效果对学习动机、学习活动的反馈作用。

具体地讲动机对学习与行为的作用主要表现为六个方面：①使个体的学习行为朝向具体的目标。②使个体为达到目标而努力。③激发和维持某种活动。④提高信息加工的水平（具有学习动机的学生注意力更集中；更倾向采取多种途径完成任务；研究还表明具有学习动机的学生更倾向进行有意义学习，而不是停在机械的水平上）。⑤动机决定了何种结果可以得到强化（如：如果学生的动机是取悦家长，那家长的表扬就可以强化他的积极学性的行为）。⑥导致学习行为的改善。

三、论述题

1.【解析】(1) 尊师爱生

学生对教师尊敬信赖，教师对学生关心热爱，是社会主义新型师生关系的重要特征。学生是国家的未来，民族的希望，关心爱护学生是期望他们承担起建设社会主义的重任。教师把爱的高尚情感投给所有学生，期望所有学生都能成长。学生对教师的尊敬和信赖随学生年龄和学识的增长而变化，小学生以教师对自己的态度为依据，中学生对教师的尊敬和信赖主要依据教师的学识和人格。爱生是尊师的基础，尊师是爱生的结果。教师是教育者，他在建立尊师爱生新型师生关系中起主导作用。

(2) 民主平等

我国是以公有制为基础的社会主义国家。我国的教师和学生，虽然在学校教育的组织系统中扮演着不同的社会角色，教师是教育者，学生是受教育者，但是他们都是为了建设社会主义国家这个共同的目标而完成各自的教学和学习任务，他们在政治上和人格上是平等的。教师借助于传授知识而培养受教育者，但教师和学生在真理面前是平等的。对我国中小学师生关系类型的分析研究表明，对立型、依赖型、自由放任型的师生关系下的教育教学效果，远不如民主平等型师生关系下的教育教学效果好。社会主义学校师生的民主平等关系，要求教师对学生负有教育管理的职责，学生要听从教师的教导。但也要求教师要向学生学习，认真接受学生提出的合理意见和要求。

(3) 教学相长

教育教学是师生双边活动的过程。在师生共同参与的教育活动中，双方存在着相互促进、彼此推动的关系。因为知识学问的掌握不能单靠教师的传递，还要靠学生自己的领悟、体验。教师的作用只是做学生掌握知识的领路人，提高觉悟的启迪者，他不应该也不可能代替学生自己的学习与思考。教师必须根据来自学生的反馈信息，调整教育计划与措施，这就促进了教师的提高。

2.【解析】广义的课程是指学生在校期间所学内容的总和及进程安排。狭义的课程是指学校开设的教学科目的总和以及它们之间的开设顺序和时间比例关系。

关于课程与教学之间的关系，大致有三种不同的看法：

(1) 大教学小课程：认为教学是上位概念，课程是包含于其中的，只是教学的一个组成部分而已。这种看法的突出代表是前苏联的一些教育学著作以及我国的一些教育学、教学论著作。在这种对课程与教学的理解中，课程往往是教学内容的代名词，属于教学的一部分；课程也往往被具体化为教学计划、教学大纲和教科书这样三部分。

(2) 大课程小教学：与前者相反，这种看法认为课程所涵盖的范围要宽于教学，教学只不过是课程的一个组成部分而已，是课程的实施与设计。这种看法在北美较为普遍。

(3) 课程与教学目的与手段的关系：西方一些研究者在意识到课程与教学两者需加以分离的前提下，提出课程是指学校的意图，教学则是指达到教育目的的手段，它们分别侧重于教育的不同方面。从课程与教学涉及范围，以及课程理论与教学理论研究的不同对象上来看，这种目的-手段论似乎更为适宜一些。两者在一定程度上，也可以说是内容与形式的关系。教学是课程的实施途径之一，除了教学之外，社会实践和课外活动也是课程的实施途径。

3.【解析】

(一) 王夫之的教育思想：

(1) 关于教育作用的思想：教育是治国之本，认为人性不是一成不变的，而是处在不断的变化过程中，提出了人性“日生日成”的著名论断，教育在人性形成发展过程中发挥重要作用。

(2) 理与欲统一的道德观：他主张“天理”即在“人欲”之中，二者是统一的，主张节欲而反对灭欲。

(3) 知行观和教育过程：他主张行先知后，知行并进，互相为用，强调不能离行以为知，要在行上取得知，要在行上检验知。

(4) 学思结合的教育思想：认为学与思是互相结合、互相补充、互相依赖的。

(5) 学习方法和教学方法：提出了“立志”、“有序和不息相结合”、“因材施教”、“自勉与自得”等方法。

(6) 论教师：教师应该热爱教育事业，孜孜不倦，坚持不懈。教师的责任在于向学生传授知识，讲明道理，要求教师具有丰富、正确的知识；重视教师的道德行为在教育活动中对学生所产生潜移默化的作用。

(二) 颜元的教育思想：

(1) 对理学教育的批判：揭露传统教育严重脱离实际；批驳传统教育的义利对立观；抨击八股取士制度。概括起来说，他认为理学有毁坏人才、灭绝圣学、败坏社会风气三大祸害。

(2) 关于教育作用：强调人才主要依靠学校教育培养。去掉隐蔽习染，恢复人的善性，正是教育应起的作用。

(3) 关于教育目的和教育内容：教育的目的是为了培养有实才实德的人，为此，他主张以“三事、六府、三物”作为“实学”的教育内容，其核心是“礼、乐、兵、农”。

(4) 关于教学方法：他强调“主动”、“习行”，即在教学过程中要联系实际，要坚持练习和躬行实践。

(5) 论劳动教育：重视农业知识的传授，注重在劳动中培育人才。

4.【解析】(1) 成就动机是一种力求成功并选择朝向成功目标的活动的一般倾向。个体的成就动机可以分为两部分：其一是力求成功的倾向；其二是避免失败的倾向。一个人趋向目标的行为最终要受到这两种动机的综合作用而决定。

(2) 成就动机的影响因素包括：对成就的需要、在该任务上获得成功的可能性、成功的诱因值。

(3) 激发学生成就动机的策略。针对不同的个体设置不同的学习难度、数量的学业任务；教师要适当地掌握评分标准，使学生感到要得到好成绩是可能的，但也不是轻而易举的；引导学生进行正确的归因；设置合理的成就目标环境等等。

模拟试题(二)

一、名词解释(每小题 5 分，共 30 分)

1. 教育学的研究任务

2.《课程与教学的基本原理》

3. 有教无类

4. 知行合一

5.“七艺”

6. 赫尔巴特的教育目的论

二、简答题(每小题10分，共40分)

1. 简述你对德育过程是培养学生知情信意行的过程的理解。

2. 简述贺拉斯曼的主要历史贡献。

3. 简述新行为主义教育的主要观点。

4. 简述影响知识理解的因素。

三、论述题(每小题20分，共80分)

1. 试述评教(教师教学工作的评价)的意义及要求。

2. 试述私学产生的原因及其对教育发展的贡献

3. 20世纪20年代的教育思潮及其影响。

4. 结合实际阐述认知策略的类型及在教学中的应用。

模拟试题(二)详解

一、名词解释

1.【解析】教育学的研究任务：①认识教育规律，超越日常教育经验；②揭示教育规律，科学解释教育问题；③运用教育规律，沟通教育理论与实践。

2.【解析】1949年，泰勒出版了《课程与教学的基本原理》，该书被视为现代课程理论的奠基石。泰勒认为课程原理是围绕四个基本问题组成和运作的：学校应该达到哪些教育目标？提供哪些教育经验才能实现这些目标？怎样才能有效地组织这些教育经验？我们怎样才能确定这些目标正在得到实现？泰勒所提的四个问题，实际上揭示了课程组成的四个部分，也明确了课程编制过程的四个步骤：确定目标、选择经验、组织实施、评价结果。他的课程原理系统、完整而重点突出，其中，确定目标是主要的基础的一环。泰勒的课程原理被称为“目标模式”，对课程理论的发展有很大影响，至今仍在西方课程领域中占有主要的地位。

3.【解析】孔子对于教育对象的基本主张是“有教无类”。所谓“有教无类”，意思是不分贵贱、贫富和种族，人人都可以入学受教育。孔子“有教无类”的提出是针对奴隶主阶级垄断学校教育而言的，打破了“礼不下庶人”的等级制度，把受教育的对象扩大到平民，是历史性的进步。“有教无类”思想的实施，扩大了教育的社会基础和人才来源，对于全体社会成员素质的提高起到了积极的推动作用。

4.【解析】王阳明提出“知行合一”，作为“致良知”过程中必须遵守的原则。其含义，一是指“知”和“行”密切相连，不可分割。“知中有行，行中有知”，“知是行之始，行是知之成”。即道德认识和道德行为是同一过程中相互渗透的两个方面，是不可分的。二是指“知”和“行”并进，缺一不可。如不重“知”，仅重“行”，就会“冥行妄作”，缺乏遵守道德的自觉性；如只重“知”不重“行”，就会“悬空去思索”，没有实效。因此，他主张“知行合一”，将“知”和“行”统一。王阳明的“知行合一”的基准是“良知”、“天理”，但他注重道德认识和道德实践的统一，对于矫正社会上知行脱节、言行不一的风气，是有积极意义的。

5.【解析】西欧中世纪学校的七种学科，即文法、修辞学、辩证法、算术、几何、天文学和音乐。其来源可追溯到古希腊。中世纪七艺内容包括：①文法，拉丁语和文学的基本常识；②修辞学，散文和诗的习作，亦兼学一些历史法律知识；③辩证法，类似于现代的形式逻辑；④算术，初为计算宗教节日的方法，后增加了一般运算；⑤几何，初含地理知识和几何学的基本概念，后增欧几里得几何学和测量知识；⑥天文学，初含行星运行、寒暑更替等日用常识，后增一些天文学著作的学习；⑦音乐，含宗教音乐、音乐史和音乐理论。七艺中渗透神学内容，学习七艺是为学习神学做准备。

6.【解析】赫尔巴特认为教育最高和最基本的目的即必要的目的是道德。教育的根本目的是养成五种道德观念。在必要的目的之后才是可能的目的，指与儿童未来所从事职业有关的目的。这种目的应该是多方面的。教育的目的还要发展这种多方面的兴趣，使人的各种能力得到和谐的发展，也即兴趣的多方面性。

二、简答题

1.【解析】参考答案参见编者的《教育综合大纲解析》教育学院里部分第十章德育第二节德育的过程的相关内容。

2.【解析】贺拉斯曼是19世纪美国杰出的教育家。1837年他出任马萨诸塞州教育委员会的秘书，投入公立教育运动。在美国30年代掀起的公立学校运动中，贺拉斯曼(1796～1859)等人是重要的推动者，贺拉斯曼因此被称为“美国公立学校之父”。贺拉斯曼的教育观集中体现在他任职期间每年撰写的12份教育年度报告上。

(1) 论教育的作用和目的

贺拉斯曼认为，教育的作用体现在：第一，实施普及教育是共和政府存在的保证；第二，教育是维持社会安定的重要工具；第三，教育是人民摆脱贫穷的重要手段。他指出，教育的目的在于培养社会所需要的各类专业工作者。

(2) 教育内容

贺拉斯曼认为，完整的教育内容包括体育、智育、政治教育、道德教育以及宗教教育。体育主要是向学生进行人体生理学、健身知识和卫生知识的教育；智育的内容主要是语文、生理学、历史、地理及簿记等实用科目；政治教育的主要内容是向学生讲授所在州宪法和美国宪法，为将来更好地履行共和国公民的职责奠定基础；道德教育就是养成完善的观念和美德；宗教教育可以养成美好的精神。

(3)师范教育

贺拉斯曼将师范教育视为开展公立学校运动的根本保证和重要手段。他倡议创设师范学校来培养教师，在师范学校开设公立学校所开设的全部科目，师范学校的学生还必须学习各科教学法、心理学、哲学、人体生理学、卫生学等科目。

贺拉斯曼的普及教育、师范教育思想不仅深刻地影响了美国的教育理论与实践，而且在国际教育界也产生巨大的反响。

3.【解析】新行为主义是从行为主义心理学发展而来的一种比较有影响的现代欧美教育思潮。主要代表人物是美国的托尔曼、赫尔、斯金纳和加涅等。

主要观点如下：(1)教育就是塑造行为，学习过程就是操作性条件反射过程，人的一切行为几乎都是操作性条件反射和积极强化的结果，因此，任何行为也都是能够设计、塑造和改变的。教育和教学就是塑造人的行为。(2)实施程序教学。程序教学的基本原则包括：一是积极反应；二是小步子；三是及时强化；四是自定步调。(3)让学生在学习中运用教学机器。(4)教育研究应该以教和学的行为作为研究的对象。

新行为主义教育有助于学习理论的发展，并为计算机辅助教学的发展开辟了道路。新行为主义教育家忽视人类学习和动物学习的本质差别，把人类的学习归结为操作性条件作用，明显具有机械主义的特征，从而受到人们的批评。

4.【解析】简述影响知识理解的因素：

(1)丰富有关的经验和感性材料。为了促进学生概念的形成，帮助其理解，必须丰富学生的有关经验和感性材料。有人发现概念的形成与有关经验的丰富程度是相关的。

(2)注意新旧知识的联系。理解是以旧知识、旧经验为基础的。学生在学习过程中往往是从已有的知识出发，去认识和理解目前的事物。如小学生学习乘法总是从从数连加入手，因为有关加法的知识是学习乘法的基础。新旧知识的有机联系，能帮助学生对新知识的理解。

(3)启发学生的思维和学习的积极主动性。思维是由问题开始的，在教学中要激发学生的思维活动和学习的主动积极性，让学生用自己的思考来寻求了解，发现要点，获得知识。知识的掌握是要通过一系列的认识活动来实现的，因此，学习的积极主动性是知识理解的一个重要前提条件。

(4)扩大关键特征。实验研究和教学经验证明，概念的关键特征越明显，学习越容易；无关特征越多、越明显，学习越难。因此，在概念教学中，可以采用扩大有关特征(定义的特征)的方法，促进概念的学习。扩大关键特征可采用实物直观、模象直观、挂图、电影、幻灯等手段，使关键特征明显化，从而使获得的概念精确化。

三、论述题

1.【解析】教师评价能客观、公正、可靠地鉴别和评定教师各方面工作质量水平；能诊断和发现教师工作中较为具体的优点和弱点，为教师自身的发展和改进提供具体的反馈信息，是调动教师积极性、促进自身发展、改进教育教学、提高教育质量的重要机制。

当前教师教学工作评价的具体要求有：

(1) 主张评价以促进教师的专业发展为目的。教师工作是一种专门职业，每位教师都需要不断地对自己的教育教学进行反思、总结与改进，每位教师都有在教育教学的过程中不断发展的内在需求和可能性，而评价则是教师获得专业发展的重要促进力量。因此，教师评价的目的不再是给教师排队，把教师分成优、良、合格、差几个等级并以此为基础进行奖惩，而是要为教师提供关于教育教学的反馈和咨询信息，帮助教师反思和总结自己在教育教学中的优势和薄弱之处，分析产生问题和不足的根源，探讨并克服缺陷。

(2) 强调教师在评价中的主体地位、民主参与和自我反思。对教师的评价必须充分发挥教师本人的作用，突出教师在整个评价过程中的主体地位——不仅把被评教师看作评价的对象，也看作评价活动的积极参与者。评价者应通过与被评教师建立平等的合作伙伴关系，鼓励教师民主参与、自我评价与自我反思。

(3) 重视教师的个体差异。每位教师在职业素养、教育教学风格、师生交往类型和工作背景等方面都存在着一定的差异。评价不但不应该消除这些客观存在的差异，而且应尊重教师的个体差异，并根据这种个体差异，确立个体化的评价标准、评价重点及相应的评价方法，明确地、有针对性地提出每位教师的改进建议、专业发展目标和进修需求等。

(4) 强调评价主体多元化，多渠道为教师提供反馈信息。不仅学校领导和上级教育行政部门是发展性教师评价的主体，被评教师本人也是主体。此外，让同事、学生及家长等人员共同参与评价，使被评教师从多渠道获得反馈信息，更好地反思和改进教育教学工作。

2.【解析】

(1) 原因：春秋战国时期封建生产关系逐渐形成的过程中，贵族统治力量衰落，无暇顾及教育，官学教育因此衰弱。这在客观上反映了“学在官府”的教育体制已经不适应新的时代要求。由于对人才的需求强烈和掌握文化的人沦落到社会下层，使私学的兴起成为可能。

（2）孔子是私学创办者中最杰出、最有影响的代表，是中国古代办学的典范。私学的兴起在中国教育史上具有划时代的意义：首先，它冲破了西周以来教育为官府垄断的局面，扩大了教育对象；其次，私学作为专门的教育机构，从政治中分离出来，迈出了教育独立化的第一步；其三，私学的发展积累了丰富的教育经验，促进了先秦时期教育理论的发展；最后，私学的发展，使教育内容与教育方式产生了重大变化。

（3）总之，私学的产生和发展是历史发展的必然，是教育制度上一次历史性的大变革。

3.【解析】平民教育思潮——提倡教育普及，反对教育的等级性和特权性，要求尊重个人价值，发展个性和教育，反对强迫训练的教育，总体上要求教育所有公民都具有参与民主政治的素质，养成合格公民的资格；1923 年朱其慧、陶行知、晏阳初组织成立了中华平民教育促进总会，掀起了平民教育运动，在全国各地普遍设立平民学校、平民读书处、问字处，将运动推向高潮。其中可以分为两种倾向：①倾向革命者：以具有共产主义思想的知识分子为代表，主张平民教育不仅要传播科学知识与技术，更重要的是唤起民众的革命觉悟；②倾向改良者：希望通过平民教育逐步提高国民素质。

工读主义教育思潮——共有五种倾向：①勤工俭学；②工学结合即理论联系实际；③劳心和劳体相结合，促进身心和谐发展；④建立新村社会和共产社会，希望通过和平演变不流血的方式来改变社会的政治经济制度；⑤强调知识分子和青年学生应与工农群众相结合，在与工农共同生活、共同劳动的过程中发展对工农的感情，唤起工农的革命觉悟。

职业教育思潮——职业教育思潮是由清末民初的实利主义和实用主义教育思想发展演变而来，应中国民族资本主义的要求而发展起来，1917 年黄炎培发起组织中国近代第一个研究倡导实验和推选职业教育的专门机构“中华职业教育社”。

实用主义教育思潮——杜威的思想适应了中国国内希望社会改良的要求和教育救国、教育改革的主张，其中，“社会的改良全赖学校”的观点和教育即生活、学校即社会、儿童中心正符合了教育救国和改革传统教育的需要。

勤工俭学运动——1915 年蔡元培、李石曾、吴玉章等人在法国创立“勤工俭学会”，明确提出“勤于工作，俭于求学，以进劳动者之智识”为宗旨。在华工教育中创造了半工半读的教育形式，产生最初的工读主义教育思想。1919 年至 1920 年年底，留法勤工俭学达到高潮。该运动于 1925 年前后结束，是一次使青年知识分子和工农群众相结合、脑力劳动和体力劳动相结合、教育和生产劳动相结合的大规模实践尝试。

科学教育思潮——包括教育的科学化和科学的教育化两个方面。

国家主义教育思潮——代表人物为李璜、余家菊、曾琦等人，该思想流派是 20 世纪 20 年代收回教育权运动的中坚力量，主张：①在教育中强调“国性”、“民族性”的教育；②重视情感教育；③反对民族虚无主义。

学校教学改革与实验——最有影响力的新教学法有设计教学法（1919 年由北高师附小首先试验，1922 年、1923 年进入高潮，1924 年后沉寂）和道尔顿制（1922 年舒新城在上海吴淞中国公学中学部试行，1925 年赫克帕斯特访华后进入高潮）。

4.【解析】认知策略的类型及其教学中的应用：

（1）注意策略：指保证注意力指向于有关重要学习资料的策略。诸如：注意的广阔性训练、稳定性训练，注意分配训练和注意转换训练等。通过这些训练，提高学生集中注意的能力，优化他们的注意品质。

（2）精细加工策略：通过把所学的新信息和已有的知识联系起来，以此来增加新信息的意义，也就是说我们应用已有的图式和已有的知识使信息合理化。

精细加工策略有如下几种：①位置记忆法；②首字联词法；③限定词法；④关键词法；⑤视觉想象；⑥寻找信息间的内在联系，利用信息的多余性；⑦联系实际生活；⑧充分利用背景知识。

（3）复述策略：在工作记忆中为了保持信息而对信息进行反复重复的过程。常用的复述策略有：

①排除干扰；②抑制和促进；倒摄抑制指的是当先学的信息和新信息混在一起时，先前所学的信息就会遗失。前摄抑制指的是当所学的信息干扰了后面信息的学习时，前后信息的影响有些也是积极的。学习某件事常常有助于学习类似的事，这种现象叫前摄促进；反之，后面所学的信息有助于先前信息的巩固，这叫倒摄促进。③首位和近位效应，指我们记住的开始的几个词和结尾的几个词一般比及中间的词要好得多。人们倾向于记住开始的事，是因为倾注了更多的注意，这造成了首位效应；另外，由于最后的项目几乎不存在什么干扰，造成了近位效应；④及时复习；⑤集中复习和分散复习；⑥部分学习和整体学习；⑦自问自答或尝试背诵；⑧过度学习，就是指每次从头到尾读一篇文章就回忆一次，看自已最后用了几遍的时候能完全回忆无误；⑨自动化，指的是随着任务学得越来越好，所要求的注意力就越来越少；⑩实施，在实践中学习；⑪情境相似性和情绪生理状态的影响；⑫心向、态度和兴趣的影响。

（4）编码与组织策略：将学习材料分成一些小的单元，并把这些小的单元置于适当的类别中，从而使每项信息和其他信息联系在一起，具体包括列提纲、作关系图、运用理论作模型。温斯坦和梅耶提出以下有效的编码和组织策略：

① 列提纲：以简要的词语写下主要和次要的观点，也即呈现材料的要点要以金字塔的形式。每一具体细节都包含在高一级水平的列别中。

② 作关系图：作关系图就是图解各种观点是如何互相联系的，它可以替代做笔记和列提纲。

③ 运用理论模型：这种方法就是用图解的方式来说明某个过程之间的要素是如何相互联系的，如加涅的信息加工模式图，与作关系图相似，只是更复杂一些，因而二者可以合称“画地图”。

模拟试题（三）

一、名词解释（每小题 5 分，共 30 分）

1. 教育的基本要素
2. 知识的认识价值
3. 隐性课程
4. 书院制度
5. 学习即回忆
6. 精加工策略

二、简答题（每小题 10 分，共 40 分）

1. 简述我国中小学教师职业道德素养的主要内容。

2. 简述夸美纽斯的“泛智论”思想。

3. 简述杜威对思维与教学方法的思想。

4. 简述有效问题解决者的特征。

三、论述题(每小题 20 分，共 80 分)

1. 试述西方自然主义教育思想的发展。

2. 结合实际论述智力活动与非智力活动的关系。

3. 列举中国古代教育家在师生关系问题上的主要观点，并结合自己的理解加以评述。

4. 试论述当代国外课程改革的共同趋势。

模拟试题(三)详解

一、名词解释

1.【解析】教育是一个复杂的社会现象，它既含有目的、内容、制度、方法等方面的因素，又具有学前教育、初等教育、中等教育、高等教育等不同的层次；普通教育、专业(职业)教育等不同的类别；学校教育、家庭教育、社会教育等不同的领域；以及教育实践活动和教育政策法规、教育思想理论等不同的形态。它是一个多因素、多层次、多类别、多领域、多形态的社会子系统。但构成教育活动的基本要素是：教育者、受教育者和教育中介系统。凡是对受教育者在知识、技能、思想、品德等方面起到教育影响作用的人，都可称为教育者。受教育者是指在各种教育活动中从事学习的人，既包括学校中学习的儿童、少年和青年，也包括各种形式的教育中的成人学生。教育中介系统是教育者与受教育者联系与互动的纽带，是开展教育活动的内容和方式。

2.【解析】学生掌握知识，意味着他对知识所指的事物的认识，弄清事物是什么，把握住事物的特性。学生掌握知识的广度和深度，制约着他对事物的视域和世界认识的广度和深度。学生掌握知识，又意味着他掌握认识的工具。知识包含着许许多多的概念、范畴、命题、原理、因果关系与逻辑结构。学生掌握了这些知识，也就是掌握了观察事物的显微镜和望远镜，能见到别人见不到的事实，发现别人发现不了的问题，解释别人解释不了的疑难，重组别人不能重组的经验。学生掌握知识，还意味着掌握认识的资料和资源。学生认识的发展依赖于对知识资料、资源的思维加工，由不知转化为知，由旧知通向新知，在头脑里构思和想象现实中尚不存在的东西。

【科兴点评】备考中，考生可以把知识的认知价值和知识的能力价值、知识的陶冶价值、知识的实践价值放在一起进行记忆。

3.【解析】隐形课程，是相当于显性课程而言的，指“学校通过教育环境”(包括物质的、文化的和社会关系结构的)有意或无意传递给学生的非公开性的教育经验(包括学术和非学术的)。隐形课程的主要表现形式有：

① 观念性隐性课程，包括隐藏于显性课程之中的意识形态，学校的校风、学风，有关领导与教师的教育理念、价值观、知识观、教学风格、教学指导思想等。

② 物质性隐性课程，包括学校建筑、教室的布置、校园环境等。

③ 制度性隐性课程，包括学校管理体制、学校组织机构、班级管理方式、班级运行方式。

④ 心理性隐性课程，主要包括学校人际关系状况，师生特有的心态、行为方式等。

4.【解析】书院是中国古代特有的教育组织形式。书院在唐之前是由中央官府设立，用于收藏、校勘和整理图书的机构。唐末五代因战乱成为供个人读书治学的地方。从宋朝开始，书院作为一种教育制度正式形成。书院至清才废止，前后有千余年的历史。书院以私人创办和组织为主，将图书的收藏、校对与教学、研究合为一体，是相对独立于官学之外的民间性学术研究和教育机构，对中国封建社会教育与文化的发展产生了重要的影响。

5.【解析】柏拉图主张理念论，并将它作为其教学理论的哲学基础。教学目的是为了恢复人的固有知识。教学过程即是“回忆”理念的过程。

柏拉图认为认识的对象并不是我们感官所接触的现实世界，正的知识是对理念世界的认识。因为理念世界是永恒不变的、绝对真实的、完美无缺的。要认识理念就必须学习。柏拉图说，学习就是回忆。在柏拉图看来，作为人的组成因素之一的灵魂，是先于肉体而存在于理念世界之中的，对理念世界的一切早已有了认识。但灵魂投生到人体之后，由于肉体的玷污、情感的干扰，灵魂将知识全都忘记了。为了重新获得那些原有的知识，就需要学习。

柏拉图的认知方法——回忆，实际上是苏格拉底的“知识助产术”的发展，是一种纯思辨的方法。

6.【解析】精细加工主要指对学习材料进行深入细致的分析和加工，理解其内在的深层意义，促进记忆的学习策略，即通过把新学的信息和已有的知识联系起来，以此来增加新信息的意义。也就是说，我们运用已有的图式和已有的知识使信息合理化。通常，精细加工就是我们所称的记忆方法，如做笔记、加小标题等方法。

二、简答题

1.【解析】我国中小学教师职业道德素养的主要内容是：

(1) 爱国守法。热爱祖国，热爱人民，拥护中国共产党领导，拥护社会主义。全面贯彻国家教育方针，自觉遵守教育法律法规，依法履行教师职责权利。不得有违背党和国家方针政策的言行。

(2) 爱岗敬业。忠诚于人民教育事业，志存高远，勤恳敬业，甘为人梯，乐于奉献。对工作高度负责，认真备课上课，认真批改作业，认真辅导学生。不得敷衍塞责。

(3) 关爱学生。关心爱护全体学生，尊重学生人格，平等公正对待学生。对学生严慈相济，做学生良师益友。保护学生安全，关心学生健康，维护学生权益。不讽刺、挖苦、歧视学生，不体罚或变相体罚学生。

(4) 教书育人。遵循教育规律，实施素质教育。循循善诱，诲人不倦，因材施教。培养学生良好品行，激发学生创新精神，促进学生全面发展。不以分数作为评价学生的唯一标准。

(5) 为人师表。坚守高尚情操，知荣明耻，严于律已，以身作则。衣着得体，语言规范，举止文明。关心集体，团结协作，尊重同事，尊重家长。作风正派，廉洁奉公。自觉抵制有偿家教，不利用职务之便谋取私利。

(6) 终身学习。崇尚科学精神，树立终身学习理念，拓宽知识视野，更新知识结构。潜心钻研业务，勇于探索创新，不断提高专业素养和教育教学水平。

2.【解析】所谓“泛智”是一种全面的、能为所有人掌握的全部知识。他的泛智思想要求把一切事物教给一切人，并且认为一切儿童都可以教育成人。夸美纽斯从“泛智”思想出发，提出了普及教育思想。夸美纽斯要求把教育普及于一切男女儿童的思想无疑是进步的。但由于受历史条件的局限，他的普及教育思想是有缺陷的。他认为，男女青年根据各自所处的社会阶层，所受教育的目的和程度应是不同的。

3.【解析】杜威反对以教师、教科书、教室为中心的传统教学方法，提倡“从做中学”。这是一种通过主动作业，在经验的情境中思维的方法。通过做中学来达到经验与思维的统一、思维与教学的统一、课程与作业的统一、教材与教法的统一。根据杜威的科学的实验主义探究方法和反省思维方式，杜威提出了五步教学法：(1)疑难的情境；(2)确定疑难所在；(3)提出解决问题的种种假设；(4)推断哪个假设能解决这个困难；(5)验证这个假设。这种教学方法重视科学探究思维，重视解决实际问题的行动能力，与主智主义的传统教育理论有本质区别。但该方法过于注重活动，忽视了系统知识的传授，狭化了认知的途径，泛化了问题意识，在实践中也存在诸多影响教育质量的问题。

4.【解析】专家之所以能高效率地解决问题，是因为他们具备以下七个显著特征：

(1) 在擅长的领域表现突出。

(2) 以较大的单元加工信息。

(3) 能迅速处理有意义的信息。

(4) 能在短时记忆和长时记忆中保持大量的信息。

(5) 能以深层方式表征问题。

(6) 愿意花费时间分析问题。

(7) 能很好地监视自己的操作。

三、论述题

1.【解析】自然主义教育理论是西方教育发展史上的一个重要的理论。它萌发于古希腊哲学家柏拉图，特别是亚里士多德的思想中，在近代社会得到了迅速的发展。

(1) 教育家夸美纽斯认为要想改革旧教育，就必须贯彻适应自然的原则，所谓“适应自然”，按夸美纽斯的看法，包括两层涵义：①遵循自然界的“秩序”。②依据人的自然本性和身心发展的规律进行教育。夸美纽斯以适应自然、合乎自然的秩序(顺序)来论证自己教育改革的主张有一定的合理性，反映了他力求摆脱神学，使教育工作科学化的良好愿望。尽管其中有些片面、机械，但他的这些真知灼见对我们当今的教育实践不无启发意义。

(2)卢梭作为当时启蒙运动的思想家，提出教育应回到自然、适应自然的自然教育理论。

第一：自然教育的基本含义。自然教育的核心是“归于自然”，即教育必须遵循自然，顺应人的自然本性。在卢梭看来，人所受的教育，来源不外 3 种，或“受之于自然”，或“受之于人”，或“受之于事物”，也就是自然教育、人为教育、事物教育。“我们的才能和器官的内在发展，是自然的教育；别人教我们如何利用这种发展，是人的教育；我们从影响我们的事物获得良好的经验，是事物的教育。”应该以自然的教育为中心，使事物的教育和人的教育服从于自然的教育，使这三方面教育相配合并趋于自然的目标，才能使儿童享受到良好的教育。卢梭所说的“自然教育”就是服从自然的法则，顺应儿童天性发展进程，促进儿童身心自然发展的教育。

第二：自然教育的培养目标。卢梭认为，自然教育的目的是培养“自然人”，即完全自由成长、身心调和发达、能自食其力、不受传统束缚、能够适应社会生活的一代新人。

第三：自然教育的方法原则。正确看待儿童，给儿童以充分的自由。具体的要求就是教育要符合儿童发展的年龄特征：在婴儿期，主要是进行体育。在儿童期，主要是进行感觉教育。在少年期，主要是进行智育和劳动教育。在青年期，主要是进行道德教育。卢梭是西方教育史上具有划时代意义的人物。他的自然教育论及其思想完成了教育中儿童观的革命，使教育发展方向发生了根本的转变。

(3) 瑞士著名教育家裴斯泰洛齐在其思想中也提出了有关自然主义教育的理论，在教育史上第一个明确地指出"教育心理化"的口号，要求教育活动应当与儿童的心理特点协调一致，注意个别差异，区别对待素质不同的儿童，这样教育适应自然的思想在裴斯泰洛齐这里达到了更高、更深的层次。

(4) 福禄贝尔其著作《人的教育》一书中也阐述了他适应自然的教育思想。他说人的天性本是完善的，良好的教育、教学必须效法、遵循自然事物发展的正确道路，小心翼翼地追随儿童的本能、天性。不过福禄贝尔在理解、解释自然适应性教育原则方面有一定的合理性、积极性，但其宗教神秘主义色彩的教育思想也要求我们认真地分析，批判地吸收。

(5) 德国教育家第斯多惠也接受了卢梭和裴斯泰洛齐的影响，并进一步发展了对自然适应性教育原则的解释。第斯多惠把"遵循自然"的教育原则列在教育的首位，进一步强调了适应自然进行教育必须研究儿童的本性，研究儿童的心理，在儿童发展的不同阶段，应循着儿童不同的心理特点进行教育。他不仅提出自然适应性教育原则，而且还提出了文化适应性原则，并指明了自然适应性原则与文化适应性原则的关系。

由上可见，教育的自然适应性原则从萌生、发展一直到 19 世纪，在第斯多惠的教育学中达到了它的顶峰。总之，自然适应性教育理论包含着永不磨灭的深刻的哲理：儿童的身心发展有其自然规律，教育应当顺应儿童天性，遵循和尊重这些规律而不能与其对抗，否则，我们的教育将会是失败的，或残缺不全的。

2.【解析】智力是指生物一般性的精神能力。指人认识、理解客观事物并运用知识、经验等解决问题的能力，包括记忆、观察、想象、思考、判断等。这个能力包括以下几点：理解、计划、解决问题、抽象思维、表达意念以及语言和学习的能力。当考虑到动物智力时，"智力"的定义也可以概括为：通过改变自身、改变环境或找到一个新的环境去有效地适应环境的能力。

非智力因素是指人的智力因素之外的那些参与学生学习活动并产生影响的个性心理的因素，如兴趣、情感、意志和性格等。非智力因素也可以称作对心理过程有着起动、导向、维持与强化作用，又不属于智力因素的心理因素。所以非智力因素是一个内容十分广泛、复杂的概念，包含了除智力因素以外的所有的其他心理因素。

智力因素与非智力因素的关系：(1)学生的学习、认识活动需要智力因素与非智力因素的相互作用。(2)智力因素要以非智力因素为内在动力，非智力因素又要以智力因素为服务对象。(3)按教学需要调节学生的非智力因素才能有成效地进行智力活动，完成教学任务。

3.【解析】中国古代的教育家们都相当重视良好师生关系的建立，并形成了教学相长、尊师爱生的优良传统。

(1) 教学相长

在教师与学生的双边活动中，虽然教师担任教授角色而学生扮演受教育角色，但教师与学生是可以互相促进、共同增益的。教师作用于学生，而学生又可以能动地反作用于教师，这就是双方教学相长的规律。明确提出这一规律的《学记》说："学然后知不足，教然后知困。知不足然后能自反也，知困然后能自强也。故曰'教学相长'也，"而《学记》的这一思想主要是以孔子与其弟子的教学活动经验为依据的。

孔子同其弟子的教学实践活动鲜明地贯穿着教学相长的思想。荀子则指出，为师者应“好善无厌，受谏而能诫”。韩愈继承并发展了教学相长思想，提出“弟子不必不如师，师不必贤于弟子”。这与学生“道”的问题上就存在互相学习的必要，学生就不完全处于被动接受的地位，师生之间存在着“道”的双向交流。柳宗元更认为所谓师生关系可以成为一种朋友关系。提出“交以为师”的主张。明代哲学家、教育家王守仁极力提倡学生“谏师”，他指出“凡攻我之失者，皆我师也”。清代教育家颜元要求他的学生之间必须“善则相劝，过则相警”，而为师者如果“言行有失生也可以直言相谏”，而“师自虚受”。

（2）尊师爱生

中国古代教育一向有着尊师爱生的优良传统。师生常常亲密如同父子。孔门师生之间感情相当深厚，关系十分密切融洽。孔子对学生尤其是品学兼优者充满了爱心。孔子深受学生爱戴，他逝世后，学生们为他守孝三年。

代表小生产者利益的墨门师生在许多方面保持着手工业者的师徒关系及师兄弟关系的特点。墨子的政治和道德思想核心是“兼爱”，这一思想对于社会而言虽然只是一种美好的理想，但在墨门师生之间却得到了很好的践履。《吕氏春秋》指出，要建立良好的师生关系做到“师徒同体”、“师徒同心”。宋代教育家胡瑗对待师生关系的准则是：教师视待诸生为子弟，诸生敬爱教师如父兄。南宋理学家、教育家朱熹在讲学授徒中，很重视教学中的民主平等，其师生常常共同讲论、相互切磋、合作著述。颜元对学生至为爱善，他关心其学业德行。颜元常四处游说讲学，结交师友弟子，此时原先的众弟子也步行相随，亲如手足。

4.【解析】课程改革就其实质来说就是课程现代化的问题。总的趋势就是课程的现代化。具体表现为：①重视课程内容的理论化、综合化。②强调知识的系统化、结构化。③重视智力开发与学习能力的培养。④重视个别差异。

扩充内容——我国新一轮基础教育课程改革的取向：

我国正在实施新一轮基础教育课程改革，无论从课程改革，还是新课程标准、新教材，都呈现出强烈的共同价值取向，都集中体现“以学生发展为本”这一基本思想。

（1）教育价值观念实现由传统的教师“权威论”向学生“主体论”的转变。

传统的教育价值观念认为教育的根本目的是教育者传授知识，而传授什么知识和如何传授知识由教育者自己支配，受教育者只是被动地接受，是贮存知识的“仓库”，因此，教育者在教育过程中重知识轻能力、重结果轻过程、重教轻学的问题就凸现出来，阻碍了学生个性的健康发展。

（2）教师角色实现由“演员”向“导演”的转变

一般来说，一节课的开始引入、结尾总结，中间难点重点由教师讲，其他可由学生自己学、自己思考。如果教师一节课讲到底，教师的讲课就会变成学生“催眠曲”，课堂教学效果就会大大降低。所以，教师要让出课堂，让学生参与进来，让师生互动，这样课堂就会有生机，有活力。这时，教师已不是演员，而是躲在幕后的“导演”。把课堂还给学生，能让课堂充满生命力；把班级还给学生，能让班级充满成长的气息；把创造还给学生，能让学生迎接挑战。

（3）教学评价实现由关注学生的分数转变为注重培养学生的创造性思维。

教育评价应转变传统的取向，从强调学校的标准一致性转为确认和鼓励学生的独特性和特色性，从强调外部评价的取向转为由学校重视自我评价和自我发展、自我管理的方式。教师要强调评价的指导作用，应该淡化学生间的横向比较，注重学生发展纵向比较和评价，使学生体验到进步就是成功，从而培养学生的创新能力。

综上所述，新一轮基础教育课程改革，对现行课程结构和课程内容进行了重大调整，减少了课程门类，淡化了学科界限，适当降低了知识难度，进一步密切了课程内容与社会生活之间的联系，并将逐步建立新的与素质教育理念相一致的教学评价体系。新教材在继承优秀传统文化的基础上更具时代性，在加强基础知识和基本技能的前提下更具实用性，在保证学生掌握课本必修内容的情况下更具开放性。总之，新教材较好地体现了素质教育的内涵，适应了素质教育的要求。因此，新课改对全面实施素质教育必将起到重要的推动作用。

科兴教育 2018~2019 年教育硕士课程设置

一、公共课名师小班

<table>
<tr><th rowspan="2">课　程</th><th colspan="2">英　语</th><th colspan="2">政　治</th></tr>
<tr><th>课时</th><th>师资</th><th>课时</th><th>师资</th></tr>
<tr><td>寒假特训营</td><td>32</td><td rowspan="3">宣枫</td><td>—</td><td>—</td></tr>
<tr><td>春季特训营</td><td>32</td><td>—</td><td>—</td></tr>
<tr><td>暑期强化班</td><td>64</td><td>56</td><td rowspan="3">方成建</td></tr>
<tr><td>秋季专题班</td><td>16</td><td rowspan="2">贡献</td><td>24</td></tr>
<tr><td>冲刺特训营</td><td>8</td><td>8</td></tr>
</table>

备注：(1)两科全程优惠价 10800 元。

(2)宣枫：科兴独家签约老师，上海地区最优秀的考研辅导名师，授课针对性强，直击命题陷阱。

贡献：考研英语作文授课专家，连续 14 年参加考研英语作文阅卷工作。

方成建：考研政治辅导专家，授课深入浅出，深谙考研命题规律。

二、333 教育综合一对一辅导

1. 涉及院校

北京师范大学、华东师范大学、上海师范大学

2. 课程特色

① 师资：精挑细选的优质师资，目标院校目标专业精准匹配，针对性强。

② 课程：教师、学员、科兴三方协商沟通，制定个性化学习方案。

③ 管理：专职学习顾问全程监控上课进程，实时调整学习进度。

④ 授课：课堂学习、课后训练和阶段测试，讲、练、测完美保证学习效果。

⑤ 协议：教师、学员、科兴三方协议，零风险，有保障。

3. 课程价格

课　程	课　时	学　费	适用人群
A 班一对一特训	30	9000	基础扎实，缺乏答题技巧的考生
B 班一对一特训	60	16000	基础薄弱，备考仓促的考生
C 班一对一特训	120	30000	零基础社会考生

关 于 科 兴

上海杨浦区科兴进修学校成立于2000年，主要涉足考研和插班生等大学生考试培训项目。科兴自成立以来，一直谨守精细化、个性化和专业化的服务理念，深受广大学子信赖。2014年2月1日，科兴学校正式收购翔高教育，进一步完善了考研课程辅导体系，形成公共课、专业课和一对一个性化辅导齐头并进的局面。

科兴教育(原翔高教育)下设经济学、金融学、计算机、心理学、教育学、新闻学、法学、会计学、管理学等10余个专业课教学研究中心。教育学，是科兴最擅长的领域之一。迄今为止，已出版教育类教辅用书10余个品种，深受业内好评。

联 系 我 们

电话：021-6511-1511

官网：www. ksingky. com

地址：上海市杨浦区五角场翔殷路1128号沪东金融大厦20楼A

微信扫一扫，关注科兴考研